DANIEL AMORIM ASSUMPÇÃO NEVES

- Mestre e Doutor em Direito Processual Civil pela USP.
- Professor assistente do Prof. Antonio Carlos Marcato na USP, nos cursos de graduação, mestrado e doutorado.
- Professor de Processo Civil do Curso Forum (Rio de Janeiro) e do CERS – Complexo de Ensino Renato Saraiva.
- Advogado em São Paulo, Rio de Janeiro e Natal.

Twitter: danielnevescpc

Periscope: @danielnevescpc

Facebook: DanielNevesCPC

EDITORA JusPODIVM
www.editorajuspodivm.com.br

AÇÕES CONSTITUCIONAIS

DANIEL AMORIM
ASSUMPÇÃO
NEVES

AÇÕES CONSTITUCIONAIS

6ª edição | revista atualizada ampliada

2021

EDITORA *Jus*PODIVM
www.editorajuspodivm.com.br

EDITORA *Jus*PODIVM
www.editorajuspodivm.com.br

Rua Canuto Saraiva, 131 – Mooca – CEP: 03113-010 – São Paulo – São Paulo
Tel: (11) 3582.5757
• Contato: https://www.editorajuspodivm.com.br/sac

Copyright: Edições *Jus*PODIVM

Diagramação: Equipe *Jus*PODIVM

Capa: Ana Caquetti

• A Editora JusPODIVM passou a publicar esta obra a partir da 3.ª edição

A185 Ações Constitucionais / Daniel Amorim Assumpção Neves. – 6. ed. rev., atual. e ampl. – São Paulo: Editora JusPodivm, 2021.
560 p. (Manuais - Volume Único)

Inclui bibliografia
ISBN 978-65-5680-735-5

1. Direitos Fundamentais. 2. Ações Constitucionais. I. Neves, Daniel Amorim Assumpção. II. Título.

CDD 341.27

Aline já havia se mostrado uma grande filha, como podem confirmar Edison e Marilena. Também uma grande irmã, como podem confirmar Fernanda e Felipe.

Uma amiga fiel e companheira, como pode atestar uma enormidade de pessoas. Após o casamento, posso confirmar que se mostrou uma esposa perfeita (ainda que um pouco exagerada com a questão da organização da casa...).

No teste final, passou com louvor até o momento, sendo mãe do adorável, destemido e inquieto Joaquim.

Dedico a obra, portanto, mais uma vez a ela, e também ao pequeno lusitano Joaquim (aponta o símbolo da Lusa em minhas camisetas, sorri e diz: papai, papai... coisa mais linda não há...).

Do marido agradecido e pai babão,

Daniel

PREFÁCIO

O fim da 2ª Grande Guerra Mundial costuma ser apontado, com razão, como o marco histórico das significativas mudanças operadas nos traços característicos do constitucionalismo praticado na Europa continental. Essas transformações aproximaram o constitucionalismo europeu do modelo norte-americano que, desde os fins do século XVIII, já reconhecia a Constituição como autêntica norma jurídica[1]. O constitucionalismo contemporâneo se diferencia das demais etapas, não pelo pioneirismo de seus traços caracterizadores, mas pelo inédito amálgama entre os elementos marcantes das experiências pós-revolucionárias ocorridas na França e nos Estados Unidos[2].

No Brasil – assim como em diversos países da América Latina –, as transformações ocorridas no velho continente foram postergadas, por razões óbvias, para o período pós-ditadura militar. Apenas com o advento da "Constituição cidadã", promulgada em 5 de outubro de 1988, foi possível iniciar a atual caminhada em direção ao constitucionalismo contemporâneo.

Com a finalidade de proteger e promover a dignidade da pessoa humana e erigir a sociedade a patamares mais elevados de civilidade e respeito recíproco, foram consagrados novos direitos fundamentais, ainda que muitos, a rigor, sejam apenas manifestações dos direitos de liberdade e igualdade com novos contornos para que possam fazer frente às novas ameaças. A "rematerialização" constitucional abrangeu, ainda, a imposição de diretrizes, opções políticas e amplas esferas de regulação jurídica estabelecidas, não raro, em normas extremamente vagas e imprecisas que limitam o legislador não ape-

---

[1] Não obstante, enquanto os EUA adotaram um modelo conciso e procedimental no qual as normas constitucionais se limitam a estabelecer a garantia de direitos civis e políticos, a organização dos poderes e do Estado, os países da Europa continental consagraram um modelo prolixo e substancial, característico das constituições francesas pós-revolucionárias que incorporaram em normas substantivas os grandes objetivos da ação política.

[2] Nesse sentido, Luis Prieto SANCHÍS afirma que "o neoconstitucionalismo reúne elementos destas duas tradições: forte conteúdo normativo e garantia jurisdicional". Do modelo norte-americano foi herdada a "garantia judicial, que é o método mais adequado de articular a limitação do legislador. Do modelo francês, são deduzidos os parâmetros do controle de constitucionalidade, que já não são regras formais e procedimentais, mas normas substantivas". Segundo esse autor, o neoconstitucionalismo aposta na conjugação de ambos os modelos (*constituições normativas garantidas*) para resolver o dilema: "constituições garantidas sem conteúdo normativo e constituições com um conteúdo normativo mais ou menos denso, mas sem garantias" ("Neoconstitucionalismo y ponderación judicial", p. 126-129).

nas na forma de produção do Direito, mas também em relação ao conteúdo das normas a serem produzidas[3]. Outro aspecto distintivo fundamental é o "transbordamento" da Constituição dentro do ordenamento jurídico. A aplicação das normas constitucionais, em muitos dos casos, passou a ser direta, deixando de depender exclusivamente da vontade do legislador. Atualmente, observa SANCHÍS, é "difícil encontrar um problema jurídico medianamente sério que careça de alguma relevância constitucional"[4]. Os direitos e garantias fundamentais, inicialmente voltados apenas para as relações entre o Estado e os particulares (eficácia vertical), passam a ser admitidos como critérios de solução aplicáveis também às relações entre particulares, independentemente de intermediação legislativa (eficácia horizontal)[5].

A imposição de prestações materiais e jurídicas decorrente de direitos fundamentais de caráter positivo, apesar de existir, em tese, desde a consagração dos primeiros direitos sociais nas constituições, carecia de efetividade, seja pela ausência de mecanismos judiciais específicos, seja pela adoção de uma visão ortodoxa da separação dos poderes. Ao lado do dever de abstenção imposto aos poderes públicos pelos tradicionais direitos de defesa, no decorrer do último quarto do século XX passou a ser admitida a imposição de atuações positivas, inclusive ao Legislador, com vistas à realização dos direitos prestacionais, cuja implementação exige políticas públicas concretizadoras de certas prerrogativas individuais e/ou coletivas, destinadas a reduzir as desigualdades sociais existentes e a garantir uma existência humana digna. Nesse sentido, a submissão do legislador à Constituição, além da mencionada dimensão negativa imposta pelos limites formais e materiais, passa a ter uma dimensão positiva decorrente da imposição do dever de legislar com vistas a conferir plena efetividade a determinados comandos constitucionais.

---

3 Este aspecto é destacado por Susanna POZZOLO ao mencionar a noção de validade jurídica como uma das razões mais relevantes para a superação da metodologia juspositivista que, por pressupor uma validade estrita ou exclusivamente formal, não poderia ser adequadamente empregada pelo Direito do Estado constitucional, "cujas normas seriam válidas, antes de mais nada, por satisfazer critérios materiais, ou seja, por seu conteúdo" ("Un constitucionalismo ambiguo", p. 190).

4 "Neoconstitucionalismo y ponderación judicial", p. 128-130: "Os documentos jurídicos imputáveis ao neoconstitucionalismo se caracterizam, efetivamente, por estarem repletos de normas que indicam aos poderes públicos, e com certas nuances também aos particulares, o que não podem fazer e muitas vezes também o que devem fazer. E dado que se trata de normas e mais concretamente de normas supremas, sua eficácia já não depende da interposição de nenhuma vontade legislativa, uma vez que é direta e imediata".

5 Defendida a partir da década de 1950, a concepção que sustenta a vinculação direta dos particulares aos direitos fundamentais teve como um de seus defensores pioneiros o jurista alemão Hans Carl Nipperdey, ex-presidente do Tribunal Federal do Trabalho. Apesar de não ter obtido grande aceitação na Alemanha, a eficácia horizontal direta tem sido admitida em países como Espanha, Itália e Portugal. Na jurisprudência Brasileira podem ser encontradas diversas decisões nas quais ocorre uma aplicação direta dos direitos fundamentais às relações entre particulares, apesar de raríssimas as ocasiões em que há algum tipo de fundamentação teórica precedendo tais julgamentos.

Pode-se dizer que mais relevante que a ampliação do rol de direitos fundamentais formalmente consagrados foi o desenvolvimento teórico da dimensão material desses direitos e o esforço para lhes assegurar a desejada efetividade por meio da jurisdição constitucional. A noção de Estado constitucional democrático está indissociavelmente ligada à *realização efetiva* dos *direitos fundamentais*, com vistas à implementação de níveis reais de igualdade e liberdade. E é aqui, exatamente em relação a este aspecto nuclear do constitucionalismo contemporâneo, que urge destacar o importante papel desempenhado pelas ações constitucionais, objeto da obra elaborada pelo Professor Daniel Amorim Assumpção Neves, que ora tenho o prazer e a honra de prefaciar.

Para assegurar o efetivo exercício dos direitos fundamentais, nossa Lei Maior consagrou um extenso rol de instrumentos específicos, tanto no âmbito do controle difuso, quanto do concentrado, cuja diversidade não se tem notícia em nenhum outro ordenamento constitucional. Este notável feixe de ações constitucionais é abordado de maneira clara, sistemática e bem organizada nesta obra, que não se limita a reunir e expor os principais posicionamentos doutrinários e jurisprudenciais sobre o tema. Traz, também, uma visão crítica aguçada, resultante da sólida formação acadêmica do autor, a qual lhe permite ir além de uma abordagem meramente descritiva.

À guisa de exemplo, pode ser mencionada a análise referente à *reclamação constitucional*. Daniel aponta algumas distorções na jurisprudência do Supremo Tribunal Federal referentes às hipóteses de cabimento, como no caso das reclamações admitidas contra decisões de turma recursal dos Juizados Especiais por contrariar súmula, jurisprudência dominante ou posicionamentos adotados em julgamentos feitos por amostragem.

Outros inúmeros aspectos positivos deste trabalho poderiam ser aqui exaltados. Entretanto, para que este prefácio não se estenda além do recomendável, serão apontados apenas alguns pontos dentre aqueles que me despertaram maior atenção.

Na abordagem das *ações de controle concentrado abstrato*, destaca-se a profícua análise envolvendo a coisa julgada material, a eficácia vinculante das decisões e a tese da "transcendência dos motivos determinantes". Esses temas, além de nem sempre serem compreendidos de maneira adequada, têm sido objeto de grandes divergências, inclusive na jurisprudência do Supremo Tribunal Federal. A tratativa dada ao assunto sob um viés notadamente processualista é de grande valia para a compreensão de questões relevantes por vezes negligenciadas nas abordagens puramente constitucionais. Sem desprezar a relevância da tese da "transcendência dos motivos", o autor tenta compatibilizá-la com os limites objetivos e subjetivos da coisa julgada material.

No estudo do Mandado de Segurança, nota-se uma clara preocupação com a análise das hipóteses de cabimento – sobretudo nos casos em que a ilegalidade ou o abuso de poder decorrem de decisão judicial –, bem como da relevância do mandado de segurança coletivo dentro do microssistema de tutelas coletivas.

No capítulo dedicado ao *habeas data* – garantia introduzida pela Constituição de 1988 como reação às experiências do regime pré-constitucional, no qual os dados referentes às convicções e condutas dos indivíduos eram arquivados de forma sigilosa pelo governo –, vale ser destacada a abordagem do interesse de agir em face dos dispositivos que versam sobre a fase pré-processual (Lei 9.507/1997, arts. 2º ao 4º), para fins de cabimento do *writ*.

Por fim, também não poderia deixar de destacar o tratamento conferido à ação popular, no qual são analisadas todas as especificidades procedimentais, com o devido cuidado no sentido de situar a Lei 4.717/1965 (Lei da Ação Popular) dentro do microssistema coletivo, indicando sua aplicação subsidiária a outras espécies de ações coletivas, bem como sua integração com as demais leis, em especial a Lei da Ação Civil Pública e o Código de Defesa do Consumidor.

Em síntese, profundidade, clareza, coerência, objetividade e visão crítica são algumas das principais características deste importante trabalho envolvendo as ações constitucionais e, por que não dizer, de seu autor, cuja competência acadêmica já é assaz conhecida. Não tenho dúvidas de que esta obra se tornará referência obrigatória no estudo do tema.

Rio de Janeiro, outono de 2011.

Marcelo Novelino

Doutor em Direito Público pela UERJ.

Procurador Federal. Professor de Direito Constitucional.

APRESENTAÇÃO

Não é fácil admitir a própria ignorância, sobretudo em um mundo que cada vez mais preza pela imagem em detrimento do conteúdo, no qual, muitas vezes, mais vale ser amigo do Rei do que ter méritos. De qualquer forma, esta *Apresentação* parte de uma confissão: o que me motivou a escrever sobre as ações constitucionais foi minha ignorância a respeito do tema.

Em especial no tocante ao processo objetivo, sempre foi mais cômodo afirmar para mim mesmo que o tema era de direito constitucional, de forma que o parco conhecimento que tinha a respeito do assunto já seria o suficiente para "salvar minha pele" de suposto processualista.

A curiosidade, entretanto, falou mais alto. Em conversa com professor de direito constitucional a caminho de palestra no interior de Minas Gerais, mais precisamente Ouro Preto, nasceu a ideia de uma obra que versasse sobre controle de constitucionalidade, incidental e concentrado, sob a ótica processualista e constitucionalista. Seria a consagração do diálogo das fontes aplicado a esse importante tema de nosso Direito.

Por razões variadas o projeto não caminhou, acabando por ser arquivado. Meu material, entretanto, estava pronto. Fui conquistado pelas particularidades processuais presentes no controle de constitucionalidade por meio do processo objetivo, que passaram a enriquecer significativamente minhas aulas de processo civil em temas variados. Agradaram-me tanto o estudo e a elaboração do material que na época fiquei incomodado com a possibilidade de não publicar este trabalho.

Pouco tempo depois, o direito Brasileiro foi brindado com uma nova Lei do Mandado de Segurança, que, mesmo tendo vários aspectos criticáveis, constitui-se em importante marco legislativo no campo das ações constitucionais. Fui convidado a participar de obra coletiva, para escrever sobre as inovações da Lei 12.016/2009, e com esse material inicial pronto, completei o texto com outros aspectos do mandado de segurança que não foram pontualmente modificados pelo novo texto legal. Nascia aí a ideia de um livro sobre ações constitucionais.

A vontade de escrever era grande, mas as responsabilidades também, inclusive em razão da vinda ao mundo do pequeno, belo e inquieto Joaquim. Muitas aulas, revisão do *Manual de direito processual civil* e *CPC comentado para concursos*, escritório, família... Até o dia em que tive de preparar uma aula de reclamação constitucional, e aproveitei a oportunidade para escrever sobre o tema. Foi o passo definitivo para me animar a continuar até o final o projeto *Ações Constitucionais*.

Passei, então, a escrever sobre *habeas data*, mandado de injunção e ação de descumprimento de preceito fundamental. Confesso que são ações cujas particularidades, em especial processuais, me chamaram muito a atenção, e, exatamente como ocorreu com o processo objetivo, passaram a enriquecer minhas aulas de processo civil, além de me mostrar de maneira clara que sempre existe algo novo para ser aprendido. Os últimos passos foram escrever sobre ação popular, ação civil pública e a partir da 3ª edição *habeas corpus*.

Espero sinceramente que o leitor goste da leitura da obra tanto quanto eu gostei de escrevê-la.

O Autor

SUMÁRIO

1

AÇÃO DIRETA DE INCONSTITUCIONALIDADE

1.1. PROCESSO OBJETIVO

É indiscutível na doutrina o entendimento de que a ação direta de inconstitucionalidade é espécie de processo objetivo, considerando-se a ausência de um conflito de interesses específico a ser resolvido pelo órgão jurisdicional. Costuma-se afirmar com acerto que a finalidade do processo objetivo não é a aplicação de uma norma jurídica ao caso concreto, tomando-se por fundamento o suporte fático apresentado, mas tão somente a de discutir a adequação de uma lei ou ato normativo ao texto constitucional. Ao invés de resolver um conflito de interesse, nascido da pretensa violação ou ameaça de violação a um direito subjetivo, na ação direta de inconstitucionalidade analisa-se a lei em tese, decidindo-se pela adequação das normas infraconstitucionais às normas constitucionais.

Nas lições tradicionais da doutrina no tocante às principais características da jurisdição, fica clara a atipicidade do processo objetivo no âmbito da jurisdição contenciosa. Apesar da ausência de conflito, característica típica dessa espécie de processo, parece inegável que a ação direta de inconstitucionalidade não pode ser considerada de jurisdição voluntária, mas também é indiscutível que algumas características dessa espécie diferenciada de jurisdição encontram-se presentes na ação ora analisada.

Na jurisdição voluntária não há caráter substitutivo, considerando-se que o juiz não substitui a vontade das partes pela vontade do Direito quando profere sua decisão, até porque não haverá a necessária resistência à pretensão do autor. Na realidade, as ações de controle concentrado de constitucionalidade podem ser consideradas como ações declaratórias necessárias, pelas quais se persegue um bem da vida que não poderá ser obtido sem a indispensável intervenção jurisdicional. Pelo mesmo motivo, na jurisdição voluntária não há propriamente a aplicação do direito material ao caso concreto para resolver um conflito existente entre as partes, até mesmo porque esse conflito não existe, mas certamente a análise de adequação da norma impugnada ao texto constitucional demonstra à saciedade que existe aplicação do direito ao caso concreto. Advirta-se que, no processo objetivo, em regra não existe a integração jurídica da vontade das partes, característica muito marcante da jurisdição voluntária[1].

Não existe, na jurisdição voluntária, um conflito de interesse entre as partes, porque as suas vontades são convergentes. Ambas as partes pretendem obter o mesmo bem da vida; têm a mesma pretensão, mas precisam da intervenção do Poder Judiciário para que esse acordo de vontades produza os efeitos jurídicos almejados. Apesar de também não ser identificável a lide tradicionalmente conceituada como sendo um conflito de interesses qualificado por uma pretensão resistida nos processos objetivos, é evidente que há uma insatisfação do autor, que por expressa previsão legal não pode obter o bem da vida desejado sem a intervenção do Poder Judiciário. Diferente do que ocorre nos processos de jurisdição voluntária, não existe acordo de vontade entre as partes, mas a obrigatoriedade de propor a ação de controle concentrado de constitucionalidade afasta a exigência da lide no processo objetivo para fins de configuração de interesse de agir.

Segundo a corrente clássica, na jurisdição voluntária não há partes, somente interessados, porque nela só existem sujeitos que pretendem obter um mesmo bem da vida e, portanto, não estão em situação antagônica na demanda judicial[2]. Corrobora o entendimento a expressa previsão contida no art. 721 do CPC de que serão citados todos os interessados nos processos de jurisdição voluntária. Apesar de se tratar de uma questão meramente semântica, não trazendo relevância prática chamar os sujeitos que participam de demanda de jurisdição voluntária de partes ou interessados, cumpre observar

---

1 Daniel Amorim Assumpção Neves, *Manual*, n. 1.7.2, p. 26-27.

2 Arruda Alvim, *Manual*, p. 254; NERY Jr., *Intervenção*, p. 11.

que em nenhum conceito de *parte* é possível encontrar a necessidade de que estejam os sujeitos em conflito, em posições antagônicas[3]. Conforme será devidamente exposto, entendo que não existe réu no processo objetivo, mas o autor naturalmente é parte e como tal será tratado no processo[4].

Conclusivamente, parece que o mais correto é conceituar-se o processo objetivo como um especial processo que se desenvolve no âmbito da jurisdição contenciosa.

1.2. COMPETÊNCIA

Segundo previsão do art. 102, I, *a*, da CF, o Supremo Tribunal Federal tem competência originária para o julgamento da ação direta de inconstitucionalidade de lei ou ato normativo federal ou estadual, quando alegada contrariedade à Constituição Federal. Sendo o Supremo Tribunal Federal uma corte constitucional, por isto conhecido como "guardião da Constituição Federal", é natural que seja sua a competência para dizer a última palavra a respeito de eventuais violações às normas constitucionais. No controle difuso, dependerá da atuação das partes em levar o processo até o tribunal pela via recursal, enquanto no controle concentrado, sua manifestação é garantida pela competência originária.

Importante destacar que também os Tribunais de Justiça são competentes para o julgamento de ação direta de inconstitucionalidade, mas, nesse caso, a alegada ofensa atinge a Constituição Estadual. Aduz o art. 125, § 2º, da CF a possibilidade de representação de inconstitucionalidade de leis ou atos normativos estaduais ou municipais, considerados em face da Constituição Estadual. Registre-se a correta lição doutrinária a apontar a incorreção gramatical do texto constitucional, considerando-se que a chamada "representação" nada mais é do que uma ação direta de inconstitucionalidade. Mesmo na hipótese de lei municipal que se limite a reproduzir dispositivo da Constituição Federal de observância obrigatória pelos Estados, quando contestada em face da Constituição Estadual, a ação direta de inconstitucionalidade será de competência do Tribunal de Justiça[5], restando a participação do Supremo Tribunal Federal relegada ao julgamento de eventual recurso extraordinário[6].

Na realidade o entendimento do Supremo Tribunal Federal a respeito do tema é até mais amplo, admitindo o cabimento da "representação de inconstitucionalidade" perante o Tribunal de Justiça mesmo que não haja

---

3 Silva-Gomes, *Teoria*, p. 78-79.

4 Para Marcelo Novelino (*Direito*, n. 13.2, p. 259), não existem partes formais no processo objetivo.

5 STF, Tribunal Pleno, Rcl 12.653 AgR/RR, rel. Min. Gilmar Mendes, j. 20/06/2012, DJe 15/10/2012.

6 Luís Roberto Barroso, *O controle*, p. 150-151.

a reprodução da norma presente na Constituição Federal na Constituição Estadual, mas que nesta haja cláusula de caráter remissivo que, inscrita na Constituição Estadual, remeta, diretamente, às regras normativas constantes da própria Constituição Federal, assim incorporando-as, formalmente, mediante referida técnica de remissão, ao plano do ordenamento constitucional do Estado-membro[7].

A limitação ao cabimento ora analisado encontra-se quando a norma violada constante da Constituição Estadual não seja reprodução obrigatória do texto da Constituição Federal. Nesse caso eventual julgamento pelo Tribunal de Justiça é considerado como usurpação de competência do Supremo Tribunal Federal[8].

A possibilidade de ingresso de ações diretas de inconstitucionalidade nos Tribunais de Justiça e no Supremo Tribunal Federal permite a existência concomitante de duas ações objetivando a declaração de inconstitucionalidade de uma mesma norma estadual, no primeiro caso, em face de Constituição Estadual e, no segundo, em face de Constituição Federal. Sempre que essa concomitância se verificar, como a decisão do Supremo Tribunal Federal naturalmente deve prevalecer, caberá o sobrestamento da ação perante o Tribunal de Justiça[9].

1.3. LEGITIMIDADE

1.3.1. Legitimidade passiva

Afirma-se em doutrina que a relação jurídica de direito processual é formada por demandante, demandado e pelo Estado-Juiz, sendo essa sua composição mínima. Ainda que excepcionalmente possa existir processo sem autor (excepcionais demandas iniciadas de ofício pelo juiz) e mesmo sem réu (*v.g.*, reconhecimento de paternidade de pessoa morta sem herdeiros ou sucessores), realmente essa estrutura mínima é o que normalmente se verifica no caso concreto[10]. Diante da presença desses três sujeitos, sendo dois parciais (demandante e demandado) e um imparcial (juiz), é tranquilo o entendimento de que a relação processual é tríplice.

Sempre me pareceu que o processo objetivo, do qual faz parte a ação direta de inconstitucionalidade, ora tratada, é uma exceção à regra da relação

---

7 STF, Tribunal Pleno, Rcl 10.500 AgR/SP, rel. Min. Celso de Mello, j. 22/06/2011, DJe 29/09/2011.

8 STF, Tribunal Pleno, Rcl 4.329/MG, rel. Min. Ayres Britto, j. 17/11/2011, DJe 12/12/2011.

9 STF, Tribunal Pleno, ADI 2.361 MC/CE, rel. Min. Maurício Corrêa, j. 11/10/2001, DJ 01/08/2003, p. 100; Luís Roberto Barroso, *O controle*, p. 149-150; Dirley da Cunha Jr., *Controle*, p. 181-182; STF, Rcl 383/SP, Tribunal Pleno, rel. Min. Moreira Alves, j. 11/06/1992.

10 Bermudes, *Introdução*, p. 85; Galeno Lacerda, *Teoria*, p. 59.

jurídica processual tríplice, porque, nesse tipo de ação, não haverá propriamente um réu, ainda que os órgãos ou autoridades responsáveis pela lei ou pelo ato normativo objeto da ação sejam convocados a prestar informações no processo e o Advogado-Geral da União funcione, ao menos em regra, como o defensor de sua constitucionalidade.

Entendo equivocada a afirmação de que o Advogado-Geral da União formará o polo passivo da demanda[11], porque, apesar de participar do processo se opondo a pretensão do autor, não é contra ele voltado o pedido formulado na petição inicial, o que já é o suficiente para concluir que ele não pode ser considerado réu[12]. Ademais, se fosse realmente réu, sua manifestação a favor da inconstitucionalidade da lei ou do ato normativo – o que é plenamente aceitável, ainda que excepcional – significaria um reconhecimento jurídico do pedido, levando a resolução do processo a um julgamento por homologação, nos termos do art. 487, III, "a", do CPC, o que naturalmente não é admissível, podendo o Supremo Tribunal Federal julgar o pedido improcedente mesmo com a manifestação do Advogado-Geral da União corroborando o pedido elaborado pelo autor em sua petição inicial. É preferível o entendimento de que atua no processo na qualidade de curador da presunção de constitucionalidade da lei ou ato normativo impugnado[13].

Por outro lado, também não entendo que figurem no processo objetivo como réus o órgão ou autoridade responsáveis pela lei ou pelo ato normativo impugnado, porque não são eles os sujeitos passivos da pretensão do autor, sendo chamados somente em razão de sua responsabilidade pela criação da norma ou ato impugnado.

Apesar da atipicidade da situação, acredito que, no processo objetivo ora analisado, a tradicional relação processual tríplice não é formada, não sendo possível se atribuir a nenhum dos órgãos ou pessoas que participam desse processo a qualidade de réu[14]. Até porque, caso realmente existisse réu, seria também possível falar em parte sucumbente na hipótese de procedência do pedido, o que ensejaria inclusive a condenação do "réu" nas verbas sucumbenciais, situação que, no processo subjetivo, beira o teratológico.

1.3.2. Legitimidade ativa

No polo ativo, o art. 103 da CF prevê um amplo rol de legitimados, o que se mostra positivo em termos de incentivo à propositura dessa espécie de

[11] Teori Albino Zavascki, *Processo*, n. 11.4, p. 264; Didier Jr.-Braga-Oliveira. *Aspectos*, p. 363.

[12] Dirley da Cunha Jr. *Controle*, p. 174.

[13] Peña de Moraes, *Curso*, n. 4.10.3, p. 245; Cunha Júnior, *Controle*, p. 212.

[14] Novelino, *Curso*, p. 198.

demanda e, por consequência, natural fortalecimento do controle concentrado de constitucionalidade[15].

Sendo o direito discutido no processo subjetivo de natureza difusa (direito da coletividade a um sistema constitucional coeso), o legitimado ativo não está em juízo defendendo em nome próprio um interesse próprio, não sendo o caso, portanto, de legitimidade ativa ordinária. O autor estará em juízo em nome próprio defendendo direito da coletividade.

Excepcionalmente admite-se que alguém em nome próprio litigue em defesa do interesse de terceiro, hipótese em que haverá legitimação extraordinária. Mesmo na vigência do diploma processual revogado, no qual era exigida a previsão legal expressa para se autorizar a legitimidade extraordinária no caso concreto, a melhor doutrina já entendia que essa espécie de legitimação, mesmo quando não prevista expressamente em lei, poderia decorrer logicamente do sistema[16], como ocorre com a legitimação recursal da parte em apelar do capítulo da sentença que versa sobre os honorários advocatícios.

O art. 18, *caput*, do CPC, parece ter adotado expressamente tal entendimento, passando a prever que "ninguém poderá pleitear direito alheio em nome próprio, salvo quando autorizado pelo ordenamento jurídico". A atual redação do dispositivo legal permite a conclusão de mesmo quando não houver previsão legal expressa a legitimação extraordinária ela pode ser admitida quando decorrer do ordenamento jurídico.

Registre-se a existência de corrente doutrinária que defende a limitação da legitimação extraordinária à tutela individual, afirmando que, por meio dessa espécie de legitimação, defende-se em juízo um direito subjetivo singular de titularidade de pessoa determinada. Sendo o direito difuso de titularidade da coletividade (sujeitos indeterminados e indetermináveis) e o direito coletivo de uma comunidade – classe, grupo ou categoria de pessoas (sujeitos indeterminados, mas determináveis), seria inaplicável a eles a legitimação extraordinária. Sob forte influência dos estudos alemães a respeito do tema, defendem os autores adeptos de tal tese que a legitimação ativa nas ações que têm como objeto direito difuso ou coletivo é uma terceira espécie de legitimidade, chamada de legitimidade autônoma para a condução do processo[17].

Entendo não existir justificativa para a criação dessa terceira espécie de legitimação, sendo irrelevante a natureza do direito discutido em juízo, bem

---

15 Mendes-Coelho-Branco, *Curso*, São Paulo, Saraiva, 2007, p. 1.049.

16 Nery-Nery, *Código*, p. 178; Barbosa Moreira, *Notas*, p. 33.

17 Nery Jr.-Nery, *Código*, p. 178.

como o titular desse direito. Seja como for, a discussão se exaure no plano acadêmico, sendo o conteúdo da legitimação ativa ora analisado incontestável: o autor atua em nome próprio na defesa de interesse da coletividade.

Trata-se de legitimidade concorrente, porque existem vários legitimados, e disjuntiva, porque qualquer um dos legitimados pode ingressar sozinho com a ação judicial, o que não impede a formação de um litisconsórcio ativo facultativo.

Dentre os legitimados previstos pelo dispositivo constitucional mencionado, existe uma interessante divisão doutrinária[18]: (a) legitimados universais, cujo papel institucional permite a defesa da Constituição em qualquer hipótese: Presidente da República, Mesa do Senado Federal, Mesa da Câmara dos Deputados, Procurador-Geral da República, Conselho Federal da OAB, partido político com representação no Congresso Nacional; (b) legitimados especiais, com atuação restrita às questões que repercutem diretamente sobre a esfera jurídica do grupo de pessoas sobre as quais tenham representatividade adequada: Mesa de Assembleia Legislativa, Governador de Estado, Governador do Distrito Federal e as confederações sindicais ou entidades de classe de âmbito nacional.

Importante ressaltar que a legitimidade desses sujeitos será analisada tão somente no momento de propositura da demanda, não havendo extinção da ação por perda superveniente de legitimidade ativa. Dessa forma, ainda que o partido político deixe de ter representação no Congresso Nacional durante o trâmite procedimental de ação direta de inconstitucionalidade proposta por ele, a ação seguirá normalmente[19]. Excepcionalmente, portanto, não haverá carência superveniente na hipótese de o autor deixar de ter legitimidade[20].

Característica singular do processo objetivo é a existência de uma excepcional capacidade postulatória das autoridades previstas pelo art. 103 da CF, considerando o Supremo Tribunal Federal que, nesse caso, ao menos enquanto ostentarem a condição prevista em lei, estão habilitadas a praticar atos privativos de advogado[21]. Essa exótica capacidade postulatória, entretanto, não se estende aos partidos políticos, às confederações sindicais

---

18 Barroso, *O controle*, p. 153.

19 STF, Tribunal Pleno, ADI 4.900/DF, rel. Min. Roberto Barroso, rel. p/ acórdão Min. Roberto Barroso, j. 11/02/2015, DJe 20/04/2015; STF, Tribunal Pleno, ADI 2.618 AgR-AgR/PR, rel. Min. Carlos Velloso, rel. p/ acórdão Min. Gilmar Mendes, j. 12/08/2004.

20 Expondo a carência superveniente como regra: Theodoro Jr., *Curso*, n. 320, p. 356; Nery Jr.-Nery, *Código*, p. 503; Yarshell, *Ação*, n. 41, p. 133.

21 STF, Tribunal Pleno, ADI 127 MC-QO/AL, rel. Min. Celso de Mello, j. 20/11/1989: DJ 04/12/1992, p. 23.057; STF, Tribunal Pleno, ADPF 33/PA, rel. Min. Gilmar Mendes, j. 07/12/2005, DJ 27/10/2006, p. 31.

e às entidades de classe, dos quais se exige a presença de advogado devidamente constituído[22], sendo nesse caso necessária procuração específica com poderes para impugnar por meio de processo objetivo a constitucionalidade de norma, ainda que dispensável a individualização dos dispositivos a serem atacados[23].

Mesmo que limitados a apenas alguns legitimados ativos, considero absolutamente irrazoável o entendimento consagrado pelo Supremo Tribunal Federal, não havendo qualquer sentido lógico ou jurídico para permitir atos privativos de advogados a sujeitos que não tenham a devida capacidade postulatória, salvo o Procurador-Geral da República, que naturalmente tem capacidade postulatória funcional[24]. Com relação ao tema, registre-se precedente do Supremo Tribunal Federal no sentido de dispensar a assinatura do Governador do Estado caso a petição inicial esteja devidamente assinada pelo Procurador-Geral do Estado[25].

A legitimidade ativa do Presidente da República é ampla e irrestrita, sendo irrelevante sua participação na elaboração e/ou aprovação da lei ou ato normativo reputado por inconstitucional. Dessa forma, caso tenha seu veto derrubado ou mesmo quando tenha participado do procedimento legislativo por meio de iniciativa ou sanção, poderá ingressar com ação direta de inconstitucionalidade[26].

As questões mais polêmicas a respeito da legitimidade ativa são reservadas ao entendimento do que seria efetivamente uma confederação sindical ou entidade de classe de âmbito nacional. A dificuldade em se precisar o conceito dos sujeitos ora descritos não significa que, nesses casos, o Supremo Tribunal Federal faça uma análise concreta da representação adequada, verificação estranha ao sistema coletivo atualmente existente no direito brasileiro, considerando-se ser a legitimação ativa coletiva *ope legis*[27]. Na realidade, caberá ao Supremo Tribunal Federal precisar o conceito legal, mas jamais poderá negar legitimidade a um sujeito que se enquadre nesse conceito legal por uma suposta incapacidade técnica ou de qualquer outra natureza de ingressar com a ação direta de inconstitucionalidade, salvo a ausência de pertinência temática, que será analisada em seu devido tempo.

---

22 STF, Tribunal Pleno, ADI 127 MC-QO/AL, rel. Min. Celso de Mello, j. 20/11/1989, DJ 04/12/1992, p. 23.057.

23 STF, Tribunal Pleno, ADI 2.728/AM, rel. Min. Maurício Correa, j. 28/05/2003, DJ 20/02/2004, p. 16.

24 Cunha Junior, *Controle*, p. 217.

25 STF, Tribunal Pleno, ADI 2.906/RJ, rel. Min. Marco Aurélio, j. 01/06/2011, DJe 29/06/2011.

26 Barroso, *O controle*, p. 153-154; Peña de Moraes, *Curso*, pp. 228-229; Fernandes, Curso, p. 1.588.

27 Andrade-Masson-Andrade, *Interesses*, 2.2.4, p. 47-48; Venturi, *Processo*, 7.1.8, p. 219-227; Nery-Nery, *Código*, p. 1.144; Abelha Rodrigues-Klippel, *Comentários*, p. 35; Assagra, *Direito*, p. 519.

Registre-se, entretanto, corrente doutrinária[28] e decisões do Superior Tribunal de Justiça[29] no sentido de ser a presunção legal criada pela legitimação ativa *ope legis* para as ações coletivas apenas relativa, sendo, portanto, admissível a produção de prova em sentido contrário. Partindo-se dessa premissa, além dos requisitos legais, outros poderiam ser analisados pelo juiz no caso concreto para definir se o autor representa adequadamente o direito a ser tutelado e os seus titulares.

Por entidade de classe o Supremo Tribunal Federal tem entendido uma entidade cujos filiados estejam vinculados entre si pelo exercício da mesma atividade econômica ou profissional, tendo, portanto, um interesse comum, não se admitindo a legitimidade de entidades criadas circunstancialmente por membros que não tenham homogeneidade de interesses[30].

O Supremo Tribunal Federal superou antigo entendimento, passando a admitir associação nacional de associações estaduais como legitimada à propositura da ação direta de inconstitucionalidade, considerando que a defesa dessa associação nacional não seria propriamente das associações estaduais, mas dos interesses da classe. Além disso, como corretamente admitido pelo voto do Ministro Sepúlveda Pertence, nas confederações sindicais existe fenômeno semelhante (os associados não são pessoas físicas, mas associações), não sendo legítimo tratamento diverso no tocante a associações nacionais não sindicais[31].

Definido o conceito de entidade de classe de âmbito nacional e confederação sindical, cabe analisar os requisitos a serem atendidos no caso concreto por tais sujeitos para legitimar o ajuizamento da ação de controle concentrado. Segundo o Supremo Tribunal Federal, são quatro os requisitos cumulativos: "a) abrangência nacional; b) delimitação subjetiva da associação; c) pertinência temática; e d) compatibilidade entre a abrangência da representação da associação e o ato questionado"[32].

Apesar de algumas críticas doutrinárias, o Supremo Tribunal Federal consolidou a aplicação analógica da Lei Orgânica dos Partidos Políticos para objetivar a dimensão nacional da entidade de classe, de forma que somente será considerada nacional a entidade que tiver membros em pelo menos nove

---

28 Grinover, *Novas questões*, p. 213-214; Gidi, *Class actions*, p. 3.5.10, p. 129-135; Costa, *Comentários*, p. 390-391; Didier Jr.-Zaneti, *Curso*, p. 209; Leonel, *Manual*, 5.2.6, p. 173.

29 STJ, 4ª Turma, REsp 1.213.614/RJ, rel. Min. Luis Felipe Salomão, j. 01/10/2015, DJe 26/10/2015; STJ, 4ª Turma, REsp 1.405.697/MG, rel. Min. Marco Aurélio Bellizze, j. 17/09/2015, DJe 08/10/2015.

30 Barroso, *O controle*, p. 157; Mendes-Coelho-Branco, *Curso*, p. 1050.

31 Informativo 361 do STF: ADIN nº 3.153 AgR/DF, rel. Min. Celso de Melo, rel. p/ acórdão Min. Sepúlveda Pertence, j. 12/08/2004.

32 STF, Tribunal Pleno, ADI 4.912/MG, rel. Min. Edson Fachin, j. 11/05/2016, DJe 24/05/2016.

Estados da Federação e atuação transregional, sendo irrelevante a expressa menção formal ao caráter nacional nos atos constitutivos da entidade[33].

Nos termos do art. 535 da CLT, a confederação sindical deve estar organizada com no mínimo três federações (três Estados), sendo entendimento pacificado do Supremo Tribunal Federal a exigência de seu registro no órgão estatal com atribuição para tanto, nos termos do art. 8º, I, da CF[34]. É tranquilo o entendimento pela ilegitimidade ativa das associações, federações ou qualquer outra organização de índole sindical que não a confederação sindical.

Além dessa abrangência nacional, só se admitirá a propositura da ação direta de inconstitucionalidade na hipótese de existir um vínculo de afinidade temática entre a entidade de classe ou confederação sindical e o objeto litigioso[35].

De forma resumida, pode-se extrair de julgamento do Tribunal Pleno as condições para a legitimidade ativa nas ações de controle concentrado de constitucionalidade por parte de confederações sindicais e entidades de classe: "(a) a caracterização como entidade de classe ou sindical, decorrente da representação de categoria empresarial ou profissional; (b) a abrangência ampla desse vínculo de representação, exigindo-se que a entidade represente toda a respectiva categoria, e não apenas fração dela; (c) o caráter nacional da representatividade, aferida pela demonstração da presença da entidade em pelo menos 9 (nove) estados brasileiros; e (d) a pertinência temática entre as finalidades institucionais da entidade e o objeto da impugnação"[36].

Embora a Ordem dos Advogados do Brasil seja considerada uma entidade de classe, a expressa previsão da legitimidade no art. 103 da CF afasta a exigência da "pertinência temática"[37]. As associações de magistrados, por exemplo, não escapam da exigência de pertinência temática para terem legitimidade ativa no processo objetivo[38].

Existe interessante debate acadêmico a respeito do fundamento da extinção do processo na hipótese de não restar configurada a chamada pertinência temática. Todos concordam pela extinção por carência da ação,

---

33 Mendes-Coelho-Branco, *Curso*, p. 1.052; STF, ADI 912/RS, Tribunal Pleno, rel. Min. Néri da Silveira, j. 04/08/1993.

34 STF, Tribunal Pleno, ADI 4.422 AgR/DF, rel. Min. Celso de Mello, j. 06/11/2014, DJe 19/02/2015.

35 STF, Tribunal Pleno, ADI 3.906 AgR/DF, rel. Min. Menezes Direito, j. 07/08/2008; Rcl 5.914 AgR/BA, Tribunal Pleno, rel. Min. Ricardo Lewandowski, j. 25/06/2008.

36 Informativo 995/STF, Plenário, ADI 6.465 AgR/DF, rel. Min. Alexandre de Moraes, julgamento virtual finalizado em 19.10.2020.

37 STF, Tribunal Pleno, ADI 4.650/DF, rel. Min. Luiz Fux, j. 17/09/2015, DJe 24/02/2016.

38 STF, Tribunal Pleno, ADI 4.400/DF, rel. Min. Ayres Britto, rel. p/ acórdão Min. Marco Aurélio, j. 06/03/2013, DJe 03/10/2013.

mas a doutrina se divide entre aqueles que defendem como fundamentos a ilegitimidade ativa[39] e a ausência de interesse de agir[40]. O Supremo Tribunal Federal dá sinais de compartilhar do primeiro entendimento[41], que realmente parece ser o mais correto, considerando-se que a admissão ou não de determinado sujeito no polo ativo de uma demanda judicial diz respeito à sua legitimação para a propositura da ação. Na prática, como se nota, não há consequência relevante da distinção, sendo o acórdão sempre fundado no art. 485, VI, do CPC.

Por fim, a compatibilidade entre a abrangência da representação da associação e o ato questionado impede que entidades que congregam mera fração ou parcela de categoria profissional em cujo interesse pretendem litigar tenham legitimidade de agir[42].

1.4. PROCEDIMENTO

1.4.1. Petição inicial

Apesar da relevância da matéria tratada na ação direta de inconstitucionalidade, aplica-se no caso o princípio da inércia da jurisdição (princípio da demanda), de forma que cabe exclusivamente aos legitimados pelo art. 103 da CF e art. 2º da Lei 9.868/1999, em grupo ou isoladamente, dar início ao processo por meio de uma petição inicial. O início do processo de ofício, portanto, é vedado.

Ainda que o art. 3º da Lei 9.868/1999 preveja alguns requisitos formais que a petição inicial deve conter, é imprescindível uma aplicação subsidiária do art. 319 do CPC naquilo que não for incompatível com a natureza e procedimento do processo objetivo. Ressalte-se desde já a exigência contida no art. 3º da Lei 9.868/1999 de que a petição inicial seja apresentada em duas vias.

É natural que a petição inicial seja devidamente endereçada ao Supremo Tribunal Federal (art. 319, I, do CPC), bem como que o autor – e também o réu para aqueles que acreditam em sua existência – sejam devidamente qualificados, ainda que não com todos os dados constantes do art. 319, II, do CPC. Entendo pela desnecessidade de requerimento de produção de provas (art. 319, VI, do CPC), já que, no caso de processo objetivo, ainda que se admita produção de prova, não existe preclusão probatória por ausência

---

39 Didier Jr.-Braga-Oliveira, *Aspectos*, p. 371.

40 Barroso, *O controle*, p. 159; Mendes-Coelho-Branco, *Curso*, p. 1.054.

41 STF, Tribunal Pleno, ADI 2.551 MC-QQ/MG, rel. Min. Celso de Mello, j. 02/04/2003; ADI 2.831 MC-RJ, rel. Min. Maurício Correa, j. 11/03/2004.

42 STF, Tribunal Pleno, ADI 4.750 AgR/RJ, rel. Min. Luiz Fux, j. 21/05/2015, DJe 15/06/2015.

de requerimento do autor. Também é dispensável o requerimento de não realização da audiência de mediação e conciliação (art. 319, VII, do CPC), inaplicável ao procedimento ora analisado.

Como o art. 291 do CPC prevê que a toda causa será atribuído um valor, parece necessário que o autor indique um valor à ação ora analisada, nos termos do art. 319, V, do CPC, ainda que se trate de valor aleatório em razão do valor inestimável do bem da vida pretendido. A exigência de indicação de um valor da causa possibilita ao órgão julgador a imposição de multas por deslealdade e má-fé processual, todas fixadas em algum percentual do valor da causa. Registre-se, entretanto, que não se exige a indicação de valor da causa.

Segundo o art. 3º, I, da Lei 9.868/1999, a petição inicial indicará o dispositivo da lei ou do ato normativo impugnado e os fundamentos jurídicos do pedido em relação a cada uma das impugnações. O dispositivo legal parece indicar a causa de pedir (art. 319, III, do CPC), sendo indispensável a indicação específica da norma que se pretende declarar como inconstitucional, mas não existe necessidade de indicação expressa dos artigos de lei que fundamentam a pretensão do autor, até porque fundamentos jurídicos do pedido não podem ser confundidos com fundamentos legais[43].

Apesar da exigência feita ao autor de indicar os fundamentos jurídicos de sua pretensão, como ocorre em qualquer petição inicial, , corrente doutrinária majoritária defende a aplicabilidade da chamada "*causa petendi* aberta", de forma que o tribunal não esteja vinculado ao fundamento jurídico exposto pelo autor, podendo motivar sua decisão em fundamentos não arguidos na petição inicial[44]. Existem diversas decisões do Supremo Tribunal Federal acolhendo esse entendimento[45], inclusive permitindo-se que a natureza de inconstitucionalidade seja diversa daquela narrada pelo autor (alegação de inconstitucionalidade formal e procedência do pedido por inconstitucionalidade material e vice-versa).

Além da causa de pedir, o art. 3º, II, da Lei 9.868/1999 exige da petição inicial a indicação do pedido, com suas especificações (art. 319, IV, do CPC). Na realidade, o pedido é sempre o mesmo, o de declaração de inconstitucionalidade da norma, mas, considerando-se a existência de diferentes espécies de inconstitucionalidade, caberá ao autor a indicação expressa de qual delas representa sua pretensão.

---

43 STJ, 6ª Turma, AgRg no RMS 19.052/MG, rel. Min. Nefi Cordeiro, j. 24/11/2015, DJe 07/12/2015.

44 Mendes-Coelho-Branco, *Curso*, p. 1068; Guilherme Peña de Moraes, *Curso*, p. 210.

45 STF, Tribunal Pleno, ADI 2.213 MC/DF, rel. Min. Celso de Mello, j. 04/04/2002, *DJ* 23/04/2004, p. 7.

Entendo ser cabível a cumulação de pedidos, admitindo-se que numa mesma ação direta de inconstitucionalidade se pretenda a declaração de inconstitucionalidade de mais de uma norma legal ou ato normativo. Há, inclusive, decisão do Supremo Tribunal Federal admitindo a cumulação de pedidos típicos de ação direta de inconstitucionalidade e de ação direta de inconstitucionalidade por omissão[46], e de pedidos típicos de ação direta de inconstitucionalidade e de ação declaratória de constitucionalidade[47], desde que preenchidos os requisitos de cumulação previstos no Código de Processo Civil (art. 327, § 1º, do CPC).

Segundo o art. 492 do CPC, o juiz não pode conceder diferente ou a mais do que for pedido pelo autor. Trata-se do *princípio da congruência*, também conhecido como princípio da *correlação* ou da *adstrição*. Para significativa parcela doutrina, o princípio da congruência decorre do princípio dispositivo[48], ficando o juízo condicionado à vontade da parte expressa nos limites por ela traçados em seu pedido.

Esmiuçando tal entendimento, em análise mais minuciosa nota-se que o princípio ora estudado é fundamentado em dois outros princípios: *inércia da jurisdição* (princípio da jurisdição) e *contraditório* (princípio do processo)[49]. A inércia da jurisdição determina que o juízo só se movimenta quando provocado pelo interessado, sendo que essa movimentação ocorre nos estritos limites do pedido e causa de pedir elaborados pelo autor. Por outro lado, o réu limita sua defesa tomando por base a pretensão do autor, não havendo sentido defender-se de pedido não elaborado ou de causa de pedir não narrada na petição inicial. Uma decisão proferida fora desses limites surpreenderá o réu, o que não se pode admitir em respeito ao princípio do contraditório.

A regra da adstrição do juízo ao pedido elaborado pelo autor encontra interessante exceção no processo objetivo com a chamada inconstitucionalidade reflexa, ou por ricochete, também conhecida na doutrina como inconstitucionalidade por consequência, arrastamento ou por atração[50]. O Supremo Tribunal Federal admite que, ao declarar a inconstitucionalidade de uma norma, possa também declarar outras normas não impugnadas na ação judicial em razão de sua interdependência com aquela declarada inconstitucional[51]. A adoção do entendimento de inconstitucionalidade consequencial

[46] STF, Tribunal Pleno, ADI 4.650/DF, rel. Min. Luiz Fux, j. 17/09/2015, DJe 24/02/2016.

[47] STF, Tribunal Pleno, ADI 5.316 MC/DF, rel. Min. Luiz Fux, j. 21/05/2015, DJe 06/08/2015.

[48] Nery Jr.-Nery, *Código*, p. 669; Costa Machado, *Código*, p. 468; Arruda Alvim, *Manual*, n. 301, p. 554.

[49] Theodoro Jr., *Curso*, n. 493-b, p. 574; Arruda Alvim, *Manual*, n. 301, p. 554; Dinamarco, *Instituições*, n. 940, p. 274.

[50] Marcelo Novelino, *Direito*, n. 11.6.4.2.1, p. 237-238.

[51] STF, Tribunal Pleno, ADI 1.358/DF, rel. Min. Gilmar Mendes, j. 04/02/2015, DJe 03/03/2015.

ou por arrastamento afasta o princípio da adstrição, admitindo-se que a concessão de tutela pelo órgão jurisdicional seja mais ampla do que aquela expressamente requerida pelo autor.

As últimas exigências formais do art. 3º da Lei 9.868/1999 estão previstas em seu parágrafo único: procuração, quando a petição inicial for subscrita por advogado, e instrução com cópias da lei ou do ato normativo impugnado e dos documentos necessários para comprovar a impugnação.

Segundo o art. 320 do CPC, a petição inicial deve ser instruída com os documentos indispensáveis à propositura da ação, podendo se compreender que, na ação direta de inconstitucionalidade, esses documentos são aqueles descritos no art. 3º da Lei 9.868/1999 (procuração e cópia da lei ou ato normativo impugnado), sendo de difícil compreensão a exigência para a juntada de outros documentos necessários a comprovar a impugnação. De qualquer forma, o dispositivo legal ora analisado sugere a existência de preclusão para a apresentação desses documentos, o que não parece ser o mais adequado, devendo se aplicar o entendimento consagrado pelo Superior Tribunal de Justiça, que permite a juntada de documentos a qualquer momento do procedimento, desde que não haja má-fé e se respeite o contraditório[52], tendo sido tal entendimento, inclusive, consagrado no art. 435, parágrafo único, do CPC.

O Supremo Tribunal Federal aplica a regra da estabilização objetiva da demanda, entendendo que a emenda ou aditamento da petição inicial só são admitidos antes do requerimento de informações à autoridade ou órgão do qual emanou a lei ou ato normativo impugnado, sendo também esse o entendimento majoritário da doutrina[53].

Interessante questão diz respeito à impugnação de medida provisória que, durante o trâmite procedimental, se converte em lei, sendo entendimento tradicional do Supremo Tribunal Federal que o aditamento só será admitido quando não houver alteração na aprovação da medida provisória; havendo alteração, será caso de extinção da ação por perda superveniente de objeto[54]. Registre-se, entretanto, decisão que admite a continuação do processo, mesmo quando verificada a aprovação da medida provisória em lei, entendendo o Supremo Tribunal Federal que, na hipótese de alteração não substancial do conteúdo na norma, não se deve extinguir a ação sem resolução de mérito[55].

---

[52] STJ, 4ª Turma, REsp 795.862/PB, rel. Min. Jorge Scartezzini, j. 17/10/2006; Theodoro Jr., *Curso*, n. 459, p. 518; Luiz Fux, *Curso*, p. 712.

[53] Guilherme Peña de Moraes, *Curso*, p. 210.

[54] STF, Tribunal Pleno, ADI 1.125 MC/DF, rel. Min. Carlos Velloso, j. 01/02/1995, *DJ* 31/03/1995, p. 7.773.

[55] STF, Tribunal Pleno, ADI 4.048 MC/DF, rel. Min. Gilmar Mendes, j. 14/05/2008, *DJE* 157.

O entendimento deve ser prestigiado, pois nitidamente consagra princípios fundamentais do processo civil moderno, não tendo qualquer sentido se falar em perda superveniente de objeto, quando a alteração for meramente formal, muitas vezes limitando-se a uma nova redação do texto legal[56]. O que interessa é descobrir, no caso concreto, se a alteração foi substancial, atingindo de forma significativa o conteúdo na norma, de forma a tornar o pedido de declaração de inconstitucionalidade inútil, até porque, isso não ocorrendo e sendo extinta a ação sem a resolução do mérito, certamente o autor ingressará com nova ação direta de inconstitucionalidade pelos mesmos fundamentos, alterando somente a indicação da norma legal que pretende ver declarada inconstitucional.

1.4.2. Posturas do juiz diante da petição inicial

1.4.2.1. Emenda da petição inicial

Em razão do caráter instrumentalista que norteia o processo civil moderno, a emenda – ou complementação – da petição inicial prevista no art. 321 do CPC ganha cada vez mais espaço e importância. Defende-se que, sempre que for possível a escolha entre a emenda da petição inicial e seu indeferimento, deve o juiz optar pelo primeiro caminho, reservando-se o indeferimento da petição inicial a situações de fato absolutamente impossíveis de serem saneadas ou corrigidas[57]. O Superior Tribunal de Justiça, inclusive, tem entendimento de que a emenda da petição inicial é um direito do autor, não podendo o juiz indeferir a petição inicial antes de oportunizar ao autor seu saneamento, sempre que isso se mostrar possível no caso concreto[58].

Não há qualquer razão plausível para se afastar tal entendimento do procedimento da ação direta de inconstitucionalidade, sendo também esse o atual posicionamento do Supremo Tribunal Federal a respeito do tema[59]. O relator concederá prazo de 15 dias para que o autor emende ou complemente a petição inicial. Admite-se, no caso concreto, que o relator amplie esse prazo, quando entendê-lo muito exíguo para o saneamento exigido[60], entendimento consagrado pelo art. 139, VI, do CPC.

---

56 Didier Jr.-Braga-Oliveira, *Aspectos*, p. 379.

57 Nery Jr.-Nery, *Código*, p. 551.

58 STJ, 4ª Turma, REsp 1.143.968/MG, rel. Min. Luis Felipe Salomão, j. 26/02/2013, DJe 01/07/2013; STJ, 1ª Turma, AgRg no REsp 1.089.211/RJ, rel. Min. Luiz Fux, j. 16/12/2010, DJe 21/02/2011.

59 STF, Tribunal Pleno, ADI 1.949 MC/RS, Rel. Min. Sepúlveda Pertence, j. 18/11/1999, *DJ* 25/11/2005, p. 5; Informativo 193/STF: Tribunal Pleno, ADI 2.187/BA, rel. Min. Octávio Gallotti, j. 15/06/2000.

60 STJ, 3ª Turma, REsp 871.661/RS, Rel. Min. Nancy Andrighi, j. 17/05/2007.

Esse prazo de emenda, além de ser dilatório, parece também ser impróprio, já que o seu mero decurso não é o suficiente para impedir o autor de emendar sua petição inicial. Na realidade, conforme correto precedente do Superior Tribunal de Justiça[61], caso o autor, entre o decurso do prazo e a efetiva prolação da decisão extintiva do processo, peticione nos autos saneando o vício, o processo deve der seguimento.

1.4.2.2. Indeferimento da petição inicial

Cumpre inicialmente ressaltar a tradicional lição doutrinária de que só haverá indeferimento da petição inicial antes da citação do réu[62], a qual, sendo adaptada ao procedimento da ação direta de inconstitucionalidade, significa que o ato deve ser realizado antes de prestadas as informações referidas no art. 6º da Lei 9.868/1999.

Segundo o art. 4º da Lei 9.868/1999, a petição inicial será indeferida pelo relator quando for inepta, não fundamentada e manifestamente improcedente. Numa visão mais instrumentalista, os dois primeiros casos de indeferimento previstos pelo dispositivo legal são hipóteses de emenda da petição inicial.

De qualquer forma, interessante notar que, nas duas primeiras hipóteses de indeferimento da petição inicial, a decisão do relator terá natureza terminativa, considerando-se ter como objeto vícios formais da peça. Já na terceira hipótese, a decisão tem natureza de mérito, considerando-se que a manifesta improcedência decorre da ausência de qualquer fundamento jurídico sério que possa minimamente sustentar a pretensão do autor. Não deixa de ser curioso que na maioria das ações não seja admitida a improcedência liminar na hipótese de manifesta improcedência, já que essa hipótese não está contemplada no art. 332 do CPC. A única ação em que essa solução é admitida é a ação de embargos à execução, em razão do previsto no art. 918, III, do CPC. E na ação ora analisada também é possível em razão do previsto no art. 4º da Lei 9.868/1999.

Segundo o art. 4º, parágrafo único, da Lei 9.868/1999, cabe agravo contra a decisão monocrática do relator que indeferir a petição inicial. Trata-se do agravo interno previsto pelo art. 1.021 do CPC. Como já tive oportunidade de defender, sempre que se admite a decisão monocrática do relator, sua participação dá-se como de um "porta-voz avançado"[63] do órgão colegiado, que, por razões de facilitação procedimental ou urgência da situação, rece-

---

[61] STJ, 3ª Turma, REsp 871.661/RS, Rel. Min. Nancy Andrighi, j. 17/05/2007.

[62] Dinamarco, *Instituições*, n. 1.026, p. 401; Nery Jr.-Nery, *Código*, p. 685; Greco Filho, *Direito processual*, p. 116.

[63] Barbosa Moreira, *Algumas*, p. 324.

be de forma delegada do órgão colegiado a competência, ou seja, o poder de decidir legitimamente. No caso presente, é inegável que o princípio da celeridade processual[64] incentivou o legislador a permitir expressamente o julgamento monocrático pelo relator, mas o reconhecimento de sua atuação com competência delegada justificou a expressa previsão do cabimento do recurso de agravo, que seguirá fundamentalmente o trâmite previsto no art. 1.021 do CPC, com aplicação subsidiária do Regimento Interno do Supremo Tribunal Federal (art. 317, apesar de o presente agravo ser legal e não regimental, o qual, inclusive, perdeu completamente sua utilidade com o Código de Processo Civil de 2015[65]).

1.4.2.3. Pedido de informações

Não sendo caso de indeferimento da petição inicial, o relator pedirá informações aos órgãos ou às autoridades das quais emanou a lei ou o ato normativo impugnado. Apesar do silêncio da lei, esse "pedido" se dará por meio da intimação pessoal do representante legal do órgão ou da autoridade. Aduz o art. 6º, parágrafo único, da Lei 9.868/1999, que o prazo para a prestação dessas informações é de 30 dias, contados do recebimento do pedido, parecendo tratar-se de prazo impróprio, que, uma vez descumprido, não gera a preclusão temporal, de forma que se admita, após o transcurso do prazo, a prestação válida das informações.

Ainda que se admita a natureza imprópria do prazo legal de prestação das informações, o procedimento não pode ser paralisado em razão da inércia do órgão ou da autoridade, de forma que, mesmo sem a prestação das informações, caberá ao relator dar continuidade ao procedimento.

Em edições anteriores defendi que nesse caso haveria uma preclusão mista (temporal/consumativa), a partir do momento da manifestação do Advogado-Geral da União. Pensando melhor a respeito do tema, entretanto, e sem abandonar a ideia de preclusão mista na hipótese ora analisada, entendo que o termo de tal preclusão deve ser estendido para o julgamento da causa.

Ainda que haja inegavelmente uma inversão da ordem processual, a prestação de informações depois da oitiva do Advogado-Geral da União, e mesmo do Procurador-Geral da República, não há prejuízo ao andamento procedimental, sendo importante ao órgão julgador ter em seu poder ambas manifestações para melhor decidir. Naturalmente que, depois do julgamento, será tarde demais para a prestação de informações.

---

64 Mendes-Coelho-Branco, *Curso*, p. 1069.

65 Neves, *Manual*, n. 72,1, p. 1.558.

1.4.2.4. *Manifestações do Advogado-Geral da União e do Procurador-Geral da República*

Aduz o art. 8º da Lei 9.868/1999 que, após as informações dos órgãos ou às autoridades das quais emanou a lei ou o ato normativo impugnado, num prazo sucessivo de 15 dias, serão ouvidos o Advogado-Geral da União e o Procurador-Geral da República.

Com relação à atuação do Advogado-Geral da União existe viva controvérsia. Para alguns doutrinadores, o Advogado-Geral da União não precisa necessariamente impugnar a pretensão do autor, não havendo sentido forçar órgão constitucional a defender uma lei ou norma nitidamente inconstitucional[66]. A própria Advocacia-Geral da União por vezes se manifesta no sentido de não ser obrigada a defender o ato ou texto impugnado, ainda mais quando o próprio Tribunal já se manifestou pela inconstitucionalidade da tese jurídica apresentada[67].

Não é esse, entretanto, o entendimento do Supremo Tribunal Federal, que prefere atribuir ao Advogado-Geral da União uma atuação de curador da presunção de constitucionalidade dos atos emanados do Poder Público, cabendo a ele, em qualquer circunstância, concretizar o contraditório ao impugnar a pretensão do autor.[68]

Na realidade, o posicionamento do Supremo Tribunal Federal a respeito do tema centra-se na fiel aplicação do art. 103, § 3º, da CF, que, sem margens para dúvidas, prevê que caberá ao Advogado-Geral da União a defesa do ato ou do texto impugnado na ação direta de inconstitucionalidade. Como bem observado por parcela doutrinária, pode não ter sido feliz o texto constitucional, que mereceria, portanto, revisão, mas é inegável que, sem uma modificação do texto legal, a atuação do Advogado-Geral da União é de defensor, não podendo se limitar à elaboração de um mero parecer, inclusive apontando a inconstitucionalidade pretendida pelo autor[69].

Há, entretanto, duas exceções a esse entendimento, já que o Supremo Tribunal Federal admite que o Advogado-Geral da União deixe de defender a constitucionalidade do ato ou norma impugnado quando já houver no

---

[66] Mendes-Coelho-Branco, *Curso*, p. 1071-1072.

[67] STF, Tribunal Pleno, ADI 3.259/PA, rel. Min. Eros Grau, j. 16/11/2005, *DJ* 24/02/2006, p. 5; ADI 2.687/PA, rel. Min. Nelson Jobim, j. 20/03/2003, *DJ* 06/06/2003, p. 30.

[68] STF, Tribunal Pleno, ADI 3.522/RS, rel. Min. Marco Aurélio, j. 24/11/2005, *DJ* 12/05/2006, p. 4. Na doutrina: Marcelo Novelino, *Direito*, n. 13.7, p. 270.

[69] Didier Jr.-Braga-Oliveira, *Aspectos*, p. 383.

tribunal declaração anterior de inconstitucionalidade[70], e quando a pretensão do autor coincidir com o interesse da União no caso concreto[71].

Não existem discussões na doutrina a respeito da função do Procurador--Geral da República nesse caso, que, atuando como fiscal da ordem jurídica, deverá elaborar um parecer com seu entendimento a respeito da alegada inconstitucionalidade. O único tema relevante a respeito dessa atuação se verifica na hipótese de ação direta de inconstitucionalidade proposta pelo Procurador-Geral da República. Sendo autor, deverá funcionar também como fiscal da ordem jurídica? Devem existir dois membros diferentes do Ministério Público Federal no processo, um como autor e outro como fiscal da ordem jurídica?

No sistema processual anterior, no qual a legitimidade ativa era exclusiva do Procurador-Geral da República, tinha sentido o ingresso de ação direta de inconstitucionalidade e posterior manifestação como fiscal da ordem jurídica, até mesmo no sentido da declaração de constitucionalidade. No atual sistema, entretanto, com a pluralidade de legitimados ativos, caso o Procurador-Geral da República ingresse com a ação, cobra-se uma atuação de autor, inclusive com o pedido expresso de declaração de inconstitucionalidade, como já teve oportunidade de decidir o Supremo Tribunal Federal.

Caso não entenda inconstitucional a norma, não tem qualquer sentido ingressar com ação, deixando tal tarefa ao legitimado que tenha diversa percepção. Entendo que não há qualquer sentido abrir prazo para manifestação do Procurador-Geral da República quando ele próprio ingressou com demanda, porque, de duas uma: ou reforça seus fundamentos, o que demonstra a inutilidade do ato; ou muda de ideia e pede a improcedência do pedido, o que não parece ser permitido em razão do fenômeno processual da preclusão lógica[72].

Apesar de entendimento contrário de parcela doutrinária[73], e do procedimento adotado pelo Supremo Tribunal Federal[74], não parece que a aplicação do art. 103, § 3º, da CF seja justificativa suficiente para a emissão de parecer como fiscal da ordem jurídica nesse caso, considerando-se que o texto constitucional determina que o Procurador-Geral da República seja previamente ouvido, o que naturalmente já ocorre quando a petição inicial da ação é por ele elaborada.

70 STF, Tribunal Pleno, ADI 1.616/PE, rel. Min. Maurício Corrêa, j. 24/05/2001, DJ 24/08/2001, p. 41.

71 Informativo 562/STF, Plenário, ADI 3.916/DF, rel. Min. Eros Grau, j. 07/10/2009.

72 Contra: Marcelo Novelino, *Direito*, n. 13.6, p. 270; Fernandes, Curso, p. 1.596.

73 Luis Roberto Barroso, *O controle*, p. 161; Guilherme Peña de Moraes, *Curso*, p. 195.

74 STF, Tribunal Pleno, ADI 3.259/PA, rel. Min. Eros Grau, j. 16/11/2005, *DJ* 24/02/2006, p. 5.

1.4.2.5. Instrução probatória

É tradicional a afirmação de que a ação direta de inconstitucionalidade versa exclusivamente sobre matérias de direito, de forma que bastaria ao Supremo Tribunal Federal a verificação da norma questionada à luz da norma constitucional superior. Contrariando esse entendimento, o art. 9º, § 1º, da Lei 9.868/1999, prevê que, em caso de necessidade de esclarecimento de matéria ou circunstância de fato ou de notória insuficiência das informações existentes nos autos, poderá o relator requisitar informações adicionais, designar perito ou comissão de peritos para que emita parecer sobre a questão ou fixar data para, em audiência pública, ouvir depoimentos de pessoas com experiência e autoridade na matéria.

O Supremo Tribunal Federal já vem se valendo do dispositivo legal nos processos objetivos de controle de constitucionalidade[75], nitidamente superando seu anterior posicionamento de não cabimento da ação direta de inconstitucionalidade para o deslinde da questão, quando mostrar-se indispensável exame da matéria de fato. Registre-se, entretanto, que o desenvolvimento probatório do procedimento ora analisado não é voltado propriamente aos fatos constitutivos do direito do autor, recaindo sobre fatos relativos ao processo legislativo, forma de incidência e repercussão prática da declaração de constitucionalidade ou não da norma impugnada[76].

1.5. TUTELA DE URGÊNCIA

A Seção II do Capítulo II da Lei 9.868/1999 prevê a medida cautelar em ação direta de inconstitucionalidade, regulando o procedimento para sua concessão nos arts. 10, 11 e 12. É interessante notar que, apesar de prever uma medida cautelar, a lei expressamente dispensa o ingresso de ação autônoma cautelar, cabendo ao autor elaborar seu pedido como tópico da petição inicial. Pode-se afirmar que tal realidade foi precursora da extinção do processo cautelar autônomo incidental pelo Código de Processo Civil de 2015, sendo agora admitida para qualquer pedido de natureza cautelar sua elaboração como tópico da petição inicial da ação principal.

Antes de propriamente analisar o procedimento para a concessão de tutela de urgência na ação direta de inconstitucionalidade, cumpre apontar a imprecisão do texto legal, que indevidamente confunde diferentes espécies de tutela de urgência, ainda que na prática não haja consequências significativas do equívoco consagrado na literalidade da norma ora comentada.

---

[75] STF, Tribunal Pleno, ADI 4.066/DF, rel. Min. Rosa Weber, j. 24/08/2017, DJe 07/03/2018.

[76] Guilherme Peña de Moraes, *Curso*, p. 213.

É tradicional na doutrina a distinção entre a tutela cautelar e a tutela antecipada com fundamento na explicação de que a primeira assegura o resultado útil do processo, enquanto a segunda satisfaz faticamente o direito da parte (geralmente o autor, mas não exclusivamente)[77]. Parece claro que a pretensão do autor com a chamada "medida cautelar" prevista nos artigos já mencionados é a consequência prática imediata da declaração de ineficácia da lei ou ato normativo impugnado, o que, inclusive, vem confirmado pelo art. 11, § 1º, da Lei 9.868/1999. Sendo a ineficácia uma consequência prática da declaração de inconstitucionalidade, a chamada "medida cautelar", na realidade, atua como "tutela antecipada", antecipando os efeitos executivos da tutela pretendida em sede principal[78].

Esse entendimento acaba sendo refletido na praxe forense, já que é comum constar da petição inicial da ação direta de inconstitucionalidade um pedido de liminar, que, quando utilizado como espécie de tutela de urgência - como parece ser o caso –, é tutela de urgência satisfativa, exatamente com a mesma função da tutela antecipada. Existem, inclusive, decisões do Supremo Tribunal Federal deferindo a liminar pleiteada, sem a indicação expressa à "medida cautelar" prevista em lei[79], por vezes, inclusive, reconhecendo expressamente sua natureza antecipatória[80].

Apesar da nítida natureza de tutela antecipada, o Supremo Tribunal Federal entende que a concessão da "medida cautelar" na ação direta de inconstitucionalidade depende da presença no caso concreto dos tradicionais elementos cautelares do *fumus boni iuris* e do *periculum in mora*[81]. O art. 300, *caput*, do CPC prevê que os requisitos para a concessão da tutela de urgência - tanto cautelar como antecipada - dependem de elementos que evidenciem a probabilidade do direito e o perigo de dano ou risco ao resultado útil do processo. A utilização das tradicionais expressões *fumus boni iuris* e *periculum in mora* deve se adequar a essa nova realidade legislativa.

Cumpre ainda registrar entendimento do Supremo Tribunal Federal no sentido de dispensa do *periculum in mora* (perigo de dano ou risco ao resultado útil do processo), valendo-se, em seu lugar, do chamado "critério de conveniência", por meio do qual o tribunal analisa o que será mais con-

---

77 Theodoro Jr., *O processo*, p. 89; Dinamarco, *A Reforma*, p. 140-141; Batista Lopes, *Tutela*, p. 40-41; Fidélis dos Santos, *Novíssimos*, p. 25; Araken de Assis, *Antecipação*, p. 15-19; Nery Jr.-Nery, *Código*, p. 524.

78 Teori Albino Zavascki, *Processo*, n. 11.6, p. 268; Didier Jr.-Braga-Oliveira, *Aspectos*, p. 405; Guilherme Peña de Moraes, *Curso*, p. 214-215.

79 STF, Tribunal Pleno, ADI 3.937 MC/SP, rel. Min. Marco Aurélio, j. 04/06/2008, *DJE* 192, 09/10/2008; ADI 2.527 MC/DF, rel. Min. Ellen Gracie, j. 16/08/2007, *DJE* 147, 22/11/2007.

80 STF, Tribunal Pleno, MS 31.816 MC-AgR/DF, rel. Min. Teori Zavascki, j. 27/02/2013, DJe 13/05/2013.

81 STF, Tribunal Pleno, ADI 4.062 MC/SC, rel. Min. Joaquim Barbosa, j. 04/06/2008, *DJE* 112, 19/06/2008; ADI 3.923 MC/MA, rel. Min. Eros Grau, j. 16/08/2007, *DJE* 26, 14/02/2008.

veniente: manter os efeitos da lei ou ato impugnado até o julgamento da ação direta de inconstitucionalidade ou conceder a tutela de urgência para impedir imediatamente seus efeitos[82].

Com a unificação dos critérios para a concessão da tutela antecipada e cautelar no art. 300, *caput*, do CPC, pode parecer não haver mais consequência prática na distinção dessas duas espécies de tutela provisória de urgência. Essa aparência, entretanto, é desmentida quando o pedido de tutela de urgência ocorre de forma antecedente, já que o novo diploma processual prevê diferentes procedimentos nessa hipótese.

O indeferimento do pedido de tutela antecipada antecedente exige do autor a emenda da petição inicial no prazo de 5 dias (art. 303, § 6º, do CPC), sob pena de ser indeferida e de o processo ser extinto sem resolução de mérito, enquanto no indeferimento do pedido antecedente de medida cautelar o processo continuará normalmente até a prolação de sentença. Com o deferimento, na tutela antecipada o autor tem prazo de 15 dias, ou outro maior fixado pelo juiz (art. 303, § 1º, I, do CPC), para aditar a petição inicial, enquanto na tutela cautelar antecedente esse prazo é de 30 dias a ser contado da efetivação da medida cautelar (art. 308, *caput*, do CPC). Por fim, a estabilização da tutela de urgência prevista no art. 304 do CPC é aplicável somente à tutela antecipada antecedente, não existindo estabilização de tutela cautelar.

Em razão das diferenças procedimentais descritas, quando o pedido de tutela de urgência é formulado de forma antecedente, é imprescindível se determinar sua natureza antecipada ou cautelar. No tocante à ação direta de inconstitucionalidade, entretanto, o questionamento que deve ser elaborado é a respeito do cabimento do pedido da "medida cautelar" consagrada na Seção II do Capítulo II da Lei 9.868/1999, que prevê tão somente a forma incidental de pedido.

Acredito que o tratamento específico sobre o tema em lei específica não seja o suficiente para afastar a aplicação do Código de Processo Civil de 2015, de forma que o pedido de tutela de urgência pode anteceder a ação direta de inconstitucionalidade. Registro apenas que, mesmo entendendo tratar-se de uma tutela antecipada, apesar de nomeada pela Lei 9.868/1999 de "medida cautelar", não se aplica nesse caso o art. 304 do CPC.

O recurso previsto pelo *caput* do dispositivo legal deve ser interposto pelo réu, e como não existe réu na ação direta de inconstitucionalidade, não vejo como se possa estabilizar uma tutela antecipada concedida de forma antecedente. Ademais, a própria ideia de estabilização de uma tutela provisória declarando a inconstitucionalidade de uma norma não parece compatível com

82 STF, Tribunal Pleno, ADI 2.487 MC/SC, rel. Min. Moreira Alves, j. 13/03/2002, *DJ* 01/08/2003, p. 101.

a segurança jurídica esperada do Supremo Tribunal Federal em sua atuação no processo objetivo[83].

Em termos procedimentais, o relator intimará os órgãos ou autoridades dos quais emanou a lei ou ato normativo para que se pronunciem no prazo de 5 dias; após o transcurso desse prazo, ouvirá sucessivamente, no prazo de três dias, o Advogado-Geral da União e o Procurador-Geral da República, desde que entenda indispensáveis essas manifestações, o que já demonstra a possibilidade de o relator dispensar essa oitiva. Na realidade, em casos de excepcional urgência, até mesmo a intimação do órgão ou autoridade descrita no art. 6º da Lei 9.868/1999 pode ser dispensada, conforme expressa previsão do art. 10, § 3º, da mesma lei.

Em regra, o pedido de tutela de urgência será analisado pelo Tribunal Pleno, somente sendo concedido por decisão da maioria absoluta dos membros do Tribunal, sendo, nos termos do art. 10, § 2º, da Lei 9.868/1999, facultada a sustentação oral dos representantes legais do requerente e das autoridades e órgãos responsáveis pela expedição do ato. O Supremo Tribunal Federal já decidiu pela admissibilidade da sustentação oral do Advogado-Geral da União[84], o que se justifica em razão da aplicação do contraditório, afinal, o procedimento não prevê uma manifestação escrita sua anterior ao julgamento.

Entendo que também o Procurador-Geral da República poderá fazer sustentação oral como fiscal da ordem jurídica, bem como o *amicus curiae*[85] (art. 131, § 2º, RISTF), considerando-se que as manifestações orais desses sujeitos não trarão maiores prejuízos ao procedimento, somente sendo fonte de mais informações para os Ministros decidirem o pedido de tutela de urgência.

Apesar de a regra ser o julgamento colegiado, no período de recesso e no curso de férias coletivas, cabe ao relator da ação direta de inconstitucionalidade a análise monocrática do requerimento de tutela de urgência, quando proferirá decisão sujeita a referendo do órgão colegiado. Para se deixar claro que não existe, nesse caso, qualquer transferência da competência para conhecer o requerimento da medida de urgência, o Supremo Tribunal Federal entende incabível o agravo regimental (atualmente agravo retido), que será recebido como mero memorial, considerando-se ser

---

83 Em nem toda espécie de ação ocorrerá a estabilização da tutela antecipada concedida de forma antecedente. Exemplificativamente o Enunciado nº 43 da I Jornada de Direito Processual Civil do CJF: "Não ocorre a estabilização da tutela antecipada requerida em caráter antecedente, quando deferida em ação rescisória".

84 STF, Tribunal Pleno, ADI 2.135 MC/DF, rel. Min. Néri da Silveira, rel. p/ acórdão Min. Ellen Gracie, j. 02/08/2007, *DJE* 41, 06/03/2007.

85 Em modificação de entendimento, o STF passou a admitir a sustentação oral do *amicus curiae*: Informativo 331/STF: Tribunal Pleno, ADI 2777, rel. Min. Cezar Peluso, j. 26/09/2003. Na doutrina, consultar Cassio Scarpinella Bueno, *Amicus*, p. 169-170. O art. 138 do CPC não prevê entre os poderes do *amicus curiae* a sustentação oral, mas o relator pode admitir a prática do ato no caso concreto.

dispensável a manifestação do autor da ação para que o Tribunal Pleno se manifeste sobre a decisão do relator, que ocorrerá independentemente de qualquer provocação[86].

No tocante ao quórum para a concessão da tutela de urgência por decisão colegiada é importante registrar a existência de quantidade razoável de decisões monocráticas proferidas pelo relator mesmo fora dos períodos de recesso. A fundamentação não deixa de ser curiosa, e criticável[87], já que o relator se vale por analogia do art. 5º, § 1º, da Lei 9.882/1999 quando existe norma expressa proibindo a atuação unipessoal nos arts. 10, *caput*, e 21 da Lei 9.868/1999.

Segundo o art. 11, *caput*, da Lei 9.868/1999, concedida a tutela de urgência, o dispositivo da decisão deverá ser publicado num prazo de 10 dias (prazo impróprio), em seção especial do Diário Oficial da União e do Diário da Justiça da União, seguindo-se o procedimento já analisado com a intimação do órgão ou autoridade da qual tiver emanado o ato e atos subsequentes. Ainda que os sujeitos que participam da ação direta de inconstitucionalidade já tenham se manifestado – de forma escrita e/ou oral – antes da concessão da tutela de urgência, todos serão novamente ouvidos, considerando-se que a manifestação anterior à concessão da liminar limita-se aos requisitos da tutela de urgência, não se confundindo com as manifestações necessárias a respeito do mérito da demanda[88].

Com relação aos efeitos da "medida cautelar" concedida, o art. 11, § 1º, da Lei 9.868/1999 contém duas importantes informações. A primeira diz respeito aos afetados pela decisão liminar: a eficácia é contra todos, ou seja, *erga omnes*, característica típica da natureza de direito difuso que compõe o objeto da ação direta de inconstitucionalidade.

Questão interessante diz respeito à eficácia vinculante dessa decisão, sendo o entendimento consagrado no Supremo Tribunal Federal pela sua existência, o que inclusive permite o ingresso de reclamação nas hipóteses previstas em lei[89]. Apesar da eficácia vinculante, está correta a doutrina que entende não existir obrigatoriedade de suspensão dos processos em que se controverte a respeito da incidência do preceito questionado, ainda que o juízo desses processos possa suspendê-los, nos termos do art. 313, V, *a*, do CPC[90]. Nada impede, entretanto, que o sobrestamento seja determinado pelo

---

86 STF, Tribunal Pleno, ADI 3.626 MC/MA, rel. Min. Marco Aurélio, j. 03/05/2007, *DJE* 82, 16/08/2007.

87 Ferreira, *Controle*, n. 5.5.1.1, p. 208.

88 Teori Albino Zavascki, *Processo*, n. 11.7, p. 269-270.

89 STF, Tribunal Pleno, Rcl 2.256/RN, rel. Min. Gilmar Mendes, j. 11/09/2003, *DJ* 30/04/2004, p. 34.

90 Teori Albino Zavascki, *Processo*, n. 11.7, p. 269-270.

órgão julgador, em aplicação analógica do art. 21, caput, da Lei 9.868/1999 e art. 5º, § 3º, da Lei 9.882/1999[91].

Na hipótese de decisão que indefere a tutela de urgência, não há eficácia vinculante, considerando-se que nessa espécie de decisão não existe necessariamente um posicionamento a respeito da constitucionalidade de norma, porque a mera ausência de *periculum in mora* já é o suficiente para o indeferimento[92]. Não tendo ocorrido qualquer valoração, ainda que em cognição sumária, da alegada inconstitucionalidade da norma ou ato impugnado, não se pode antever no indeferimento do pedido liminar qualquer presunção de constitucionalidade. No Supremo Tribunal Federal há precedente no sentido de inexistência da eficácia vinculante da decisão liminar denegatória[93].

A segunda importante informação é a de que a "medida cautelar" será concedida com efeitos *ex nunc*, a partir da publicação da decisão na imprensa oficial[94], salvo se o Tribunal entender que deva conceder-lhe eficácia retroativa (*ex tunc*)[95]. Segundo correto entendimento do Supremo Tribunal Federal, para que se outorgue eficácia *ex tunc* ao pronunciamento liminar, cabe ao órgão julgador expressamente se manifestar nesse sentido, de forma que seu silêncio quanto aos efeitos será entendido como a aplicação da regra estabelecida pelo art. 11, § 1º, da Lei 9.868/1999[96].

No sentido da tranquila jurisprudência do Supremo Tribunal Federal, o art. 11, § 2º, da Lei 9.868/1999 prevê que a concessão da "medida cautelar" torna aplicável a legislação anterior acaso existente, salvo expressa manifestação em sentido contrário.

O art. 12 da Lei 9.868/1999 cria técnica procedimental diferenciada de julgamento da ação direta de inconstitucionalidade, quando o Tribunal, diante de requerimento de "medida cautelar", resolve julgar imediatamente o mérito da ação. Segundo o dispositivo legal, em face da relevância da matéria e de seu especial significado para a ordem social e para a segurança jurídica, o relator poderá pedir as informações em 10 dias, ouvir em prazos sucessivos de cinco dias o Advogado-Geral da União e o Procurador-Geral da República, e submeter o processo diretamente ao Tribunal Pleno.

---

91 Decisão Monocrática na ADI 5.609 MC/DF, rel. Min. Roberto Barroso, j. 16/05/2017, DJe 19/05/2017.

92 Teori Albino Zavascki, *Processo*, n. 11.7, p. 270.

93 STF: Tribunal Pleno, Rcl 3.424 AgR/SP, rel. Min. Carlos Britto, j. 11/10/2007, *DJE* 142, 31/07/2008.

94 STF: Decisão monocrática, Rcl 3.309 MC/ES, rel. Min. Celso de Mello, j. 01/07/2005, *DJ* 04/08/2005, p. 45.

95 STF, Tribunal Pleno, ADI 4843 MC-ED-Ref/PB, rel. Min. Celso de Mello, j. 11/12/2014, DJe 19/02/2015; STF, Tribunal Pleno, ADI 1.808/AM, rel. Min. Gilmar Mendes, j. 18/09/2014, DJe 10/11/2014.

96 STF: Tribunal Pleno, ADI 2.105 MC/DF, rel. Min. Celso de Mello, j. 23/03/2000, *DJ* 28/04/2000, p. 71.

Ainda que não exista norma nesse sentido, concordo com a doutrina que defende, em situações de considerável excepcionalidade, a concessão da tutela mediante medida de urgência por decisão monocrática do relator, ainda que se empregue o procedimento do art. 12 da Lei 9.868/1999[97]. Cumpre ressaltar, entretanto, que, nesse caso, estar-se-á diante de uma terceira forma procedimental de julgamento da ação direta de inconstitucionalidade, considerando-se que então o Tribunal Pleno não se valerá do pedido de tutela de urgência para julgar diretamente o mérito da ação, mas tão somente confirmará ou revogará a decisão liminar e monocrática do relator.

1.6. DECISÃO

1.6.1. Conteúdo

Segundo a previsão dos arts. 22 e 23 da Lei 9.868/1999, a prolação de decisão da ação direta de inconstitucionalidade depende da presença de ao menos oito ministros na sessão de julgamento, exigindo-se ainda que ao menos seis ministros se manifestem pelo acolhimento do pedido do autor. Há posicionamento do Supremo Tribunal Federal de que o *quorum* mínimo de oito ministros não precisa ser obtido em sessão única de julgamento[98].

O art. 24 da Lei 9.868/1999 consagra a natureza dúplice (para parcela da doutrina, "ambivalente"[99]) das ações declaratórias de constitucionalidade e inconstitucionalidade, prevendo que a rejeição do pedido do autor enseja, na ação declaratória de constitucionalidade, a declaração de inconstitucionalidade da norma e, na ação direta de inconstitucionalidade, a declaração de constitucionalidade da norma.

Não causa qualquer surpresa a conclusão considerando-se a natureza dúplice de toda e qualquer ação meramente declaratória. É de suma importância definir a ação dúplice, já que grande parte da doutrina afirma que a permissão legal de que o réu faça pedido contra o autor em sua contestação cria as condições necessárias para a ação ser dúplice. Nesse sentido são as lições de Cândido Rangel Dinamarco[100], Athos Gusmão Carneiro[101] e Gilson Delgado Miranda[102]. Tal conclusão, entretanto, mostra-se equivocada.

---

[97] Didier Jr.-Braga-Oliveira, *Aspectos*, p. 409.

[98] STF, Tribunal Pleno, ADI 526/DF, rel. Min. Sepúlveda Pertence, j. 12/12/1991, *DJ* 05/03/1993, p. 2.896.

[99] Mendes-Coelho-Branco, *Curso*, p. 1.074.

[100] *Instituições*, p. 503.

[101] *Do Rito*, p. 60.

[102] *Cfr. Procedimento*, p. 176.

É preciso, antes de se criticar o posicionamento dos doutrinadores acima citados, definir a espécie de ação dúplice a que se faz referência, já que, na visão de tais estudiosos, elas podem ser naturais ou criadas de forma artificial pela lei – criação essa inadmissível –, mesmo que sua natureza não leve a tal duplicidade. A premissa adotada é absolutamente equivocada. Explica-se. Para se compreender a natureza das ações dúplices, é necessário analisar a relação jurídica de direito material da qual surgiu o conflito de interesses a ser resolvido no processo. Em tal análise, invariavelmente se definem os polos da demanda a serem preenchidos pelos sujeitos de tal relação, pressupondo-se os pedidos que poderão ser formulados. Assim, verificada a lide, sabe-se exatamente qual o sujeito que ingressaria com eventual demanda pleiteando determinado pedido e quem seria o futuro réu.[103]

A conclusão a que se chega, portanto, é que, na ação dúplice, não existe qualquer necessidade de o réu realizar expressamente pedido em face do autor, já que, pela própria natureza do direito material debatido, a improcedência do pedido levará o réu à obtenção do bem da vida discutido. O pedido, nesse caso, além de incabível, é desnecessário[104]. Esse entendimento é indispensável no processo objetivo, porque, acolhida a tese já defendida de que nesse processo não existe réu, seria impossível qualquer pedido do réu no processo.

Proferido o acórdão, a decisão será comunicada à autoridade ou órgão responsável pela expedição do ato, e, num prazo de 10 dias após o trânsito em julgado, será publicada a parte dispositiva da decisão. Como se admite o cabimento dos embargos de declaração contra esse acórdão, a informação prevista pelo art. 25 da Lei 9.868/1999 deve ser realizada somente após a constatação de que não houve a interposição desse recurso ou após seu julgamento.

1.6.2. Efeitos

A decisão que julga improcedente o pedido na ação direta de inconstitucionalidade tem natureza meramente declaratória, a exemplo de qualquer outra decisão que rejeita o pedido do autor. Declare-se pela improcedência a inexistência do direito alegado pelo autor em geral, e no caso específico da ação ora analisada declara-se a inexistência do vício de constitucionalidade apontada pelo autor.

---

[103] Fabrício, *Cfr. Comentários*, p. 414; Assis, *Procedimento*, p. 93; Joel Dias Figueira Júnior (*O Novo Procedimento Sumário*, p. 206) afirma que a ação dúplice é "concebida como sendo aquela em que ambos os litigantes figuram concomitantemente no polo ativo e passivo da demanda, em face da articulação de pretensões antagônicas."

[104] *Cfr.* Adroaldo Furtado Fabrício, *Comentários*, p. 416.

Como a decisão de improcedência mantém o *status quo ante* (afinal, o estado natural da norma é de constitucionalidade), saber se sua eficácia é *ex nunc* ou *ex tunc* não gera qualquer consequência prática, ainda que tecnicamente seja mais adequado o segundo entendimento.

Na hipótese de procedência do pedido, a norma atacada será declarada inconstitucional, sendo, portanto, a natureza dessa decisão meramente declaratória. Apenas declara-se a nulidade da lei ou ato normativo em decorrência de sua inconstitucionalidade, não havendo sua desconstituição, o que tornaria a decisão em constitutiva negativa.

É tranquila a doutrina a apontar a eficácia *ex tunc* das decisões meramente declaratórias, e parece não ser diferente com relação à decisão de procedência proferida na ação direta de inconstitucionalidade. Há, entretanto, uma importante singularidade consagrada pelo art. 27 da Lei 9.868/1999: "Ao declarar a inconstitucionalidade de lei ou ato normativo, e tendo em vista razões de segurança jurídica ou de excepcional interesse social, poderá o Supremo Tribunal Federal, por maioria de dois terços de seus membros, restringir os efeitos daquela declaração ou decidir que ela só tenha eficácia a partir de seu trânsito em julgado ou de outro momento que venha a ser fixado".

Como se pode notar da redação do dispositivo legal, em regra, a declaração de inconstitucionalidade continua a ser gerada com eficácia *ex tunc*, retroagindo à data de promulgação da norma, que desde sempre foi inconstitucional, ou à data em que circunstância superveniente tornou a norma inconstitucional. A excepcionalidade de eficácia distinta da tradicional é reconhecida pelo próprio Supremo Tribunal Federal[105].

Nos termos do art. 27 da Lei 9.868/1999, além da tradicional eficácia *ex tunc*, a declaração de inconstitucionalidade poderá ser modulada de três diferentes maneiras: (a) *ex tunc* restritiva, com uma limitação temporal da retroatividade dos efeitos da declaração; (b) *ex nunc*, a partir do trânsito em julgado (efeito prospectivo)[106]; e (c) eficácia projetada para o futuro, condicionando-se a geração dos efeitos a um limite temporal escolhido pelo tribunal ou mesmo a um ato a ser praticado supervenientemente (declaração de inconstitucionalidade sem pronúncia da nulidade)[107].

A modulação dos efeitos da declaração de inconstitucionalidade se justifica em razões de segurança jurídica ou de excepcional interesse social, dependendo da manifestação de maioria de dois terços dos membros do Supremo Tribunal Federal. A excepcionalidade de decisão judicial de inconsti-

[105] STF, 2ª Turma, RE 696.321 AgR/MG, rel. Min. Joaquim Barbosa, j. 28/08/2012, *DJe* 21/09/2012.

[106] STF, Tribunal Pleno, ADI 4.029/AM, rel. Min. Luiz Fux, j. 08/03/2012, *DJe* 27/06/2012.

[107] Mendes-Coelho-Branco, *Curso*, n. 7.5.1, p. 1.205.

tucionalidade de efeitos limitados ou restritos se presta a preservar relevantes princípios constitucionais, revestidos de superlativa importância sistêmica[108].

Diante da omissão da decisão quanto à modulação dos efeitos da declaração de inconstitucionalidade, há presunção de que a eficácia segue a regra, ou seja, *ex tunc*. Mas a presunção é apenas relativa (torna-se absoluta somente com o trânsito em julgado), de forma que o tribunal poderá ser provocado por meio dos embargos de declaração para que se manifeste expressamente a respeito da eficácia da declaração de inconstitucionalidade[109].

Registre-se, por fim, que a tese da modulação dos efeitos da declaração de inconstitucionalidade já foi aplicada em controle incidental de constitucionalidade por meio de recurso extraordinário[110], estando também expressamente prevista na apreciação da coisa julgada inconstitucional (arts. 525, § 13, e 535, § 6º, ambos do CPC).

1.7. RECORRIBILIDADE

Segundo o art. 26 da Lei 9.868/1999, a decisão que declara a constitucionalidade ou inconstitucionalidade de lei ou ato normativo é irrecorrível, ressalvada a interposição de embargos de declaração. Naturalmente, a declaração mencionada no dispositivo legal diz respeito ao mérito da ação, de forma que a interpretação literal da norma legal ora analisada permite a conclusão de que o acórdão que resolve o mérito da ação direta de constitucionalidade (art. 487, I do CPC) é irrecorrível. Ocorre, porém, que nem toda ação é resolvida em seu mérito, sendo admissível a existência de um acórdão que julgue extinta a ação direta de inconstitucionalidade sem a resolução do mérito (art. 485 do CPC). Entendo que, nesse caso, ainda que essa não seja a interpretação literal do dispositivo legal, o acórdão também será irrecorrível.

Na realidade, ao invés da expressa menção à decisão que resolve o mérito, o art. 26 da Lei 9.868/1999 teria sido melhor formulado se tivesse simplesmente previsto o acórdão que decide a ação. Pouco importa se o acórdão resolve ou não o mérito, bastando que seja uma decisão colegiada do Tribunal Pleno para que se torne irrecorrível. Até porque, ressalvado o recurso de embargos de declaração, qual recurso seria cabível?

As decisões monocráticas proferidas pelo relator e pelo presidente, com poder delegado do órgão colegiado, são recorríveis por agravo interno, nos

[108] STF, Tribunal Pleno, ADI 2.797 ED/DF, rel. Min. Menezes Direito, rel. p/ acórdão Min. Ayres Britto, j. 16/05/2012, *DJe* 28/02/2013.

[109] STF, Tribunal Pleno, ADI 2.797 ED/DF, rel. Min. Menezes Direito, rel. p/ acórdão Min. Ayres Britto, j. 16/05/2012, *DJe* 28/02/2013.

[110] STF, Tribunal Pleno, RE 197.917/SP, rel. Min. Maurício Corrêa, j. 06/06/2002, *DJ* 07/05/2004, p. 8.

termos do art. 1.021, *caput*, do CPC, aplicando-se também nesse caso entendimento consagrado pelos tribunais superiores de que, interpostos embargos de declaração contra a decisão monocrática, o recurso será recebido como agravo interno, em aplicação do princípio da fungibilidade e com o propósito de se obter celeridade processual[111]. Nesse caso o recorrente deverá ser intimado para que em 5 dias complemente suas razões recursais, nos termos do art. 1.024, § 3º, do CPC, salvo se já tiver no recurso interposto impugnado de forma específica todas as razões da decisão impugnada, quando a complementação mostrar-se-á desnecessária[112].

Essa fungibilidade, entretanto, não deve ser aplicada no caso de o relator entender que o recurso cabível é realmente os embargos de declaração, reservando-se sua aplicação para a hipótese de embargos de declaração com efeitos infringentes[113].

Entendo que a recorribilidade depende fundamentalmente de a decisão ser monocrática ou colegiada, recorrível no primeiro caso e irrecorrível no segundo. Interessante notar que, sendo a decisão monocrática, necessariamente ela terá natureza terminativa, sendo inadmissível um julgamento de mérito da ação direta de inconstitucionalidade que não seja pelo órgão colegiado, respeitando-se o *quorum* exigido pelo art. 23 da Lei 9.868/1999, ou ainda concessiva ou não da medida liminar.

Tratando-se de decisão colegiada e sendo cabível, pela literalidade da lei, somente o recurso de embargos de declaração, é imprescindível que se compreenda com exatidão a função desse recurso. Segundo previsão do art. 1.022 do CPC, é cabível o recurso de embargos de declaração de decisão omissa, contraditória ou obscura, ou que contenha erro material, sendo correto o entendimento de que a função dos embargos de declaração não é modificar substancialmente o conteúdo das decisões impugnadas, com reversão da sucumbência suportada pelo embargante[114].

É correta a afirmação de que, nas hipóteses de saneamento do vício da contradição, ao escolher entre duas proposições inconciliáveis, o resultado dos embargos modifica a decisão. O mesmo ocorre, e ainda de forma mais evidente, com o saneamento da omissão, porque, nesse caso, o órgão jurisdicional necessariamente decidirá mais do que foi decidido, o que inegavelmente modificará a decisão impugnada. Ainda assim, parece não ser incorreto afirmar que tais mudanças são em regra formais, melhorando a qualidade da

[111] STF, Tribunal Pleno, SS-AgR-ED 3.039/SP, rel. Min. Ellen Gracie, j. 11/10/2007, *DJ* 14/11/2007; STJ, EDcl no EREsp 288.118/DF, Corte Especial, rel. Francisco Peçanha Martins, j. 17/11/2004, *DJ* 17/12/2004.

[112] STF, 1ª Turma, ARE 977.156 ED/PR, rel. Min. Alexandre de Moraes, j. 24/11/2017, DJe 07/12/2017.

[113] STF, 1ª Turma, RE 861.823 ED/SC, rel. Min. Alexandre de Moraes, j. 11/12/2017, DJe 19/12/2017.

[114] Bermudes, *Efeito*, p. 70-71.

decisão, de modo a deixá-la mais compreensível e completa, sem, entretanto, modificar substancialmente o seu conteúdo.

Pode-se concluir, portanto, que a função típica dos embargos de declaração é melhorar formalmente a decisão impugnada, sem alterações substanciais quanto ao seu conteúdo. Ocorre, entretanto, que, por vezes, os embargos de declaração extrapolam essa função, gerando a reforma ou a anulação da decisão impugnada. Nesses casos, os embargos de declaração assumem uma função distinta daquela para a qual foram originariamente programados, sendo correto apontá-los como embargos de declaração atípicos, situação na qual, nos termos do art. 1.023, § 2º, do CPC, passa-se a exigir o contraditório, com a intimação do embargado para apresentação de contrarrazões no prazo de cinco dias.

Quanto à necessidade de contraditório em sede de embargos de declaração, sempre preferi o entendimento minoritário de que, nos embargos com efeitos modificativos, não se faz necessária a intimação do embargado. Penso assim por que, nesse caso, não haverá a alegação de uma nova matéria no processo, mas tão somente o pedido de saneamento de omissão de uma matéria já alegada e, presumidamente, já impugnada pela parte contrária. O embargante somente aponta matéria já alegada anteriormente, não havendo razão para abrir prazo para o embargado ser ouvido para repetir a impugnação já apresentada anteriormente[115]. Ainda que o provimento dos embargos de declaração nesse caso possa reformar a decisão impugnada, não se tratando de matéria nova no processo, entendo ser dispensável o contraditório.

A solução legislativa a respeito da matéria, entretanto, foi no sentido de exigir o contraditório sempre que os embargos de declaração forem capazes, se acolhidos, de modificar a decisão embargada (art. 1.023, § 2º, do CPC).

Existem duas espécies de embargos de declaração atípicos: (a) embargos de declaração com efeito modificativo; (b) embargos de declaração com efeitos infringentes.

Nos embargos de declaração com efeito modificativo, o recurso é admissível pelos vícios previstos em lei, cujo saneamento, entretanto, poderá, como consequência natural e inevitável, modificar substancialmente o teor da decisão. Em algumas hipóteses de saneamento de contradição e omissão – muito mais frequente na segunda hipótese –, o provimento dos embargos de declaração, com o consequente saneamento do vício, poderá ensejar a modificação do conteúdo da decisão recorrida. O efeito do provimento dos embargos de declaração será atípico, porque somente ele se afasta da estrutura básica desse recurso, mas tal atipicidade é uma decorrência lógica e natural

[115] Bermudes, *Efeito*, p. 72.

da possibilidade de enfrentamento de novas questões no recurso - no caso de omissão - ou da escolha entre duas proposições inconciliáveis - no caso de contradição[116].

Diferentes dos embargos de declaração com efeitos modificativos, os embargos de declaração com efeitos infringentes são consideravelmente atípicos, não se limitando à atipicidade aos efeitos do julgamento dos embargos de declaração. Nesse caso, já são atípicas as hipóteses de cabimento, que não guardam relação com o art. 1.022 do CPC, já que não se trata de defeitos formais da decisão, mas sim de decisões teratológicas geradas por vícios absurdos, referentes ao seu conteúdo ou gerados pela falsa percepção da realidade pelo órgão prolator da decisão impugnada, tais como o erro manifesto de contagem de prazo, ausência de intimação de uma das partes, revelia decretada em razão de a contestação estar perdida no cartório e não ter sido juntada aos autos etc. Prossegue a atipicidade no pedido do embargante, que não será caso de esclarecimento nem de integração, mas de reforma ou anulação[117]. Naturalmente, diante dessas espécies de pedido, o provimento do recurso gerará efeitos atípicos para os embargos de declaração, nos exatos limites do pedido formulado pelo embargante[118]. Como se nota, a atipicidade é completa, restando dos embargos de declaração somente o nome e o prazo.

Existindo previsão expressa da lei pela irrecorribilidade do acórdão proferido na ação direta de inconstitucionalidade, parece ser o mais adequado permitir, ainda que em situações excepcionais, a atribuição de efeitos infringentes aos embargos de declaração. Ainda que não se espere de acórdãos do Tribunal Pleno do Supremo Tribunal Federal soluções teratológicas ou contaminadas por sério vício formal, não se deve descartar a possibilidade de tal ocorrência, sendo nesse caso melhor admitir-se a alteração do conteúdo da decisão por meio de embargos de declaração do que consolidar uma decisão absurda[119]. Não parece, entretanto, ser esse o entendimento do Supremo Tribunal Federal, que tem uma série de precedentes pela inadmissão dos embargos de declaração com efeitos infringentes contra acórdão de ação direta de inconstitucionalidade[120], ainda que se colha ao menos um precedente

---

[116] Araken de Assis, *Manual*, nota 70, p. 625-626; Dinamarco, *Os embargos*, p. 189-190.

[117] Para Nelson Nery Jr. e Rosa Maria Andrade Nery (*Código*, nota 9 ao art. 535, p. 908), é proibido tal pedido, entendendo como efeito infringente aquilo que se explicou no tópico anterior como efeito modificativo. Também Pimentel Souza (*Introdução*, 16.7, p. 477) e Alexandre Freitas Câmara (*Lições*, p. 108) não veem distinção entre efeito modificativo e efeito infringente.

[118] Dinamarco, *Os embargos*, p. 190-191.

[119] Nelson Nery Jr., "Recursos na ação direta de inconstitucionalidade", *in* Aspectos, p. 507-508; Fredie Didier Jr., *Recurso*, 2.2.8.3, p. 81.

[120] STF, Tribunal Pleno, ADI 2.609 ED/RJ, rel. Min. Dias Toffoli, j. 18/11/2016, DJe 01/12/2016; STF, Tribunal Pleno, ADI 3.119 AgR-ED/DF, rel. Min. Edson Fachin, j. 01/07/2016, DJe 10/08/2016.

que, mesmo sem admitir o recurso no caso concreto, admite em abstrato os embargos de declaração com efeitos infringentes.[121]

No tocante à legitimidade para interposição dos embargos de declaração, aplica-se o art. 996 do CPC, que elenca entre os legitimados as partes, o terceiro prejudicado e o Ministério Público, e o art. 138, § 1º, do CPC, que expressamente consagra a legitimidade do *amicus curiae* para essa espécie de recurso e nesse sentido contraria o entendimento consolidado no Supremo Tribunal Federal na vigência do CPC/1973.[122]

O Ministério Público participa do processo como fiscal da ordem jurídica, sendo sua legitimidade para a interposição dos embargos de declaração indiscutível. A legitimidade das partes e do terceiro prejudicado ensejam interessantes questionamentos.

Com relação à interpretação de parte, o Supremo Tribunal Federal vem consolidando entendimento restritivo. A Suprema Corte já teve oportunidade de não admitir os embargos de declaração interpostos pelo Advogado-Geral da União, com o fundamento de que a União não é parte no processo[123]. Considero equivocado o entendimento porque apesar de a União não ser realmente parte no processo, a tarefa do Advogado-Geral da União é defender a constitucionalidade da lei ou ato normativo atacado, sendo indispensável entender-se que essa defesa se estenda às vias recursais previstas em lei, no caso, os embargos de declaração.

Também existe divergência doutrinária a respeito da legitimidade de terceiro prejudicado para a interposição de embargos de declaração na ação direta de inconstitucionalidade. Parcela da doutrina entende pela aplicação literal do art. 996 do CPC, inadmitindo o recurso de terceiro prejudicado por entender que não existe interesse subjetivo na ação direta de inconstitucionalidade, de forma que nenhum terceiro poderá alegar que sofreu prejuízo direto com a decisão[124]. Para outra parcela doutrinária, deve ser dada outra interpretação ao dispositivo legal, de forma a admitir-se que colegitimados à propositura da ação direta de inconstitucionalidade tenham legitimidade para os embargos de declaração[125].

Apesar de reconhecer os méritos dos fundamentos da segunda corrente doutrinária, entendo que o recurso de terceiro prejudicado está vedado pela Lei 9.868/1999, ao prever, em seu art. 7º, a inadmissão da intervenção de ter-

[121] STF, Tribunal Pleno, ADI 2.549 ED/DF, rel. Min. Ricardo Lewandowski, j. 01/07/2016, DJe 27/09/2016.

[122] Informativo 499/STF: Tribunal Pleno, ADI 3.615, rel. Min. Cármen Lúcia, j. 17/03/2008.

[123] Informativo 228/STF: Tribunal Pleno, ADI 2.323, rel. Min. Ilmar Galvão, j. 16/05/2001.

[124] Nelson Nery Jr., "Recursos na ação direta de inconstitucionalidade", p. 497.

[125] Fredie Didier Jr., *Recurso*, 2.2.8.4, p. 82.

ceiro. Conforme ensina a melhor doutrina, o recurso de terceiro prejudicado é uma intervenção de terceiro em grau recursal[126], de forma que a vedação legal não deixa espaço, salvo *de lege ferenda*, para a admissão dos embargos de declaração pelo terceiro prejudicado.

Por fim, cumpre lembrar que o art. 26 da Lei 9.868/1999 prevê que a decisão não poderá ser desconstituída após o trânsito em julgado por ação rescisória. Nesse caso, a expressa previsão legal resulta de opção de política legislativa, já que não haveria qualquer obstáculo jurídico à interposição de ação rescisória contra decisão de mérito transitada em julgado proferida em ação direta de inconstitucionalidade. Optou-se claramente pela segurança jurídica das decisões proferidas nessa espécie de ação, criando-se uma coisa julgada soberana com o mero advento do trânsito em julgado.

1.8. INTERVENÇÃO DE TERCEIROS

No art. 7º, *caput*, da Lei 9.868/1999, há previsão expressa de inadmissibilidade de intervenção de terceiros no processo objetivo. Parece ser indiscutível o acerto da norma, quando se imagina terceiros subjetivamente interessados no resultado do processo, considerando-se a natureza de processo objetivo da ação direta de inconstitucionalidade[127].

Interessante registrar que o Código de Processo Civil de 2015 prevê a intervenção do *amicus curiae* como forma típica de intervenção de terceiro, o que poderia sugerir sua inadmissão em razão do dispositivo legal ora comentado. Ainda que o *amicus curiae*, à luz do novo diploma legal, passe a ser qualificado como terceiro interveniente, sua intervenção na ação direta de inconstitucionalidade está garantida pela previsão do § 2º do mesmo dispositivo, que em seu *caput* veda a intervenção de terceiro.

Há interessante problemática no tocante à intervenção no processo de colegitimado ativo que não tenha sido responsável pelo ingresso da demanda, o que obviamente não desvirtuaria a natureza de processo objeto da ação direta de inconstitucionalidade, mas que, uma vez admitida, deve ser compatibilizada com o artigo legal ora comentado.

Somente para contribuir com o presente debate, é importante consignar que, em razão de veto presidencial aos §§ 1º dos arts. 7º e 18 da Lei 9.868/1999, deixou de constar expressamente do texto legal a permissão de manifestação escrita dos colegitimados. Os fundamentos do veto presiden-

[126] Nelson Nery Jr., *Teoria*, n. 3.4.1.2, p. 310; Cassio Scarpinella Bueno, *Curso*, p. 43.

[127] STF, Tribunal Pleno, ADI 2.994/BA, rel. Min. Ellen Gracie, j. 31/05/2006; *DJ* 04/08/2006, p. 25; Dirley da Cunha Jr., "A intervenção de terceiros no processo de controle abstrato de constitucionalidade – a intervenção do particular, do colegitimado e do *amicus curiae* na ADIN, ADC e ADPF", in: *Aspectos*, p. 150-153.

cial (proteção ao princípio da celeridade e a existência da figura do *amicus curiae*), não se sustentam, porque a celeridade dificilmente seria prejudicada de forma considerável com a admissão dessa espécie de intervenção, enquanto a assistência litisconsorcial não se confunde com a intervenção do *amicus curiae*. De qualquer forma, é interessante notar que originariamente o texto legal era melhor que o atual.

Existe considerável corrente doutrinária que defende a admissibilidade da intervenção desses colegitimados, afirmando que quem pode o mais pode o menos, ou seja, se podem propor a demanda, poderão nela intervir durante seu trâmite procedimental[128]. Interessante notar que essa corrente doutrinária expressamente excepciona a proibição legal ao defender a intervenção desses colegitimados numa qualidade assemelhada a de assistente litisconsorcial. Sem ingressar no amplo e interessante debate a respeito da efetiva qualificação processual do assistente litisconsorcial[129], há uma alternativa para a admissão da intervenção dos colegitimados ativos sem a necessidade de afastamento da interpretação literal do art. 7º da Lei 9.868/1999.

Caso não se entenda a intervenção dos colegitimados como forma de intervenção de terceiro, mas como formação de litisconsórcio ativo facultativo ulterior, concluir-se-ia pela admissão da intervenção e respeito à interpretação literal do art. 7º da Lei 9.868/1999[130]. Para se adotar tal entendimento, entretanto, é preciso superar entendimento consagrado pelo Superior Tribunal de Justiça de que, ao menos em regra, o litisconsórcio facultativo ulterior não deve ser admitido, sob pena de violação do princípio do juiz natural[131]. Não é difícil notar-se a inaplicabilidade do entendimento para a ação direta de inconstitucionalidade, considerando-se que o único órgão competente para o julgamento dessa espécie de ação é o Supremo Tribunal Federal.

Interessante consignar que, para parcela da doutrina, o ingresso superveniente de colegitimado à propositura da ação direta de inconstitucionalidade não se dá por meio de assistência litisconsorcial nem de litisconsórcio ulterior. Para essa parcela doutrinária o fundamento legal da admissão dessa intervenção é o art. 7º, § 2º, da Lei 9.868/1999, de forma que o colegitimado será admitido como *amicus curiae*[132]. Não concordo com esse entendimento porque entendo serem diferentes as espécies de interesse de um colegitimado ativo e de um *amicus curiae*. De qualquer forma, partindo-se da premissa

---

[128] Fredie Didier Jr., *Recurso*, n. 2.2.8.2, PP. 74-75; Dirley da Cunha Jr., "A intervenção de terceiros", p. 153-154.

[129] Daniel Neves, *Manual*, n. 6.2.3.1, p. 184-185.

[130] Entendendo ser caso de litisconsórcio ulterior: Guilherme Peña de Moraes, *Curso*, n. 4.10.2.2, p. 204.

[131] Informativo STJ/279, REsp 769.884-RJ, Rel. Min. João Otávio de Noronha, julgado em 28/03/2006.

[132] Cassio Scarpinella Bueno, *Amicus*, p. 144; Gustavo Santana Nogueira, *Curso*, p. 230; Carlos Gustavo Rodrigues Del Prá, Breves, p. 74-76.

criada pelo Código de Processo Civil de 2015 de que o *amicus curiae* é um terceiro interveniente típico, ao ingressar no processo ele passará a ser tratado como parte.

Registre-se antiga decisão do Supremo Tribunal Federal na qual não se admite a formação ulterior de litisconsórcio ativo porque o sujeito que pediu sua inclusão superveniente no polo ativo já estava integrado ao polo passivo da relação jurídica processual[133]. Naquela oportunidade, o Supremo Tribunal Federal decidiu que é juridicamente impossível o ingresso de sujeito no processo em condição subjetiva diversa daquela que já ostenta na relação jurídica processual, o que permite a conclusão de que, se não fosse essa a situação, o litisconsórcio ulterior seria normalmente admitido. Interessante notar que, mais tarde, o tribunal decidiu que aquele que figura no polo passivo da ação poderá ingressar com outra ação direta de inconstitucionalidade, que inclusive será distribuída por prevenção em razão da primeira[134].

1.9. *AMICUS CURIAE*

Apesar da expressa vedação legal às intervenções de terceiro, prevista no art. 7º, *caput*, da Lei 9.868/1999, o mesmo dispositivo legal, em seu § 2º, admite que o relator, considerando a relevância da matéria e a representatividade dos postulantes, possa, por despacho irrecorrível, admitir a manifestação de outros órgãos ou entidades. Essa previsão é entendida como a admissão de intervenção do *amicus curiae*.

A origem da figura do *amicus curiae* vem do direito romano, sendo que, no direito norte-americano, deu-se seu maior desenvolvimento, com fundamento na intervenção de um terceiro desinteressado em processo em trâmite com o objetivo de contribuir com o juízo na formação de seu convencimento. Em tese, seus conhecimentos a respeito da matéria tratada na ação justificam a intervenção, sempre com o propósito de melhorar a qualidade da prestação da tutela jurisdicional.

Apesar da origem do instituto estar atrelada à ideia de "amigo da corte" (*friend of court* ou *Freund des Gerichts*), é preciso reconhecer que demandar um total desinteresse do *amicus curiae* seria o suficiente para aniquilar completamente essa forma de participação na ação direta de inconstitucionalidade. É preciso reconhecer que o *amicus curiae* contribui com a qualidade da decisão dando sua versão a respeito da matéria discutida, de forma que ao menos o interesse para a solução da demanda no sentido de sua manifestação sempre existirá. Ainda que tenha muito a contribuir em razão de seu notório

---

133 STF, Tribunal Pleno, ADI 807 QO/RS, rel. Min. Celso de Mello, j. 27/05/1993, *DJ* 11/06/1993, p. 11.529.

134 STF, Tribunal Pleno, ADI 807 QO-QO/RS, rel. Min. Sepúlveda Pertence, j. 06/11/2003, *DJ* 13/02/2004, p. 10.

conhecimento a respeito da matéria, não é comum que as manifestações do *amicus curiae* sejam absolutamente neutras.

Por outro lado, demonstra-se a existência de um interesse institucional por parte do *amicus curiae*, que, apesar da proximidade com o interesse público, com esse não se confunde. O interesse institucional é voltado à melhor solução possível do processo por meio do maior conhecimento da matéria e dos reflexos no plano prático da decisão[135]. Esse verdadeiro interesse jurídico, diferente do interesse jurídico do assistente, porque não diz respeito a qualquer interesse subjetivo, é justamente o que legitima a participação do *amicus curiae* no processo.

Essa constatação, entretanto, não é o suficiente para entender a intervenção do *amicus curiae* como assistência, porque não há interesse jurídico por parte deste na solução da demanda; tampouco equipará-lo com a atípica intervenção prevista pelo art. 5º da Lei 9.469/1997, fundada em mero interesse econômico. O interesse institucional que motiva a intervenção do *amicus curiae* não se confunde com interesse próprio, de natureza jurídica ou econômica, daí serem inconfundíveis as diferentes formas de intervenções ora analisadas.

Durante a vigência do CPC/1973 muito se discutiu doutrinariamente a respeito da possibilidade de se considerar o *amicus curiae* um terceiro interveniente, ainda que atípico, já que essa forma de intervenção não constava do Capítulo VI do Título II do Livro I do diploma legal revogado.

Existia corrente doutrinária que entendia ser inconfundível a figura do *amicus curiae* e as intervenções de terceiro, devendo ser o primeiro considerado um mero auxiliar do juízo, em figura muito mais próxima do perito do que de um terceiro interveniente[136], tendo sido esse o entendimento consagrado pelo Supremo Tribunal Federal[137]. Para outros, apesar das especificidades, tratava-se de um terceiro interveniente atípico, admitido no processo como parte não para defender interesse próprio ou alheio, mas para contribuir com a qualidade da prestação jurisdicional[138].

Conforme já apontado, o Código de Processo Civil de 2015 inclui entre as formas típicas de intervenção de terceiro o *amicus curiae*. É evidente que essa opção legislativa não é capaz de colocar um ponto final na divergência,

---

[135] Cassio Scarpinella Bueno, *Amicus*, p. 500-511; Luís Roberto Barroso (*O controle*, p. 177) fala em "legítimo interesse no resultado da ação". Carlos Gustavo Rodrigues Del Prá ("Breves considerações sobre o *amicus curiae* na Adin e sua legitimidade recursal", p. 64) chama de "interesse público de controle". Dirley da Cunha Jr. (A intervenção, p. 157) fala em "interesse objetivo relativamente à questão jurídico--constitucional em discussão".

[136] Fredie Didier Jr., *Recurso*, n. 2.2.8.2, p. 77-78; Marcelo Novelino, *Direito*, n. 13.8, p. 272. Pela exclusão do rol de intervenções de terceiro, mesmo atípicas: Guilherme Peña de Moraes, *Curso*, p. 206-207.

[137] Informativo 499/STF: Tribunal Pleno, ADI-ED 3.615/PB, rel. Min. Cármen Lúcia, j. 17.03.2008.

[138] Gustavo Santana Nogueira, *Curso*, p. 231-232; Antonio do Passo Cabral, "Pelas asas de Hermes: a intervenção do *amicus curiae*, um terceiro especial", p. 16-17.

já que a inserção de um instituto em determinado capítulo de um diploma legal não é o suficiente para alterar sua natureza jurídica. De qualquer forma, com a expressa previsão da legitimidade recursal e da não mudança de competência em razão de sua intervenção, na prática perdeu-se sensivelmente o interesse em debater a respeito de ser o *amicus curiae* um terceiro interveniente ou um mero colaborador eventual do juízo.

São dois os requisitos para o ingresso do *amicus curiae* previstos pelo art. 7º, § 2º, da Lei 9.868/1999: relevância da matéria e a representatividade do sujeito que pretende intervir. Nesse ponto há uma interessante questão a ser enfrentada, já que o art. 138, *caput*, do CPC, além da relevância da matéria, inclui como requisitos alternativos para a admissão do terceiro como *amicus curiae* a especificidade do tema objeto da demanda e a repercussão social da controvérsia.

Acredito que nesse caso a discussão sobre uma interpretação ampliativa ou restritiva do cabimento da intervenção do *amicus curiae* no processo objetivo não tenha grande repercussão prática porque a especificidade do tema objeto da ação direta de inconstitucionalidade é algo natural dessa espécie de demanda, enquanto a repercussão social está sempre presente, considerando-se tratar de demanda judicial que versa sobre direito difuso, com decisão dotada de eficácia *erga omnes* e formação de precedente vinculante, nos termos do art. 927, I, do CPC.

Significa dizer que sempre que houver relevância da matéria também estarão presentes os demais requisitos previstos no art. 138, *caput*, do CPC, de forma que a aplicação do art. 7º, § 2º, da Lei 9.868/1999 não trará na prática qualquer limitação ao ingresso do *amicus curiae* na ação direta de inconstitucionalidade.

Os requisitos previstos no art. 7º, § 2º, da Lei 9.868/1999 são cumulativos, devendo ambos ser preenchidos para a admissão do requerimento do postulante.

Existe entendimento doutrinário que afirma que todas as matérias versadas em sede de ações de controle concentrado de inconstitucionalidade são relevantes, de forma que, com a mera existência da demanda judicial, a matéria nela veiculada, *ipso facto*, passa a ser relevante[139]. O entendimento, apesar de interessante, tornaria letra morta o dispositivo constitucional, afastando o preenchimento casuístico desse requisito no caso concreto.

Apesar de reconhecer a relevância das matérias tratadas pelas ações de controle concentrado de constitucionalidade, a fim de atribuir alguma função ao requisito legal, é preferível o entendimento de que a relevância da matéria

[139] Cassio Scarpinella Bueno, *Amicus*, p. 140.

prevista pelo dispositivo legal significa complexidade jurídica que legitime a atuação do *amicus curiae*. Nos casos em que o relator entender que as meras alegações do autor e dos demais sujeitos processuais já são suficientes ao necessário esclarecimento das questões para um julgamento de qualidade, deverá indeferir a intervenção do *amicus curiae*.

Como já verificado, para parcela da doutrina, os colegitimados serão sempre admitidos como *amicus curiae*, com o que não concordo, porque, em meu entendimento, esses sujeitos são litisconsortes ulteriores. De qualquer forma, é interessante a utilização dos critérios exigidos pelo Supremo Tribunal Federal para legitimar os sujeitos previstos pelo art. 103 da CF à propositura da ação para definir-se a representatividade dos terceiros que postulam o ingresso no processo como *amicus curiae*. A pertinência temática, já analisada, pode servir de norte à aferição da representatividade exigida em lei, ao menos para pessoas jurídicas.

A melhor doutrina entende corretamente que o *amicus curiae* pode ser tanto uma pessoa jurídica, tal como uma associação civil, um instituto, um órgão etc., como uma pessoa natural, tal como um professor de direito, cientista, médico etc. Esse entendimento restou consagrado expressamente no art. 138, *caput*, do CPC e contraria o tranquilo entendimento do Supremo Tribunal Federal a respeito do tema construído na vigência do CPC/1973.[140] Diante do novo panorama legislativo, não há como o Supremo Tribunal Federal manter seu posicionamento sem ofensa clara e direta ao art. 138, *caput*, do CPC. Já há, inclusive, precedente no sentido da admissão em abstrato da pessoa física como *amicus curiae* em ação de descumprimento de preceito fundamental[141].

Exige-se nesse caso a existência de um interesse institucional na causa, não sendo suficientes interesses meramente corporativos, que digam respeito somente ao terceiro que pretende ingressar na ação[142]. Por interesse institucional, entende-se a possibilidade concreta do terceiro em contribuir com a qualidade da decisão a ser proferida, considerando-se sua grande experiência na área a qual a matéria discutida pertence. A pessoa jurídica deve ter credibilidade e tradição de atuação a respeito da matéria que se discute, enquanto da pessoa natural se espera reconhecido conhecimento técnico sobre o tema. Ainda que sejam conceitos indeterminados, dependentes de grande dose de subjetivismo, são requisitos que se mostram importantes para evitar a

---

[140] Decisões monocráticas: ADI 5.039/RO, Min. Edson Fachin, DJe 25/04/2016; RE 724.347-ED, Min. Roberto Barroso, DJe 24/03/2015; RE 631.053, Min. Celso de Mello, DJe 16/12/2014; RE 608.482, Min. Teori Zavascki, DJe 08/09/2014; ADI 4.874, Min. Rosa Weber, DJe 03/10/2013; RE 566.349, Min. Cármen Lúcia, DJe 06/06/2013.

[141] STF, Tribunal Pleno, ADPF 145 AgR-segundo/DF, rel. Min. Edson Fachin, j. 01/09/2017, DJe 12/09/2017.

[142] Cassio Scarpinella Bueno, *Amicus*, p. 147.

admissão de terceiros sem efetivas condições de contribuir com a qualidade da prestação jurisdicional.

Segundo o art. 7º, § 2º, da Lei 9.868/1999, o despacho do relator que admitir a intervenção do terceiro como *amicus curiae* no processo é irrecorrível. É evidente que houve um equívoco do legislador ao prever ser o pronunciamento do relator nesse caso um despacho, diante de seu nítido conteúdo decisório. A questão que deve ser enfrentada é se essa decisão interlocutória, proferida pelo relator, realmente é irrecorrível.

Há doutrinadores que defendem que a irrecorribilidade atinge qualquer decisão do relator a respeito do requerimento, tanto a de deferimento, quanto a de indeferimento, afirmando que, nesse caso, não haverá ofensa ao duplo grau de jurisdição[143]. Não parece realmente ser a posição mais correta, considerando-se que o dispositivo legal ora comentado faz expressa menção somente a decisão que admitir a intervenção, de forma que da decisão que nega essa intervenção caberá agravo interno para o órgão colegiado[144]. Infelizmente, entretanto, o Supremo Tribunal Federal tem se posicionado pela irrecorribilidade de qualquer decisão a respeito da intervenção do terceiro como *amicus curiae*, inclusive de indeferimento[145], ainda que entenda admissível serem levadas em consideração no julgamento da causa as razões deduzidas pelo terceiro excluído[146].

A questão da recorribilidade da decisão que versa sobre a intervenção do *amicus curiae* foi objeto de tratamento do art. 138, *caput*, do CPC. Nos termos do dispositivo legal a decisão que deferir pedido de ingresso e que determiná-lo de ofício é irrecorrível, ou seja, o dispositivo vai um pouco além do art. 7º, § 2º, da Lei 9.868/1999, incluindo na irrecorribilidade a decisão que determinar o ingresso do *amicus curiae*. Não há, entretanto, como já não havia, previsão de que a decisão que indefere o pedido é irrecorrível, o que permite a conclusão de cabimento de agravo interno, nos termos do art. 1.021, *caput*, do CPC, quando a decisão for proferida pelo relator.

O dispositivo, entretanto, não foi capaz de alterar a incorreta jurisprudência do Supremo Tribunal Federal a respeito do tema[147]. No mesmo

---

143 Nelson Nery Jr., "Recursos na ação direta", p. 506.

144 Carlos Gustavo Rodrigues Del Prá, "Breves considerações sobre o *amicus curiae* na ADIN e sua legitimidade recursal", in: *Aspectos*, p. 72-73; Cassio Scarpinella Bueno, *Amicus*, p. 171.

145 STF, Decisão monocrática: ADI 3.346 AgR-ED/DF, rel. Min. Marco Aurélio, j. 28/04/2009, *DJE* 86, 11/05/2009; ADI 3.931/DF, rel. Min. Cármen Lúcia, j. 28/10/2008, *DJE* 212, 07/11/2008.

146 STF, Decisão monocrática: ADI 1.625/UF, rel. Min. Maurício Corrêa, decisão proferida pelo Min. Cezar Peluso, j. 28/10/2008, *DJE* 211, 06/11/2008; ADI 2.791 ED/PR, rel. Gilmar Mendes, j. 01/02/2008, *DJE* 22, 08/02/2008.

147 No sentido de irrecorribilidade da decisão sobre a intervenção do *amicus curiae*: STF, Decisão monocrática, rel. Min. Alexandre de Moraes, RE 928.902/SP, j. 02/05/2018; STF, Decisão monocrática, rel. Min. Dias Toffoli, j. 30/04/2018, DJe 03/05/2018.

sentido é o entendimento do Superior Tribunal de Justiça, mesmo diante da clareza mediana do texto legal, ao entender irrecorrível qualquer decisão monocrática do relator a respeito da intervenção do *amicus curiae*, independentemente de seu conteúdo[148].

O momento de intervenção também não é pacífico, entendendo-se que existe preclusão temporal para o ingresso de terceiro como *amicus curiae*, existindo, entretanto, divergência quanto a esse último momento de admissão. Para parcela da doutrina, deve-se admitir a intervenção até o início do julgamento da ação, entendendo-se que os atos admitidos ao *amicus curiae* após esse momento procedimental, tais como apresentação de memoriais e sustentação oral, limitam-se àqueles sujeitos que já tiverem sido admitidos no processo[149].

Existe entendimento doutrinário mais liberal, admitindo a intervenção do *amicus curiae* a qualquer momento do procedimento, inclusive após a remessa dos autos à mesa para julgamento. Nesse caso, encerrada a fase escrita de instrução do processo, admitir-se-ia a intervenção do terceiro por meio de sustentação oral.

O Supremo Tribunal Federal, após adotar uma visão mais restritiva, pacificou o entendimento de que o momento limite para a admissão do *amicus curiae* é a data de inclusão do processo em pauta de julgamento[150], considerando-se que, nesse momento, o relator já firmou sua convicção e dificilmente mudará sua opinião em razão dos argumentos do *amicus curiae*, que dessa forma pouco seriam aproveitados. O entendimento também se funda no risco de um número elevado de terceiros pretender ingressar no processo, com indesejado tumulto procedimental, além de permitir, com intervenções tardias, que o *amicus curiae* se torne o regente do processo[151].

Particularmente, não concordo com o entendimento do Supremo Tribunal Federal, sendo no mínimo inapropriado o fundamento de que o relator já tem sua convicção firmada e que, em razão disso, será inútil a participação do *amicus curiae*. Parece um entendimento no mínimo fantasioso imaginar que os ministros sejam infalíveis e que nada do que seja levado ao seu conhecimento possa lhes ter passado despercebido. Se assim fosse, a intervenção do *amicus curiae* seria injustificável em qualquer hipótese. Prefiro posições minoritárias expostas na decisão mencionada, pela qual alguns ministros

---

148 STJ, 3ª Turma, AgInt na PET no REsp 1.367.212/RR, rel. Min. Ricardo Villas Bôas Cueva, j. 06/02/2018, DJe 14/02/2018.

149 Carlos Gustavo Rodrigues Del Prá, "Breves considerações sobre o *amicus curiae* na ADIN e sua legitimidade recursal", in: *Aspectos*, p. 70.

150 STF, Tribunal Pleno, RE 574.706 AgR/PR, rel. Min. Cármen Lúcia, j. 09/03/2017, DJe 02/10/2017.

151 Informativo 543: Tribunal Pleno, ADI 4.071 AgR/DF, rel. Min. Menezes de Direito, j. 22/04/2009.

reconhecem a possibilidade da vinda de novos elementos de convicção, o que ensejaria ao relator um novo pedido de conclusão dos autos para melhor analisar a questão. Pelo menos o Supremo Tribunal Federal deixa uma porta aberta ao melhor entendimento ao decidir que excepcionalmente poder-se-á admitir a intervenção do *amicus curiae* após a inclusão do processo em pauta para julgamento[152].

Admite-se que o *amicus curiae* faça manifestações por escrito e sustentação oral, participando efetivamente da formação do convencimento do tribunal no julgamento da ação direta de inconstitucionalidade. O direito a se manifestar por escrito está expressamente garantido pelo art. 138, *caput*, do CPC, que prevê um prazo de 15 dias, podendo tal prazo ser dilatado por força do art. 139, VI, do CPC. Quanto à sustentação oral, dependerá da decisão de solicitação ou admissão proferida pelo relator, já que o art. 138, § 2º, do CPC prevê que os poderes do *amicus curiae* devem ser definidos pelo relator no momento da prolação de tal decisão. Acredito, entretanto, que o prazo não seja preclusivo, de forma que a sustentação oral poderá – na realidade deverá – ser admitida no momento do julgamento mesmo que omissa a decisão de sua admissão quanto ao exercício de tal ato processual.

Conforme previsto no Código de Processo Civil, o *amicus curiae* é um terceiro interveniente típico e, sendo assim, deve ser considerado como parte no processo, de forma que sua legitimidade recursal é inegável. O § 1º do art. 138 do CPC, entretanto, consagra o entendimento do Supremo Tribunal Federal de que o *amicus curiae* não tem legitimidade recursal, mas há duas exceções consagradas em lei: (a) cabimento de embargos de declaração, previsto no próprio § 1º, e cabimento de recurso contra a decisão que julgar o incidente de resolução de demandas repetitivas, previsto no § 3º, sendo apenas a primeira hipótese aplicável à ação direta de inconstitucionalidade.

1.10. COISA JULGADA MATERIAL

1.10.1. Limites objetivos da coisa julgada

1.10.1.1. Considerações gerais

É lição tradicional do processo subjetivo que somente o dispositivo da sentença de mérito torna-se imutável e indiscutível, admitindo-se que os fundamentos da decisão possam voltar a ser discutidos em outro processo, inclusive com a adoção pelo juiz de posicionamento contrário ao que res-

[152] STF, Tribunal Pleno, ACO 779 AgR-segundo/RJ, rel. Min. Dias Toffoli, j. 30/11/2016, DJe 09/03/2017.

tou consignado em demanda anterior[153]. Ainda que tal realidade tenha sido abrandada pelo art. 503, §§ 1º e 2º, do CPC, é correto afirmar-se que a regra continua a ser a limitação dos efeitos objetivos da coisa julgada ao dispositivo, nos termos do art. 504 do CPC.

É natural que essa rediscussão dos fundamentos da decisão seja admitida somente se não colocar em perigo o previsto no dispositivo da decisão protegida pela coisa julgada material. Afirmava-se na vigência do diploma legal revogado que a coisa julgada material não se importava com contradições lógicas entre duas decisões de mérito, buscando tão somente evitar as contradições práticas que seriam geradas no caso de existirem dois dispositivos em sentido contrário. A missão de evitar as contradições lógicas – mesmos fatos e fundamentos jurídicos considerados de maneira diferente em distintas decisões judiciais – era destinada a outros institutos processuais, tais como a prejudicialidade, conexão, continência, litisconsórcio, intervenções de terceiro e tutela coletiva.

Como o Código de Processo Civil de 2015, com a possibilidade de trânsito em julgado da solução das questões prejudiciais, desde que preenchidos os requisitos do art. 503, §§ 1º e 2º, do CPC, a coisa julgada parece ter começado também a se preocupar com contradições lógicas e não somente com as contradições práticas. Afinal, a circunstância de uma mesma questão prejudicial ser decidida de forma diferente em processos distintos não gera contradição prática, mas nem por isso é benéfica ao sistema já que, inegavelmente, cria uma contradição lógica.

1.10.1.2. Considerações específicas

Cumpre lembrar a tese defendida por renomados constitucionalistas de que, no processo objetivo, por meio do qual se faz o controle concentrado de constitucionalidade, os motivos determinantes da decisão também se tornam imutáveis e indiscutíveis, vinculando juízes em outras demandas a essa espécie de fundamentação[154]. Fala-se, nesse caso, de transcendência dos motivos determinantes ou de efeito transcendente de motivos determinantes, afirmando-se que, no controle concentrado, o efeito vinculante não se limita ao dispositivo, atingindo também os fundamentos principais da decisão. O Supremo Tribunal Federal vinha aplicando a tese ora analisada[155], mas atual-

---

[153] Nery Jr.-Nery, *Código*, p. 701; Theodoro Jr., *Curso*, n. 513, p. 607.

[154] Luis Roberto Barroso, *O controle*, p. 184.

[155] STF, Rcl. 2.986 MC/SE, decisão monocrática, Min. Celso de Mello, j. 11/03/2005, *DJ* 18/03/2005, p. 87; Rcl. 2.363/PA, Tribunal Pleno, rel. Min. Gilmar Mendes, j. 23/10/2003.

mente tornou-se refratário à sua adoção[156], inclusive rejeitando reclamações constitucionais que tenham por objeto lei municipal ainda não declarada inconstitucional pelo tribunal em controle concentrado[157].

É importante consignar que tal teoria não diz respeito exclusivamente aos limites objetivos da coisa julgada, mas sim à eficácia vinculante da decisão. No processo subjetivo, somente o dispositivo, salvo a solução da questão prejudicial proferida nos termos do art. 503, §§ 1º e 2º, do CPC, torna-se imutável e indiscutível, sendo que apenas essa parte da decisão vincula outros juízes em razão das funções positiva e negativa da coisa julgada material. Ao afirmar-se que a fundamentação não está protegida pela coisa julgada, a doutrina pretende dizer que os fundamentos da decisão não vinculam outros juízes que tenham que resolver as mesmas questões fáticas e/ou jurídicas.

Como se pode notar, é tradicional e arraigada na doutrina processual a ligação entre a coisa julgada e o efeito vinculante da decisão, de forma que, a partir do momento que se constrói uma nova tese, que pretende ampliar o âmbito de vinculação da decisão, para não só atingir o dispositivo, mas também a fundamentação, é natural que se imagine a ampliação também dos limites objetivos da coisa julgada material.

Essa ampliação parece sempre ter sido o fundamento da teoria da transcendência dos motivos determinantes, mas atualmente a adoção de tal teoria não depende mais de um alargamento dos efeitos objetivos da coisa julgada material, sendo na realidade decorrência da eficácia vinculante do precedente criado pelo julgamento da ação direta de inconstitucionalidade (art. 927, I, do CPC). Acredito, portanto, que a teoria atualmente conta com previsão legal expressa, sem importar em contrariedade ao art. 504 do CPC, e que caso o Supremo Tribunal Federal rejeite sua aplicação estará adotando conduta nitidamente ilegal. O tema é versado no item 1.10.2.4.

1.10.2. Eficácia vinculante das decisões

1.10.2.1. Introdução

Segundo o art. 28, parágrafo único, da Lei 9.868/1999, a declaração de constitucionalidade ou inconstitucionalidade tem eficácia contra todos e efeito vinculante em relação aos órgãos do Poder Judiciário e à Administração Pública. Parece haver, na doutrina, certa confusão entre a coisa julgada material,

[156] STF, Tribunal Pleno, Rcl 3.294 AgR/RN, rel. Min. Dias Toffoli, j. 03/11/2011, *DJe* 29/11/2011; STF, Tribunal Pleno, Rcl 9.778 AgR/RJ, rel. Min. Ricardo Lewandowski, j. 26/10/2011, *DJe* 11/11/2011; STF, Tribunal Pleno, Rcl 3.014/SP, rel. Min. Ayres Britto, j. 10/03/2010, *DJe* 21/05/2010.

[157] STF, 1ª Turma, Rcl 11.478 AgR/CE, rel. Min. Marco Aurélio, j. 05/06/2012, *DJe* 21/06/2012.

mais precisamente a função positiva da coisa julgada material, e os efeitos vinculantes do controle concentrado de constitucionalidade, o que exige uma análise, ainda que prévia, das funções negativa e positiva da coisa julgada.

1.10.2.2. Função negativa da coisa julgada

A imutabilidade gerada pela coisa julgada material impede que a mesma causa seja novamente enfrentada judicialmente em novo processo. Por mesma causa, entende-se a repetição da mesma demanda, ou seja, um novo processo com as mesmas partes (ainda que em polos invertidos), mesma causa de pedir (próxima e remota) e mesmo pedido (imediato e mediato) de um processo anterior que já foi decidido por sentença de mérito transitada em julgado, tendo sido gerada coisa julgada material. O julgamento, no mérito desse segundo processo, seria um atentado à economia processual, bem como fonte de perigo à harmonização dos julgados. Na realidade, mesmo que a segunda decisão seja no mesmo sentido da primeira, nada justifica que a demanda prossiga, sendo o efeito negativo da coisa julgada o impedimento de novo julgamento de mérito, independentemente do seu teor.

Importante salientar que, nessa análise entre diferentes processos, deve-se considerar a parte no sentido material, e não no sentido processual, de forma que, havendo substituição processual em hipótese de legitimação extraordinária concorrente, a propositura de novo processo com a mesma parte contrária, mesma causa de pedir e mesmo pedido, ainda que com outra parte processual defendendo o mesmo direito já defendido anteriormente, não afasta o efeito negativo da coisa julgada[158]. No caso de ações de controle concentrado de constitucionalidade propostas pelo Procurador-Geral da República e pela Ordem dos Advogados do Brasil, por exemplo, serão considerados dois processos com a mesma ação, e o julgamento de mérito transitado em julgado de qualquer um desses processos impedirá um novo julgamento de mérito no outro.

Interessante notar que, na hipótese de controle concentrado, a natureza dúplice das ações cujo procedimento está previsto pela Lei 9.686/1999 permite a conclusão de existir uma identidade de pedidos nas ações diretas de inconstitucionalidade e nas ações declaratórias de constitucionalidade. Ainda que tecnicamente o pedido seja num ou noutro sentido, é inegável que a possibilidade aberta ao tribunal na análise da questão constitucional habilita o órgão jurisdicional a decidir a respeito da constitucionalidade, em sentido positivo ou negativo.

---

[158] Teresa Wambier, *Litispendência*, p. 264; Aluísio Mendes, *Ações Coletivas*, 19.2, p. 260.

Havendo a modificação de qualquer um desses elementos da demanda, ainda que parcialmente (por exemplo, novos fatos jurídicos com a manutenção da mesma fundamentação jurídica), afasta-se qualquer impedimento ao novo julgamento, considerando-se tratar de nova demanda, ainda que consideravelmente parecida com aquela que já foi julgada e cuja decisão está protegida pela coisa julgada material[159]. Esse impedimento de novo julgamento exige que a causa seja exatamente a mesma, sendo entendimento pacífico na doutrina que a função negativa só é gerada quando aplicável ao caso concreto a teoria da tríplice identidade (*tria eadem*)[160].

É natural que, no caso específico do controle concentrado de constitucionalidade, a função negativa da coisa julgada material tenha pouca relevância, considerando o número limitado de legitimados ativos e a publicidade dada às decisões do Supremo Tribunal Federal nessa espécie de processo.

O que interessa notar na função negativa da coisa julgada é a necessidade de identidade dos elementos da ação, de forma que a vinculação gerada nesse caso limita-se ao próprio Supremo Tribunal Federal, que, diante de repetida ação direta de inconstitucionalidade/declaratória de constitucionalidade, estará vinculado à decisão anterior, devendo extinguir a ação repetida sem a resolução do mérito, nos termos do art. 485, V, do CPC.

1.10.2.3. Função positiva da coisa julgada

Por outro lado, é importante consignar que a imutabilidade da coisa julgada não se exaure em sua função negativa, compreendendo também uma função positiva, que, diferentemente da primeira, não impede o juiz de julgar o mérito da segunda demanda, apenas o vincula ao que já foi decidido em demanda anterior com decisão protegida pela coisa julgada material[161].

Como se nota com facilidade, a geração da função positiva da coisa julgada não ocorre na repetição de demandas em diferentes processos – campo para a aplicação da função negativa da coisa julgada –, mas em demandas diferentes, nas quais, entretanto, existe uma mesma relação jurídica que já foi decidida no primeiro processo e, em razão disso, está protegida pela coisa julgada. Em vez da teoria da tríplice identidade, aplica-se a teoria da identidade da relação jurídica.

Na função positiva da coisa julgada, portanto, inexiste obstáculo ao julgamento de mérito do segundo processo, mas, nesse julgamento, o juiz

---

[159] Nery Jr.-Nery, *Código*, p. 683.

[160] Botelho de Mesquita, *A coisa*, p. 78; Dinamarco, *Instituições*, n. 962, p. 316; STJ, 5ª Turma, AgRg no REsp 680.956/RJ, rel. Min. Laurita Vaz, j. 28/10/2008; REsp 730.696/RS, 1ª Turma, rel. Min. Luiz Fux, j. 24/10/2006. Parcialmente contra: Greco Filho, *Direito*, n. 57.6, p. 286-289.

[161] Talamini, *Coisa*, n. 2.6, p. 130; Didier Jr.-Braga-Oliveira, *Curso*, p. 568.

estará vinculado obrigatoriamente em sua fundamentação ao já resolvido em processo anterior e protegido pela coisa julgada material. Reconhecida como existente uma relação jurídica (por exemplo, a paternidade) e sendo tal reconhecimento imutável em razão da coisa julgada, surgindo discussão incidental a respeito dessa relação jurídica em outra demanda (por exemplo, em pedido de alimentos), o juiz estará obrigado a também reconhecê-la como existente, em respeito à coisa julgada[162].

Como o controle de constitucionalidade pode ser feito incidentalmente em qualquer processo, por qualquer órgão jurisdicional, entendo que a função positiva da coisa julgada vincula todos os juízes que tenham que enfrentar incidentalmente a constitucionalidade de uma norma legal já declarada inconstitucional/constitucional pelo Supremo Tribunal Federal em controle concentrado de constitucionalidade. Nesse caso, a vinculação da decisão atinge a todo e qualquer órgão jurisdicional, que estará obrigado a respeitar a declaração do Supremo Tribunal Federal na fundamentação dos processos subjetivos nos quais a constitucionalidade mostrar-se como matéria incidental[163].

1.10.2.4. Conclusão

O que se pretende afirmar com essa breve exposição a respeito das diferentes funções da coisa julgada material é que toda e qualquer coisa julgada tem eficácia vinculante, mas, em especial, no tocante à função positiva da coisa julgada, nota-se que essa eficácia vinculante se associa ao dispositivo da decisão transitada em julgado, sendo justamente a conclusão decisória a parte da decisão determinante para vincular os demais juízes que tenham que enfrentar questão jurídica já decidida e protegida pela coisa julgada material.

Diante dessa constatação, não parece que o previsto no art. 28, parágrafo único, da Lei 9.868/1999, diga respeito à vinculação ao dispositivo da decisão que declara a inconstitucionalidade/constitucionalidade, porque, nesse caso, a norma legal seria simplesmente inútil, considerando-se que pela função positiva da coisa julgada (aplicação da teoria da identidade da relação jurídica) já se teria tal efeito. Da mesma forma que um juiz é obrigado a respeitar a declaração já transitada em julgado em outro processo de que o réu não é pai numa ação de pedido de alimentos entre as mesmas partes, julgando dessa forma o pedido improcedente, também será obrigado a aceitar a inconstitucionalidade/constitucionalidade declarada em sede concentrada sempre que essa questão jurídica tiver que ser decidida de forma incidental.

---

162 Marinoni-Arenhart, *Manual*, n. 5.2, p. 634; Botelho de Mesquita, *A coisa*, p. 67.

163 Ainda que sem menção específica à função positiva da coisa julgada: Alexandre Freitas Câmara, "A coisa julgada do controle direto de constitucionalidade", in: *Escritos*, p. 29.

Ainda que criticada pela moderna doutrina civilista, a se valer a tradicional regra de hermenêutica jurídica que afirma não existir palavras inúteis na lei, quiçá uma norma inteira. Essa é a razão estritamente processual pela qual vejo com simpatia a teoria da transcendência dos motivos determinantes, tese defendida por diversos constitucionalistas que já trataram do tema, existindo inclusive decisões no Supremo Tribunal Federal aplicando-a concretamente.

Mas não existe somente uma razão processual para a adoção da tese ora analisada, havendo, segundo manifestação do Ministro Celso de Mello:

> ... um dado de insuperável relevo político-jurídico, consistente na necessidade de preservar-se, em sua integralidade, a força normativa da Constituição, que resulta de indiscutível supremacia, formal e material, de que se revestem as normas constitucionais, cuja integridade, eficácia e aplicabilidade, por isso mesmo, hão de ser valorizadas, em face de sua precedência, autoridade e grau hierárquico[164].

A tese fundamentalmente exige dos demais órgãos do Poder Judiciário e da Administração Pública respeito aos fundamentos principais existentes nas ações de controle concentrado de constitucionalidade, que gerariam uma eficácia vinculante às razões de decidir expostas pelo Tribunal Superior. Naturalmente essa tese não se presta à vinculação do órgão jurisdicional em ações diretas repetidas ou em ações nas quais a questão da constitucionalidade precisa ser decidida incidentalmente, porque, nesse caso, basta respectivamente a vinculação da função negativa e positiva da coisa julgada material. Diante do exposto, questiona-se: qual seria a função de criar um efeito vinculante dos motivos determinantes da decisão de controle concentrado de constitucionalidade?

Como a aplicação da teoria ora analisada, o efeito vinculante aplicar-se-á às ações nas quais se discuta de forma incidental normas legais similares àquela já declarada inconstitucional/constitucional pelo Supremo Tribunal Federal. Assim, declarada inconstitucional lei municipal que institui taxa de iluminação pública, determina alíquota progressiva de IPTU ou ainda institui taxa de coleta e limpeza pública, sempre que outra lei municipal de igual ou parecido teor for discutida em sede incidental, os juízes estarão obrigados a decidir por sua inconstitucionalidade, considerando-se que estão vinculados aos fundamentos da declaração concentrada de inconstitucionalidade realizada pelo Supremo Tribunal Federal.

Conforme já devidamente analisado no item 1.10.1.2, o Supremo Tribunal Federal deixou de aplicar a teoria dos motivos determinantes, mas, atualmente, em razão do previsto no art. 927, I, do CPC, parece não caber

[164] Rcl. 2.986 MC/SE, j. 11/03/2005, *DJ* 18/03/2005, p. 87.

mais discussão a respeito dos efeitos vinculantes dos motivos determinantes de um precedente criado no julgamento da ação direta de inconstitucionalidade.

Segundo o art. 927, I, do CPC, os juízes e tribunais observarão as decisões e os precedentes do Supremo Tribunal Federal em controle concentrado de constitucionalidade.

Numa primeira leitura pode-se concluir não se tratar de grande novidade, considerando-se a eficácia *erga omnes* do controle concentrado de constitucionalidade realizado pelo Supremo Tribunal Federal (art. 28, parágrafo único, da Lei 9.868/1999). Nunca é demais lembrar que o art. 102, § 2º, da CF prevê que as decisões definitivas de mérito, proferidas pelo Supremo Tribunal Federal, nas ações diretas de inconstitucionalidade e nas ações declaratórias de constitucionalidade produzirão eficácia contra todos e efeito vinculante, relativamente aos demais órgãos do Poder Judiciário e à administração pública direta e indireta, nas esferas federal, estadual e municipal.

Não se descarta a possibilidade de o legislador ter incluído a decisão do controle concentrado de constitucionalidade no rol do art. 927 do CPC apenas com o objetivo de tornar o rol exauriente, tese corroborada pela inclusão também da súmula vinculante, que tem sua eficácia vinculante já prevista em texto constitucional, a exemplo da decisão proferida no controle concentrado de constitucionalidade.

Mas é possível se extrair uma utilidade, e de extrema importância, na previsão ora analisada, distinguindo-se a eficácia *erga omnes* da coisa julgada material gerada no controle concentrado de constitucionalidade, já consagrada no texto constitucional, da eficácia vinculante dos fundamentos determinantes da decisão (*ratio decidendi*), consagrada no art. 927, I, do CPC[165].

Segundo o Enunciado 168 do FPPC, "os fundamentos determinantes do julgamento de ação de controle concentrado de constitucionalidade realizado pelo STF caracterizam a *ratio decidendi* do precedente e possuem efeito vinculante para todos os órgãos jurisdicionais". Trata-se da chamada "transcendência dos motivos determinantes" ou do *efeito transcendente de motivos determinantes*, que teria sido expressamente adotado pela previsão do art. 927, I, do CPC[166].

1.10.3. Limites subjetivos da coisa julgada

Segundo previsto no art. 506 do CPC, a coisa julgada vincula somente as partes, não atingindo os terceiros, que não serão prejudicados por ela, embora possam ser beneficiados. Ainda que seja extremamente

[165] Zaneti Jr., *Comentários*, p. 1.321; Didier Jr.-Oliveira-Braga, *Curso*, p. 464.

[166] Marinoni, *Breves*, p. 2.076.

controversa a amplitude dessa eficácia positiva da coisa julgada para terceiros, a controvérsia não afeta a coisa julgada formada na ação direta de inconstitucionalidade.

A eficácia *inter partes* justifica-se em razão dos princípios da ampla defesa e do contraditório, não sendo plausível que a sentença de mérito se torne imutável e indiscutível para sujeito que não participou do processo. Essa justificativa só tem algum sentido quanto aos terceiros interessados (que têm interesse jurídico na causa), porque, no tocante aos terceiros desinteressados (não mantêm nenhuma relação jurídica interdependente com a relação jurídica objeto da demanda), número infinito de pessoas, faltará interesse processual para discutir a decisão transitada em julgado, de forma que a sua imutabilidade torna-se uma consequência natural da impossibilidade processual de modificar a decisão[167].

A doutrina acertadamente ensina que todos os sujeitos – partes, terceiros interessados e terceiros desinteressados – suportam naturalmente os efeitos da decisão, mas a coisa julgada os atinge de forma diferente. As partes estão vinculadas à coisa julgada, os terceiros interessados sofrem os efeitos jurídicos da decisão, enquanto os terceiros desinteressados sofrem os efeitos naturais da sentença, sendo que nenhuma espécie de terceiro suporta a coisa julgada material[168].

Mesmo no sistema da coisa julgada *inter partes*, existem duas exceções, de forma que os sucessores e os substituídos processuais, ainda que não participem do processo como partes, suportam os efeitos da coisa julgada. São titulares do direito e dessa forma não haveria sentido que não suportassem os efeitos da coisa julgada material.

Os sucessores assumem os direitos e obrigações do sucedido, transmitindo-se também a esses a imutabilidade decorrente da coisa julgada. Registre-se que, havendo sucessão do direito durante o processo judicial, impõe-se como pressuposto da extensão da coisa julgada ao sucessor a informação da existência da demanda judicial[169]. A regra se aplica na hipótese de alienação de coisa litigiosa, na qual o adquirente deve ter ciência dessa situação da coisa para suportar a vinculação à decisão em processo do qual não participou.

Os substituídos são representados na demanda por sujeito que a lei ou o sistema consideram aptos à defesa do direito em juízo, sendo que nessa excepcional hipótese admite-se que a coisa julgada atinja titulares do direito

---

167 Dinamarco, *Instituições*, n. 963, p. 317-318.

168 Marinoni-Arenhart, *Manual*, n. 5.3, p. 638-639.

169 Cruz e Tucci, *Limites*, n. 24.1.3, p. 221.

que não participaram como parte no processo[170]. Registre-se moderna posição doutrinária no sentido de excluir a coisa julgada a terceiro que não tenha tido oportunidade de participar da demanda na qual seu direito material foi decidido. Essa corrente doutrinária entende que, não tendo oportunidade de participar do processo, o substituído processual não poderia suportar a coisa julgada material em respeito aos princípios da ampla defesa e do contraditório[171].

Na tutela coletiva, não se repete a regra da coisa julgada *inter partes* presente no Código de Processo Civil. O tema é versado no art. 103 do CDC e varia conforme a espécie de direito coletivo que compõe o objeto do processo. Nos direitos difusos, a coisa julgada se opera *erga omnes* (perante toda a coletividade), em razão da indeterminação e indeterminabilidade dos titulares do direito (inciso I). Nos direitos coletivos, a coisa julgada é formada *ultra partes* (atinge pessoas que não participam do processo como partes), alcançando somente os sujeitos que compõem um grupo, classe ou categoria de pessoas (inciso II). Nos direitos individuais homogêneos, a coisa julgada é formada *ultra partes*, porque só atinge os titulares do direito individual cujo somatório forma os direitos individuais homogêneos. Apesar disso, o art. 103, III, do CDC prevê que a coisa julgada nesse caso se opera *erga omnes*, o que parece equivocado, mas não gera consequências jurídicas, considerando que os sujeitos que não são titulares do direito individual homogêneo são terceiros desinteressados, que, além de não suportarem a coisa julgada, não têm legitimidade para discuti-la e afastá-la em juízo.

Como já foi anteriormente afirmado, o processo objetivo é espécie especial de processo coletivo, tendo como objetivo a defesa do direito difuso da coletividade a um sistema constitucionalmente coeso. Parece não existir maiores questionamentos a respeito da eficácia *erga omnes* da declaração de constitucionalidade/inconstitucionalidade da norma objeto de decisão no controle concentrado de constitucionalidade. Todos serão afetados, porque a coletividade, titular do direito difuso decidido no processo, será afetada e estará vinculada à coisa julgada dessa decisão, o que naturalmente vinculará todos os membros dessa coletividade.

1.10.4. Coisa julgada *pro et contra*

No sistema tradicional da coisa julgada material, ela se opera com a simples resolução de mérito, independentemente de qual seja o resultado no caso concreto (*pro et contra*). Dessa forma, é irrelevante saber se o pedido

[170] Nery Jr.-Nery, *Código*, p. 707; Dinamarco, *Instituições*, n. 965, p. 321-322; Tesheiner, *Eficácia*, n. 3.3.1.2, p. 83; Greco Filho, *Direito*, n. 57.4, p. 282.

[171] Cruz e Tucci, *Limites*, n. 24.2.3, p. 232.

do autor foi acolhido ou rejeitado, se houve sentença homologatória ou se o juiz reconheceu a prescrição ou decadência; sendo sentença prevista no art. 485 do CPC, faz coisa julgada material.

Mas existe outro sistema possível, que, ao menos na tutela individual, é extremamente excepcional: a coisa julgada *secundum eventum litis*. Por meio desse sistema, nem toda sentença de mérito faz coisa julgada material, tudo dependendo do resultado concreto da sentença definitiva transitada em julgado. Por vontade do legislador, é possível que o sistema crie exceções pontuais à relação sentença de mérito com cognição exauriente e a coisa julgada material.

Poderia o sistema passar a prever que toda sentença de mérito fundada em prescrição não fará coisa julgada em ações nas quais figure como parte um idoso, ou ainda que a sentença que homologa transação não fará coisa julgada material quando o acordo tiver como objeto direito real. Apesar da óbvia irrazoabilidade dos exemplos fornecidos, eles servem para deixar claro que afastar a coisa julgada material de sentença de mérito, que em regra se tornaria imutável e indiscutível com o trânsito em julgado, em fenômeno conhecido como coisa julgada *secundum eventum litis*, é fruto de uma opção político-legislativa.

Na tutela individual, a técnica da coisa julgada *secundum eventum litis* começou a ser utilizada pelo art. 274 do CC, que trata dos limites subjetivos da coisa julgada nas demandas que têm como objeto dívida solidária. Segundo o art. 274 do CC, interposta demanda por um ou alguns dos credores solidários em litisconsórcio, sendo julgado procedente o pedido e condenado o réu ao pagamento, o julgamento aproveita a todos os demais credores solidários, mesmo que não tenham participado do processo. Significa dizer que todos estão legitimados a executar a sentença condenatória e que poderão alegar a exceção de coisa julgada material como matéria de defesa em ação declaratória de inexigibilidade de débito promovida pelo devedor. No caso de julgamento de improcedência, a coisa julgada material só vincula o credor ou credores que tenham ingressado com a demanda, ou seja, os credores solidários que foram parte. Para parcela doutrinária, trata-se da técnica da coisa julgada *secundum eventum litis*, ou seja, a vinculação à coisa julgada material dos credores solidários que não propuseram a demanda judicial dependerá de seu resultado[172].

Com o art. 506 do CPC há doutrina que passou a defender que a coisa julgada nas ações individuais se opera *erga omnes secundum eventum litis in*

[172] Barbosa Moreira, Solidariedade ativa: efeitos da sentença e coisa julgada na ação de cobrança proposta por um único credor, *Revista do advogado*, AASP, n. 84, 2005. Contra: Cruz e Tucci, *Limites*, n. 24.6.2, p. 278.

utilibus[173]. O tema, entretanto, conforme já assinalado, é controverso, existindo outras teorias interpretativas do dispositivo legal. Há a teoria de que o art. 506 do CPC consagrou o *collateral estoppel* norte-americano[174], que na prática levará à situação idêntica da coisa julgada *erga omnes secundum eventum litis in utilibus*; outra que entende ser aplicável às hipóteses de litisconsórcio facultativo unitário não formado;[175] e outra que entende pela aplicabilidade apenas a cotitulares do direito decidido na demanda que não tenham participado do processo[176].

A divergência presente no exame da tutela individual por conta do art. 506 do CPC, entretanto, não contamina a tutela coletiva, na qual a coisa julgada *secundum eventum litis* é de aceitação pacificada.

Segundo previsão do art. 103, § 1º, do CDC, os efeitos da coisa julgada previstos nos incisos I e II do mesmo dispositivo legal não prejudicarão interesses e direitos individuais dos integrantes da coletividade, do grupo, classe ou categoria, em regra também aplicáveis ao inciso III[177]. Significa dizer que, decorrendo de uma mesma situação fática jurídica consequências no plano do direito coletivo e individual e sendo julgado improcedente o pedido formulado em demanda coletiva, independentemente da fundamentação, os indivíduos não estarão vinculados a esse resultado, podendo ingressar livremente com suas ações individuais. A única sentença que os vincula é a de procedência, porque essa naturalmente os beneficia, permitindo que o indivíduo se valha dessa sentença coletiva, liquidando-a no foro de seu domicílio e posteriormente executando-a, o que o dispensará do processo de conhecimento. A doutrina fala em coisa julgada *secundum eventum litis in utilibus*, porque somente a decisão que seja útil ao indivíduo será capaz de vinculá-lo a sua coisa julgada material[178].

Uma empresa petrolífera causa um grande vazamento de óleo numa determinada baía, o que naturalmente agride o meio ambiente saudável, mas também prejudica os pescadores do local, que têm danos individuais por não mais poderem exercer seu ofício. Havendo uma ação coletiva fundada no direito difuso a um meio ambiente equilibrado e sendo essa ação julgada improcedente, os pescadores poderão ingressar e vencer ações individuais de indenização contra a empresa petrolífera. Por outro lado, com a sentença de

---

[173] Scarpinella Bueno, *Manual*, p. 405; Cabral, *Breves*, p. 1.305.

[174] Marinoni-Arenhart-Mitidiero, *Novo*, n. 14.4.3.1, p. 680.

[175] Didier Jr., Comentários, p. 779.

[176] Greco, *Instituições*, n. 14.9.2, p. 337.

[177] Marinoni-Arenhart, *Manual, p. 747;* Theodoro Jr., *Curso*, n. 1.688, p. 547.

[178] Gidi, *Rumo*, p. 289-290.

procedência, os pescadores poderão se valer desse título executivo judicial, liquidando seus danos individuais e executando o valor do prejuízo.

Como se pode notar, dificilmente as lições ora transcritas poderão ser aplicadas no processo objetivo, considerando-se que a declaração de inconstitucionalidade/constitucionalidade como objeto principal do processo não pode ser pretendida por indivíduos, a quem falta legitimidade para tal pedido. Mas há outro sentido possível para a aplicação da coisa julgada *secundum eventum litis* no processo objetivo: a possibilidade de se afastar a coisa julgada material do julgamento de improcedência da ação direta de inconstitucionalidade, o que permitiria a repropositura de uma nova ação direta de controle.

Segundo parcela da doutrina, "a declaração de inconstitucionalidade opera efeito sobre a própria lei ou ato normativo, que já não mais poderá ser validamente aplicada. Mas, no caso de improcedência do pedido, nada ocorre com a lei em si. As situações, portanto, são diversas e comportam tratamento diverso. Parece totalmente inapropriado que se impeça o Supremo Tribunal Federal de reapreciar a constitucionalidade ou não de uma lei anteriormente considerada válida, à vista de novos argumentos, de novos fatos, de mudanças formais ou informais no sentido da Constituição ou de transformações na realidade que modifiquem o impacto ou a percepção da lei"[179].

A adoção do entendimento de que não existe coisa julgada material no julgamento de improcedência na ação direta de inconstitucionalidade necessariamente vincula o intérprete a defender que a decisão de procedência na ação declaratória de constitucionalidade também não faz coisa julgada material. Dessa forma, toda vez que o Supremo Tribunal Federal declarar a constitucionalidade de uma norma em controle concentrado, não haveria coisa julgada material.

Não parece ser esse o melhor entendimento, porque a cognição realizada pelo tribunal na realização do controle concentrado é rigorosamente a mesma quando da declaração de inconstitucionalidade ou de constitucionalidade, não havendo sentido em afirmar-se existente a coisa julgada material somente na hipótese de inconstitucionalidade. Não entendo sadio ao sistema afastar a segurança jurídica típica da coisa julgada das decisões de constitucionalidade de normas feitas abstratamente pelo Supremo Tribunal Federal; ainda mais com as previsões constantes nos arts. 525, § 1º, III, § 12, e art. 535, III, § 5º, ambos do CPC.

Ressalte-se, entretanto, que eventuais alterações fático-jurídicas poderão ensejar um novo controle concentrado de constitucionalidade da norma já declarada constitucional, mas isso porque o autor da ação direta fundamentará

[179] *Cfr.* Luís Roberto Barroso, *O controle*, p. 188-189.

sua pretensão em nova causa de pedir, o que já é o suficiente para admitir-se o afastamento da função negativa da coisa julgada material. Apesar de a doutrina admitir a tese de causa de pedir aberta nas ações de controle direto de constitucionalidade, é importante registrar que causa de pedir não alegada e não enfrentada pelo Supremo Tribunal Federal não fica acobertada pela eficácia preclusiva da coisa julgada (art. 508 do CPC), o que permite sua discussão originária em nova ação direta. Esse entendimento é minoritário no Supremo Tribunal Federal, mas lá mesmo encontra adeptos, como os Ministros Marco Aurélio e Carlos Britto[180].

Para parcela da doutrina, trata-se de decisão submetida à cláusula *rebus sic stantibus*, admitindo-se nova análise, desde que alteradas as circunstâncias de fato e de direito[181].

Seria algo similar ao que ocorre com a coisa julgada material nas relações jurídicas de trato continuado. O art. 505, I, do CPC prevê a possibilidade de pedido de revisão do instituído na sentença na hipótese de modificação superveniente no estado de fato ou de direito, sempre que a sentença resolver relação jurídica continuativa. Dessa forma, se legitima a modificação do conteúdo de sentenças tais como as que decidem as demandas de alimentos ou revisionais de aluguel, mesmo que ocorrido seu trânsito em julgado. Na compreensão dessa norma legal, existe parcela doutrinária que defende a existência de uma coisa julgada material especial, gerada por uma sentença de mérito que contém implicitamente a cláusula *rebus sic stantibus*, ou seja, a imutabilidade da decisão estaria condicionada à manutenção da situação de fato e de direito[182].

Considero que a posição doutrinária examinada não é correta, sendo preferível outro entendimento, atualmente majoritário, que defende a existência de coisa julgada material nas sentenças que resolvem relação jurídica continuativa como em qualquer outra sentença de mérito. Essa corrente doutrinária aponta que a decisão é imutável e indiscutível, e a possibilidade de sua revisão, condicionada à modificação do estado de fato ou de direito, é permitida tão somente em razão da modificação da causa de pedir, de forma a afastar a tríplice identidade, indispensável para a aplicação da função negativa da coisa julgada material[183]. Assim, da mesma forma que a sentença da ação de alimentos ou da ação revisional de aluguel só pode ser modificada quando existir uma nova causa de pedir (novos fatos ou novo

---

180 STF, RE 372.535 AgR-ED/SP, Primeira Turma, rel. Min. Carlos Britto, j. 09/10/2007, *DJE* 65, 11/04/2008.

181 Didier Jr.-Braga-Oliveira, Aspectos processuais, p. 415.

182 Nery Jr.-Nery, *Código*, p. 704; Theodoro Jr., *Curso*, n. 520, p. 619-620.

183 Tesheiner, *Eficácia*, n. 3.5.1, p. 163-168; Barbosa Moreira, *Eficácia*, p. 111; Araken de Assis, *Breve*, p. 247-249; Talamini, *Coisa*, p. 90-91; Didier Jr.-Braga-Oliveira, *Curso*, p. 576-578.

direito) que legitime tal modificação, isso ocorre também com a decisão que declara a constitucionalidade de norma em controle concentrado de constitucionalidade.

1.11. DECLARAÇÃO DE INCONSTITUCIONALIDADE E RELATIVIZAÇÃO DA COISA JULGADA MATERIAL

O art. 525, § 12, e o art. 535, § 5º, ambos do CPC, trazem consigo a previsão de matérias que podem ser alegadas em sede de defesa típica do executado no cumprimento de sentença (impugnação) e que afastam a imutabilidade da coisa julgada material. De idêntica redação, os dispositivos legais permitem ao executado a alegação de inexigibilidade do título com o fundamento de que a sentença que se executa (justamente o título executivo judicial) é fundada em lei ou ato normativo declarados inconstitucionais pelo Supremo Tribunal Federal.

Ainda que a sentença já tenha transitado em julgado, ou seja, durante a sua execução definitiva, o executado ainda conseguirá se livrar da execução, afastando a imutabilidade da sentença, característica típica da coisa julgada. Registre-se que sendo a decisão do Supremo Tribunal Federal que declara a norma inconstitucional proferida após o trânsito em julgado, a matéria não poderá ser alegada em defesa executiva, mas em ação rescisória, nos termos do art. 525, § 15, e 535, § 8º, ambos do CPC.

A declaração de inconstitucionalidade realizada pelo Supremo Tribunal Federal pode ocorrer, segundo os dispositivos legais ora apresentados, por três diferentes maneiras:

(a) redução de texto, quando a lei é declarada inconstitucional para todos os fins e desaparece do ordenamento jurídico;

(b) aplicação da norma à situação considerada inconstitucional, quando ela será válida para certas situações e inválida para outras;

(c) interpretação conforme a Constituição, quando, havendo mais de uma interpretação possível, somente uma delas for considerada constitucional.

Existe doutrina que defende a inconstitucionalidade dos dispositivos ora comentados, com o argumento de que a coisa julgada é uma indispensável garantia fundamental, prestando-se a dotar o sistema da segurança jurídica indispensável à prestação da tutela jurisdicional[184]. A possibilidade de revisão da coisa julgada material em razão de posterior inconstitucionalidade declarada pelo Supremo Tribunal Federal criaria instabilidade insuportável ao sistema, afastando a promessa constitucional de inafastabilidade da tute-

[184] Greco, *Eficácia*, p. 224.

la jurisdicional, considerando-se que tutela jurisdicional não definitiva é o mesmo que sua ausência[185].

O tema não é pacífico, considerando parcela da doutrina que os dispositivos legais são constitucionais, ainda que indesejáveis. Sendo tarefa das normas infraconstitucionais o estabelecimento de quando e como haverá coisa julgada, também serão essas espécies de normas que determinarão as hipóteses excepcionais de seu desaparecimento, indicando as razões e a forma procedimental para que isso ocorra no caso concreto[186]. Em virtude do histórico do surgimento dessa regra em nosso direito processual, dificilmente o Supremo Tribunal Federal a considerará inconstitucional, ainda que exista ação declaratória de inconstitucionalidade contra o art. 741, parágrafo único, do CPC/1973, pendente de julgamento[187]. Essa ação perdeu o objeto com o Código de Processo Civil de 2015, mas é provável que aqueles que entendiam pela inconstitucionalidade do dispositivo revogado ingressem com nova ação pedindo a inconstitucionalidade dos arts. 525, § 12, e 535, § 5º, do CPC.

No tocante à regra em si, parcela da doutrina entende que a literalidade do dispositivo legal não deixa dúvidas a respeito de ser fenômeno processual que atua no plano da eficácia, de modo que o acolhimento dos embargos ou da impugnação desfaz a eficácia da coisa julgada retroativamente, afastando o efeito executivo da sentença condenatória[188]. Tornando a sentença ineficaz, seu principal efeito, a *sanção executiva* desaparece, não se admitindo a execução do título. Há opiniões em sentido contrário que apontam para o plano da validade, afirmando que o acolhimento da impugnação quando alegada a matéria prevista nos arts. 525, § 12, e 535, § 5º, do CPC gera a desconstituição da sentença[189]. Prefiro o segundo entendimento, considerando-se que a inexigibilidade do título refere-se à obrigação pendente de termo ou condição, o que naturalmente não é o caso. A alegação de inconstitucionalidade da norma em que se fundou a sentença é forma de impugnação do conteúdo da decisão, referindo-se ao seu mérito, e não a aspectos formais do título executivo.

A literalidade do dispositivo legal não permite espaço para o entendimento de que a inconstitucionalidade seja declarada pelo juízo da própria execução, no julgamento dos embargos ou impugnação[190], sendo indispensável uma

[185] Marinoni-Arenhart, *Manual*, n. 7.2, p. 664.

[186] Araken de Assis, *Eficácia*, p. 46; Zavascki, *Inexigibilidade*, p. 331; Talamini, *Embargos*, p. 125.

[187] STF, Tribunal Pleno, ADI 2.418-3, rel. Min. Cezar Peluso.

[188] Greco, *Eficácia*, p. 45.

[189] Talamini, *Embargos*, p. 124-125; Lucon, *Coisa*, p. 302; STJ, 5ª Turma, REsp 795.710/RS, rel. Min. Felix Fischer, j. 06.06.2006.

[190] Nesse sentido, de forma equivocada, as lições de Theodoro Jr.-Cordeiro, *O tormentoso*, p. 174.

manifestação expressa do Supremo Tribunal Federal. Havendo a declaração concentrada da inconstitucionalidade em julgamento de ação declaratória de constitucionalidade ou inconstitucionalidade, não há dúvida na doutrina a respeito aplicação dos dispositivos legais.

No silêncio a respeito do tema nas regras constantes no CPC/1973 a divergência era significativa. Enquanto doutrinadores entendiam que a mera declaração incidental já era suficiente[191], outros exigiam a declaração concentrada, ou ainda a declaração incidental seguida de resolução do Senado Federal suspendendo a lei ou ato normativo, nos termos do art. 52, X, da CF[192].

Essa divergência foi bem representada pelas comissões de juristas formadas na Câmara e no Senado, tanto assim que a solução adotada pelo texto final do Novo CPC foi diferente daquela adotada no projeto de lei aprovado na Câmara. Enquanto na Câmara o controle de constitucionalidade poderia ser difuso ou concentrado, no Senado, inicialmente, passou-se a limitar a alegação de coisa julgada inconstitucional à declaração concentrada do Supremo Tribunal Federal.

A justificativa da opção do Senado encontra-se na Emenda constante do Tópico 2.3.2.160: "Em prestígio ao controle concentrado de constitucionalidade e à abrangência de seus efeitos, devem-se rejeitar o § 10 do art. 539 do SCD e o § 5º do art. 549 do SCD, para restabelecer os seus correspondentes no PLS, com um ajuste meramente de redação útil à sua clareza, qual seja a sua subdivisão em incisos. Por essa razão, não se acolhe a sugestão contida no Ofício 101/SGCS/AGU no sentido da manutenção do controle difuso de constitucionalidade como suficiente para configurar como inconstitucional e inexigível um título executivo".

Mas, após a aprovação do texto base votado no Senado, foi aprovado destaque apresentado pelo senador Eduardo Braga no sentido de manter o texto aprovado na Câmara, de forma a voltar a constar no texto final do CPC de 2015 o controle difuso, além do concentrado.

Os arts. 525, § 12, e 535, § 5º, do CPC, portanto, resolvem o impasse na caneta ao expressamente apontar que a declaração deve ser realizada em controle de constitucionalidade concentrado ou difuso. Ainda que a determinação por lei seja saudável sob a ótica da segurança jurídica, entendo que o tema merecia um debate mais amplo, até porque envolve a atual discussão sobre eficácia *intra partes* e *erga omnes* das diferentes formas de controle de constitucionalidade.

---

[191] Zavascki, *Inexigibilidade*, p. 337; Lucon, *Efeitos*, p. 303. STJ, 1ª Turma, REsp 825.858/MG, rel. Min. Teori Albino Zavascki, j. 04.05.2006.

[192] Araken de Assis, *Eficácia*, p. 48-49; Marinoni-Arenhart, *Manual*, n. 7.4, p. 672; Talamini, *Embargos*, p. 123.

Já tive oportunidade de defender que somente o controle concentrado poderia ser utilizado na alegação de coisa julgada inconstitucional, justamente em razão dos efeitos da decisão, e, nesse sentido, não fiquei satisfeito com a aprovação do texto final do Código de Processo Civil de 2015 aprovado pelo Senado[193]. No entanto, nunca deixei de compreender os argumentos dos que pensam diferente, defensores de uma objetivação do recurso extraordinário. Entendo, entretanto, que, se partirmos efetivamente para a eficácia *ultra partes* do julgamento desse recurso, ao menos algumas condições deveriam ser impostas. Poder-se-ia exigir, por exemplo, que o julgamento se dê sob o rito dos recursos repetitivos, de forma que se tenha uma participação mais ampla e uma maior discussão sobre o tema constitucional.

De qualquer forma, como o tema está sendo enfrentado pelo Supremo Tribunal Federal, o mais prudente teria sido o Código de Processo Civil de 2015 silenciar-se a esse respeito. Não resistindo a resolver o impasse na caneta, o mais prudente teria sido adotar o entendimento mais tradicional a respeito dos efeitos do controle difuso de constitucionalidade. No último momento do processo legislativo, entretanto, prestigiou-se emprestar ao controle difuso eficácia *erga omnes* – ou ao menos *ultra partes* – como fundamento de alegação da coisa julgada inconstitucional.

Sobre o tema, partindo da premissa de que qualquer espécie de controle de constitucionalidade é o suficiente para haver coisa julgada inconstitucional, o Enunciado 58 do Fórum Permanente de Processualistas Civis (FPPC) exige que a decisão seja proferida pelo plenário do Supremo Tribunal Federal.

Outro ponto polêmico sobre o tema resolvido por previsão expressa de lei é o momento a partir do qual a decisão do Supremo Tribunal Federal deve ter sido proferida. Durante a fase de conhecimento? Após o trânsito em julgado? A qualquer momento? Segundo os §§ 14 e 15 do art. 525 e o § 7º do art. 535 do CPC, a alegação de coisa julgada inconstitucional dependerá de a decisão do Supremo Tribunal Federal ter sido proferida antes do trânsito em julgado da decisão exequenda.

No projeto de lei aprovado na Câmara havia a indicação expressa de que sendo proferida a decisão do Supremo Tribunal Federal após o trânsito em julgado da decisão exequenda, seria cabível a ação rescisória. Essa regra foi originariamente suprimida pelo Parecer Final 956 do Senado. A supressão deixava interessante questão em aberto: seria cabível ação rescisória mesmo sem a expressa previsão da lei?

A questão é interessante porque tradicionalmente o Supremo Tribunal Federal admite ação rescisória quando há declaração de inconstitucionalidade

[193] Scarpinella Bueno, *Manual*, p. 406.

superveniente da lei, mesmo quando à época da prolação da decisão houvesse divergência jurisprudencial, excepcionando dessa forma o Enunciado da Súmula 343/STF[194]. Diante desse panorama, poder-se-ia concluir pela admissão da ação rescisória com fundamento no art. 966, V, do CPC.

Ocorre, entretanto, que em recente decisão da Corte Constitucional foi decidido, sob o regime dos recursos repetitivos, que, havendo no Supremo Tribunal Federal mudança posterior de entendimento anteriormente consagrado, não cabe ação rescisória para afastar o antigo entendimento e fazer valer o posterior[195], o que deixa a questão em aberto para futura definição pela Corte Constitucional.

Registre-se apenas que se fosse levada em consideração a justificativa da Emenda constante do Tópico 2.3.2.161 do Projeto Final 956 do Senado, a tendência seria pelo não cabimento da ação rescisória: "Com o objetivo de salvar a constitucionalidade do instituto, impõe-se a exclusão da parte final do § 12 do art. 539 do SCD e do § 7º do art. 549 do SCD, os quais ampliam de modo indefinido o prazo para o ajuizamento de ação rescisória, o que fragiliza, ainda mais, a coisa julgada".

No entanto, em razão de destaque apresentado pelo senador Eduardo Braga e aprovado pelo Senado, voltou a constar no texto final a previsão expressa de cabimento de ação rescisória, cujo prazo será contado do trânsito em julgado da decisão proferida pelo Supremo Tribunal Federal (§ 8º, art. 535).

Nos termos do § 13 do art. 525 e § 6º do art. 535, ambos do CPC, os efeitos da decisão do Supremo Tribunal Federal poderão ser modulados no tempo, de forma a favorecer a segurança jurídica. Concordo que a única forma de tornar útil o dispositivo legal é interpretá-lo no sentido de que caberá ao juízo da execução tal modulação[196]. Afinal, se a modulação tiver sido realizada pelo próprio Supremo Tribunal Federal na declaração de inconstitucionalidade, caberá ao juízo da execução simplesmente respeitá-la.

Ocorre, entretanto, que a única forma de dar utilidade à previsão legal torna-a flagrantemente inconstitucional. Entendo que a modulação dos efeitos da declaração de inconstitucionalidade é atividade privativa do Supremo Tribunal Federal, sob pena de o juízo de primeiro grau da execução limitar indevidamente os limites temporais da declaração de inconstitucionalidade proferida pela Corte Superior.

---

[194] Câmara, *Ação*, p. 88-89; Pimentel, *Introdução*, n. 18.3.6, p. 495-496; Didier Jr.-Cunha, *Curso*, p. 381. Na jurisprudência: *Informativo* 414/STJ: Corte Especial, EREsp 687.903/RS, rel. Min. Ari Pargendler, j. 04.11.2009; STJ, 1ª Seção, EREsp 608.122/RJ, rel. Min. Teori Albino Zavascki, j. 09.05.2007, *DJ* 28.05.2007. *Informativo* 497/STF, Plenário, RE 328812 ED/AM, rel. Gilmar Mendes, j. 06.03.2008.

[195] STF, Tribunal Pleno, RE 590.809/RS, rel. Min. Marco Aurélio, j. 22.10.2014.

[196] Scarpinella Bueno, *Manual*, p. 406.

Basta imaginar um juiz de primeiro grau extremamente preocupado com a segurança jurídica e frontalmente contrário à coisa julgada inconstitucional. Para ele, bastará decidir no caso concreto que a declaração de inconstitucionalidade proferida pelo Supremo Tribunal Federal tem sempre eficácia *ex nunc*, de forma a afastar em todo caso concreto o alcance do fenômeno processual ora analisado.

Registre-se por fim que a forma processual dos embargos e da impugnação para a alegação da matéria ora discutida é simplesmente uma opção dada à parte para a sua alegação, sendo admissíveis também a ação rescisória e a ação declaratória autônoma com a mesma finalidade. A ação autônoma, inclusive, poderá ser proposta até mesmo após o encerramento da execução com a satisfação do exequente. Nesse caso, além do pedido de declaração de inconstitucionalidade da sentença que serviu de título executivo à execução, o autor poderá requerer a condenação do réu ao recebimento do valor obtido na execução, em típico pedido de repetição do indébito[197].

---

[197] Araken de Assis, *Eficácia*, p. 49-50.

2

AÇÃO DIRETA DE INCONSTITUCIONALIDADE POR OMISSÃO

2.1. INTRODUÇÃO

Nos termos do art. 103, § 2º, da CF, é cabível ação direta de inconstitucionalidade por omissão, admitindo-se que o Supremo Tribunal Federal, ao declarar a inconstitucionalidade por omissão de medida para tornar efetiva norma constitucional, dê ciência ao Poder competente para a adoção das providências necessárias e, tratando-se de órgão administrativo, para fazê-lo em 30 dias.

O legislador constitucional de 1988 se preocupou com a omissão como conduta passível de inviabilizar o exercício de direitos e garantias constitucionais de duas formas distintas. O mandado de injunção, ação tratada no Capítulo 5, permite em concreto a tutela diante de ausência de norma regulamentadora, mediante pedido a ser formulado pelo sujeito que tem direito constitucional paralisado em razão de indevida omissão. Por outro lado, permitiu que a tutela diante de omissão se desse abstratamente, mediante pedido dos legitimados pelo art. 103 da CF, em nítida ampliação do objeto do processo objetivo.

Como se pode notar, o art. 103, § 2º, da CF, não criou uma espécie de ação de controle concentrado de constitucionalidade, simplesmente admitindo na ação direta de inconstitucionalidade a obtenção de tutela jurisdicional em razão da omissão normativa do Poder Público. A conclusão é reforçada pela Lei 9.868/1999, que originariamente não disciplinava de forma específica essa espécie de declaração de inconstitucionalidade. Essa realidade foi modificada pela Lei 12.063/2009, que ao incluir um Capítulo II-A na Lei 9.868/1999, fez com que essa lei passasse a tratar expressamente da ação direta de inconstitucionalidade por omissão.

Ainda que seja importante a previsão expressa de tutela, é relevante salientar que mesmo antes da Lei 12.063/2009 era possível o ingresso da ação direta de inconstitucionalidade por omissão, sendo aplicadas por analogia as regras procedimentais já existentes para a ação direta de inconstitucionalidade por ação. De qualquer forma, a expressa previsão em lei valoriza a espécie de ação constitucional ora analisada.

2.2. CABIMENTO

Sendo condição para o pedido de inconstitucionalidade nos termos ora analisados a existência de uma omissão de medida para tornar efetiva norma constitucional, é imprescindível se determinar qual a circunstância fático-jurídica que admite a ação direta de inconstitucionalidade por omissão.

Segundo a melhor doutrina, a omissão inconstitucional pode se dar no âmbito dos três Poderes, tendo natureza normativa, político-administrativa e judicial, mas somente no primeiro caso caberá a ação direta de inconstitucionalidade, já que, no tocante às omissões de natureza político-administrativa, existem remédios jurídicos, tais como o mandado de segurança e a ação civil pública, enquanto, para as omissões judiciais, há os recursos[1].

Apesar de concordar com a limitação proposta às omissões passíveis de controle pela ação ora analisada, é preciso apontar a imprecisão da lição doutrinária no tocante ao seu controle. Na realidade, nem sempre as omissões se resolverão por meio de um recurso judicial, sendo necessária, a depender do caso concreto, a utilização de sucedâneos recursais. Havendo uma decisão judicial omissa, seja quanto ao pedido, à causa de pedir ou ao fundamento de defesa, realmente os recursos serão o meio hábil para a impugnação, em especial os embargos de declaração. Ocorre, entretanto, que, sendo a omissão derivada justamente da resistência do órgão jurisdicional em decidir, não será cabível qualquer recurso, até porque, sendo o recurso um meio de impugnação de decisão judicial, nunca será cabível sem que haja decisão contra a qual se recorrer. Nesse caso, de omissão em proferir decisão, será

[1] Barroso, *O Controle*, p. 237-238.

cabível a correição parcial[2], notoriamente um meio de impugnação que não tem natureza recursal[3], e para parcela da doutrina nem mesmo natureza jurisdicional, entendendo-se pela sua natureza administrativa/disciplinar[4]. De qualquer forma, nesse caso não caberá ação declaratória de inconstitucionalidade por omissão.

Afastar atos que não tenham natureza normativa do controle por ação direta de inconstitucionalidade por omissão não significa limitar tal ação aos atos praticados pelo Executivo, conquanto também o Legislativo pode expedir atos secundários e de caráter geral, a exemplo do que ocorre com os regulamentos, instruções e resoluções. Por outro lado, apesar de mais restrita, também é cabível a ação ora analisada contra omissões em adotar atos normativos do Poder Judiciário, sempre que a Constituição Federal lhe outorgar competência para a prática de tal espécie de ato.

Partindo-se da premissa de que a omissão pode decorrer tanto de inércia quanto de atuação deficitária ou insuficiente, fala-se em omissão total e omissão parcial, respectivamente. A omissão total é facilmente compreensível, derivada da absoluta ausência de lei, enquanto a omissão parcial é dividida em duas espécies: (a) parcial propriamente dita, quando a norma, existente, não consegue atender ao mandamento constitucional em razão da insuficiência ou defeitos de seu texto; (b) relativa, quando a norma regulamenta o mandamento constitucional apenas para determinada categoria, o que fere a isonomia pelo detrimento de outras categorias não atendidas pela lei infraconstitucional[5].

O art. 12-B, I, da Lei 9.868/1999, ao prever como exigência da petição inicial a indicação de omissão inconstitucional total ou parcial quanto ao cumprimento de dever constitucional de legislar ou quanto à adoção de providência de índole administrativa, dá uma boa noção de qual seja o cabimento da ação direta de inconstitucionalidade por omissão.

2.3. LEGITIMIDADE

Quanto à legitimidade ativa, o art. 12-A da Lei 9.868/1999, prevê os mesmos legitimados à propositura da ação direta de inconstitucionalidade e da ação declaratória de constitucionalidade. Nenhuma novidade, sendo os legitimados aqueles previstos pelo art. 103 da CF, com as mesmas questões polêmicas já desenvolvidas no Capítulo 1, item 1.3.2.

---

2 Neves, Manual de direito processual civil, n. 65.1.1.2, p. 1.449.

3 Neves, *Manual*, 18.1.1.2, p. 525.

4 STJ, 1ª Turma, AgRg no AgRg no REsp 1.038.446/RJ, rel. Min. Luiz Fux, j. 20/05/2010, DJe 14/06/2010.

5 Barroso, *O Controle*, p. 239-240.

No tocante à legitimidade passiva, há forte corrente doutrinária que entende ocupar o polo passivo da ação a pessoa ou órgão responsável pela produção do ato exigido pela Constituição Federal[6].

Como exposto no Capítulo 1, item 1.3.1, entendo que a ação direta de inconstitucionalidade é uma atípica ação sem réu, na qual a relação jurídica processual é tão somente linear, formada pelo autor, que atuará com legitimação extraordinária, e o juízo, no caso o Supremo Tribunal Federal. Ocorre, entretanto, que, na ação direta de inconstitucionalidade por omissão, entendo ser correta a opinião doutrinária acima transcrita, porque, diferente da ação direta analisada no Capítulo 1, na eventual procedência do pedido do autor, a pessoa ou órgão responsabilizado pela omissão será chamado a atuar, ou seja, será a ele imputada uma prestação de fazer. O caráter mandamental da decisão, que não se limitará a declarar a inconstitucionalidade, sucessivamente a isso ordenando que ato normativo seja praticado, parece ser o suficiente para colocar a pessoa ou órgão responsável pela prática do ato no polo passivo da demanda judicial.

Não se trata de defender ou não em juízo a omissão apontada como inconstitucional pelo autor, mas a vinculação direta a uma ordem no sentido de cumprir uma prestação de fazer, no caso, legislar. Teria dificuldades em explicar como um terceiro pode ser o sujeito passivo da ordem determinada em processo judicial sem ferir o princípio do contraditório e da ampla defesa, de forma que, no caso de ação direta de inconstitucionalidade, admito que a relação jurídica seja tríplice, com a presença de autor, réu e juízo.

2.4. ASPECTOS PROCEDIMENTAIS

Como já afirmado, não há significativas particularidades procedimentais na ação direta de inconstitucionalidade por omissão, que fundamentalmente seguirá o procedimento previsto na Lei 9.868/1999 para a ação direta de inconstitucionalidade. Essa realidade é confirmada pelo art. 12-E da Lei 9.868/1999, que determina a aplicação ao procedimento da ação direta de inconstitucionalidade por omissão das disposições constantes na Seção I do Capítulo II da Lei 9.868/1999. Como o mencionado dispositivo se vale do termo "no que couber", são necessárias apenas algumas adaptações.

Apesar da relevância da matéria tratada na ação direta de inconstitucionalidade por omissão, aplica-se no caso o princípio da inércia da jurisdição (princípio da demanda), de forma que cabe exclusivamente aos legitimados pelos arts. 103 da CF e 12-A da Lei 9.868/1999, em grupo ou isoladamente,

---

[6] Barroso, *O Controle*, p. 243; Almeida, *Manual*, p. 824.

dar início ao processo por meio de uma petição inicial. O início do processo de ofício, portanto, é vedado.

O art. 3º da Lei 9.868/1999 foi nitidamente redigido para a petição inicial da ação direta de inconstitucionalidade por ação, sendo preferível se aplicar o art. 12-B da mesma lei à ação direta de inconstitucionalidade por omissão.

Ainda que o art. 12-B da Lei 9.868/1999 preveja alguns requisitos formais que a petição inicial deve conter, é imprescindível uma aplicação subsidiária do art. 319 do CPC naquilo que não for incompatível com a natureza e o procedimento da ação. Aplicam-se à ação direta de inconstitucionalidade as mesmas considerações já elaboradas no Capítulo 1, item 1.4.1.

Nos termos do art. 12-B, I, da Lei 9.868/1999, a petição inicial deverá indicar a omissão inconstitucional total ou parcial quanto ao cumprimento de dever constitucional de legislar ou quanto à adoção de providência de índole administrativa. Trata-se, a evidência, da causa de pedir, de indispensável presença em qualquer espécie de petição inicial.

No inciso II do dispositivo legal ora analisado o legislador foi bem sucinto, exigindo apenas o pedido, com suas especificações. Acredito que o autor não deve se limitar ao pedido de declaração de inconstitucionalidade, devendo também elaborar pedido no sentido de o Supremo Tribunal Federal, ao declarar a inconstitucionalidade, ordenar que o Poder ou órgão administrativo sane a lacuna legislativa, ainda que esse pedido possa ser considerado decorrência lógica do pedido de declaração de inconstitucionalidade, aplicando-se ao caso o previsto no art. 322, § 2º, do CPC.

Nos termos do art. 12-B, parágrafo único, da Lei 9.868/1999, a petição inicial será instruída com a procuração, se for o caso, e com cópias dos documentos necessários para comprovar a alegação de omissão, devendo ser apresentada em duas vias. Nos termos do art. 3º, parágrafo único, da Lei 9.868/1999, a procuração será exigida quando a peça for elaborada por advogado. Como o procedimento é sumário documental, o legislador já exige do autor a comprovação documental da omissão alegada na petição inicial, sob pena de extinção terminativa da ação com fundamento na ausência de interesse de agir. A exigência de apresentação em duas vias também está presente no art. 3º, parágrafo único, da Lei 9.868/1999.

O art. 12-C, *caput*, da Lei 9.868/1999 prevê o indeferimento liminar da petição inicial pelo relator nos casos de inépcia da petição inicial, de petição não fundamentada ou quando a pretensão nela exposta se mostrar manifestamente improcedente. O dispositivo copia o art. 4º, *caput*, da mesma lei, que versa sobre o indeferimento liminar da petição inicial na ação direta de inconstitucionalidade por ação.

Conforme analisado no Capítulo 1, item 1.4.2.1, não há qualquer justificativa para se excluir do processo objeto, inclusive da ação ora analisada, a emenda da petição inicial, nos termos do art. 321 do CPC. Acredito que, para as hipóteses de inépcia da petição inicial e de ausência de fundamentação, possa ser dada uma nova chance ao autor, com determinação de emenda no prazo de 15 dias. O indeferimento liminar, portanto, deve ser limitado à hipótese de pretensão manifestamente improcedente, já que nesse caso não seria lógico o juiz determinar a emenda da petição inicial para o autor modificar o seu pedido.

Repetindo a previsão constante no art. 4º, parágrafo único, o art. 12-C, parágrafo único, da Lei 9.868/1999, prevê o cabimento de agravo contra a decisão monocrática do relator que indeferir a petição inicial. Conforme já analisado no Capítulo 1, item 1.4.2.2., trata-se do agravo interno regulamentado pelo art. 1.021 do CPC.

A exemplo da previsão contida no art. 5º, o art. 12-D da Lei 9.868/1999 não admite a desistência pelo autor após a propositura da ação direta de inconstitucionalidade por omissão.

Nos termos do art. 12-E, § 2º, da Lei 9.868/1999, o relator poderá solicitar a manifestação do Advogado-Geral da União, que terá o prazo de 15 dias. O legislador foi extremamente feliz em expressamente consagrar que tal manifestação não é obrigatória, já que o relator "poderá" solicitá-la, não havendo dever legal para tanto. Entendo que a oitiva do Advogado-Geral da União só será exigida na omissão parcial, considerando-se que na omissão total não haverá ato a ser defendido[7].

O Procurador-Geral da República, nas ações em que não for autor, terá vista do processo, por 15 dias, após o decurso do prazo para informações, fixado no art. 12-E, § 3º, da Lei 9.868/1999. Mais uma vez o legislador deve ser elogiado por expressamente afastar a manifestação do Procurador-Geral da República nas ações diretas de inconstitucionalidade por omissão propostas por ele mesmo, evitando, dessa forma, toda a polêmica existente na ação direta de inconstitucionalidade por ação, devidamente analisada no Capítulo 1, item 1.4.2.5[8].

Registre-se, por fim, a interessante regra consagrada no art. 12-E, § 1º, da Lei 9.868/1999, ao admitir a intervenção dos legitimados ativos que não tenham sido autores da ação ora analisada. Segundo o dispositivo legal, esses sujeitos podem se manifestar por escrito sobre o objeto da ação, pedir a juntada de documentos reputados úteis para o exame da matéria e, no

---

[7] Barroso, *O Controle*, p. 248; Fernandes, Curso, p. 1.640.

[8] Em sentido crítico ao texto legal: Fernandes, Curso, p. 1.641.

prazo das informações, apresentar memoriais. Entendo interessante a regra, que apenas deixa em aberto a qualidade desses sujeitos a ingressarem no processo: assistente litisconsorcial, litisconsorte ulterior ou *amicus curiae*? De qualquer forma, como o dispositivo descreve os atos admitidos no processo por tal sujeito, a discussão de sua qualidade processual terá interesse meramente acadêmico.

2.5. EFEITOS DA DECISÃO

Como já defendido anteriormente, na ação direta de inconstitucionalidade por omissão, a declaração de inconstitucionalidade deve ser seguida de uma ordem ao responsável pela conduta legislativa que seja indispensável para tornar efetivo mandamento constitucional. Reconheço que esse entendimento, entretanto, não está consagrado no texto constitucional que admite essa espécie de ação, tampouco é aceito no Supremo Tribunal Federal.

Nos termos do art. 103, § 2º, da CF, a decisão de procedência do pedido na ação direta ora analisada terá conteúdo diverso, se o responsável pela omissão for o Poder competente para a edição da norma ou o órgão administrativo. No primeiro caso, o texto constitucional limita a atuação do Supremo Tribunal Federal a dar ciência da omissão, sem qualquer ordem para que a conduta ativa seja adotada, e tampouco prevê a determinação de um prazo para que isso ocorra[9]. No segundo caso, o texto é claro ao atribuir a competência para o Supremo Tribunal Federal dar ciência da inconstitucionalidade da omissão, como também para determinar que seja sanada no prazo de 30 dias.

Compreende-se que o princípio da separação dos poderes demande todo cuidado com a determinação de ordens provenientes do Poder Judiciário para que outro Poder – em especial, o Legislativo – cumpra seu encargo constitucional de legislar. Por outro lado, também reconheço que de nada valeria admitir a expedição de uma ordem nesse caso, se seu descumprimento não viesse seguido da adoção de medidas executivas indiretas e sub-rogatórias no sentido de ser a ordem cumprida. Contra órgão administrativo, a adoção dessas medidas é possível, mas dificilmente se consegue imaginar sua adoção contra outros Poderes.

O tema é tratado por norma infraconstitucional. Nos termos do art. 12-H, *caput*, da Lei 9.868/1999, declarada a inconstitucionalidade por omissão, com observância do art. 22 da mesma lei, será dada ciência ao Poder competente para a adoção das providências necessárias. Trata-se de cópia do texto do art. 103, § 2º, da CF. O dispositivo legal é dúbio ao prever que será dada

[9] STF, Tribunal Pleno, ADI 2.504/MG, rel. Min. Ilmar Galvão, j. 19/03/2002, *DJ* 19/04/2002, p. 45.

ciência ao Poder competente para que este adote as providências tendentes ao saneamento da omissão, passando a impressão de que o Supremo Tribunal Federal não se limitará a comunicar o Poder competente de sua decisão. Por outro lado, não parece ser possível se extrair do texto legal a existência de uma ordem para o saneamento do vício.

Com relação ao tema há um interessante precedente do Supremo Tribunal Federal no sentido de fixar um prazo para o Congresso Nacional suprir sua mora, bem como estabelecendo consequências práticas concretas na hipótese de continuidade da inércia em legislar. Segundo esse precedente, enquanto não editada lei complementar, caberia ao Tribunal de Contas da União adotar providencias administrativas para a efetiva tutela do direito[10].

Na hipótese de inconstitucionalidade parcial, o art. 12-H da Lei 9.868/1999 foi omisso, mas o melhor entendimento é pela declaração de inconstitucionalidade sem redução de texto, porque a eventual redução seria ainda mais prejudicial do que a manutenção da lei insuficiente ou deficiente[11]. O mesmo ocorre na hipótese de omissão relativa, mas, nesse caso, a conclusão é ainda mais dramática, porque consagra a agressão à isonomia. Preferível, de qualquer forma, a retirar o direito da categoria, grupo ou classe de pessoas beneficiada pela lei infraconstitucional, que seria a outra solução possível, considerando a resistência do Supremo Tribunal Federal em estender o benefício a outras categorias, ainda mais quando tal medida envolve a geração de despesas.

Nos termos do art. 12-H, § 1º, da Lei 9.868/1999, em caso de omissão imputável a órgão administrativo, as providências deverão ser adotadas no prazo de 30 dias, ou em prazo razoável a ser estipulado excepcionalmente pelo Tribunal, tendo em vista as circunstâncias específicas do caso e o interesse público envolvido. A possibilidade de fixação de outro prazo que não de 30 dias é inovadora, considerando sua ausência do texto do art. 103, § 2º, da CF. Entendo interessante a previsão legal no sentido de compatibilizar o prazo com eventuais dificuldades a serem enfrentadas pelo órgão administrativo, bem como pelo interesse público eventualmente existente de que a adoção da medida seja realizada em prazo maior que os 30 dias.

2.6. MEDIDA CAUTELAR

A seção II do Capítulo II-A da Lei 9.868/1999 prevê expressamente a medida cautelar em ação direta de inconstitucionalidade por omissão, afastando, portanto, qualquer dúvida a respeito de seu cabimento. Os limites de tal cabimento, entretanto, continuam a suscitar dúvidas na doutrina.

[10] STF, Tribunal Pleno, ADO 25/DF, rel. Min. Gilmar Mendes, j. 30/11/2016, DJe 18/08/2017.

[11] Barroso, *O Controle*, p. 254-255.

Segundo o art. 12-F, § 1º, da Lei 9.868/1999, em caso de omissão parcial, a medida cautelar poderá consistir na suspensão da aplicação da lei ou do ato normativo questionado. A medida, apesar de ser proferida numa ação direta de inconstitucionalidade por omissão, tem as características da medida cautelar da ação direta de inconstitucionalidade por ação, determinando a suspensão de aplicação de lei ou ato normativo. Compreende-se a previsão legal quanto a omissão parcial, mas qual será o objeto da medida cautelar diante de uma omissão total?

O mesmo dispositivo legal prevê como consequência da concessão da medida cautelar a suspensão de processos judiciais ou de procedimentos administrativos, bem como a adoção de qualquer outra providência a ser fixada pelo Tribunal, tudo a indicar que tais medidas sejam aplicáveis na hipótese de omissão total. Ao prever a possibilidade de adoção de outras providências, o dispositivo legal reconhece expressamente que o rol de medidas previsto no dispositivo legal é meramente exemplificativo. Pergunta-se: estaria dentro dessas "outras providências" a antecipação dos efeitos da futura declaração de inconstitucionalidade, em especial com a adoção de medidas tendentes ao saneamento da omissão?

Quando a doutrina defende o não cabimento da medida cautelar prevista para a ação direta de inconstitucionalidade por omissão[12], havendo precedente do Supremo Tribunal Federal no mesmo sentido[13], a resposta à pergunta é dada de forma negativa. A justificativa é que, se não cabe ao Supremo Tribunal Federal, diante da decisão definitiva, tomar providências concretas para sanar a omissão legislativa, muito menos se poderia admitir em sede de tutela de urgência. Até se pode defender o não cabimento da tutela de urgência, mas não parece correto o fundamento mencionado.

Naturalmente, não se pode admitir que a tutela de urgência antecipe efeitos que não seriam gerados nem mesmo com a concessão da tutela definitiva, até porque não se pode admitir a antecipação do que não se pode obter em definitivo. Não se pretende defender, portanto, a adoção de postura legislativa do Supremo Tribunal Federal em sede liminar na ação direta de inconstitucionalidade por omissão. Poderia, entretanto, conceder a liminar para ordenar a prática do ato ao órgão relapso, exatamente como faria com a concessão definitiva do pedido do autor[14]. O problema, nesse caso, é que a providência exigida em sede liminar teria natureza constitutiva, o que é inviável em sede de tutela provisória de urgência. Não que os efeitos da

---

[12] Peña de Moraes, *Curso*, p. 245.

[13] STF, Tribunal Pleno, ADI 1.458 MC/DF, rel. Min. Celso de Mello, j. 23/05/1996, *DJ* 20/09/1996, p. 34.531.

[14] Nesse sentido; Almeida, *Manual*, p. 826.

tutela constitutiva não possam ser antecipados[15], mas, nesse caso, não se tratará de mera antecipação de efeitos, mas sim da cobrança de exigência que efetivamente alterará a situação jurídica, o que só se admite acontecer em sede de tutela definitiva[16].

Nos termos do art. 12-F, *caput*, da Lei 9.868/1999, somente em situação de excepcional urgência e relevância da matéria a medida cautelar deverá ser concedida. Nada mais que o *periculum in mora* e o *fumus boni iuris*, ou seja, elementos que evidenciem a probabilidade do direito e o perigo de dano ou o risco ao resultado útil do processo (art. 300, *caput*, do CPC). Quanto ao órgão competente para a prolação da decisão liminar, o dispositivo legal aponta o Tribunal Pleno, exigindo que a decisão concessiva seja proferida pela maioria absoluta de seus membros, observado o dispositivo no art. 22 da mesma lei. O dado interessante é que essa competência só é exigida para a decisão concessiva, dando-se a entender que a decisão que indefere o pedido poderá ser proferida monocraticamente pelo relator.

O art. 10, *caput*, da Lei 9.868/1999, ao tratar da concessão da cautelar na ação direta de inconstitucionalidade por ação também exige a maioria absoluta dos membros do Supremo Tribunal Federal, mas abre uma exceção no período de recesso, quando a decisão poderá ser proferida monocraticamente pelo relator, conforme devidamente analisado no Capítulo 5, item 5.1. Entendo que a mesma exceção deve ser aplicada à ação direta de inconstitucionalidade por omissão, não obstante a omissão do art. 12-F, *caput*, da Lei 9.868/1999.

Adaptando regra já consagrada no art. 10, *caput*, da Lei 9.868/1999, o art. 12-F, *caput*, da mesma lei, prevê a audiência prévia dos órgãos ou autoridades responsáveis pela omissão constitucional, que deverão se pronunciar no prazo de cinco dias. Na ação direta de inconstitucionalidade por ação, se o relator entender indispensável, ouvirá o Advogado-Geral da União e o Procurador-Geral da República, no prazo de três dias, nos termos do art. 10, § 1º, da Lei 9.868/1999. Como não há ato a ser defendido, o art. 12-F, § 2º, prevê apenas a oitiva do Procurador-Geral da República, quando indispensável, no mesmo prazo de três dias.

Apenas com a substituição de "expedição do ato" por "omissão inconstitucional", o art. 12-F, § 3º, da Lei 9.868/1999 copia o art. 10, § 2º, da mesma lei, ao prever a faculdade de sustentação oral dos representantes judiciais do requerente e das autoridades ou órgãos responsáveis pela omissão constitu-

[15] Neves, *Manual*, n. 51.4, p. 1.086-1.089.

[16] Há decisão monocrática concedendo a liminar e determinando prazo de 120 dias para a tomada de providências pelos órgãos competentes: STF, Decisão monocrática na ADO 24 MC/DF, rel. Min. Dias Toffoli, j. 01/07/2013, DJe 01/08/2013.

cional, adotando-se as regras procedimentais previstas no Regimento Interno do Supremo Tribunal Federal.

Na hipótese de concessão da medida cautelar, o art. 12-G da Lei 9.868/1999 determina a aplicação, no que couber, do procedimento estabelecido na Seção I do Capítulo II da Lei 9.868/1999. Na realidade, o dispositivo praticamente copia a regra referente à publicação da decisão prevista no art. 11, *caput*, da Lei 9.868/1999.

3

AÇÃO DECLARATÓRIA DE CONSTITUCIONALIDADE

3.1. INTRODUÇÃO

A ação declaratória de constitucionalidade tem, substancialmente, as mesmas características procedimentais da ação direta de inconstitucionalidade, sendo relevante somente o apontamento daquelas que são exclusivas dessa espécie de ação. Ainda que haja grande coincidência procedimental entre as duas ações, é importante lembrar, nos termos do art. 102, I, *a*, da CF, que a ação declaratória de constitucionalidade tem objeto menos abrangente que a ação direta de inconstitucionalidade, porque, enquanto a primeira só pode ter por objeto lei e ato normativo federal, a segunda admite como objeto o ato normativo ou lei estadual e federal.

Ressalte-se, ainda em caráter introdutório, que a função da ação declaratória de constitucionalidade é a pacificação a respeito de interpretação de constitucionalidade de norma jurídica de forma direta perante o Supremo Tribunal Federal. Como bem observado pela doutrina, as divergências interpretativas são naturais no campo jurídico, mas algumas controvérsias, de índole constitucional, merecem uma pacificação imediata em razão da relevância social, econômica ou política da matéria[1].

---

1 Barroso, *O Controle*, p. 218.

O Código de Processo Civil de 2015, inclusive, materializa de forma muito clara essa aspiração, não só criando formas procedimentais de formação de precedentes vinculantes, como o incidente de assunção de competência (IAC) e o de resolução de demandas repetitivas (IRDR), como também por exigir, nos termos do art. 926 do CPC, que os tribunais uniformizem sua jurisprudência e as mantenha integra, coerente e estável.

3.2. EXISTÊNCIA DE CONTROVÉRSIA JUDICIAL

O art. 14 da Lei 9.868/1999 prevê os requisitos formais específicos da petição inicial da ação declaratória de constitucionalidade. Nos dois primeiros incisos, não há diferença das exigências da petição inicial na ação direta de inconstitucionalidade (art. 3º da Lei 9.868/1999), conforme analisado no Capítulo 1, item 1.4.1. Dessa forma, caberá ao autor a indicação do dispositivo de lei ou do ato normativo questionado e os fundamentos jurídicos do pedido, além do pedido, com suas especificações, o qual contém uma singularidade que será analisada a seguir. A especialidade mais significante fica por conta do inciso III do dispositivo ora analisado.

Segundo o art. 14, III, da Lei 9.868/1999, cabe ao autor a indicação da existência de controvérsia judicial relevante sobre a aplicação da disposição objeto da ação declaratória. Apesar de não ser tranquilo o entendimento a respeito da conceituação de "controvérsia judicial", a doutrina entende de forma uníssona que a mera divergência doutrinária não é o suficiente para preenchimento desse requisito legal[2], o que se pode deduzir da simples leitura do texto legal, ao qualificar de judicial a controvérsia.

Significa dizer que a norma ou ato que formará o objeto da ação declaratória de constitucionalidade já deve ter sido afastado como inconstitucional por órgãos jurisdicionais em controle incidental de constitucionalidade. O Supremo Tribunal Federal entende que não só deva existir dissidio judicial, mas que esse se verifique em proporções relevantes apta a abalar a presunção de constitucionalidade da norma[3].

Interessante notar que, na ação declaratória tradicional (processo subjetivo), para que exista interesse processual é necessária a existência de uma crise de incerteza que, se não resolvida, poderá acarretar algum dano ao autor. É necessário que a dúvida seja objetiva e real, não se limitando a um isolado estado de incerteza subjetiva do autor. Fala-se em dúvida social, que atinja terceiros e crie uma instabilidade na esfera de interesse do autor, sendo

[2] Mendes-Coelho-Branco, *Curso*, p. 1077; ALMEIDA, Gregório Assagra de. *Manual das Ações Constitucionais*, p. 838.

[3] STF, Tribunal Pleno, ADC 40 AgR/DF, rel. Min. Dias Toffoli, j. 06/06/2018, DJe 21/06/2018.

a dúvida do autor possível, mas não necessária, tampouco suficiente para isoladamente justificar uma sentença meramente declaratória[4].

Na ação declaratória de constitucionalidade não existe propriamente uma "dúvida social", mas cumpre anotar que, da mesma forma, o autor não precisa estar em dúvida a respeito da declaração que pretende obter. Na realidade, os legitimados ativos têm o dever funcional de provocar o Supremo Tribunal Federal na hipótese de controvérsia judicial relevante, devendo ingressar com a ação direta, mesmo que entendam que a norma é inconstitucional. Parece estranho um sujeito que entende ser a norma inconstitucional ingressar com uma ação na qual se busca a declaração em sentido contrário, mas a especialidade dessa ação permite tal situação. Ademais, tratando-se de ação de natureza dúplice, a improcedência da ação acarreta a declaração de inconstitucionalidade da norma ou ato normativo que é objeto do processo.

Dessa especialidade decorre uma interessante consequência. Num processo subjetivo, na hipótese de o autor não ter dúvida a respeito da existência, inexistência ou modo de ser da relação jurídica, ingressa com a ação pedindo a declaração no sentido que lhe favoreça e que representa a certeza que possui. O autor, ao ter certeza que não é pai e ingressar com ação declaratória nesse sentido, pretende somente ver confirmada judicialmente sua certeza íntima, o que afastará a chamada dúvida social. Não teria qualquer sentido lógico, nesse caso, o autor ingressar com ação declaratória para que fosse declarado pai na expectativa da improcedência, até porque, nesse caso, bastaria ao réu reconhecer juridicamente o pedido para que a paternidade fosse judicialmente declarada.

Na ação declaratória de constitucionalidade a realidade é totalmente diferente, e isso por diferentes razões: (a) o autor tem o dever funcional de afastar a insegurança jurídica gerada por decisões que contrariam a presunção natural de que a norma é constitucional; (b) não existe réu na ação declaratória de constitucionalidade, de forma que, independentemente do pedido do autor, não haverá possibilidade material de reconhecimento jurídico do pedido; (c) mesmo que se admita o reconhecimento jurídico do pedido, ele é ineficaz, não se admitindo a solução do processo subjetivo por decisão homologatória de ato de autocomposição.

Diante dessa realidade, o pedido não precisa necessariamente ser no sentido da declaração de constitucionalidade, mas meramente para que seja afastada a dúvida que impera em órgãos inferiores a respeito do tema. É óbvio que, na prática, o legitimado ativo que entende pela inconstitucionalidade da

[4] Daniel Neves, *Ações*, p. 477-482.

norma prefere o ingresso da ação direta de inconstitucionalidade, o que tem mais sentido lógico nesse caso. Ainda assim, parece ser admissível – mesmo que rara – a ação declaratória de constitucionalidade, pelas razões já expostas. A doutrina, inclusive, afirma ser muito pouco provável o julgamento dessa ação de forma isolada, sendo mais comum o julgamento em conjunto com uma ação direta de inconstitucionalidade[5].

Entendo que a controvérsia se estabelece a partir do momento em que, em razão de um número suficiente de julgados pela inconstitucionalidade, é gerada uma crise de incerteza entre os órgãos jurisdicionais. É impossível quantificar o número exato de decisões, cabendo ao Supremo Tribunal Federal atuar com ponderação nessa análise. Muitas vezes, decisões isoladas, em pequeno número, mas espalhadas por diversos órgãos jurisdicionais, são suficientes para a admissibilidade da ação, enquanto um número maior de decisões, mas concentradas em um único ou poucos órgãos jurisdicionais, pode não ensejar a necessidade de intervenção do Supremo Tribunal Federal em ação declaratória de constitucionalidade.

A respeito do tema o Supremo Tribunal Federal exige uma controvérsia judicial relevante, deixando claro que mesmo que exista tal controvérsia, sem grande repercussão, não será cabível a ação ora analisada[6]. Segundo o mesmo tribunal o controle direto de constitucionalidade precede o controle difuso, não obstando o ajuizamento da ação direta o curso do julgamento do recurso extraordinário[7].

Em cumprimento ao disposto no art. 14, parágrafo único, da Lei 9.868/1999, que exige a instrução da petição inicial com os documentos necessários para comprovar a procedência do pedido de declaração de constitucionalidade, cabe ao autor instruir a petição inicial com cópias das decisões que deixaram de aplicar a norma por considerá-la inconstitucional[8]. Naturalmente que, havendo uma quantidade muito grande de decisões nesse sentido, a razoabilidade indica ser suficiente a juntada das decisões mais bem fundamentadas, com a mera indicação das demais no próprio corpo da petição inicial.

Registre-se, por fim, que nada tem a ver a necessidade de controvérsia judicial com a legitimidade ativa, como parece à parcela da doutrina[9]. Ainda que com as especificidades já analisadas, a existência da controvérsia judicial a respeito da constitucionalidade da norma diz respeito ao interesse de

[5] Mendes-Coelho-Branco, *Curso*, p. 1.080.

[6] STF, Tribunal Pleno, ADC 23 AgR/DF, rel. Min. Edson Fachin, j. 02/12/2015, DJe 01/02/2016.

[7] STF, Tribunal Pleno, ADC 18 MC/DF, rel. Min. Menezes Direito, j. 13/08/2008, DJe 24/10/2008.

[8] Didier-Braga-Oliveira, *Aspectos*, p. 376.

[9] Mendes-Coelho-Branco, *Curso*, p. 1.077.

agir conforme acertadamente já exposto pelo Supremo Tribunal Federal[10],. Entende-se não ser necessária a atividade jurisdicional do órgão máximo na declaração do estado natural da norma (constitucionalidade), se não existirem decisões em sentido contrário, o que criará concretamente a crise de certeza exigida para a ação declaratória de constitucionalidade.

3.3. LEGITIMIDADE

Não há especialidade no tocante à legitimidade ativa na ação declaratória de constitucionalidade, sendo que, desde a Emenda Constitucional 45/2004, o mesmo rol do art. 103 da CF se presta a regular tal legitimação para qualquer ação de controle concentrado de constitucionalidade.

Já no tocante ao polo passivo, mantenho minha posição de se tratar de ação sem réu, pelos motivos já expostos no Capítulo 1, item 1.3.1. Interessante notar que concorda com tal opinião corrente doutrinária que defende ser o polo passivo da ação direta de inconstitucionalidade formado pelo órgão responsável pelo ato impugnado, afirmando que, não havendo impugnação ao ato, não haveria sentido colocar-se o órgão no polo passivo[11]. Insisto que haver ou não impugnação ao ato normativo é irrelevante, porque, tanto num caso como noutro, o órgão não defende, nem mesmo abstratamente, o ato impugnado, limitando-se a opinar a respeito de sua constitucionalidade.

3.4. SUJEITOS PROCESSUAIS

O art. 15 da Lei 9.868/1999 é cópia exata do art. 4º da mesma lei, de forma que a petição inicial inepta, não fundamentada ou manifestamente improcedente será indeferida de plano pelo relator por meio de decisão monocrática recorrível pelo agravo previsto no art. 15, parágrafo único, da Lei 9.868/1999. Trata-se, à evidência, do agravo interno previsto e regulamentado pelo art. 1.021 do CPC/2015.

Não sendo caso de indeferimento liminar da petição inicial, que, conforme visto, poderá ocorrer com ou sem a resolução do mérito, o art. 19 da Lei 9.868/1999 prevê a intimação do Procurador-Geral da República para pronunciar-se no prazo de 15 dias. Não havendo qualquer indicação de intimação do Advogado-Geral da União, o entendimento recente é de que sua manifestação é dispensada, com o argumento de que, na ação declaratória

10 Informativo 519/STF: ADC 16/DF, Dec. Mon., rel. Min. César Peluso, j. 10/09/2008. Na doutrina: Didier-Braga-Oliveira, *Aspectos*, p. 374.

11 Barroso, *O Controle*, p. 221; Cunha Jr., *Controle*, p. 249.

de constitucionalidade, a norma não está sendo impugnada, pelo contrário, não havendo utilidade na atuação do Advogado-Geral da União.

Entendo que a dispensa não deve ser prestigiada em razão da natureza dúplice da ação declaratória de constitucionalidade, cabendo ao Advogado--Geral da União realizar a defesa da norma ou ato normativo que, na hipótese de improcedência do pedido formulado pelo autor, será declarado inconstitucional[12]. Dessa forma, aplicável à ação ora analisada o previsto no art. 8º da Lei 9.868/1999, devendo o Advogado-Geral da União ser ouvido antes da Procuradoria-Geral da República[13]. Como já tive oportunidade de defender, no processo objetivo não existe réu[14], de forma que os sujeitos indicados se manifestarão livremente a respeito da matéria, apontando sua constitucionalidade ou inconstitucionalidade conforme seu convencimento.

Também não existe previsão expressa no sentido de manifestação dos órgãos e pessoas dos quais haja emanado a lei ou ato normativo cuja constitucionalidade se pretende declarar. Apesar da omissão legislativa a respeito, e tomando-se por base a natureza dúplice da ação, entendo aplicável por analogia o art. 6º da Lei 9.868/1999, cabendo ao relator pedir informações desses sujeitos. Os demais legitimados poderão ingressar no processo como litisconsortes ativos ulteriores, exatamente como ocorre na ação direta de constitucionalidade, mas não haverá qualquer intimação com eficácia *erga omnes* (publicação de edital) ou individual.

3.5. LIMINAR

Admite-se, na ação declaratória de constitucionalidade, o requerimento de concessão de tutela liminarmente, conforme previsto no art. 21 da Lei 9.868/1999, sendo que, nesse caso, a natureza jurídica da tutela de urgência é cautelar[15], e não de tutela antecipada, como ocorre na ação direta de inconstitucionalidade. A natureza cautelar dessa medida decorre do efeito gerado por sua concessão: a suspensão dos processos nos quais se discute incidentalmente a lei ou ato normativo questionado como forma de estancar o estado de insegurança gerado pela incerteza jurídica a respeito da constitucionalidade. Registre-se que o Supremo Tribunal Federal tem decisões concessivas de liminar no sentido de suspender, com eficácia *ex tunc* e com efeito vinculante, a prolação de decisões fundadas na lei ou ato normativo

---

12 Guilherme Peña de Moraes, *Curso*, p. 234, citando voto do Ministro Marco Aurélio Mello.

13 Contra: Cunha Jr., *Controle*, p. 250.

14 Cunha Jr. (*Controle de constitucionalidade*, p. 249) concorda com a inexistência de réu, mas somente na ação direta de constitucionalidade.

15 Guilherme Peña de Moraes, *Curso*, p. 237.

questionado[16]. Como se pode notar, a suspensão do processo é imprópria, sendo vedada apenas a prolação da decisão, o que permite a prática de outros atos processuais, como, por exemplo, a produção de provas. Registre-se posição doutrinária que defende uma interpretação ampliativa do art. 21 da Lei 9.868/1999 com fundamento no poder geral de cautelar do juiz, de forma a se admitir ao Supremo Tribunal Federal, quando da concessão da liminar, a determinação de outras medidas, além da suspensão dos processos, consideradas necessárias para afastar o *periculum in mora*[17]. Interessante notar que o entendimento permite uma atuação cautelar do Supremo Tribunal Federal mesmo sem expressa previsão legal nesse sentido, fundamento que também era utilizado pelo órgão máximo antes do advento da Lei 9.868/1999.

A tutela cautelar é ampla, geral e irrestrita, significando que a parte que dela necessite deve apenas demonstrar o preenchimento do *fumus boni iuris* e o *periculum in mora* (elementos que evidenciem a probabilidade do direito e o perigo de dano ou o risco ao resultado útil do processo, nos termos do art. 300, *caput*, do CPC) no caso concreto para recebê-la. Significa dizer que, pensando-se em poder jurisdicional, a tutela cautelar deve ser entendida como a proteção jurisdicional prestada pelo Estado para afastar o perigo de ineficácia do resultado final da pretensão definitiva da parte, funcionando como aspecto concreto da promessa constitucional de inafastabilidade da tutela jurisdicional (art. 5º, XXXV, da CF)[18].

Poder geral de cautela, nesse sentido, significa o generalizado poder estatal de evitar no caso concreto que o tempo necessário para a concessão da tutela definitiva gere a sua ineficácia. Essa amplitude da proteção jurisdicional no âmbito cautelar impõe que nenhuma restrição seja admitida no tocante ao direito concreto da parte em obter essa espécie de tutela quando demonstra os requisitos necessários previstos em lei.

Entendo que a relevância da matéria tratada numa ação declaratória de constitucionalidade exige com ainda maior vigor uma atuação preventiva do Supremo Tribunal Federal no tocante a garantir a eficácia do resultado de seu julgamento, sendo acertada a parcela doutrinária que aponta para a insuficiência da previsão do art. 21 da Lei 9.868/1999. Por outro lado, cabe lembrar que o Supremo Tribunal Federal, mesmo antes de qualquer previsão infraconstitucional no sentido de permissão de concessão de medida cautelar incidental, já a admitia com fundamento no poder geral de cautela[19].

---

[16] STF, ADC 9, Tribunal Pleno, rel. Min. Ellen Gracie, j. 13/12/2001, *DJ* 06/02/2002; ADC12, Tribunal Pleno, rel. Min. Carlos Britto, j. 16/02/2006, *DJ* 17/02/2006.

[17] Zavascki, *Processo*, p. 268.

[18] Marinoni-Arenhart, *Processo*, p. 99; Nery Jr.-Nery, *Código*, p. 1.115.

[19] STF, Tribunal Pleno, ADC 04/DF, rel. Min. Sydney Sanches, j. 11/02/1998, *DJ* 21/05/1999, p. 2.

3.6. DECISÃO E SEUS EFEITOS

Como já devidamente exposto no Capítulo 1, item 1.6, a ação direta de inconstitucionalidade é sempre dúplice, o mesmo ocorrendo, naturalmente, com a ação ora analisada. Dessa forma, diante de um pedido de declaração de constitucionalidade, o acolhimento do pedido declarará a norma constitucional e sua rejeição significará a declaração de sua inconstitucionalidade. Os limites subjetivos, objetivos e vinculantes dessa decisão já foram devidamente analisados no Capítulo 1, item 1.10.3.

A procedência do pedido apenas confirma o estado natural da norma, confirmando com certeza jurídica a constitucionalidade que já se presumia existir. Não há, portanto, modificações a respeito da aplicabilidade da norma no caso concreto, que, em tese, já deveria vir sendo feita desde o momento de seu nascimento. Diante dessa situação, parece inaplicável na declaração de constitucionalidade a modulação dos seus efeitos prevista no art. 27 da Lei 9.868/1999. Parcela da doutrina, entretanto, defende sua aplicação quando haja ocorrido ampla controvérsia a respeito da norma, levando a uma inaplicação em grande escala[20].

---

[20] Barroso, *O Controle*, p. 230.

4

ARGUIÇÃO DE DESCUMPRIMENTO DE PRECEITO FUNDAMENTAL

4.1. INTRODUÇÃO

A arguição de descumprimento de preceito fundamental surge no ordenamento jurídico brasileiro com a Constituição Federal de 1988, originariamente no parágrafo único do art. 102 e, cinco anos mais tarde, em razão da Emenda Constitucional 3/1993, passa a constar do mesmo dispositivo legal, mas em seu § 1º, tendo sido mantida a redação original. Segundo o dispositivo legal, "a arguição de descumprimento de preceito fundamental, decorrente desta Constituição, será apreciada pelo Supremo Tribunal Federal, na forma da lei".

Como se pode notar do texto legal, a única regra procedimental prevista na Constituição a respeito da ação de descumprimento de preceito fundamental diz respeito à competência originária do Supremo Tribunal Federal, remetendo o texto constitucional à procedimentalização da lei infraconstitucional, que tardou mais seis anos para ser criada. Atualmente a Lei 9.882/1999 regulamenta o procedimento da arguição do descumprimento de preceito fundamental, ainda que diversos dispositivos estejam pendentes de julgamento de constitucionalidade em razão de ação direta de inconstitucionalidade proposta pelo Conselho Federal da Ordem dos Advogados do Brasil (ADI 2.231-DF).

Considerada uma grata inovação no sistema de controle concentrado de constitucionalidade, a arguição de descumprimento de preceito fundamental segue a tendência de outras formas de controle existentes em países como os Estados Unidos (*writ of certiorari*), Áustria (*Beschwerde*), Espanha (*recurso de amparo*) e Alemanha (*Verfassungsbeschwerde*), de limitar o controle a determinadas normas da Constituição Federal. Importante característica do instituto constitucional ora analisado é justamente não ser forma de tutela de toda e qualquer norma constitucional, mas somente dos chamados "preceitos fundamentais".

4.2. PRECEITOS FUNDAMENTAIS

Havendo uma limitação legal no objeto tutelável pela arguição de descumprimento de preceito fundamental, é essencial se determinar quais as espécies de preceitos constitucionais que podem ser tutelados por meio dessa forma de controle concentrado. Mas antes propriamente de se identificar quais são esses preceitos, ou ao menos criar condições as mais objetivas possíveis para tal determinação, é importante determinar com exatidão a extensão do termo "preceito".

Segundo ensina a melhor doutrina, preceito constitucional é toda norma constitucional abrangente de regras e princípios[1], daí falar-se em norma-regra e norma-princípio ou preceito-regra e preceito-princípio. Há corrente doutrinária que defende a possibilidade de proteção de preceito que não esteja expressamente consagrado na Constituição Federal, numa espécie decorrência indireta do texto constitucional[2].

É interessante a lição doutrinária que prega não existir hierarquia entre os preceitos constitucionais, até em razão do princípio da unidade da Constituição Federal[3], o que, entretanto, não impede a diferente classificação desses preceitos à luz dos valores tutelados[4]. É possível, portanto, criar uma ordem de valores entre eles, destinando a proteção por determinada forma especial de controle concentrado somente àqueles que estejam ligados a valores considerados mais relevantes. Trata-se de regras essenciais à conformação e organização do Estado e referentes aos direitos fundamentais e valores supremos da sociedade.

---

1 Tavares, *Tratado*, p. 117; Novelino, *Direito*, n. 14.3, p. 281.

2 Cunha Jr., *Controle*, p. 263; Fernandes, Curso, p. 1.653.

3 Barroso, *O controle*, p. 266.

4 Cunha Jr., *Controle*, p. 261.

Como a escolha do legislador constitucional (art. 102, § 1º, da CF) e do infraconstitucional (Lei 9.882/1999) foi a previsão de conceito jurídico indeterminado, sem direcionar com maior precisão quais seriam os preceitos fundamentais da Constituição Federal, cabe à doutrina moldar as regras que têm tamanho relevo a ponto de merecer sua tutela por meio da arguição de descumprimento ora analisada.

O irrisório número de arguições já decididas em seu mérito pelo Supremo Tribunal Federal dificulta a percepção do Judiciário a respeito dos contornos do que seja efetivamente preceito fundamental, ainda que das decisões terminativas seja possível projetar qual a relevância do preceito que o tribunal exige para a admissão da forma de controle de constitucionalidade ora analisada. Como já teve oportunidade de decidir o Supremo Tribunal Federal, caberá a ele, como soberano e definitivo intérprete da Constituição Federal, determinar quais são os preceitos fundamentais[5], já tendo indicado como regras dessa espécie os direitos e garantias individuais, os princípios constitucionais sensíveis e as cláusulas pétreas[6].

4.3. OBJETO DA ARGUIÇÃO DE DESCUMPRIMENTO

Nos termos do art. 1º, *caput*, da Lei 9.882/1999, a arguição de descumprimento de preceito fundamental terá como objeto evitar ou reparar lesão resultante de ato do Poder Público. Como bem apontado pela melhor doutrina, o legislador perdeu excelente oportunidade de criar um eficiente mecanismo de proteção aos direitos fundamentais em face de atos privados, deixando de prever o cabimento da arguição de descumprimento também diante dessa espécie de atos. Apesar da crítica quanto à timidez do legislador, a única interpretação extensiva possível ao dispositivo legal é a inclusão de atos praticados por particulares que desempenham função pública delegada, como aqueles praticados por empresas concessionárias e permissionárias de serviço público[7].

O dispositivo comentado deve ser elogiado por consagrar expressamente a possibilidade de a arguição de descumprimento de preceito fundamental veicular tanto tutela preventiva como tutela reparatória, ao prever que a arguição terá por objeto evitar ou reparar lesão a um preceito fundamental. No tocante a essa distinção entre tutela preventiva e reparatória, entretanto, cabe uma breve consideração a respeito da forma de controle de constitucionalidade ora analisada.

5 STF, Tribunal Pleno, ADPF 1 QO/RJ, rel. Min. Néri da Silveira, j. 03/02/2000, *DJ* 07/11/2003, p. 82.

6 STF, Tribunal Pleno, ADPF 33 MC/PA, rel. Min. Gilmar Mendes, j. 29/10/2003, *DJ* 06/08/2004, p. 20.

7 Cunha Jr., *Controle*, p. 279; Barroso, *O controle*, p. 285; Almeida, *Manual*, p. 850.

No Capítulo 9, item 9.2.3, terei a oportunidade de defender o entendimento de que, na tutela inibitória, mais famosa espécie de tutela preventiva e com ela rotineiramente confundida, a lesão é irrelevante, tendo essa espécie de tutela o objetivo de evitar a prática do ato ilícito, e não uma lesão potencial desse ato. É nesse sentido, inclusive, a previsão do art. 497, parágrafo único, do CPC.

Na hipótese das tutelas previstas no art. 1º, *caput*, da Lei 9.882/1999, entretanto, a ofensa, iminente ou já realizada, não diz respeito a um direito material, mas a um preceito constitucional fundamental. A lesão indicada pelo artigo legal significa desrespeito a um preceito fundamental, e não o dano gerado pelo ato ou omissão praticado. Significa dizer que, nesse caso, a utilização da tutela preventiva não objetiva evitar o ato ilícito, sendo irrelevante seu potencial lesivo, porque só caberá a arguição se houver ameaça de ofensa a um preceito fundamental, de forma que somente a ilicitude do ato ou omissão não é o suficiente para a concessão dessa espécie de tutela, sendo indispensável que o autor demonstre o perigo de lesão, aqui entendido como sinônimo de desrespeito a um preceito fundamental.

Se o dispositivo legal ora comentado merece elogios quanto à previsão expressa de tutela preventiva, o mesmo não se pode dizer quanto à sentida ausência da omissão do Poder Público como objeto de impugnação por meio da arguição de descumprimento. Ainda que não conste expressamente do texto legal, parecem tranquilas a doutrina e a jurisprudência no sentido da admissão da arguição tanto quando um ato como uma omissão ameaçarem violar ou violarem um preceito fundamental[8].

Por expressa previsão legal (art. 1º, parágrafo único, I, da Lei 9.882/1999), não se discute que as leis e atos normativos que podem ofender ou ameaçar um preceito fundamental sejam federais, estaduais e municipais, bem como anteriores à atual Constituição Federal, numa clara demonstração da maior amplitude do objeto tutelável por meio da arguição de descumprimento, quando comparada com as ações de controle concentrado.

No tocante aos atos normativos, parece ser mais amplo o alcance da arguição do que o da ação direta de inconstitucionalidade e da ação declaratória de constitucionalidade, admitindo-se o controle tanto de atos normativos legais quanto de atos normativos infralegais ou secundários, tais como decretos, portarias, instruções e pareceres normativos.

É antiga a resistência do Supremo Tribunal Federal em aceitar as ações diretas de controle concentrado diante de atos normativos infralegais, com a alegação de que, nesses casos, a ofensa à Constituição Federal é indireta,

[8] Nobre Jr., *Direitos*, p. 106.

sendo a norma infralegal vinculada à lei que pretendia regulamentar[9], ainda que seja admitida a ação direta quando o ato normativo, mesmo que infralegal, tiver generalidade, abstração e autonomia[10], como ocorre, por exemplo, no decreto de tribunal que determina aumento salarial para os juízes a ele vinculados[11].

A discussão nem ao menos é levantada na arguição de descumprimento, que, ao admitir a ofensa direta e indireta ao preceito fundamental, inclui em seu objeto todos os atos normativos, independentemente de sua natureza. Apesar disso, há precedentes do Supremo Tribunal Federal no sentido de que sendo reflexa a ofensa, não será cabível a ação ora analisada[12].

Os atos e omissões não normativos são suscetíveis de controle por meio da arguição de descumprimento de preceito fundamental, chamando mais a atenção a possibilidade de utilização dessa forma de controle abstrato diante de concreta decisão judicial, que naturalmente é um ato não normativo praticado pelo Poder Judiciário. Para parcela doutrinária, sendo a arguição de descumprimento uma medida constitucional que busca tutelar os preceitos fundamentais da Constituição Federal, exige-se que sua utilização seja feita contra ato judicial em respeito à coisa julgada material[13], consagrada como preceito fundamental ao estar incluída dentre as cláusulas pétreas. O entendimento, que à primeira vista parece ser incontestável, merece ao menos um comentário.

Realmente se pode imaginar sem qualquer sentido a admissão de um instrumento que busca preservar preceitos fundamentais como meio de ofensa a um preceito fundamental determinado, no caso, a coisa julgada material. Ocorre, entretanto, que se cria na doutrina, com alguma repercussão jurisprudencial, a tese da relativização da coisa julgada, quando a decisão de mérito transitada em julgado causar grave injustiça, entendida como violadora de valores fundamentais e essenciais da sociedade, consagrados na Constituição Federal, tais como a moralidade administrativa, a razoabilidade, proporcionalidade, direitos fundamentais do homem e meio ambiente equilibrado[14].

Como se pode notar, os valores violados pela incorretamente chamada "coisa julgada injusta inconstitucional" são todos previstos em preceitos fundamentais da Constituição Federal. Como não existe qualquer regra a respeito da forma

---

[9] STF, Tribunal Pleno, ADI 264 AgR/DF, rel. Min. Celso de Mello, j. 07/05/1992, *DJ* 08/04/1994, p. 7.222.

[10] STF, Tribunal Pleno, ADI 3.691/MA, rel. Min. Gilmar Mendes, j. 29/08/2007, *DJE* 09/05/2008.

[11] STF, Tribunal Pleno, ADI 2.104/DF, rel. Min. Eros Grau, j. 21/11/2007, *DJE* 22/02/2008.

[12] STF, Tribunal Pleno, ADPF 304/DF, rel. Min. Luiz Fux, j. 08/11/2017, DJe 20/11/2017; STF, Tribunal Pleno, ADPF 260 AgR/DF, rel. Min. Cármen Lúcia, j. 28/05/2015, DJe 17/06/2015.

[13] Barroso, *O Controle*, p. 278; Cunha Jr., *Controle*, p. 282.

[14] Neves, Manual, n. 25.10.3, pp. 902-906.

de relativização da coisa julgada, admitindo-se a repropositura de nova ação, de ação anulatória, de embargos à execução e mesmo de ação civil pública, não será impossível que alguém mais atrevido proponha tal relativização por meio da arguição de descumprimento de preceito fundamental. É certamente algo a ser pensado, ainda que não se encontre na doutrina maiores considerações a respeito. Adianto minha opinião pela inadmissibilidade da arguição de descumprimento nesse caso em razão do art. 4º, § 1º, da Lei 9.882/1999 impedi-la, se houver qualquer outro meio eficaz de sanar a lesividade.

Não se admite arguição de descumprimento de preceito fundamental contra projetos de lei ou de emendas constitucionais e contra atos de regimento interno das casas legislativas. Nos últimos casos, inclusive, ficou claro, por vetos presidenciais (respectivamente art. 5º, § 4º, art. 9º e art. 1º, parágrafo único, II, do projeto de lei do qual resultou a Lei 9.882/1999) a resistência à admissibilidade da arguição por descumprimento. Os atos políticos, que também sofreram veto presidencial, já foram afastados do controle por meio da arguição de descumprimento no julgamento de liminar da primeira ADPF proposta, mas, em julgamento monocrático posterior (ADPF 45), o Ministro Celso de Mello parece ter se distanciado da limitação, afirmando ser idônea a viabilização de políticas públicas por meio da arguição, quando previstas na Constituição Federal e descumpridas pelas instâncias governamentais.

Em recente precedente do Supremo Tribunal Federal foi admitida a ação de descumprimento de preceito fundamental quando há violação massiva e persistente de direitos fundamentais, decorrente de falhas estruturais e falência de políticas públicas e cuja modificação depende de medidas abrangentes de natureza normativa, administrativa e orçamentária[15].

4.4. FORMAS PROCEDIMENTAIS DA ARGUIÇÃO DE DESCUMPRIMENTO

Segundo corrente lição doutrinária, o legislador infraconstitucional, ao regulamentar a arguição de descumprimento de preceito fundamental por meio da Lei 9.882/1999, criou duas formas procedimentais distintas: (a) no art. 1º, *caput*, uma típica ação direta de controle de constitucionalidade pertencente ao gênero dos processos objetivos; (b) no art. 1º, parágrafo único, I, uma ação direta de controle de constitucionalidade incidental a um processo judicial já em trâmite. Não são propriamente duas diferentes modalidades de arguição, mas simplesmente duas formas procedimentais de ação[16], com muitos pontos em comum e algumas particularidades.

[15] STF, Tribunal Pleno, ADPF 347 MC/DF, rel. Min. Marco Aurélio, j. 09/09/2015, DJe 19/02/2016.

[16] Almeida, *Manual*, p. 848.

No primeiro caso, as características do processo coletivo estão inegavelmente presentes, em especial a inexistência de lide, voltando-se o processo à proteção abstrata da Constituição Federal – na realidade, somente aos seus preceitos fundamentais – diante de um ato ou omissão do Poder Público que o ameace ou o ofenda. Os indivíduos são beneficiados somente de forma reflexa, como membros da coletividade, a verdadeira titular do direito difuso versado na ação. Com suas particularidades procedimentais, essa forma procedimental de arguição tem a mesma natureza jurídica das ações diretas de declaração de (in)constitucionalidade.

No segundo caso, o art. 1º, parágrafo único, I, da Lei 9.882/1999 prevê o cabimento da arguição de descumprimento quando for relevante o fundamento da controvérsia constitucional sobre lei ou ato normativo do poder público, sendo entendimento uníssono na doutrina que essa controvérsia deve ser necessariamente judicial[17]. Dessa forma, não bastam controvérsias doutrinárias ou abstratas, sendo indispensável a existência de um processo em trâmite.

Como a controvérsia constitucional deve ser relevante, não basta que se alegue a violação ou ameaça de violação a um preceito fundamental. A espécie de preceito constitucional violado é exigível em qualquer forma procedimental de arguição de descumprimento, sendo o mínimo necessário para sua admissibilidade. Na arguição incidental, entretanto, existirá ainda a exigência de ser a controvérsia sobre o preceito fundamental relevante. Segundo a melhor doutrina, haverá tal relevância quando o deslinde da controvérsia tiver uma repercussão geral, que transcenda o interesse das partes no processo, seja em razão do número expressivo de processos fundados na mesma questão jurídica, seja por seu alcance político, econômico, social ou ético[18]. Há, como se pode notar, uma grande proximidade entre essa relevância e a relevância ou transcendência exigidas pelo art. 1.035, § 1º, do CPC na repercussão geral no recurso extraordinário.

Como se pode notar com certa tranquilidade, ainda que a arguição de descumprimento mantenha sua natureza de ação de controle concentrado de constitucionalidade, ao ser tratada procedimentalmente como uma ação incidental, passa a exigir a pendência de processo judicial no qual seja criada a controvérsia que habilita seu ingresso. Trata-se, inegavelmente, de uma forma *sui generis* de controle de constitucionalidade, porque ao mesmo tempo se prestará a definições jurídicas de forma abstrata, com eficácia vinculante e *erga omnes*, como também beneficiará diretamente uma das partes do pro-

---

17 Novelino, *Direito*, n. 14.4.2, p. 282.

18 Barroso, *O Controle*, p. 278.

cesso em trâmite, ou seja, a conjugação dos modelos difuso e concentrado de constitucionalidade[19].

Ainda em sede introdutória, é preciso recordar que, em razão de liminar concedida na ADI (MC) 2.231/DF, ajuizada pelo Conselho Federal da Ordem dos Advogados, a arguição incidental foi provisoriamente considerada inconstitucional, com a justificativa de que sua criação dependeria de uma emenda constitucional, não sendo possível ao legislador infraconstitucional criar uma forma de controle concentrado de constitucionalidade. Como já tive oportunidade de afirmar, não me parece ter o legislador infraconstitucional criado uma nova forma de controle, apenas disciplinando diferentes procedimentos para instrumentalizar o controle previsto no art. 102, § 1º, da CF. De qualquer forma, em razão da mencionada liminar, ainda não experimentamos essa forma procedimental de arguição de descumprimento.

4.5. ARGUIÇÃO INCIDENTAL E INCIDENTE DE ARGUIÇÃO DE INCONSTITUCIONALIDADE

Entendo que a arguição de descumprimento incidental tem considerável proximidade com o incidente de arguição de inconstitucionalidade, previsto nos arts. 948 a 950, do CPC e aplicável nos tribunais em sua atuação de competência originária ou recursal. Em ambos os casos, a declaração a respeito da constitucionalidade será feita abstratamente, ainda que nas duas situações descritas exista um processo subjetivo em trâmite, que suportará os efeitos diretos da declaração.

Naturalmente existem diferenças, tais como a competência para o julgamento, os atos que podem ser objeto de declaração de inconstitucionalidade, as normas constitucionais afrontadas ou ameaçadas de ofensa. Quanto aos respectivos procedimentos, apesar de apresentarem diferenças fundamentais, como a legitimidade para a arguição do incidente de arguição de inconstitucionalidade e da arguição de descumprimento de preceito fundamental, possuem grandes coincidências, sendo considerável a similitude entre ambos, em especial em decorrência das regras consagradas nos parágrafos do art. 950 do CPC.

Segundo o art. 950, § 1º, do CPC, as pessoas jurídicas de direito público responsáveis pela edição do ato questionado podem se manifestar no incidente, o que, apesar de não ser obrigatório, exige uma intimação dessa pessoa jurídica para dar-lhe ciência da existência do incidente (princípio do contraditório).

---

[19] Tavares, *Tratado*, p. 284-286.

Todos os legitimados ativos à propositura das ações de controle concentrado de constitucionalidade (art. 103 da CF) poderão manifestar-se por escrito, apresentando memoriais e juntando documentos (art. 950, § 2º, do CPC). Nesse caso, parece ser dispensável a intimação dos legitimados, até pela sua impossibilidade material. Apesar da expressa previsão legal no tocante à forma escrita da manifestação, entendo também ser admissível a sustentação oral na sessão de julgamento, não havendo qualquer sentido lógico e/ou jurídico que afaste esse direito.

No art. 950, § 3º, do CPC, há previsão que permite o ingresso do *amicus curiae* no incidente processual, sujeito processual devidamente analisado no Capítulo 1, item 1.9. Da mesma forma que ocorre no art. 7º, § 2º da Lei 9.868/1999, o dispositivo ora analisado incorre no equívoco de qualificar o pronunciamento do relator que tem como objeto a admissibilidade do *amicus curiae* como despacho, quando evidentemente se trata de uma decisão interlocutória. Diferente dos sujeitos previstos no dispositivo legal, que têm a faculdade de participar do processo ("querendo"), ao *amicus curiae* não basta querer, cabendo ao relator a análise da adequação de sua intervenção[20], conforme analisado no Capítulo 1, item 1.9.

A diferença fundamental entre a arguição de descumprimento de preceito fundamental e o incidente de arguição de inconstitucionalidade é a natureza jurídica: enquanto a arguição incidental desenvolve-se por meio de uma ação incidental, o incidente de arguição de inconstitucionalidade, como o próprio nome indica, não se desenvolve por meio de ação, mas de mero incidente processual.

Na vigência do CPC/1973 a decisão proferida no incidente de arguição de inconstitucionalidade vinculava o órgão fracionário[21], considerando que o julgamento que declara a constitucionalidade ou inconstitucionalidade realizado pelo plenário passa a fazer parte do julgamento do recurso, da causa ou do reexame necessário a ser julgado por tal órgão. A vinculação, entretanto, limitava-se ao processo em curso no qual o incidente foi criado, gerando efeitos *inter partes*. Na arguição de descumprimento incidental, além da vinculação obrigatória do juízo no qual tramita o processo subjetivo, a decisão, nos termos do art. 10, § 3º, da Lei 9.882/1999, terá eficácia contra todos e efeito vinculante relativamente aos demais órgãos do Poder Público. Os efeitos *inter partes* e *erga omnes* se justificavam em razão da declaração ser proferida, respectivamente, como incidente processual em processo subjetivo e em ação declaratória incidental em processo subjetivo.

---

20 Scarpinella Bueno, *Curso*, p. 391-392.

21 Sérgio Porto, *Comentários*, p. 278.

Registre-se que mesmo durante a vigência do diploma processual revogado existia posição doutrinária que já defendia a "abstrativização do incidente de inconstitucionalidade". Para essa corrente doutrinária, apesar de a declaração ser incidental, e ter sido possível em razão de um processo subjetivo, no qual se buscava a solução do clássico conflito de interesses, a análise da inconstitucionalidade da lei era feita em abstrato, a exemplo do que ocorre na ação de controle concentrado de constitucionalidade. Chegava-se a defender que, apesar da decisão estar submetida à coisa julgada *inter partes*, a decisão do tribunal pleno ou do órgão especial vinculavam o tribunal nos demais feitos nos quais se discutia incidentalmente a mesma questão, servindo como paradigma (*leading case*)[22], havendo até mesmo aqueles que entendiam pelo caráter vinculativo da decisão aos órgãos fracionários do tribunal[23].

Os debates a respeito do tema tendem a continuar na vigência do novo diploma processual, porque o precedente formado em parte pelo julgamento do incidente de arguição de inconstitucionalidade não consta entre aqueles previstos expressamente no art. 927 do CPC como sendo precedente vinculante, ainda que racionalmente ali devesse estar previsto.

4.6. LEGITIMIDADE

O art. 2º, I, da Lei 9.882/1999, prevê serem legitimados ativos para a arguição de descumprimento incidental os mesmos sujeitos legitimados para a propositura de ação direta de inconstitucionalidade. A simples remição do dispositivo legal a um rol de legitimados previsto por outra norma permite a conclusão doutrinária e confirmada na praxe forense de que não só os legitimados ativos são os mesmos, como também os temas polêmicos a respeito dessa legitimação serão resolvidos de forma homogênea para todos os processos objetivos[24]. Além disso, as construções doutrinárias também serão feitas de forma homogênea. O tema, portanto, já foi exaustivamente abordado no Capítulo 1.

Cumpre apenas o registro de que o inciso II do artigo ora analisado, que previa a legitimidade ativa de qualquer pessoa lesada ou ameaçada pelo ato do poder público, foi vetado, o que impediu uma significativa modificação no tratamento do controle concentrado de constitucionalidade. Das razões do veto, nota-se nitidamente uma preocupação pragmática com as consequências

---

22 Didier Jr.-Cunha, *Curso*, p. 538.

23 Araken de Assis, *Manual*, n. 33.2.5.6, p. 343.

24 Tal como a excepcional capacidade postulatória outorgada aos Governadores de Estado em razão de sua legitimidade ativa: STF, Tribunal Pleno, ADPF 33/PA, rel. Min. Gilmar Mendes, j. 07/12/2005, DJ 27/10/2006, p. 31, e a exigência de pertinência temática para as confederações: STF, Tribunal Pleno, ADPF 480 AgR/RJ, rel. Min. Edson Fachin, j. 13/04/2018, DJe 24/04/2018.

trágicas que se abateriam sobre o Supremo Tribunal Federal na hipótese de qualquer sujeito ter legitimidade ativa para a arguição de descumprimento incidental. A preocupação com uma eventual elevação excessiva do número de ações de competência originária do Supremo Tribunal Federal poderia inviabilizar funcionalmente o tribunal, afetando o interesse público em seu bom funcionamento.

Compreende-se plenamente o receio exposto no veto presidencial, mas considero um tanto alarmista, para não dizer catastrófica, a presunção de inviabilidade funcional do Supremo Tribunal Federal. A experiência tem mostrado que ações judiciais de natureza altruísta, que buscam a tutela de interesses alheios, não são utilizadas com frequência pelos cidadãos, como se pode constatar do pequeno número de ações populares em comparação com os de ações civis públicas. Custo a crer que, ampliada a legitimação ativa na ação autônoma de arguição de descumprimento de preceito fundamental, haveria um aumento tão significativo de ações que inviabilizariam o serviço jurisdicional oferecido pelo Supremo Tribunal Federal.

Impressão um pouco diferente tenho a respeito da ação incidental de arguição de descumprimento, porque, nesse caso, a natureza altruísta da arguição esconderá um interesse direto e bem palpável de uma das partes envolvidas em processo judicial. Existe corrente doutrinária que, inclusive, entende que a ampliação da legitimidade só atingiria a arguição incidental, em razão da necessidade de o autor da ação ser, nos termos da norma vetada, pessoa lesada ou ameaçada por ato do Poder Público[25]. Realmente, nesse caso, o perigo de uma enxurrada de ações propostas diretamente ao Supremo Tribunal Federal não é algo a se desconsiderar.

Concordando-se ou não com o veto presidencial, não parece haver possibilidade de interpretação ampliativa do art. 2º, I, da Lei 9.882/1999, devendo ser respeitada a opção do legislador em associar a legitimação ativa da arguição de descumprimento com a já existente nas outras ações diretas de inconstitucionalidade[26]. E justamente em razão de nada poder ser feito contra o veto presidencial, a redação do art. 2º, II, § 1º, da Lei 9.882/1999, restou inapropriada, porque faz remição a um inciso objeto de veto, situação inevitável quando um inciso de norma legal é vetado, mas seus parágrafos são mantidos.

Mas a consequência mais drástica do veto presidencial foi relegar a arguição incidental a uma utilização muito restrita, praticamente inexistente. Como bem observado pela melhor doutrina, sendo o rol de legitimados o

[25] Cunha Jr., *Controle*, p. 270; Barroso, *O Controle*, p. 282.

[26] Barroso, *O controle*, p. 283.

mesmo para arguição incidental e autônoma, será inexplicável a opção pela segunda, cujos requisitos de admissibilidade são mais rígidos[27]. Podendo optar, portanto, tudo leva a crer que naturalmente os legitimados ativos optarão pela arguição de forma autônoma.

Limitada a legitimação ativa nos termos do art. 103 da CF, qualquer interessado no respeito ao preceito fundamental poderá, mediante representação, solicitar a propositura da arguição de descumprimento ao Procurador-Geral da República, que, em deliberação irrecorrível, decidirá pelo cabimento de seu ingresso em juízo. A irrecorribilidade da decisão decorre de mais um veto presidencial, dessa vez do art. 2º, § 2º, que permitia ao interessado uma representação ao Supremo Tribunal Federal na hipótese de indeferimento de sua representação perante o Procurador-Geral da República. Ao interessado, portanto, frustrado em sua pretensão, sobrará apenas lamentar ou, por forma não oficial, tentar convencer outro legitimado a propositura da arguição[28].

No tocante à legitimidade passiva, da mesma forma que ocorre nas ações diretas de inconstitucionalidade, entendo que a arguição de descumprimento de preceito fundamental é uma ação sem réu, não existindo sujeito legitimado a compor o polo passivo[29]. Não vejo como justificar processualmente o entendimento que atribui às autoridades, órgãos ou entidades responsáveis pela prática do ato ou omissão pelo ato impugnado a legitimidade passiva, mas não considera tais sujeitos as partes passivas da ação[30]. Tampouco entendo possível se considerar o Advogado-Geral da União como réu na arguição, pelas mesmas razões que defendi sua ilegitimidade nas ações diretas de inconstitucionalidade, tema versado no Capítulo 1.

O Advogado-Geral da União, inclusive, tem participação controvertida em sede de arguição de descumprimento, sendo omissa a Lei 9.882/1999 a respeito de sua necessária participação na defesa do ato impugnado. Acredito que as mesmas questões referentes à amplitude dessa atuação na ação direta de inconstitucionalidade e devidamente analisadas no Capítulo 1, item 1.4.2.4., aplicam-se à arguição de descumprimento.

Ocorre, entretanto, que existe uma polêmica específica da arguição, que envolve a espécie de ato impugnado, considerando-se que, pela arguição, não são somente atos normativos objeto de controle. Para parcela da doutrina, a atuação é idêntica à desenvolvida nas demais ações de controle, limitada,

[27] Barroso, *O controle*, p. 265.

[28] Barroso, *O controle*, p. 266.

[29] Tavares, *Tratado*, p. 317.

[30] Contra: Cunha Jr., *Controle*, p. 272; Campo, *Arguição*, p. 47.

portanto, aos atos normativos[31], enquanto, para outra corrente doutrinária a natureza do ato é irrelevante, em razão da presunção de constitucionalidade presente em todos os atos, independentemente de sua natureza[32].

4.7. COMPETÊNCIA

O art. 102, § 1º, da CF, remete o tratamento procedimental da arguição de descumprimento de preceito fundamental à lei infraconstitucional, limitando-se a prever apenas uma regra procedimental: a competência originária do Supremo Tribunal Federal. É até natural essa competência originária, considerando-se a função do Supremo Tribunal Federal de fazer o controle concentrado de constitucionalidade.

Discute-se a possibilidade de previsão de arguição de descumprimento de preceito federal em Constituições Estaduais, criando-se uma forma de proteção imediata e direta de seus preceitos fundamentais. Existem alguns Estados da Federação, inclusive, que já contam em suas Constituições Estaduais com a previsão de arguição de descumprimento de preceito fundamental (Mato Grosso do Sul, Alagoas, Rio Grande do Norte), com amparo doutrinário[33]. Admitida essa criação no âmbito estadual, com base no princípio da simetria com o modelo federal, a competência para a arguição será originária do Tribunal de Justiça.

Ressalte-se a respeito do tema interessante observação doutrinária que pode justificar o pequeno interesse despertado nos Estados na criação em suas Constituições Estaduais da arguição de descumprimento de preceito fundamental. Segundo essa corrente doutrinária, haverá duas razões de desestímulo: (a) os preceitos fundamentais constantes nas Constituições Estaduais decorrem da Constituição Federal, e (b) os atos municipais e estaduais são passíveis de arguição de descumprimento federal[34].

4.8. PROCEDIMENTO

4.8.1. Petição inicial

Exatamente como ocorre com as ações diretas de inconstitucionalidade, a relevância da matéria tratada na arguição de descumprimento não é o suficiente para afastar o princípio da inércia da jurisdição (princípio da

31 Tavares, *Tratado*, p. 369-370.

32 Cunha Jr., *Controle*, p. 273.

33 Tavares, *Tratado*, p. 249-252; Almeida, *Manual*, p. 846. Contra: Nobre Jr., *Direitos*, p. 114.

34 Barroso, *O controle*, p. 280.

demanda), sendo indispensável para o início da ação a provocação, por meio de petição inicial, de um dos legitimados previstos no art. 103 da CF. Tratando-se de legitimação concorrente e disjuntiva, a provocação pode ser feita por somente um dos legitimados ou em conjunto, o que caracteriza um litisconsórcio ativo facultativo[35].

Os requisitos formais da petição inicial estão previstos no art. 3º da Lei 9.882/1999, sendo aplicável de forma subsidiária o art. 319 do CPC naquilo que couber.

Aplicam-se à petição inicial da arguição os dois primeiros incisos do art. 319 do CPC, ainda que, no tocante ao inciso II, a qualificação exigida das partes limite-se ao autor, sendo também específica em razão do diferenciado rol dos legitimados ativos. O inciso III do art. 319 do CPC, que prevê a necessidade de narração de causa de pedir, também é exigido na arguição, ainda que seja possível encontrar tal exigência no inciso III do art. 3º da Lei 9.882/1999. A exigência de pedido e suas especificações constam tanto do art. 319, IV, do CPC como do art. 3º, IV, da Lei 9.882/1999. No tocante ao valor da causa, previsto no art. 319, V, do CPC, reafirmo meu entendimento por sua aplicação ao processo objetivo, externado no Capítulo 1, item 1.4.1, ainda que ressalte não ser exigido na praxe forense. Entendo inaplicáveis os incisos VI e VII do art. 319 do CPC, porque o procedimento sumário documental não permite a produção de provas durante o processo e não cabe a realização da audiência de conciliação e mediação prevista no art. 334 do CPC por não se admitir a autocomposição.

Ainda que seja possível uma análise conjunta dos arts. 319 do CPC e do art. 3º da Lei 9.882/1999, é interessante uma análise mais aprofundada dos incisos desse dispositivo legal.

Segundo o art. 3º, I, da Lei 9.882/1999, a petição inicial deve conter a indicação do preceito fundamental que se considera violado, enquanto o inciso II exige a indicação do ato questionado. Em interpretação extensiva, inclui-se no inciso I o preceito fundamental ameaçado de violação, em atendimento a possível natureza preventiva da arguição, e inclui-se no inciso II a indicação da omissão questionada, quando a violação ou ameaça decorrer de omissão, e não de ato praticado pelo Poder Público.

Trata-se, de qualquer modo, de requisitos formais da arguição, sendo relevantes para a determinação de elementos básicos a essa espécie de controle de constitucionalidade: qual o preceito fundamental que se entende violado ou ameaçado e o ato ou omissão responsável pela ofensa ou ameaça? Ainda que sejam requisitos meramente formais, é indispensável a indicação pelo

[35] Tavares, *Tratado*, p. 330.

autor para que o órgão jurisdicional possa fazer uma análise do cabimento da arguição de descumprimento.

Primeiro para que possa determinar se o preceito é realmente constitucional, e, sendo-o, se é fundamental. Depois, para que possa verificar qual é a espécie de ato ou omissão, já que nem toda conduta adotada pelo Poder Público pode ser objeto dessa espécie de controle de constitucionalidade, conforme analisado no Capítulo 1.

Apesar da relevância dos incisos I e II do art. 3º da Lei 9.882/1999, para fins de análise de cabimento da arguição de descumprimento, não me parece que as indicações exigidas pela lei sejam o suficiente para inovar quanto a causa de pedir exigida em qualquer petição inicial[36]. No máximo, pode se considerar tais indicações como componentes do substrato fático da arguição de descumprimento, exigindo-se do autor a mera narração fática de como um ato ou omissão do Poder Público estaria ofendendo ou ameaçando ofender um preceito fundamental. O fundamento jurídico do pedido, ao menos aparentemente, vem consagrado no inciso III do artigo ora comentado, que exige do autor a prova da violação do preceito fundamental.

Entendo que a prova mencionada pelo dispositivo legal, que serve tanto para comprovar a violação como a ameaça nas ações preventivas, não diz respeito aos fatos da demanda, mas sim à fundamentação jurídica do pedido, cabendo ao autor justificar, à luz do ordenamento constitucional, por que o ato ou omissão ofende ou ameaça ofender um preceito fundamental. A prova, portanto, é a argumentação jurídica exigida ao autor para que comprove, juridicamente, a alegada violação ou ameaça.

É tradicional a lição que não permite a confusão entre fundamento jurídico, que compõe a causa de pedir, e o fundamento legal, que não compõe a causa de pedir e decididamente não vincula o juiz em sua decisão, que poderá decidir com outro fundamento legal, com respeito ao contraditório[37]. Por fundamento legal entende-se a indicação do artigo de lei no qual se fundamenta a decisão; tal fundamento é dispensável[38] e não vincula o autor ou o juiz, não fazendo parte da causa de pedir[39]. Fundamento jurídico é o liame jurídico entre os fatos e o pedido, ou seja, é a explicação à luz do ordenamento jurídico dos motivos pelos quais o autor merece o que está pedindo diante dos fatos que narrou.

---

36 Contra: Tavares, *Tratado*, p. 307-308.

37 Neves, *Contraditório, p. 100-107;* Alvaro de Oliveira, *Do formalismo, p. 167-168;* Marinoni-Mitidiero, *Código*, p. 291.

38 Nery Jr.-Nery, *Código*, p. 551.

39 Dinamarco, *Instituições*, n. 450, p. 128; Theodoro Jr., *Curso*, n. 354, p. 399, Didier, *Curso*, p. 371; STJ, 1.ª Turma, EDcl no REsp 434.283/RS, Rel. Min. Luiz Fux, j. 16/09/2003.

Aplicando-se a tradicional lição à arguição de descumprimento de preceito fundamental, significa dizer que, na argumentação jurídica desenvolvida pelo autor, não há necessidade de indicação de qualquer norma legal, bastando para a regularidade da causa de pedir a narrativa jurídica que possibilite o acolhimento de seu pedido em razão dos fatos narrados, ou seja, diante da correlação narrada pelo autor de um ato ou omissão e um preceito fundamental violado ou ameaçado de violação. Diante da premissa criada, pergunta-se: caso o Supremo Tribunal Federal entenda que o ato ou omissão violou ou ameaça violar outro preceito fundamental que não aquele narrado pelo autor, como deve proceder?

É natural que, partindo-se da premissa de que a indicação do preceito fundamental faz parte da fundamentação jurídica apresentada pelo autor, a conclusão será pela aplicação da causa de pedir aberta, analisada no Capítulo 1, item 1.10.4, facultando-se ao Supremo Tribunal Federal a prolação de decisão com fundamento em preceito fundamental não narrado na petição inicial[40].

Mas, na premissa adotada, a indicação do preceito fundamental não faz parte da fundamentação jurídica, tratando-se de requisito formal que, quando muito, será incluído nos fatos narrados pelo autor, de forma a ser desnecessária a adoção da tese da causa de pedir aberta para justificar o poder do tribunal de decidir com o fundamento jurídico que entender adequado.

Poder-se-ia acreditar que, em fidelidade às premissas criadas, não seria permitido ao Supremo Tribunal Federal acolher o pedido em razão de o ato ou omissão ter ofendido ou ameaçar violar preceito fundamental não narrado na petição inicial. Afinal, toda a construção da causa de pedir aberta limita a liberdade do juízo ao fundamento jurídico, vinculando-o, entretanto, aos fatos jurídicos narrados pelo autor. Como parto da premissa de que a indicação do ato ou omissão e do preceito fundamental ofendido ou ameaçado fazem, no máximo, parte da narração fática da causa de pedir, será preciso concluir pela inaplicabilidade à espécie da teoria da causa de pedir aberta, que, apesar de permitir ao juízo a decisão com base em fundamentação jurídica não narrada pelo autor, vincula-o aos fatos jurídicos.

Ocorre, entretanto, que a realidade imposta pelo controle concentrado de constitucionalidade exige que certas regras e princípios processuais sejam compreendidos e aplicados de forma diferenciada, de modo a adequar-se o processo e seus institutos à realidade criada por essa atuação originária do Supremo Tribunal Federal. Significa dizer que, mesmo considerando que a indicação do preceito fundamental faz parte da causa de pedir, entendo que a teoria da causa de pedir aberta deva excepcionalmente abranger também

---

40 Mendes, *Arguição*, p. 105; Cunha Jr., *Controle*, p. 275; Nobre Jr., *Direitos*, p. 113.

os fatos jurídicos, de forma a liberar o Supremo Tribunal Federal para o julgamento de procedência do pedido, ainda que a ofensa ou ameaça tenha se dado em face de preceito fundamental não narrado na petição inicial.

Nos termos do art. 3º, parágrafo único, da Lei 9.882/1999, a petição inicial deve ser acompanhada de instrumento de mandato, se for o caso, tudo levando a crer que a singular capacidade postulatória admitida para as ações diretas de inconstitucionalidade, devidamente criticada no Capítulo 1, é também admitida na arguição de descumprimento. Ainda como exigência do dispositivo legal, consta a instrução da petição inicial com cópias do ato questionado e dos documentos necessários para comprovar a impugnação, o que demonstra de forma clara a natureza sumária documental desse procedimento.

4.8.2. Posturas do juiz diante da petição inicial

4.8.2.1. Emenda da petição inicial

Apesar da omissão legal, em aplicação subsidiária do Código de Processo Civil, mais precisamente do art. 321 do CPC, é inegável a possibilidade de o ministro relator determinar a emenda da petição inicial da arguição de descumprimento. A melhor doutrina ensina que o indeferimento da petição inicial só será cabível, se inviável, no caso concreto, a emenda de inicial, ou seja, a drástica extinção liminar do processo deve ser reservada a situações nas quais os vícios sejam insanáveis e as irregularidades incorrigíveis[41]. O Superior Tribunal de Justiça entende ser direito do autor a emenda da petição inicial, sempre que se mostre possível seu saneamento e/ou regularização no caso concreto[42].

Não há qualquer razão plausível para se afastar tal entendimento do procedimento da arguição de descumprimento de preceito fundamental, aplicando-se por analogia entendimento consagrado pelo Supremo Tribunal Federal a respeito do tema na ação direta de inconstitucionalidade[43]. O relator concederá prazo de 15 dias para que o autor emende ou complemente a petição inicial, admitindo-se a dilação desse prazo, dependendo das exigências do caso concreto[44], até por conta do previsto no art. 139, VI, do CPC. Entendo

---

41 Nery Jr.-Nery, *Código*, p. 551.

42 STJ, 4ª Turma, REsp 1.143.968/MG, rel. Min. Luis Felipe Salomão, j. 26/02/2013, DJe 01/07/2013; STJ, 1ª Turma, AgRg no REsp 1.089.211/RJ, rel. Min. Luiz Fux, j. 16/12/2010, DJe 21/02/2011.

43 STF, Tribunal Pleno, ADI 1.949 MC/RS, Rel. Min. Sepúlveda Pertence, j. 18/11/1999, *DJ* 25/11/2005, p. 05; Informativo 193/STF: Tribunal Pleno, ADI 2.187/BA, rel. Min. Octávio Gallotti, j. 15/06/2000.

44 STJ, 3ª Turma, REsp 871.661/RS, Rel. Min. Nancy Andrighi, j. 17/05/2007.

tratar-se de prazo impróprio, admitindo-se a emenda após o vencimento do prazo, desde que antes da extinção do processo[45].

4.8.2.2. Indeferimento da petição inicial

O art. 4º, *caput*, da Lei 9.882/1999, prevê tanto a possibilidade de indeferimento da petição inicial como as suas hipóteses de cabimento. Conforme lembra a melhor doutrina, só existe indeferimento da petição inicial no momento liminar do procedimento, o que, na arguição de descumprimento, significa o momento anterior à oitiva de interessados e do Advogado-Geral da União.

A primeira hipótese de indeferimento é o não cabimento da arguição de descumprimento de preceito fundamental, circunstância que pode ter diferentes origens: (a) ato ou omissão que não podem ser objeto dessa espécie de ação; (b) preceito fundamental sem natureza constitucional; (c) preceito constitucional não ser fundamental; (d) existir outro meio eficaz de sanar a lesividade, nos termos do art. 4º, § 1º, da Lei 9.882/1999. A segunda hipótese de indeferimento é a falta de requisitos formais prescritos pela lei e a terceira, a inépcia da petição inicial, aplicando-se por analogia o art. 330, § 1º, do CPC.

Consta do *caput* do dispositivo ora analisado que a competência para indeferir a petição inicial é do relator, sendo contra essa decisão cabível o recurso de agravo interno para o órgão colegiado no prazo de 5 dias, nos termos do art. 4º, § 2º, da Lei 9.882/1999. Trata-se de agravo interno, com procedimento previsto no art. 1.021 do CPC, devendo ser a ele aplicada a regra do art. 1.070 do CPC, ou seja, o prazo passou a ser de 15 dias.

Entendo também serem cabíveis embargos de declaração, nos termos do art. 1.022 do CPC, mas deve-se lembrar de que é corrente, nos tribunais superiores, o recebimento dos embargos de declaração por agravo interno, quando o recurso é interposto contra a decisão monocrática do relator. Aplicando-se a *fungibilidade*, afirma-se que essa conversão prestigia o princípio da *celeridade processual*, proporcionando imediatamente um julgamento colegiado[46]. Nesse caso o recorrente deve ser intimado para complementar as razões recursais no prazo de 5 dias, nos termos do art. 1.024, § 3º, do CPC.

Por outro lado, é importante lembrar que a competência para o indeferimento da petição inicial não é do relator, que funcionará como representante

---

[45] STJ, 3ª Turma, REsp 871.661/RS, Rel. Min. Nancy Andrighi, j. 17/05/2007.

[46] STF, Tribunal Pleno, SS-AgR-ED 3.039/SP, rel. Min. Ellen Gracie, j. 11/10/2007, *DJ* 14/11/2007; STJ, EDcl no EREsp 288.118/DF, Corte Especial, rel. Francisco Peçanha Martins, j. 17/11/2004, *DJ* 17/12/2004. *Informativo* 278/STJ, 4ª T., EDcl no Ag 453.716-RJ, rel. Quaglia Barbosa, j. 04/03/2006.

avançado do órgão colegiado em razão de desejável facilitação procedimental. A competência é do órgão colegiado, que simplesmente a delega para o relator, de forma que, entendendo o relator que o indeferimento deve ser realizado pelo órgão colegiado, não vejo qualquer nulidade na conduta de se formar tal órgão colegiado para a prolação de decisão. Nesse caso, naturalmente, não será cabível recurso, salvo os embargos de declaração.

4.8.2.3. *Apreciação de liminar*

Cabe ao autor pedir a concessão da tutela em sede liminar na petição inicial da arguição de descumprimento. Não sendo caso de indeferimento, a concessão dessa tutela de urgência é regulada pelo art. 5º da Lei 9.882/1999, sendo esse tema enfrentado no Capítulo 1, item 1.5.

4.8.2.4. *Pedido de informações*

Nos termos do art. 6º, *caput*, da Lei 9.882/1999, apreciado o pedido de liminar, o relator solicitará as informações às autoridades responsáveis pela prática do ato questionado, no prazo de 10 dias. Três observações se impõem de plano: (a) pela redação do dispositivo legal, fica clara a impossibilidade de concessão de liminar de ofício, já que o texto legal expressamente menciona a apreciação do "pedido de liminar" (caso fosse suprimido o termo "pedido" a conclusão poderia ser outra); (b) o relator não solicita a informação, mas requisita, sendo dever funcional da autoridade pública prestá-la no prazo de 10 dias, fixado em lei, ainda que entenda que tal prazo é impróprio, sendo admitida a informação mesmo depois de vencido o prazo; (c) a autoridade que prestará as informações pode ser responsável por ato ou omissão e não somente pela prática de ato conforme previsto no dispositivo legal.

Como já tive a oportunidade de defender no Capítulo 1, item 1.4.2.3, o fato de ser impróprio o prazo de prestação de informações na arguição de descumprimento não pode gerar confusão procedimental, com as informações sendo prestadas em momento procedimental incompatível com tal ato processual. Dessa forma, o relator deve zelar para que as informações sejam prestadas ainda nessa fase inicial do procedimento, evitando-se retrocessos e balburdia procedimental.

4.8.3. Manifestações

Conforme já analisado, haverá necessariamente manifestação da autoridade responsável pela prática do ato ou pela omissão, nos termos do art. 6º, *caput*, da Lei 9.882/1999. No § 1º do mesmo dispositivo legal, há previsão legal que permite ao relator a oitiva de outros sujeitos. Antes propriamente de analisar as hipóteses previstas pelo dispositivo de lei mencionado, cumpre ressaltar, apesar da omissão legal, a necessidade de oitiva do Advogado-Geral da União, em aplicação por analogia do art. 8º da Lei 9.868/1999. Às controvérsias a respeito da forma de participação desse sujeito já existentes nas ações diretas de inconstitucionalidade, tratadas no Capítulo 1, soma-se, na arguição de descumprimento, controvérsia a respeito da natureza dos atos que exigem tal participação, tema tratado neste Capítulo, item 4.3.

Tratando-se de arguição de descumprimento autônoma, aplica-se apenas parcialmente o art. 6º, § 1º, da Lei 9.882/1999, não sendo cabível, nesse caso, a oitiva das partes nos processos que ensejaram a arguição. Dessa forma, a oitiva limitar-se-á à designação de peritos ou comissão de peritos, para que emitam parecer sobre a questão. Também poderá o relator fixar data para declarações, em audiência pública, de pessoas com experiência e autoridade na matéria. Essa parte do dispositivo legal não é de fácil compreensão.

Quem seriam os peritos indicados, que se manifestariam isoladamente ou em conjunto por meio de uma comissão? Tradicionalmente, o perito é o especialista sobre matéria do conhecimento humano que colabora com o juiz por meio do esclarecimento dos fatos da demanda. Na arguição de descumprimento, processo objetivo, os fatos são objetivamente aferíveis: a existência de um ato ou omissão e a existência de um preceito fundamental que teria sido violado ou esteja sendo ameaçado de violação. Não parece, portanto, haver espaço para a participação de peritos nesse processo.

Por outro lado, se for compreendido que, na realidade, esses "peritos" são especialistas na matéria jurídica versada na ação de arguição de descumprimento de preceito fundamental, o dispositivo legal deve ser criticado por duplamente. Primeiro porque não se deve confundir o perito com o *amicus curiae*; segundo, porque o próprio dispositivo legal prevê que o juiz poderá admitir a manifestação, escrita ou oral, de pessoas com experiência e autoridade na matéria, que naturalmente trata-se da matéria jurídica. De qualquer forma, apesar das imprecisões do dispositivo legal, a conclusão tranquila é pela admissão do *amicus curiae* na arguição de descumprimento, conforme consolidado entendimento doutrinário[47].

Ainda que não exista na Lei 9.882/1999 uma norma que vede a intervenção de terceiros na arguição de descumprimento, como ocorre na ação direta de inconstitucionalidade, em razão do art. 7º da Lei 9.868/1999, a natureza de processo objetivo dessa ação permite a conclusão de que, também na arguição, as formas tradicionais de intervenção de terceiros não serão admitidas. Ocorre, entretanto, que o art. 6º, § 2º, da Lei 9.882/1999 prevê que

[47] Cunha Jr., *Controle*, p. 276.

poderão ser autorizadas, a critério do relator, a sustentação oral e juntada de memoriais de interessados no processo.

Justamente em razão da natureza objetiva da arguição de descumprimento, os mencionados interessados no dispositivo legal devem ser compreendidos como os demais legitimados ativos que não propuseram a ação, que, ao se manifestarem nos autos, passarão a figurar como assistentes litisconsorciais ou litisconsortes ulteriores, havendo ainda parcela da doutrina que defenda sua qualidade de *amicus curiae*. O tema é tratado no Capítulo 1, item 1.9.

Por fim, decorrido o prazo para as informações, nos termos do art. 7º, parágrafo único, da Lei 9.882/1999, o Ministério Público terá vista do processo – na realidade, terá vista dos autos – pelo prazo de 5 dias. Interessante a expressa previsão nesse dispositivo que dispensa a oitiva do Ministério Público, caso a arguição de descumprimento tenha sido proposta por ele, o que deixa claramente afastada a possibilidade de dupla participação do MP: como autor e como fiscal da ordem jurídica.

Conforme já havia defendido na ação direta de inconstitucionalidade, no Capítulo 1, nada justifica essa duplicidade de atuação, de forma que o art. 7º, parágrafo único, da Lei 9.882/1999 deve ser elogiado e apontado como regra de grande avanço científico no campo processual. Poderia, inclusive, ainda que não pareça ter acontecido até o momento, incentivar os órgãos jurisdicionais a evitarem a dupla participação em outras circunstâncias, a começar pela ação direta de controle de constitucionalidade proposta pelo Procurador-Geral da República.

4.8.4. Decisão

Após as devidas prestações de informações e manifestações previstas em lei, a arguição de descumprimento de preceito fundamental será julgada em sessão pública do Tribunal Pleno. Segundo o art. 8º, *caput*, da Lei 9.882/1999, a decisão dessa ação somente será tomada, se presentes na sessão pelo menos dois terços dos Ministros. Como o Supremo Tribunal Federal já decidiu que esse *quorum* na ação direta de inconstitucionalidade não precisa ser obtido em sessão única de julgamento[48], o mesmo entendimento deve ser aplicado à arguição de descumprimento.

A interpretação conjugada dos arts. 4º, *caput*, e 8º, *caput*, da Lei 9.882/1999 permite a conclusão de que o *quorum* qualificado para a prolação da decisão da arguição de descumprimento só será exigido para as decisões de mérito, que acolham ou rejeitem o pedido do autor, nos termos do art. 487, I, do

[48] STF, Tribunal Pleno, ADI 526/DF, rel. Min. Sepúlveda Pertence, j. 12/12/1991, *DJ* 05/03/1993, p. 2.896.

CPC. Se o indeferimento liminar da petição inicial pode ser realizado monocraticamente pelo relator, por meio de decisão terminativa, fica evidenciado que o voto de pelo menos oito ministros do Supremo Tribunal Federal só será exigido para as decisões de mérito.

O art. 10, da Lei 9.882/1999, prevê algumas regras formais referentes ao julgamento da demanda. Segundo determina o *caput* deste dispositivo, julgada a ação (na verdade julgado o pedido), as autoridades ou órgãos responsáveis pela prática do ato questionado serão comunicados da decisão. Nos termos do § 1º, caberá ao presidente do Supremo Tribunal Federal determinar o imediato cumprimento da decisão, com a lavratura do acórdão posteriormente a essa determinação. No § 2º, há previsão de publicação da parte dispositiva da decisão em seção especial do Diário da Justiça e do Diário Oficial da União, no prazo de 10 dias, contado a partir de trânsito em julgado da decisão.

O art. 11 da Lei 9.882/1999 repete a regra prevista no art. 27 da Lei 9.868/1999, permitindo ao Supremo Tribunal Federal, ao declarar a inconstitucionalidade de lei ou ato normativo, modular os efeitos da declaração com fundamento em razões de segurança jurídica ou de excepcional interesse social. Os mesmos comentários feitos à modulação dos efeitos da declaração de inconstitucionalidade feitos no Capítulo 1 se aplicam na arguição de descumprimento de preceito fundamental.

Nos termos do art. 10, § 3º, da Lei 9.882/1999, a decisão de mérito proferida na arguição de descumprimento ora analisada terá eficácia contra todos e efeito vinculante relativamente aos demais órgãos do Poder Público. O dispositivo se acomoda à perfeição com a natureza de processo objeto da arguição de descumprimento, não havendo sentido a impugnação feita na ADIN 2.231/DF, proposta pelo Conselho Federal da Ordem dos Advogados do Brasil.

Registre-se que esse efeito vinculante do julgamento da arguição é até mais amplo que o existente nas ações diretas de constitucionalidade, porque atinge todos os órgãos do Poder Público, e não somente os órgãos da Administração Pública e do Poder Judiciário, como ocorre nessas ações. Para parcela doutrinária, significa dizer que o Poder Legislativo fica submetido às condições e ao modo de interpretação e aplicação determinados pelo Supremo Tribunal Federal no tocante ao preceito fundamental[49]. A tese não é pacífica, havendo resistência com fundamento na regra da separação dos poderes[50].

Essa maior amplitude na eficácia vinculante do julgamento proferido em sede de arguição de descumprimento decorre das espécies de atos que podem

---

49 CUNHA Jr., *Controle*, p. 294; Rêgo, *Arguição*, p. 28.

50 Mendes, *Arguição*, p. 197-198; Almeida, *Manual*, p. 860.

violar ou ameaçar um preceito fundamental. Também por essa razão, nem sempre se admitirá que as diferentes formas de declaração de inconstitucionalidade – redução de texto, interpretação conforme a Constituição e declaração parcial de inconstitucionalidade sem redução de texto – se apliquem na arguição de descumprimento. Como ensina a melhor doutrina, diante de um ato administrativo de grande relevância social, caberá ao Supremo Tribunal Federal simplesmente reconhecer ou não o descumprimento, não lhe sendo dada a fixação de termos interpretativos ou temporais.

4.9. TUTELA DE URGÊNCIA

A tutela de urgência na arguição de descumprimento de preceito fundamental é tratada no art. 5º da Lei 9.882/1999. Nos termos do art. 5º, *caput*, por decisão de maioria absoluta de votos de seus membros, o Supremo Tribunal Federal poderá deferir medida liminar na ação ora analisada. Interessante notar que, diferente da previsão de medida cautelar, como ocorre na ação direta de inconstitucionalidade (arts. 10, 11 e 12 da Lei 9.868/1999), o dispositivo legal menciona somente uma medida liminar.

Valendo-se da origem no latim (*liminaris*, de *limen*), o termo "liminar" pode ser utilizado para designar algo que se faça inicialmente, logo no início. O termo liminar, nesse sentido, significa limiar, soleira, entrada, sendo aplicado a atos praticados *inaudita altera parte*, ou seja, antes da citação do demandado. Aplicado às espécies de tutelas de urgência, a liminar, nesse sentido, significa a concessão de uma tutela antecipada ou de uma tutela cautelar antes da citação do demandado. A liminar assumiria, portanto, uma característica meramente topológica, levando-se em conta somente o momento de prolação da tutela de urgência, e não o seu conteúdo, função ou natureza[51].

Por outro lado, é preciso reconhecer que, no momento anterior à adoção da tutela antecipada pelo nosso sistema processual, as liminares eram consideradas uma espécie de tutela de urgência, sendo a única forma prevista em lei para a obtenção de uma tutela de urgência satisfativa. Nesses termos, sempre que prevista expressamente em um determinado procedimento, o termo "liminar" assume a condição de espécie de tutela de urgência satisfativa específica[52].

Entendo que o legislador, ao valer-se do termo "liminar" no art. 5º, *caput*, da Lei 9.882/1999, pretendeu emprestar ao termo seus dois significados possíveis. Dessa forma, imaginou a possibilidade de concessão de uma

---

[51] Furtado Fabrício, *Ensaios*, p. 195-196; Calmon de Passos, *Comentários*, n. 6.13, p. 73; Theodoro Jr., *Tutela*, p. 5-6.

[52] Dinamarco, *Fundamentos*, p. 623; Guerra, *As liminares, p. 190*; Baptista da Silva, *A "antecipação"*, p. 130.

tutela de urgência satisfativa a ser concedida em fase inicial do procedimento, mais precisamente, no primeiro contato do órgão jurisdicional com a petição inicial. A natureza satisfativa dessa liminar é manifesta, aplicando-se, para justificar essa opinião, os mesmos fundamentos utilizados no Capítulo 1 para justificar essa natureza da chamada "medida cautelar" da ação direta de inconstitucionalidade. Por outro lado, fica claro que a tutela de urgência deve ser concedida no início do procedimento, quando o art. 6º, *caput*, da Lei 9.882/1999 prevê que os demais atos do procedimento são praticados após a apreciação do pedido da liminar.

Nota-se em decisões liminares proferidas em ações de descumprimento de preceito fundamental uma confusão doutrinária entre liminar e cautelar, valendo-se o órgão jurisdicional dos requisitos típicos para a concessão dessa espécie de tutela de urgência, quais sejam, o *fumus boni iuris* e o *periculum in mora*, para a concessão da liminar. Na prática, essa falta de precisão técnica não gera grande repercussão, entendendo-se que, para a concessão da tutela de forma liminar na arguição de descumprimento, o autor deve demonstrar a plausibilidade de sua pretensão e o perigo de dano grave de difícil ou incerta reparação. Exige-se, portanto, independentemente da nomenclatura adotada, os típicos requisitos de concessão de tutela de urgência, atualmente consagrados no art. 300, *caput*, do CPC e aplicáveis tanto para a tutela antecipada como para a tutela cautelar.

Como já analisado no Capítulo 1, item 1.5, o Supremo Tribunal Federal por vezes dispensa o perigo de grave lesão de difícil ou incerta reparação, substituindo-o pelo chamado "critério de conveniência", por meio do qual o tribunal analisa o que será mais conveniente: manter os efeitos da lei ou ato impugnado até o julgamento da ação direta de inconstitucionalidade ou conceder a tutela de urgência para impedir imediatamente seus efeitos. Parece não haver qualquer razão para que tal raciocínio não seja também aplicável à tutela liminar na ação de arguição de descumprimento.

Segundo o art. 5º, *caput*, da Lei 9.882/1999, o órgão competente para analisar o pedido de medida liminar é o Tribunal Pleno, mas o § 1º do mesmo dispositivo excepciona a regra, permitindo a análise monocraticamente pelo relator em casos de extrema urgência, perigo de lesão grave ou em período de recesso. Interessante notar que, a exemplo da decisão sobre a tutela de urgência na ação direta de inconstitucionalidade[53], a decisão monocrática do relator deve ser referendada pelo Tribunal Pleno, o que significa dizer que, independentemente de interposição de agravo interno esse órgão colegiado se manifestará sobre a decisão monocrática, podendo mantê-la ou reformá-la

[53] STF, Tribunal Pleno, ADI 3.626 MC/MA, rel. Min. Marco Aurélio, j. 03/05/2007, *DJE* 82, 16/08/2007.

total ou parcialmente. Em razão da indispensável revisão da decisão monocrática pelo órgão colegiado, eventual agravo interno poderá ser recebido como mero memorial.

Como medidas preparatórias à decisão sobre o pedido liminar, o art. 5º, § 2º, da Lei 9.882/1999 permite ao relator a oitiva dos órgãos ou autoridades responsáveis pelo ato – ou omissão – questionado, do Advogado-Geral da União ou do Procurador-Geral da República, no prazo comum de 5 dias. Essas providências podem ser adotadas tanto para o julgamento monocrático do relator como para o julgamento colegiado, sendo ainda mais comum ocorrer nessa segunda hipótese, considerando a ausência de extrema urgência quando o julgamento é realizado pelo órgão colegiado. Ainda que a norma preveja a oitiva antes da análise do pedido de tutela liminar, ela também é cabível antes de o Tribunal Pleno reexaminar a questão já enfrentada monocraticamente pelo relator.

Nos termos do art. 5º, § 3º, da Lei 9.882/1999, com a concessão da liminar, o órgão jurisdicional poderá determinar que juízes e tribunais suspendam o andamento de processos ou os efeitos de decisões judiciais, ou de qualquer outra medida que apresente relação com a matéria objeto da ação, salvo se decorrentes de coisa julgada, quando os efeitos da liminar não serão gerados.

Entendo cabível à ação de arguição de descumprimento de preceito fundamental a regra prevista no art. 12 da Lei 9.868/1999, que cria técnica procedimental diferenciada de julgamento da ação direta de inconstitucionalidade, quando o Tribunal, diante de pedido de "medida cautelar", resolve julgar imediatamente o mérito da ação. Também entendo ser aplicável a regra prevista no art. 21 da mesma lei, que fixa em 180 dias o prazo de eficácia da medida de tutela de urgência na hipótese de suspensão de processos ou de julgamentos pelas instâncias ordinárias[54].

4.10. RECORRIBILIDADE

Segundo o art. 12 da Lei 9.882/1999, a decisão que julgar procedente ou improcedente o pedido em arguição de descumprimento de preceito fundamental é irrecorrível. Apesar da omissão legal, não observada no art. 26 da Lei 9.868/1999, a prevista irrecorribilidade não atinge os embargos de declaração[55]. Julgar procedente ou improcedente o pedido significa proferir decisão genuína de mérito, com rejeição ou acolhimento do pedido do autor, nos termos do art. 487, I, do CPC. A irrecorribilidade prevista no dispositivo, entretanto, é mais ampla que a sugerida por uma interpretação literal,

---

54 Mendes, *Arguição*, p. 125.

55 Nobre Jr., *Direitos*, p. 119.

também atingindo o acórdão que extingue a arguição de descumprimento sem a resolução do mérito, nos termos do art. 485 do CPC.

As decisões monocráticas proferidas pelo relator e pelo presidente, com poder delegado do órgão colegiado, são recorríveis por agravo interno, salvo na decisão monocrática do relator a respeito do pedido de concessão de medida liminar, que, segundo analisado no Capítulo 1, é decisão irrecorrível porque será obrigatoriamente revista pelo Tribunal Pleno, faltando, portanto, interesse recursal. Qualquer outra decisão monocrática do relator, seja para extinguir a ação sem resolução de mérito, como permite o art. 4º, *caput*, da Lei 9.882/1999 na hipótese de indeferimento da petição inicial, seja para decidir qualquer questão incidental, será recorrível pelo agravo interno.

Mais uma vez, registro meu entendimento pelo cabimento de embargos de declaração contra essa decisão, reconhecendo, entretanto, a pacificação pelos tribunais superiores de aplicação do princípio da fungibilidade nesse caso, sendo recebidos os embargos de declaração como agravo regimental, com aplicação do art. 1.024, § 3º, do CPC.

Com relação à irrecorribilidade da decisão da arguição de descumprimento proferida pelo órgão colegiado, reservando-se contra essa decisão tão somente o recurso de embargos de declaração, é preciso atribuir a esse recurso uma força maior do que geralmente tem, com efeitos modificativos e infringentes aceitos mais facilmente do que em outras circunstâncias. Os comentários constantes no Capítulo 1, referentes aos embargos de declaração contra decisão colegiada que julga a ação direta de inconstitucionalidade, são totalmente aplicáveis aos embargos de declaração em sede de arguição de descumprimento de preceito fundamental.

Ainda que notadamente não seja um recurso, a ação rescisória é expressamente proibida pelo art. 12 da Lei 9.882/1999. Significa dizer que a decisão de mérito que acolhe ou rejeita o pedido do autor da arguição de descumprimento de preceito fundamental não pode ser recorrida antes do trânsito em julgado e nem impugnada após sua ocorrência, o que demonstra a força de tal decisão e reforça a especial atenção que os ministros devem ter ao prolatá-la.

4.11. CARÁTER SUBSIDIÁRIO

Segundo o art. 4º, § 1º, da Lei 9.882/1999, não será admitida a arguição de descumprimento de preceito fundamental quando houver qualquer outro meio eficaz de sanar a lesividade. A previsão consagra a subsidiariedade da arguição, de forma que seu cabimento é tratado em termos residuais, só sendo admitida quando não houver qualquer outro meio eficaz de sanar a lesividade ou impedi-la.

Existe crítica de considerável parcela da doutrina a respeito da opção do legislador, clamando por uma interpretação do dispositivo legal mencionado conforme a Constituição.

Para essa corrente doutrinária, o legislador constituinte não pretendeu dar à arguição de descumprimento de preceito fundamental o caráter subsidiário e residual que lhe outorgou o legislador infraconstitucional, de forma que um instituto voltado à tutela dos preceitos mais relevantes da Constituição não pode ter cabimento residual, sendo colocado em nítida posição de desvantagem com relação às outras formas de controle concentrado de constitucionalidade[56]. Nesse entendimento o que seria subsidiariedade torna-se preferência, de forma que a arguição de descumprimento passaria a ser o meio preferencial de controle de atos que violam ou ameaçam violar preceito fundamental.

Há também corrente doutrinária que concorda com a subsidiariedade somente na arguição incidental[57].Por outro lado, há doutrina que defende a impossibilidade de cabimento da arguição quando cabível ação direta de inconstitucionalidade ou ação declaratória de constitucionalidade, mandado de segurança, ação popular, reclamação e recursos ordinários e extraordinários[58]. Ou seja, leva-se a regra da subsidiariedade bastante a sério, entendendo-se inadmissível a arguição ora analisada, sempre que for cabível qualquer forma processual de controle de constitucionalidade, concentrada e difusa.

O Supremo Tribunal Federal vem reiteradamente inadmitindo arguições de descumprimento de preceito fundamental nos termos do art. 4º, § 1º, da Lei 9.882/1999[59], mas com interpretação que não conduza a arguição de descumprimento a uma admissibilidade muito restritiva. O tribunal vem entendendo que a mera existência de outros meios processuais de impugnação do ato não exclui automaticamente o cabimento da arguição ora analisada, considerando-se que não basta existir o instrumento, devendo o mesmo ser plenamente eficaz para a efetiva proteção do preceito fundamental (ADPF 17).

Adotando posição doutrinária intermediária[60], já há julgados do Supremo Tribunal Federal que exigem que o instrumento processual apto a resolver a questão jurídica deve ter a mesma efetividade, imediaticidade e amplitude que a arguição de descumprimento de preceito fundamental. Por esse entendimento, somente quando for cabível a ação declaratória de

---

[56] Tavares, *Tratado*, p. 238-241.

[57] Cunha Jr., *Controle*, p. 307-310.

[58] Campo, *Arguição*, p. 39; Almeida, *Manual*, p. 855.

[59] STF, Tribunal Pleno, ADPF 510 AgR/DF, rel. Min. Marco Aurélio, j. 06/06/2018, DJe 21/02/2018.

[60] Mendes, Arguição, p. 115; Barroso, *O Controle*, p. 276-277; Novelino, *Direito*, n. 14.6, p. 286.

inconstitucionalidade ou de constitucionalidade será inadmissível a arguição ora analisada, considerando-se que o recurso extraordinário, ao menos por hora, não tem a amplitude dessas ações de controle concentrado de constitucionalidade (ADPF 79).

O mesmo tribunal entende existir fungibilidade entre a ação de descumprimento fundamental e a ação direita de inconstitucionalidade, desde que, entretanto, exista dúvida fundada e aceitável a respeito de qual a espécie de ação apropriada para o caso concreto[61].

Segundo a melhor doutrina[62], diante do caráter subsidiário da arguição com relação às outras ações de controle concentrado, será cabível a arguição para o controle de: (a) direto pré-constitucional; (b) direito municipal em face da Constituição Federal; (c) nas controvérsias sobre direito pós-constitucional já revogado; (d) de direito pós-constitucional cujos efeitos já se exauriram; (e) de direito pós-constitucional em relação às normas originárias da Constituição de 1988, mas pré-constitucional em relação às emendas constitucionais; (f) alegação de contrariedade à Constituição decorrente de decisão judicial ou controvérsia sobre a interpretação adotada pelo Judiciário, que, portanto, não envolva a aplicação de lei ou ato normativo infraconstitucional.

---

[61] STF, Tribunal Pleno, ADPF 451 AgR/MA, rel. Min. Alexandre de Moraes, j. 09/04/2018, DJe 16/04/2018.

[62] Novelino, *Direito*, n. 14.6, p. 286.

5

MANDADO DE INJUNÇÃO

5.1. INTRODUÇÃO

O mandado de injunção tem previsão no art. 5º, LXXI, da CF, tratando-se de singular instituto processual brasileiro, ainda que tenha sofrido algumas influências do direito inglês, norte-americano e português. Nos termos do dispositivo constitucional mencionado, o mandado de injunção será cabível sempre que a falta de norma regulamentadora torne inviável o exercício dos direitos e liberdades constitucionais e das prerrogativas inerentes à nacionalidade, à soberania e à cidadania.

Como se pode notar da previsão constitucional, são dois os elementos essenciais para o cabimento da ação constitucional ora analisada: (a) omissão legislativa, e (b) natureza do direito sacrificado em razão de tal omissão.

No tocante ao primeiro elemento, é imprescindível que a omissão legislativa efetivamente acarrete o sacrifício dos direitos tutelados pelo mandado de injunção, porque, sendo esses direitos tutelados mesmo diante de tal omissão, será incabível essa ação constitucional. Em razão disso, tratando-se de norma constitucional autoaplicável, a eventual omissão legislativa em sua regulamentação não será o suficiente para admitir-se o mandado de injunção.

Por outro lado, o Supremo Tribunal Federal consolidou o entendimento de que a omissão que legitima o mandado de injunção é tanto a omissão absoluta, representada pela ausência de norma regulamentadora, como também a omissão parcial, na qual se considera a atividade legislativa imperfeita ou insatisfatória. Indispensável, entretanto, que haja uma superação excessiva de prazo razoável para legislar, a ponto de configurar o retardamento como abuso do direito legal de não legislar[1].

O entendimento jurisprudencial foi consagrado pelo art. 2º da Lei 13.300/2016. Enquanto o *caput* do dispositivo expressamente aponta a omissão parcial de norma regulamentadora, o seu parágrafo único explica a omissão parcial como sendo a insuficiência de normas editadas pelo órgão legislador competente.

Quanto ao segundo elemento indicado, não se justifica a proteção por meio do mandado de segurança de qualquer espécie de direito que venha a ser sacrificado em razão da omissão legislativa. Nos termos do texto constitucional, o mandado de injunção se presta a tornar efetiva somente a proteção dos direitos e liberdades constitucionais e das prerrogativas inerentes à nacionalidade, à soberania e à cidadania. A norma constitucional é reafirmada pelo art. 2ª, *caput*, da Lei 13.300/2016, com previsão no mesmo sentido.

Dos elementos identificadores do cabimento do mandado de injunção, logo se percebe que a ação constitucional só existe em razão da injustificável omissão de nossos legisladores infraconstitucionais em regulamentar os direitos e prerrogativas previstos no art. 5º, LXXI, da CF e art. 2ª, *caput*, da Lei 13.300/2016. Pobre do país, e de seus judiados cidadãos, cujo legislativo se preocupa mais com benesses em proveito próprio do que com a tutela dos que dele necessitam.

De qualquer forma, como bem demonstrado pela melhor doutrina, o mandado de injunção é marcado pela transitoriedade, porque só se justificará enquanto perdurar a omissão legislativa. A partir do momento em que o Poder Legislativo cumprir seu papel, o mandado de injunção perderá sua função no sistema. Essa interessante característica, inclusive, leva à ineficácia da decisão proferida em mandado de injunção na hipótese de, supervenientemente à sua prolação, o Poder Legislativo sair de sua letargia e criar a norma regulamentadora.

---

1 STF, Tribunal Pleno, MI 708/DF, rel. Min. Gilmar Mendes, j. 25/10/2007, *DJe* 31/10/2008.

5.2. TEORIAS

5.2.1. Teoria da subsidiariedade

De acordo com essa teoria, a tarefa do Supremo Tribunal Federal ao acolher o pedido do mandado de injunção será simplesmente declarar a existência da omissão legislativa alegada pelo impetrante em sua petição inicial e comunicar o órgão legislativo responsável pela criação da norma faltante. A natureza da decisão seria meramente declaratória, já que sua comunicação ao órgão legislativo não teria o condão de alterar a atual situação jurídica, limitando-se a dar ciência a tal órgão da decisão do tribunal[2].

Segundo parcela doutrinária, esse entendimento aproxima de forma considerável o mandado de injunção da ação de inconstitucionalidade por omissão, nos termos do art. 103, § 2º, da CF, que prevê que, sendo declarada a inconstitucionalidade por omissão de medida para tornar efetiva norma constitucional, será dada ciência ao Poder competente para a adoção das providências necessárias e, em se tratando de órgão administrativo, para fazê-lo em 30 dias.

Registre-se que, durante muito tempo, foi essa a teoria adotada pelo Supremo Tribunal Federal, firme no entendimento de que a tarefa de legislar não cabia a ele, e que tampouco teria poder para exigir do Poder Legislativo a criação da norma regulamentadora. Limitava-se, portanto, a declarar a omissão e a cientificar o órgão legislativo responsável pela edição da norma, aguardando sem reação à tomada de efetivas providências por parte desse órgão[3].

Destaque-se que a doutrina majoritária sempre foi crítica da adoção de tal teoria pelo Supremo Tribunal Federal, apontando para o caráter meramente simbólico do mandado de injunção nesse caso. Apesar da tutela jurisdicional obtida pelo impetrante, a efetiva e concreta proteção de seu direito ficava condicionada à boa vontade do Poder Legislativo. Como bem demonstrado pela doutrina, adotando-se essa teoria, o mandado de injunção não seria propriamente um mandado (já que não haveria ordem, mas mera cientificação) e nem de injunção (já que não concederia a integração pretendida pelo impetrante)[4].

---

2 Ministro Mauricio Corrêa, em seu voto vencido no MI 670/ES, Tribunal Pleno, rel. Min. Maurício Mendes, j. 25/10/2007, *DJE* 31/10/2008.

3 STF, Tribunal Pleno, MI 107/DF, rel. Min. Moreira Alves, j. 21//11/1990, *DJ* 02/08/1991, p. 1.

4 Mazzei, *Mandado*, p. 224.

5.2.2. Teoria da independência jurisdicional

Acredito que essa teoria é o extremo oposto, quando comparada com a teoria da subsidiariedade. Enquanto nessa a atividade judicial é de pouca relevância prática, limitando-se a uma declaração e a uma cientificação, naquela o Supremo Tribunal Federal passaria a legislar efetivamente, sanando por completo a omissão legislativa. Não só para o caso concreto, mas abstratamente, criando uma norma legal aplicável a todos que dela necessitem, independentemente de sua participação no processo.

Caberia, portanto, ao Supremo Tribunal Federal a prolação de um julgamento de natureza constitutiva e com eficácia *erga omnes*, em atividade tipicamente legislativa. Naturalmente, o tribunal exerceria uma função atípica, já que transporia sua função típica, de natureza jurisdicional.

Ainda que explicável à luz das funções atípicas permitidas e consagradas pela Constituição Federal, a teoria nunca foi bem recebida pelo Poder Judiciário, existindo inclusive resistência doutrinária à sua aplicação[5]. Realmente é difícil compreender essa teoria à luz do princípio da separação dos poderes, com atribuição dessa função atípica ao Poder Judiciário.

5.2.3. Teoria da resolutividade

Pela teoria da resolutividade, o Supremo Tribunal Federal não se limita à declaração da omissão e a cientificar o órgão responsável, como ocorre na teoria da subsidiariedade, mas também não chega ao extremo de proferir uma decisão com eficácia *erga omnes*, legislando em abstrato, como ocorre na teoria da independência judicial.

Para a teoria ora analisada, o tribunal, ao julgar procedente o mandado de injunção, profere decisão de natureza constitutiva, sanando a omissão legislativa no caso concreto, com efeitos *inter partes*. Essa atividade integradora do Poder Judiciário garante ao impetrante a efetiva tutela de seu interesse.

5.2.4. Posição do Supremo Tribunal Federal

Como já indicado no item 5.2.1. deste capítulo, durante muito tempo, o Supremo Tribunal Federal entendeu que sua atividade no acolhimento do mandado de injunção ficaria limitada ao reconhecimento da mora e comunicação ao Poder Legislativo. Esse, entretanto, não é mais o entendimento do tribunal.

---

[5] Barbosa Moreira, *Direito*, p. 362-363.

Notou-se o primeiro indício de inconformismo com o papel significativamente secundário exercido pelo Supremo Tribunal Federal quando o tribunal decidiu que, se não podia legislar no caso concreto, poderia impor um prazo ao Poder Legislativo para fazê-lo, assegurando à parte vitoriosa no mandado de injunção a obtenção, em juízo ou tribunal, pela via processual adequada, de decisão de condenação à reparação devida em razão da omissão legislativa, caso essa perdurasse além do prazo concedido pelo tribunal[6].

Em histórico julgamento ocorrido no ano de 2007, o Supremo Tribunal Federal modifica seu tradicional entendimento para admitir uma atuação mais efetiva daquele tribunal no mandado de injunção[7]. A questão da regulamentação da greve dos servidores públicos, ou, ainda melhor, sua ausência, serviu de mote perfeito para a mudança de posição, com ressalva do voto do Ministro Mauricio Correa, que manteve o entendimento tradicional da Casa no sentido de apenas reconhecer a omissão e comunicar o Poder Legislativo.

Apesar de parecer ter se pacificado o entendimento doutrinário no sentido de mudança de posição do Supremo Tribunal Federal a respeito do tema, em razão do MI 670/ES, uma leitura atenta das notas constantes do julgamento demonstra uma clara preocupação de grande parte dos Ministros com a atividade integrativa realizada.

Alguns Ministros proferiram votos que serviram como verdadeira aula de direito constitucional e processual, com especial destaque para o Ministro Gilmar Mendes e Celso de Mello. O primeiro, ao fazer interessante histórico da posição da Corte a respeito do mandado de injunção e ao trazer lições de direito comparado a respeito de atuação mais ativa das cortes constitucionais diante da omissão legislativa, resultando em sacrifício de valores essenciais consagrados no texto constitucional. O segundo, ao delimitar com considerável técnica a mera omissão legislativa do abuso do direito de não legislar, ressaltando que o Supremo Tribunal Federal não poderia assistir passivamente à inércia continuada do Poder Legislativo (19 anos), ainda mais se considerando já ter sido o Poder Legislativo comunicado de sua inércia há 13 anos, no MI 20/DF, julgado em 19 de maio de 1994.

Registra o voto do Ministro Celso de Mello que a violação da Constituição Federal decorre tanto da ação como da omissão do Poder Público, sendo inadmissível condicionar-se a força constitucional à vontade ordinária do legislador comum. Valendo-se de lições de Pontes de Miranda, lembra que não existe nada mais nocivo, perigoso e ilegítimo do que se elaborar uma Constituição para não cumpri-la, ou, ainda pior, cumpri-la parcialmente

6 STF, Tribunal Pleno, MI 283/DF, rel. Min. Sepúlveda Pertence, j. 20/03/1991, *DJ* 14/11/1991, p. 1.

7 STF, Tribunal Pleno, MI 670/ES, rel. Min. Maurício Correa, rel. p/ acórdão Min. Gilmar Mendes, j. 25/10/2007, *DJE* 31/10/2008.

somente para atender ao propósito de atender aos governantes de plantão, em detrimento dos interesses maiores dos cidadãos.

A Ministra Cármen Lúcia, o Ministro Sepúlveda Pertence, e até mesmo o Ministro Gilmar Mendes, um dos maiores defensores desse maior ativismo por parte do Supremo Tribunal Federal, fizeram questão de apontar para a excepcionalidade da atuação, reforçando o abuso do direito de omitir em legislar ("recalcitrância histórica") e a relevância da matéria enfrentada, chegando-se a falar até mesmo em "precondição de relevância ou repercussão geral".

Os Ministros Cezar Peluso, Sepúlveda Pertence, Ricardo Lewandowski e Carlos Britto reconheceram, ainda que tacitamente, estarem legislando, apontando as dificuldades em tal tarefa. Chegam, até mesmo, a apontar uma certa desvantagem nesse tocante ao Poder Judiciário, que é obrigado a decidir, diferente do Poder Legislativo, o qual, diante de dificuldades, pode simplesmente deixar de legislar.

E o mais importante, não parece ter o Supremo Tribunal Federal entendido que cabe a ele legislar de forma abstrata e geral no julgamento do mandado de injunção. A resistência a essa atividade resta consignada de forma bastante clara nas opiniões dos Ministros Ricardo Lewandowski, Cármen Lúcia, Sepúlveda Pertence, Cezar Peluso, Joaquim Barbosa e Marco Aurélio, em que resta expressamente consignado que cabe ao Poder Judiciário, no julgamento do mandado de injunção, se limitar a prever uma regra que resolva de forma concreta o impasse apresentado naquela ação, aplicando-se somente aos sujeitos afetados no caso concreto. A utilização do termo "eficácia *erga omnes*", apesar de tranquilamente utilizada pelo Ministro Gilmar Mendes, parece ter sido repudiada pela maior parte dos Ministros participantes do julgamento ora analisado.

Dessa forma, e tal conclusão parece ser confirmada por julgados recentes de mandados de injunção pelo Supremo Tribunal Federal, a eficácia da norma criada pelo tribunal no provimento do mandado de injunção não tem eficácia *erga omnes*, limitando-se a resolver a violação ou ameaça de violação a direitos e liberdades constitucionais e prerrogativas inerentes à nacionalidade, soberania e cidadania.

Apesar de ser nesse sentido a previsão do art. 9º, *caput*, da Lei 13.300/2016, esse entendimento parece contrariar o disposto no § 1º do mesmo dispositivo: poderá ser conferida eficácia *ultra partes* ou *erga omnes* à decisão, quando isso for inerente ou indispensável ao exercício do direito, da liberdade ou da prerrogativa objeto da impetração. Ainda que a norma preveja uma condição para a geração de eficácia *erga omnes*, o que a torna excepcional, a novidade legislativa deve forçar uma modificação, ainda que episódico, do entendimento jurisprudencial.

Também nesse tocante é importante a lembrança do art. 9º, § 2º, da Lei 13.300/2016, que permite ao relator, por decisão monocrática, estender os efeitos da decisão de procedência após seu trânsito em julgado. Nesse caso a decisão também passa a ter uma eficácia *ultra partes.*

Por outro lado, sendo admitido o mandado de injunção coletivo, como é a posição histórica da Corte[8], reafirmada no célebre julgamento ora analisado, e consagrado expressamente na Lei 13.300/2016, ainda que a decisão crie norma concreta e limitada a resolver a violação exposta na petição inicial, a depender da espécie de direito coletivo tutelado, a norma criada pelo Supremo Tribunal Federal terá eficácia *erga omnes* ou, ao menos, *ultra partes*, como vem ocorrendo com mandados de injunção promovidos por associações e sindicatos em favor de classe, grupo ou categoria de pessoas. Não se trata, como se poderia imaginar, de característica do mandado de injunção, mas sim da tutela jurisdicional coletiva, na qual a eficácia da decisão nunca será *inter partes.*

5.2.5. Previsão legal da Lei 13.300/2016

Como já identificado por parcela da doutrina, a Lei 13.300/2016 aparentemente adotou uma solução sincrética para a controvérsia, sem se comprometer com uma teoria específica[9]. Na realidade, a lei contempla diferentes teorias a depender do caso concreto[10].

Num primeiro momento, o art. 8º, I, da Lei 13.300/2016 prevê que deve ser concedido um prazo razoável para que o impetrado cumpra seu dever de legislar. Somente diante da omissão do impetrado, em claro desrespeito à decisão judicial, o II do dispositivo ora comentado permite ao órgão jurisdicional estabelecer as condições em que se dará o exercício dos direitos, das liberdades ou das prerrogativas reclamados ou, se for o caso, as condições em que poderá o interessado promover ação própria visando a exercê-los.

Nesse segundo momento, de continuidade da inércia legislativa, mesmo diante de decisão judicial, o órgão jurisdicional passa a atuar em conformidade com o entendimento atual do Supremo Tribunal Federal quanto ao tema. Passa a ter, portanto, uma postura mais efetiva quanto à concreta tutela do direito do impetrante.

O parágrafo único do art. 8º da Lei 13.300/2016 prevê uma hipótese em que a primeira fase do cumprimento da decisão, a oportunidade para o impetrado legislar, pode ser suprimida: quando comprovado que o impetrado

---

[8] STF, Tribunal Pleno, MI 712/PA, rel. Min. Eros Grau, j. 25/10/2007, *DJE* 31/10/2008; STF, Tribunal Pleno, MI 102/PE, rel. Min. Marco Aurélio, rel. p/ acórdão Min. Carlos Velloso, j. 12/02/1998, *DJ* 25/10/2002, p. 25.

[9] Castro Ferreira, *Mandado*, p. 134.

[10] Novelino, *Curso*, p. 465.

deixou de atender, em mandado de injunção anterior, ao prazo estabelecido para a edição da norma. A norma claramente parte da presunção de que a concessão de prazo será perda de tempo, não havendo razão para crer que o impetrado que já desrespeitou decisão anteriormente proferida vá agora cumprir decisão com o mesmo teor.

A possibilidade de eliminação da primeira fase do cumprimento da decisão, com a adoção imediata de uma atuação mais ativa do órgão julgador, faz surgir um interessante questionamento: a hipótese prevista no art. 8º, parágrafo único, da Lei 13.300/2016, é exaustiva ou meramente exemplificativa, havendo outras hipóteses em que a primeira fase pode ser dispensada?

Há corrente doutrinária que defende a natureza meramente exemplificativa do dispositivo legal com o argumento de que a omissão vinda desde o distante ano de 1988 já é razão suficiente para que a primeira fase seja dispensada[11].

Apesar de realmente serem inacreditáveis omissões por tão longo lapso temporal, não parece que o tempo da omissão tenha sido considerada pelo legislador para o suprimento da primeira fase do cumprimento da decisão de procedência do mandado de injunção. Defender tese contrária é defender uma presunção que não está presente na lei: se não legislou até agora não há motivação de dar mais prazo para fazê-lo. A presunção é outra, decorrente não do tempo da omissão, mas de anterior descumprimento de decisão judicial. Por outro lado, sendo a omissão duradora exigência para o cabimento do mandado de injunção, não haveria hipótese em que se justificaria a primeira fase do cumprimento da decisão, o que contraria a previsão contida no art. 8º da Lei 13.300/2016.

5.3. COMPETÊNCIA

A competência para o julgamento do mandado de injunção se determinará no caso concreto levando-se em conta a autoridade, órgão ou entidade a quem cabia o exercício legislativo que se aponta como não ocorrido.

Nos termos do art. 102, I, *q*, da CF, o Supremo Tribunal Federal tem competência originária para julgamento de mandado de injunção, quando a elaboração da norma regulamentadora for atribuição do Presidente da República, do Congresso Nacional, da Câmara dos Deputados, do Senado Federal, das Mesas de uma dessas Casas Legislativas, do Tribunal de Contas da União, de um dos Tribunais superiores ou do próprio Supremo Tribunal Federal.

[11] Castro-Ferreira, *Mandado*, p. 135.

O Superior Tribunal de Justiça tem competência originária, nos termos do art. 105, I, *h*, da CF, para o julgamento de mandado de injunção, quando a elaboração da norma regulamentadora for atribuição de órgão, entidade ou autoridade federal, da Administração direta ou indireta, excetuados os casos de competência do Supremo Tribunal Federal e dos órgãos da Justiça Militar, da Justiça Eleitoral, da Justiça do Trabalho e da Justiça Federal.

Há entendimento tranquilo na doutrina de que tanto os Tribunais de Justiça como a Justiça Estadual de primeiro grau podem ser competentes para o julgamento do mandado de injunção, desde que haja previsão expressa na Constituição Federal e, residualmente, nas leis de organização judiciária[12]. Não haveria mesmo outra competência na hipótese de a omissão partir de órgãos e autoridades municipais e estaduais, tais como o Governador do Estado, a Assembleia Legislativa, o Prefeito, a Câmara Municipal, entre outros.

No tocante à competência da Justiça Federal, nota-se certa divergência doutrinária. É fato que o art. 105, I, *h*, da CF, ao prever a competência originária do Superior Tribunal de Justiça, faz expressa ressalva à Justiça Federal, dando a entender que essa Justiça também seja competente para o mandado de injunção, ainda que residualmente. Para uma parcela doutrinária, a menção é desnecessária e sem objeto, já que, em nenhum momento, os arts. 108 e 109 da CF fazem remissão à competência para o julgamento do mandado de injunção[13]. Por outro lado, há lição doutrinária que defende a competência da Justiça Federal nos termos do art. 109, I, da CF[14].

Ainda que se pudesse compreender o fundamento da segunda corrente doutrinária, porque o art. 109 da CF não prevê a competência da Justiça Federal em razão da espécie de ação, mas sim da pessoa ou da matéria, não vejo espaço para a competência dessa Justiça diante do art. 105, I, *h*, da CF. No caso específico do art. 109, I, da CF, havendo os entes federais indicados – além das fundações federais, conselhos de fiscalização profissional e agências reguladoras –, e não sendo o mandado de injunção de competência originária dos tribunais de superposição, seria, ao menos em tese, possível se atribuir competência à Justiça Federal de primeiro grau. Ocorre, entretanto, que a presença desses entes federais levará a competência para o Superior Tribunal de Justiça, afastando a aplicação do art. 109, I, da CF ao mandado de injunção.

---

12 Machado, *Mandado*, p. 85-93, indica a previsão constante de diversas Constituições Estaduais.

13 Calmon de Passos, *Mandado*, p. 114; Machado, *Mandado*, p. 83; Pacheco, *O mandado*, p. 395.

14 Peña de Moraes, *Curso*, p. 648.

5.4. LEGITIMIDADE

Não existem maiores divergências no tocante à legitimidade ativa do mandado de injunção. Qualquer sujeito que esteja impossibilitado de exercício dos direitos e prerrogativas previstos pelo art. 5º, LXXI, da CF, em razão da inércia legislativa em criar norma regulamentadora tem legitimidade para ingressar com a ação constitucional. É nesse sentido, inclusive, a previsão do art. 3º da Lei 13.300/2016, ao consagrar que são legitimados para o mandado de injunção, como impetrantes, as pessoas naturais ou jurídicas que se afirmam titulares dos direitos, das liberdades ou das prerrogativas tuteladas por essa espécie de ação constitucional.

Quanto ao mandado de injunção coletivo, sempre houve a firme percepção pela legitimidade ativa dos sujeitos previstos nos arts. 5º da LACP e 82 do CDC, já tendo decidido o Supremo Tribunal Federal que, tendo a associação um ano de existência e respeitada a pertinência temática, ela tem legitimidade ativa para o mandado de injunção coletivo[15]. Essa percepção foi confirmada pelo art. 12 da Lei 13.300/2016, que contém expressa relação dos legitimados à propositura do mandado de injunção coletivo.

No tocante à legitimidade ativa do Ministério Público, sempre entendi que somente na hipótese de substituição processual se poderia, ainda que em tese, defendê-la. Como é entendimento pacificado na doutrina e jurisprudência, o cabimento do mandado de injunção coletivo, na defesa de direitos da coletividade e de direitos coletivos de um grupo, classe ou categoria de pessoas, bastaria para legitimar ativamente o Ministério Público em razão da aplicação do art. 129, III, da CF, que atribui a legitimidade ativa para o *parquet* na defesa de qualquer direito difuso ou coletivo.

Essa legitimidade ativa, naturalmente, não é restrita a determinadas espécies de ações coletivas, de forma que também deve ser admitida no mandado de injunção coletivo. O entendimento foi confirmado pelo art. 12, I, da Lei 13.300/2016, ao prever a legitimidade do Ministério Público quando a tutela requerida for especialmente relevante para a defesa da ordem jurídica, do regime democrático ou dos interesses sociais ou individuais indisponíveis.

Como se pode notar da redação do dispositivo legal, o legislador criou uma excepcional exigência de pertinência temática para o Ministério Público, o que contraria a regra existente para a propositura de outras espécies de ação coletiva na defesa de direitos transindividuais. Há, no texto legal, condições para que o Ministério Público possa legitimamente participar do polo ativo, o que tende a restringir sua presença como autor do mandado de injunção coletivo.

---

[15] STF, Tribunal Pleno, MI 4.503 AgR/DF, rel. Min. Ricardo Lewandowski, j. 07/11/2013, *DJe* 03/12/2013.

Para que o partido político tenha legitimidade ativa no mandado de injunção o art. 12, II, da Lei 13.300/2016, exige o preenchimento de dois requisitos: (a) representação no Congresso Nacional; (b) pertinência temática, estando a atuação limitada a assegurar o exercício de direitos, liberdades e prerrogativas de seus integrantes ou relacionados com a finalidade partidária. São requisitos também exigidos dos partidos políticos para a propositura do mandado de segurança coletivo, sendo aqui cabíveis os comentários feitos no Capítulo 6, item 6.15.2.

Nos termos do inciso III do art. 12 da Lei 13.300/2016, são legitimados ativos para o mandado de injunção coletivo a entidade de classe ou associação legalmente constituída e em funcionamento há pelo menos um ano, para assegurar o exercício de direitos, liberdades e prerrogativas em favor da totalidade ou de parte de seus membros ou associados, na forma de seus estatutos e desde que pertinentes a suas finalidades, dispensada, para tanto, autorização especial. O dispositivo repete, com a adequação necessária quanto ao objeto da tutela, o art. 21, *caput*, da Lei 12.016/2009 (Lei do Mandado de Segurança), devidamente analisado no Capítulo 6, item 6.15.2.

Apesar de prevista expressamente no art. 5º, II, da Lei 7.347/85, a legitimidade ativa da Defensoria Pública no processo coletivo suscita intensos debates a respeito da possibilidade de sua atuação além da tutela dos hipossuficientes econômicos[16]. Aparentemente tentando se manter à margem de tal dissenso, o art. 12, IV, da Lei 13.300/16, ao prever a legitimidade ativa da Defensoria Pública para o mandado de injunção é expresso quando à pertinência temática exigida: tutela requerida for especialmente relevante para a promoção dos direitos humanos e a defesa dos direitos individuais e coletivos dos necessitados, na forma do inciso LXXIV do art. 5º da Constituição Federal.

Como se pode notar da mera leitura do dispositivo legal, há, além da previsão de tutela dos direitos humanos, remissão expressa ao art. 5º, LXXIV, da CF, que prevê a tutela aos hipossuficientes econômicos. Em razão da expressa previsão legal, entendo não ser possível, especificamente no mandado de injunção coletivo, atribuir-se legitimidade ativa para a Defensoria Público para a tutela dos hipossuficientes organizacionais, ainda que a defesa de tais sujeitos possa ser incluída em atividade atípica da Defensoria Pública.

Há um outro ponto peculiar no dispositivo legal ora comentado. Apesar de o *caput* do art. 12 da Lei 13.300/16 ser expresso no sentido de o dispositivo tratar da legitimidade ativa para o mandado de injunção coletivo, seu inciso IV, ao prever a legitimidade ativa da Defensoria Pública para a tutela dos

[16] Neves, *Manual de processo coletivo*, n. 8.2.5, pp. 213-220.

hipossuficientes econômicos, prevê a possibilidade de defesa de seus direitos individuais e coletivos.

O dispositivo é realmente enigmático nesse ponto. Uma aparente solução interpretativa seria apontar tratar-se de direito individual homogêneo, tutelável pelo microssistema coletivo. Essa solução, entretanto, contraria o disposto no parágrafo único do art. 12 da Lei 13.300/16, que limita o cabimento do mandado de injunção coletivo para a tutela de direitos difusos e coletivos. A outra solução possível, de se compreender pela legitimidade extraordinária da Defensoria Pública para o mandado de injunção individual para tutelar hipossuficiente econômico contraria o art. 3º da Lei 13.300/16, que prevê como legitimadas para tal ação apenas as pessoas naturais ou jurídicas que se afirmam titulares dos direitos, das liberdades ou das prerrogativas tuteláveis pelo mandado de injunção.

O melhor a fazer é simplesmente ignorar o dispositivo nesse tocante, atribuindo a previsão a erro manifesto do legislador, incapaz de gerar qualquer efeito no plano prático.

Registre-se que ao se comparar os arts. 5ª da LACP e 82 do CPC com o art. 12 da Lei 13.300/2016, nota-se uma importante ausência: a pessoa jurídica de direito público, que apesar de legitimada para a propositura das ações coletivas em geral não tem legitimidade na hipótese específica do mandado de injunção coletivo. A omissão legislativa é justificável, porque de duas uma: ou o legitimado seria o próprio órgão omisso, o que não tem qualquer sentido lógico; ou seria outro órgão, o que criaria um indesejável e dispensável conflito entre órgãos públicos com a intermediação do Poder Judiciário.

No tocante à legitimidade para a composição passiva, na ausência de norma legal específica a respeito do tema, formou-se intensa divergência doutrinária, ainda que, em termos jurisprudenciais, seja possível notar a adoção de um entre os variados entendimentos defendidos pela doutrina.

Para uma corrente doutrinária, a legitimidade passiva é da autoridade, órgão ou entidade submetida ao dever constitucional de criar a norma regulamentadora, de forma que sempre constará no polo passivo do mandado de injunção uma autoridade, órgão ou entidade de Direito Público[17]. Outra corrente doutrinária defende que o polo passivo seja composto por pessoa, natural ou jurídica, pública ou privada, que venha a suportar os efeitos da decisão de procedência. Um terceiro entendimento defende haver um litisconsórcio necessário entre a autoridade, órgão ou entidade responsável pela

---

17 Fernandes, Curso, p. 658.

omissão normativa e a pessoa, natural ou jurídica, pública ou privada, que suportará os efeitos de um eventual acolhimento do pedido[18].

Concordo com a parcela doutrinária que explica ser o tema da legitimidade passiva dependente do próprio objeto do mandado de injunção. Ao se adotar a teoria de que o Supremo Tribunal Federal se limita, no mandado de injunção, a reconhecer a omissão legislativa e a comunicar o órgão ou a autoridade responsável pela criação da norma faltante, o polo passivo deverá ser composto exclusivamente por tal órgão ou autoridade, a quem será dirigida a comunicação. Por outro lado, admitindo-se ao Supremo Tribunal Federal a criação de uma norma, ainda que limitada ao caso concreto, para efetivar a proteção jurisdicional demandada pelo autor, o melhor entendimento é aquele que aponta para a formação de um litisconsórcio passivo entre o órgão público ou autoridade relapsa e a pessoa física ou jurídica, privada ou pública, que deverá suportar concretamente os efeitos da decisão judicial.

O art. 3º da Lei 13.300/2016, entretanto, deu solução diversa à controvérsia ao prever como legitimado passivo, como impetrado, o Poder, o órgão ou a autoridade com atribuição para editar a norma regulamentadora.

Sendo aplicáveis ao procedimento do mandado de injunção as regras procedimentais do mandado de segurança, por expressa previsão do art. 24, parágrafo único, da Lei 8.038/1990, parece não haver dúvida a respeito da necessária intimação do Ministério Público para participar do processo como fiscal da ordem jurídica.

O art. 12, *caput*, da Lei 12.016/2009 (Lei do Mandado de Segurança) prevê expressamente a participação do Ministério Público como fiscal da ordem jurídica, dando-lhe um prazo improrrogável de 10 dias para manifestação após o transcurso do prazo previsto no art. 7º, I, da mesma lei. Como será comentado no Capítulo 6, item 6.4.5, o art. 12, parágrafo único, da Lei 12.016/2009, prevê que a intimação do Ministério Público é obrigatória no mandado de segurança, mas não a sua manifestação, de forma que o procedimento deve seguir mesmo diante de sua inércia, não havendo motivo para que não seja esse entendimento também aplicável ao mandado de injunção.

5.5. PROCEDIMENTO

5.5.1. Petição inicial

Ainda que trate de outros importantes temas, tais como a legitimidade ativa e passiva e o mandado de injunção coletivo, não há dúvida de que a parte mais relevante da Lei 13.300/2016 é a originária previsão de regras

[18] Machado, *Mandado*, p. 101.

procedimentais, com o que se confirma a proximidade procedimental do mandado de injunção e do mandado de segurança.

Nos termos do art. 4º, *caput*, da Lei 13.3000/2016, a petição inicial deverá preencher os requisitos estabelecidos pela lei processual e indicará, além do órgão impetrado, a pessoa jurídica que ele integra ou aquela a que está vinculado.

Com exceção da indicação do órgão impetrado e da pessoa jurídica que ele integra ou a qual está vinculado, a petição inicial do mandado de injunção dever preencher os requisitos formais do art. 319 do CPC. Essa aplicação subsidiária, entretanto, deve ser vista com reservas, porque nem todos os requisitos formais previstos em tal dispositivo legal serão exigidos na petição inicial da ação constitucional ora analisada. Dos incisos do art. 319 do CPC ao menos os dois últimos são incompatíveis com o mandado de injunção.

Não faz sentido um pedido de produção de prova na petição inicial por ser o procedimento sumário documental, ou seja, todas as provas – documentais ou documentadas – devem ser apresentadas pelo impetrante no momento da propositura da ação, instruindo a petição inicial. Há, inclusive, regras especificas nos §§ 2º e 3º do art. 4º, da Lei 13.300/2016 a respeito da forma procedimental de obtenção de documentos que não estejam em poder do impetrante no momento da propositura da demanda.

A indicação da opção do autor pela não realização da audiência de conciliação e mediação prevista no art. 334 do CPC também é dispensada na petição inicial do mandado de injunção considerando-se a inexistência de tal audiência no procedimento sumário documental de referida ação constitucional.

Quanto à instrução da petição inicial, conforme já adiantado, os §§ 2º e 3º do art. 4º, da Lei 13.300/2016, preveem o procedimento a ser adotado quando os documentos necessários à prova do alegado não estiverem em poder do impetrante. O primeiro dispositivo é destinado a regulamentar a hipótese de documentos que se encontrem em repartição ou estabelecimento público, ou em poder de autoridade ou de terceiro, enquanto o segundo cuida da hipótese de o documento estar em poder do próprio impetrado. Os dispositivos são cópias dos §§ 1º e 2º do art. 6º, da Lei 12.016/2009, que são devidamente comentados no Capítulo 6, item 6.6.2.

Não sendo transmitida por meio eletrônico, o art. 4º, § 1º, da Lei 13.300/2016, exige do impetrante do mandado de injunção a apresentação de cópia da petição inicial e dos documentos que os instruem em tantas vias quanto sejam os impetrados. O dispositivo legal é flagrantemente incompleto, considerando-se que o art. 5º, II, da mesma lei, prevê que deverá ser encaminhada para ciência cópia da petição inicial para o órgão de representação judicial da pessoa jurídica interessada. Diante da previsão legal, além das cópias no mesmo número de impetrados, o impetrante deverá juntar mais uma para seja cumprido o previsto no art. 5º, II, da Lei 13.300/2016.

5.5.2. Tutela de urgência

Em significativa diferença quando comparada com a Lei 12.016/2009, a Lei 13.300/2016 não prevê de forma expressa a possibilidade de o impetrante fazer pedido de concessão de tutela de urgência em sua petição inicial.

A omissão pode ser explicada pelo entendimento consolidado no Supremo Tribunal Federal pelo não cabimento de liminar no mandado de injunção[19]. E não duvido que a omissão legislativa empreste ainda mais força ao entendimento jurisprudencial já consolidado.

Acredito, entretanto, que uma exclusão a *priori* e de forma absoluta do cabimento da tutela de urgência no mandado de injunção não é o entendimento mais adequado para enfrentar o tema. Há, inclusive, corrente doutrinária que já teve oportunidade de se manifestar pelo cabimento da liminar no mandado de injunção[20], da mesma forma como ela é cabível no mandado de segurança.

O cabimento de tutela de urgência certamente se torna ainda mais justificável a partir do momento em que a Lei 13.300/2016 passa a permitir uma atuação concreta do órgão jurisdicional na tutela do direito material da parte sacrificado em razão da inércia legislativa[21].

Entendo, inclusive, que sendo a tutela antecipada uma antecipação dos efeitos práticos da decisão final, o órgão jurisdicional pode tutelar o direito mesmo sem dar antes a oportunidade de o impetrado sanar sua inércia. Afinal, havendo risco de lesão em razão do tempo, requisito da tutela provisória de urgência, previsto no art. 300, *caput*, do CPC, não teria sentido aguarda-se a postura ativa do réu enquanto o direito do autor perece.

Partindo-se da premissa de que a omissão legislativa não é capaz de impedir a concessão de tutela de urgência no mandado de injunção, o que dependeria de uma expressa previsão nesse sentido, inexistente na Lei 13.300/2016, é necessário se encontrar um fundamento legal para embasar seu cabimento.

Prevendo o art. 14 da Lei 13.300/2016 a aplicação subsidiária ao mandado de injunção das regras do mandado de segurança, devido a inegável

---

19 STF, Tribunal Pleno, AC 124 AgR, rel. Min. Marco Aurélio, j. 23/09/2004, *DJ* 12/11/2004, p. 06.

20 Moreira, Notas, p. 418; Assis, Liminares, edição eletrônica; Dirley da Cunha Junior, *Curso*, p. 752.

21 Fernandes, *Curso*, p.630; Fonseca, *O processo*, n.24, p. 119.

proximidade procedimental entre tais ações constitucionais, a solução é a aplicação do art. 7º, III, da Lei 12.016/2009[22]. E caso se descarte tal dispositivo legal, sempre haverá a possibilidade de aplicar das normas referentes à tutela de urgência presentes no Código de Processo Civil (arts. 300 a 310)[23].

5.5.3. Indeferimento da petição inicial

Nos termos do art. 6º, *caput*, da Lei 13.300/2016, a petição inicial será desde logo indeferida quando a impetração for manifestamente incabível ou manifestamente improcedente. Há duas observações relevantes a respeito desse dispositivo legal.

O manifesto não cabimento do mandado de injunção leva à prolação de decisão terminativa, já que nesse caso o mérito da pretensão não chegará a ser analisado, não havendo nesse caso qualquer diferença com o que ocorre com todo e qualquer indeferimento de petição inicial.

A manifesta improcedência, entretanto, é uma forma de decisão liminar de mérito cujo cabimento parece criar uma hipótese *sui generis* dessa espécie de julgamento. O julgamento liminar de improcedência é previsto no art. 332 do CPC, mas nesse caso o requisito para o cabimento dessa forma de julgamento é existência de súmula ou precedente vinculante de tribunais a respeito da matéria versada no processo. Como se pode notar da mera leitura do art. 6º, *caput*, da Lei 13.300/2016, no caso do mandado de injunção não se exige súmula ou precedente a fundamentar a decisão liminar, mas apenas a manifesta improcedência, ou seja, a evidente falta do direito material alegado pelo impetrante.

Por outro lado, acredito serem aplicáveis às hipóteses de indeferimento da petição inicial do mandado de injunção as hipóteses descritas no art. 330 do CPC, que nesse caso devem ser agregadas às duas hipóteses especificamente previstas no dispositivo ora analisado.

O aspecto mais criticável no tocante ao indeferimento da petição inicial do mandado de injunção fica por conta do disposto no parágrafo único do art. 6º, da Lei 13.300/2016. Segundo o dispositivo legal, sendo a decisão proferida monocraticamente por relator, será cabível o recurso de agravo para o órgão colegiado competente para o julgamento da impetração, a ser interposto no prazo de 5 dias.

Não se duvida do cabimento de agravo interno contra tal decisão, até porque o art. 1.021, *caput*, do CPC, prevê o cabimento dessa espécie de re-

[22] Fernandes, *Curso*, 631.

[23] Fonseca, *O processo*, n. 24, p. 119.

curso contra toda e qualquer decisão monocrática de relator. Nesse sentido o dispositivo é até mesmo desnecessário. O que é bastante criticável é a previsão de um prazo de 5 dias para a interposição do agravo interno. O art. 1.003, § 5º, do CPC, prevê que, com exceção dos embargos de declaração, todos os recursos previstos no diploma processual têm prazo de interposição de 15 dias. O agravo interno, portanto, passou a ter prazo de 15 dias. E não só. O legislador, com a clara intenção de uniformizar o prazo de 15 dias para o agravo interno, previu no art. 1.070 do CPC ser de 15 dias o prazo para a interposição de qualquer agravo, previsto em lei ou regimento interno de tribunal, contra decisão do relator ou outra decisão unipessoal proferida em tribunal.

A Lei 13.300/2016 entrou em vigência na data de sua publicação, no dia 23 de junho de 2016, quando o Código de Processo Civil de 2015 já estava em vigência. Dessa forma, por mais triste que seja admitir, por qualquer regra de hermenêutica – anterioridade ou especificidade – o art. 6º, parágrafo único, da Lei 13.300/2016 deve prevalecer, criando um excepcional prazo de 5 dias para a interposição de agravo interno contra a decisão monocrática do relator que indefere a petição inicial no mandado de injunção[24]. As demais decisões monocráticas proferidas pelo relator serão impugnáveis por agravo interno no prazo de 15 dias, não cabendo nesse caso uma interpretação extensiva de norma restritiva de direitos.

5.5.4. Atos de comunicação e reações

Segundo o art. 5º, *caput* e inciso I, da Lei 13.300/2016, sendo recebida a petição inicial, ou seja, não sendo caso de indeferimento, será ordenada a notificação do impetrado sobre o conteúdo da petição inicial, devendo-lhe ser enviada a segunda via apresentada com as cópias dos documentos, a fim de que, no prazo de 10 dias, preste informações.

O dispositivo é muito similar ao art. 7º, I, da Lei 12.016/2009, mas em razão do previsto no art. 3º da Lei 13.300/2016, que consagra expressamente serem impetrados o Poder, o órgão ou a autoridade com atribuição para editar a norma regulamentadora, entendo que não há dúvida de que a notificação prevista no art. 5º, I, da Lei 13.300/2016, é na realidade uma citação, que deverá ser realizada nos termos do Código de Processo Civil.

Além da "notificação" – citação – do impetrado, o juiz ordenará também, nos termos do art. 5º, II, da Lei 13.300/2016, a ciência do ajuizamento da ação ao órgão de representação judicial da pessoa jurídica interessada, devendo-lhe ser enviada cópia da petição inicial, para que, querendo, ingresse no

[24] Fonseca, *O processo*, n. 30, p. 159.

feito. Não se tratando do réu no mandado de injunção, essa ciência deve-se dar por meio de intimação, novamente seguindo as regras procedimentais previstas no Código de Processo Civil.

Também deve ser intimado o Ministério Público, que participará do processo como fiscal da ordem jurídica. Dessa forma, prevê o art. 7º da Lei 13.300/2016, que, findo o prazo para apresentação das informações, será ouvido o Ministério Público, que opinará em 10 dias, após o que, com ou sem parecer, os autos serão conclusos para decisão. A norma repete o art. 12 da Lei 12.106/2009, devidamente analisado no Capítulo 6, item 6.4.5.

5.5.5. Decisão

É natural que a decisão que julga o mandado de injunção possa ser terminativa ou de improcedência, hipóteses não previstas pela Lei 13.300/2016. A omissão é plenamente justificável, considerando-se que nesses casos a decisão não terá qualquer peculiaridade, seguindo as regras procedimentais previstas no Código de Processo Civil.

Na realidade há uma previsão expressa quanto à hipótese específica de decisão terminativa. O art. 11, parágrafo único, da Lei 13.300/2016, prevê que estará prejudicada a impetração se a norma regulamentadora for editada antes da decisão, caso em que o processo será extinto sem resolução de mérito. Trata-se de clara hipótese de perda superveniente do interesse de agir, devendo a sentença ser fundamentada no art. 485, VI, do CPC.

Nesse tocante é importante observar precedente do Supremo Tribunal Federal a respeito do tema, formado antes da nova realidade legislativa, no sentido de ser mantido o interesse de agir em mandado de injunção mesmo após a devida regulamentação legislativa. Naquela oportunidade, o tribunal entendeu que seria possível adotar-se, para expungir a omissão, não a norma regulamentadora posteriormente editada, mas parâmetros idênticos aos da referida lei, a fim de solucionar os casos em apreço[25].

Compreensivelmente o interesse maior do legislador recaiu sobre a decisão de procedência, ou seja, a decisão que reconhece o estado de mora legislativa e defere a injunção, acolhendo o pedido do impetrante.

A forma de cumprimento da decisão de procedência está prevista no art. 8º, da Lei 13.300/2016, já tendo sido devidamente analisada no item 5.2.5 do presente Capítulo.

A eficácia da decisão, regida pelo art. 9º, *caput* e §§ 1º e 2º, da Lei 13.300/2016, foi devidamente analisada no item 5.2.4. do presente Capítulo.

[25] STF, MI 943/DF, Tribunal Pleno, rel. Min. Gilmar Mendes, j. 06/02/2013, *DJe* 02/05/2013.

Quanto ao tema, entretanto, é preciso indicar o previsto no art. 11, *caput*, da Lei 13.300/2016: a norma regulamentadora superveniente produzirá efeitos *ex nunc* em relação aos beneficiados por decisão transitada em julgado, salvo se a aplicação da norma editada lhes for mais favorável.

5.5.6. Coisa julgada material

Ao prever que o indeferimento do pedido por insuficiência de prova não impede a renovação da impetração fundada em outros elementos probatórios, o art. 9º, § 3º, da Lei 13.300/2016, consagra de forma expressa ao mandado de injunção a coisa julgada *secundum eventum probationis*. Essa forma de coisa julgada, tradicional na tutela de direitos transindividuais por meio do processo coletivo, será aplicável tanto ao mandado de injunção individual como ao coletivo.

Trata-se de uma curiosa particularidade quando comparada com a coisa julgada material tradicional consagrada para a tutela individual pelo Código de Processo Civil. Enquanto no instituto tradicional a imutabilidade e a indiscutibilidade geradas pela coisa julgada não dependem do fundamento da decisão, no mandado de injunção, caso tenha a decisão como fundamento a ausência ou a insuficiência de provas, não se impedirá a propositura de novo processo com os mesmos elementos da ação – partes, causa de pedir e pedido –, de modo a possibilitar uma nova decisão, o que, naturalmente, afastará, ainda que de forma condicional, os efeitos de imutabilidade e indiscutibilidade da primeira decisão transitada em julgado.

Essa forma *atípica* de coisa julgada material, realidade de longo tempo nos processos coletivos que têm como objeto direitos coletivos e difusos, nessa área do processo sempre suscitou interessantes questões que agora passam a ser suscitáveis também no mandado de injunção, em especial quanto ao conceito de "prova nova"[26].

Outro aspecto diferenciado a respeito da coisa julgada material produzida no mandado de injunção fica por conta do previsto no art. 10, *caput*, da Lei 13.300/2016. Segundo o dispositivo legal a decisão transitada em julgado, sem prejuízo dos efeitos já produzidos, poderá ser revista, a pedido de qualquer interessado, quando sobrevierem relevantes modificações das circunstâncias de fato ou de direito. A norma não é totalmente inovadora, já que o art. 505, I, do CPC, prevê a possibilidade de pedido de revisão do instituído na sentença na hipótese de modificação superveniente no estado de fato ou de direito, sempre que a sentença resolver relação jurídica de trato continuado.

---

[26] Neves, *Manual de processo coletivo*, n. 14.2, pp. 355-360.

Diante do previsto no art. 10, *caput*, da Lei 13.300/2016, questiona-se se a decisão de mérito proferida no mandado de injunção e transitada em julgado efetivamente produz coisa julgada material. O questionamento fundamenta-se na possibilidade de revisão da decisão a qualquer momento, ainda que sob condição. Será tal circunstância compatível com a imutabilidade e indiscutibilidade prometida pela coisa julgada material?

Exatamente como defendo na interpretação do art. 505, I, do CPC, entendo pela existência de coisa julgada material nas decisões de mérito transitadas em julgado proferidas em mandado de injunção. A decisão nesse caso é imutável e indiscutível, e a possibilidade de sua revisão, condicionada à modificação do estado de fato ou de direito, é permitida tão somente em razão da modificação da causa de pedir, de forma a afastar a *tríplice identidade*, indispensável para a aplicação da função negativa da coisa julgada material. Assim, a sentença de mérito transitada em julgado proferida no mandado de injunção só pode ser modificada quando existir uma nova causa de pedir (novos fatos ou novo direito) que legitime tal modificação.

O parágrafo único do art. 10 da Lei 13.300/2016 prevê que o processo pelo qual será pedido a revisão da decisão observará, no que couber, o procedimento do mandado de injunção. Naquilo que o procedimento for incompatível com o pedido de revisão deve ser aplicada a regras do procedimento comum previsto no Código de Processo Civil, por força do previsto no art. 14 da Lei 13.300/2016.

5.6. MANDADO DE INJUNÇÃO COLETIVO

A Lei 13.300/2016 cuidou do mandado de injunção coletivo em dois de seus artigos. Como se pode notar, os arts. 12 e 13 de referida lei não tratam especificamente do procedimento do mandado de injunção coletivo, sendo possível concluir que sendo coletivo ou individual o procedimento será o mesmo.

Nos incisos do art. 12 da Lei 13.300/2016, há previsões a respeito da legitimidade ativa, tendo sido o tema tratado no item 5.4. do presente Capítulo.

No parágrafo único do art. 12 da Lei 13.300/2016, há interessante previsão que limita a tutela coletiva por meio do mandado de injunção coletivo aos direitos transindividuais. Nos termos do dispositivo legal, os direitos, as liberdades e as prerrogativas protegidos por mandado de injunção coletivo são os pertencentes, indistintamente, a uma coletividade indeterminada de pessoas ou determinada por grupo, classe ou categoria.

Ao prever direitos pertencentes, indistintamente, a uma coletividade indeterminada de pessoas, o dispositivo indica o direito difuso, conceituado pelo art. 81, parágrafo único, I, do CDC, como sendo o direito transindividual, de natureza indivisível, de que sejam titulares pessoas indeterminadas e ligadas por circunstâncias de fato. Já quando prevê o direito pertencente a sujeitos que formam um grupo, classe ou categoria, trata do direito coletivo, conceituado pelo art. 81, parágrafo único, II, do CDC, como sendo o direito transindividual, de natureza indivisível de que seja titular grupo, categoria ou classe de pessoas ligadas entre si ou com a parte contrária por uma relação jurídica base.

Dessa forma, mesmo sendo o direito individual homogêneo, e alguns espécies de direito individual indisponível, tuteláveis pelo microssistema coletivo[27], na hipótese específica do mandado de injunção, os únicos direitos tuteláveis pelo microssistema coletivo serão os difusos e coletivos[28].

No tocante à coisa julgada material, prevê o art. 13, *caput*, da Lei 13.300/2016, que no mandado de injunção coletivo, a sentença fará coisa julgada limitadamente às pessoas integrantes da coletividade, do grupo, da classe ou da categoria substituídos pelo impetrante, sem prejuízo do disposto nos §§ 1º e 2º do art. 9º do mesmo diploma legal.

O dispositivo legal não tem aptidão – e acredito que nem a pretensão – de criar uma espécie diferenciada de formação de coisa julgada no mandado de injunção coletivo se tomarmos como ponto de análise esse fenômeno processual no microssistema coletivo. Nos termos do art. 103, I, do CDC, a coisa julgada em ações que tenham como objeto direito difuso se opera *erga omnes*, e na hipótese de direito coletivo o inciso II do mesmo dispositivo legal prevê a coisa julgada *ultra partes*. E assim também será no mandado de injunção coletivo.

A exceção à essa hipótese, que na realidade só interessa ao direito coletivo, já que no direito difuso serão todos atingidos pela coisa julgada material, fica por conta das previsões de eficácia *ultra partes* dos §§ 1º e 2º do art. 9º, da Lei 13.300/2016. Nesse caso, entretanto, a peculiaridade não é da tutela coletiva obtida no mandado de injunção, mas sim da própria ação constitucional, já que tais dispositivos também são aplicáveis ao mandado de injunção individual.

Significa dizer que na hipótese de direitos coletivos, será possível a extensão da coisa jugada material além dos sujeitos pertencentes ao grupo, classe ou categoria tutelada pelo mandado de injunção. Ou seja, uma eficácia *ultra partes*, indo além, inclusive, dos sujeitos que compõem o grupo, classe ou categoria tutelada pela ação judicial.

Nos termos do art. 13, parágrafo único, da Lei 13.300/2016, o mandado de injunção coletivo não induz litispendência em relação aos individuais, mas

---

27 Neves, *Manual de processo coletivo*, n. 6.5, pp. 160-161.

28 Contra: Fonseca, *O processo*, n. 34, pp. 174-175.

os efeitos da coisa julgada não beneficiarão o impetrante que não requerer a desistência da demanda individual no prazo de 30 dias a contar da ciência comprovada da impetração coletiva. A norma repete o art. 22, § 1º, da Lei 12.016/2009, sendo devidamente comentada no Capítulo 6, item 6.15.5.

5.7. MANDADO DE INJUNÇÃO E AÇÃO DIRETA DE INCONSTITUCIONALIDADE POR OMISSÃO

É natural que exista uma proximidade entre a ação de mandado de injunção e a ação direta de inconstitucionalidade por omissão. Além de ambas serem ações constitucionais, tratam de formas de omissão legislativa que, de alguma forma, violam a Constituição Federal, que não consegue concretamente tutelar os direitos que prevê em razão de desídia do Poder Público. São pontos de contato que não podem - e não devem - ser ignorados numa análise comparativa entre essas duas ações constitucionais.

Entretanto, ainda que se reconheça a proximidade das duas espécies de ações constitucionais, correta é a doutrina que aponta suas inúmeras diferenças, mais do que suficientes para que o intérprete não as confunda.

Conforme analisado no Capítulo 2, a ação direta de inconstitucionalidade por omissão é um processo objetivo, no qual se discute a lei em tese, não havendo um conflito de interesses a ser resolvido pela prestação jurisdicional. Por outro lado, o mandado de injunção é um processo subjetivo, que busca resolver uma situação concreta de crise jurídica, amoldando-se perfeitamente ao conceito de lide carneluttiana (conflito de interesses qualificado por uma pretensão resistida). Decorre justamente dessa diferença o objeto tutelado pelas duas ações constitucionais: enquanto o art. 5º, LXXI, da CF prevê o mandado de injunção como instrumento para tornar viável o exercício de direitos e liberdades, o art. 103, § 2º, da CF prevê que a ação direta de inconstitucionalidade por omissão visa a tornar efetiva norma constitucional.

Outra diferença fundamental diz respeito à espécie de omissão constitucional exigível para o cabimento das duas espécies de ações constitucionais ora analisadas. Em primeiro lugar, qualquer espécie de omissão é o suficiente para a ação direta de inconstitucionalidade por omissão, o mesmo não ocorrendo no mandado de injunção, que, por expressa previsão constitucional, exige que a omissão viole direitos e liberdades constitucionais e prerrogativas inerentes à nacionalidade, à soberania e à cidadania. Em segundo lugar, na questão temporal, também existe diferença, porquanto no mandado de injunção somente a omissão prolongada, ou seja, uma superação excessiva de prazo razoável para legislar, justifica a intervenção jurisdicional, ao passo que na ação direta de inconstitucionalidade por omissão não se considera o tempo de inércia do Poder Público em legislar.

Como devidamente exposto no presente capítulo, entendo que o Supremo Tribunal Federal tenha limitado os efeitos do mandado de injunção *inter partes* quando o indivíduo reclama a tutela jurisdicional, reservando os efeitos *ultra partes* somente para o mandado de injunção coletivo, quando um dos legitimados coletivos ingressa com ação na defesa de um grupo, classe ou categoria de pessoas. Na ação direta de inconstitucionalidade por omissão, os efeitos são sempre gerados *erga omnes*, considerando a natureza de ação coletiva especial na tutela de direito difuso, de titularidade da coletividade.

Também em decorrência de entendimento atual do Supremo Tribunal Federal, no mandado de injunção, a natureza da decisão é declaratória e constitutiva, não se limitando o órgão jurisdicional a reconhecer a omissão abusiva do Poder Público em seu dever de legislar, mas também criando a norma para resolver o caso concreto. Na ação direta de inconstitucionalidade por omissão, o Supremo Tribunal Federal se limita a declarar a omissão legislativa, dando dessa decisão ciência ao Senado Federal para que tome as providências cabíveis.

Por fim, dois importantes aspectos procedimentais são bem diferentes nas duas ações constitucionais ora analisadas: a competência e a legitimidade ativa. A ação direta de inconstitucionalidade por omissão é ação de competência originária do Supremo Tribunal Federal, enquanto o mandado de injunção tem competência mais variada, conforme analisado neste capítulo. Somente os legitimados coletivos previstos pelo art. 103 da CF podem ingressar com ação direta de inconstitucionalidade por omissão, ao passo que a legitimidade ativa no mandado de injunção é de qualquer sujeito que alegadamente sofra sacrifícios de direitos e liberdades constitucionais e prerrogativas inerentes à nacionalidade, à soberania e à cidadania em razão da omissão legislativa. Para finalizar, observe o quadro-resumo de diferenças existentes entre os dois institutos.

Ação direta de inconstitucionalidade por omissão	Mandado de injunção
Processo objetivo, tratando da lei em tese	Processo subjetivo, voltado a solucionar uma real crise jurídica
Voltada à tutela da norma constitucional	Voltado à tutela de direito material
Qualquer espécie de omissão legislativa que gere uma inconstitucionalidade	Somente omissão que viole direitos e liberdades constitucionais e prerrogativas inerentes à nacionalidade, à soberania e à cidadania
Qualquer tempo de omissão legislativa	Somente uma omissão prolongada, que caracterize abuso no direito legal de não legislar

Ação direta de inconstitucionalidade por omissão	**Mandado de injunção**
Eficácia *erga omnes* (direito difuso)	Eficácia *inter partes* (direito individual) e *ultra partes* (direito coletivo)
O órgão jurisdicional se limita a declarar a omissão legislativa e informar o Senado Federal para a adoção das devidas providências	O órgão jurisdicional declara a omissão legislativa e cria a norma concreta para resolver a crise jurídica apresentada pelo autor
Legitimados ativos previstos no art. 103 da CF	Qualquer sujeito é legitimado ativo
Competência originária e exclusiva do Supremo Tribunal Federal	Competência pode ser originária dos tribunais ou de primeiro grau de jurisdição

6

MANDADO DE SEGURANÇA

6.1. CABIMENTO DO MANDADO DE SEGURANÇA

6.1.1. Hipótese genérica de cabimento

O art. 1º, *caput*, da Lei 12.016/2009 prevê a hipótese de cabimento do mandado de segurança, havendo tão somente duas diferenças do texto legal atual quando comparado com o art. 1º, *caput*, da antiga Lei 1.533/1951. A definição do que venha a ser direito líquido e certo consta do Capítulo 6, item 6.2.

O primeiro ponto de alteração diz respeito à exclusão do cabimento do mandado de segurança quando for cabível *habeas data*, considerando-se que, na lei anterior (Lei 1.533/1951), a exclusão dizia respeito apenas ao *habeas corpus*. A nova lei tão somente adequou a legislação infraconstitucional ao texto constitucional, mais precisamente ao art. 5º, LXIX, que expressamente prevê a exclusão do mandado de segurança quando cabível tanto o *habeas corpus* como o *habeas data*.

Conforme lembra corretamente a melhor doutrina, nem toda exibição de dados pela Administração Pública por meio jurisdicional se dá por meio do *habeas data*, bastando para tanto lembrar do pedido incidental de exibição de documentos previsto no art. 6º, §§ 1º e 2º, da Lei 12.016/2009. Nesse caso, porém, a pretensão do autor não se exaure na exibição, que servirá tão somente como meio a instrumentalizar outra pretensão, buscada em sede principal pelo mandado de segurança[1].

O raciocínio exposto quanto ao *habeas data* não é novo, sendo igualmente aplicado quanto ao *habeas corpus*. Quando o objetivo final do autor é a liberdade de locomoção, o meio processual adequado é o *habeas corpus*, mas, sendo tal liberdade tão somente um meio para a obtenção de outra pretensão, o cabimento do mandado de segurança é indiscutível. Exemplo clássico é o do advogado impedido de ingressar em estabelecimento prisional para comunicar-se com seu cliente, que, nesse caso, vale-se do direito de ir e vir somente como meio para o exercício de sua profissão, daí sendo cabível o mandado de segurança[2].

Além de não ser tutelável pelo *habeas data* e pelo *habeas corpus*, para ser cabível o mandado de segurança na solução da crise jurídica é indispensável a prática de ato ou de omissão por parte da autoridade. Existe uma restrição ao ato ou omissão impugnável pelo mandado de segurança, que necessariamente deve ser praticado por um agente público (Administração direta e indireta), bem como por particular no exercício de função pública em decorrência de delegação[3]. E, necessariamente, tal ato ou omissão deve ser maculado por uma ilegalidade ou por abuso de poder. No primeiro caso têm-se os atos vinculados que ofendem a lei. No segundo caso, os atos discricionários praticados por autoridade incompetente (excesso de poder) e que ofendem o interesse público (desvio de poder ou de finalidade).

---

1 André Ramos Tavares, *Manual*, p. 45.

2 Barbosa Moreira, Mandado, p. 203.

3 Súmula 510/STF.

Por fim, o art. 1º, *caput*, da Lei 12.016/2009, prevê que o mandado de segurança é admissível tanto antes como depois da prática do ato ou da omissão impugnado. Significa dizer que é possível a obtenção de tutela inibitória por meio do mandado de segurança, evitando-se a prática ilegal ou praticada com abuso de poder. O chamado "mandado de segurança preventivo" exige a comprovação de um risco objetivo e fundado de que a ilegalidade ou o abuso de direito esteja na iminência de ocorrer, comprovado por atos preparatórios ou indicativos nesse sentido[4], ou seja, que haja justo receio da violação ao direito líquido e certo[5].

6.1.2. Vedações específicas ao cabimento do mandado de segurança

6.1.2.1. Atos de gestão comercial

O art. 1º, § 2º, da Lei 12.016/2009 consagra a distinção entre atos de império e atos de gestão praticados pelos administradores de empresas públicas, de sociedade de economia mista e de concessionária de serviço público. Dessa forma, passa a ser expresso em lei o não cabimento de mandado de segurança contra ato de gestão comercial, reservando-se o *mandamus* contra atos referentes às suas atribuições institucionais. Já era esse o entendimento consagrado no Superior Tribunal de Justiça[6] e, apesar da novidade legislativa, aparentemente o dispositivo legal ora comentado não trouxe maiores alterações na praxe forense, continuando o Superior Tribunal de Justiça a decidir pelo cabimento de mandado de segurança somente quando o ato não for de mera gestão comercial[7].

Concordo com parcela da doutrina que aponta para dificuldade prática, ao menos em algumas circunstâncias, para se distinguir ato de atividade-meio e atividade-fim, devendo o intérprete sempre se guiar pela espécie de norma que rege a relação jurídica de direito material. Sendo normas de direito privado, não se sujeitará ao mandado de segurança[8], porque, nesse caso, ficará claro que o ato é de mera gestão comercial, não se confundindo com a finalidade institucional da pessoa jurídica.

---

[4] STF, 1ª Turma, MS 32.073 AgR/DF, rel. Min. Marco Aurélio, j. 12/05/2015, DJe 27/05/2015; STJ, 1ª Seção, MS 20.393/DF, rel. Min. Mauro Campbell Marques, j. 23/09/2015, DJe 30/09/2015.

[5] STF, 2ª Turma, RMS 27.186/SP, rel. Min. Cármen Lúcia, j. 16/09/2014, DJe 25/09/2014.

[6] STJ, 1ª Turma, AgRg no REsp. 1.107.565/PR, rel. Min. Francisco Falcão, j. 19/05/2009, *DJE* 04/06/2009; STJ, 1ª Seção. AgRg no CC 80.270/PA, rel. Min. Denise Arruda, j. 25/03/2009, *DJE* 04/05/2009.

[7] STJ, 2ª Turma, AgRg no REsp 1.408.109/PE, rel. Min. Og Fernandes, j. 22/09/2015, DJe 14/10/2015.

[8] Theodoro Jr., Mandado, n.5, p. 14.

A Ordem dos Advogados do Brasil, entretanto, ingressou com Ação Direta de Inconstitucionalidade (ADI 4.296), na qual, ao impugnar uma série de dispositivos legais da Lei 12.016/2009, incluiu o art. 1º, § 2º, ao afirmar que a vedação constitui violação à inafastabilidade da jurisdição consagrada no art. 5º, XXXV, CF. Não acredito que a justificativa seja adequada para se chegar à conclusão de inconstitucionalidade, até porque o direito de ação continua intacto, só não se admitindo uma espécie determinada de ação, que é o mandado de segurança. Essa afirmação não significa que a opção do legislador em impedir o mandado de segurança nesse caso seja adequada, mas também não se pode afirmar que seja inconstitucional, tendo se posicionado nesse sentido o Supremo Tribunal Federal ao julgar referida ação.

6.1.2.2. *Ato do qual caiba recurso administrativo com efeito suspensivo, independentemente de caução*

A previsão do art. 5º, I, da Lei 12.016/2009, que repete com mínima alteração redacional o art. 5º, I, da Lei 1.533/1951, não autoriza conclusões que contrariem o princípio da inafastabilidade da jurisdição, consagrado em nosso texto constitucional (art. 5º, XXXV, CF)[9], de forma a não ser vedada à parte a escolha do mandado de segurança, mesmo quando exista no caso concreto a viabilidade de se resolver o conflito por meio de processo administrativo. Tampouco condiciona a parte a esgotar a via administrativa de solução do conflito antes de ingressar com o mandado de segurança[10], porque tal circunstância está limitada à solução dos conflitos na seara desportiva, nos termos do art. 217, § 1º, da CF.

O que é preciso observar no caso concreto, e nisso o dispositivo legal ora comentado não inova, é se a parte que ingressa com mandado de segurança tem interesse processual em movimentar a máquina jurisdicional. Entende-se que, havendo a interposição de recurso administrativo com efeito suspensivo – o que naturalmente depende da vontade da parte –, não haverá necessidade de se procurar o Poder Judiciário, porque inexistirá lesão ou ameaça de lesão ao direito discutido no âmbito administrativo. O ato impugnado, afinal, terá seus efeitos suspensos até o julgamento do recurso. A falta de interesse de agir, nesse caso, não atinge somente o mandado de segurança, como poderia equivocadamente sugerir o artigo legal ora analisado, mas toda e qualquer espécie de ação judicial pela qual se pretenda debater a matéria que já esteja

---

9 Daniel Neves, *Manual*, n. 1.5.5, p. 18-19.

10 Scarpinella Bueno, *A nova*, p. 19; Lopes, *Comentários*, n. 2.2.8, p. 30; Sidney Palharini Jr., *Comentários*, p. 57.

sendo discutida em processo administrativo, desde que nesse exista pendência de julgamento de um recurso com efeito suspensivo.

Na hipótese de o recurso administrativo não ter efeito suspensivo, não só haverá interesse de agir na propositura do mandado de segurança como, segundo entendimento consolidado do Supremo Tribunal Federal, a interposição do recurso administrativo não prejudica a fluência do prazo decadencial de impetração do mandado de segurança[11].

Não parece ser correto o entendimento de que a interposição do mandado de segurança sempre importa renúncia ao direito administrativo ou desistência de recurso já interposto e pendente de julgamento[12]. Já havendo recurso administrativo interposto, o impetrante, diante da ausência de interesse de agir, terá seu mandado de segurança rejeitado[13]; não é possível que a interposição acarrete a desistência tácita do recurso administrativo, porque, se o impetrante não reúne as condições da ação, o mandado de segurança não tem como seguir adiante. O mesmo ocorre durante o prazo recursal, antes da interposição do recurso administrativo com efeito suspensivo, quando somente haverá interesse de agir no mandado de segurança se o impetrante renunciar expressamente ao seu direito de recorrer.

As ponderações feitas acima levam em consideração a exata concepção do conceito de efeito suspensivo. Como bem apontado pela melhor doutrina, a afirmação de que o recurso tem efeito suspensivo não pode ser considerada correta, porque, na realidade, não é o recurso que suspende a eficácia da decisão, mas sim sua recorribilidade, ou seja, a mera previsão de um recurso que tenha como regra efeito suspensivo. Havendo a previsão em lei de recurso a ser "recebido com efeito suspensivo", a decisão recorrível por tal recurso já surge no mundo jurídico ineficaz, não sendo a interposição do recurso que gera tal suspensão, mas a previsão legal de efeito suspensivo. O recurso, nesse caso, uma vez interposto, prolonga o estado inicial de ineficácia da decisão até seu julgamento[14], o que significa dizer que, mesmo antes de sua interposição, o impetrante não tem interesse de agir para o mandado de segurança, porque a decisão que lhe é prejudicial é nesse momento ineficaz.

Como se sabe, as condições da ação devem ser analisadas a qualquer momento do processo, sendo admissível a carência superveniente, quando

---

11 STF, 1ª Turma MS 30.137 AgR/DF, rel. Min. Roberto Barroso, j. 21/08/2017, DJe 01/09/2017; STF, 2ª Turma, MS 27.381 AgR/DF, rel. Min. Dias Toffoli, j. 15/03/2016, DJe 20/05/2016.

12 Sidney Palharini Jr., *Comentários*, p. 57. No sentido do afirmado no texto: STF, Tribunal Pleno, MS 27.772 AgR/DF, rel. Min. Cármen Lúcia, j. 15/04/2009, *DJE* 29/05/2009.

13 STJ, 3ª Seção, MS 12.417/DF, rel. Min. Maria Thereza de Assis Moura, j. 09/09/2009, *DJE* 18/09/2009; STJ, RMS 21.714/SP, rel. Min. Félix Fischer, j. 17/12/2007, *DJE* 03/03/2008.

14 Barbosa Moreira, *Código*, n. 143, p. 257, Dinamarco, *A nova*, n. 76, p. 150; Fux, *Curso*, p. 958.

uma das condições da ação deixa de existir durante o procedimento[15]. Esse entendimento é importante na hipótese de o recurso administrativo que não tem originariamente efeito suspensivo vir a tê-lo, naquilo que a doutrina entende por efeito suspensivo impróprio. A partir do momento em que for atribuído efeito suspensivo ao recurso administrativo, o impetrante passará a ser carecedor da ação (perda superveniente do interesse de agir).

Para parcela da doutrina, na esfera tributária, quando se discute judicialmente a Dívida Ativa da Fazenda Pública, não se aplica o artigo legal ora analisado, sendo também inaplicáveis as lições anteriormente expostas. Tudo por conta da previsão contida no art. 38, parágrafo único, da LEF (Lei 6.830/1980), que determina implicar a opção pela via judicial na automática renúncia ou desistência da discussão administrativa envolvendo o ato impugnado[16]. Nesse sentido vem decidindo o Superior Tribunal de Justiça[17].

Um aspecto positivo da redação do dispositivo legal é a expressa previsão de que o não cabimento de mandado de segurança depende de recurso administrativo com efeito suspensivo que independa de caução. O raciocínio do legislador é correto, porque a mera necessidade de prestar a caução no processo administrativo já é o suficiente, independentemente dos efeitos do recurso, para que a parte possa buscar amparo no Poder Judiciário por meio do mandado de segurança. Afinal, poderá obter uma tutela jurisdicional, ainda que de urgência, sem a necessidade de caucionar o juízo (o art. 7º, III, da Lei 12.016/2009 não condiciona a concessão de liminar à prestação de caução), o que já é o suficiente para mostrar a existência de necessidade da tutela jurisdicional.

6.1.2.3. Decisão judicial da qual caiba recurso com efeito suspensivo

Segundo o art. 5º, II, da Lei 12.016/2009, não se concederá mandado de segurança contra decisão judicial da qual caiba recurso com efeito suspensivo, parecendo que a interposição de mandado de segurança em desrespeito à previsão legal leva o processo à extinção, sem resolução de mérito por impossibilidade jurídica do pedido. É preciso registrar que o dispositivo legal ora comentado, ao menos em sua literalidade, trouxe considerável novidade ao sistema processual, tendo em vista que o art. 5º, II, da Lei 1.533/1951 previa o não cabimento de decisão passível de recurso, sem qualquer menção aos

---

15 Nery Jr.-Nery, *Código*, p. 167; Dinamarco, *Instituições*, n. 554, p. 315-317; STJ, 1ª Turma, RMS 21.651/SP, Rel. Min. Luiz Fux, j. 04/11/2008.

16 Mauro Luis Rocha Lopes, *Comentários*, p. 31.

17 STJ, 2ª Turma, REsp 1.294.946/MG, rel. Min. Mauro Campbell Marques, j. 28/08/2012, DJe 03/09/2012; STJ, 1ª Turma, REsp. 1.001.348/AM, rel. Min. José Delgado, j. 08/04/2008, *DJE* 24/04/2008.

efeitos do recurso cabível. A compreensão exata do dispositivo legal exige uma breve análise das diferentes espécies de efeito suspensivo existentes em nosso ordenamento jurídico.

Nem todo recurso tem efeito suspensivo previsto em lei, mas, em todos eles, é possível a sua obtenção no caso concreto, desde que preenchidos determinados requisitos. O efeito suspensivo previsto em lei, que de nada depende para ser gerado, é chamado de efeito suspensivo próprio (*ope legis*), enquanto o efeito suspensivo obtido no caso concreto, a depender do preenchimento de determinados requisitos, porque em regra o recurso não o tem, é chamado de efeito suspensivo impróprio (*ope iudicis*).

O dispositivo legal ora analisado parece tratar do efeito suspensivo próprio, não havendo mesmo qualquer necessidade de se valer a parte do mandado de segurança, quando pode se valer do recurso previsto em lei que tenha efeito suspensivo. Faltaria, nesse caso, interesse de agir no mandado de segurança, pelos mesmos motivos expostos nos comentários ao art. 5º, I, da Lei 12.016/2009.

Uma interpretação literal do dispositivo legal levará o operador a concluir, *a contrario sensu*, que, sendo cabível da decisão recurso sem efeito suspensivo, passa a ser cabível o mandado de segurança. A conclusão, entretanto, não pode ser essa, sendo pacificado o entendimento de que mesmo decisões passíveis de recurso sem efeito suspensivo não podem ser impugnadas por meio de mandado de segurança. Existe até mesmo entendimento sumulado no Supremo Tribunal Federal nesse sentido[18], ainda que em interpretação do atualmente revogado inciso II do art. 5º da Lei 1.533/1951.

Para se compreender a possibilidade de impugnação de pronunciamento judicial por meio de mandado de segurança, é preciso visualizar cinco situações: (i) o despacho não é recorrível nem impugnável por mandado de segurança, considerando tratar-se de pronunciamento que meramente dá andamento ao procedimento; (ii) decisão recorrível por recurso com efeito suspensivo (efeito suspensivo próprio) não é impugnável por mandado de segurança; (iii) decisão recorrível por recurso sem efeito suspensivo pela literalidade do dispositivo passa a ser impugnável por mandado de segurança; (iv) decisão irrecorrível é impugnável por mandado de segurança[19]; (v) decisão transitada em julgado não é atacável por mandado de segurança (art. 5º, III, Lei 12.016/2009).

No tocante a decisão recorrível por recurso sem efeito suspensivo, a jurisprudência firmada antes da atual normatização do mandado de seguran-

[18] Súmula 267/STF: "não cabe mandado de segurança contra ato passível de recurso ou correição".

[19] STJ, Corte Especial, MS 22.689/SP, rel. Min. Raul Araújo, j. 20/11/2017, DJe 21/02/2018.

ça indicava para a possibilidade de mandado de segurança tão somente em situações teratológicas, quando o mecanismo recursal previsto em lei não se mostrasse eficiente para a efetiva tutela dos interesses da parte[20]. A regra é, portanto, o não cabimento de mandado de segurança, considerando-se que, nos termos do art. 995, parágrafo único do CPC, qualquer recurso pode receber efeito suspensivo no caso concreto, desde que preenchidos os requisitos legais (efeito suspensivo impróprio). Há diversas decisões do Superior Tribunal de Justiça entendendo incabível o mandado de segurança quando cabível o agravo de instrumento, considerando que esse recurso, apesar de não ter efeito suspensivo automaticamente previsto em lei, poderá receber efeito suspensivo no caso concreto nos termos dos arts. 1.019, I, e 995, parágrafo único, ambos do CPC[21].

Como ensina parcela da doutrina, o cabimento do mandado de segurança contra decisão judicial só será admitido quando o recurso cabível contra ela não tiver e nem puder ter efeito suspensivo[22], havendo, inclusive, precedente do Superior Tribunal de Justiça nesse sentido[23]. Justamente por concordar com esse entendimento, tenho extrema dificuldade na admissão do mandado de segurança contra decisão que possa ser atacada por recurso, independentemente da previsão de efeito suspensivo, porque nos termos do art. 995, parágrafo único, do CPC para qualquer recurso que não tenha previsão expressa em lei do efeito suspensivo, o recorrente poderá obtê-lo, desde que preenchidos os requisitos: (a) requerimento expresso; (b) ficar demonstrada a probabilidade de provimento do recurso; (c) perigo de grave dano, de difícil ou impossível reparação, derivado da geração imediata dos efeitos da decisão impugnada[24].

No Superior Tribunal de Justiça, existem decisões que admitem dentro de uma excepcionalidade gritante a interposição de mandado de segurança contra decisão recorrível, desde que: (a) trate-se de decisão teratológica, o que acarreta a *aberratio iuris*[25], ou manifestamente ilegal[26] ou proferida com

---

[20] STJ, Corte Especial, MS 16.078/AL, rel. Min. Castro Meira, j. 31/08/2011, *DJe* 26/09/2011; STJ, 5ª Turma, RMS 18.364/MG, rel. Arnaldo Esteves Lima, j. 09/10/2007, *DJ* 05/11/2007, p. 285.

[21] STJ, 4ª Turma, RMS 41.224/PR, rel. Min. Raul Araújo, RMS 41.224/PR, j. 21/05/2013, DJe 18/06/2013; STJ, 2ª Turma, RMS 39.200/SP, rel. Min. Mauro Campbell Marques, j. 21/02/2013, DJe 28/02/2013.

[22] Medina-Araujo, *Mandado*, n. 5.3.2, p. 79.

[23] STJ, 2ª Turma, RMS 38.473/PE, rel. Min. Humberto Martins, j. 08/04/2014, DJe 14/04/2014.

[24] Dinamarco, *A nova*, n. 74, p. 147-148; Neves, *Manual*, n. 20.4, p. 505-506.

[25] STJ, Corte Especial, AgRg no MS 22.154/DF, rel. Min. Maria Thereza de Assis Moura, j. 18/11/2015, DJe 14/12/2015.

[26] STJ, 2ª Turma, RMS 42.116/RJ, rel. Min. Humberto Martins, j. 16/02/2016, DJe 24/02/2016.

abuso de poder[27], e (b) potencial da decisão de gerar grave dano de difícil ou incerta reparação[28]. A regra, portanto, é pelo não cabimento do mandado de segurança quando a decisão for recorrível, independentemente dos efeitos de tal recurso. O Supremo Tribunal Federal parece também limitar o cabimento do mandado de segurança às decisões teratológicas[29].

Em razão do posicionamento ora defendido, mesmo diante de decisões teratológicas, aptas a gerar um grave dano de difícil ou incerta reparação à parte, entendo que o caminho correto é a interposição do recurso cabível e, quando ausente da lei, o requerimento expresso de concessão de efeito suspensivo, com o que sempre se permitirá ao recorrente evitar danos.

A discussão a respeito do cabimento de mandado de segurança contra decisão judicial deve ser incrementada em razão da opção do Código de Processo Civil de 2015 de limitar o cabimento do agravo de instrumento a um rol legal de decisões interlocutórias (art. 1.015 do CPC).

Registro de antemão que o cabimento de mandado de segurança no caso de decisão interlocutória não recorrível por agravo de instrumento não poderá ter como fundamento o pacificado entendimento de cabimento do remédio constitucional de decisão irrecorrível por uma razão bem simples: tal decisão é recorrível[30] por meio de apelação ou contrarrazões, nos termos do art. 1.009, § 1º, do CPC. O novo sistema de recorribilidade da decisão interlocutória, portanto, não tornou tal decisão irrecorrível, somente limitando sua recorribilidade imediata por meio do agravo de instrumento.

A lamentável opção legislativa postergará à apelação ou às suas contrarrazões a recorribilidade de importantes decisões interlocutórias, como a que determina a emenda da petição inicial, a que versa sobre competência[31], a que determina a quebra de sigilo bancário durante a instrução probatória, a que anula o negócio jurídico processual celebrado pelas partes, dentre outras. Apesar de ser possível a interpretação ampliativa do rol legal previsto no art. 1.015 do CPC[32], isso deve ser feito com ponderação, não sendo capaz de solucionar todos os problemas derivados do novo sistema recursal das decisões interlocutórias.

---

27 STJ, 2ª Seção, AgInt no MS 24.043/CE, rel. Min. Marco Aurélio Bellizze, j. 09/05/2018, DJe 16/05/2018; STJ, 4ª Turma, AgRg no AREsp 89.048/SP, rel. Min. Antonio Carlos Ferreira, j. 08/03/2016, DJe 11/03/2016.

28 STJ, 3ª Turma, RMS 25.837/SP, rel. Min. Nancy Andrighi, j. 21/10/2008, *DJE* 05/11/2008.

29 STF, 1ª Turma, RMS 33.814, AgR/DF, rel. Min. Roberto Barroso, j. 24/11/2015, DJe 10/12/2015.

30 STJ, Corte Especial, MS 20.800/DF, rel. Min. Mauro Campbell Marques, j. 03/06/2015, DJe DJe 05/08/2015.

31 Há precedente do Superior Tribunal de Justiça admitindo o cabimento de mandado de segurança nesse caso: STJ, 4ª Turma, REsp 1.679.909/RS, rel. Min. Luis Felipe Salomão, j. 14/11/2017, DJe 01/02/2018.

32 Neves, Manual, n. 72.2.1, p. 1.561.

É natural que não se deve admitir o mandado de segurança como um simples sucedâneo do agravo de instrumento naquelas hipóteses de seu não cabimento em razão do rol legal previsto no art. 1.015 do CPC. Por outro lado, entendo que fechar as portas ao mandado de segurança como forma de impugnação a tais decisões também não é o melhor entendimento, ainda que esta venha a ser a posição adotada pelos tribunais[33].

O Superior Tribunal de Justiça, além de continuar a exigir a presença de decisão teratológica, entende ser cabível o mandado de segurança quando não houver recurso hábil a impugnar o *decisum*[34]. É verdade que há uma inadmissível confusão nesse entendimento entre não haver recurso hábil a impugnar a decisão e a inexistência de recurso cabível, mas não tenho dúvida de que são situações absolutamente distintas. Entendo que não haver recurso hábil a impugnar a decisão é haver um recurso cabível, mas que no caso concreto mostre-se incapaz de reverter eficazmente a sucumbência suportada pela parte.

De nada adianta o sistema recursal garantir à parte um recurso, quando em razão das circunstâncias concretas ele se mostra inútil. Afirmar nesse caso que não caberá mandado de segurança porque a decisão é recorrível, além de ofender o direito de amplo acesso à justiça da parte, incentiva a interposição de um recurso sem interesse recursal, já que indiscutivelmente faltará adequação a um recurso concretamente incapaz de tutelar o direito da parte sucumbente.

A teoria ora defendida não é totalmente estranha ao Superior Tribunal de Justiça, que em diferentes oportunidades já decidiu que se o recurso no caso concreto não é capaz de eficazmente reverter a sucumbência suportada pela parte, deve-se admitir o mandado de segurança contra ato judicial.

Em uma interessante hipótese, o desembargador insistia em inadmitir monocraticamente os agravos regimentais (atualmente interno) interpostos contra suas decisões monocráticas. Nesse caso o Superior Tribunal de Justiça admitiu o mandado de segurança afirmando que a decisão, embora recorrível formalmente, revelou-se, na prática, irrecorrível[35].

Outra hipótese interessante decorre da excepcional hipótese de o juiz, em sua sentença, apesar de negar provimento ao pedido do autor, expressamente manter a tutela antecipada anteriormente concedida. Havendo uma sentença, o recurso cabível é a apelação, mas o réu não tem interesse recursal na

---

33 STJ, 2ª Turma, RMS 54.969/SP, rel. Min. Herman Benjamin, j. 10/10/2017, DJe 23/10/2017.

34 STJ, Corte Especial, AgRg no MS 19.402/DF, rel. Min. Castro Meira, j. 01/02/2013, DJe 18/02/2013; STJ, Corte Especial, EDcl no AgRg no MS 17.709/DF, rel. Min. Nancy Andrighi, j. 17/12/2012, DJe 01/02/2013.

35 Informativo 411/STJ, RMS 26.867-RJ, Rel. Min. Massami Uyeda, julgado em 15/10/2009.

interposição de apelação contra sentença de total improcedência do pedido do autor. Mesmo que se considere a existência de um capítulo da decisão que o faz sucumbir - a manutenção da tutela antecipada -, não há interesse recursal na apelação, porque, se o autor não recorrer da sentença, haverá o trânsito em julgado da sentença integralmente favorável ao réu. Poderia se imaginar que o interesse surgirá com a interposição da apelação pelo autor, considerando que nesse caso a tutela antecipada será mantida até o julgamento do recurso. A saída, portanto, seria um recurso adesivo de apelação por parte do réu.

Ocorre, entretanto, que o recurso principal e o recurso adesivo são julgados ao mesmo tempo, e, quando isso ocorrer, o recurso será julgado prejudicado, considerando que após o julgamento da apelação principal a questão a respeito da manutenção da tutela antecipada terá perdido seu objeto. Note-se que nem mesmo uma tutela de urgência no recurso adesivo poderia ser concedida, considerando que não é viável se antecipar os efeitos de um resultado que já se sabe de antemão não será obtido. Como se pode notar, não há alternativa para o réu que pretende a revogação imediata da tutela antecipada que não o mandado de segurança.

Esse entendimento deve ser considerado diante da realidade imposta pelo novo diploma processual quanto à recorribilidade das decisões interlocutórias. Significa dizer que, mostrando-se a recorribilidade por apelação ou contrarrazões (art. 1.009, § 1º, do CPC) inútil no caso concreto, ou seja, incapaz de reverter de forma eficaz a sucumbência suportada pela parte, deve-se admitir o mandado de segurança contra a decisão interlocutória. O Superior Tribunal de Justiça, entretanto, preferiu consolidar em precedente vinculante a utilização do agravo de instrumento nesse caso, mesmo com decisão interlocutória estranha ao rol legal do art. 1.015, do CPC[36].

Nesses termos vale a consideração a respeito da decisão interlocutória proferida nos Juizados Especiais a respeito da competência dos Juizados para a demanda. Segundo a jurisprudência consolidada pelo Superior Tribunal de Justiça, apesar de tal decisão interlocutória ser irrecorrível por agravo de instrumento, devendo ser impugnada em sede de recurso inominado ou em suas contrarrazões, admite-se o mandado de segurança, excepcionalmente para o Tribunal de Justiça[37].

Como se pode notar, esse entendimento pelo cabimento do mandado de segurança para controle da competência dos Juizados Especiais pode ser tranquilamente adaptado para a decisão que versa sobre competência na

36 STJ, Corte Especial, REsp 1.704.520/MT, rel. Min. Nancy Andrighi, j. 05/12/2018.

37 STJ, 3ª Turma, MS 46.955/GO, rel. Min. Moura Ribeiro, j. 23/06/2015, DJe 17/08/2015.

Justiça Comum, o que evitará o absurdo de se exigir da parte que suporte todo o trâmite procedimental perante um juízo incompetente só podendo rediscutir a matéria em sede de apelação ou contrarrazões desse recurso.

O mesmo entendimento deve ser aplicado para outras decisões interlocutórias nas quais a apelação ou as contrarrazões a esse recurso mostrem-se no caso concreto inúteis para reverter de forma eficaz a sucumbência suportada pela parte. E essa incapacidade pode ser tanto processual como material.

Haverá incapacidade processual quando não for lógico esperar a extinção do processo ou da fase procedimental cognitiva em primeiro grau por meio da sentença, para só então permitir o recurso da parte contra a decisão interlocutória, correndo-se um desnecessário e injustificável risco de se anular o processo ou grande parte dele em razão do provimento de tal recurso. Essa circunstância é facilmente notada, por exemplo, na decisão que versa sobre competência e na que determina a emenda da petição inicial.

A incapacidade material revela-se de forma ainda mais trágica, verificando-se quando a apelação ou as contrarrazões contra tal decisão mostram-se inúteis para reverter a sucumbência suportada pela parte, porque quando tais recursos forem julgados já não haverá qualquer sentido prático ou jurídico em lhes dar provimento. Essa circunstância é notada, por exemplo, na decisão que determina a quebra de sigilo bancário da parte durante a instrução probatória e a que anula ou por qualquer razão deixa de admitir o negócio jurídico celebrado pelas partes.

6.1.2.4. *Decisão transitada em julgado*

O art. 5º, III, da Lei 12.016/2009 prevê expressamente entendimento jurisprudencial consagrado de não cabimento do mandado de segurança contra decisão transitada em julgado[38], o que é interessante, porque evita que esse meio de impugnação seja utilizado como sucedâneo de ação rescisória, o que iria contrariar o funcionamento do binômio "segurança jurídica-justiça das decisões" planejado pelo legislador. Ainda assim, alguns comentários são necessários.

O Superior Tribunal de Justiça entende que, não tendo transitado em julgado a decisão no momento da propositura do mandado de segurança, mesmo que a decisão venha a transitar em julgado por ausência da interposição de recurso, o mandado de segurança deverá ser normalmente julgado em seu mérito[39]. Entendo que, nesse caso, a pendência de julgamento do mandado

---

[38] Súmula 268/STF: "Não cabe mandado de segurança contra decisão judicial com trânsito em julgado".

[39] STJ, Corte Especial, EDcl no MS 22157/DF, rel. Min. Luis Felipe Salomão, 14/03/2019, DJe 11/06/2019.

de segurança deveria ser compreendida como causa suspensiva do transito em julgado da decisão impugnada, de forma a não ser necessária emprestar natureza rescisória ao mandado de segurança. Afinal, se houve trânsito em julgado e o mérito do mandado de segurança ainda assim será enfrentado, será possível a desconstituição por ele de decisão já transitada em julgado.

Não parece adequado o entendimento doutrinário que defende o cabimento de mandado de segurança contra decisão transitada em julgado nos Juizados Especiais, como forma de evitar a perpetuação de graves vícios e injustiças[40]. A opção do legislador foi clara ao prever no art. 59 da Lei 9.099/1995 o não cabimento de ação rescisória no âmbito dos Juizados Especiais, preferindo prestigiar a segurança jurídica advinda da coisa julgada à justiça que poderia ser perseguida por meio de tal espécie de ação. Simplesmente defender o cabimento de mandado de segurança como forma de superar a expressa vedação legal significa contrariar de forma manifesta a vontade do legislador, que, adequada ou equivocada, deve ser respeitada. A proposta, quando muito, deve ser feita de *lege ferenda*, e atualmente ainda teria de superar o art. 5º, III, Lei 12.016/2009.

Interessa ao presente debate decisão do Superior Tribunal de Justiça que suscitou incidentalmente a possibilidade de mandado de segurança contra decisão transitada em julgado proferida em sede de Juizados Especiais[41]. Nesse julgamento se entendeu pela possibilidade, ainda que em tese, do cabimento do mandado de segurança contra decisão transitada em julgado na hipótese de incompetência absoluta dos Juizados Especiais, o que viabilizaria um controle da competência pelo Tribunal de Justiça[42]. Posteriormente, o entendimento foi consagrado por diversos precedentes do mesmo tribunal[43].

Não considero correto o entendimento porque o controle pode ser exercido a qualquer momento do procedimento, não sendo crível que somente após o trânsito em julgado a parte se motive a fazê-lo e encontre guarida no Poder Judiciário, ainda mais com a expressa vedação legal (art. 5º, III, Lei 12.016/2009).

No próprio julgado, há confissão do desconforto que seria reconhecer o mandado de segurança como sucedâneo de ação rescisória ao se afirmar que, na hipótese de ausência de pressuposto processual de existência, não existe qualquer vedação da Lei 9.099/1995 quanto à ação de *querella nullitatis*, podendo o mandado de segurança ser equiparado a essa ação, e não

[40] Palharini Jr., *Comentários*, p. 64-65.

[41] Informativo 392/STJ: 3ª Turma, MC 15.465-SC, Rel. Min. Nancy Andrighi, j. 28/04/2009.

[42] Na doutrina: Theodoro Jr., *Mandado*, n. 6, p. 16.

[43] STJ, 4ª Turma, RMS 37.775/ES, rel. Min. Marco Buzzi, j. 06/06/2013, DJe 02/09/2013; STJ, 3ª Turma, EDcl no AgRg no AgRg no RMS 32.632/ES, rel. Min. Ricardo Villas Bôas Cueva, j. 06/03/2012, DJe 12/03/2012.

à ação rescisória. A premissa está parcialmente correta, mas não é aplicável para o caso analisado pelo julgado, considerando-se que a incompetência, ainda quando absoluta, acarreta ausência de pressuposto de validade, nunca de existência[44]. De qualquer forma, as premissas de que a *querella nullitatis* é cabível em sede de Juizados Especiais e que o mandado de segurança pode fazer suas vezes contêm interessante entendimento: sendo a decisão juridicamente inexistente, existe tão somente uma aparência de trânsito em julgado, de forma que a aceitação do mandado de segurança na realidade não confronta a vedação contida no art. 5ª, III, da Lei 12.016/2009.

6.2. DIREITO LÍQUIDO E CERTO E PROCEDIMENTO DOCUMENTAL

Segundo a melhor doutrina, a liquidez e a certeza do direito exigidas ao mandado de segurança referem-se, exclusivamente, aos fatos, que, por essa razão, deverão ser provados de maneira incontestável por prova documental - ou documentada - produzida pelo impetrante. Por mais tormentosa que seja a questão jurídica no caso concreto, jamais se retirarão essas características do direito do impetrante quando os fatos estiverem devidamente comprovados. Compreende-se que, por mais intricada a questão de direito e por mais dúvidas que tal questão possa gerar no julgador, se a fundamentação fática da pretensão for demonstrada por prova documental, o direito alegado será líquido e certo, bastando ao julgador decidir se ele existe ou não existe[45].

A matéria já foi inclusive sumulada pelo Supremo Tribunal Federal, que, após reiteradas decisões, consolidou o entendimento de que, mesmo sendo controvertida a questão de direito, há possibilidade de concessão de mandado de segurança[46]. A certeza e a liquidez, portanto, dizem respeito aos aspectos fáticos da pretensão, não sendo das mais felizes a consagrada expressão "direito líquido e certo". Conforme reiteradas decisões dos tribunais superiores, o direito protegido pelo mandado de segurança exige do impetrante prova pré-constituída suficiente para convencer o juízo no tocante ao aspecto fático de sua pretensão[47].

Diante da inexorável vinculação do chamado direito líquido e certo com a situação fática, e sendo a prova o instrumento responsável por não deixar

[44] Neves, *Manual*, n. 4.1, p. 100.

[45] Pontes de Miranda, *Comentários*, p. 370; Cretella Jr., *Comentários*, p. 86-96.

[46] Súmula 625/STF.

[47] STF, Tribunal Pleno, MS 30.523 AgR/DF, rel. Min. Celso de Mello, j. 09/10/2014, DJe 04/11/2014; STJ, 2ª Turma, AgRg no RMS 50.112/DF, rel. Min. Mauro Campbell Marques, j. 17/03/2016, DJe 22/03/2016; STJ, 1ª Seção, MS 16.121/DF, rel. Min. Mauro Campbell Marques, j. 25/02/2016, DJe 06/04/2016; STJ, 1ª Turma, AgRg no RMS 32.069/PB, rel. Min. Olindo Menezes (Desembargador convocado do TRF 1ª Região), j. 18/02/2016, DJe 25/02/2016.

dúvidas de que as alegações de fato realizadas pelo impetrante são verídicas, exige-se sua comprovação por meio de prova documental já com o ingresso da petição inicial, único momento em que haverá produção probatória pelo impetrante. O tema é tratado com maior profundidade neste Capítulo, no item 6.6.2.

É evidente que a prova juntada à petição inicial não trará ao órgão judicial, ao menos não nesse momento procedimental, a certeza a respeito dos fatos porque, com as informações prestadas pela autoridade coatora, será possível concluir que os fatos não ocorreram exatamente da forma narrada pelo impetrante e supostamente demonstrada pela prova produzida já na petição inicial. Entendimento contrário criaria uma estranha e inadmissível procedência *prima facie*, na qual ou seria concedida a liminar que, ao final, seria obrigatoriamente confirmada, ou se extinguiria liminarmente o mandado de segurança.

Essa observação é corretamente feita pela melhor doutrina, para a qual o direito líquido e certo aparece em dois momentos diferentes do procedimento. Inicialmente, aparece no primeiro contato do órgão judicial com a petição inicial, mesmo porque sua ausência nesse momento já será causa da extinção do processo por carência de ação. Ocorre, entretanto, que, por tratar-se de momento liminar do procedimento, a cognição sumária, única possível nesse momento processual, levará o órgão judicial a fazer um juízo de aparência; nesse estágio é suficiente que exista uma plausibilidade da existência de direito líquido e certo. O segundo momento, em que se analisará a efetiva existência de direito líquido e certo, é o da decisão final, quando, em poder das informações prestadas pela autoridade coatora e da manifestação do Ministério Público, o juiz, em cognição exauriente, decidirá baseado em um juízo de certeza, por poder confirmar ou não a plausibilidade de existência do direito líquido e certo[48].

Ao determinar-se a razão pela qual se exige do impetrante a produção da prova já com a petição inicial, de modo a não se admitir qualquer dilação probatória na tentativa de comprovação de seu direito líquido e certo, é absolutamente natural imaginar que a prova a ser produzida no processo do mandado de segurança tenha natureza documental. O próprio art. 6º, *caput*, da Lei 12.016/2009 corrobora tal entendimento ao exigir do impetrante a instrução da petição inicial com documentos. Não parece correto, entretanto, a interpretação literal do disposto na norma legal mencionada, o que levaria a conclusão de que tão somente a prova documental é admitida no processo de mandado de segurança.

A impossibilidade de dilação probatória durante o procedimento do mandado de segurança, circunstância absolutamente pacificada tanto na

48 Figueiredo, *Mandado*, p. 21-22.

doutrina quanto na jurisprudência, não passa, automaticamente, a exigir do impetrante a produção de uma prova documental, mas sim de uma prova pré-constituída, ou seja, de uma prova já formada fora e anteriormente ao processo. Prova pré-constituída é o gênero e não significa prova documental, apesar de ser essa a sua mais tradicional espécie. A disposição legal do procedimento do mandado de segurança tão somente exige que o impetrante convença o juiz dos fatos que embasam suas alegações com uma prova pronta, a qual não demanda qualquer atividade probatória durante o processo; essa função não é exclusiva da prova documental, mas aplica-se a qualquer prova pré-constituída robusta o suficiente para convencer o órgão judicial dos fatos alegados.

Torna-se imperiosa a diferenciação entre prova documental e prova documentada. Por prova documental se entende a prova que tenha o conteúdo e forma de documento conforme as exigências legais, enquanto por prova documentada se entende qualquer prova, de qualquer natureza, que seja materializada por meio de um documento. Uma perícia judicial é materializada em um laudo pericial, que, certamente, é um documento, se não em seu conteúdo, inegavelmente em sua forma. O mesmo ocorre com a colheita de prova oral, materializada na ata de audiência, que também será um documento, não em seu conteúdo, mas em sua forma.

O que se pretende demonstrar é que, a par de tradicionalmente se pensar na prova documental quando se fala em prova pré-constituída, esta é apenas a sua principal espécie. Qualquer prova que tenha sido produzida judicialmente e materializada em um documento, embora seja entendida como prova causal no processo em que foi produzida, será documental – ao menos em sua forma – no processo que a receber como prova emprestada.

No mandado de segurança, a exigência da produção de prova já na petição inicial, como foi visto, tem como causa a necessidade de comprovação *prima facie* de, ao menos, uma plausibilidade do direito líquido e certo e, em nenhum momento, é possível concluir que esse convencimento no espírito do juiz a respeito dos fatos só possa ser obtido por meio da prova documental. Qualquer meio de prova é apto a convencer o juiz da ocorrência ou da veracidade de fatos; somente não se admite, no mandado de segurança, a dilação probatória. Caso a "dilação probatória" tenha sido realizada antes do processo e seu resultado apresentado sob a forma de prova documentada, o único requisito que efetivamente se exige na comprovação do direito líquido e certo estará preenchido.

O que se pretende afirmar é que qualquer prova documentada, de natureza documental ou não, poderá ser apta, no caso concreto, a convencer, sumariamente, em um primeiro momento, e definitivamente, em um segundo momento, o órgão judicial da existência do direito líquido e certo[49].

Registre-se a respeito do tema, ainda que em espécie de ação em tudo diferente do mandado de segurança, que o art. 700, § 1º, do CPC permite que a prova a instruir a petição inicial da ação monitória seja prova oral documentada, e não necessariamente uma prova documental. Trata-se de interessante consagração legal que dá a mesma força probante à prova documental e à documentada, e que poderia ser aproveitada na instrução da ação constitucional ora analisada.

Apesar do posicionamento que defendo, é preciso ressaltar que a doutrina que já tratou do tema é majoritariamente contrária ao entendimento aqui exposto e variam as razões para a recusa de uma prova documentada, mas não documental, ser apta a demonstrar o direito líquido e certo.

Para parcela doutrinária, a prova documental é a única aceitável pela maior facilidade em sua produção e pela maior clareza dela decorrente[50]. O entendimento não pode ser aceito, ao menos que se esteja disposto a abandonar o sistema atual de valoração da prova adotado pelo direito brasileiro, que é o do livre convencimento motivado do juiz, no qual as provas não têm valor prefixado, dependendo sempre de uma análise no caso concreto. Ao admitir-se que a prova documental é a única apta a configurar o chamado direito líquido e certo, pela "maior clareza" que sua força probatória imprime, volta-se ao já abandonado sistema da prova tarifada, em que a força probatória dos meios de prova já vem definida *a priori*, independentemente de sua análise no caso concreto.

Aplicando-se o princípio do livre convencimento motivado do juiz, que para em meu entendimento está mantido no Código de Processo Civil de 2015[51], será impossível concluir que a prova documental é mais robusta e carrega em si uma força probatória maior do que qualquer outro meio de prova. A carga de convencimento de cada meio de prova deve ser analisada e fixada pelo juiz no caso concreto, de maneira fundamentada, para que se evitem abusos. É plenamente admissível que uma prova teoricamente de maior força probatória, como a perícia, seja superada, em termos de convencimento do juiz, por uma outra prova, em tese, de menor força probatória, como a testemunhal. Há, inclusive, disposição expressa nesse sentido no art. 479 do CPC quanto à prova pericial, supostamente o meio de prova mais eficaz quanto à formação do convencimento judicial.

---

49 Mazzei, *Mandado*, p. 149.

50 Barbi, *Do mandado*, p. 169; Marinoni, *A técnica*, p. 630.

51 Neves, *Manual*, n. 22.1.10, pp. 668-670.

Diante do sistema de valoração probatória admitido no processo civil brasileiro, não é possível afirmar, *a priori* e abstratamente, que o documento seja a única prova apta a demonstrar a existência do direito líquido e certo. Admitindo-se que todas as provas têm, em abstrato, a mesma carga probatória, dependendo da análise do juiz no caso concreto para descobrir-se qual terá maior força de convencimento, é, no mínimo, prematuro afirmar que somente a prova documental poderá instruir o pedido do impetrante do *mandamus*. Dessa forma, qualquer prova pré-constituída, documental ou simplesmente documentada, será, em tese, apta a demonstrar o direito líquido e certo no caso concreto.

Outra crítica à admissão de prova documentada no mandado de segurança é fundada no contraditório: admitindo-se a prova de outra natureza que não a documental, o réu não terá oportunidade de apresentar prova de mesma natureza, o que viola a isonomia e sacrifica o contraditório[52]. Essa crítica, embora seja mais sustentável que a primeira, também não merece ser acolhida como fator impeditivo da utilização de prova documentada no mandado de segurança.

O entendimento é insustentável porque, se ao impetrante for admitido apresentação de prova documentada, naturalmente também ao réu será facultada a mesma possibilidade. A atividade probatória prévia desenvolvida por cada um dos sujeitos processuais que participa do mandado de segurança determinará suas possibilidades probatórias; assim, não é possível retirar-se um direito do impetrante tão somente porque o réu não se preparou tão adequadamente como ele para a demanda judicial.

Além disso, poderá o réu sempre apresentar prova documental, que, inclusive, poderá desbancar a prova documentada de natureza testemunhal ou pericial apresentada pelo impetrante, como também poderá valer-se de ação probatória autônoma a fim de preparar-se para o eventual mandado de segurança, hipótese em que poderá apresentar a prova documentada, da mesma forma que foi possível ao impetrante. Não parece, portanto, correto o entendimento de que seja impossível ao réu fazer a contraprova a essa espécie de prova, porquanto poderá fazê-lo por meio tanto de prova documental, como de prova documentada obtida em processo autônomo probatório prévio ao mandado de segurança.

As questões referentes à força de convencimento de uma prova documentada testemunhal ou pericial, ou ainda do exíguo prazo decadencial do mandado de segurança, fogem ao tema do presente debate e devem ser analisadas no caso concreto. O que não se pode admitir como correto é a não admissão,

---

52 Marinoni, *A técnica*, p. 96; Cavalcante, *Mandado*, p. 96.

a priori, dessa espécie de prova como apta a demonstrar, no caso concreto, o chamado direito líquido e certo do impetrante. Essa admissão, inclusive, otimizará a utilização do mandado de segurança, com nítido benefício do impetrante em primeiro plano, mas também como forma de proteção mais eficaz e completa dos direitos.

6.3. COMPETÊNCIA

O operador do direito deverá seguir determinados passos para a fixação da competência no caso concreto, conforme segue:

1ª etapa: *Verificação da competência da Justiça brasileira*. Os arts. 21 a 25 do CPC tratam do fenômeno dos limites da jurisdição nacional, disciplinando as hipóteses de competência exclusiva do juízo brasileiro (art. 23 do CPC) e as hipóteses de competência concorrente deste com o juízo estrangeiro (arts. 21 e 22 do CPC). Sendo exclusiva ou concorrente, será competente a Justiça brasileira para julgar o processo.

2ª etapa: Analisar se a competência para julgamento é dos *Tribunais de superposição* (a competência originária do STF vem disciplinada pelo art. 102, I, da CF e a competência originária do STJ no art. 105, I, da CF) ou de órgão jurisdicional atípico (por exemplo, o Senado Federal - art. 52, I e II, CF - e a Câmara dos Deputados - art. 51, I, da CF).

3ª etapa: Verificar se o processo será de *competência da justiça especial* (Justiça do Trabalho, Justiça Militar ou Justiça Eleitoral) ou justiça comum (Justiça Estadual e Justiça Federal).

4ª etapa: Sendo de competência da justiça comum, *definir entre a Justiça Estadual e a Federal*. A Justiça Federal tem sua competência absoluta prevista pelos arts. 108 (TRF) e 109 (primeiro grau) da CF. A competência da Justiça Estadual é residual, ou seja, sendo de competência da justiça comum e não sendo de competência da Justiça Federal, será de competência da Justiça Estadual.

5ª etapa: Descoberta a *Justiça competente*, verificar se o processo é de competência originária do Tribunal respectivo (TRF ou TJ) ou do primeiro grau de jurisdição.

6ª etapa: Sendo de competência do primeiro grau de jurisdição, determinar a *competência do foro*. Por foro, deve-se entender uma unidade territorial de exercício da jurisdição. Na Justiça Estadual, cada comarca representa um foro, enquanto na Justiça Federal cada seção judiciária representa um foro.

7ª etapa: Determinado o foro competente, a tarefa do operador poderá ter chegado ao final. Haverá hipóteses, entretanto, nas quais ainda deverá ser definida a *competência de juízo*, o que será feito no mais das vezes por meio das leis de organização judiciária (responsáveis pela criação de varas especializadas em razão da matéria e da pessoa) ou ainda pelo Código de Processo Civil (definição de qual juízo é competente quando duas ações são conexas e tramitam no mesmo foro – art. 59 do CPC).

Ainda que não entenda ser a autoridade coatora ré no mandado de segurança, conforme amplamente exposto no item 6.4.2. deste Capítulo, é preciso reconhecer que sua figura é de extrema importância no tocante à fixação da competência do mandado de segurança. Segundo entendimento consolidado do Superior Tribunal de Justiça, a competência será estabelecida em razão da função ou da categoria funcional da autoridade apontada como coatora na petição inicial (*ratione auctoritatis*).[53]

Justamente em razão desse entendimento, o Superior Tribunal de Justiça considera que a competência para o mandado de segurança é absoluta[54]. Naturalmente, quando a competência é originária do tribunal, ela é absoluta, de natureza funcional, mas o interessante é notar que, também nos mandados de segurança de competência do primeiro grau, a competência territorial é absoluta, porque, na realidade, não decorrem simplesmente do local competente, mas do local em que a autoridade coatora exerce suas funções institucionais.

Em meu entender a competência é absoluta porque fixada em razão da pessoa – mais precisamente da função exercida por ela –, sendo a determinação do local competente – competência territorial – uma mera consequência da primeira definição.

Segundo expressa previsão do art. 105, I, *b*, da CF, o Superior Tribunal de Justiça tem competência originária para o julgamento de mandado de segurança contra ato de Ministro de Estado, dos Comandantes da Marinha, do Exército e da Aeronáutica ou do próprio Tribunal.

Nos termos do art. 102, I, *d*, da CF, o Supremo Tribunal Federal é competente para o julgamento de mandado de segurança contra ato do Presidente

---

[53] STJ, 2ª Turma, RMS 48.316/MG, rel. Min. Og Fernandes, j. 17/09/2015, DJe 16/10/2015; STJ, 1ª Seção, AgRg no CC 131.715/RJ, rel. Min. Herman Benjamin, j. 08/10/2014, DJe 10/12/2014.

[54] STJ, 2ª Turma, AgRg no REsp 1.472.329/CE, rel. Min. Mauro Campbell Marques, j. 27/10/2015, DJe 05/11/2015.

da República, das Mesas da Câmara dos Deputados e do Senado Federal, do Tribunal de Contas da União, do Procurador-Geral da República e do próprio Supremo Tribunal Federal. É tranquilo no Supremo Tribunal Federal o entendimento de ser o tribunal incompetente para julgar originariamente mandados de segurança contra atos de autoridades de outros tribunais, inclusive superiores[55].

Sendo a autoridade coatora pertencente à pessoa jurídica de direito público federal, a competência, não sendo dos tribunais superiores e nem das Justiças especializadas, será da Justiça Federal.

O art. 108, *c*, da CF prevê que o Tribunal Regional Federal tem competência originária para julgar os mandados de segurança contra ato do próprio Tribunal, de juiz federal e de juiz estadual com competência federal delegada[56]. O art. 109, VIII, da CF, prevê a competência do primeiro grau da Justiça Federal para o julgamento de mandado de segurança contra ato de autoridade federal, excetuados os casos de competência dos tribunais federais, enquanto o art. 2º da Lei 12.016/2009, prevê ser federal a autoridade coatora se as consequências de ordem patrimonial do ato contra o qual se requer o mandado houverem de ser suportadas pela União ou entidade por ela controlada.

A competência da Justiça Estadual é residual, de forma que, excluídas as competências das Justiças especializadas e da Justiça Federal, o mandado de segurança será julgado pela Justiça Estadual. A competência originária dos Tribunais de Justiça é prevista pelas Constituições Estaduais e normas locais de Organização Judiciária. Será residual a competência do primeiro grau da Justiça Estadual, geralmente envolvendo atos de autoridades inferiores[57].

Quando a competência para o julgamento do mandado de segurança for de juízo de primeiro grau, tanto na Justiça Estadual como na Justiça Federal, a competência territorial se determinará pelo local em que a autoridade coatora exerce suas funções[58]. Havendo varas privativas da Fazenda Pública, a competência será absoluta dentro da comarca determinada pela regra de competência territorial.

Interessantes questões surgem quando há pluralidade de autoridades coatoras. Sendo a competência de primeiro grau e exercendo as autoridades coatoras suas funções no mesmo local, naturalmente não haverá qualquer

---

55 Súmula 624/STF.

56 Almeida, *Manual*, p. 502.

57 Barbi, *Do mandado*, n. 146, p. 115.

58 Marinoni-Arenhart, *Procedimentos*, p. 244; Pizzol, *A Competência*, p. 561; Sodré, *Mandado*, p. 136.

problema na fixação da competência territorial. Na hipótese de as autoridades coatoras exercerem suas funções em diferentes locais, aplicar-se-á a regra consagrada no art. 46, § 4º, do CPC, de forma que caberá ao impetrante escolher entre os diferentes foros competentes[59]. Na hipótese de competência originária de tribunal, havendo mais de uma autoridade coatora com diferentes tribunais competentes para cada uma delas, a autoridade de hierarquia superior prevalece, o mesmo ocorrendo quando a competência com relação a uma autoridade coatora é do primeiro grau e de outra é originária de tribunal[60].

No tocante às decisões proferidas em sede de Juizados Especiais, os tribunais superiores já consolidaram o entendimento de incompetência absoluta para o julgamento originário do mandado de segurança dos Tribunais de Justiça[61]. Em regra, independentemente de a decisão ser de juízo monocrático ou do Colégio Recursal, a competência será do Colégio Recursal[62], salvo na hipótese de a matéria alegada no mandado de segurança ser a incompetência absoluta dos Juizados, hipótese em que se admite a excepcional competência do Tribunal de Justiça[63].

6.4. SUJEITOS PROCESSUAIS

6.4.1. Legitimação ativa

6.4.1.1. Introdução

O art. 1º, *caput*, da Lei 12.016/2009, prevê como legitimados ativos as pessoas físicas e jurídicas, consolidando o entendimento doutrinário que, mesmo à luz do art. 1º da Lei 1.533/1951, interpretava o termo "alguém" como inclusivo das pessoas jurídicas e físicas. Tais pessoas podem ser brasileiras ou estrangeiras e a pessoa jurídica de direito privado ou público, consagrando-se legislativamente a amplitude do mandado de segurança, que mesmo tendo surgido para tutelar o indivíduo em face do Estado, passou a servir como forma de tutela inclusive do Estado perante ele mesmo.

Ainda que não haja previsão expressa nesse sentido, pessoas formais são também legitimadas ativas, tais como o espólio, o condomínio, a massa falida, bem como entes despersonalizados[64], que, apesar de não terem personalida-

---

59 Sodré, *Mandado*, p. 137.

60 STJ, 2ª Turma, REsp 1.377.480/DF, rel. Min. Mauro Campbell Marques, j. 17/09/2013, DJe 01/10/2013.

61 STF, Primeira Turma, RE 577.443 AgR/PR, rel. Min. Cármen Lúcia, j. 26/05/2009, *DJE* 18/12/2009.

62 Súmula 376/STJ.

63 STJ, 3ª Turma, RMS 46.955/GO, rel. Min. Moura Ribeiro, j. 23/06/2015, DJe 17/08/2015; STJ, 2ª Turma, AgRg no RMS 42.598/DF, rel. Min. Mauro Campbell Marques, j. 05/12/2013, DJe 11/12/2013.

64 Marinoni-Arenhart, *Procedimentos*, p. 241; Theodoro Jr., *Mandado*, n. 3, p. 4.

de jurídica, tem personalidade judiciária, tais como as Casas Legislativas[65] e os Tribunais Federais, Estaduais e de Contas[66], desde que atuem em juízo para defender os seus interesses estritamente institucionais, ou seja, aqueles relacionados ao funcionamento, autonomia e independência do órgão.

A legitimação ativa prevista pelo dispositivo ora comentado é limitada ao mandado de segurança individual, considerando-se que somente o partido político e as associações, sindicatos e entidades de classe, além do Ministério Público, têm legitimidade para impetrar mandado de segurança coletivo. Trata-se de regra prevista no art. 5ª, LXX, da CF e especificada no art. 21, *caput*, da Lei 12.016/2009, comentada em capítulo próprio.

6.4.1.2. Legitimidade ordinária individual

O art. 1º, § 3º, da Lei 12.016/2009 prevê típica hipótese de legitimação ordinária individual concorrente disjuntiva, na qual, apesar da pluralidade de titulares do direito, a lei permite que qualquer um deles o defenda sozinho em juízo. Significa dizer que a parte litigante também será titular do direito debatido, mas terá legitimidade isolada, podendo demandar mesmo sem a presença dos demais titulares do direito. Existem inúmeros exemplos, como a ação reivindicatória da coisa comum, que pode ser proposta por qualquer condômino; ação de dissolução de sociedade, que pode ser proposta por qualquer sócio; ação que tenha como objetivo a anulação de uma assembleia-geral em sociedade por ações, que pode ser proposta por qualquer sócio, a declaração de indignidade do herdeiro, que pode ser proposta por qualquer interessado na sucessão; aa ação de sonegados, que pode ser proposta por qualquer herdeiro ou credor da herança etc.

Nesse caso, a pluralidade de titulares de um mesmo direito violado ou ameaçado pelo ato coator justifica a possibilidade de que qualquer um deles ingresse com o mandado de segurança, até porque exigir-se a presença de todos esbarraria na polêmica do litisconsórcio ativo necessário e nas dificuldades práticas que surgiriam na hipótese de um dos titulares não pretender ingressar com a ação judicial[67].

Nessa hipótese, a formação do litisconsórcio será facultativa, sendo formado ou não conforme a vontade dos sujeitos legitimados à propositura do mandado de segurança, mas, uma vez formado, a decisão obrigatoriamente resolverá a crise jurídica do mesmo modo para todos os litisconsortes. A justificativa é evidente, considerando-se a incindibilidade do objeto do processo,

---

65 STJ, 2ª Turma, REsp 1.429.322/AL, rel. Min. Mauro Campbell Marques, j. 20/02/2014, DJe 28/02/2014.

66 STJ, 6ª Turma, AgRg no REsp 700.136/AP, rel. Min. Og Fernandes, j. 24/08/2010, DJe 13/09/2010.

67 Neves, *Manual*, n. 5.6, p. 165-168.

o que torna obrigatória a prolação de uma sentença uniforme para todos os litisconsortes. Trata-se, afinal, de um mesmo direito material.

Não parece correto o entendimento doutrinário de que o dispositivo legal ora analisado admitiria uma espécie de substituição processual, dando a um indivíduo a legitimidade de ingressar com mandado de segurança em favor de uma coletividade na defesa de diretos coletivos ou individuais homogêneos[68]. No direito coletivo, o titular é uma comunidade – classe, grupo ou categoria de pessoas –, não sendo o indivíduo legitimado à sua defesa em juízo, salvo na hipótese de ação popular que, naturalmente, não se confunde com o mandado de segurança. No direito individual homogêneo há uma soma de direitos individuais de origem comum mas, mesmo nesse caso, cada indivíduo é titular de seu direito individual, só podendo atuar em nome próprio em sua defesa, jamais na defesa do direito individual de outro indivíduo ou do conjunto de indivíduos. Para essas espécies de direito existe o mandado de segurança coletivo, regulado pelos arts. 21 e 22 da Lei 12.016/2009.

Tampouco parece correto o entendimento de que o dispositivo legal expressa uma hipótese de legitimação extraordinária concorrente e disjuntiva[69], porque, nessa espécie de legitimação, o sujeito estará em juízo defendendo em nome próprio direito alheio, sendo que o dispositivo legal é claro ao afirmar que o direito ameaçado ou violado cabe a várias pessoas, ou seja, existe uma pluralidade de titulares. Nesse caso, caso um desses titulares ingresse sozinho com o mandado de segurança, o fará em nome próprio por interesse próprio, ou seja, atuará em legitimação ordinária, ainda que ao mesmo tempo em que defende o seu direito naturalmente esteja defendendo o interesse dos demais titulares do direito, até porque o direito material discutido no mandado de segurança é o mesmo.

O entendimento sumulado de que integrante de lista de candidatos a determinada vaga da composição de tribunal é parte legítima para impugnar a validade da nomeação de concorrente[70] não excepciona o entendimento ora defendido, considerando-se que o direito a anulação da nomeação é um só com vários titulares, no caso, todos os candidatos preteridos. Nesse caso, como em todos os outros já mencionados, a identidade do direito discutido em juízo permite que os titulares postulem a proteção jurisdicional em litisconsórcio por via do mandado de segurança, e o dispositivo legal ora analisado permite o ingresso de mandado de segurança por qualquer um dos titulares.

---

[68] Scarpinella Bueno, *A nova*, p. 12.

[69] Medina-Araújo, *Mandado*, n. 1.4.4, p. 45; Luana Pedrosa de Figueiredo Cruz, in: Favreto, *Comentários*, p. 37-38; Theodoro Jr., *Mandado*, n. 3b, p. 5.

[70] Súmula 628/STF: "Integrante de lista de candidatos a determinada vaga da composição de tribunal é parte legítima para impugnar a validade da nomeação de concorrente".

6.4.1.3. *Legitimação extraordinária*

O art. 3º, *caput*, da Lei 12.016/2009, trata de clara hipótese de substituição processual, admitindo que o titular de direito correlato a um direito que pode ser protegido por meio do mandado de segurança ingresse em nome próprio na defesa do interesse de outrem[71].

É tradicional o exemplo do segundo colocado em concurso público que, diante da inércia do primeiro colocado, ingressa com mandado de segurança em favor deste diante da convocação do terceiro colocado no certame. No mandado de segurança se buscará a anulação da convocação do terceiro colocado, o que tutelará o direito do primeiro colocado em ser convocado, e do segundo colocado a ser o próximo na ordem de chamada. Naturalmente o segundo colocado não pode pedir sua imediata convocação por meio do mandado de segurança, mas indiretamente melhora sua situação ao se tornar o próximo a ser convocado (sem o mandado de segurança, continuaria a ser o segundo na ordem de convocação). A preterição em ordem estabelecida em licitação também pode justificar a aplicação do artigo legal ora analisado.

Outro exemplo comumente lembrado em doutrina é o do locatário que, por disposição contratual, se obriga ao pagamento do IPTU. Nesse caso, havendo lançamento indevido, poderia o locatário, em mandado de segurança, litigar em nome próprio pelo direito do locador, porque teria nesse caso uma obrigação decorrente daquele que será discutida em juízo. Registre-se, entretanto, que o Superior Tribunal de Justiça vem entendendo em sentido contrário, afastando do locatário a qualidade de possuidor indireto e, por consequência, entendo-o como parte ilegítima para o mandado de segurança[72], apesar de em precedente mais recente, ainda que *obter dicta*, ter sido admitida tal legitimidade[73].

Entendo que a omissão do titular do direito em impetrar o mandado de segurança não é o suficiente para impedir sua participação como assistente litisconsorcial do impetrante que atuará com legitimação extraordinária. Apesar da polêmica a respeito da natureza jurídica da assistência litisconsorcial - para alguns uma espécie qualificada de assistência, para outros, um litisconsórcio superveniente[74] –, acredito que mesmo aqueles que entendem pela qualidade de litisconsorte do assistente litisconsorcial afastem a aplicação na hipótese do art. 10, § 2º, da Lei 12.016/2009. Dessa forma, a intervenção do

[71] Marinoni-Arenhart, *Manual*, p. 242; Mouta, *Mandado*, p. 191.

[72] STJ, 1ª Turma, AgRg no REsp. 569.184/RJ, rel. Min. Denise Arruda, j. 19/10/2006, *DJ* 09/11/2006, p. 252; STJ, 1ª Turma, REsp. 656.631/SP, rel. Min. Luiz Fux, j. 16/08/2005, *DJ* 05/09/2005, p. 239.

[73] STJ, 1ª Seção, MS 19.227/DF, rel. Min. Arnaldo Esteves Lima, j. 13/03/2013, DJe 30/04/2013.

[74] Neves, *Manual*, n. 6.2.3.1, p. 184-185.

titular do direito será admitida a qualquer momento do processo, recebendo o processo no estado em que ele se encontrar. O que não se pode admitir é a simples vedação de participação do titular do direto em demanda na qual o seu direito material está sendo discutido.

O art. 3º, *caput*, da Lei 12.016/2009, prevê um prazo de 30 dias para que o titular ingresse com o mandado de segurança após sua notificação. O vencimento do prazo de 30 dias após a notificação sem a propositura da ação pelo titular do direito não retira dele o direito de ação, de forma que, mesmo após o transcurso do prazo, continuará a ser parte legítima para a impetração do mandado de segurança. Como, a partir desse momento, também o terceiro titular de direito correlato passa a ter legitimidade ativa, é possível que exista litispendência entre dois mandados de segurança: aquele proposto pelo titular e aquele proposto pelo legitimado extraordinário. E nem se fale que não existiria litispendência em razão dos diferentes autores da ação, considerando que a identidade de partes é analisada à luz da *parte* no sentido material (titular do direito defendido), e não no sentido processual (sujeito que participa do processo).

Constatada a litispendência, deve-se aplicar a regra consagrada pelo art. 240, *caput*, do CPC, que, ao prever como um dos efeitos da citação a indução à litispendência, vem fazendo com que o Superior Tribunal de Justiça decida pela manutenção do processo em que tenha se realizado a primeira citação[75]. Como não há propriamente uma citação no mandado de segurança, o ato de comunicação a ser considerado é a notificação da autoridade coatora. Registre-se precedente do Superior Tribunal de Justiça no sentido de ser mantido o primeiro que foi proposto antes, independentemente da data da citação do réu[76].

Sendo extinto o mandado de segurança do legitimado extraordinário, ele poderá ingressar no processo promovido pelo titular do direito como assistente simples[77]; sendo extinto o mandado de segurança do titular do direito, ele poderá ingressar como assistente litisconsorcial do legitimado extraordinário.

A substituição processual ora analisada só é admitida após transcurso do prazo de 30 dias de inércia do titular do direito, e, apesar da previsão legal exigir notificação judicial (arts. 726 a 729 do CPC), é preferível a doutrina que admite ser a notificação realizada de forma extrajudicial[78]. A segurança

---

75 STJ, REsp 778.976/PB, 4ª Turma, Rel. Min. João Otávio de Noronha, j. 08/04/2008; EDcl no AgRg na MC 5.281/GO, 1ª Turma, Rel. Min. Luiz Fux, j. 20/05/2003.

76 STJ, 2ª Turma, AgInt no REsp 1.609.326/PI, rel. Min. Mauro Campbell Marques, j. 04/10/2016, DJe 13/10/2016.

77 Scarpinella Bueno, *Mandado*, p. 46.

78 Scarpinella Bueno, *A nova*, p. 15-16.

jurídica é praticamente a mesma, nada havendo a justificar a exigência pela forma judicial de notificação.

Uma questão que suscita amplo debate na doutrina diz respeito à previsão contida no art. 3º, parágrafo único, da Lei 12.016/2009, de que o exercício do direito descrito no dispositivo legal deve se submeter ao prazo de 120 dias previsto no art. 23 da mesma lei.

Seria possível entender que se trata de prazos sucessivos, de forma que, dentro do prazo de 120 dias, caberá ao terceiro titular de direito correlato notificar o titular do direito e, somente depois de verificada a inércia deste em ingressar com o mandado de segurança, terá início a contagem de prazo de 120 dias para aquele? Não parece ser esse o sentido dado pelo dispositivo legal ora comentado, que induz à conclusão de que tudo deve ser resolvido dentro de um prazo decadencial único, com termo inicial na data de ciência do ato atacado pelo *mandamus,* até porque a inércia do titular do direito não é passível de impugnação, de forma que o ato a ser impugnado continua a ser o mesmo (e que deve ser impugnado, por quem quer que seja, no prazo decadencial de 120 dias[79]).

Por outro lado, não se deve admitir entendimento doutrinário que defende a suspensão do prazo para impetração do mandado de segurança durante os 30 dias concedidos ao titular para o exercício do direito de ação[80]. Ainda que a ausência dessa suspensão possa impedir o exercício de direito de ação pelo terceiro – para isso basta que a notificação se dê a menos de 30 dias do vencimento do prazo de 120 dias previsto no art. 23 da Lei 12.016/2009 –, o prazo não pode ser suspenso em razão de sua natureza decadencial.

6.4.2. Legitimidade passiva

Em inovadora regra no sistema processual referente ao mandado de segurança, o art. 6º, *caput,* da Lei 12.016/2009 passou a prever como exigência formal específica da petição inicial a indicação não só da autoridade apontada como coatora, mas também da pessoa jurídica que esta integra.

Para parcela da doutrina a necessidade de indicação da autoridade coatora e da pessoa jurídica que esta integra, aliada a previsões constantes em outros dispositivos legais da mesma lei (arts. 7º, I e II, 11, 14, § 2º), permite a conclusão de que a vontade do legislador foi criar um litisconsórcio passivo necessário entre autoridade coatora e a pessoa jurídica a que pertence[81], tese

---

[79] Theodoro Jr., *Mandado,* n. 3b, p. 05; Klippel-Neffa Jr., *Comentários,* p. 67; Colares Cavalcante, Mandado, n. 2.3.6.1, p. 64-65; Arnoldo Wald, Do Mandado, n. 58, p. 181.

[80] Medina-Araújo, *Mandado,* n. 3.2, p. 67.

[81] Scarpinella Bueno, *A nova,* p. 26.

rejeitada pelo Superior Tribunal de Justiça[82]. Para outra corrente doutrinária, entretanto, a novidade legislativa não pretendeu criar um litisconsórcio passivo necessário, mas tão somente permitir que, com a indicação da autoridade coatora e da pessoa jurídica que esta integra, seja facilitada a tarefa do juiz em determinar a correção da autoridade coatora indevidamente indicada pelo impetrante[83].

O tema da legitimidade passiva do mandado de segurança sempre rendeu debates acalorados na doutrina, existindo parcela da doutrina que entende ser a autoridade coatora o sujeito legitimado a participar do polo passivo da demanda[84] e outra parcela, que entende ter legitimidade passiva a pessoa jurídica de direito público[85]. O Superior Tribunal de Justiça consolidou o entendimento de que a autoridade coatora não faz parte do polo passivo do mandado de segurança, posição ocupada pela pessoa jurídica de direito público[86], ainda que por vezes, a alimentar eternamente a polêmica, sugira ser a autoridade coatora a legitimada passiva do mandado de segurança[87].

Registre-se que o entendimento de que não existe litisconsórcio passivo necessário entre autoridade coatora e pessoa jurídica de direito público não afasta a existência dessa espécie de litisconsórcio do mandado de segurança. Como assentado na doutrina, sempre que algum sujeito vir a sofrer os efeitos jurídicos diretos do mandado de segurança em sua esfera jurídica, deverá fazer parte do polo passivo da ação juntamente com a pessoa jurídica de direito público, em litisconsórcio necessário. O Superior Tribunal de Justiça, inclusive, consolidou o entendimento de que a ausência desse sujeito enseja nulidade absoluta que, após o trânsito em julgado, enseja vício de rescindibilidade a ser alegado por meio de ação rescisória[88].

Apesar de considerar que a autoridade coatora não é ré no mandado de segurança, mas sim a pessoa jurídica de direito público, paradoxalmente

---

82 STJ, 1ª Turma, AgRg no REsp 1.191.674/MG, rel. Min. Napoleão Nunes Maia Filho, j. 03/09/2015, DJe 22/09/2015.

83 Figueiredo Cruz, in: Favreto, *Comentários*, p. 70-71.

84 Helly Lopes Meirelles, *Mandado*, p. 54; José da Silva Pacheco, *O mandado*, n. 114, p. 239; Carlos Alberto Menezes de Direito, *Manual*, p. 100; Medina-Araújo, *Mandado*, n. 6.4.1, p. 90; Marinoni-Arenhart, *Procedimentos*, p. 242.

85 Lúcia Valle Figueiredo, *Mandado*, p. 54-55; José Henrique Mouta, *Mandado*, p. 62-64; João Batista Lopes, "Sujeito passivo no mandado de segurança", in: *Aspectos*, p. 416-417; Theodoro Jr., *Mandado*, n. 4b, p. 07; Klippel-Neffa Jr., *Comentários*, p. 29-31.

86 STJ, 1ª Turma, AgRg no REsp 1.452.009/SC, rel. Min. Benedito Gonçalves, j. 06/12/2016, DJe 02/02/2017; STJ, , 2ª Turma, AgRg no AREsp 356.568/MG, rel. Min. Humberto Martins, j. 10/09/2013, DJe 18/09/2013; STJ, 1ª Turma, AgRg no REsp 1.222.348/BA, rel. Min. Arnaldo Esteves Lima, j. 20/09/2011, DJe 23/09/2011.

87 STJ, 1ª Seção, MS 19.498/DF, rel. Min. Napoleão Nunes Maia Filho, j. 27/05/2015, DJe 03/06/2015.

88 STJ, 1ª Seção, AR 4.847/DF, rel. Min. Sérgio Kukina, j. 08/10/2014, DJe 04/11/2014; STJ, 1ª Seção, AR 3.646/MG, rel. Min. Eliana Calmon, j. 12/11/2008, *DJE* 01/12/2008.

o Superior Tribunal de Justiça entende que o equívoco em sua indicação leva o processo, ao menos em regra, à extinção por ilegitimidade passiva[89].

Flexibilizando esse entendimento, existe posicionamento no próprio Superior Tribunal de Justiça que entende viável a correção da irregularidade quanto à indicação errônea da autoridade coatora, por meio de emenda da petição inicial, sempre que o sujeito apontado como autoridade coatora e o que deveria ter sido apontado pertençam à mesma pessoa jurídica[90]. E outros julgados vão ainda mais longe, afirmando que o erro da autoridade coatora, desde que todas pertençam a mesma pessoa jurídica, não enseja sequer a determinação de emenda da petição inicial, reconhecendo-se, nesse caso, a legitimidade passiva com o fundamento de que não se altera a polarização processual o equívoco no apontamento da autoridade coatora[91].

Em razão desse consolidado entendimento jurisprudencial, é de se lamentar profundamente o veto presidencial ao art. 6º, § 4º, da Lei 12.016/2009, dispositivo que determinava expressamente o direito do impetrante de emendar a petição inicial no prazo de 10 dias da alegação de ilegitimidade passiva para corrigir a indicação errônea de autoridade coatora. Ainda que criasse uma excepcionalidade ao admitir uma emenda da petição inicial depois de apresentada a resposta pela autoridade coatora, o dispositivo legal era positivo porque minimizava as situações de extinção do processo sem a resolução do mérito. Interessante notar que as razões do veto não criticam a possibilidade da emenda da petição inicial[92], o que leva parcela da doutrina, inclusive, a continuar a defender o conteúdo da norma vetada[93].

De qualquer forma, ainda que inadmitida a emenda à petição inicial, o Superior Tribunal de Justiça vem flexibilizando seu entendimento pela extinção do processo, ao admitir a indicação errônea da autoridade coatora por meio da teoria da encampação. Para o tribunal, o mandado de segurança deve ser julgado normalmente desde que: (a) haja vínculo hierárquico entre

---

[89] STJ, 2ª Turma, AgRg no RMS 32.648/PE, rel. Min. Og Fernandes, j. 10/11/2015, DJe 18/11/2015; STJ, 1ª Turma, AgRg no RMS 46.748/RJ, rel. Min. Benedito Gonçalves, j. 10/03/2015, DJe 17/03/2015.STJ, 2ª Turma, RMS 20.471/RJ, rel. Castro Meira, j. 04/06/2009, DJE 17/06/2009; STJ, 1ª Seção, MS 13.604/DF, rel. Min. Mauro Campbell Marques, j. 08/10/2008, DJE 28/10/2008; STJ, 6ª Turma, AgRg no RMS 22.669/PE, rel. Min. Jane Silva, j. 01/07/2008, DJE 12/08/2008.

[90] STJ, 1ª Turma, AgRg no Ag 1.076.626/MA, rel. Min. Luiz Fux, j. 21/05/2009, *DJE* 29/06/2009.

[91] STJ, 1ª Turma, AgRg no REsp 1.452.009/SC, rel. Min. Benedito Gonçalves, j. 06/12/2016, DJe 02/02/2017; STJ, 2ª Turma, AgRg nos EDcl no REsp 1.407.820/ES, rel. Min. Humberto Martins, j. 18/06/2014, DJe 01/07/2014.

[92] "A redação conferida ao dispositivo durante o trâmite legislativo permite a interpretação de que devem ser efetuadas no correr do prazo decadencial de 120 dias eventuais emendas à petição inicial com vistas a corrigir a autoridade impetrada. Tal entendimento prejudica a utilização do remédio constitucional, em especial, ao se considerar que a autoridade responsável pelo ato ou omissão impugnados nem sempre é evidente ao cidadão comum".

[93] Scarpinella Bueno, *A nova*, p. 30.

a autoridade erroneamente apontada e aquela que efetivamente praticou o ato ilegal; (b) a extensão da legitimidade não modifique regra constitucional de competência[94]; (c) seja razoável a dúvida quanto à legitimação passiva na impetração; e (d) tenha a autoridade impetrada defendido a legalidade do ato impugnado, ingressando no mérito da ação de segurança[95]. Como se pode notar da teoria da encampação, não haverá propriamente correção da autoridade coatora, criando-se por meio de uma ficção jurídica a legitimidade para figurar no processo como autoridade coatora de um sujeito que em tese não a teria.

6.4.3. Autoridade coatora

Com relação à determinação da autoridade coatora, o art. 1º, *caput*, da Lei 12.016/2009, prevê que o ato coator impugnável por mandado de segurança é aquele praticado por autoridade, seja de que categoria for e sejam quais forem as funções que exerça. O art. 1º, § 1º, da Lei 12.016/2009, equipara à autoridade os representantes ou órgãos de partidos políticos, os administradores de entidades autárquicas e os dirigentes de pessoas jurídicas ou das pessoas naturais no exercício de atribuições do Poder Público.

O art. 2º da Lei 12.016/2009 prevê ser considerada federal a autoridade coatora se as consequências de ordem patrimonial do ato contra o qual se requer o mandado houverem de ser suportados pela União ou entidade por ela controlada. O dispositivo legal tem relevância para a determinação de competência, em especial na aplicação do art. 109, VIII, da CF.

Segundo o art. 6º, § 3º, da Lei 12.016/2009, a autoridade coatora será aquela que tenha praticado o ato impugnado ou da qual emane a ordem para a sua prática. A redação do dispositivo legal deve ser interpretada com extremo cuidado, considerando-se que, numa interpretação literal, haverá uma duplicidade de sujeitos que poderiam vir a ser considerados autoridades coatoras pelo impetrante: o sujeito que cumpre a ordem e o sujeito que ordena.

Nos comentários à Lei 1.533/1951, a doutrina majoritária já identificava como autoridade coatora o sujeito do qual emanava a ordem para a prática do ato, considerando que somente esse sujeito teria o poder de desfazê-lo, se assim ordenasse o Poder Judiciário[96]. Dentro dessa concepção tradicional, aquele que

---

94 STF, 2ª Turma, AC 3.545 MC-ED/DF, rel. Min. Celso de Mello, j. 08/04/2014, DJe 24/04/2014.

95 STJ, 2ª Turma, AgRg no RMS 45.893/MA, rel Min. Assusete Magalhães, j. 08/09/2015, DJe 18/09/2015; STJ, 1ª Turma, REsp 818.473/MT, rel. Min. Luiz Fux, j. 14/12/2010, DJe 17/12/2010.

96 STJ, 3ª Seção, MS 15.114/DF, rel. Min. Nefi Cordeiro, j. 26/08/2015, DJe 08/09/2015; STJ, 2ª Turma, RMS 29.171/GO, rel. Min. Mauro Campbell Marques, j. 18/08/2009, *DJE* 10/09/2009; Rodolfo Camargo Mancuso, "Sobre a identificação da autoridade coatora e a impetração contra a lei em tese, nos mandados de segurança", p. 76.

simplesmente praticava um ato em mero cumprimento de ordem, sem qualquer margem de decisão, não poderia ser considerado autoridade coatora[97].

A questão é como interpretar o dispositivo legal ora comentado. Para parcela da doutrina, ainda que a mera interpretação literal sugira uma facultatividade entre o executor do ato e aquele que o ordena, é melhor continuar a aplicar o entendimento já consagrado na doutrina e na jurisprudência[98]. Parece ser o melhor entendimento, até mesmo porque conspira contra a efetividade da tutela jurisdicional a possibilidade de ingresso de mandado de segurança figurando como autoridade coatora um sujeito que não tenha poderes para desfazer o ato coator impugnado.

Para outra corrente doutrinária, a mudança legal veio justamente para facilitar o trabalho do impetrante na difícil tarefa de descobrir quem é efetivamente a autoridade que ordenou a prática do ato[99]. Como é sabido, realmente há uma enorme zona cinzenta a respeito do que é efetivamente mero cumprimento de ordem e do que é efetivamente decisão não vinculada. Não me parece, entretanto, que facultar ao impetrante a indicação de quem apenas executou a ordem ou de quem ordenou a prática do ato ou da omissão seja solução positiva ao nosso sistema, ainda que inegavelmente facilite o trabalho do impetrante.

A questão, a meu ver, resvala na competência para o julgamento do mandado de segurança, considerando-se que, muitas vezes, a indicação como autoridade coatora do mero executor ou do sujeito que ordena a prática do ato ou omissão ensejam diferentes órgãos jurisdicionais para o julgamento do mandado de segurança. Nesse sentido, vejo com dificuldade uma ação movida em grau hierárquico inferior em razão do impetrante ter escolhido o agente executor do ato como autoridade coatora. Além, é claro, da impossibilidade de sujeito que só cumpriu ordens desfazer o ato impugnado.

Como já anteriormente afirmado, não se desconhece a dificuldade prática na identificação da autoridade coatora, e justamente para não prejudicar indevidamente o impetrante que falha nessa indicação, cabe ao juiz a determinação de emenda da petição inicial, para que a devida autoridade coatora seja indicada, além de flexibilizações a regra, como ocorre com a "teoria da encampação". Não parece que alargar o conceito de autoridade coatora, construído ao longo do tempo pela doutrina e jurisprudência, seja a melhor

97 STF, 1ª Turma, MS 31.153, AgR/DF, rel. Min. Rosa Weber, j. 29/05/2012, DJe 19/06/2012; STF, Tribunal Pleno, MS 24.927/RO, rel. Min. Cezar Peluso, j. 28/09/2005, *DJ* 25/08/2006, p. 18; STJ, 1ª Turma, RMS 37.657/PE, rel. Min. Sérgio Kukina, j. 01/10/2015, DJe 09/10/2015; STJ, 2ª Turma, RMS 29.310/GO, rel. Min. Eliana Calmon, j. 04/06/2009, *DJE* 19/06/2009; Meirelles, *Mandado*, p. 56; Menezes de Direito, *Mandado*, p. 101.

98 Scarpinella Bueno, Mandado, p. 28-29.

99 Figueiredo, *Comentários*, p. 75.

saída para facilitar a tarefa do impetrante em evitar a extinção do processo sem resolução do mérito por errônea indicação da autoridade coatora. O Superior Tribunal de Justiça continua a entender que não deve figurar no mandado de segundo autoridade que pratica o ato impugnado como mero executor material, cumprindo a ordem de outra autoridade, esse sim devendo ser considerada a autoridade coatora[100].

6.4.4. Litisconsórcio

6.4.4.1. Aplicação das regras do CPC ao mandado de segurança

O art. 24 da Lei 12.016/2009 prevê a aplicação ao mandado de segurança dos arts. 46 a 49 do Código de Processo Civil de 1973, o que significa que, por expressa previsão legal, aplica-se ao mandado de segurança as regras do litisconsórcio previstas no *codex* processual. Com o advento do Código de Processo Civil de 2015 a remissão do art. 24 da Lei 12.016/2009 passa a ser aos arts. 113 a 118 do novo diploma processual.

A previsão não inova no sistema processual, sendo de se destacar a existência de todas as espécies de litisconsórcio no mandado de segurança: ativo, passivo e misto; inicial e ulterior; necessário e facultativo; simples e unitário.

6.4.4.2. Litisconsórcio ativo ulterior

A formação do litisconsórcio gera dois benefícios: economia processual (evita a repetição de prática de atos processuais) e harmonização de julgados (evita decisões contraditórias ou conflitantes), mas, depois da propositura da demanda, pode-se afirmar que os litisconsortes facultativos ulteriores escolhem o juízo, em nítida afronta ao princípio do juiz natural. Apesar de existir decisão do Superior Tribunal de Justiça entendendo que essa formação de litisconsórcio não pode ser admitida justamente em razão do princípio do juízo natural[101], prefiro o entendimento doutrinário que permite o litisconsórcio ulterior até o saneamento do processo[102].

A par de minha preferência doutrinária, o art. 10, § 2º, da Lei 12.016/2009, prevê que o ingresso de litisconsorte ativo não será admitido após o despacho da petição inicial. Interessante notar que, aplicando-se o art. 263 do CPC/1973,

---

[100] STJ, 1ª Turma, RMS 37.657/PE, rel. Min. Sérgio Kukina, j. 01/10/2015, DJe 09/10/2015; STJ, 5ª Turma, AgRg no RMS 28.860/DF, rel. Min. Moura Ribeiro, j. 19/09/2013, DJe 25/09/2013.

[101] STJ, 2ª Turma, REsp 767.979/RJ, rel. Min. Eliana Calmon, j. 09/06/2009, *DJe* 25/06/2009; *Informativo* STJ/279, REsp. 769.884/RJ, Rel. Min. João Otávio de Noronha, j. 28/03/2006; STJ, 1ª Turma, REsp 870.482/RS, rel. José Delgado, j. 06/03/2008, *DJE* 30/06/2008.

[102] Araken de Assis, *Do litisconsórcio*, p. 298.

o despacho da petição inicial representa o momento de propositura da ação nos foros de vara única, mas, havendo mais de uma vara, esse momento era o da distribuição, que naturalmente precede o primeiro despacho. Numa interpretação literal do dispositivo legal ora analisado, nos foros com mais de uma vara, admitir-se-ia a formação de litisconsórcio ativo facultativo ulterior no lapso temporal existente entre a distribuição e o despacho da petição inicial.

Entendo que a previsão legal não foi feliz, não havendo qualquer justificativa no tratamento heterogêneo da regra, quando analisada à luz do art. 263 do CPC/1973. E tudo ficou ainda mais complicado com o advento do Código de Processo Civil de 2015, em especial o seu art. 312, ao prever que a ação será considerada proposta com o protocolo da petição inicial. Ou seja, o despacho do juiz não é mais, mesmo nos foros de vara única, considerado o ato pelo qual a ação é considerada proposta.

Diante dessa realidade, parece que o art. 10, § 2º, da Lei 12.016/2009 não segue o entendimento consolidado pelo Superior Tribunal de Justiça pela inadmissão da formação de litisconsórcio facultativo após a propositura da ação, já que entre o protocolo da petição inicial e o despacho inicial do juiz haverá um lapso temporal no qual se admitirá a formação do litisconsórcio ativo facultativo.

Realmente é difícil entender a opção do legislador, mas é importante lembrar que o mesmo Superior Tribunal de Justiça, que não permite a formação de litisconsórcio facultativo ulterior em respeito ao princípio do juízo natural, afirma que havendo previsão legal expressa nesse sentido não se deve falar em violação a tal princípio. E por mais estranha e irrazoável que seja a previsão do art. 10, § 2º, da Lei 12.016/2009, ela é certamente uma exceção legal à vedação de formação do litisconsórcio ativo facultativo ulterior.

6.4.4.3. *Litisconsórcio passivo necessário*

A par do debate a respeito de quem deve compor o polo passivo do mandado de segurança, existe forte entendimento doutrinário e jurisprudencial que defende a presença de sujeito que tenha sido diretamente beneficiado pelo ato que se impugna por meio de mandado de segurança[103]. A justificativa é que, sendo anulado o ato *sub judice*, esse sujeito sofrerá inexoravelmente os prejuízos advindos dessa anulação, o que obriga sua participação no processo.

Basta imaginar um mandado de segurança impetrado por concorrente derrotado em licitação, visando sua anulação. Nesse caso, o vencedor da li-

[103] STJ, 4ª Turma, REsp 1.106.804/PB, rel. Min. Aldir Passarinho Jr., j. 18/08/2009, *DJE* 05/10/2009; STJ, 5ª Turma, REsp 1.077.368/MG, rel. Min. Jorge Mussi, j. 21/05/2009, *DJE* 29/06/2009.

citação deve compor o polo passivo do mandado de segurança, porque uma eventual anulação da licitação irá atingir sua esfera jurídica[104]. O mesmo se pode dizer do mandado de segurança contra ato judicial, no qual, ao menos em regra, o impetrante é uma das partes do processo no qual a decisão foi proferida, devendo ser a parte contrária incluída no polo passivo do mandado de segurança[105]. Sendo o impetrante um terceiro, autor e réu da ação originária deverão compor o polo passivo do mandado de segurança.

Registre-se que o Superior Tribunal de Justiça consagrou o entendimento de que os demais candidatos aprovados em concurso público, por possuírem mera expectativa de direito à nomeação, não podem ser considerados litisconsortes passivos necessários[106], o mesmo se dando com relação a candidatos participantes de concurso de remoção[107]. Caso os aprovados já tenham assumido o cargo, entretanto, e o impetrante busque anular o concurso público de ingresso, será hipótese de formação de litisconsórcio necessário[108].

A lei poderá, por motivos alheios ao mundo do processo, prever expressamente a imprescindibilidade de formação do litisconsórcio. No mandado de segurança, quando muito, seria o eventual litisconsórcio formado pela autoridade coatora e a pessoa jurídica de direito público, em entendimento já criticado nos comentários do item 6.4.4 e devidamente rejeitado pelo Superior Tribunal de Justiça.

A segunda forma de tornar um litisconsórcio necessário é a própria natureza jurídica da relação de direito material da qual participam os sujeitos que obrigatoriamente deverão litigar em conjunto. Na realidade, a necessidade de formação do litisconsórcio não decorre somente da natureza da relação jurídica de direito material, mas também da limitação processual que determina que somente as partes sofrerão os efeitos jurídicos diretos do processo.

No plano do direito material, fala-se em relações jurídicas incindíveis[109], cuja principal característica é a impossibilidade de um sujeito que dela faça parte suportar um efeito sem atingir todos os sujeitos que dela participam. Significa dizer que existem determinadas relações jurídicas de direito material

[104] Marinoni-Arenhart, *Procedimentos*, p. 243; STJ, 1ª Seção, AR 4.847/DF, rel. Min. Sérgio Kukina, j. 08/10/2014, DJe 04/11/2014.

[105] STJ, 2ª Turma, RMS 30.115/SP, rel. Min. Humberto Martins, j. 10/08/2010, *DJE* 19/08/2010; Theodoro Jr., *Mandado*, n. 8, p. 18.

[106] STJ, 2ª Turma, REsp 1.199.702/DF, rel. Min. Mauro Campbell Marques, j. 07/02/2012, DJe 14/02/2012.

[107] STJ, 3ª Seção, MS 14.865/DF, rel. Min. Gurgel de Faria, j. 10/12/2014, DJe 17/12/2014.

[108] STJ, 1ª Turma, AgRg no RMS 25.487/SP, rel. Min. Francisco Falcão, j. 05/03/2009, *DJe* 18/03/2009.

[109] Dinamarco, *Litispendência*, p. 159; Câmara, *Lições*, v. 1, p. 167.

que, gerando-se um efeito jurídico sobre ela, seja modificativo ou extintivo, todos os sujeitos que dela participam sofrerão, obrigatoriamente, tal efeito jurídico.

No plano processual, não se admite que o sujeito que não participa do processo sofra os efeitos jurídicos diretos da decisão, com exceção dos substituídos processuais e dos sucessores. Em regra, os efeitos jurídicos de um processo somente atingirão os sujeitos que fizeram parte da relação jurídica processual, não beneficiando nem prejudicando terceiros.

A soma dessas duas circunstâncias faz com que o litisconsórcio seja necessário: sabendo-se de antemão que todos os sujeitos que participam da relação jurídica material sofrerão todo e qualquer efeito jurídico gerado sobre a relação e sabendo-se que o sujeito que não participa do processo poderá sofrer os efeitos jurídicos da decisão, cria-se a obrigatoriedade de todos estarem presentes no processo, única forma possível de suportarem seus efeitos, que inexoravelmente atingirão a relação de direito material da qual participam. Os terceiros que seriam atingidos diretamente em sua esfera jurídica em razão da eventual concessão da ordem serão litisconsortes necessários em razão da natureza incindível da relação jurídica de direito material levada à apreciação do Poder Judiciário[110].

Não tendo sido formado o litisconsórcio necessário, caberá ao juiz, nos termos do art. 115, parágrafo único, do CPC, intimar o impetrante para que emende a petição inicial no sentido de atender a necessidade de formação do litisconsórcio. Sendo omisso o autor na correção do vício, será hipótese de indeferimento da petição inicial, nos termos do art. 330, IV, do CPC, havendo inclusive entendimento sumulado pelo Supremo Tribunal Federal nesse sentido[111].

6.4.5. Ministério Público

O art. 12, *caput*, da Lei 12.016/2009, prevê expressamente a participação do Ministério Público como fiscal da ordem jurídica no mandado de segurança, dando-lhe um prazo improrrogável de 10 dias para manifestação após o transcurso do prazo previsto no art. 7º, I, da mesma lei. A intervenção obrigatória do Ministério Público no procedimento do mandado de segurança já era o entendimento do Supremo Tribunal Federal na vigência

[110] STJ, 1ª Turma, AgRg no Ag 1.403.108/PR, rel. Min. Sérgio Kukina, j. 24/11/2015, DJe 10/12/2015; STJ, 2ª Turma, AgRg no REsp 1.382.531/SC, rel. Min. Humberto Martins, j. 06/08/2015, DJe 17/08/2015.

[111] Súmula 631/STF.

da Lei 1.533/1951[112], sendo agora corroborada pela literalidade do dispositivo legal ora comentado.

Segundo o *caput* do dispositivo legal, o prazo de 10 dias para manifestação do Ministério Público é improrrogável e, em seu parágrafo único, há previsão de que com ou sem o parecer do Ministério Público, os autos seguirão para a conclusão, para a prolação da decisão do mandado de segurança. Afirmar que o prazo é improrrogável é uma forma de mostrar que o prazo é peremptório, de forma que não será admitido ao juiz sua prorrogação no caso concreto. Como há previsão específica de que o prazo é improrrogável considero afastado o poder de o juiz dilatar o prazo previsto de forma genérica no art. 139, VI, do CPC. Entendo não se tratar de prazo próprio, daqueles que geram a preclusão temporal, parecendo não ser legítimo se desprezar a manifestação do Ministério Público, ainda que oferecida fora do prazo legal, desde que ainda haja tempo para essa análise. O que parece não ser admitido pela norma ora analisada é a interrupção do procedimento do mandado de segurança até que o parecer seja oferecido.

A regra busca agilizar o procedimento, e parece tomar partido no debate a respeito da ausência de manifestação do Ministério Público no mandado de segurança. Aparentemente o legislador entendeu que basta a mera intimação do Ministério Público para se afastar a nulidade, independentemente de sua efetiva participação no processo[113]. Registre-se que esse não era o entendimento do Superior Tribunal de Justiça, à luz do art. 10 da Lei 1.533/1951, que entendia ser imprescindível a efetiva participação do Ministério Público, ainda que tardiamente, já em grau recursal[114].

Acredito que houve uma alteração substancial, apesar de sutil, quando se compara o art. 12, parágrafo único, da Lei 12.016/2009 e o art. 10 da Lei 1.533/1951, o que deve ser o suficiente para uma mudança de opinião dos tribunais superiores.

O texto revogado previa que os autos seriam conclusões após ser ouvido o representante do Ministério Público, o que permitia a conclusão de que, somente após a efetiva manifestação do *parquet*, o procedimento prosseguiria com a remessa dos autos ao juiz para a prolação da sentença. A redação do dispositivo atualmente em vigor afirma peremptoriamente que, "com ou sem o parecer do Ministério Público", os autos seguirão para a conclusão, o que deixa claro ser indispensável a intimação, mas não a manifestação do *parquet*.

---

[112] STJ, 3ª Seção, EREsp. 161.968/DF, rel. Min. Fontes de Alencar, rel. p/ acórdão Min. Felix Fischer, j. 24/09/2003, *DJ* 24/11/2004, p. 227.

[113] Medina-Araújo, *Mandado*, n. 12.2, p. 155; Scarpinella Bueno, *A nova*, p. 72-73.

[114] STJ, 5ª Turma, REsp. 948.090/DF, rel. Min. Jorge Mussi, j. 26/05/2009, *DJE* 03/08/2009.

Apesar de se reconhecer as dificuldades administrativas do Ministério Público (a ausência de estrutura é problema comum a todos os órgãos públicos), não parece ser legítimo que o impetrante tenha sacrificado a celeridade derivada do procedimento sumário do mandado de segurança em razão de inércia do Ministério Público.

Por fim, o dispositivo legal ora comentado prevê que, uma vez conclusos para a decisão, caberá ao juízo proferi-la necessariamente num prazo de 30 dias. Nesse caso, entretanto, o termo necessariamente não é capaz de afastar a natureza imprópria do prazo judicial, ainda que se possa pensar em eventuais sanções administrativas pelo decurso do prazo sem a prolação da decisão. Por melhor que tenha sido a intenção do legislador, a preclusão temporal nesse caso serviria como um prêmio ao juiz não muito afeito ao trabalho, que, ao deixar vencer o seu prazo, transferiria o processo para outro juiz prolatar a decisão. De qualquer forma, entendo aplicável ao mandado de segurança o art. 235 do CPC.

6.5. PRAZO PARA A IMPETRAÇÃO DO MANDADO DE SEGURANÇA

Respeitável doutrina entende que o prazo decadencial de 120 dias para a propositura do mandado de segurança é inconstitucional, considerando que, enquanto houver necessidade de tutela de direito líquido e certo, deveria ser possível ao interessado ingressar com o mandado de segurança[115].

Não é esse, entretanto, o entendimento consagrado pelo Supremo Tribunal Federal, que inclusive já sumulou a constitucionalidade desse prazo[116], em entendimento confirmado mais uma vez pelo legislador, ao prever, no art. 23 da Lei 12.016/2009, a regra já existente no revogado art. 18 da Lei 1.533/1951. Entendo que a norma não traz a solução mais adequada, mas está longe de ser inconstitucional, porque não afasta o direito de ação da parte transcorrido o prazo de 120 dias, apenas não permitindo mais o procedimento sumário documental do mandado de segurança,[117].

O dispositivo legal não menciona expressamente o mandado de segurança contra omissão continuativa, continuando a imperar o entendimento já consagrado nos tribunais superiores pela não aplicação do prazo de 120 dias quando o mandado de segurança tiver como objeto um ato omissivo continuado, considerando-se que, nesse caso, o prazo de impetração do *man-*

[115] Scarpinella Bueno, *A nova*, n. 62, p. 144; Marinoni-Arenhart, *Procedimento*, p. 240.

[116] Súmula 632/STF: "É constitucional lei que fixa o prazo de decadência para a impetração de mandado de segurança".

[117] Medina-Araújo, *Mandado*, p. 227.

damus se renova mês a mês[118], o que é suficiente para afastar dessa situação o prazo decadencial[119].

Nem todo mandado de segurança fundado em omissão, entretanto, escapará do prazo decadencial, sendo indispensável para que isso ocorra que a omissão seja reiterada mês a mês. Segundo correto entendimento do Supremo Tribunal Federal, havendo a omissão para a prática de determinado ato específico, o prazo decadencial de 120 dias do mandado de segurança terá início no vencimento do prazo legal para a prática do ato cuja ausência se busca impugnar por meio do mandado de segurança[120].

Também há entendimento do Superior Tribunal de Justiça de que não se opera a decadência em mandado de segurança preventivo, como ocorre no pedido de obtenção de declaração de direito à compensação tributária[121].

Segundo entendimento consolidado no Superior Tribunal de Justiça[122] e amplamente majoritário na doutrina[123], o prazo de 120 dias tem natureza decadencial, não se suspendendo ou se interrompendo após o início de sua contagem. Doutrina minoritária entende que o prazo não é decadencial, porque o direito material tutelável pelo mandado de segurança poderá ser objeto de pretensão jurisdicional por meio de ação pelo rito comum. Para essa corrente doutrinária, a natureza do prazo de 120 dias é processual, gerando tão somente preclusão[124].

6.6. PROCEDIMENTO

6.6.1. Aspectos gerais

6.6.1.1. Forma dos atos processuais

O *caput* e o § 1º do art. 4º da Lei 12.016/2009, preveem que tanto a impetração do mandado de segurança como os atos de comunicação podem ser realizados em situação de urgência por telegrama, radiograma, fax

[118] STJ, 2ª Turma, REsp 1.424.563/DF, rel. Min. Humberto Martins, j. 04/02/2016, DJe 12/02/2016; STJ, 6ª Turma, AgRg no REsp 1.158.348/AM, rel. Min. Nefi Cordeiro, j. 28/04/2015, DJe 11/05/2015.STF, Segunda Turma, RMS 24.736 ED/DF, rel. Min. Joaquim Barbosa, j. 14/09/2010, *DJE* 08/10/2010; STJ, 2ª Turma, REsp 1.188.311/AM, rel. Mauro Campbell Marques, j. 04/10/2011, *DJe* 13/10/2011; STJ, 5ª Turma, AgRg no Ag 1.128.870/PE, rel. Min. Laurita Vaz, j. 16/06/2009, *DJE* 03/08/2009.

[119] STJ, 1ª Seção, MS 22.215/DF, rel. Min. Mauro Campbell Marques, j. 25/02/2016, DJe 04/03/2016.

[120] STF, 1ª Turma, RMS 26.881/DF, rel. Min. Carlos Britto, j. 20/05/2008, *DJE* 07/11/2008.

[121] STJ, 2ª Turma, AgRg no AREsp 707.457/SP, rel. Min. Herman Benjamin, j. 18/08/2015, DJe 08/09/2015; STJ, 2ª Turma, AgRg no AREsp 584.431/GO, rel. Min. Humberto Martins, j. 06/11/2014, DJe 17/11/2014.

[122] STJ, 1ª Turma, RMS 31.989/SC, rel. Min. Benedito Gonçalves, j. 05/10/2010, *DJE* 13/10/2010.

[123] Meirelles-Wald-Mendes, *Mandado*, p. 61; Menezes de Direito, *Mandado*, p. 81; Almeida, *Manual*, p. 490.

[124] Marinoni-Arenhart, *Procedimento*, p. 240.

ou outro meio eletrônico de autenticidade comprovada. O § 2º exige que o texto original da petição deva ser apresentado nos 5 dias úteis seguintes, o que é um atentado ao bom senso, considerando que, mesmo quando o ato é praticado pelas vias alternativas, não perde sua originalidade. De qualquer forma, pode ser aplicado quando o ato é praticado por telegrama, radiograma ou fax, mas a exigência parece ser inútil diante da exigência do § 3º quanto ao ato praticado por meio eletrônico. Segundo esse dispositivo legal, o documento eletrônico deverá observar as regras do ICP Brasil (Infraestrutura de Chaves Públicas Brasileira), o que já é o suficiente para confirmar sua autenticidade[125].

Salvo na hipótese de prática do ato por meio eletrônico, o impetrante deve atentar para o prazo de 5 dias previsto em lei, levando em consideração, ainda que por analogia, o entendimento consolidado nos tribunais superiores a respeito do mesmo prazo previsto no art. 2º da Lei 9.800/1999, que disciplina os recursos interpostos por via fax. Segundo os tribunais superiores, sendo o original protocolado após o vencimento do prazo de 5 dias, o recurso será considerado intempestivo[126], o que é o suficiente para demonstrar o respeito que se espera no cumprimento de tal prazo. Como não se pode afirmar pela intempestividade do mandado de segurança após o transcurso do prazo do art. 4º, § 2º, da Lei 12.016/2009, provavelmente o mandado de segurança será extinto sem a resolução do mérito por vício formal[127].

Em especial, no tocante às formas eletrônicas de impetração e comunicação, que tendem a ser as mais frequentes na praxe forense, não parece ser imprescindível a exigência de urgência contida no dispositivo legal, bastando que se apliquem as regras da Lei 11.419/2006. Seja como for, o mero pedido de liminar no mandado de segurança já demonstra a urgência exigida pelo dispositivo legal ora mencionado.

6.6.1.2. *Preferência no trâmite procedimental*

Segundo o art. 7º, § 4º, da Lei 12.016/2009, concedida a liminar, o processo de mandado de segurança terá prioridade de julgamento. O dispositivo é curioso quando comparado ao art. 20 da mesma lei, que, em seu *caput* prevê que o mandado de segurança e seus respectivos recursos terão prioridade sobre todos os atos processuais, salvo o *habeas corpus*. Como se pode notar da comparação realizada entre os dois dispositivos legais, o art.

[125] Eurico Ferraresi, *Do Mandado*, p. 25.

[126] STF, Tribunal Pleno, AR 1.671 TA-AgR/SP, rel. Min. Cezar Peluso, j. 04/02/2010; *DJE* 12/03/2010; STJ, 4ª Turma, EDcl no AgRg no Ag 1.291.703/CE, rel. Min. Luis Felipe Salomão, j. 28/09/2010, *DJE* 04/10/2010.

[127] Klippel-Neffa Jr., *Comentários*, p. 75.

20 parece ser mais abrangente que o art. 7º, § 4º, da Lei 12.016/2009, já que concede prioridade de julgamento no mandado de segurança, com ou sem a concessão de liminar, devendo por essa razão prevalecer.

O art. 20 da Lei 12.016/2009 é mais um dispositivo que demonstra a vontade manifesta do legislador de que o procedimento do mandado de segurança seja o mais célere possível. Apesar de ser bem-intencionado, novamente prevê prazos impróprios para a prática de atos processuais pelo órgão jurisdicional, o que serve, quando muito, de mera recomendação aos juízes. Assim o art. 20, § 1º, da lei mencionada, em sua segunda parte, ao prever que o julgamento deve ocorrer na primeira sessão que se seguir à data em que os autos do mandado de segurança forem conclusos ao relator, e o art. 20, § 2º, da mesma lei, ao prever que o prazo de conclusão não pode exceder 5 dias. Até me desculpo pelo ceticismo, mas a experiência mostra que a mera previsão de prazo impróprio para o juiz não é o suficiente para dar celeridade ao procedimento.

Aduz o art. 20, *caput*, da Lei 12.016/2009, que os processos de mandado de segurança têm preferência sobre os demais, salvo o *habeas corpus*. Questão interessante que deverá ser resolvida na praxe forense diz respeito à aplicação concomitante de diferentes regras que preveem preferência no processamento e julgamento do processo e/ou do recurso. Como compatibilizar o art. 1.037, § 4º, do CPC, que determina a preferência de julgamento dos recursos especiais repetitivos, e a preferência consagrada no art. 20, *caput*, da Lei 12.016/2009? E com os recursos extraordinários que tiverem repercussão geral (art. 1.035, § 9º, do CPC)? E com o julgamento do IRDR – Incidente de Resolução de Demandas Repetitivas (art. 980, *caput*, do CPC)? E com o art. 71 do Estatuto do Idoso? Somente a aplicação das regras da proporcionalidade e da razoabilidade determinará no caso concreto quais demandas e/ou recursos deverão ter efetivamente prioridade no trâmite e julgamento.

6.6.2. Petição inicial

A petição inicial do mandado de segurança segue as regras formais dos arts. 319 e 320 do CPC, devendo ser essa a interpretação da expressão "requisitos estabelecidos pela lei processual" prevista no art. 6º, *caput*, da Lei 12.016/2009. Registre-se apenas que o art. 6º, *caput*, da Lei 1.533/1951 fazia remissão expressa aos arts. 158 e 159, que, na vigência do Código de Processo Civil de 1939, cumpriam o papel atualmente desempenhado pelos arts. 319 e 320 do atual *codex* processual.

O mesmo dispositivo prevê que a petição inicial será apresentada em duas vias, com os documentos que instruírem a primeira via reproduzidos na segunda, sendo, nesse caso, aplicável o art. 425, IV, do CPC, que dispensa a autenticação das cópias, bastando a declaração pelo advogado de que as peças são autênticas. O dispositivo legal despreza a possibilidade de pluralidade de autoridades coatoras, mas é possível se concluir que, sendo a segunda via destinada à autoridade coatora, e existindo mais de uma na demanda, caberá ao impetrante juntar cópia da petição inicial e dos documentos respeitando essa pluralidade[128].

Ademais, ainda que não exista exigência legal nesse sentido, é medida de gentileza processual a apresentação de cópia – tanto da petição inicial como dos documentos – para ser dirigida ao representante judicial da pessoa jurídica de direito público (art. 7º, II, Lei 12.016/2009). Havendo formação de litisconsórcio passivo necessário, é novamente medida de gentileza processual a juntada pelo impetrante de cópia a ser entregue aos corréus.

Por fim, ainda como exigência formal específica da petição inicial, consta a inovadora exigência de indicação não só da autoridade apontada como coatora, mas também da pessoa jurídica que esta integra.

Segundo o art. 6º, §§ 1º e 2º, da Lei 12.016/2009, o impetrante poderá requerer na própria petição inicial do mandado de segurança a exibição em juízo de documento necessário à prova de sua alegação que: (a) se encontre em repartição ou estabelecimento público; (b) em poder de autoridade que se recuse a fornecê-lo por certidão; (c) em poder de terceiro.

Como se pode notar da simples redação do art. 6º, § 1º, da Lei 12.016/2009, o sujeito passivo do pedido de exibição poderá ser a própria autoridade coatora ou um terceiro, que não participe da relação jurídica processual do mandado de segurança. Justamente pensando nessa diversidade de sujeitos, o art. 6º, § 2º, da Lei 12.016/2009, prevê que, se o sujeito responsável pela exibição for a própria autoridade coatora, a ordem para a exibição constará do próprio instrumento de notificação; sendo outro sujeito, o juiz ordenará por ofício a exibição do documento ou de cópia autenticada no prazo máximo de 10 dias. Tendo sido o documento exibido em juízo, caberá ao escrivão extrair cópias para juntar a segunda vida da petição inicial.

Interessante notar que o art. 6º, § 1º, da Lei 12.016/2009, prevê que o juiz, preliminarmente, ordenará a exibição. Apesar da admissão do chamado contraditório diferido em nosso sistema processual (art. 9º, parágrafo único, do CPC), em regra deve-se estabelecer o contraditório regular, cabendo ao juiz a citação do terceiro para que se manifeste no prazo de 15 dias (art. 401 do CPC) a respeito do pedido de exibição, e somente depois disso, caso o juiz ainda entenda cabível a pretensão exibitória, a expedição de ordem para que o documento seja apresentado no prazo máximo de 10 dias.

---

128 Scarpinella Bueno, *A nova*, p. 25.

Aparentemente o legislador pretendeu conferir à hipótese ora analisada uma presunção absoluta de urgência, de forma que sempre o juiz antes ordenará a exibição e, no prazo de 10 dias desta, caberá ao terceiro apresentar defesa que o exima do dever de exibir. Não é realmente a alternativa mais saudável, até porque o prazo para manifestação não deveria ser confundido com o prazo de exibição.

O dispositivo legal é omisso quanto às consequências da ausência de exibição dos documentos indicados pelo impetrante. Tratando-se de ordem do juiz, seu descumprimento configura ato atentatório à dignidade da justiça (art. 77, § 2º, do CPC), sendo aplicável uma multa de até 20% do valor da causa. Por outro lado, o descumprimento da ordem pode ser entendido como crime de desobediência (art. 330 do CP), nos termos do art. 26 da Lei 12.016/2009. Também são cabíveis outras medidas indutivas, coercitivas, sub-rogatórias e mandamentais, nos termos do art. 403, parágrafo único, do CPC.

Questão interessante que poderia ser levantada diz respeito à eventual aplicação do art. 400, *caput*, do CPC, que admite que o juiz repute como verdadeiros os fatos que se pretendiam provar com a exibição quando o requerido não exibir o documento. Como entendo que a autoridade coatora não é o réu no processo de mandado de segurança, posto ocupado pela pessoa jurídica de direito público ou pessoa jurídica de direito privado a ele equiparável, entendo que tal consequência jamais poderia ser gerada.

Conforme é amplamente assentado na doutrina e na jurisprudência, o mandado de segurança segue um rito procedimental sumário e documental. Isso significa dizer que o procedimento do mandado de segurança é simplificado, de modo a desenvolver-se de maneira rápida e ágil, com poucos atos processuais a serem praticados. Trata-se, a evidência, de uma sumariedade formal, ainda mais significativa do que aquela presente no procedimento cautelar nos Juizados Especiais.

Ao afirmar-se que o procedimento é documental, aponta-se para a impossibilidade – ao menos em regra – de produção de prova durante o desenvolvimento do mandado de segurança, o que, inclusive, desvirtuaria a sumariedade de seu procedimento. Dessa forma, ao menos em regra, exige-se do impetrante a juntada de toda prova que possuir já na petição inicial, sem que lhe seja dada nova oportunidade de produzir qualquer outra prova durante o trâmite procedimental. Exceções são encontradas no pedido de exibição incidental que o impetrante pode elaborar na petição inicial, nos termos do art. 6º, § 1º, da Lei 12.016/2009, e já devidamente analisada, e na produção de prova documental para contraposição a documentos juntados pela autoridade coatora. Parece, entretanto, que uma preclusão temporal tão rígida da produção de prova documental não merece aplausos.

Poder-se-ia argumentar que, não sendo possível outra forma de prova no procedimento do mandado de segurança, a prova documental a ser produzida pelo impetrante seria consequência da aplicação do art. 320 do CPC, que exige do autor a instrução da petição inicial com os documentos indispensáveis à propositura da ação. Realmente existe uma corrente que defende o entendimento de que os documentos que devem instruir a petição inicial são todos os documentos de interesse do autor, não somente os indispensáveis à propositura da petição inicial. Afirma-se que o momento processual adequado para a produção da prova documental para o autor é a petição inicial, de forma que a ausência dessa espécie de prova nesse momento processual gera a preclusão probatória, o que impede o autor de juntar qualquer outro documento posteriormente a esse momento processual, salvo nas hipóteses previstas pelo art. 435 do CPC.[129]

Caso se adote essa corrente doutrinária, restará justificada a exigência de toda prova a ser produzida no mandado de segurança já acompanhar a petição inicial, considerando sua sumariedade documental. Assim, por somente ser possível a produção de prova documental - na verdade, documentada, como se verá - e por dever esta ser, peremptoriamente, produzida com a petição inicial, após esse momento processual dar-se-á a preclusão à produção probatória. Ocorre, entretanto, que não é esse o melhor entendimento a respeito da interpretação da exigência contida no art. 320 do CPC, nem mesmo a que vem sendo admitida em nossos tribunais.

O entendimento mais correto no tocante à espécie de documento que deverá de forma imprescindível instruir a petição inicial limita a exigência legal aos documentos indispensáveis à própria regularidade do processo. Esses documentos podem ser divididos em duas classes: os substanciais, que são os documentos que a própria lei exige para que a ação seja proposta (*e.g.*, a escritura pública ou instrumento particular transcrito no registro de imóveis para as ações reivindicatórias; a certidão pública de casamento para as ações de dissolução do matrimônio; título executivo para a ação de execução); e os fundamentais, que são documentos não exigidos expressamente em lei, mas que, por sua função imprescindível de justificar no caso concreto, ainda que sumariamente, as alegações do autor, se faz necessária sua juntada ao processo desde o início da demanda (*e.g.*, o contrato em ação de revisão, anulação, rescisão; o contrato do qual conste a convenção de arbitragem na ação condenatória de instituição de arbitragem).

Somente se exige a juntada dos documentos substanciais ou fundamentais; qualquer outro documento útil poderá ser juntado em momento posterior ao

---

129 Calmon de Passos, *Comentários*, p. 165; Santos, *Primeiras*, p. 146; Didier Jr., *Direito*, p. 360-361.

ingresso do processo[130]. Dá-se, assim, a correta interpretação ao disposto no art. 320 do CPC, ao permitir-se a produção de prova documental depois de apresentada a petição inicial, mesmo fora das exceções do art. 435 do CPC, desde que estejam presentes dois requisitos: (i) não sirva a juntada posterior como forma de surpreender a parte contrária, em ato rejeitado pelo princípio da boa-fé e lealdade processual; e (ii) que o procedimento ainda permita a produção da prova documental[131].

Diante desse posicionamento, surge um interessante questionamento: é possível aplicar a interpretação referida do disposto no art. 320 do CPC ao mandado de segurança, admitindo-se que o impetrante junte aos autos documentos após o ingresso da petição inicial, fora das exceções já analisadas? Entendo não haver qualquer empecilho à permissão da juntada extemporânea de prova documentada – ou documental, como prefere a lei, pelo contrário.

A juntada de documento não essencial à propositura da demanda após o ingresso de petição inicial servirá para otimizar a utilidade do mandado de segurança, em claro proveito à proteção efetiva do direito do impetrante. Vale lembrar que, uma vez extinto liminarmente o mandado de segurança por ausência de prova, o impetrante certamente reingressará com a ação judicial, agora com instrução mais completa, o que já poderia ter ocorrido na primeira demanda com a complementação da prova documental que instruiu a petição inicial, sempre a respeitar-se o estágio de desenvolvimento do rito. Trata-se da aplicação do princípio da economia processual, norteador de todo o sistema processual e, obviamente, também aplicável ao mandado de segurança.

Há interessante julgado do Superior Tribunal de Justiça que admite a juntada posterior do documento desde que tenha sido negado o fornecimento de documento ao impetrante ou quando ele não dispuser deste no momento da propositura do Mandado de Segurança[132]. Reconheço, entretanto, uma forte resistência à ideia de produção de prova documental após a apresentação da petição inicial[133], em razão do tradicional conceito que a doutrina dá ao "direito líquido e certo", que deverá ser demonstrado *prima facie* para obter-se a proteção oferecida pelo *mandamus*.

Como lembrava a melhor doutrina com relação à lei superada, em lição totalmente aplicável ao atual momento legislativo, possibilita-se ao impetrante

130 Dinamarco, *Instituições*, p. 381-383; Figueira Jr., *Comentários*, p. 64-65; Fidelis dos Santos, *Manual*, p. 380.

131 Dinamarco, *Instituições*, p. 383; Greco Filho, *Direito*, p. 101.

132 STJ, REsp 132.649/PE, 1ª Turma, rel. Min. Francisco Falcão, *DJ* 24/05/2004, p. 152; STJ, RMS 8.964/RJ, 5ª Turma, rel. Min. Gilson Dipp, *DJ* 11/06/2001, p. 236.

133 STJ, 1ª Seção, MS 18.554/DF, rel. Min. Napoleão Nunes Maia Filho, j. 11/12/2013, DJe 07/02/2014; Othon Sidou, *Habeas*, p. 177.

a emenda da petição inicial com a adequação do pedido em razão dos documentos apresentados *a posteriori* pela autoridade coatora[134].

6.6.3. Posturas do juiz diante da petição inicial

6.6.3.1. Emenda da petição inicial

Entendo que não existem especialidades no tocante à emenda da petição inicial do mandado de segurança, sendo aplicável no caso as mesmas regras cabíveis em qualquer outra ação judicial.

Em razão do caráter instrumentalista que norteia o processo civil moderno, a emenda – ou complementação – da petição inicial prevista no art. 321 do CPC ganha cada vez mais espaço e importância. Defende-se que, sempre que for possível a escolha entre a emenda da petição inicial e seu indeferimento, deve o juiz optar pelo primeiro caminho, reservando-se o indeferimento da petição inicial a situações de fato absolutamente impossíveis de serem saneadas ou corrigidas[135]. Prestigia-se, dessa forma, o princípio da primazia no julgamento do mérito, consagrado no art. 4º do CPC.

O Superior Tribunal de Justiça, inclusive, tem entendimento de que a emenda da petição inicial é um direito do autor, não podendo o juiz indeferir a petição inicial antes de oportunizar ao autor seu saneamento, sempre que isso se mostrar possível no caso concreto[136], regra naturalmente também aplicável ao mandado de segurança[137].

Segundo o art. 321 do CPC, sempre que a petição inicial deixar de preencher os requisitos dos arts. 319 e 320 do CPC ou ainda apresentar defeitos e irregularidades capazes de dificultar o julgamento do mérito, o juiz concederá prazo de 15 dias para que o autor emende ou complemente a petição inicial. Admite-se, no caso concreto, que o juiz amplie esse prazo, quando entendê-lo muito exíguo para o saneamento exigido[138], entendimento corroborado pelo art. 139, VI, do CPC e totalmente aplicável ao mandado de segurança. A oportunidade aberta ao impetrante é para que o mesmo conserte ou saneie alguma irregularidade ou vício existente na petição inicial, de forma a iniciar o processo com uma petição inaugural aparentemente regular no aspecto formal.

---

[134] Scarpinella Bueno, *A nova*, p. 28.

[135] Nery Jr.-Nery, *Código*, p. 551.

[136] STJ, 4ª Turma, REsp 1.143.968/MG, rel. Min. Luis Felipe Salomão, j. 26/02/2013, DJe 01/07/2013; STJ, 1ª Turma, AgRg no REsp 1.089.211/RJ, rel. Min. Luiz Fux, j. 16/12/2010, DJe 21/02/2011.

[137] STJ, 3ª Seção, MS 9.261/DF, rel. Min. Maria Thereza de Assis Moura, rel. p/ acórdão Min. Og Fernandes, j. 29/10/2008, *DJe* 27/02/2009.

[138] STJ, 3ª Turma, REsp. 871.661/RS, Rel. Nancy Andrighi, j. 17/05/2007.

A decisão do juiz que determina a emenda da petição inicial deve ser, como toda e qualquer decisão judicial, devidamente motivada, havendo inclusive previsão específica nesse sentido no art. 321 do CPC. Significa dizer que o juiz deve indicar precisamente qual o vício que entende presente na petição inicial, justificando seu entendimento. Não pode simplesmente determinar que o autor emende a petição inicial no prazo de 15 dias sem ao menos lhe indicar em que aspecto a mesma se encontra viciada ou incompleta. A omissão em indicar qual o vício da petição inicial deve ser afastada com a interposição de embargos de declaração. Essa fundamentação, naturalmente, não envolve a indicação de como se deve proceder para sanear o vício ou completar a petição inicial, sendo essa tarefa exclusiva do patrono.

Há lições doutrinárias no sentido da possibilidade de emendas sucessivas, abrindo-se mais de uma oportunidade para a emenda da petição inicial. É possível considerar que o autor, instado a emendar a petição inicial, o faça de forma incompleta. Nesses casos, mais uma vez à luz do princípio da instrumentalidade das formas, é possível a abertura de novo prazo para que o autor complemente sua primeira emenda[139]. O limite das emendas sucessivas deve ser apreciado no caso concreto, não se podendo eternizar o início de um processo com sucessivas determinações de emendas cumpridas de forma falha ou parcialmente pelo autor.

Há, entretanto, precedente em sentido contrário do Superior Tribunal de Justiça, que não admitiu nova oportunidade de emenda de petição inicial de ação rescisória quando na primeira oportunidade de emendar a petição o autor não conseguiu sanear todos os vícios formais[140].

É importante observar que no caso de o juiz ter determinado a emenda da petição inicial, sem que o impetrante tenha tomado qualquer atitude positiva a esse respeito, o único caminho viável ao juiz é o indeferimento da petição inicial. O raciocínio é simples: determinando a emenda da petição inicial, entendeu que tal petição não tinha condições de dar início a um processo, e, não havendo a emenda determinada, o vício continua a existir e a única saída possível ao juiz é o indeferimento da petição inicial. E nem se fale que o juiz poderá mudar de ideia e, mesmo sem a emenda da petição inicial, entender que não existe nenhum vício, visto que, no caso concreto, se operou a preclusão *pro iudicato*[141]. O que se admite no Superior Tribunal de Justiça é a prática do ato de emenda a destempo, em razão da natureza

139 Nery-Nery, *Código*, p. 554; Cassio Scarpinella Bueno, *Código*, p. 875.

140 STJ, 1ª Seção, AgInt na AR 5.303/BA, rel. Min. Assusete Magalhães, j. 11/10/2017, DJe 24/10/2017.

141 Marinoni-Arenhart, *Manual*, p. 105; STJ, 4ª Turma, AgRg no Ag 979.541/DF, Rel. Min. Aldir Passarinho Junior, j. 24/06/2008.

imprópria do prazo de 15 dias[142], mas nunca a continuidade da demanda sem o saneamento do vício.

6.6.3.2. Indeferimento da petição inicial

Também com relação ao indeferimento da petição inicial, parece não haver maiores particularidades no mandado de segurança, devendo-se aplicar as regras gerais consagradas no art. 330 do CPC. Nas situações em que o juiz se deparar com vícios insanáveis, de nada adiantará abrir prazo de 15 dias ao autor para emendar a petição inicial, considerando-se que o autor não será capaz de sanar a irregularidade ou vício constatado no caso concreto. Não restará alternativa ao juiz senão o indeferimento liminar da petição inicial, nos termos do art. 330 do CPC 2015. Também deverá indeferir a inicial quando a emenda não tiver sido apta a sanar a irregularidade ou vício, ou nos casos de omissão do autor em realizar a emenda no prazo de 15 dias.

Existe indeferimento total e parcial da petição inicial, variando os recursos cabíveis para cada uma dessas decisões.

O indeferimento parcial ocorre por meio de prolação de uma decisão interlocutória terminativa, recorrível por agravo de instrumento[143]. Numa primeira leitura do art. 1.015 do CPC, pode-se chegar à conclusão de que a decisão que indefere parcialmente a petição inicial não será recorrível por agravo de instrumento. A hipótese não está prevista de forma expressa nos incisos do dispositivo legal indicado e nesse sentido poder-se-á concluir que caberá ao autor aguardar o momento da apelação ou contrarrazões a esse recurso para impugnar a decisão.

Parece inegável que seria mais adequado, não só para atender aos interesses do autor, mas também ao princípio da economia processual e da duração razoável do processo, que a decisão fosse imediatamente recorrível. Basta imaginar o acolhimento da impugnação em sede de julgamento de apelação, determinando o tribunal que a parcela indeferida liminarmente deve ensejar o prosseguimento da demanda.

E a recorribilidade por agravo de instrumento da decisão interlocutória que indefere parcialmente a petição inicial pode ser defendida pela aplicação do art. 354, parágrafo único, do CPC. Ainda que o dispositivo esteja previsto como uma das possibilidades de julgamento conforme o estado do processo, não teria qualquer sentido permitir o cabimento do agravo de instrumento

---

142 STJ, 3ª Turma, REsp. 871.661/RS, Rel. Nancy Andrighi, j. 17/05/2007.

143 Dinamarco, *Instituições*, n. 1.014, p. 391; Theodoro Jr., *Curso*, n. 357, p. 405; STJ, 1.ª Turma, AgRg no REsp 920.389/RS, rel. Min. Francisco Falcão, j. 17.05.2007.

somente nesse momento procedimental. Afinal, que diferença faz a decisão parcial terminativa ser proferida liminarmente ou somente depois da apresentação de defesa pelo réu?

No caso de indeferimento total, o pronunciamento será uma *sentença*, recorrível por apelação. Havendo indeferimento da petição inicial no Tribunal - em casos de competência originária -, o recurso cabível dependerá de quantos julgadores participaram do julgamento. Sendo o julgamento monocrático caberá agravo interno previsto pelo art. 1.021 do CPC para o órgão colegiado, sendo nesse sentido a expressa previsão do art. 10, § 1º, da Lei 12.016/2009. Tratando-se de decisão colegiada, caberão recurso especial, recurso extraordinário ou recurso ordinário constitucional, dependendo do caso concreto.

6.6.3.2.1. Hipótese de indeferimento

O art. 10, *caput,* da Lei 12.016/2009, prevê as hipóteses de indeferimento da petição inicial no mandado de segurança. Conforme ensina a melhor doutrina, só haverá indeferimento da petição inicial antes da citação do réu[144]. Aplicado esse entendimento ao procedimento do mandado de segurança, pode se afirmar que o indeferimento da petição inicial, nos termos do art. 10 da Lei 12.016/2009, só pode ocorrer antes da notificação da autoridade coatora e da intimação da pessoa jurídica de direito público. É claro que os motivos elencados no artigo ora analisado podem fundamentar a sentença no mandado de segurança após o momento inicial do procedimento, mas, nesse caso, não se poderá mais falar em "indeferimento da petição inicial".

A primeira causa de indeferimento é a constatação do juízo de que o caso concreto não é caso de mandado de segurança. A doutrina dá alguns exemplos: (a) ausência de direito líquido e certo (impossibilidade de provar o alegado por meios meramente documentais); (b) ausência de interesse de agir porque existe pendência de julgamento de recurso administrativo com efeito suspensivo; (c) impugnação de lei em tese sem quaisquer efeitos práticos (Súmula 266 do STF)[145].

O dispositivo legal ora comentado aponta como causa de indeferimento da petição inicial a ausência de requisitos legais, o que deve ser compreendido tanto no aspecto específico como genérico. Significa dizer que tanto a ausência dos requisitos legais do mandado de segurança como daqueles previstos para a petição inicial no Código de Processo Civil, são suficientes

---

[144] Dinamarco, *Instituições*, n. 1.026, p. 401; Nery Jr.-Nery, *Código*, p. 685; Greco Filho, *Direito*, p. 116.

[145] Scarpinella Bueno, *A nova*, p. 63.

para ensejar a extinção do processo por indeferimento da petição inicial. O Superior Tribunal de Justiça, inclusive, vem entendendo pela aplicação subsidiária do Código de Processo Civil na hipótese de indeferimento da petição inicial no mandado de segurança, de forma que, além das causas expressamente previstas no art. 10, *caput*, da Lei 12.016/2009, também se indefere a petição inicial nos termos do art. 330 do CPC[146].

A incompetência é, em regra, dilatória, uma vez que, reconhecida, não há extinção do processo, mas a remessa dos autos ao juízo competente. Ocorre, entretanto, que excepcionalmente a incompetência pode ter natureza peremptória, sendo capaz de colocar fim ao processo. Após posicionamento apoiando o indeferimento da petição inicial do mandado de segurança em razão de sua incompetência absoluta para conhecê-lo[147], o Superior Tribunal de Justiça passou a decidir – de forma correta – pela natureza dilatória da incompetência absoluta no mandado de segurança[148].

O art. 10, *caput*, da Lei 12.016/2009 também prevê como causa de indeferimento da petição inicial o transcurso do prazo legal para a impetração do mandado de segurança. Devendo ser a decadência reconhecida de ofício, e, tendo o prazo de 120 dias natureza decadencial, é permitido ao juízo o indeferimento da petição inicial do mandado de segurança pelo transcurso do prazo legal para sua interposição.

Além das hipóteses legais de indeferimento da petição inicial nos termos do art. 10 da Lei 12.016/2009 e do art. 330 do CPC, acredito aplicável ao mandado de segurança outra forma de extinção liminar do processo: o julgamento liminar de improcedência previsto no art. 332 do CPC. Conforme ensina a melhor doutrina, apesar da literalidade desse dispositivo indicar julgamento em primeiro grau de jurisdição (faz expressa menção à "sentença"), o dispositivo é plenamente aplicável em ações de competência originária do Tribunal, inclusive o mandado de segurança[149].

6.6.3.2.2. Recurso cabível contra indeferimento da petição inicial

O art. 10, § 1º, da Lei 12.016/2009, trata da recorribilidade da decisão que indefere a petição inicial. Tratando-se de mandado de segurança de competência de primeiro grau, o dispositivo prevê o cabimento da apelação.

---

146 STJ, 5ª Turma, AgRg nos EDcl no RMS 23.998/RS, rel. Min. Arnaldo Esteves Lima, j. 11/11/2008, *DJE* 01/12/2008.

147 STJ, 3ª Seção, AgRg no MS 14.027/SP, rel. Min. Maria Thereza de Assis Moura, j. 22/04/2009, *DJE* 07/05/2009.

148 STJ, 1ª Seção, MS 21.744/DF, rel. Min. Og Fernandes, j. 23/09/2015, DJe 05/10/2015; STJ, 2ª Turma, AgRg no REsp 1.519.144/SP, rel. Min. Assusete Magalhães, j. 18/08/2015, DJe 09/09/2015.

149 Scarpinella Bueno, *A nova*, p. 63; Medina-Araújo, *Mandado*, p. 145.

O dispositivo deve ser aplicado na hipótese de indeferimento total da petição inicial, porque, havendo o indeferimento apenas parcial, caberá o recurso de agravo de instrumento.

Tratando-se de decisão de indeferimento da petição inicial passível de apelação, não tenho qualquer dúvida a respeito da aplicabilidade do art. 331, § 1º do CPC, sendo admissível que o juiz no prazo - impróprio - de 5 dias se retrate de sua sentença diante da apelação interposta pelo impetrante[150]. Havendo a retratação, o procedimento retomará seu andamento regular com a notificação da autoridade coatora e a intimação da pessoa jurídica de direito público, e, sendo mantida a sentença, os autos serão encaminhados para o tribunal. Cabendo a adequação do previsto no § 1º do art. 331 do CPC ao mandado de segurança.

O dispositivo legal prevê que o réu deverá ser citado para responder o recurso de apelação interposto contra a sentença de indeferimento da petição inicial caso o juízo sentenciante não se retrate. Como defendo ser a pessoa jurídica de direito público o réu no mandado de segurança, entendo que ela deve ser citada para responder o recurso, não sendo necessária, nesse momento, a notificação da autoridade coatora para prestar as devidas informações. Admito, entretanto, que em razão da polêmica a respeito da legitimidade passiva, também se notifique a autoridade coatora.

Na hipótese de decisão proferida em mandado de segurança de competência originária do tribunal, o recurso cabível dependerá de ser a decisão monocrática do relator ou colegiada. Segundo o art. 10, § 1º, da Lei 12.016/2009, sendo a decisão monocrática, caberá o recurso de agravo interno, que seguirá as regras procedimentais previstas no art. 1.021 do CPC, ainda que os tribunais continuem a indevidamente chamar tal recurso de agravo regimental; sendo colegiada, caberá no máximo recurso ordinário constitucional, recurso especial ou recurso extraordinário.

Interessante notar que o art. 10º, § 1º, da Lei 12.016/2009 tratou apenas da primeira situação - decisão monocrática do relator -, provavelmente pela obviedade da segunda solução. Também sem a necessidade de previsão expressa nesse sentido da decisão monocrática ou colegiada sempre será cabível o recurso de embargos de declaração.

6.6.3.3. Demais posturas

O art. 7º da Lei 12.016/2009 prevê os atos a serem praticados pelo juiz quando do recebimento da petição inicial. Ainda que a lei seja omissa quanto

150 Medina-Araújo, *Mandado*, p. 146.

a esse aspecto, em aplicação subsidiária do Código de Processo Civil, é cabível a emenda da petição inicial nos termos do art. 321 do CPC, conforme já devidamente exposto. Também como já analisado, o juiz poderá indeferir a petição inicial do mandado de segurança nos termos do art. 10 da Lei 12.016/2009 e art. 330 do CPC.

Entendendo pela regularidade formal da petição inicial, caberá ao juiz, nos termos do art. 7º, I, da Lei 12.016/2009, notificar a autoridade coatora, concedendo-lhe prazo de 10 dias para sua manifestação. Como o Superior Tribunal de Justiça pacificou o entendimento pela aplicação do prazo em dobro para a interposição de recursos no mandado de segurança, em aplicação do art. 183, *caput*, do CPC[151], pode parecer à primeira vista que também seja contado em dobro o prazo para a prestação de informações. Ocorre, entretanto, que o art. 183, § 2º, do CPC, ao prever que não se aplica o benefício da contagem em dobro quando a lei estabelecer, de forma expressa, prazo próprio para o ente público, não permite tal conclusão, sendo o prazo sempre de 10 dias.

Para que possa preparar a resposta da forma mais ampla possível, a autoridade coatora receberá cópia da petição inicial do mandado de segurança e de todos os documentos que a instruírem. Diante da omissão da lei, cabem, na contagem desse prazo, as regras gerais do Código de Processo Civil, mais precisamente o art. 231 do CPC, sendo termo inicial da contagem do prazo a juntada aos autos da comprovação da notificação realizada, e o art. 219, *caput*, do mesmo diploma legal, devendo o prazo ser contado somente em dias úteis, considerando-se sua natureza processual.

O art. 7º, II, da Lei 12.016/2009, determina ao juiz dar ciência do processo ao órgão de representação judicial da pessoa jurídica, enviando-lhe cópia da petição inicial, sendo dispensado o envio dos documentos que a instruem. Como o art. 6º, *caput*, da Lei 12.016/2009, exige do impetrante a apresentação da petição inicial somente em duas vias, caberá ao cartório judicial providenciar a cópia da petição inicial que será enviada nos termos do dispositivo legal ora comentado. Apesar da expressa dispensa do envio dos documentos, não há impedimento para que o juiz envie não só a petição inicial como também os documentos, considerando-se que será o procurador público que elaborará a defesa da pessoa jurídica de direito público[152].

---

[151] STJ, Corte Especial, EREsp 1.048.993/PR, rel. Min. Fernando Gonçalves, j. 07/04/2010, *DJe* 19/04/2010; STJ, 2ª Turma, EDcl no REsp 984.880/TO, rel. Min. Herman Benjamin, rel. p/ acórdão Min. Mauro Campbell Marques, j. 01/10/2009, *DJe* 26/04/2011.

[152] Medina-Araújo, *Mandado*, n. 6.5.1, p. 94. Em sentido crítico: Luis Otávio Sequeira de Cerqueira, *Comentários*, p. 86.

O dispositivo legal não esclarece como tal "ciência" se dará no caso concreto, sendo inegavelmente uma forma de comunicação de ato processual. Existem duas formas de comunicação de atos processuais reconhecidas pelo Código de Processo Civil: citação e intimação. A citação se presta a integrar o demandado à relação jurídica processual e a informá-lo da existência de demanda judicial contra ele proposta pelo demandante, enquanto a intimação é responsável por dar ciência a alguém dos atos e termos do processo, para que faça ou deixe de fazer alguma coisa (art. 269 do CPC).

A corrente doutrinária que entende existir entre a autoridade coatora e a pessoa jurídica de direito público um litisconsórcio passivo necessário entende que a "ciência" prevista pelo artigo ora comentado se dá por meio de citação, considerando-se a qualidade de réu da pessoa jurídica de direito público[153]. É natural que, para os doutrinadores que defendem a legitimidade passiva da autoridade coatora, sua "notificação" em realidade é uma citação, enquanto a ciência da pessoa jurídica se dará por meio de intimação. Conforme já defendido anteriormente, como entendo ser a pessoa jurídica de direito público a ré no mandado de segurança, entendo que a sua ciência se dá por meio da citação, sendo a notificação da autoridade coatora realizada por meio de intimação.

A redação do dispositivo legal, em sua parte final, parece fazer crer que a pessoa jurídica de direito público não é parte no processo, e que, diante da ciência de sua existência, poderá ingressar no feito, o que leva parcela da doutrina a concluir que participará do processo como assistente litisconsorcial[154]. Não concordo com esse entendimento em razão da premissa criada de que a pessoa jurídica de direito público é a ré do processo de mandado de segurança.

Interessante notar que, para aqueles que entendem que a autoridade coatora é o réu no mandado de segurança, essa parte final do dispositivo parece contrariar o entendimento de que haveria entre ela e a pessoa jurídica de direito público um litisconsórcio necessário, porque o dispositivo legal afirma textualmente que a pessoa jurídica ingressará no processo se quiser.

Registre-se por fim que o Superior Tribunal de Justiça entende que a ausência dessa intimação gera nulidade absoluta do processo, e após o trânsito em julgado é passível de alegação por meio de ação rescisória[155].

---

[153] Scarpinella Bueno, *A nova*, p. 36-38.

[154] Sequeira de Cerqueira, in: Favreto, *Comentários*, p. 86.

[155] STJ, 3ª Seção, AR 3.976/GO, rel. Min. Moura Ribeiro, j. 11/06/2014, DJe 17/06/2014.

6.6.4. Informações e contestação

Para a corrente doutrinária que entende ser a autoridade coatora o réu no mandado de segurança, é natural que as informações prestadas por ela tenham natureza jurídica de contestação[156]. Assim sendo, há interessante questão a respeito da ausência jurídica de informações; caso não haja no caso concreto o oferecimento das informações, é possível falar em revelia no mandado de segurança? E ainda mais relevante, presumir-se-ão verdadeiras as alegações de fato do impetrante pelo fato de a autoridade coatora não ter prestado as informações?

Mesmo para os que defendem a autoridade coatora como componente do polo passivo, a resposta é negativa, sendo também esse o entendimento do Superior Tribunal de Justiça[157]. Para uns, porque o direito discutido é indisponível, o que já seria o suficiente para afastar os efeitos da revelia, nos termos do art. 345, II, do CPC[158]. Para outros, como o impetrante tem o dever de produzir prova pré-constituída para demonstrar a violação ou ameaça a seu direito líquido e certo, o acolhimento de seu pedido não pode se fundar em presunção[159]. Há ainda aqueles que fundamentam seu entendimento na presunção de legalidade do ato administrativo atacado por meio do mandado de segurança[160]. Por motivos variados, são isoladas as opiniões que defendem a revelia e seus efeitos no procedimento do mandado de segurança.

Como já tive oportunidade de afirmar no item 6.4.3, não entendo ser a autoridade coatora ré, de forma que suas informações não têm natureza jurídica de contestação. Como entendo que ré é a pessoa jurídica de direito público, a contestação deve ser por ela apresentada, cabendo à autoridade coatora simplesmente prestar as informações como forma de indicar subsídios ao juízo na formação de seu convencimento[161]. Nesse caso, a ausência de informações jamais poderá ensejar a revelia ou seus efeitos, pois não se trata de defesa do réu. De qualquer forma, ainda que a pessoa jurídica de direito público não apresente a contestação, também não haverá revelia - ao menos não seus efeitos - pelas razões já evidenciadas anteriormente.

---

156 Marinoni-Arenhart, *Procedimentos*, p. 251.

157 STJ, 1ª Turma, RMS 26.170/RO, rel. Min. Francisco Falcão, j. 04/12/2008, *DJE* 15/12/2008.

158 Marinoni-Arenhart, *Procedimentos*, p. 252; Scarpinella Bueno, *Mandado*, p. 69.

159 Barbi, *Do mandado*, n. 207, p. 163-164; Scarpinella Bueno, *Mandado*, p. 69.

160 Meirelles-Wald-Mendes, *Mandado*, p. 111.

161 Sodré, *Mandado*, p. 144.

6.6.5. Decisão

6.6.5.1. Comunicações de decisão concessiva

O art. 13, *caput*, da Lei 12.016/2009, prevê que, sendo concedido o mandado, o juiz transmitirá em ofício, por intermédio do oficial do juízo, ou pelo correio, mediante correspondência com aviso de recebimento, o inteiro teor da sentença à autoridade coatora e à pessoa jurídica interessada. Conforme sustenta a melhor doutrina, a razão de ser dessa intimação pessoal por meio de oficial de justiça ou por carta AR é dar ciência à autoridade coatora e a pessoa jurídica de direito público para que a decisão possa imediatamente gerar efeitos. Justamente por isso, na sentença que denega a ordem, a intimação poderá ser realizada por publicação no Diário Oficial[162].

Segundo o artigo legal ora analisado, a comunicação imediata no caso de concessão da segurança é dirigida à autoridade coatora e à pessoa jurídica interessada. A intimação da autoridade coatora já é o suficiente para a decisão se tornar eficaz, considerando-se ser a ela dirigida a ordem contida na sentença concessiva do mandado de segurança. Registre-se que o enunciado da Súmula 392 do Supremo Tribunal Federal, ao estabelecer que o prazo para recorrer de acórdão concessivo de segurança conta-se da publicação oficial de suas conclusões, e não da anterior ciência à autoridade coatora para cumprimento da decisão, está superado, considerando-se que os sujeitos que têm legitimidade recursal serão pessoalmente intimados e o início para a contagem do prazo não deverá mais ser contado da publicação da decisão no Diário Oficial.

6.6.5.2. Decisão de natureza condenatória de pagar quantia

É consagrado o entendimento de que o mandado de segurança não deve ter como objeto principal uma obrigação de pagar quantia certa, afirmação confirmada pelo enunciado da Súmula 269 do Supremo Tribunal Federal ao prescrever que o mandado de segurança não é substitutivo da ação de cobrança.

A tutela condenatória de obrigação de pagar quantia certa, entretanto, não é totalmente vedada em sede de mandado de segurança, conforme se pode concluir do previsto no art. 14, § 4º, da Lei 12.016/2009. Conforme esse dispositivo legal, é cabível a condenação da Fazenda Pública ao pagamento de vencimentos e vantagens pecuniárias a servidor público da administração direta ou indireta ou autárquica federal, estadual ou municipal.

[162] Contra: Medina-Araújo, *Mandado*, p. 158.

O dispositivo legal, em sua parte final, consagra legislativamente entendimento que limita a tutela condenatória às prestações que se vencerem a contar da data do ajuizamento da inicial. É nesse sentido o enunciado da Súmula 271 do Supremo Tribunal Federal, que entende que, para período pretérito, ou seja, para vencimentos e vantagens anteriores ao mandado de segurança, deve o interessado valer-se da via administrativa ou de ação de cobrança.

Simplesmente lamentável que o legislador tenha confirmado no art. 14, § 4º, da Lei 12.016/2009 um entendimento ultrapassado e sem qualquer razoabilidade. E ainda pior, incentivou o Superior Tribunal de Justiça a consolidar o entendimento de que o mandado de segurança não é meio adequado para pleitear a produção de efeitos patrimoniais anteriores à sua impetração, porquanto não se constitui em ação de cobrança[163].

Interessante notar que ao exigir uma ação de cobrança para as parcelas vencidas anteriormente à propositura do mandado de segurança, o Superior Tribunal de Justiça entende que pela força da coisa julgada formada na ação constitucional não se pode voltar a discutir o direito material do autor na ação de cobrança[164]. E nesse ponto há uma aparente contradição do Superior Tribunal de Justiça, que consolidou o entendimento pela natureza de título executivo da sentença meramente declaratória de dívida, tanto quando o pedido tem tal natureza e é acolhido[165], como na hipótese de sentença de improcedência, que sempre declara a inexistência do direito material alegado pelo autor e pode aproveitar o réu em eventual pretensão executiva[166]. É curioso porque um dos principais motivos para se dar eficácia executiva a tal espécie de decisão é evitar a propositura de uma segunda demanda, de natureza condenatória, na qual, em razão dos efeitos positivos da coisa julgada da sentença meramente declaratória, o juiz estará obrigado a considerar existente a obrigação do réu, o que evidentemente implica em condená-lo ao seu cumprimento. Essa segunda demanda seria um desperdício de tempo, energia e dinheiro, pois teria um resultado já conhecido, tendo o juiz uma mera atuação de agente carimbador de eficácia executiva, o que não se justifica.

Significa dizer que, mesmo diante do art. 14, § 4º, da Lei 12.016/2009, seria possível dar à decisão do mandado de segurança eficácia executiva e permitir que o impetrante cobre tanto as parcelas vencidas como as vincendas,

---

163 STJ, 1ª Seção, MS 18.701/DF, rel. Min. Mauro Campbell Marques, j. 23/09/2015, DJe 30/09/2015; STJ, 6ª Turma, RMS 31.567/SC, rel. Min. Nefi Cordeiro, j. 09/09/2014, DJe 30/09/2014.

164 STJ, 2ª Turma, AgRg no REsp 1.210.998/MS, rel. Min. Assusete Magalhães, j. 01/09/2015, DJe 15/09/2015; STJ, 6ª Turma, AgRg no REsp 1.158.349/AM, rel. Min. Rogério Schietti Cruz, j. 07/04/2015, DJe 16/04/2015.

165 Súmula 461/STJ.

166 *Informativo* 487/STJ: 1ª Seção, REsp 1.261.888-RS, rel. Min. Mauro Campbell Marques, j. 09/11/2011.

tornando desnecessária a propositura de ação de cobrança após a concessão da ordem.[167]. Como visto, entretanto, esse não tem sido o entendimento do Superior Tribunal de Justiça sobre o tema.

6.6.5.3. *Recorribilidade*

O art. 14, *caput*, da Lei 12.016/2009, é daqueles totalmente dispensáveis, considerando-se que bastaria a aplicação do art. 1.009, *caput*, do CPC para se chegar à conclusão de que, da sentença que julga o mandado de segurança – definitiva ou terminativa –, cabe o recurso de apelação.

O art. 18 da Lei 12.016/2009 padece do mesmo vício, sendo outro daqueles dispositivos dispensáveis dessa lei. O artigo legal prevê a recorribilidade das decisões proferidas em mandado de segurança de competência originária dos tribunais: recurso especial, recurso extraordinário e recurso ordinário constitucional. O dispositivo nem ao menos indica quais seriam as hipóteses de cabimento de tais recursos, deixando tal missão com os arts. 102, II, *a*, III, e 105, II, *b*, III, da CF e art. 1.027 do CPC. Ainda que inútil, o dispositivo legal, ao pretender prever os recursos cabíveis no mandado de segurança de competência originária dos tribunais, indevidamente se esqueceu de mencionar os embargos de declaração.

Ainda que exista debate doutrinário a respeito da natureza recursal dos embargos de declaração[168], diante do atual sistema legislativo parece inevitável se admitir que tal meio de impugnação é um recurso e, como tal, deveria ter sido previsto no art. 18 da Lei 12.016/2009. A omissão legislativa, entretanto, não afasta o cabimento dos embargos de declaração contra qualquer decisão proferida em sede de mandado de segurança.

O art. 25 da Lei 12.016/2009, consagrando legislativamente o entendimento dos tribunais superiores, prevê não ser cabível no mandado de segurança o recurso de embargos infringentes, que tinha suas hipóteses de cabimento previstas pelo art. 530 do CPC/1973. Essa espécie recursal foi suprimida pelo Código de Processo Civil de 2015, de forma que o dispositivo ora analisado perdeu seu objeto.

Há, entretanto, uma interessante questão a ser colocada. O art. 942 do CPC criou uma técnica diferenciada de julgamento não unânime de apelação, agravo de instrumento contra decisão interlocutória de mérito e ação rescisória, que veio a substituir o recurso de embargos infringentes. O

---

[167] Scarpinella Bueno, *A nova*, p. 91.

[168] Neves, *Manual*, n. 27.1, p. 627.

dispositivo é aplicável ao mandado de segurança quando o julgamento da apelação interposta contra a sentença não for unânime?

É verdade que não existe qualquer vedação expressa na Lei 12.016/2009 a esse respeito, até mesmo porque a técnica de julgamento criada pelo art. 942 do CPC não existia em 2009. Por outro lado, é indiscutível que a técnica de julgamento do art. 942 do CPC não se confunde com os embargos infringentes, recurso suprimido do sistema. Ademais, o § 4º do art. 942 do dispositivo ora comentado prevê expressamente as hipóteses em que a técnica de julgamento por ele criada não será aplicada, não estando entre elas o mandado de segurança. Nesses termos, poderia se concluir pela admissão de tal técnica de julgamento no mandado de segurança[169].

Deve-se, entretanto, atentar para a jurisprudência a ser formada sobre o tema, porque não é desprezível a possibilidade de os tribunais entenderem que sendo a técnica de julgamento prevista no dispositivo ora analisado substitutiva dos embargos infringentes, a vedação contida no art. 25 da Lei 12.016/2009 deve ser aplicável a ela.

6.6.5.4. Legitimidade recursal

O art. 14, § 2º, da Lei 12.016/2009, indica expressamente a legitimidade recursal da autoridade coatora, com redação esclarecedora a respeito de sua qualidade processual. Ao prever que o direito de recorrer "estende-se" à autoridade coatora, o dispositivo legal corrobora a conclusão de que esse sujeito não é o réu do mandado de segurança. Significa dizer que a legitimidade recursal da parte, que dispensa qualquer expressa previsão legal porque é a legitimação recursal padrão, consagrada no art. 996 do CPC, é da pessoa jurídica de direito público, que suportará os efeitos da decisão, conforme entendimento pacificado do Superior Tribunal de Justiça[170].

Mesmo quando não existia previsão expressa atribuindo legitimidade recursal à autoridade coatora, a melhor doutrina entendia que esse sujeito poderia recorrer como terceiro prejudicado, nos termos do art. 499, § 1º, do CPC/1973[171]. O Superior Tribunal de Justiça tinha o mesmo entendimento, afirmando que a autoridade coatora teria legitimidade recursal como assistente

---

[169] Enunciado nº 62 da I Jornada de Direito Processual Civil do CJF: "Aplica-se a técnica prevista no art. 942 do CPC no julgamento de recurso de apelação interposto em mandado de segurança".

[170] STJ, 1ª Turma, AgRg nos EDcl no REsp 1.245.830/AM, rel. Min. Arnaldo Esteves Lima, j. 28/05/2013, DJe 11/06/2013; STJ, 2ª Turma, AgRg no AgRg no AREsp 105.969/BA, rel. Min. Herman Benjamin, j. 21/08/2012, DJe 27/08/2012; STJ, 6ª Turma, REsp 871.328/AL, rel. Min. Maria Thereza de Assis Moura, j. 16/09/2010, *DJe* 11/10/2010; STJ, 5ª Turma, REsp 1.047.037/MG, rel. Min. Arnaldo Esteves Lima, j. 15/10/2009, *DJe* 16/11/2009.

[171] Didier Jr., *Recurso*, n. 2.4.4.5, p. 133-134.

litisconsorcial ou como terceiro, apenas a fim de prevenir sua responsabilidade pessoal por eventual dano decorrente do ato coator[172].

O que deve ser atualmente discutido é se a previsão expressa de legitimidade recursal da autoridade coatora continua a exigir a comprovação de um interesse jurídico, ou seja, se continuará a ter legitimidade como terceiro prejudicado, conforme entendimento jurisprudencial anterior.

A questão não é de fácil resposta, porque sempre se poderá afirmar que a indicação expressa de legitimidade recursal não afasta a qualidade de terceiro da autoridade coatora, e, como tal, só pode recorrer como terceiro prejudicado. Particularmente, tenho visão contrária a essa, até porque, se assim o fosse, a expressa previsão legal seria totalmente desnecessária, bastando para se chegar à legitimidade da autoridade coatora como terceiro prejudicado a aplicação do art. 996, parágrafo único, do CPC. Entendo que a previsão contida no art. 14, § 2º, da Lei 12.016/2009, cria uma legitimação extraordinária à autoridade coatora, que passa a recorrer em nome próprio na defesa dos interesses da pessoa jurídica de direito público, o que naturalmente a dispensa de provar a existência de um interesse jurídico próprio na solução do processo.

6.6.5.5. *Vedação à condenação em honorários advocatícios*

Não cabe, por expressa previsão do art. 25 da Lei 12.016/2009, a condenação em honorários advocatícios em sede de mandado de segurança, o que não implica na isenção das multas por litigância de má-fé e no pagamento das custas processuais. O entendimento é antigo e já estava consagrado nas Súmulas 512 do Supremo Tribunal Federal e 105 do Superior Tribunal de Justiça, mas nem por isso deve ser prestigiado, sendo incompreensível que o advogado – público ou privado – que tenha trabalhado no mandado de segurança não tenha direito aos honorários advocatícios.

Entendo que a afirmação de que a eventual condenação de honorários no caso de denegação de segurança poderia indevidamente inibir a propositura de mandado de segurança não se sustenta; aliás, pelo contrário, considerando que a isenção nesse caso poderá, *a contrario sensu*, incentivar o abuso na utilização do *mandamus*. Em razão disso, não concordo com a parcela da doutrina que, ao criticar o dispositivo legal, afirma que o legislador deveria ter isentado a condenação em honorários advocatícios apenas para o caso de denegação da ordem[173], o que para mim seria flagrantemente inconstitucional

[172] Corte Especial, EREsp. 180.613/SE, rel. Min. Eliana Calmon, j. 17/11/2004, *DJ* 17/12/2004, p. 388.

[173] Sequeira de Cerqueira, in: Favreto, *Comentários*, p. 224.

por violar o princípio da isonomia. Meu entendimento é de uma simplicidade franciscana: o advogado do vencedor exerceu seu trabalho no mandado de segurança e por isso deve ser recompensado.

O entendimento anteriormente sumulado e agora legislado já encontrava sérias resistências na melhor doutrina, que corretamente não conseguia explicar a anomalia gerada pela existência de um processo no qual o advogado, apesar de exercer seu ofício, não recebe pagamento por esse trabalho a título de honorários advocatícios[174]. Infelizmente o Supremo Tribunal Federal, no julgamento da ADI 4.296 considerou constitucional o dispositivo legal.

6.6.5.6. *Substituição das decisões por notas taquigráficas*

Segundo o art. 17 da Lei 12.016/2009, não havendo a publicação da decisão em 30 dias, o acórdão será substituído pelas respectivas notas taquigráficas. Trata-se de dispositivo legal sem precedentes em leis anteriores e que serve para novamente demonstrar que realmente o legislador pretende imprimir ao mandado de segurança considerável celeridade. A substituição prevista em lei permite à parte o ingresso de recurso contra a decisão antes mesmo de sua publicação, sem que o tribunal possa aplicar a esdrúxula tese do recurso prematuro (ou "intempestividade *ante tempus*")[175], no mais já superada pelo art. 218, § 4º, do CPC. A substituição do acórdão não se presta somente para fins recursais, também se admitindo a execução da decisão, mesmo que não tenha ocorrido a sua publicação.

Naturalmente o dispositivo legal somente terá aplicação plena, se as notas taquigráficas forem suficientes para a compreensão da decisão, tanto de suas razões como de suas conclusões. Não há como elaborar um recurso sem o conhecimento da fundamentação da decisão a serem impugnadas, conforme ensina o princípio da dialeticidade recursal; por outro lado, a execução da decisão só será possível se for compreensível sua conclusão decisória.

6.7. DESISTÊNCIA DO MANDADO DE SEGURANÇA

Desistir da ação é diferente de renunciar ao direito material alegado; enquanto a desistência diz respeito somente ao processo em que ocorre, o que permite ao autor voltar ao Poder Judiciário com idêntica demanda, a renúncia concerne ao direito material alegado, de forma que não se admitirá ao

[174] Zaneti Jr., "Mandado de segurança coletivo", p. 186-188; Barbosa Moreira, "Mandado de segurança: uma apresentação", p. 205-206.

[175] Neves, *Manual*, n. 22.3.1, p. 546-547.

autor retornar ao Poder Judiciário com demanda fundada em direito material que já foi objeto de renúncia. Não por outra razão, a sentença fundada em desistência é terminativa, pois não resolve o mérito (art. 485, VIII, do CPC), enquanto a sentença que homologa a renúncia é definitiva, resolvendo o mérito da demanda e fazendo coisa julgada material (art. 487, III, *c*, do CPC).

Corrigindo erro do art. 267, § 4º, do CPC/1973, o mesmo parágrafo do art. 485 do CPC prevê que a anuência do réu como condição para a homologação da desistência só passa a ser exigida após o oferecimento da contestação. O dispositivo legal consagra consolidado entendimento jurisprudencial[176]. Sem contestação do réu não é necessária sua anuência quanto ao pedido de desistência do autor[177], sendo entendido que seu silêncio quanto ao pedido representa aceitação tácita da desistência[178].

Nos termos do art. 1.040, § 3º, do CPC, o consentimento do réu diante do pedido de desistência do autor será excepcionado quando ocorrer antes de proferida a sentença, se a questão nela discutida for idêntica à resolvida pelo recurso representativo da controvérsia. Nesse caso o § 2º do mesmo dispositivo prevê que o autor ficará isento do pagamento de custas e de honorários de sucumbência se desistir do processo antes de oferecida a contestação.

Reconhecendo que a sentença de improcedência é mais favorável ao réu do que a sentença terminativa, o Superior Tribunal de Justiça confirma o entendimento de que, após a apresentação de contestação, a desistência depende de anuência do réu, mas exige que a recusa do réu deva ser fundamentada e justificada, não bastando apenas a simples alegação de discordância, sem a indicação de qualquer motivo relevante[179]. Entendo que bastará ao réu expressamente consignar o óbvio, inclusive reconhecido pelo tribunal: a sentença de improcedência é mais favorável que a sentença terminativa.

É entendimento pacificado nos tribunais superiores que, no mandado de segurança, se dispensa a anuência do réu diante do pedido de desistência do impetrante[180]. Compreendo e aceito o posicionamento, já que, conforme ensina a melhor doutrina, o réu no mandado de segurança – seja ele quem for: autoridade coatora ou pessoa jurídica de direito público – não busca propriamente tutela jurisdicional, tão somente se limitando a defender a manutenção do *status quo ante*. A desistência sem anuência, portanto, é entendimento correto e que deve ser elogiado.

---

176 Nery-Nery, *Código*, p. 505.

177 STJ, 5.ª Turma, REsp 591.849/SP, Rel. Min. Laurita Vaz, j. 10.08.2004, *DJ* 06.09.2004.

178 *Informativo* 499/STJ: 3.ª Turma, REsp 1.036.070-SP, Rel. Min. Sidnei Beneti, j. 05.06.2012.

179 *Informativo* 526/STJ: 3ª Turma, REsp 1.318.558-RS, Rel. Min. Nancy Andrighi, j. 04.06.2013.

180 *Informativo* 394/STJ, 1ª T., REsp. 930.952-RJ, rel. José Delgado, rel. p/ acórdão Luiz Fux, j. 12/05/2009.

O mesmo, entretanto, não se pode dizer a respeito do momento do pedido de desistência, no que parece haver uma triste e melancólica confusão levada a cabo pela jurisprudência do Supremo Tribunal Federal. São vários julgados nos quais o tribunal afirma poder o impetrante desistir a qualquer momento do mandado de segurança sem a anuência do réu, mesmo depois de já proferida decisão de mérito[181]. Ao buscar os fundamentos dessas decisões, a informação é sempre a mesma: há precedentes do próprio tribunal.

O problema, entretanto, é que os tais precedentes, invariavelmente, têm como fundamento outros precedentes, e daí por diante, o que, por si só, já indica a péssima e preguiçosa técnica de fundamentação de tais decisões. Quando finalmente se consegue encontrar uma remota decisão na qual algo efetivamente foi fundamentado, nota-se uma perigosa aproximação entre o pedido de desistência e a perda superveniente de interesse processual[182], com o que a desistência seria admitida porque a ação simplesmente teria perdido seu objeto.

É lamentável que tal circunstância ocorra no mais importante tribunal do país, ficando os Ministros a repetir decisões prévias sem o devido cuidado de estudar o caso concreto. E o que é ainda mais grave, consolidar o entendimento em julgamento de recurso extraordinário com repercussão geral[183]. Em razão desse precedente, o Superior Tribunal de Justiça, que vinha entendendo corretamente pela inadmissibilidade da desistência do mandado de segurança em grau recursal[184], passou a se alinhar ao equivocado entendimento do Supremo Tribunal Federal.[185]

Registre-se que no Supremo Tribunal Federal[186] há decisões que afastam o grave equívoco de se admitir a desistência do mandado de segurança após a prolação de decisão de mérito. Na feliz expressão do Ministro Cezar Peluso, não se pode emprestar ao pedido de desistência do impetrante uma natureza rescisória, afastando do caso concreto uma decisão de mérito já proferida para que a ação seja extinta por decisão terminativa.

[181] STF, 1ª Turma, RE 231.509 AgR-AgR/SP, rel. Min. Carmen Lucia, j. 13/10/2009, *DJE* 13/11/2009; STF, 2ª Turma, RE 231.671 AgR-AgR/DF, rel. Min. Ellen Gracie, j. 28/04/2009, *DJ* 22/05/2009.

[182] STF, 2ª Turma, RE 362.813/MG, rel. Min. Mauricio Correa, j. 25/03/2003, *DJ* 25/04/2003, p. 154.

[183] STF, Tribunal Pleno, RE 669.367/RJ, rel. Min. Rosa Weber, j. 02/05/2013, DJe 30/10/2014.

[184] STJ, 2ª Turma, REsp 1.296.778/GO, rel. Min. Mauro Campbell Marques, j. 16/10/2012, DJe 24/10/2012; STJ, 1ª Seção, AgRg no AgRg no REsp 9.28.453/RJ, j. 08/06/2011, DJe 14/06/2011; STJ, 1ª Seção, AgRg no REsp 889.975/PE, rel. Min. Mauro Campbell Marques, j. 27/05/2009, DJ 08/06/2009.

[185] STJ, 2ª Turma, REsp 1.679.311/RS, rel. Min. Herman Benjamin, j. 26/09/2017, DJe 11/10/2017; STJ, 1ª Turma, AgRg no REsp 1.334.812/MA, rel. Min. Napoleão Nunes Maia Filho, j. 20/08/2015, DJe 31/08/2015.

[186] STF, 2ª Turma, AI 221.462 AgR-AgR/SP, rel. Min. Cezar Peluso, j. 07/08/2007, *DJ* 24/08/2007.

A impossibilidade de desistência do mandado de segurança após a prolação da sentença de mérito tem como fundamento a prevalência da decisão de mérito sobre a vontade do impetrante. Note-se que a anuência do impetrado nada tem a ver com o aqui afirmado, mas não se pode admitir que, após uma sentença de improcedência, por exemplo, o impetrante obtenha, por sua livre vontade, uma decisão terminativa, a ele bem menos prejudicial. Após a prolação de decisão de mérito, não se admite a desistência da ação, quando muito que as partes transacionem[187], o que, no mandado de segurança, não será cabível.

Conforme ensina a melhor doutrina a respeito do tema, após a decisão de mérito e havendo recurso pendente de julgamento, o impetrante só poderá desistir do recurso interposto, o que gerará a coisa julgada da sentença de improcedência, e não a prolação de uma decisão terminativa[188]. Esse é o melhor entendimento para se impedir que o impetrante evite uma derrota anunciada como definitiva, valendo-se de manobras pouco desejáveis para indevidamente manter aberta a possibilidade de voltar ao Poder Judiciário com a mesma pretensão, ainda que por meio de ação de conhecimento em razão da decadência do prazo para o ingresso de mandado de segurança.

O entendimento ora defendido ganhou força com a previsão do art. 485, § 5º, do CPC, que expressamente limita o pedido de desistência da ação até a prolação da sentença, não havendo qualquer justificativa séria para se deixar de aplicar tal dispositivo legal ao mandado de segurança.

E não se pode deixar de mencionar importante precedente do Supremo Tribunal Federal a respeito do tema, que contraria sua jurisprudência consolidada, ao indeferir o pedido de desistência do mandado de segurança em grau recursal[189]. Nesse julgamento, que se espera seja o paradigma para uma mudança de posição do Supremo Tribunal Federal, menciona-se expressamente que o objetivo indireto do impetrante ao pedir a desistência da ação era escapar da coisa julgada material, o que lhe permitiria repetir futuramente a mesma demanda, ainda que na forma de ação ordinária, em razão do decurso do prazo decadencial de 120 dias para a propositura do mandado de segurança. Já há decisão que inadmite a desistência nas hipóteses em que demonstrado o mero intuito de se recusar observância a jurisprudência pacífica da Corte[190].

[187] Informativo 425/STJ: 1ª Turma, REsp. 1.115.161-RS, Rel. Min. Luiz Fux, j. 04/03/2010.

[188] Meirelles-Wald-Mendes, *Mandado*, p. 141.

[189] Informativo 781/STF, 2ª Turma, MS 29.093 ED-ED-AgR/DF, rel. Min. Teori Zavascki, j. 14.4.2015.

[190] STF, 2ª Turma, MS 29.083 ED-ED-AgR/DF, rel. Min. Teori Zavascki, rel. p/ acórdão Min Dias Toffoli, j. 16/05/2017, DJe 06/10/2017.

6.8. COISA JULGADA MATERIAL E RENOVAÇÃO DO MANDADO DE SEGURANÇA

O art. 6º, § 5º, da Lei 12.016/2009, bem poderia não existir, considerando-se que contém previsão dispensável à luz da aplicação subsidiária do Código de Processo Civil ao procedimento do mandado de segurança. Ao prever que o mandado de segurança será denegado nos casos previstos no art. 267 do CPC/1973 (art. 485 do CPC/2015), a previsão legal tão somente reafirma que, sendo hipótese de extinção do processo sem a resolução do mérito, caberá ao juiz aplicar o art. 485 do CPC.

O entendimento de que o legislador tenha afirmado com a redação do dispositivo legal que somente a decisão terminativa do mandado de segurança seria denegatória não é o mais adequado. O termo "denegação" do mandado de segurança sempre teve interpretação ampla, de forma a abranger tanto o julgamento do mérito, com a denegação da ordem, como a decisão terminativa, com o julgamento do mandado de segurança sem a resolução do mérito. Por denegação deve ser entendida qualquer derrota do impetrante, tanto de natureza processual como de natureza material[191].

Como não existe no art. 6º, § 5º, da Lei 12.016/2009, uma previsão de que a denegação se dê única e exclusivamente nos casos previstos pelo art. 485 do CPC, é possível interpretar o inútil dispositivo legal como prevendo tão somente uma das formas de denegação do mandado de segurança, sem exclusão do julgamento de rejeição do pedido (art. 487, I, do CPC). Continuaria a existir a denegação terminativa e a denegação definitiva, interpretando-se o dispositivo legal como meramente exemplificativo das formas de denegação do mandado de segurança.

O art. 6º, § 6º, da Lei 12.016/2009, veio a consagrar jurisprudência consolidada do Superior Tribunal de Justiça construída na vigência da Lei 1.533/1951[192]. Segundo o dispositivo legal, sendo o mandado de segurança extinto sem a apreciação do mérito, ou seja, por meio de decisão terminativa (art. 485 do CPC), a ação poderá ser renovada, desde que dentro do prazo decadencial de 120 dias.

O dispositivo legal na realidade não traz qualquer novidade ao sistema processual pátrio, consagrando expressamente regra básica de que a decisão terminativa não faz coisa julgada material, o que permite à parte a repropositura da demanda.

Como ensina a melhor doutrina, o procedimento sumário documental não impede que seja proferida no processo de mandado de segurança uma

---

[191] Barbosa Moreira, *Comentários*, n. 311, p. 569.

[192] STJ, 5ª Turma, REsp. 622.638/SP, rel. Min. Arnaldo Esteves Lima, j. 01/03/2007, *DJ* 19/03/2007, p. 382.

decisão apta a formação da coisa julgada material[193]. Ainda que a cognição do juiz nessa espécie de procedimento se limite às alegações das partes e à prova documental, a cognição poderá ser exauriente sempre que o juiz se sentir preparado para declarar definitivamente se houve ou não a ofensa ou ameaça a direito alegada pelo impetrante.

O entendimento consagrado no Superior Tribunal de Justiça é de que haverá julgamento de mérito do mandado de segurança sempre que o mérito referente à própria existência do direito material alegado restar apreciado[194]. E que sendo o mérito julgado haverá coisa julgada material após o trânsito em julgado[195]. Nesses termos, é importante a expressa "previsão" contida no dispositivo legal ora comentado, porque a interpretação, *a contrario sensu*, é justamente de que existe coisa julgada material no mandado de segurança, o que impedirá a repropositura do mandado de segurança, independentemente do prazo[196]. Registre-se, por fim, entendimento do Superior Tribunal de Justiça que aponta, para a caracterização da sentença de mérito, seu conteúdo, e não sua forma, entendendo haver o julgamento de mérito sempre que o direito material é enfrentado, ainda que na sentença conste a indicação de extinção do processo sem a resolução de mérito[197].

Segundo o art. 19 da Lei 12.016/2009, a decisão que denegar o mandado de segurança não impede a propositura de ação própria para a tutela dos direitos defendidos no mandado de segurança e os respectivos efeitos patrimoniais, em regra que já se encontrava consagrada na jurisprudência[198].

A denegação do mandado de segurança nem sempre se dá em razão da inexistência de violação ou ameaça a direito líquido e certo. Conforme já analisado, somente a decisão de mérito do mandado de segurança faz coisa julgada material, de forma que, sendo denegada a ordem porque o juiz entendeu que a prova documental era incapaz de lhe convencer da ameaça ou violação alegada pelo impetrante, não haverá julgamento do mérito do mandado de segurança[199]. Nesse caso o impetrante poderá ingressar com processo de conhecimento com o mesmo objeto do mandado de segurança.

Conforme já devidamente analisado, quanto aos respectivos efeitos patrimoniais, mesmo quando o mandado de segurança é decidido em seu

193 Scarpinella Bueno, *A nova*, p. 34.

194 STJ, 2ª Turma, AgRg no REsp. 645.400/RJ, rel. Min. Humberto Martins, j. 09/09/2008, *DJE* 09/10/2008.

195 STJ, 2ª Turma, AgInt no AREsp 822.926/GO, rel. Min. Herman Benjamin, j. 16/06/2016, DJe 05/09/2016.

196 STJ, 1ª Turma, REsp. 842.838/SC, rel. Min. Luiz Fux, j. 16/12/2008, *DJE* 19/02/2009.

197 Informativo 406/STJ: 1ª Turma, REsp. 915.907/SC, Rel. Min. Luiz Fux, j. 08/09/2009.

198 Súmula 304/STF: "Decisão denegatória de mandado de segurança, não fazendo coisa julgada contra o impetrante, não impede o uso da ação própria".

199 Medina-Araújo, *Mandado*, n. 19.5, p. 199.

mérito, é possível a referida "ação própria". Partindo-se da premissa de que prestações anteriores à impetração do *mandamus* não podem ser objeto de condenação, mesmo quando o impetrante tem julgamento de mérito pelo acolhimento de seu pedido no mandado de segurança, poderá ingressar com ação condenatória para exigir a condenação da Fazenda Pública nas prestações pretéritas.

Na realidade, mesmo quando a decisão do mandado de segurança é denegatória no mérito, com a expressa afirmação de não existir a violação ao direito líquido e certo conforme afirmado pelo autor, é possível a propositura de processo de conhecimento visando o recebimento de valores. Ocorre, entretanto, que, havendo decisão de mérito transitada em julgado no mandado de segurança, concessiva ou denegatória, deve-se trabalhar com a eficácia positiva da coisa julgada, o que vincula o juiz no processo de conhecimento condenatório à decisão proferida no mandado de segurança já protegida pela coisa julgada material[200].

Diferente a situação em que o autor tenta burlar a eficácia negativa da coisa julgada ao ingressar com ação ordinária, após ter o julgamento de improcedência de seu mandado de segurança transitado em julgado.

A imutabilidade gerada pela coisa julgada material impede que a mesma causa seja novamente enfrentada judicialmente em novo processo. Por *mesma causa*, entende-se a repetição da mesma demanda, ou seja, um novo processo com as mesmas partes (ainda que em polos invertidos), mesma causa de pedir (próxima e remota) e mesmo pedido (imediato e mediato) de um processo anterior já decidido por sentença de mérito transitada em julgado, tendo sido gerada coisa julgada material. O julgamento do mérito desse segundo processo seria um atentado à *economia processual*, bem como fonte de perigo à *harmonização dos julgados*. Na realidade, mesmo que a segunda decisão seja no mesmo sentido da primeira, nada justifica que a demanda prossiga, sendo o efeito negativo da coisa julgada o impedimento de novo julgamento de mérito, independentemente do seu teor.

Havendo a modificação de qualquer um desses elementos da demanda, ainda que parcialmente (p. ex., novos fatos jurídicos com a manutenção da mesma fundamentação jurídica), afasta-se qualquer impedimento ao novo julgamento, considerando-se tratar de nova demanda, ainda que consideravelmente parecida com aquela que já foi julgada e cuja decisão está protegida pela coisa julgada material[201]. Esse impedimento de novo julgamento exige que a causa seja exatamente a mesma, sendo entendimento pacífico na doutrina

---

[200] Neves, *Manual*, n. 17.5, p. 462-464.

[201] Nery Jr.-Nery, *Código*, p. 683.

e jurisprudência que a função negativa só é gerada quando aplicável ao caso concreto a teoria da tríplice identidade (*tria eadem*)[202].

Valendo-se invariavelmente de má-fé, o impetrante de mandado de segurança frustrado por sua derrota no mérito e firme na doutrina que entende ser a autoridade coatora ré no mandado de segurança ingressa com ação ordinária modificando o polo passivo, agora composto pela pessoa jurídica de direito público. A manobra, entretanto, não terá futuro, porque, na análise entre diferentes processos, deve-se considerar a parte no sentido material, e não no sentido processual, de forma que, havendo substituição processual em hipótese de legitimação extraordinária concorrente, a propositura de novo processo com a mesma parte contrária, mesma causa de pedir e mesmo pedido, ainda que com outra parte processual defendendo o mesmo direito já defendido anteriormente, não afasta o efeito negativo da coisa julgada[203].

Especificamente em relação ao mandado de segurança e ação de conhecimento pelo rito comum, o Superior Tribunal de Justiça tem decidido pela aplicação da eficácia negativa da coisa julgada[204], ressaltando que, modificando-se o pedido entre uma e outra ação, a continuidade da segunda e seu julgamento de mérito não ofendem a coisa julgada material[205]. Interessante notar no mesmo tribunal decisões que apontam para a litispendência entre ação de conhecimento pelo rito ordinário e o mandado de segurança[206], pelos mesmos fundamentos de identidade de ações, ainda que com diferentes sujeitos ocupando o polo passivo.

6.9. REEXAME NECESSÁRIO

Segundo o art. 14, § 1º, da Lei 12.016/2009, há reexame necessário no caso de concessão da ordem. O legislador, nesse tocante, foi de uma timidez criticável, já que perdeu a oportunidade de resolver divergência doutrinária a respeito da aplicação subsidiária do art. 496, §§ 3º e 4º, do CPC à sentença que concede a ordem no mandado de segurança. Esses dispositivos legais

[202] Botelho de Mesquita, A coisa, p. 78; Dinamarco, Instituições, n. 962, p. 316; STJ, 5ª Turma, AgRg nº REsp. 680.956/RJ, rel. Min. Laurita Vaz, j. 28/10/2008; REsp. 730.696/RS, 1ª Turma, rel. Min. Luiz Fux, j. 24/10/2006; REsp. 799.077/SP, 4ª Turma, rel. Min. César Asfor Rocha, j. 06/12/2005, DJ 06/03/2006, p. 415. Parcialmente contra: Greco Filho, Direito, n. 57.6, p. 286-289.

[203] Wambier, Litispendência, p. 264; Mendes, Ações, 19.2, p. 260.

[204] STJ, 1ª Seção, MS 18.666/DF, rel. Min. Napoleão Nunes Maia Filho, j. 14/08/2013, DJe 07/10/2013; STJ, 6ª Turma, RMS 21.037/RJ, rel. Min. Maria Thereza de Assis Moura, j. 24/11/2009, *DJE* 14/12/2009; STJ, 1ª Turma, AgRg no REsp 1.117.651/SP, rel. Min. Hamilton Carvalhido, j. 05/11/2009, *DJE* 17/11/2009.

[205] STJ, 5ª Turma, REsp. 824.712/SP, rel. Min. Laurita Vaz, j. 21/09/2010; *DJE* 11/10/2010.

[206] Informativo 422/STJ, 2ª Turma, RMS 29.729-DF, rel. Min. Castro Meira, j. 09/09/2010; STJ, 3ª Seção, MS 8.927/DF, rel. Min. Laurita Vaz, j. 11/11/2009, *DJE* 17/03/2010.

devem ser efusivamente saudados, porque limitam, na praxe forense, a aplicação do atrasado instituto do reexame necessário.

Quando da aplicação do art. 12, parágrafo único, da Lei 1.533/1951, o Superior Tribunal de Justiça já tinha consolidado o entendimento pela inaplicabilidade das limitações previstas no *codex* processual ao mandado de segurança, de forma que, independentemente do valor econômico da causa ou da existência de jurisprudência ou súmula de tribunais superiores, a mera concessão de segurança já seria o suficiente para a exigência do reexame necessário[207]. A doutrina que já se manifestou sobre o tema considera que o entendimento se manterá inalterado[208], com o que infelizmente se concorda. Já há, inclusive, julgamentos nesse sentido[209].

6.10. CUMPRIMENTO PROVISÓRIO DE SENTENÇA

Aduz o art. 14, § 3º, da Lei 12.016/2009, que a sentença que conceder o mandado de segurança pode ser executada provisoriamente, o que deve ser entendido como a subtração do efeito suspensivo da apelação interposta contra decisão concessiva da ordem. A retirada do efeito suspensivo da apelação não se limita a sentença concessiva da ordem, como pode parecer de uma leitura apressada do dispositivo legal, sendo relevante na decisão denegatória, quando houver a revogação da liminar, hipótese na qual o efeito de cassação da liminar é imediato no tocante a esse capítulo, independentemente da recorribilidade da decisão, estando tal entendimento sumulado pelo Supremo Tribunal Federal[210].

Tendo sido concedida liminar e sendo concedida a segurança definitivamente por sentença, permanece o estado fático de satisfação já anteriormente gerado pela tutela provisória. Sendo a decisão concessiva da ordem e não tendo sido anteriormente concedida liminar, a ausência de efeito suspensivo na apelação permite o imediato cumprimento da sentença, ainda que de forma provisória.

Como bem apontado pela melhor doutrina, a afirmação de que o recurso tem efeito suspensivo não pode ser considerada correta, porque, na realidade, não é o recurso que suspende a eficácia da decisão, mas sim sua

---

207 STJ, 2ª Turma, REsp. 869.169/SP, rel. Min. Mauro Campbell Marques, j. 19/09/2008, *DJE* 16/09/2008; STJ, 1ª Turma, REsp. 833.394/SP, rel. Min. Denise Arruda, j. 20/03/2007, *DJ* 23/04/2007, p. 235.

208 Scarpinella Bueno, *A nova*, p. 79-80; Luiz Manoel Gomes Jr., *Comentários*, p. 123. Contra Medina-Araújo, *Mandado*, n. 14.4, p. 166.

209 STJ, 2ª Turma, AgRg no REsp 1.373.905/RJ, rel. Min. Herman Benjamin, j. 06/06/2013, DJe 12/06/2013; STJ, 2ª Turma, REsp 1.274.066/PR, rel. Min. Mauro Campbell Marques, j. 01/12/2011, *DJe* 09/12/2011; STJ, 2ª Turma, REsp 1.240.710/PR, rel. Min. Castro Meira, j. 03/05/2011, *DJe* 12/05/2011.

210 Súmula 405/STF. Contra, com opinião amplamente minoritária: Scarpinella Bueno, *A nova*, p. 82.

recorribilidade, ou seja, a mera previsão de um recurso que tenha como regra efeito suspensivo. Havendo a previsão em lei de recurso a ser "recebido com efeito suspensivo", a decisão recorrível por tal recurso já surge no mundo jurídico ineficaz, não sendo a interposição do recurso que gera tal suspensão, mas a previsão legal de efeito suspensivo. O recurso, nesse caso, uma vez interposto, prolonga o estado inicial de ineficácia da decisão até seu julgamento[211]. Essa é a razão pela qual não se admite cumprimento provisório de sentença no prazo de interposição do recurso de apelação, porque, sendo esse recurso recebido no efeito suspensivo (art. 1.012 do CPC), dever-se-á aguardar o transcurso do prazo, sendo certo que a interposição da apelação continuará a impedir a geração de efeitos da sentença até o seu final julgamento, ao passo que a não interposição produz o trânsito em julgado, com a liberação de seus efeitos.

A regra se aplica também em sentido contrário, ou seja, caso o recurso prescrito em lei não tenha previsão de efeito suspensivo, a decisão surge no mundo jurídico - com sua publicação - imediatamente gerando efeitos, independentemente de se ainda estar em trâmite o prazo recursal[212]. O raciocínio é simples: se o recurso, ainda que venha a ser interposto, não tem condições de impedir a geração dos efeitos da decisão, nenhuma razão existe para suspender tais efeitos até o momento de sua eventual interposição. Por essa razão, prolatada a decisão interlocutória, imediatamente passam a ser gerados seus efeitos, independentemente do transcurso do prazo para a interposição do recurso de agravo.

Enquanto a sentença concessiva da ordem não transitar em julgado, o cumprimento será provisório, devendo seguir as regras previstas pelos arts. 520 a 522 do CPC. Questão que já gera polêmica é a exigência de prestação de caução nos termos do art. 520, IV, do CPC. Tudo leva a crer que, diante do silêncio legislativo, continue a predominar o entendimento já consagrado no Superior Tribunal de Justiça pela dispensa da caução, ainda que se trate de cumprimento provisório[213], corroborado por lições doutrinárias[214].

É importante lembrar que o cumprimento provisório da sentença concessiva da ordem não será permitido quanto ao capítulo condenatório a pagar quantia certa, que poderá existir sempre que houver condenação da Fazenda Pública nos termos do art. 14, § 4º, da Lei 12.016/2009.

---

211 Barbosa Moreira, *Código*, n. 143, p. 257; Dinamarco, *A nova*, n. 76, p. 150; Fux, *Curso*, p. 958.

212 Scarpinella Bueno, *Curso*, v. 5, p. 75; Marinoni-Arenhart, *Manual*, p. 533; Cheim Jorge, *Teoria*, n. 11.6.1, p. 254.

213 STJ, 3ª Seção, Rcl 1.827/DF, rel. Min. Laurita Vaz, rel. p/ acórdão Min. Arnaldo Esteves Lima, j. 25/10/2006, *DJ* 05/02/2007, p. 2007.

214 Scarpinella Bueno, *A nova*, p. 84.

Segundo a atual previsão do art. 100 da CF, resultado da EC 62/2009, a expedição do precatório depende de a sentença ter transitado em julgado, passando a jurisprudência a entender que, na hipótese de sentença condenatória de pagar quantia certa, não caberá cumprimento provisório de sentença contra a Fazenda Pública[215]. E mesmo nas execuções de pequeno valor, que dispensam a expedição de precatório, a redação do art. 100, § 3º, da CF é suficientemente clara ao dispor sobre a exigência de a sentença ter transitado em julgado, o que também exclui a possibilidade de cumprimento provisório de sentença[216]. Significa dizer que, por qualquer forma instrumental que se pretenda obter a tutela de pagar quantia certa contra a Fazenda Pública, deve-se esperar o trânsito em julgado, ou seja, se dará sempre por cumprimento definitivo de sentença.

A conjugação dos §§ 1º e 3º do art. 14 da Lei 12.016/2009 demonstra de forma cabal que o reexame necessário não impede o cumprimento provisório da sentença, não tendo por essa razão efeito suspensivo[217]. Como ensina a melhor doutrina, o reexame necessário é condição de eficácia plena da sentença[218], de forma a impedir tão somente a coisa julgada material, e não a geração imediata de seus efeitos.

Registre-se, por fim, que o art. 14, § 3º, da Lei 12.016/2009 impede o cumprimento provisório da sentença nos casos em que é vedada a concessão de liminar, o que, dentro da inconstitucionalidade dessa vedação, encontra até alguma lógica. O objetivo do legislador não é, nas situações descritas no art. 7º, § 2º, da Lei 12.016/2009, somente impedir a geração de efeitos que seriam provocados por decisão concedida mediante cognição sumária, mas abranger a ineficácia também para decisões proferidas mediante cognição exauriente, pendentes, porém, de confirmação em razão de recurso ainda não julgado. Significa de forma bem clara afirmar que não se admitirá o cumprimento provisório de sentença em determinadas situações, pouco importando o grau de cognição da decisão.

Apesar de parecer claro ter sido esse o objetivo do legislador, como bem percebeu a melhor doutrina que já se debruçou sobre o tema, a redação do art. 14, § 3º, da Lei 12.016/2009 permite conclusão em sentido diverso. O texto legal afirma expressamente que está vedada a execução provisória da sentença nos casos em que for vedada a concessão de liminar, o que significa que, proferido acórdão na apelação e sendo interposto recurso especial e/

215 STJ, 2ª Turma, REsp 1.271.184/PR, rel. Min. Mauro Campbell Marques, j. 15/09/2011, DJe 21/09/2011; STJ, 1ª Turma, REsp. 692.015, rel. Min. Luiz Fux, j. 21/06/2005, DJ 01/08/2005.

216 Cunha, *A Fazenda*, n. 12.1.11, p. 272; Araken de Assis, *Manual*, n. 422, p. 962.

217 Jorge Tosta, *Do reexame*, n. 9.2, p. 211; Antônio de Pádua Soubhie Nogueira, *Execução*, n. 11.6, p. 239.

218 Luiz Manoel Gomes Jr., *Comentários*, p. 120.

ou extraordinário, caberá o cumprimento provisório da sentença. O mesmo ocorrerá com o acórdão que julga o mandado de segurança de competência originária dos tribunais. Ainda que a decisão não seja definitiva, gerará normalmente seus efeitos[219].

6.11. MEIOS EXECUTIVOS PARA CUMPRIMENTO DA ORDEM E CRIMINALIZAÇÃO DA CONDUTA DA AUTORIDADE COATORA

Parece não haver maiores dúvidas na doutrina a respeito da natureza mandamental da decisão de procedência no mandado de segurança, de forma que, acolhido o pedido do impetrante, o juízo expede uma ordem dirigida à autoridade coatora, responsável por seu cumprimento. É justamente por essa razão que a definição de quem seja a autoridade coatora passa necessariamente pela análise de qual é o sujeito que tem poderes para desfazer o ato atacado ou para praticá-lo na hipótese de mandado de segurança por omissão.

Concordo com a corrente doutrinária que defende a aplicação do art. 537 do CPC ao mandado de segurança, em especial a aplicação das *astreintes* como forma de pressão psicológica para o cumprimento da ordem. Só não concordo que essa multa seja aplicada à autoridade coatora[220], porque ela não é ré no mandado de segurança, devendo a multa ser direcionada à pessoa jurídica de direito público, que figurará, em meu entender, no polo passivo da demanda[221]. Além da multa cominatória, entendo que o juiz possa se valer de qualquer outra medida coercitiva ou indutiva para pressionar psicologicamente a pessoa jurídica de direito público a cumprir a ordem, sendo aplicável ao mandado de segurança o art. 139, IV, do CPC.

Sempre existiu controvérsia a respeito da criminalização da conduta daquele que descumpre decisão proferida em sede de mandado de segurança. Primeiro se discutia se realmente algum crime haveria nesse descumprimento, e, uma vez admitida a ocorrência de crime, passava-se a discutir sua tipificação, já que, para alguns, haveria desobediência (art. 330 do CP) e para outros, em razão da qualidade de servidor público daquele que desatende a ordem, haveria prevaricação (art. 319 do CP). O art. 26 da Lei 12.016/2009 prevê expressamente que o crime será de desobediência, sem prejuízo das sanções administrativas e da aplicação da Lei 1.079/1950.

Ainda que me pareça algo absolutamente inquestionável, é importante lembrar que somente a autoridade coatora poderá ser criminalmente acusada de não cumprir a ordem jurídica expedida com o provimento do pedido do

[219] Scarpinella Bueno, *A nova*, p. 84.

[220] Marinoni-Arenhart, *Procedimentos*, p. 256; Klippel-Neffa Jr., *Comentários*, p. 393.

[221] STJ, 5ª Turma, REsp. 747.371/DF, rel. Min. Jorge Mussi, j. 06/04/2010, *DJE* 26/04/2010.

impetrante no mandado de segurança[222]. A pessoa jurídica pública, naturalmente, não pode cometer crime, e tampouco o seu procurador, a quem a ordem de cumprimento não é dirigida. Seria realmente uma violência absurda e injustificada determinar a prisão ou qualquer outra espécie de sanção penal ao procurador em razão do descumprimento da ordem pela autoridade coatora.

Como se pode notar da leitura do art. 26 da Lei 12.016/2009, o dispositivo legal tratou apenas da criminalização da conduta e da previsão de eventuais sanções administrativas, nada se referindo às possíveis sanções processuais. É importante lembrar que a servidor público que descumprir decisão judicial, liminar ou definitiva, proferida em qualquer processo, inclusive o mandado de segurança, é aplicável a sanção prevista no art. 77, § 2º, do CPC. Importa consignar que, mesmo não sendo a autoridade coatora parte no processo, é plenamente possível sua condenação nos termos do artigo mencionado, considerando-se que tal multa pode ser aplicada a terceiros. Há, inclusive, entendimento do Superior Tribunal de Justiça[223], amparado na melhor doutrina[224], que determina a aplicação de multa ao servidor público em processos nos quais o Estado figura como parte.

6.12. TUTELA DE URGÊNCIA

6.12.1. Natureza jurídica da liminar

O art. 7º, III, da Lei 12.016/2009, prevê a possibilidade de o juiz suspender o ato que deu motivo ao pedido imediatamente, em nítida hipótese de tutela de urgência. Já defendi anteriormente que a natureza jurídica da "liminar" do mandado de segurança é de tutela de urgência satisfativa, a exemplo da tutela antecipada[225]. Ao suspender liminarmente o ato impugnado, o juiz entrega ao impetrante um estado fático que é exatamente o mesmo que encontrará na futura e eventual vitória definitiva com a demanda, o que demonstra à saciedade a natureza satisfativa dessa espécie de tutela de urgência.

É indiscutível que a concessão da liminar afastará, no caso concreto, o perigo de ineficácia da tutela definitiva, o que poderia levar o intérprete a defender sua natureza cautelar. O afastamento do perigo de ineficácia, entre-

---

222 Meirelles-Wald-Mendes, *Mandado*, p. 118; Klippel-Neffa Jr., *Comentários*, p. 395.

223 STJ, 1ª Turma, REsp. 679.048/RJ, rel. Min. Luiz Fux, 03/11/2005, *DJ* 28/11/2005, p. 204; REsp. 666.008/RJ, 1ª Turma, rel. José Delgado, j. 17/02/2005, *DJ* 28/03/2005.

224 Araken de Assis, Manual, n. 208, p. 564; Teresa Arruda Alvim Wambier e Luis Rodrigues Wambier, Breves comentários à 2ª fase da reforma do CPC, p. 30.

225 Neves, *Preclusões*, n. 4.1.3.2, p. 180-183.

tanto, é tão somente uma consequência da antecipação dos efeitos práticos da liminar, não compondo seu objeto[226].

Entendo, portanto, que a liminar do mandado de segurança é uma verdadeira antecipação de tutela, ainda que contenha seus requisitos e tratamento procedimental próprios. No tocante aos requisitos, inclusive, é curioso observar que, segundo o art. 7º, III, da Lei 12.016/2009, basta haver fundamento relevante - grande probabilidade de o direito alegado existir - e do ato impugnado puder resultar a ineficácia da medida pleiteada - *periculum in mora*. Como se pode notar do dispositivo legal, não há exigência de pedido expresso do impetrante. Teria sido o silêncio da lei intencional, permitindo ao juiz uma atuação oficiosa?

A resposta a essa pergunta deve partir de uma análise por analogia à tutela antecipada, considerando-se a identidade de natureza jurídica dessa com a liminar do mandado de segurança.

No Código de Processo Civil de 2015 não há previsão expressa condicionando a concessão de tutela provisória de urgência a pedido expresso da parte, afastando-se, assim, da tradição do art. 273, *caput*, do CPC/1973. Por outro lado, também não existe um artigo que expressamente permita a sua concessão de ofício, ainda que em situações excepcionais, como ocorria no CPC/1973 com o art. 797.

Não deixa de ser uma opção no mínimo curiosa porque, enquanto com relação à medida cautelar sempre se entendeu pela possibilidade de sua excepcional concessão de ofício em razão do poder geral de cautela[227], no tocante à tutela antecipada, apesar da resistência de parte significativa da doutrina[228], o Superior Tribunal de Justiça passou a proferir decisões admitindo a concessão de ofício da tutela antecipada dentro da mesma excepcionalidade exigida para a concessão da medida cautelar sem a provocação das partes[229].

Entendo que mesmo diante do eloquente silêncio da lei, é provável que o tradicional poder geral de cautela se transforme num poder geral de tutela de urgência, sendo admitido, ainda que em caráter excepcional, a concessão

[226] Neves, *Manual*, n. 50.2.1.1, p. 1.017-1.018.

[227] STJ, 3.ª Turma, REsp 1.255.398/SP, rel. Min. Nancy Andrighi, j. 20.5.2014, *DJe* 30.5.2014; Marinoni-Arenhart, *Processo*, p. 104-106; Nery-Nery, *Código*, p. 1.114; Lacerda, *Comentários*, n. 16, p. 80-82.

[228] Barbosa Moreira, A antecipação, p. 203; Nery-Nery, *Código*, p. 525; Carneiro, *Da antecipação*, n. 41, p. 61; Zavascki, *Antecipação*, p. 115; Calmon de Passos, *Comentários*, n. 6.1.1, p. 32-34; Araken de Assis, *Doutrina*, p. 411.

[229] STJ, 1.ª Turma, REsp 1.319.769/GO, rel. Min. Sérgio Kukina, rel. p/ acórdão Min. Benedito Gonçalves, j. 20.8.2013, *DJe* 20.9.2013; STJ, 2.ª Turma, REsp 1.309.137/MG, rel. Min. Herman Benjamin, j. 8.5.2012, *DJe* 22.5.2012.

de uma tutela cautelar ou antecipada de ofício[230], sendo tal entendimento aplicável ao mandado de segurança.

Uma última ressalva se mostra importante. O poder geral ora sugerido, entendido como a possibilidade de concessão de ofício de uma tutela de urgência pelo juiz, afasta, ainda que excepcionalmente, o *princípio dispositivo*. O mesmo, entretanto, não se pode afirmar quanto ao princípio da *inércia da jurisdição*, ou da demanda, que determina ser inerte a jurisdição até que o interessado a provoque. A tutela de urgência a ser concedida pelo juiz, portanto, exige a existência de um mandado de segurança já instaurado, não sendo lícito ao juiz dar início de ofício a qualquer processo, de qualquer natureza, ainda que para conceder uma tutela de urgência[231].

Por outro lado, tendo a natureza de tutela antecipada, ainda que na Lei 12.016/2009 exista apenas previsão de liminar incidental, entendo aplicáveis os arts. 303 e 304 do CPC, que preveem o procedimento da tutela antecipada requerida de forma antecedente. Como concordo com a estabilização da tutela antecipada contra a Fazenda Pública, não poderia ser esse argumento utilizado para inviabilizar a aplicação do art. 304 do CPC a pedido de tutela antecipada antecedente ao mandado de segurança.

6.12.2. Prestação de garantia para a concessão da liminar

Na parte final do art. 7º, III, da Lei 12.016/2009, vem expressamente previsto que é facultado ao juiz exigir do impetrante a prestação de caução, fiança ou depósito como condição para a concessão da liminar visando assegurar o eventual ressarcimento à pessoa jurídica pelos danos que poderão ser gerados pela efetivação de liminar concedida de forma indevida. Tratando-se de tutela de urgência, aplica-se ao caso a teoria do risco-proveito, de forma que o impetrante tem responsabilidade objetiva (art. 302 do CPC) pelos danos que causar ao réu (pessoa jurídica de direito público), se o resultado final do mandado de segurança for de denegação da ordem.

Somente uma leitura mais afoita do dispositivo legal ensejará crítica à previsão legal, inclusive apontando-a como inconstitucional, por se constituir em obstáculo injustificável à concessão de tutela jurisdicional. Como a literalidade do dispositivo determina, a prestação da contracautela não é medida obrigatória, que se imponha em toda hipótese de concessão de liminar em mandado de segurança, sendo claro que o juiz poderá exigir a prestação de caução a depender do caso concreto.

---

230 Flexa-Macedo-Bastos, *Novo*, p. 228. Contra, inadmitindo a concessão de ofício: Marinoni-Arenhart-Mitidiero, *Código*, p. 307; Didier Jr.-Braga-Oliveira, *Curso*, vol. 2, p. 593; Godinho, *Comentários*, p. 469.

231 Câmara, *Lições*, v. 3, p. 49.

Essa previsão, no mais, sem pecha de inconstitucionalidade, existe há tempos na tutela cautelar (art. 804 do CPC/1973) e com o Código de Processo Civil de 2015 passa a também ser exigível na tutela antecipada (art. 300, § 1º, do CPC), como, aliás, já vinha sendo mesmo na vigência do CPC/1973[232]. Em razão disso, entendo adequado o entendimento do Supremo Tribunal Federal no sentido da constitucionalidade da norma legal (ADI 4.296).

O receio não diz respeito propriamente à previsão legal, mas à postura que os juízes podem adotar na aplicação da norma. As perspectivas não são boas. Na praxe forense é inegável o desprezo dos juízes com os requisitos autorizadores da liminar na tutela cautelar, quando o autor apresenta caução. O que interessa é simplesmente a caução, o que leva julgadores ao absurdo de nem mesmo analisarem o teor da petição inicial, desde que já exista caução prestada nos autos. A caução nunca deve ser considerada como exigência automática para a concessão da liminar no mandado de segurança, cabendo ao julgador analisar sempre as circunstâncias do caso concreto para somente em situações excepcionais exigir a prestação da caução[233].

Entendo que a caução, como contracautela à concessão de uma tutela de urgência, inclusive a liminar no mandado de segurança, deve ser reservada para as hipóteses em que o juiz esteja em dúvida a respeito da concessão e se convença de que, se o impetrante tiver razão e a tutela de urgência não for concedida seu direito efetivamente perecerá. Nesse caso, num sistema de peso e contrapeso, o juiz concede a tutela mediante a prestação de caução.

6.12.3. Comunicações

Pela previsão do art. 9º da Lei 12.016/2009, caberá à autoridade coatora informar o órgão ou a pessoa jurídica de direito público, na pessoa de seu representante judicial, no prazo de 48 horas, contados da notificação da medida liminar. Note-se que a pessoa jurídica de direito público já terá sido informada da existência da demanda judicial por ato do juízo (art. 7º, II, Lei 12.016/2009), o que leva parcela da doutrina a entender que a comunicação a ser realizada pela autoridade coatora é desnecessária, podendo até mesmo ser descartada para evitar uma duplicação desnecessária de atos processuais[234].

É certo que a propositura da ação e a concessão de liminar são atos processuais diferentes, e, nesse sentido, poder-se-á sustentar que a intimação do primeiro ato não dispensa a cientificação do segundo, que, em virtude do

232 Informativo 375/STJ, 3ª Turma, REsp. 952.646/SC, rel. Min. Nancy Andrighi, j. 04/11/2008.

233 Scarpinella Bueno, *A nova*, p. 42; Medina-Araújo, *Comentários*, n. 7.4.8, p. 126-127; Cerqueira, *Comentários*, p. 87-88.

234 Scarpinella Bueno, *A nova*, p. 60-61.

dispositivo ora comentado, fica a cargo da autoridade coatora. O entendimento não se sustenta, porque, uma vez comunicada da existência do mandado de segurança e entendendo-se ser ela o réu do mandado de segurança, a pessoa jurídica de direito público será devidamente intimada de todos os demais atos processuais, inclusive da concessão de liminar[235].

De qualquer forma, ainda que se entenda desnecessária a informação pela autoridade coatora, considerando-se que a pessoa jurídica de direito público já estará ciente da concessão da liminar, é interessante manter o dever previsto em lei para que, no prazo de 48 horas, a autoridade coatora se veja compelida a indicar elementos necessários às providências a serem tomadas visando a "suspensão da medida" (o legislador teria sido mais técnico se tivesse se referido à revogação da liminar) ou mesmo à impugnação do ato coator. No tocante à União, existe inclusive lei específica que prevê esse dever (art. 4º da Lei 9.028/1995).

6.12.4. Recurso cabível contra decisão liminar

O art. 7º, § 1º, da Lei 12.016/2009, é certamente um dos mais felizes dispositivos da atual regulação legal do mandado de segurança, encerrando intensa e famosa controvérsia doutrinaria e jurisprudencial. Sempre me pareceu óbvio o cabimento de agravo de instrumento contra a decisão liminar (concessiva ou denegatória) proferida no mandado de segurança de primeiro grau, mas um entendimento absolutamente incorreto persistia em sentido contrário. O equivocado entendimento pecava em dois sentidos: primeiro porque insistia erroneamente na inaplicabilidade subsidiária do Código de Processo Civil ao procedimento do mandado de segurança; segundo porque acreditava ser possível à Lei 1.533/1951 a criação de decisões liminares irrecorríveis.

Não tenho dúvida de que qualquer decisão a respeito de tutela de urgência seja recorrível por agravo de instrumento, nos termos do art. 1.015, I, do CPC, mas a previsão legal é importante para evitar a alegação de inaplicabilidade do diploma processual ao mandado de segurança nesse tocante.

6.12.5. Vedação à concessão de liminares

O § 2º do art. 7º da Lei 12.016/2009 era um dos pontos mais criticáveis da legislação do mandado de segurança, carregando nítida inconstitucionalidade[236] e confirmando a percepção de parcela da doutrina de que realmente a Fazenda Pública, em juízo, funcionava com uma superparte, que tudo pode

[235] Medina-Araújo, *Mandado*, n. 9.1, p. 137.

[236] Cerqueira, Comentários, p. 90; Scarpinella Bueno, *A nova*, p. 45-46.

e contra ela nada ou muito pouco se pode, em nítida e indesejável ofensa ao princípio da isonomia[237].

O dispositivo legal proíbia expressamente a concessão de liminar em mandado de segurança que tenha por objeto a compensação de créditos tributários, a entrega de mercadorias e bens provenientes do exterior, a reclassificação ou equiparação de servidores públicos e a concessão de aumento ou a extensão de vantagens ou pagamento de qualquer natureza. Para blindar de forma definitiva o Poder Público, o § 5º do art. 7º da Lei 12.016/2009, vedava que as matérias anteriormente descritas sejam objeto de tutela antecipada, de forma que mesmo a parte optando pela tutela de seu direito pelas vias ordinárias, não fará jus à tutela de urgência satisfativa.

Apesar da crítica praticamente uníssona da doutrina, que defendia a inconstitucionalidade da proibição de tutela de urgência por lei, considerando-se que essa vedação pode significar o perecimento de um direito evidente, o Supremo Tribunal Federal já tinha tido a oportunidade de se manifestar no julgamento da ADC 4/DF, ao declarar constitucional o art. 1º da Lei 9.494/1997, que prevê algumas restrições à concessão da tutela antecipada contra a Fazenda Pública[238].

Eis que, no julgamento da ADI 4.296, movida pela Ordem dos Advogados do Brasil, o Supremo Tribunal Federal, de forma surpreendente, acolhe parcialmente o pedido da autora para declarar a inconstitucionalidade do art. 7º, § 2º, da Lei 12.016/2009. Naturalmente também está revogado o § 5º do mesmo dispositivo, bem como o art. 1.059 do CPC. Em realidade, é o momento de se questionar de uma forma mais ampla se qualquer vedação legal à concessão de tutela provisória contra a Fazenda Pública continua a existir.

6.12.6. Efeitos da liminar

É preciso ter cuidado com a interpretação do art. 7º, § 3º, da Lei 12.016/2009. Num primeiro momento, parece que a interpretação literal é o suficiente para demonstrar a vontade do legislador, mas acredito que cabe ao intérprete ir um pouco além da literalidade do dispositivo legal. Segundo o dispositivo mencionado, os efeitos da liminar persistirão até a sentença, salvo se revogada ou modificada.

Num primeiro momento, o dispositivo consagra expressamente a regra de que toda tutela de urgência é provisória (art. 294 do CPC), não sendo diferente com a liminar do mandado de segurança. É natural que, sendo interposto

[237] Dinamarco, *Instituições*, v. 1, p. 210-213.

[238] STF, Plenário,ADC 4/DF, rel. Min. Sydney Sanches, rel. p/ acórdão Min. Celso de Mello, j. 01/10/2008 (Informativo 522/STF).

o recurso de agravo de instrumento contra a decisão liminar concessiva de mandado de segurança, a revogação ou modificação da decisão impugnada poderá ocorrer tanto do juízo de retratação que o juiz de primeiro grau poderá fazer, como do resultado do recurso interposto. Mas, mesmo sem a interposição do agravo de instrumento, a provisoriedade da decisão liminar permite ao próprio juízo que a proferiu revogá-la ou modificá-la.

Ampliando corretamente as situações nas quais o juiz estaria liberado para modificar o seu entendimento prévio, há opinião doutrinária de que não apenas a mudança da situação de fato permite ao juiz a modificação da decisão, mas também a superveniência de "novas circunstâncias". Essas "novas circunstâncias" resultariam da mudança dos fatos ou do surgimento de outra evidência sobre uma situação fática inalterada[239]. Há ainda uma terceira corrente doutrinária que defende o entendimento de que as novas circunstâncias podem ser tanto fáticas como jurídicas[240]. Dessa forma, caso antes de ser proferida a sentença, verifiquem novas circunstâncias, caberá a revogação ou cassação da medida liminar.

Ao prever que a liminar gera efeitos até a prolação da sentença, o dispositivo legal consagra a provisoriedade da liminar. Ser provisória significa que a tutela de urgência tem um tempo de duração predeterminado, não sendo projetada para durar para sempre. A duração da tutela de urgência depende da demora para a obtenção da tutela definitiva, porque, uma vez concedida ou denegada, a tutela de urgência deixará de existir. Registre-se que, apesar de serem provisórias, nenhuma das tutelas de urgência é temporária. Temporário também tem um tempo de duração predeterminado, não durando eternamente, mas, ao contrário do provisório, não é substituído pela tutela definitiva; simplesmente deixa de existir, nada vindo tomar seu lugar.

Dessa forma, a liminar sempre será substituída pela sentença, e, a partir desse momento, perderá sua eficácia. Sendo a decisão definitiva denegatória, imediatamente a liminar será revogada, sustando-se seus efeitos[241]; sendo a decisão concessiva da ordem, apesar de a liminar perder seus efeitos, na prática eles continuam sendo os mesmos, mas agora gerados pela sentença que substituiu a liminar. Ainda que seja interposta apelação contra a sentença, os efeitos são mantidos, até porque tal recurso não tem efeito suspensivo, de

---

[239] Marinoni, *Antecipação*, p. 164; Didier-Braga-Oliveira, *Curso*, p. 655; Figueira Jr., *Comentários*, p. 293; Calmon de Passos, *Comentários*, n. 6.10., p. 69; Moniz de Aragão, *Alterações*, p. 240.

[240] Gusmão Carneiro, *Da antecipação*, n. 65, p. 126.

[241] Súmula 405 do STF: "Denegado o mandado de segurança pela sentença, ou no julgamento do agravo, dela interposto, fica sem efeito a liminar concedida, retroagindo os efeitos da decisão contrária"; Scarpinella Bueno, *A nova*, p. 53-54.

forma que o efeito prático da sentença continuará a ser exatamente o mesmo que anteriormente estava sendo gerado pela liminar.

6.12.7. Perempção ou caducidade da liminar

O art. 8º da Lei 12.016/2009, trata da perda de eficácia da liminar em razão de determinado comportamento processual do impetrante. Segundo o dispositivo legal, será decretada a perempção ou caducidade da medida liminar em duas hipóteses: (a) criação pelo impetrante de obstáculo ao normal andamento do processo; (b) o impetrante deixar de promover, por mais de 3 dias, os atos e diligências que lhe cumprirem.

Os termos "perempção" e "caducidade" são utilizados de forma indistinta, sempre para determinar a perda de eficácia da liminar, devendo ser utilizados como sinônimos. Ainda que a perempção seja instituto de direito processual e a caducidade de direito material, o legislador não foi feliz na escolha de nenhuma das duas nomenclaturas, considerando-se que perempção, nos termos do art. 486, § 3º, do CPC, é a extinção do direito de ação quando a mesma ação é repetida em três processos extintos por abandono do autor. De qualquer forma, independentemente da inadequação redacional, a melhor interpretação aponta para a perda de eficácia da liminar como significado dos termos legais.

Entendo que os termos utilizados pelo art. 8º da Lei 12.016/2009 se prestam a indicar que, uma vez cassados os efeitos da liminar por conduta inapropriada do impetrante, não caberá a repetição do pedido de liminar. Nesse caso, o impetrante só poderá ser tutelado novamente com a decisão definitiva de concessão da segurança, salvo se demonstrar a ocorrência de novas circunstâncias, quando poderá fazer um novo pedido de liminar, o que é diferente de renovar o primeiro pedido.

A primeira conduta prevista pelo dispositivo legal é a criação de obstáculo ao normal andamento do processo, servindo a cassação de efeitos da liminar nitidamente como forma de sancionar processualmente a conduta da parte. Parcela da doutrina entende que a norma é inconstitucional, afirmando que para essa espécie de conduta já existe tipificação no ordenamento jurídico: ato de má-fé punível por meio de aplicação de multa de 1% do valor da causa (arts. 80, IV, e 81 do CPC)[242]. Por outro lado, alega-se que não tem sentido sancionar o impetrante nesse caso porque não existe uma correlação sistemática entre a manutenção dos efeitos da liminar e o bom comportamento do impetrante[243].

---

[242] Medina-Araújo, *Mandado*, n. 8.2, p. 132.

[243] Scarpinella Bueno, *A nova*, p. 55.

Apesar das críticas feitas ao dispositivo legal nesse tocante, não concordo com a conclusão de que a norma seria inconstitucional e nem mesmo inadequada. Atualmente é muito confortável ao autor beneficiado por uma tutela de urgência satisfativa protelar a prolação da decisão definitiva, quando não tem razão, valendo-se de todos os subterfúgios possíveis e imagináveis. E nem se fale que nesse caso caberá a aplicação da multa prevista no art. 81 do CPC, porque, como sabido, essa multa cria uma obrigação de pagar quantia certa cuja satisfação nem ao menos é garantida. Isso sem falar que, muitas vezes, no caso concreto, o valor da multa é ínfimo. Entendo válidas outras técnicas procedimentais que sancionem a parte que protela o andamento do processo que não seja a multa, ainda mais quando a parte se encontra na confortável situação de ser beneficiada por uma tutela de urgência satisfativa.

A segunda causa para a cessação de efeitos da liminar concedida é a omissão do impetrante na prática de ato processual no prazo de 3 dias úteis. Nesse tocante, acredito que a interpretação deva ser considerada à luz do princípio do impulso oficial do juízo, não havendo justificativa plausível para que a liminar perca sua eficácia se o juiz puder dar andamento de ofício no procedimento, sem qualquer prejuízo ao seu bom andamento. A inércia do impetrante, nesse caso, pode não ser apta a gerar atraso no andamento, tornando-se injustificável, sob qualquer aspecto de análise, que a liminar perca a eficácia nesse caso.

Uma vez provocada a jurisdição, aplica-se a regra do impulso oficial, de maneira que o desenvolvimento do processo estará garantido, até certo ponto, independentemente de vontade ou provocação das partes[244]. Afirma-se que tal desenvolvimento está garantido pela atuação oficiosa do juiz até certo ponto porque existem situações nas quais, sem a indispensável participação das partes, não haverá como aplicar o impulso oficial[245]. Há interessante lição doutrinária a apontar que o impulso oficial pode depender da colaboração das partes em dois aspectos: econômico e de prestação de informações[246]. Nesses casos, entendo que a inércia do impetrante nos termos da lei justifica a cassação dos efeitos da liminar, já que sua inércia será apta a postergar a prolação da decisão definitiva.

É preciso observar, entretanto, que o prazo de 3 dias somente será aplicável em situações de ausência de prazo específico para a tomada de providências por parte do impetrante. Havendo prazo específico para a realização de um determinado ato processual, a liminar deve manter sua eficácia até o venci-

---

[244] Scarpinella Bueno, *Curso*, p. 248.

[245] Arruda Alvim, *Manual*, v. 1, p. 200.

[246] Greco, *Instituições*, p. 559-560.

mento de tal prazo, como ocorre na aplicação do entendimento consagrado pela Súmula 631 do STF, que determina a extinção do processo de mandado de segurança se o impetrante não promover, no prazo determinado pelo juiz, a citação do litisconsorte passivo necessário. A emenda da petição inicial tem prazo de 15 dias, nos termos do art. 321 do CPC, e, tendo sido esse o prazo legal, não se deve aplicar o prazo previsto no dispositivo legal ora comentado.

6.13. PODERES DO RELATOR DO MANDADO DE SEGURANÇA DE COMPETÊNCIA ORIGINÁRIA DO TRIBUNAL

Segundo o art. 16, *caput*, da Lei 12.016/2009, caberá ao relator a instrução do mandado de segurança de competência originária dos tribunais, o que não significa que será ele incumbido da produção probatória, que, na realidade, não existe em razão da natureza sumário-documental do procedimento do mandado de segurança. A previsão legal só pode ser compreendida como sendo de competência do relator a prática de atos de preparação para o julgamento do mandado de segurança, tais como as necessárias intimações e notificações. Instruir, nesse sentido, apontaria a preparação do processo para seu julgamento, e não para a instrução probatória desse, salvo na excepcional hipótese do art. 6º, § 1º, da Lei 12.016/2009, quando caberá ao relator diretamente requisitar a exibição de documentos, não sendo necessária a expedição de carta de ordem para o juízo de primeiro grau para que tal prova seja produzida.

Tenho ressalvas ao entendimento de parcela da doutrina de que o dispositivo legal também atribui competência ao relator para o julgamento monocrático do mandado de segurança, podendo tanto indeferir a petição inicial como aplicar o art. 332 do CPC[247].

Em meu entendimento, a possibilidade de o relator decidir monocraticamente o mandado de segurança realmente existe, mas não decorre do dispositivo legal ora comentado, afinal essa decisão monocrática não será proferida porque o relator é competente para sua prolação, mas tão somente porque o órgão colegiado delegará sua competência ao relator em razão da facilidade procedimental. Tanto assim, que é indiscutível o cabimento do recurso de agravo interno (art. 1.021 do CPC) contra essa decisão, inclusive com o cabimento de sustentação oral (art. 937, § 3º, do CPC). Ademais, o termo "instruir" utilizado pelo dispositivo legal pode significar preparar, mas seria um exagero interpretá-lo também como decidir.

O art. 16, *caput*, da Lei 12.016/2009, em sua segunda parte, assegura ao recorrente o direito de defesa oral na sessão de julgamento. A ausência de

[247] Nesse sentido, Scarpinella Bueno, *A nova*, p. 107.

específica indicação quanto a que sessão de julgamento se refere o dispositivo legal leva parcela da doutrina a defender seu cabimento em qualquer sessão de julgamento durante o trâmite do mandado de segurança, e não só da sessão que o decide definitivamente[248]. Para essa parcela da doutrina, caberá sustentação oral no julgamento de agravo interno contra decisão monocrática do relator, o que atualmente está expressamente consagrado no art. 937, § 3º, do CPC, e também no julgamento colegiado do mandado de segurança, ainda que tal hipótese não esteja expressamente consagrada no art. 937 do CPC.

Entendo que não há como afastar o cabimento de sustentação oral no julgamento colegiado do mandado de segurança por ausência de tal hipótese no rol do art. 937 do CPC, porque restringir a prática de tal ato processual contraria de forma manifesta o *caput* do art. 16 da Lei 12.016/2009. Afinal, como se pode assegurar a defesa oral na sessão de julgamento e não permitir aos patronos das partes a sustentação oral?

A Lei 13.676/2018 incluiu no art. 16 da Lei 12.016/2009 o direito à sustentação oral na sessão de julgamento do pedido liminar. Entendo que o dispositivo tem duas aplicações práticas: (a) a concessão da liminar pelo órgão colegiado, o que poderá ocorrer se o relator levar a questão para o colegiado; e (b) julgamento de agravo interno interposto contra a decisão monocrática do relator que resolve o requerimento de concessão de liminar.

O art. 16, parágrafo único, da Lei 12.016/2009 prevê o cabimento de agravo interno contra a decisão do relator que conceder ou denegar a medida liminar, o que afasta o teratológico entendimento consagrado pela Súmula 622 do Supremo Tribunal Federal, que infelizmente vinha sendo também aplicado pelo Superior Tribunal de Justiça[249]. É no mesmo sentido o art. 1.021, *caput*, do CPC, ao prever o cabimento do agravo interno contra toda espécie de decisão monocrática do relator, o que, evidentemente, inclui o pronunciamento unipessoal ora analisado.

6.14. PEDIDO DE SUSPENSÃO DE SEGURANÇA

O art. 15 da Lei 12.016/2009 conjuga artigos de diversas leis – art. 13 da Lei 1.533/1951 (já havia sido revogado pela lei seguinte); art. 4º, *caput*, §§ 1º e 2º, da Lei 4.348/1964; art. 4º, §§ 5º, 6º, 7º e 8º da Lei 8.437/1992 – com poucas alterações com relação aos artigos revogados. O dispositivo legal regulamenta o chamado "pedido de suspensão de segurança", que apesar de apontado por parcela da doutrina como inconstitucional por violar

[248] Scarpinella Bueno, *A nova*, n. 46, p. 108.

[249] AgRg no MS 11.294/DF, 3ª Seção, rel. Min. Laurita Vaz, j. 24/05/2006, *DJ* 05/06/2006, p. 240.

o princípio da isonomia[250], dentre outros princípios constitucionais, parece ter vindo para ficar.

Segundo o art. 15, *caput*, da Lei 12.016/2009, a pessoa jurídica de direito público ou o Ministério Público podem requerer ao presidente do tribunal ao qual couber o conhecimento do respectivo recurso a suspensão da execução da sentença ou da liminar para evitar grave lesão à ordem, à saúde, à segurança e à economia públicas. O Superior Tribunal de Justiça entende que para tal requerimento basta uma petição simples, sem maiores rigorismos formais[251].

O rol dos legitimados parece ser exauriente, não se admitindo a aplicação do art. 966 do CPC por analogia em razão da natureza não recursal do incidente de suspensão de segurança. Em razão da expressa previsão legal, não tem legitimidade para a arguição da suspensão de segurança a autoridade coatora[252], que, embora tenha sido notificada para a apresentação de informações, não é parte no processo, de forma que um eventual pedido de suspensão de segurança teria que ser feito com justificativa na legitimidade de terceiro prejudicado, mas essa é uma legitimidade recursal, não se aplicando para o incidente processual que caracteriza o pedido de suspensão de segurança.

Apesar de o incidente de suspensão de segurança não impugnar a decisão judicial visando sua reforma e/ou anulação, o que irremediavelmente o afasta da natureza recursal e dos sucedâneos recursais[253], há entendimento nos tribunais superiores de que não basta a comprovação da grave lesão aos valores previstos em lei, cabendo também ao requerente demonstrar a plausibilidade de seu direito, ainda que dentro de um juízo sumário de cognição. Segundo o entendimento atualmente predominante em sede jurisprudencial, o pedido de suspensão de segurança tem natureza de contracautela[254], de forma que, além do perigo de dano, a parte deve demonstrar o *fumus boni iuris*[255], fazendo o presidente do tribunal um juízo, ainda que mínimo, de delibação sobre a matéria de fundo[256]. Ainda que, em cognição sumária, deva-se levar

---

[250] Scarpinella Bueno, *A nova*, p. 93-94.

[251] STJ, Corte Especial, AgInt no AgInt na SLS 2.116/MG, rel. Min. Laurita Vaz, j. 07/11/2018, DJe 26/02/2019.

[252] Medina-Araújo, *Comentários*, p. 177; Rocha Lopes, *Comentários*, p. 119.

[253] Didier Jr.-Cunha, *Curso*, p.494-495. Há doutrina que defende a natureza de sucedâneo recursal: Araken de Assis, *Manual*, n. 110.2, p. 890; Medina-Araújo, *Mandado*, p. 176.

[254] STJ, Corte Especial, AgRg na SLS 1.964/DF, rel. Min. Francisco Falcão, j. 02/12/2015, DJe 18/12/2015.

[255] STJ, Corte Especial, AgRg na SS 1.404/DF, rel. Min. Edson Vidigal, j. 25/10/2004, *DJ* 06/12/2004, p. 177; STF, Tribunal Pleno, SS 3.259 AgRg/SP, rel. Min. Ellen Gracie, j. 07/04/2008; Rocha Lopes, *Comentários*, p. 122.

[256] STF, Tribunal Pleno, SL 836 AgR/AM, rel. Min. Ricardo Lewandowski, j. 22/10/2015, DJe 13/12/2015.

em conta o conteúdo da decisão, o incidente processual continua a não atacar o conteúdo do ato, mas tão somente seus efeitos[257].

É interessante notar que, apesar de ser consagrada nos tribunais superiores a inadmissão de discussão sobre o mérito da controvérsia, considerando-se que o pedido de suspensão não tem natureza recursal[258], é absolutamente inviável se imaginar a concessão de um pedido de suspensão de segurança quando a decisão não tiver probabilidade séria de ser reformada ou anulada pela via recursal, sendo ainda pior quando estiver fundada em posição já consolidada no tribunal. Justamente em razão dessa realidade é necessário que o presidente monocraticamente ou o órgão colegiado no julgamento do agravo interno faça, ainda que sumariamente, uma análise do conteúdo da decisão, sem, naturalmente, formar convencimento definitivo a respeito de seu mérito.

Conforme expressamente previsto em lei, só será cabível agravo interno contra a decisão que acolher o pedido de suspensão. E da decisão que rejeitar tal pedido, não é cabível o supracitado recurso de agravo? Interessante notar que os tribunais superiores tinham entendimento sumulado pelo cabimento somente na hipótese de decisão de deferimento do pedido de suspensão de segurança, mas, em decorrência do art. 4º, § 3º, da Lei 8.437/1992 (aplicável nas cautelares, liminares e tutela antecipada contra o Poder Público), tanto o Supremo Tribunal Federal como o Superior Tribunal de Justiça cancelaram suas respectivas súmulas 506[259] e 217[260], passando a entender pelo cabimento do agravo interno também contra a decisão que rejeita o pedido de suspensão de segurança. Teria o art. 15, *caput*, da Lei 12.016/2009 modificado o entendimento consagrado nos tribunais superiores?

Apesar de existir corrente doutrinária que defende que, com o advento da nova realidade legislativa, não é possível a aplicação do art. 4º, § 3º, da Lei 8.437/1992 ao mandado de segurança[261], penso que o entendimento mais correto é aquele que vem atualmente sendo defendido pelos tribunais superiores, mesmo com o advento do art. 15, *caput*, da Lei 12.016/2009. O presidente do tribunal atua tão somente como um porta-voz avançado do órgão colegiado, não sendo legítimo imaginar-se que tenha competência para a prolação de decisão tão importante. Em minha visão, a competência é do órgão colegiado, que a delega para o presidente em razão de urgência ou da facilidade procedimental, de forma que sua decisão monocrática, in-

---

257 STJ, Corte Especial, AgInt na SS 2.902/RS, rel. Min. Laurita Vaz, j. 01/02/2018, DJe 20/02/2018.

258 STJ, Corte Especial, AgRg na SS 1.873/PI, rel. Min. Cesar Asfor Rocha, j. 28/05/2009, *DJE* 10/08/2009.

259 Informativo 295/STF: Pleno, SS (QO) 1.945, 2002.

260 Corte Especial, AgRg na SS 1.204-AM, j. 23/10/2003.

261 Scarpinella Bueno, *A nova*, p. 99. Contra: Medina-Araújo, *Mandado*, p. 181.

dependentemente do teor, poderá ser revista pelo órgão colegiado, e, para isso, é imprescindível o cabimento do agravo interno. Esse entendimento é corroborado pelo art. 1.021, *caput*, do CPC, ao prever que qualquer decisão monocrática proferida pelo relator será recorrível por agravo interno, e vem sendo aplicado pelos tribunais superiores[262].

O prazo previsto no art. 15, *caput*, da Lei 12.016/2009 é de 5 dias (na lei anterior era de 10 dias), o que contraria os arts. 1.003, § 5º, e 1.070 do CPC. Quando comparado o art. 15, *caput*, da Lei 12.016/2009 e o art. 1.003, § 5º, do CPC, pode parecer que o primeiro, por ser norma específica, prefere ao segundo, por ser norma geral. Mas o art. 1.070 do CPC é claro ao prever ser de 15 dias o prazo para a interposição de qualquer agravo, previsto em lei ou em regimento interno de tribunal, contra decisão de relator ou outra decisão unipessoal proferida em tribunal. Diante de tal clara redação, é indiscutível que com o advento do novo diploma processual o prazo ora analisado passou a ser de 15 dias.

Também prevê o dispositivo ora comentado aquilo que poderia ser considerado uma novidade, quando indica que o agravo interno "será levado a julgamento na sessão seguinte à sua interposição". Apesar de importante para confirmar a urgência com que o legislador pretende ver julgado o recurso, trata-se de prazo impróprio, de forma que seu descumprimento – que certamente ocorrerá – não gera preclusão temporal.

Esse agravo interno não tem efeito suspensivo previsto em lei, de forma que, durante a sua pendência, a suspensão de segurança deferida pelo presidente do tribunal, continuará eficaz. O recorrente, entretanto, pode se valer do art. 995, parágrafo único, do CPC para obter o efeito suspensivo no caso concreto.

Prevê o art. 15, § 1º, da Lei 12.016/2009 que, indeferido o pedido de suspensão, tanto pelo presidente monocraticamente como pelo órgão colegiado no julgamento do agravo interno, caberá um novo pedido de suspensão para o Supremo Tribunal Federal ou Superior Tribunal de Justiça, tribunais competentes para o julgamento do recurso extraordinário e recurso especial respectivamente. A determinação de qual será o tribunal competente para o novo pedido de suspensão de segurança levará em consideração a fundamentação do pedido e da própria decisão[263], sendo inclusive possível a concomitância de pedidos para ambos os tribunais.

Como parto da premissa de que o pedido de suspensão de segurança é tão somente um incidente processual, sem natureza jurídica de recurso ou de

---

262 STF, Tribunal Pleno, SL 815 AgR/SP, rel. Min. Ricardo Lewandowski, j. 07/05/2015, DJe 05/06/2015; STJ, Corte Especial, AgRg na SS 2.824/MA, rel. Min. Francisco Falcão, j. 02/03/2016, DJe 14/04/2016.

263 Scarpinella Bueno, *A nova*, p. 99.

sucedâneo recursal, entendo que a previsão legal não proíbe a interposição de recurso, simplesmente permitindo que, uma vez tendo sido indeferido o pedido, seja cabível também um novo pedido de suspensão de segurança para o presidente do tribunal ao qual couber o conhecimento do respectivo recurso. Para embasar esse entendimento, deve-se admitir a sobrevivência do art. 4º, §§ 3º e 4º, da Lei 8.437/1992, conforme já defendido.

O art. 15, *caput*, da Lei 12.016/2009, prevê expressamente o cabimento do pedido de suspensão de segurança contra a decisão liminar ou sentencial, enquanto o art. 15, § 1º, da mesma lei prevê uma outra hipótese de cabimento desse incidente processual, justamente da decisão que não concede o primeiro pedido de suspensão.

O art. 15, § 2º, da Lei 12.016/2009, prevê mais uma hipótese de cabimento do pedido de suspensão de segurança: decisão do tribunal que negue provimento ao agravo de instrumento contra a decisão liminar a que se refere o *caput* do dispositivo legal. A situação imaginada pela norma legal é o não ingresso do pedido de suspensão de segurança quando a liminar é concedida em primeiro grau, limitando-se a pessoa jurídica de direito público a interpor contra a decisão o agravo de instrumento. Sendo derrotada no agravo de instrumento e até então não requerido o pedido de suspensão de segurança, admitir-se-á que tal pedido seja feito de forma originária.

Questão interessante diz respeito à situação de liminar indeferida no primeiro grau e concedida no Tribunal em julgamento de agravo de instrumento. Como se pode notar não foi essa a situação tratada pelo art. 15, § 2º, da Lei 12.016/2009, mas será possível, nessa situação, o pedido de suspensão de segurança? A melhor doutrina entende que a resposta tenha de ser dada de forma negativa, por falta de previsão legal[264].

Segundo o art. 15, § 3º, da Lei 12.016/2009, a interposição de agravo de instrumento contra liminar concedida nas ações movidas contra o Poder Público e seus agentes não prejudica nem condiciona o julgamento do pedido de suspensão de segurança.

Não interposto o agravo de instrumento, a decisão preclui? É cabível tão somente o pedido de suspensão de segurança? Entendo que sim[265] e, pela mesma razão, entendo também cabível o pedido de suspensão de segurança, depois de julgado definitivamente o agravo de instrumento perante o tribunal[266].

É verdade que, com a ausência do agravo de instrumento ou com o seu julgamento definitivo, a decisão concessiva de liminar no mandado de

---

264 Scarpinella Bueno, *A nova*, p. 100.

265 STJ, Corte Especial, AgInt na SLS 2.289/BA, rel. Min. Laurita Vaz, j. 20/06/2018, DJe 07/08/2018.

266 Nesse sentido Araújo-Medina, *Comentários*, n. 15.5, p. 179.

segurança preclui, não sendo mais legítimo às partes sua impugnação. Não obstante a preclusão operada pela não interposição do recurso cabível ou seu julgamento definitivo, a decisão continuará a gerar efeitos porque, sendo uma decisão de tutela provisória, ela terá que ser confirmada ou revogada pela tutela definitiva.

É natural que, não sendo requerida a suspensão da segurança de decisão que concede a liminar e sendo julgado por sentença o mandado de segurança, de duas uma: (a) a sentença é de improcedência e revoga a liminar concedida, o que retira qualquer interesse na propositura do pedido de suspensão de segurança, afinal não haverá mais nada a suspender; (b) a sentença é de procedência e substitui a decisão liminar, sendo, a partir desse momento, cabível o pedido de suspensão de segurança, não contra a decisão liminar, que não mais existirá, mas contra a sentença.

Aduz o art. 15, § 4º, da Lei 12.016/2009, que o presidente do tribunal poderá conferir ao pedido de suspensão de segurança efeito suspensivo liminar (*inaudita altera parte*), sempre que constatar em juízo prévio a plausibilidade do direito invocado e a urgência na concessão da medida. Parece não restar dúvidas de que se trata de tutela de urgência, seja por sua função (suspensão imediata dos efeitos da decisão), seja pelos requisitos exigidos para sua concessão (plausibilidade do direito e perigo de grave dano).

Entendo que a previsão expressa de uma excepcional decisão *inaudita altera parte* pelo presidente do tribunal permite a conclusão, *a contrario sensu*, de que a decisão em regra seja proferida após o devido contraditório, devendo o impetrante ser intimado para se manifestar antes da prolação da decisão[267]. O contraditório diferido, conforme previsto em lei, permitirá ao impetrante uma alegação após a concessão da suspensão, que funcionará, na prática, como um pedido de reconsideração endereçado ao presidente do tribunal.

O art. 15, § 5º, da Lei 12.016/2009, trata do chamado "efeito multiplicador", ao prever que as liminares cujo objeto seja idêntico poderão ser suspensas em uma única decisão, podendo o presidente do tribunal estender os efeitos da suspensão a liminares supervenientes, mediante simples aditamento do pedido original. A prática já vinha sendo admitida com tranquilidade nos tribunais superiores[268], e, segundo a melhor doutrina, deve ser aplicada também para sentença e acórdão, não somente para a liminar, como prevê o texto legal[269]. Para o pedido de suspensão de liminar ou acórdão em mandado

---

[267] Scarpinella Bueno, *A nova*, p. 101.

[268] STF, Tribunal Pleno, SS 3.653 AgR/AM, rel. Min. Gilmar Mendes, j. 01/07/2009.

[269] Scarpinella Bueno, *A nova*, p. 103.

de segurança de competência originária de tribunal, continua a se aplicar o art. 25 da Lei 8.038/1990.

A omissão da nova lei de mandado de segurança a respeito do tempo de duração da suspensão de segurança não modifica o previsto no art. 4º, § 9º, da Lei 8.437/1992, de que a suspensão dura até o trânsito em julgado da decisão concessiva de segurança, porque, enquanto ela for provisória, os mesmos motivos que fundamentaram a concessão da suspensão de segurança remanescem. O próprio Supremo Tribunal Federal reconheceu tal realidade ao sumular esse entendimento[270], de forma que, mesmo sendo a decisão proferida mediante cognição sumária substituída por uma decisão proferida mediante cognição exauriente, a suspensão da segurança perdura até o trânsito em julgado, o que significa dizer que, concedida a suspensão, será inviável o cumprimento provisório da decisão concessiva da ordem[271].

6.15. MANDADO DE SEGURANÇA COLETIVO

6.15.1. Introdução

O mandado de segurança coletivo está previsto no art. 5º, LXX, da CF, mas, até o advento da Lei 12.016/2009, não havia previsão infraconstitucional que o regulamentasse. Ainda que parcialmente, os arts. 21 e 22 da citada lei passaram a cumprir tal missão. Afirma-se que a lacuna foi preenchida apenas parcialmente, porque existem inúmeras regras do microssistema coletivo que continuarão a ser aplicadas subsidiariamente ao mandado de segurança coletivo.

6.15.2. Legitimidade ativa

O art. 21, *caput*, da Lei 12.016/2009 prevê a legitimidade ativa para a propositura do mandado de segurança coletivo. Na realidade, a legitimação encontra-se prevista no art. 5º, LXX, da CF, sendo interessante notar que não houve ampliação do rol constitucional pela norma infraconstitucional, quando muito uma especificação dos legitimados ativos. Não que a amplificação por lei infraconstitucional seja vedada[272], mas ela simplesmente não ocorreu.

O primeiro legitimado ativo previsto pelo art. 5º, LXX, *a*, da CF é o partido político com representação no Congresso Nacional, e o art. 21, *caput*,

---

[270] Súmula 626/STF: "A suspensão da liminar em mandado de segurança, salvo determinação em contrário da decisão que a deferir, vigorará até o trânsito em julgado da decisão definitiva de concessão da segurança ou, havendo recurso, até a sua manutenção pelo Supremo Tribunal Federal, desde que o objeto da liminar deferida coincida, total ou parcialmente, com o da impetração."

[271] Medina-Araújo, *Mandado*, p. 179.

[272] Hermes Zaneti Jr., Mandado de segurança coletivo, p. 171.

da Lei 12.016/2009, além de insistir na existência de representação no Congresso Nacional, adiciona o requisito de que a atuação do partido político se dará na defesa de seus interesses legítimos relativos a seus integrantes ou à finalidade partidária. Essa nova exigência do dispositivo legal parece contrariar a melhor doutrina, que afasta a necessidade de pertinência temática para os partidos políticos ingressarem com ação coletiva, inclusive com o mandado de segurança coletivo.

Apesar da crítica de parcela da doutrina[273], entendo que o dispositivo legal ora comentado não é restritivo como pareceu a essa corrente doutrinária, não sendo necessários grandes exercícios de interpretação para se chegar a tal conclusão.

Naturalmente, a legitimação dos partidos políticos não está limitada à defesa de seus integrantes, e isso por três razões: (a) seria inútil a previsão, considerando-se a estrutura administrativa de associação do partido político, bastando a aplicação da segunda parte do dispositivo ora comentado para atribuir tal legitimação aos partidos políticos; (b) a própria lei prevê que, além da defesa do interesse de seus integrantes, também poderá ser impetrado mandado de segurança coletivo na defesa de interesses referentes à finalidade partidária; (c) não cabe ao texto infraconstitucional limitar a abrangência de dispositivo constitucional.

O desafio, portanto, é descobrir o que significa "finalidade partidária" à luz do art. 5º, LXX, da CF.

Entendo que por finalidade partidária encontra-se fundamentalmente o "bem comum", sendo esse o objetivo de todo partido político a se colocar entre a sociedade e o Estado, porém essa conclusão poderá ser confrontada com o art. 1º da Lei 9.096/1995 (Lei Orgânica dos Partidos Políticos), que prevê ser função dos partidos políticos assegurar a autenticidade do regime representativo e a defesa dos interesses fundamentais definidos no texto constitucional.

Registre-se que atualmente é prevalente no Supremo Tribunal Federal o entendimento que vincula a legitimidade do partido político à defesa de interesses de seus filiados no que diz respeito aos direitos políticos e aos direitos fundamentais. No julgamento do RE 196.184/AM, os Ministros Gilmar Mendes, Cezar Peluso, Carlos Velloso, Sepúlveda Pertence e Nelson Jobim expressamente se colocaram contra a legitimidade universal do partido político na propositura de mandado de segurança coletivo, restando vencidos os Ministros Ellen Gracie e Carlos Britto.

Segundo o texto constitucional, também é legitimada para a propositura do mandado de segurança a organização sindical, entidade de classe ou

---

273 Medina-Araújo, *Mandado*, n. 21.7.1, p. 214.

associação legalmente constituída e em funcionamento há pelo menos um ano, na defesa dos interesses de seus membros ou associados. Nesse tocante, o art. 21, *caput*, da Lei 12.016/2009 traz interessantes inovações, notadamente ao consagrar legislativamente entendimentos jurisprudenciais.

Primeiro, prevê que a defesa não precisa ser da totalidade dos membros ou associados dos legitimados ativos, bastando que os direitos líquidos e certos violados ou ameaçados sejam de parte deles. A previsão legal, na realidade, consagra entendimento jurisprudencial dominante e sumulado no Supremo Tribunal Federal[274].

Em segundo lugar, exige que os interesses defendidos sejam pertinentes às finalidades do legitimado, ou seja, impõe a existência de pertinência temática.

Por fim, dispensa expressamente a autorização formal de seus membros e associados, considerando a diferença entre representação processual (desde que autorizados, os legitimados ora analisados podem defender interesses individuais de seus membros ou associados) e substituição processual (o legitimado atua em nome próprio em defesa dos interesses de seus membros ou associados). Mais uma vez a legislação se adéqua ao entendimento sumulado do Supremo Tribunal Federal[275].

Apesar da omissão legal, parece correto o entendimento pela aplicação subsidiária dos arts. 5º, § 4º, da Lei 7.347/1985 e 82, § 1º, do CDC, sendo que a exigência de um ano de existência da associação, sindicato ou entidade de classe pode ser afastada pelo juiz no caso concreto, se existir manifesto interesse social caracterizado pela dimensão ou característica do dano, ou pela relevância do bem jurídico a ser tutelado.

Não considero adequado o entendimento de que o art. 21, *caput*, da Lei 12.016/2009, por ser norma específica e mais recente, deve prevalecer, de forma que o requisito da constituição há mais de um ano não possa ser afastado[276]. Levando-se em conta a existência de um microssistema coletivo, no qual os diplomas legais devem ser interpretados em conjunto levando-se sempre em conta a maior amplitude da defesa dos direitos coletivos *lato sensu*, não há como afastar a aplicação dos dispositivos já mencionados da Lei de Ação Civil Pública e do Código de Defesa do Consumidor[277].

---

[274] Súmula 630/STF: "A entidade de classe tem legitimação para o mandado de segurança ainda quando a pretensão veiculada interesse apenas a uma parte da respectiva categoria".

[275] Súmula 629/STF: "A impetração de mandado de segurança coletivo por entidade de classe em favor dos associados independe da autorização destes".

[276] Nesse sentido, Scarpinella Bueno, *A nova*, p. 125.

[277] Luiz Manoel Gomes Junior; Rogério Favreto, *Comentários*, p. 185; Medina-Araújo, *Mandado*, n. 21.7.2, p. 215; Rocha Lopes, *Comentários*, p. 152; Hermes Zaneti Jr., Mandado de segurança coletivo, p. 175-176.

Ainda que o dispositivo legal consagre diversos entendimentos jurisprudenciais, naqueles em que existe uma maior polêmica, infelizmente o legislador se absteve. Conforme bem observado pela melhor doutrina, nada foi dito a respeito da legitimidade de partido político para ingressar com mandado de segurança quando tiver representação nas casas legislativas municipais ou estaduais, mas não no Congresso Nacional, bem como a continuidade da legitimação quando o partido político perde tal representação[278]. Há uma inclinação doutrinária pela admissão do mandado de segurança coletivo no âmbito restrito municipal ou estadual, quando o partido político tenha representação somente local. Na questão da perda superveniente da legitimação por perda de representação, parece adequada a aplicação por analogia do entendimento consagrado no controle concentrado de constitucionalidade[279], de que a perda da representação durante a ação não acarreta a perda superveniente de legitimação.

Nenhuma palavra foi dita também a respeito da legitimação do Ministério Público na impetração do mandado de segurança coletivo, o que dividiu a doutrina que até o momento teve oportunidade de se manifestar sobre o tema[280]. Apesar do silêncio legal, firme na ideia de microssistema coletivo e na maior amplitude possível de tutela dos direitos coletivos *lato sensu* por meio do mandado de segurança, penso que o melhor entendimento seja aquele pela legitimidade do Ministério Público, ainda que, no tocante aos direitos individuais homogêneos, tal legitimidade esteja limitada aos direitos indisponíveis e aos direitos disponíveis com repercussão social. Nesse sentido, o entendimento do Superior Tribunal de Justiça concernente ao tema[281].

6.15.3. Direitos tuteláveis pelo mandado de segurança coletivo

No art. 21, parágrafo único, da Lei 12.016/2009, o legislador limita a tutela do mandado de segurança aos diretos coletivos e individuais homogêneos, praticamente repetindo o conceito legal dessas espécies de direito já dadas pelo art. 81 do CDC. A doutrina que já teve a oportunidade de se manifestar a respeito do tema não se conforma com tal limitação, asseverando tratar-se

---

278 Scarpinella Bueno, *A nova*, p. 124.

279 STF, Tribunal Pleno, ADIn 2.618 AgRg-AgRg/PR, rel. Min. Carlos Velloso, rel. p/ acórdão Min. Gilmar Mendes, j. 12.08.2004.

280 A favor: Scarpinella Bueno, *A nova*, p. 127; Eduardo Arruda Alvim, Apontamentos, p. 54-55. Contra: Luiz Manoel Gomes Junior; Rogério Favreto, *Comentários*, p. 178-179; Hermes Zaneti Jr., Mandado de segurança coletivo, p. 195.

281 STJ, 2ª Turma, AgRg no AREsp 746.846/RJ, rel. Min. Herman Benjamin, j. 15/12/2015, DJe 05/02/2016; STJ, 1ª Turma, AgRg no Ag 1.249.132/SP, rel. Min. Luiz Fux, j. 24/08/2010, DJe 09/09/2010.

de norma inconstitucional por vedar injustificadamente a tutela dos direitos difusos por meio do mandado de segurança[282].

Ainda que a crítica seja correta, é preciso reconhecer que o entendimento consagrado pelo legislador já vinha sendo defendido pelos tribunais superiores, o que fica claro na Súmula 101 do STF, que, ao afirmar que o mandado de segurança não substitui a ação popular, deixa claro que os interesses difusos da coletividade diante de ato violador de direito – mesmo que o ato viole direito líquido e certo –, devem ser tutelados pela ação popular, e não pelo mandado de segurança coletivo[283].

6.15.4. Coisa julgada

Segundo o art. 22, *caput*, da Lei 12.016/2009, a coisa julgada material será limitada aos membros do grupo ou categoria substituídos pelo impetrante. Conforme já analisado, o legislador limitou o objeto do mandado de segurança aos direitos coletivos e individuais homogêneos (art. 21, parágrafo único, da Lei 12.016/2009), e, partindo-se dessa premissa, o dispositivo legal ora mencionado não traz qualquer novidade ao sistema, devendo ser interpretado à luz do art. 103, II e III, do CDC.

Aduz esse dispositivo legal que a coisa julgada nos direitos coletivos se opera *ultra partes*, ou seja, atinge somente os terceiros vinculados ao grupo, classe ou categoria que teve seu direito tutelado pela demanda coletiva. Prevê também que, nos direitos individuais homogêneos, a coisa julgada se opera *erga omnes*, mas, na realidade, a melhor interpretação do dispositivo legal não é a literal; a coisa julgada se opera *ultra partes*, porque não vincula a coletividade, mas somente os titulares dos direitos individuais que, somados, resultaram no direito individual homogêneo. Nesse sentido, já vinha decidindo o Superior Tribunal de Justiça[284].

Conforme se pode notar, os limites subjetivos da coisa julgada material traçados pelo art. 103, II e III, do CDC são exatamente aqueles assinalados pelo art. 22, *caput*, da Lei 12.016/2009. A adequação, entretanto, parte da premissa de que o objeto do mandado de segurança coletivo está limitado aos direitos coletivos e individuais homogêneos. Admitindo-se, como faz a melhor doutrina, o ingresso de mandado de segurança coletivo para tutelar direito difuso, será difícil explicar o artigo ora comentado, porque, tendo como titular do direito a coletividade, não há qualquer sentido lógico-jurídico limitar os efeitos da coisa

---

[282] Didier Jr.-Zaneti Jr., *O mandado*, p. 230-232; Gomes Jr.-Favreto, *Comentários*, p. 192. Contra: Meirelles-Wald-Mendes, *Mandado*, p. 133.

[283] STJ, 1ª Seção, MS 11.399/DF, rel. Min. João Otávio de Noronha, j. 13/12/2006, *DJ* 12/02/2007, p. 216.

[284] STJ, 4ª Turma, REsp 964.755/RN, rel. Min. João Otávio de Noronha, j. 04/08/2011, DJe 05/09/2011.

julgada material aos "membros do grupo ou categoria". Partindo-se da premissa não desejada pelo legislador, no tocante aos direitos difusos, o art. 22, *caput*, da Lei 12.016/2009 torna-se inaplicável, devendo o operador valer-se do art. 103, I, do CDC, com geração de coisa julgada material *erga omnes*.

Apesar das críticas, entendo que, principalmente no tocante à defesa em juízo de direitos coletivos, o dispositivo é extremamente feliz. Como é corrente na doutrina, o direito coletivo é indivisível, de forma que não pode ser protegido para parcela do grupo, classe ou categoria, deixando outra parcela desprotegida. A redação do dispositivo legal não condiciona a geração da coisa julgada material somente aos membros ou associados da entidade autora, mas aos "membros do grupo ou categoria substituídos pelo impetrante", o que deve ser interpretado como sujeitos que, fazendo parte ou não do sindicato ou associação, são integrantes do grupo ou categoria que tem seu direito coletivo discutido na demanda judicial.

O Superior Tribunal de Justiça já decidiu corretamente pela indivisibilidade do direito coletivo tutelado por meio de mandado de segurança coletivo e, por essa razão, pela geração de efeitos a sujeitos que não sejam oficialmente vinculados ao autor do mandado de segurança coletivo, afastando-se, dessa forma, ao menos quanto ao mandado de segurança coletivo, do entendimento consagrado pelo Supremo Tribunal Federal no RE 612.043/PR, que julgado sob o regime de repercussão geral firmou a tese de que "a eficácia subjetiva da coisa julgada formada a partir de ação coletiva, de rito ordinário, ajuizada por associação civil na defesa de interesses dos associados, somente alcança os filiados, residentes no âmbito da jurisdição do órgão julgador, que o fossem em momento anterior ou até a data da propositura da demanda, constantes da relação jurídica juntada à inicial do processo de conhecimento"[285].

A ausência de expressa menção à forma de operação da coisa julgada no mandado de segurança não impede a aplicação subsidiária do art. 103 do CDC, de modo que, também nessa espécie de ação coletiva, a coisa julgada material se opera *secundum eventum probationis*, sendo admissível a repropositura do mandado de segurança coletivo já julgado definitivamente improcedente, desde que com fundamento em prova nova[286]. A possibilidade de repropositura da ação coletiva nada tem a ver com os limites subjetivos da coisa julgada material coletiva, sendo absolutamente compatível a regra do art. 22, *caput*, da Lei 12.016/2009 como coisa julgada *secundum eventum probationis*.

[285] STJ, 2ª Turma, AgInt no AgInt no AREsp 1.187.832/SP, rel. Min. Mauro Campbell Marques, j. 12/06/2018, DJe 20/06/2018.

[286] Didier Jr.-Zaneti Jr., *O mandado*, p. 233-234; Gomes Jr.-Favreto, *Comentários*, p. 203; Ferraresi, Do mandado, p. 125; Gajardoni, Comentários, p. 114.

Por outro lado, a coisa julgada coletiva do mandado de segurança opera-se *secundum eventum litis* no tocante à sua relação com as pretensões individuais. Significa que, julgado improcedente o mandado de segurança coletivo, por qualquer fundamento, a coisa julgada não vincula o indivíduo (a coisa julgada material coletiva só se opera *in utilibus*), que poderá livremente – desde que dentro do prazo decadencial de 120 dias – ingressar com mandado de segurança individual, ou qualquer outra ação judicial, postulando a tutela de seu direito individual[287]. Na realidade, até mesmo sindicato ou associação poderá funcionar nesse mandado de segurança individual ou em qualquer outra ação judicial como representante legal dos membros ou associados, mas sempre na tutela de direito individual.

Ocorre, entretanto, que a confusão entre a espécie de coisa julgada material (*pro et contra* e *secundum eventum litis in utilibus*) e sua extensão (*inter partes* e *ultra partes*) serviu de fundamento de decisão do Superior Tribunal de Justiça, no sentido de que a previsão legal ora comentada criou um sistema de vinculação tácita e automática dos substituídos processuais, que suportarão a coisa julgada independentemente do teor da decisão da demanda, inclusive na denegação da ordem[288]. Esse entendimento, apesar de equivocado, é compartilhado por parcela da doutrina[289].

Registre-se, por fim, que a expressa menção do dispositivo ora analisado à limitação da coisa julgada material aos membros do grupo ou categoria substituídos pelo impetrante não deve alterar a posição jurisprudencial[290] e doutrinária[291] que correta e sadiamente afasta do mandado de segurança coletivo a regra limitadora prevista no art. 2º-A da Lei 9.494/1997, que exige, para vinculação à coisa julgada, que os substituídos tenham, na data de propositura da ação, domicílio no âmbito de competência territorial do órgão prolator. A omissão legislativa, inclusive, corrobora esse entendimento, considerando-se que, se a vontade do legislador fosse repetir a regra limitadora, o teria feito expressamente.

Segundo o art. 16 da LACP, "a sentença civil fará coisa julgada *erga omnes*, nos limites da competência territorial do órgão prolator, exceto se o pedido for julgado improcedente por insuficiência de provas, hipótese em que

---

[287] Nery-Nery, Código, p. 1.731; Didier-Zaneti Jr., O mandado, p. 233; Alvim, Aspectos, p. 128; Ferraresi, Do mandado, p. 125-126; Andrade-Masson-Andrade, Interesses, 4.9.1, p. 362-363; Klippel-Neffa Jr., Comentários, p. 342-345.

[288] Informativo 486/STJ, 1ª Turma, RMS 34.270/MG, rel. Min. Teori Albino Zavascki, j. 25.10.2011.

[289] Scarpinella Bueno, A nova, 58, p. 135-136; Redondo-Oliveira-Cramer, Mandado, p. 153-154.

[290] STJ, 2ª Turma, REsp 1.696.980/RJ, rel. Min. Herman Benjamin, j. 16/11/2017, DJe 19/12/2017; STJ, 2ª Turma, AgRg no REsp 1.472.329/CE, rel. Min. Mauro Campbell Marques, j. 27/10/2015, DJe 05/11/2015.

[291] Zaneti Jr., Mandado de segurança coletivo, p. 172; Zavascki, *Processo*, p. 215.

qualquer legitimado poderá intentar outra ação com idêntico fundamento, valendo-se de nova prova". Como não há previsão específica sobre o tema na Lei 12.016/2009, o dispositivo é aplicável ao mandado de segurança coletivo.

A presente redação do dispositivo legal decorreu da famigerada Lei 9.494/1997, e na primeira regra que consagra é absolutamente lamentável em virtude da tentativa de limitar a abrangência territorial da tutela coletiva. E, o que é ainda pior, a norma teria sido supostamente criada para a defesa de interesses fazendários...[292]

A referida Lei 9.494/1997 tem norma específica no mesmo sentido de limitação do alcance da sentença coletiva, no art. 2º-A: "A sentença civil prolatada em ação de caráter coletivo proposta por entidade associativa, na defesa dos interesses e direitos dos seus associados, abrangerá apenas os substituídos que tenham, na data da propositura da ação, domicílio no âmbito da competência territorial do órgão prolator".

Por um lado, as previsões legais são claras afrontas a todas as tentativas legislativas voltadas à diminuição no número de processos, o que em última análise geraria uma maior celeridade naqueles que estiverem em trâmite, afrontando, inclusive, o próprio espírito da tutela coletiva[293].

Por outro lado, a exigência de diversas ações coletivas a respeito da mesma circunstância fático-jurídica poderá gerar decisões contraditórias, o que abalará a convicção da unidade da jurisdição, ferindo de morte o ideal de harmonização de julgados[294]. E, uma vez existindo várias decisões de diferente teor, também restará maculado o princípio da isonomia, com um tratamento jurisdicional distinto para sujeitos pela simples razão de serem domiciliadas em diferentes localidades[295].

Até se poderia alegar que nesse caso o Estado – mais precisamente o Executivo, dado que a lei decorre de conversão da Medida Provisória 1.570/1997 – apenas adotou a regra que mais lhe pareceu interessante, ainda que computados os prejuízos de sua escolha. Nesse sentido, o Estado teria pesado todos os males advindos da multiplicação de processos coletivos – ofensa ao princípio da economia processual – e das eventuais decisões contraditórias – ofensa ao princípio da harmonização dos julgados –, e ainda assim teria feito a consciente opção pela regra consagrada no dispositivo legal ora comentado.

O alegado não deve de maneira alguma ser entendido como defesa da opção do legislador, até porque compartilho da corrente doutrinária ampla-

[292] Grinover, A ação civil pública refém do autoritarismo, p. 241; Leonel, Manual, p. 283.

[293] Grinover, A ação civil pública, p. 241.

[294] Mazzilli, A defesa, p. 291.

[295] Leonel, Manual, p. 284; Didier-Zaneti, Curso, p. 148.

mente majoritária que critica com veemência o art. 16 da LACP. A questão não é precisamente se pessoalmente gosto ou não da previsão legal, mas reconhecer a possível aplicação prática da regra se a única crítica for principiológica, fundada em ofensa clara, manifesta e injustificada aos princípios da economia processual e à harmonização dos julgados. Nada mais que uma, entre várias opções equivocadas de política legislativa.

Entretanto, mesmo nesse caso haverá uma nova e fatal crítica a respeito da conduta estatal: a clara e manifesta ofensa ao princípio do devido processo substancial (*substantive due process of law*)[296]. É natural que a liberdade legislativa estatal - ainda mais pelo caminho indevidamente tomado das medidas provisórias - encontra limites na proporcionalidade e razoabilidade, não se devendo admitir a elaboração de regras legais que afrontem tais princípios. As mais variadas críticas doutrinárias elaboradas contra a regra legal ora analisada dão uma mostra clara de sua irrazoabilidade.

Uma crítica mais severa, e não pela maior contundência ou maior acerto, mas porque inviabiliza na prática a aplicação da regra, é voltada para a impossibilidade material de se limitar territorialmente a coisa julgada material. Conforme ensina a melhor doutrina, se a coisa julgada representa a qualidade da sentença de mérito transitada em julgado, é materialmente impossível limitá-la a um determinado território, sendo algo similar a dizer que uma fruta só é vermelha em certo lugar do país[297].

E mesmo que se tente fugir dessa crítica, interpretando-se o dispositivo legal no sentido de que a limitação não deve atingir a coisa julgada material, conforme previsto, mas na realidade os efeitos da decisão, os mesmos doutrinadores demonstram a inadequação da pretendida limitação ao lembrar que os efeitos concretos da decisão operam em sentidos imprevisíveis e não podem ser limitados territorialmente pelo legislador. Da mesma forma que uma pessoa divorciada o será em todo o território nacional, a abrangência da sentença coletiva também irradiará seus efeitos no mundo prático em todo o território pátrio[298].

A própria indivisibilidade do direito transindividual também é outro aspecto lembrado por grande parte da doutrina para demonstrar a incompatibilidade lógica da limitação territorial com essas espécies de direitos[299]. Basta imaginar um direito difuso, de toda a coletividade, sendo limitado a apenas um determinado território, o que feriria de morte a própria ideia de indivisibilidade

[296] Didier-Zaneti, Curso, p. 147-148.

[297] Marinoni-Arenhart, Manual, p. 748; Zavascki, Processo coletivo, p. 78-79.

[298] Marinoni-Arenhart, Manual, p. 749.

[299] Leonel, Manual, p. 284; Marinoni-Arenhart, Manual, p. 749; Mendes, Ações coletivas, p. 265.

que é essencial aos direitos transindividuais. Como pode uma propaganda ser considerada enganosa em um Estado da Federação, e não em outro? Um medicamento nocivo à saúde em um Estado da Federação, e não em outro? Um contrato de adesão ser nulo em um Estado da Federação e válido em outros?

Trago uma situação que vivi em minha atuação profissional para demonstrar que realmente, no que tange aos direitos difusos, somente quem tem nervos de aço consegue interpretar a norma ora criticada de forma a dar-lhe operatividade. O Ministério Público Estadual de uma determinada capital ingressou com ação coletiva para obrigar um fornecedor a dispor um telefone 0800 para os consumidores que, uma vez tendo adquirido o produto em telefonemas gratuitos, tinham que posteriormente reclamar por meio de telefonemas pagos, inclusive interurbanos.

Agora basta imaginar uma sentença de procedência diante de tal pedido. Ela teria efeito somente para os consumidores domiciliados na comarca em que tramitou a demanda judicial, ou, ainda, na melhor das hipóteses, no Estado em que a Comarca está contida? Instado a criar um telefone 0800, ele seria disponível somente para quem provasse ser domiciliado naquele determinado território? Consumidores de outro Estado receberiam uma mensagem gravada afirmando que o serviço para eles não funcionaria porque no seu Estado não teria o fornecedor sido condenado a oferecer o serviço 0800? Será no mínimo consideravelmente complicada a aplicação da regra do art. 16 da LACP em uma situação como essa.

Também interessante a tese de que a modificação legal tenha sido eficaz por ter modificado dispositivo que já não mais se encontrava em vigor[300]. Segundo esse entendimento, a partir do momento em que o CDC passou a regulamentar de forma exaustiva o tema da coisa julgada na tutela coletiva por meio do art. 103 do diploma legal, o art. 16 da LACP teria sido tacitamente revogado. Como o CDC é de 1990 e a mudança do art. 16 para a atual redação deu-se em 1997, a modificação teria sido ineficaz e, portanto, inaplicável.

Também no plano da ineficácia da modificação trazida ao art. 16 da LACP pela Lei 9.494/1997, pode-se afirmar que ela é inócua, considerando-se que o CDC não foi alterado nesse particular, e a disciplina dos arts. 93 e 103 é de aplicação integrada e subsidiária nas ações civis públicas de que cuida a Lei 7.347/1985 (art. 21 desta). O mesmo raciocínio é aplicado à ação popular, tendo em conta não ter sido alterado o sistema criado do art. 18 da Lei de Ação Popular, o que afasta nessa espécie de ação coletiva qualquer limitação territorial da coisa julgada material[301].

---

300 Mendes, Ações coletivas, p. 264.

301 Mazzilli, A defesa, p. 293.

Superadas as críticas fundadas na inaplicabilidade prática da regra limitadora da coisa julgada material a um determinado território, a doutrina segue para a tentativa de limitar sua aplicação, partindo-se da premissa de que, se a regra será aplicada, que faça o menor estrago possível.

As teses nascidas com tais propósitos, apesar de sempre terem um propósito nobre, nem sempre podem ser admitidas, como aquela que defende não ser a norma aplicável ao direito consumerista em razão da ausência de norma nesse sentido no CDC[302]. Não concordo com esse entendimento porque para ampará-lo seria necessário afastar a ideia de microssistema coletivo, com a interação das leis que versam sobre processo coletivo, em especial a LACP e o CDC. Seria indubitavelmente muito positivo para os consumidores, que teriam afastada a limitação territorial consagrada pelo dispositivo legal ora criticado, mas o preço de sacrificar a ideia de microssistema coletivo parece ser muito alto.

Há, entretanto, uma teoria que merece destaque. Em uma análise conjunta dos arts. 16 da LACP e art. 103 do CDC, afirma-se que o dispositivo legal só pode ser aplicado aos direitos difusos e coletivos. Segundo essa corrente doutrinária, como o art. 16 da LACP, além de criar a limitação territorial da coisa julgada material, prevê a coisa julgada *secundum eventum probationis*, deve-se aplicar a norma somente aos direitos que produzem essa forma especial de coisa julgada, o que não é o caso do direito individual homogêneo, conforme já verificado[303]. Essa teoria teve inclusive aceitação em julgamento do Superior Tribunal de Justiça, cuja relatoria coube à Ministra Nancy Andrighi[304].

Essa decisão, entretanto, foi reformada em julgamento de embargos de divergência interpostos contra o acórdão proferido no recurso especial, tendo a 2ª Seção do Superior Tribunal de Justiça decidido que o art. 16 da LACP aplica-se a qualquer espécie de direito tutelado pelo microssistema coletivo, inclusive o direito individual homogêneo[305]. E decisões posteriores daquele tribunal infelizmente vinham confirmando o funesto entendimento[306].

Houve, entretanto, uma memorável e festejada mudança de posição adotada recentemente pela Corte Especial, com voto irrepreensível do Ministro Luiz

---

302 Marioni-Arenhart, Manual, p. 748.

303 Grinover, A ação civil pública, p. 242. Com a mesma conclusão, mas por razões diversas, Zavascki, Processo, p. 79-80.

304 STJ, 3ª Turma, REsp 411.529/SP, rel. Min. Nancy Andrighi, j. 24.06.2008, *DJe* 05.08.2008.

305 STJ, 2ª Seção, EREsp 411.529/SP, rel. Min. Fernando Gonçalves, j. 10.03.2010, *DJe* 24.03.2010.

306 STJ, 3 ª Turma, EDcl no REsp 167.328/SP, rel. Min. Paulo Tarso Sanseverino, j. 01.03.2011, *DJe* 16.03.2011; STJ, 4ª Turma, REsp 600.711/SP, rel. Min. Luis Felipe Salomão, j. 18.11.2011, *DJe* 24.11.2011.

Felipe Salomão, que atuou como relator. Em feliz consideração o Ministro relator afirma que a anterior posição adotada pelo Superior Tribunal de Justiça, "em hora mais que ansiada pela sociedade e pela comunidade jurídica, deve ser revista para atender ao real e legítimo propósito das ações coletivas, que é viabilizar um comando judicial célere e uniforme – em atenção à extensão do interesse metaindividual objetivado na lide"[307].

Percebeu a histórica decisão que o art. 16 LACP confunde institutos distintos – coisa julgada e competência territorial –, o que pode levar à enganosa interpretação de que os efeitos da sentença podem ser limitados territorialmente, fazendo crer que a coisa julgada seja um efeito da sentença de mérito transitada em julgado, em tese absolutamente descartada em dias atuais.

O julgado adota corretas lições doutrinárias para reconhecer que nos direitos difusos e coletivos a limitação territorial sugerida pelo art. 16 da LACP é lógica e juridicamente inviável, considerando-se a natureza indivisível de tais direitos materiais[308]. Reconheceu também o absurdo da limitação sugerida no dispositivo legal, a permitir que um mesmo contrato possa ser nulo em um Estado da Federação e válido em outro, ou mesmo duas pessoas serem divorciadas apenas no foro da ação de divórcio, continuando casadas nos demais foros.

Valendo-se do microssistema coletivo, a celebrada decisão determinou a interpretação do art. 16 da LACP à luz dos arts. 93 e 103 do CDC, levando-se em conta a extensão do dano e qualidade dos direitos postos em juízo. Conclui que, sendo o dano de escala local, regional ou nacional, o juízo, no comando decisório, sob pena de ser inócua a sua decisão, deve ter capacidade para recompor ou indenizar tais danos em suas abrangências territoriais, independentemente de qualquer limitação.

Havia fundada esperança de que o julgamento significasse uma definitiva modificação de entendimento sobre o tema no Superior Tribunal de Justiça, até porque se tratava de decisão da Corte Especial daquele tribunal. Mas a segurança jurídica realmente não está na moda no Superior Tribunal de Justiça, já que, mesmo depois do posicionamento da Corte Especial, continua a haver decisões que aplicam a limitação do art. 16 da Lei 7.347/1985[309] e outras que seguem a orientação de afastar os limites territoriais.[310]

---

307 STJ, Corte Especial, REsp 1.243.887/PR, rel. Min. Luis Felipe Salomão, j. 19.10.2011, *DJe* 12.12.2011.

308 STJ, 3ª Seção, CC 109.435/PR, rel. Min. Napoleão Nunes Maia Filho, j. 22.09.2010, *DJe* 15.12.2010.

309 STJ, 3.ª Turma, REsp 1.304.953/RS, Rel. Min. Nancy Andrighi, j. 26.08.2014, *DJe* 08.09.2014; STJ, 2.ª Turma, AgRg no REsp 1.353.720/SC, Rel. Min. Herman Benjamin, j. 26.08.2014, *DJe* 25.09.2014.

310 STJ, 2.ª Turma, AgRg no REsp 1.380.787/SC, Rel. Min. Og Fernandes, j. 19.08.2014, *DJe* 02.09.2014; STJ, 2.ª Seção, REsp 1.391.198/RS, Rel. Min. Luis Felipe Salomão, j. 13.08.2014, *DJe* 02.09.2014.

6.15.5. Relação do mandado de segurança coletivo e individual

O art. 22, § 1º, da Lei 12.016/2009, em sua primeira parte, apenas repete a regra consagrada no art. 104 do CDC, ao prever que o mandado de segurança não induz litispendência para as ações individuais; se o dispositivo contido na legislação consumerista já era desnecessário, o mesmo ocorre com o dispositivo ora analisado.

A diferença entre os dois dispositivos fica por conta da segunda parte do art. 22, § 1º, da Lei 12.016/2009, que cria regra consideravelmente oposta àquela prevista no art. 104 do CDC.

Da simples leitura do art. 22, § 1º, da Lei 12.016/2009 nota-se que a regra é outra, porque o dispositivo legal obriga o autor da ação individual a desistir de sua ação no prazo de 30 dias da informação da existência da ação coletiva, caso queira continuar vinculado ao mandado de segurança coletivo.

É preciso observar que, como o dispositivo legal menciona de forma genérica a "ação individual", não será apenas aplicável aos mandados de segurança individuais, mas a qualquer espécie de ação individual[311]. Tratando-se de mandado de segurança individual, a norma é ainda mais drástica, porque em razão da exiguidade do prazo para a impetração do mandado de segurança - 120 dias - nem se poderia abrandar a dureza do dispositivo legal com a afirmação de que, com a desistência, a repropositura do mandado de segurança seria admitida em razão da ausência de coisa julgada material[312].

O mais incongruente da obrigatoriedade da desistência da ação individual dá-se no caso de decisão terminativa ou de improcedência no mandado de segurança coletivo. Sabendo-se que a coisa julgada coletiva se opera para o indivíduo *secundum eventum litis* e *in utilibus*, poderá individualmente ser buscada a tutela do direito pelo indivíduo, mas não mais pelo mandado de segurança, porque, nesse caso, muito provavelmente o prazo de 120 dias já terá transcorrido. Como o indivíduo não estará nesse caso vinculado à decisão negativa proferida no processo coletivo, e essa realidade não foi alterada pelo dispositivo legal ora comentado, restará a ele as vias ordinárias para a tutela de seu direito, o que significa que lhe será retirado indevidamente o direito ao mandado de segurança.

Realmente, nesse tocante, o legislador exagerou na dose. Obrigar o indivíduo a optar entre a ação individual e a ação coletiva por meio da desistência da primeira não se coaduna com o princípio da inafastabilidade da tutela jurisdicional, consagrado no art. 5º, XXXV, da CF. Entendo que não é

[311] Redondo-Oliveira-Cramer, Mandado, p. 155.

[312] Medina-Araújo, *Mandado*, n. 22.2, p. 221; Gajardoni, Comentários, p. 114.

saudável ao sistema a existência concomitante de diversas ações individuais e mandados de segurança coletivos que tratem da mesma matéria, mas daí a concordar com a exigência de desistência das primeiras para que os indivíduos possam se aproveitar da tutela coletiva existe uma distância considerável. O ideal seria tornar a suspensão das ações individuais obrigatória, forçando os indivíduos a esperar a solução da ação coletiva, porém mantendo seu direito individual de ação.

E, quando a ação individual for um mandado de segurança, poderia até mesmo ser mantida a obrigatoriedade de desistência, mas com a fixação do termo inicial para a repropositura no trânsito em julgado do mandado de segurança. Dessa forma, os impetrantes que tivessem desistido de seu mandado de segurança individual na esperança de serem tutelados pela ação coletiva, caso não obtenham tal tutela, poderiam repropor seu mandado de segurança individual.

Essa solução evitaria a proliferação de mandados de segurança individuais, sem retirar arbitrariamente o direito de ação dos indivíduos, mas reconhece-se que tal solução exige previsão legal, não podendo ser aplicada por meio de hermenêutica jurídica.

6.15.6. Oitiva prévia da pessoa jurídica de direito público antes da concessão da liminar

O art. 22, § 2º, da Lei 12.016/2009 somente repetia com modificação de redação a regra prevista no art. 2º da Lei 8.437/1992, em mais uma norma de proteção à Fazenda Pública em juízo. Exigia-se, para a concessão de liminar em mandado de segurança coletivo, a oitiva prévia do representante judicial da pessoa jurídica de direito público num prazo de 72 horas.

Considerável doutrina tentava amenizar a previsão legal, afirmando que a liminar poderia ser concedida mesmo antes da oitiva prevista no art. 22, § 2º, da Lei 12.016/2009 em casos de excepcional urgência, sempre que o juiz entendesse que o tempo necessário para a oitiva do representante legal da pessoa jurídica de direito público seria o suficiente para gerar lesão irreversível ao direito que se buscava tutelar pelo mandado de segurança coletivo[313].

Nos tribunais, o entendimento não era tranquilo, existindo, no Superior Tribunal de Justiça, decisões pela interpretação restritiva, exigindo em qualquer hipótese a oitiva prévia prevista pela lei[314] e decisão do Supremo

---

[313] Scarpinella Bueno, *A nova*, n. 61, p. 141-142; Gomes Jr.-Favreto, *Comentários*, p. 211.

[314] STJ, 1ª Turma, AgRg no AgRg no REsp. 303206/RS, rel. Min. Francisco Falcão, j. 28/08/2001, *DJ* 18/02/2002, p. 256.

Tribunal Federal que reconhecia a possibilidade excepcional de concessão de liminar mesmo antes da oitiva prevista em lei[315].

A discussão terminou com a declaração de inconstitucionalidade da norma legal por conta do julgamento pelo Supremo Tribunal Federal da ADI 4.296, de forma que agora é plenamente cabível a liminar inaudita altera parte no mandado de segurança coletivo contra a Fazenda Pública.

---

[315] STF, Tribunal Pleno, Pet 2.066 AgR/SP, rel. MIn. Marco Aurélio, j. 19/10/2000, *DJ* 28/02/2003, p. 7.

7

RECLAMAÇÃO

7.1. NATUREZA JURÍDICA

Segundo ensina a doutrina majoritária, a reclamação tem natureza jurisdicional, sendo equivocado o entendimento de enxergá-la como mera atividade administrativa[1]. A confusão decorre de antiga associação da reclamação com a correição parcial, o que a atual conjuntura constitucional fez desaparecer.

Os motivos de tal conclusão são variados: (a) necessidade de provocação pelo interessado, respeitando-se, portanto, o princípio da inércia da jurisdição; (b) capacidade de se cassar decisão que porventura contrarie a autoridade de decisão proferida por tribunal[2]; (c) possibilidade de avocação dos autos, de forma a garantir a competência do tribunal e, por consequência, o princípio do juízo natural; (d); cabimento de medidas cautelares que busquem garantir a eficácia de seu resultado final[3]; (e) geração de coisa julgada quando do trânsito

[1] Meirelles-Wald-Mendes, *Mandado*, p. 772.

[2] Dinamarco, *A reclamação*, n. 106, p. 208.

[3] Dantas, *Reclamação*, p. 335; Morato, *Reclamação*, p. 88.

em julgado de sua decisão de mérito[4]; (f) exigência de capacidade postulatória, sendo indispensável a presença de um advogado devidamente registrado na OAB ou de um promotor de justiça no exercício de suas funções institucionais[5].

Interessante observar que, no tocante à capacidade postulatória, o Supremo Tribunal Federal, apesar de, em regra, a exigir, expressamente a dispensou em reclamação por descumprimento de decisão proferida em ação direta de inconstitucionalidade. Nesse caso específico, a Corte Suprema entendeu que, tendo o Governador de Estado excepcional capacidade postulatória para a ação declaratória de controle concentrado de constitucionalidade, também o teria para a reclamação pelo descumprimento de decisão proferida em tal ação[6]. De qualquer forma, o julgamento serve para confirmar que, em regra, exige-se a capacidade postulatória.

A natureza recursal deve ser descartada, porque a reclamação não atende a elementos essenciais dessa espécie de impugnação de ato judicial:

> a) não há qualquer previsão em lei federal que a aponte como recurso, e, sem essa previsão legal expressa, considerar a reclamação um recurso seria afrontar o princípio da taxatividade[7];
>
> b) a reclamação está prevista nos arts. 102, I, *l*, e 105, I, *f*, ambos da CF, e no art. 988 do CPC, como atividade de competência originária dos tribunais superiores, e não como atividade recursal[8];
>
> c) o interesse recursal gerado pela sucumbência, indispensável pelo menos para as partes recorrerem, não existe na reclamação[9];
>
> d) a reclamação, ao menos em regra, não tem prazo preclusivo para seu oferecimento, característica indispensável a qualquer recurso[10];
>
> e) o objetivo da reclamação, ao menos em regra, não é a reforma de decisão, nem sua anulação, de forma que não se pretende nem a substituição de decisão nem a prolação de outra em seu lugar, sendo perseguida pela parte simplesmente a cassação da decisão ou a preservação da competência do tribunal[11].

Também não é correto o entendimento de que a reclamação seja um incidente processual. Ainda que se admita certa divergência doutrinária a

---

4 STF, Tribunal Pleno, Rcl. 532 AgR/RJ, rel. Min. Sidney Sanches, j. 01.08.1996, *DJ* 20.09.1996, p. 34.541.

5 Dantas, *Reclamação*, p. 335; Didier Jr.-Cunha, *Curso*, p. 463.

6 STF, Tribunal Pleno, Rcl. 1.821/PR, rel. Min. Maurício Corrêa, j. 16.10.2003, *DJ* 06.02.2004, p. 32.

7 Dinamarco, *A reclamação*, n. 105, p. 206.

8 Morato, *Reclamação*, p. 104.

9 Pacheco, *O mandado*, p. 623; Morato, *Reclamação*, p. 92-93.

10 Pacheco, *O mandado*, p. 623; Góes, *Reclamação*, p. 560.

11 Dinamarco, *A reclamação*, n. 105, p. 206; Theodoro Jr., *Curso*, v.I, n. 576-q, p. 666; Grinover, *A reclamação*, p. 74.

respeito do conceito de incidente processual, parece ser pacífico o entendimento de que sua existência depende de haver um processo em trâmite. A existência de processo em trâmite, entretanto, não é exigência indispensável para a reclamação, que pode ser apresentada diante de descumprimento da decisão de tribunal por autoridade administrativa[12].

Só não concordo com a afirmação de que a reclamação não tem natureza de incidente processual, porque pode ser ajuizada por desrespeito a decisão já transitada em julgado, ou seja, após o encerramento do processo judicial[13]. O art. 988, § 5º, I, do CPC, é expresso no sentido da inadmissão de reclamação contra decisão transitado em julgado.

A divergência mais séria encontra-se na discussão entre a natureza de ação e de exercício do direito de petição da reclamação, com importantes consequências práticas da adoção de um desses entendimentos. Prefiro a corrente doutrinária que defende a natureza jurídica de ação[14], considerando-se presentes os elementos fundamentais que compõem uma ação: petição inicial veiculando uma pretensão, citação, contraditório, decisão de mérito coberta por coisa julgada material, além de exigências formais que corroboram a conclusão, tais como a exigência de pressupostos processuais positivos, a capacidade de ser parte, de estar em juízo e postulatória, e negativos, a ausência de coisa julgada, de perempção e de litispendência.

Ocorre, entretanto, que o Supremo Tribunal Federal, ainda na vigência do CPC/1973, em célebre julgamento no qual teve de enfrentar o tema, chegou à conclusão de que a reclamação não seria uma ação, mas o mero exercício do direito de petição, previsto no art. 5º, XXXIV, *a*, da CF[15]. A consequência mais interessante reconhecida por esse julgamento é a possibilidade de as Constituições Estaduais preverem reclamação de competência dos Tribunais de Justiça, enquanto a competência dos tribunais regionais federais dependeria de previsão na Constituição Federal.

Essa consequência, entretanto, passa a ser irrelevante diante do art. 988, I e II, do CPC, que se limitam a indicar apenas tribunal, não exigindo tribunais de superposição como ocorre no texto constitucional, ao se referir ao cabimento da reclamação para preservação da autoridade de suas decisões

---

12 Didier Jr.-Cunha, *Curso*, p. 462.

13 Grinover, *A reclamação*, p. 75.

14 Dantas, *Reclamação*, p. 352-353; Wambier-Conceição-Ribeiro-Mello, *Primeiras*, p. 1.414; Marinoni-Arenhart-Mitidiero, *Novo*, p. 920; Costa, *Breves*, p. 2.203; STJ, Rcl. 3.828/SC, 1º Seção, rel. Min. Eliana Calmon, j. 28.4.2010, *DJE* 7.5.2010.

15 STF, Tribunal Pleno, ADI 2.212/CE, rel. Min. Ellen Gracie, j. 2.10.2003, *DJ* 14.11.2003, p. 11. Entendimento confirmado na ADI 2.480/PB, Tribunal Pleno, rel. Min. Sepúlveda Pertence, j. 2.4.2007, *DJE* 15.6.2007. Na doutrina: Grinover, *A reclamação*, p. 76-77.

e evitar usurpação de competência. Por outro lado, o art. 988, § 1º, do CPC prevê expressamente que a reclamação pode ser proposta perante qualquer tribunal, deixando claro que, independentemente de previsão constitucional (estadual ou federal), o Tribunal de Justiça e o Tribunal Regional Federal também são competentes para julgamento de reclamação quando sua competência for usurpada ou para garantir a autoridade de suas decisões.

O posicionamento adotado pelo Supremo Tribunal Federal, entretanto, se levado efetivamente a sério, poderia desfigurar por completo o instituto da reclamação, considerando-se as expressivas diferenças entre o exercício do direito de ação e o de petição. Seriam dispensadas as formalidades do direito de ação, tais como a necessidade de provocação de parte interessada por meio de petição inicial, o pagamento de custas processuais, a capacidade postulatória, a coisa julgada?[16] O paradoxal é que a própria Corte Superior continuava a exigir tais requisitos, que, explicáveis à luz do exercício do direito de ação, perdem qualquer justificativa diante do mero exercício do direito de petição.

Com o advento do atual Código de Processo Civil, e, em especial, da exigência de contraditório por meio do ingresso do beneficiário do ato impugnado como parte, com direito a apresentação de contestação, a 1ª Turma do Supremo Tribunal Federal já teve oportunidade de condenar a parte sucumbente ao pagamento de honorários advocatícios partindo da premissa de ter a reclamação natureza jurídica de ação[17].

7.2. CABIMENTO

A Constituição Federal prevê duas hipóteses de cabimento de reclamação: como forma de preservação da competência dos tribunais superiores e de garantia da autoridade de suas decisões. A Lei 11.417/2006, que disciplina a edição, a revisão e o cancelamento de enunciado de súmula vinculante pelo Supremo Tribunal Federal, prevê em seu art. 7.º, *caput*, uma terceira hipótese de cabimento da reclamação: decisão judicial ou ato administrativo que contrariar, negar vigência ou aplicar indevidamente entendimento consagrado em súmula vinculante.

O Código de Processo Civil de 2015, além de repetir essas três hipóteses de cabimento (art. 988, I, II e III), cria novas hipóteses no inciso IV, ao prever o cabimento de reclamação para garantir a observância de acórdão ou precedente proferido em julgamento de casos repetitivos ou em incidente de assunção de competência. Também amplia o cabimento da reclamação

---

[16] Didier Jr.-Cunha, *Curso*, p. 466-467.

[17] STF, 1ª Turma, Rcl 24.417 AgR/SP, rel. Min. Roberto Barroso, j. 07/03/2017, DJe 24/04/2017.

aos tribunais de segundo grau, porque o art. 988, I e II, do CPC se limita a indicar apenas tribunal, não exigindo tribunais de superposição como ocorre no texto constitucional.

Deve se notar que das hipóteses de cabimento da reclamação sempre haverá ofensa a uma norma legal, sendo possível se imaginar o cabimento de recurso contra tal violação. A reclamação, entretanto, tem atrativos que os recursos não têm, e por isso se torna um importante instrumento de impugnação. Independentemente da competência para o julgamento da reclamação, um atrativo indiscutível é a desnecessidade de decisão a ser impugnada, requisito indispensável à interposição de recurso.

Na competência dos tribunais de segundo grau, a reclamação pode ser utilizada com vantagem quando a decisão a ser impugnada for interlocutória e não recorrível por agravo de instrumento. Mas a grande vantagem da reclamação é encontrada na competência dos tribunais superiores, porque nesse caso pode demorar a ocorrer a chegada da matéria ao tribunal de superposição, exigindo-se das partes todo o tortuoso caminho do esgotamento das vias ordinárias de impugnação, além da existência de dificuldades procedimentais para fazer com que o mérito do recurso extraordinário seja enfrentado.

7.2.1. Forma de preservação da competência do tribunal

Nessa hipótese de cabimento, o objetivo é evitar que órgãos jurisdicionais inferiores usurpem a competência dos tribunais.

Com a mudança de competência para o juízo de admissibilidade da apelação, que à luz do Código de Processo Civil atual será feito exclusivamente pelos tribunais de segundo grau, nasce uma situação de potencial cabimento da reclamação por usurpação de competência.

Basta imaginar um juiz de primeiro grau que, diante de uma apelação manifestamente inadmissível, deixar de recebê-la, impedindo sua remessa ao tribunal de segundo grau. Nesse caso, como independentemente da natureza e/ou gravidade do vício formal a competência para analisar a admissibilidade da apelação é exclusiva do tribunal de segundo grau, será indiscutível o cabimento da reclamação[18].

É interessante notar que a reclamação nesse caso, nos termos do art. 988, I do CPC, só se presta a preservar a competência de tribunal, de forma que usurpada competência do primeiro grau por tribunal não será cabível a reclamação.

---

[18] Enunciado 208 do FPPC; Câmara, *O Novo*, p. 485.

Ainda no tocante à juízo de admissibilidade recursal, há outra hipótese tradicional de cabimento de reclamação por usurpação de competência: inadmissão do agravo em recurso especial e extra-ordinário (art. 1.042, do CPC). Conforme entendimento pacificado nos tribunais superiores, a competência para o juízo de admissibilidade de referido recurso é privativa dos tribunais superiores, de forma que qualquer decisão de inadmissão proferida pelo tribunal de segundo grau será passível de reclamação.

Trata-se de cabimento comum em processos penais em que, apesar da prerrogativa de foro da autoridade que figura no processo como réu, a ação tramita em primeiro grau de competência[19]. Nesse tocante é importante registrar o entendimento consolidado pelos tribunais superiores de que não se aplica a teoria das competências implícitas complementares na ação de improbidade administrativa, sendo sempre do primeiro grau a competência para o julgamento de tal espécie de ação coletiva[20], não sendo, portanto, cabível nesse caso reclamação aos tribunais por alegada usurpação de competência.

7.2.2. Forma de garantir a autoridade da decisão do tribunal

Nota-se na praxe forense que essa hipótese de cabimento da reclamação é a mais utilizada por partes inconformadas com decisões que contrariam entendimento sumulado ou dominante dos tribunais superiores, sempre com a alegação de que tais decisões afrontariam a autoridade de precedentes de tais tribunais. Os tribunais superiores, entretanto, são suficientemente claros na interpretação dos arts. 102, I, *l*, e 105, I, *f*, da CF, ao determinarem que a afronta deve ocorrer especificamente com relação a decisão determinada, sendo insuficiente para o cabimento da reclamação o mero desrespeito à jurisprudência consolidada[21].

Registre-se que esse entendimento não se aplica às hipóteses previstas pelo art. 988, IV, do CPC, que se referem aos precedentes vinculantes e que serão tratadas no devido momento.

Essa regra, entretanto, tem ao menos uma exceção criada pela jurisprudência. Segundo o art. 105, III, *caput*, da CF, o cabimento de recurso especial está condicionado ao fato de a decisão impugnada ser proferida pelos Tribunais Regionais Federais ou pelos Tribunais estaduais, do Distrito Federal e Territórios, sendo irrelevante a decisão ter sido proferida em grau

---

19 STF, 1ª Turma, Rcl 12.484/DF, rel. Min. Dias Toffoli, j. 29.4.2014, *DJe* 29.9.2014; STJ, Corte Especial, AgRg na Rcl 23.671/MT, rel. Min. Humberto Martins, j. 6.5.2015; *DJe* 25.5.2015.

20 STF, Tribunal Pleno, Pet 3.067 AgR/MG, rel. Min. Roberto Barroso, j. 19.11.2014, DJe 19.2.2015; STJ, Corte Especial, AgRg na Pet 9.669/RJ, rel. Min. Og Fernandes, j. 17.9.2014; *DJe* 6.10.2014.

21 STF, Rcl. 6.135 AgR/SP, Tribunal Pleno, rel. Min. Joaquim Barbosa, j. 28.8.2008, *DJE* 20.2.2009.

recursal (última instância) ou em ação de competência originária do tribunal (única instância).

Tal exigência impede a interposição de recurso especial contra as decisões proferidas em julgamento de recurso inominado nos Juizados Especiais, regidos pela Lei 9.099/1995. O órgão de revisão de sentença nos Juizados Especiais é o Colégio Recursal, composto por juízes de primeiro grau de jurisdição, não tendo natureza de tribunal. A mesma irrecorribilidade atinge a decisão dos embargos infringentes previstos no art. 34 da LEF (Lei 6.830/80). Sendo tal recurso julgado pelo próprio juízo sentenciante, ainda que seja a decisão de última instância no processo, não poderá ser recorrida por recurso especial, por ter sido proferida em primeiro grau de jurisdição[22].

Apesar de pacificado o entendimento no sentido exposto, cumpre ressaltar o desconforto dos tribunais superiores com a ausência de controle na aplicação da lei federal em sede de Juizados Especiais Estaduais. Pela estrutura criada pela Lei 9.099/1995, ainda que flagrantemente contrária ao entendimento consagrado pelo Superior Tribunal de Justiça, a última palavra a respeito da lei federal é dada pelo Colégio Recursal. O mesmo fenômeno não se verifica em sede de Juizados Especiais Federais, ao menos no tocante ao direito material federal, considerando-se a existência da uniformização de jurisprudência prevista pelo art. 14 da Lei 10.259/2001, que permite a chegada ao Superior Tribunal de Justiça de decisão contrária a entendimento consolidado pelo tribunal superior a respeito da aplicação e/ou interpretação de lei federal (ainda que limitada ao direito material), o mesmo ocorrendo nos Juizados Especiais da Fazenda Pública Municipal e Estadual em razão do arts. 18 e 19 da Lei 12.153/2009.

O Plenário do Supremo Tribunal Federal, demonstrando expressamente desconforto com tal situação, entendeu que, enquanto não existir mecanismo processual mais apropriado a permitir a atuação do Superior Tribunal de Justiça nas ações dos Juizados Especiais Estaduais, deve-se admitir a reclamação[23], em posição que veio a ser incorporada pelo Superior Tribunal de Justiça[24].

Salvo a exceção apontada em sede de Juizados Especiais e as hipóteses descritas no art. 988, IV, do CPC, é possível concluir-se que a reclamação estará condicionada a uma determinada decisão judicial de tribunal que gere efeitos para as partes, quer porque participaram do processo na qual a

---

[22] Fux, *Curso*, p. 1199. Em sentido crítico, entendendo que, *de lege ferenda*, seria interessante uniformizar o cabimento do REsp e RE: Marinoni-Arenhart, *Manual*, p. 571.

[23] Informativo 557/STF: Plenário, RE 571.572 QO-ED/BA, rel. Min. Ellen Gracie, j. 26.08.2009.

[24] Informativo 416/STJ: Corte Especial, Rcl 3.752-GO, rel. Min. Nancy Andrighi, j. 18.11.2009.

decisão foi proferida[25], quer porque a decisão tem efeitos *erga omnes*[26]. Essa constatação permite a divisão das demandas entre aquelas nas quais os efeitos se operam *inter partes* e aquelas nas quais os efeitos se operam *erga omnes*, sendo possível incluir na primeira espécie as ações individuais e na segunda as ações coletivas, inclusive o processo objetivo, considerado processo coletivo especial, que tem tratamento específico no art. 988, III, do CPC.

Numa ação individual, cujas decisões gerem efeitos somente para os sujeitos que participam do processo, é possível que um juízo de grau inferior deixe de cumprir uma decisão proferida pelo tribunal superior, típica hipótese de cabimento de reclamação como forma de preservar a autoridade da decisão judicial. Uma vez sendo determinada, no caso concreto, por exemplo, a soltura de um réu encarcerado em razão de indevida prisão civil, é natural que o juízo que determinou a prisão deva executar a ordem contida na decisão do tribunal superior, e, se isso não ocorrer, será cabível a reclamação.

O Superior Tribunal de Justiça já teve oportunidade de julgar procedente reclamação em razão de resistência de juízo de grau jurisdicional inferior cumprir decisão do tribunal superior com a alegação de que a decisão ainda não era definitiva, em razão de recurso pendente de julgamento. O tribunal entendeu que, não tendo o recurso interposto contra sua decisão efeito suspensivo, não cabe ao juízo inferior se negar a dar cumprimento imediato à decisão do tribunal, que, nessas circunstâncias, tem executividade imediata[27]. Também a decisão que volta a declarar a incompetência do juízo, em afronta à decisão já proferida pelo Superior Tribunal de Justiça em julgamento de conflito de competência, desafia reclamação[28].

Interessante questão levantada pela doutrina diz respeito ao descumprimento por autoridade administrativa de decisão de tribunal superior, proferida em ação individual. Seria cabível a reclamação diante dessa situação? Concordo com a doutrina que responde negativamente a esse questionamento, afirmando que o descumprimento da decisão por terceiro, sendo irrelevante se particular ou autoridade administrativa, permite que a parte interessada na execução da decisão peticione perante o juízo que deve executar a decisão para que as medidas necessárias sejam adotadas e para que tal pronuncia-

25 STF, Rcl. 3.084/SP, Tribunal Pleno, rel. Min. Ricardo Lewandowski, j. 29.04.2009, *DJE* 01.07.2009; STJ, AgRg na Rcl. 2.942/SP, Primeira Seção, rel. Min. Castro Meira, j. 22.10.2008, *DJE* 03.11.2008.

26 STF, Rcl. 3.138/CE, Tribunal Pleno, rel. Min. Joaquim Barbosa, j. 4.3.2009, *DJE* 23.10.2009.

27 STJ, Rcl. 3.828/SC, 1ª Seção, rel. Min. Eliana Calmon, j. 28.04.2010, *DJE* 07.05.2010.

28 STJ, Rcl. 1.859/MG, 2ª Seção, Rel. Min. Nancy Andrighi, j. 22.06.2005, *DJ* 24.10.2005, p. 167.

mento efetivamente gere seus efeitos no plano prático[29]. É nesse sentido o entendimento do Superior Tribunal de Justiça[30], que deve ser prestigiado.

Na tutela coletiva, a eficácia das decisões sempre atinge sujeitos que não participam do processo. No processo coletivo comum, têm-se efeitos *erga omnes*, na hipótese de direitos difusos, e *ultra partes*, na hipótese de direitos coletivos e individuais homogêneos, a despeito da equivocada previsão contida no art. 103 da Lei 8.078/1990 (CDC). Nesses casos, os indivíduos que tenham sido beneficiados pela decisão proferida por tribunal superior poderão ingressar com reclamação na hipótese de juízo hierarquicamente inferior desrespeitar a decisão. Naturalmente, também os autores da ação coletiva, bem como os colegitimados, poderão ingressar com a reclamação, na hipótese de a decisão desrespeitada ser proferida no próprio processo coletivo em trâmite.

7.2.3. Garantir a observância de decisão do Supremo Tribunal Federal em controle concentrado de constitucionalidade

No tocante à eficácia *erga omnes* das decisões, têm posição de destaque as ações de controle de constitucionalidade, espécies de processo coletivo especial, tema versado expressamente pelo art. 988, III, do CPC. Diante de decisão proferida em ação direta de inconstitucionalidade, em ação declaratória de inconstitucionalidade ou de arguição de descumprimento de preceito fundamental, não podem os juízes que enfrentarem a questão constitucional de forma incidental desconsiderar a decisão judicial do Supremo Tribunal Federal, justamente porque o efeito *erga omnes* vincula a todos.

O mesmo se pode dizer da autoridade administrativa, que também está adstrita à declaração concentrada de constitucionalidade do Supremo Tribunal Federal, de forma que, praticado um ato administrativo ou proferida uma decisão no âmbito de processo administrativo que contrarie decisão proferida em ação de controle concentrado de constitucionalidade, será cabível a reclamação.

Segundo reiteradas decisões do Supremo Tribunal Federal, a vinculação entre o julgado-paradigma proferido na ação de controle concentrado de constitucionalidade e aquele que se impugna por meio de reclamação deve ser perfeita[31]. Ainda que não se discuta o acerto do entendimento, é recomendável afirmar que não é somente a exata norma declarada (in)constitucional que

29 Didier Jr.-Cunha, *Curso*, p. 471.

30 STJ, AgRg na Rcl. 2.918/MG, 1ª Seção, rel. Min. Denise Arruda, j. 08.10.2008, *DJE* 28.10.2008; STJ, REsp. 863.055/GO, 1ª Seção, rel. Min. Herman Benjamin, j. 27.02.2008, *DJE* 18.09.2009.

31 STF, Rcl. 6.735 AgR/SP, Tribunal Pleno, rel. Min. Ellen Gracie, j. 18.8.2010, *DJE* 10.9.2010.

pode ensejar reclamação nos termos ora analisados, considerando a aplicação da tese da transcendência dos motivos determinantes.

Não considero a previsão do inciso III do art. 988 do CPC propriamente uma novidade, porque essa hipótese apenas especifica para o processo objetivo a hipótese prevista no inciso II do mesmo dispositivo legal e já existente no sistema processual. Tanto é assim que o Supremo Tribunal Federal tem posicionamento pacificado a respeito do cabimento da reclamação nesse caso, antes mesmo de previsão expressa específica como agora consagrado no art. 988, III, do CPC[32].

Interessante debate trava-se atualmente quanto ao cabimento de reclamação à luz da teoria dos efeitos transcendentes dos motivos determinantes.

Durante certo período de tempo, o Supremo Tribunal Federal entendeu que, havendo a declaração concentrada de inconstitucionalidade, os motivos determinantes da decisão geravam efeitos vinculantes *erga omnes*, o que significava que outras normas, que não tinham sido objeto de apreciação no processo objetivo, desde que tivessem o mesmo conteúdo daquela analisada, sofreriam os efeitos do controle concentrado. Uma vez declarada inconstitucional uma norma municipal que determina a criação de um tributo, em todos os processos em que se discutia incidentalmente a constitucionalidade de uma norma de outro município, que cria por lei municipal o mesmo tributo, haveria vinculação dos juízes à decisão do Supremo Tribunal Federal. Não sendo respeitada a decisão, caberia reclamação[33].

Mais recentemente, entretanto, o Supremo Tribunal Federal tornou-se refratário à adoção da teoria[34], inclusive rejeitando reclamações constitucionais que têm como objeto lei municipal ainda não declarada inconstitucional pelo tribunal em controle concentrado[35].

Aparentemente visando legislar sobre a polêmica, o art. 988 do CPC, em seu § 4.º, prevê que as hipóteses dos incisos III e IV compreendem a aplicação indevida da tese jurídica e sua não aplicação aos casos que a ela correspondam. Entendo que o Código de Processo Civil de 2015 adotou a teoria dos efeitos transcendentes dos motivos determinantes ao se referir a "tese jurídica", e não a norma jurídica decidida concretamente pelo Supremo Tribunal Federal.

---

32 STF, Tribunal Pleno, RE 730.462/SP, rel. Min. Teori Zavascki, j. 28.05.2015, *DJe* 09.09.2015.

33 STF, Rcl 2.986 MC/SE, decisão monocrática, Min. Celso de Mello, j. 12.03.2005, *DJ* 18.03.2005, p. 87; Rcl 2.363/PA, Tribunal Pleno, rel. Min. Gilmar Mendes, j. 23.10.2003.

34 STF, Tribunal Pleno, Rcl 3.294 AgR/RN, rel. Min. Dias Toffoli, j. 03.11.2011, *DJe* 29.11.2011; STF, Tribunal Pleno, Rcl 9.778 AgR/RJ, rel. Min. Ricardo Lewandowski, j. 26.10.2011, *DJe* 11.11.2011; STF, Tribunal Pleno, Rcl 3.014/SP, rel. Min. Ayres Britto, j. 10.03.2010, *DJe* 21.5.2010.

35 STF, 1.ª Turma, Rcl 11.478 AgR/CE, rel. Min. Marco Aurélio, j. 05.06.2012, *DJe* 21.06.2012.

7.2.4. Forma de garantir a observância de súmula vinculante

A Lei 11.417/2006 disciplina a edição, a revisão e o cancelamento de enunciado de súmula vinculante pelo Supremo Tribunal Federal, tratando em seu bojo de hipótese específica de cabimento de reclamação. Nos termos do art. 7º, *caput*, na hipótese de decisão judicial ou ato administrativo contrariar, negar vigência ou aplicar indevidamente entendimento consagrado em súmula vinculante, será cabível a reclamação. Tal hipótese de cabimento é repetida pelo art. 988, IV, do CPC.

O dispositivo legal prevê ainda que o cabimento da reclamação não impede a utilização de outros meios de impugnação contra a decisão, inclusive a via recursal, em regra aplicável somente às decisões judiciais ou proferidas em processo administrativo. Apesar da correção da regra legal, a suposta multiplicidade de formas de impugnação da decisão deve ser interpretada à luz do enunciado da Súmula 734/STF, que não admite o ingresso de reclamação depois do trânsito em julgado da decisão que alegadamente desrespeita o pronunciamento do Supremo Tribunal Federal, previsão reforçada pelo art. 988, §5º, I, do CPC, com idêntico conteúdo. Significa que, ao menos em algumas hipóteses, não será facultativa a escolha do recurso ou da reclamação, mas imperativo que a parte ingresse com o primeiro para evitar o trânsito em julgado e permitir a apresentação do segundo meio impugnativo.

A regra mais polêmica a respeito do tema ora enfrentado encontra-se no art. 7º, § 1º, da Lei 11.417/2006 e prevê que, sendo objeto da reclamação a omissão ou ato da administração pública, exige-se o esgotamento das vias administrativas para o ingresso em juízo.

Há entendimento de que a norma, ainda que pragmaticamente justificável diante do receio de aumento significativo de reclamações constitucionais perante o Supremo Tribunal Federal, é manifestamente inconstitucional, em afronta clara e indiscutível ao princípio da inafastabilidade da jurisdição, consagrado no art. 5º, XXXV, da CF, considerando-se que a única hipótese em que se admite a exigência do esgotamento das vias administrativas para só então se permitir o exercício jurisdicional é prevista pelo art. 217, § 1º, da CF.

Por outro lado, há corrente doutrinária que não enxerga qualquer inconstitucionalidade na norma, afirmando ser abusiva a utilização da reclamação sem que as esferas administrativas tenham sido esgotadas. O principal fundamento desse entendimento é o de que não se pode substituir a crise numérica dos recursos extraordinários por uma nova crise das reclamações constitucionais[36]. Mais uma vez, o receio de uma explosão no número de

---

[36] Meirelles-Wald-Mendes, *Mandado*, p. 802.

reclamações constitucionais leva parcela da doutrina a aceitar obstáculo criado por norma infraconstitucional ao acesso ao Poder Judiciário.

Por fim, há ainda uma terceira corrente doutrinária, que entende cabível a exigência legal a depender do caso concreto. Segundo esse entendimento, somente quando se mostrar razoável o esgotamento das vias administrativas de solução de conflito não se admitirá a reclamação. Aparentemente, há uma indevida confusão entre inafastabilidade da jurisdição e interesse de agir, defendendo essa corrente doutrinária que, sendo provado, no caso concreto, o efetivo interesse de agir, poderia o tribunal incidentalmente declarar a inconstitucionalidade do art. 7º, § 1º, da Lei 11.417/2006 e julgar a reclamação[37].

Acredito haver uma indevida confusão no debate sobre o tema. O dispositivo legal não impede o acesso da parte à jurisdição, mas somente impede que tal acesso ocorra pelo meio específico da reclamação. Não consigo compreender por qual motivo a previsão pode ser ofensiva ao princípio da inafastabilidade da tutela jurisdicional, afinal, se a limitação a certa forma procedimental de provocar a jurisdição for inconstitucional, será complicado, por exemplo, explicar porque não se admite produção de prova oral em sede de mandado de segurança, ou porque a ação coletiva não se presta, ao menos em regra, para a defesa de interesses individuais.

Entendo, portanto, que o acesso à jurisdição está garantido, não pelo caminho mais fácil da reclamação, mas por meio de qualquer ação impugnativa da decisão ou ato administrativo, seguindo-se as regras processuais de competência para fixar o órgão competente para o julgamento de tal ação. Caso a parte pretenda se valer do caminho mais fácil e rápido, que é a reclamação, terá de esperar o esgotamento das vias administrativas, conforme prevê o artigo ora comentado, não sendo possível apontar qualquer inconstitucionalidade em tal regra legal.

Nessa hipótese de reclamação, nos termos do art. 7º, § 2º, da Lei 11.417/2006, as consequências do acolhimento do pedido diferem, a depender da espécie de ato impugnado. Sendo a decisão que afronta a súmula vinculante de natureza judicial, o Supremo Tribunal Federal a cassará e determinará que outra seja proferida em seu lugar, com ou sem aplicação da súmula. Nesse caso, é questionável a previsão legal a mencionar a cassação da decisão, considerando sua própria previsão de que outra decisão venha a ser proferida no lugar daquela impugnada, o que permite a conclusão de tal decisão ter sido anulada, e não simplesmente cassada.

Já na reclamação contra ato administrativo, o tribunal se limitará à anulação do ato, considerando-se que a prática de novo ato no lugar daquele

[37] Didier Jr.-Cunha, *Curso*, p. 472-473; Góes, *Reclamação*, p. 570.

anulado cabe à administração pública, não sendo possível ao Poder Judiciário exigir sua prática. Parece que, nessa hipótese de procedência, o legislador considerou a discricionariedade do administrador público a respeito da postura que adotará após a anulação do ato.

7.2.5. Forma de garantir a observância de precedente proferido em Incidente de Resolução de Demandas Repetitivas (IRDR) e Incidente de Assunção de Competência

Reforçando a tese de que os precedentes criados em IRDR e em julgamento de incidente de assunção de competência têm eficácia vinculante, o art. 988, IV, do CPC prevê o cabimento de reclamação para garantir a observância de tais precedentes.

Segundo o § 4º do art. 988 do CPC, a observância dos precedentes vinculantes previstos no inciso IV do mesmo dispositivo legal compreende a aplicação indevida da tese jurídica e sua não aplicação aos casos que a ela correspondam. Como o art. 489, § 1º, V, do CPC exige na fundamentação da decisão que o órgão julgador identifique os fundamentos determinantes do precedente vinculante, justamente para demonstrar seu cabimento ou não ao caso concreto, será a partir dessa fundamentação que a parte terá condição de analisar o cabimento da reclamação contra a decisão.

Questão interessante surge na hipótese de o órgão julgador deixar de aplicar o precedente vinculante com fundamento na distinção ou superação. Nesse caso, será cabível a reclamação? Não há dúvida de que a distinção ou superação da tese fixada no precedente vinculante, desde que fundamentada nos termos do art. 489, § 1º, VI, do CPC, são razões legais para o órgão julgador deixar de aplicar ao caso concreto tal precedente, mas o art. 988, IV, do CPC não faz qualquer menção a tais circunstâncias.

Uma primeira forma de responder à pergunta é interpretar o art. 988, IV, do CPC no sentido de que, havendo a distinção ou superação, a parte não teria direito a garantir a observância do precedente, não sendo, dessa forma, cabível a reclamação. Mas não se pode negar à parte o direito de discutir em sede de reclamação a adequação da distinção ou superação aplicada no caso concreto para o órgão deixar de aplicar o precedente com eficácia vinculante.

Significa dizer que o tribunal terá que confirmar o acerto da distinção ou superação aplicada no caso concreto, e o eventual equívoco em tal aplicação não deve levar à inadmissão da reclamação, mas sim ao julgamento de improcedência. Trata-se, entretanto, de questão com pouca consequência prática, porque se o tribunal entender nesse caso pela inadmissão da reclamação a extinguirá sem resolução do mérito. De uma forma ou outra o autor da reclamação terá rejeitada sua pretensão.

7.2.6. Forma de garantir a observância de precedente proferido em repercussão geral e recurso excepcional repetitivo

Constava da redação originária do art. 988, IV, do CPC, o cabimento de reclamação para garantir a observância de precedente proferido em julgamento de recursos repetitivos, mas esse cabimento foi suprimido do dispositivo legal pela Lei 13.256, de 04.02.2016, que alterou o Código de Processo Civil de 2015 durante seu período de vacância.

Numa primeira leitura dos incisos do art. 988 do CPC, portanto, não consta mais cabimento de reclamação na hipótese ora analisada. Demonstrando uma técnica legislativa no mínimo duvidosa, entretanto, o § 5º, II, do art. 988 do CPC garante o cabimento de reclamação nesse caso, ainda que sob a condição de serem esgotadas as instâncias ordinárias. Se o objetivo do legislador era criar uma condição de admissibilidade da reclamação nesse caso, deveria ter mantido a hipótese no inciso IV do art. 988 e previsto tal condição no § 5º do mesmo dispositivo. Estranhamente, entretanto, retirou a hipótese do inciso IV do *caput*, mas a ressuscitou no § 5º do art. 988 do CPC.

Um dado curioso, que demonstra que as revisões finais de textos legais após sua aprovação não se limitam a aprimorá-lo em termos redacionais, chegando à inconstitucional alteração de seu conteúdo. No texto aprovado pelo Senado Federal do Projeto de Lei 168/2015, não havia no dispositivo legal previsão expressa a respeito do recurso extraordinário repetitivo no art. 988, § 5º, II, do CPC, que se limitava a prever a repercussão geral e o recurso especial repetitivo. É lamentável que o legislador confunda repercussão geral com recurso extraordinário repetitivo, desconsiderando a óbvia possibilidade de um recurso extraordinário não ser repeti-tivo, mas ter repercussão geral. Certamente pensando na equivocada redação aprovada na Câmara e no Senado, na revisão "redacional" final do texto foi incluído o recurso extraordinário repetitivo.

Por "esgotamento das instâncias ordinárias" o legislador aparentemente pretendeu afastar o cabimento de reclamação contra sentença que desrespeita precedente fixado em julgamento de recurso especial e extraordinário repetitivo.

Dessa forma, se um acórdão desrespeitar o precedente criado em julgamento de recurso especial e extraordinário repetitivo, e em julgamento de recurso extraordinário com repercussão geral, ainda que não repetitivo, caberá reclamação para o tribunal de superposição. Mas no caso de sentença proferida em tais moldes caberá a apelação. O mesmo se diga no caso de decisão monocrática proferida em segundo grau, que sendo recorrível por agravo interno (art. 1.021, *caput*, do CPC), não poderá ser objeto de reclamação.

Esse entendimento, entretanto, não vem sendo aplicado pelos tribunais superiores, que dotaram o termo "instâncias ordinárias" de novo significado. Não se trata, ao menos nesse caso, de indicar o esgotamento dos recursos ordinários, mas sim de todo e qualquer recurso, ainda que excepcional (recurso especial e extraordinário). Nesse sentido, sugerindo uma interpretação teleológica da expressão, os tribunais superiores vêm entendendo que a admissão de reclamação na hipótese ora analisada depende de a decisão a ser impugnada não ser recorrível[38].

O resultado prático do entendimento é limitar o cabimento de reclamação na hipótese ora analisada ao acórdão que julga o agravo interno interposto contra decisão monocrática do presidente ou vice-presidente de tribunal de segundo grau inadmitindo o recurso especial e/ou extraordinário[39].

E para piorar ainda mais o cenário, a Corte Especial entendeu que nem mesmo nesse caso caberá a reclamação, cabendo ao tribunal de segundo grau dar a última palavra quanto ao respeito a precedente vinculante formado em recurso especial repetitivo[40].

Registre-se que a tentativa de utilização do microssistema de julgamento repetitivo, para aplicar-se à violação de precedente vinculante previsto no art. 988, § 5º, do CPC, o cabimento de reclamação previsto no inciso IV do mesmo diploma legal, não vingou no Superior Tribunal de Justiça, que reconheceu a diferença de tratamento quanto às condições de admissão da reclamação para as diferentes formas de formação de precedentes vinculantes[41].

7.3. PROCEDIMENTO

7.3.1. Introdução

O procedimento da reclamação se aproxima consideravelmente do procedimento do mandado de segurança, ou seja, de um procedimento sumário documental. O autor da reclamação terá de instruir sua petição inicial com

---

[38] STF, 2ª Turma, Rcl 24.686 ED-AgR/RJ, rel. Min. Teori Zavascki, j. 25/10/2016, DJe 11/04/2017; STJ, 2ª Seção, AgInt na Rcl 34.769/RJ, rel. Min. Maria Isabel Gallotti, j. 13/12/2017, DJe 18/12/2017.

[39] STF, 1ª Turma, Rcl 32.278 AgR/RS, rel. Min. Roberto Barroso, j. 07/12/2018, DJe 13/12/2018; STF, 2ª Turma, Rcl 29.895 AgR/SC, rel. Min. Dias Tofoli, j. 05/06/2018, DJe 18/06/2018; STJ, 1ª Seção, Rcl 37.081/SP, rel. Min. Gurgel de Faria, j. 10/04/2019, DJe 23/04/2019; STJ, 2ª Seção, AgInt nos EDcl na Rcl 35.338/SP, rel. Min. Ricardo Villas Bôas Cueva, j. 16/10/2018, DJe 23/10/2018.

[40] STJ, Corte Especial, Rcl 36.476/SP, rel. Min. Nancy Andrighi, j. 05/02/2020, DJe 06/03/2020.

[41] STJ, 2ª Seção, AgInt na Rcl 33.871/SC, rel. Min. Ricardo Villas Bôas Cueva, j. 14/06/2017, DJe 20/06/2017.

documentos que o auxiliem a convencer o tribunal de suas razões. O réu na reclamação apresenta informações, e não contestação, diferente do beneficiário da decisão impugnado, que terá, nos termos do art. 989, III, do CPC, prazo de 15 dias para contestar. Não se admite a produção de prova oral e pericial. A decisão de ambos tem natureza mandamental.

Diante dessa inegável realidade, no projeto de lei aprovado pela Câmara havia regra expressa de aplicação subsidiária das regras procedimentais do mandado de segurança[42]. Apesar da regra não constar do texto final do Código de Processo Civil aprovado pelo Senado, a aplicação subsidiária mencionada tende a continuar a existir. Evidentemente, no que couber, havendo diferenças procedi-mentais entre as ações, como, por exemplo, o cabimento de fixação de honorários sucumbenciais.

Apesar das inegáveis semelhanças e da opção legislativa de não prever tal circunstância de forma expressa, é imperiosa a análise de aspectos particulares do procedimento da reclamação, o que será feito pelas previsões do art. 988 a 993 do CPC em razão da revogação dos arts. 13 a 18 e 26 a 29 da Lei 8.038/90 pelo art. 1.072, IV, do CPC.

7.3.2. Petição inicial

Conforme já afirmado anteriormente, ainda que o Supremo Tribunal Federal entenda que a reclamação tem natureza de direito de petição, parece ser indiscutível a necessidade de provocação por meio da parte interessada ou pelo Ministério Público, nos termos do *caput* do art. 988 do CPC.

Na realidade, as próprias hipóteses de cabimento são suficientes para demonstrar a incongruência prática de o juízo que conduz o processo instaurar de ofício a reclamação. Ocorre, entretanto, que a eventual iniciativa de ofício no tocante à reclamação não precisa ficar limitada ao juízo da causa, podendo-se imaginar que o próprio tribunal, diante de hipótese de cabimento da reclamação, poderia determinar a avocação dos autos ou medidas para fazer valer sua decisão, por meio de propositura de ofício de uma reclamação. A previsão contida no art. 988, *caput*, do CPC afasta expressamente essa possibilidade.

É preciso cuidado ao conceituar o interesse necessário à parte na legitimidade ativa da reclamação. Não é possível limitar a legitimidade às partes do processo originário, até porque é cabível a reclamação independentemente da existência de processo. Ademais, mesmo quando existe um processo em trâmite, não se pode descartar *a priori* a existência de terceiros juridicamente

42 Neves, *Ações*, n. 8.3.1., p. 328.

interessados, que também terão legitimidade para a propositura da reclamação, o que fica claro no processo coletivo (comum e especial).

Entendo que o interesse deve ser demonstrado no caso concreto pelo autor da reclamação, por meio da comprovação de possível repercussão do processo em trâmite ou do ato administrativo praticado em sua esfera jurídica[43]. Ainda que não precise demonstrar qualquer sucumbência no caso concreto (como ocorre na hipótese de usurpação de competência), sendo incorreto associar o interesse da parte a uma eventual melhora em sua situação prática, deve demonstrar que a ilegalidade cometida pode juridicamente atingi-lo.

O Ministério Público não deve se omitir diante de verificação de cabimento da reclamação. Sua legitimidade, portanto, decorre de sua função institucional de fiscal da ordem jurídica, de forma que não há necessidade de que participe do processo em que a ilegalidade é cometida para oferecer a reclamação. Há um interesse público no respeito à competência, à autoridade das decisões e de precedentes vinculantes dos tribunais e, sendo a reclamação uma das formas de se garantir esse respeito, é natural a legitimidade do Ministério Público à luz do art. 178, I, do CPC.

Na ausência de previsão expressa nesse sentido, aplica-se à petição inicial da reclamação o art. 319 do CPC, mas somente naquilo que couber, considerando as especialidades dessa ação constitucional.

O endereçamento será a um dos tribunais – de segundo grau ou de superposição – que tem competência absoluta para o julgamento, mais especificamente ao presidente do respectivo tribunal (art. 988, §2º, do CPC). Parece não haver maiores dúvidas a respeito de qual seja o tribunal competente, bastando para sua determinação a adequação do caso concreto às previsões legais. Ainda que se possa considerar erro grosseiro a interposição de reclamação em tribunal incompetente, entendo ser o vício saneável, não sendo hipótese de extinção, mas de remessa dos autos ao tribunal competente, em aplicação por analogia do art. 968, § 5º, do CPC.

No tocante à qualificação das partes, deve-se observar sua especial qualidade. O autor será qualificado, nos termos do art. 319, II, do CPC, como em qualquer outra petição inicial, mas a qualificação do réu não pode seguir essa regra geral. Sendo réu a autoridade judiciária ou administrativa que usurpa a competência ou desrespeita decisão proferida por tribunal ou precedente vinculante por ele criado, não entendo necessária a qualificação pessoal da autoridade nos termos do dispositivo legal ora comentado, bastando a indicação do juízo, no primeiro caso, e da qualificação da pessoa jurídica de direito público da qual pertence a autoridade, no segundo caso.

---

[43] Em sentido assemelhado: Morato, *Reclamação*, p. 119.

A causa de pedir é a narração de uma das hipóteses de cabimento, não se admitindo alegação genérica a respeito das justificativas para a intervenção do tribunal. A narração fática é tão somente a descrição da situação prática que gera o fundamento jurídico, seja da usurpação de competência, seja de desrespeito à autoridade de decisão proferida pelo tribunal, seja de violação a precedente vinculante.

O pedido será de acolhimento da pretensão do autor e, dependendo de sua causa de pedir, será diferente a providência pretendida. Na hipótese de usurpação de competência, é possível que baste ao autor que o tribunal superior profira decisão que tenha sido indevidamente proferida por órgão absolutamente incompetente. Em situações de competência não somente para a prolação de determinada decisão ou para a prática de determinado ato, caberá ao autor pedir a avocação dos autos pelo tribunal, para que lá prossiga a demanda judicial. Na hipótese de postura – omissiva ou comissiva – de desrespeito à autoridade de decisão proferida pelo tribunal, caberá o pedido de cassação da decisão ou da adoção de medidas, para que a postura omissiva seja afastada. No caso de violação de precedente vinculante, o pedido mais adequado seria o de reforma da decisão impugnada, mas nesse caso a reclamação se confundiria com um recurso, sendo mais adequado, diante de sua natureza jurídica, o pedido de cassação da decisão impugnada.

Entendo que, sendo uma ação, o autor deverá atribuir um valor à causa, mas, não tendo o bem da vida pretendido valor econômico, este será meramente estimativo. Mas reconheço a tendência de não se atribuir valor da causa às ações constitucionais.

O pedido de provas está dispensado porque toda prova a ser produzida pelo autor já deve ser apresentada com a própria petição inicial, nos termos do art. 988, § 2º, do CPC. Ainda que o procedimento seja sumário e documental, não parece haver uma preclusão à produção de prova documental pelo autor com a apresentação da petição inicial, desde que demonstre motivadamente as razões da juntada extemporânea[44]. De qualquer forma, o pedido expresso para essa produção na petição inicial é dispensado.

Por fim, a citação do réu segue a regra do art. 989, I, do CPC, que prevê a requisição de informações à autoridade a quem for imputada a prática do ato impugnado, que devem ser prestadas no prazo de dez dias (art. 989, I, do CPC). Em razão da semelhança procedimental com o mandado de segurança, será frequente a afirmação de que o réu não será citado, mas notificado.

---

[44] Contra: STJ, 3ª Seção, AgRg na Rcl 18.385/SP, rel. Min. Regina Helena Costa, j. 27.08.2014, *DJe* 04.09.2014; STJ, 1ª Seção, EDcl na Rcl 9.537/RS, rel. Min. Benedito Gonçalves, j. 23.10.2013, *DJe* 29.10.2013.

7.3.3. Prazo

Tratando-se de ação judicial, não há prazo processual para o ingresso da reclamação. Ocorre, entretanto, que o Supremo Tribunal Federal pacificou entendimento, inclusive em súmula, de que não cabe reclamação contra decisão transitada em julgado, não se admitindo que a reclamação assuma natureza rescisória[45]. Nesse sentido é a previsão expressa do art. 988, § 5º, I, do CPC. Compreende-se o entendimento em respeito à coisa julgada material, porque, caso se admitisse o cabimento da reclamação nessas circunstâncias, abrir-se-ia perigoso instrumento de relativização da coisa julgada.

Questão interessante diz respeito à reclamação apresentada contra decisão judicial que não seja atacada por recurso, ou porque não existe recurso cabível ou porque a parte que poderia se valer do caminho recursal não o fez. Pergunta-se: nesse caso, haveria trânsito em julgado em razão da não interposição do recurso? O eventual trânsito em julgado prejudica a reclamação pendente de julgamento?

Apesar de existir doutrina que defende a existência de trânsito em julgado nesse caso, ainda que não sendo prejudicada a reclamação, inclusive em opinião referendada em decisão do Supremo Tribunal Federal[46], prefiro acreditar que a pendência da reclamação impede o trânsito em julgado, razão pela qual a não interposição de recurso contra a decisão não gera a consequência natural de tornar a decisão imutável e indiscutível e, por isso, não prejudica o andamento da reclamação.

Já tive a oportunidade de demonstrar que nem sempre a ausência de recurso gera o trânsito em julgado da decisão, ainda que se reconheça que o efeito principal de qualquer recurso seja justamente o obstativo[47]. Como ocorre no reexame necessário, é possível a existência de uma condição impeditiva do trânsito em julgado, que somente se verificará após a realização de determinado ato processual. Entendo que a pendência da reclamação seja justamente uma condição impeditiva do trânsito em julgado, de forma que a ausência de interposição de recurso contra decisão não torna prejudicada a reclamação, como também a manutenção ou cassação da decisão não impugnada depende do teor do julgamento de tal reclamação.

De qualquer forma, entendendo-se que houve ou não o trânsito em julgado da decisão após a interposição da reclamação, o importante é que todos concordam que a reclamação não restará prejudicada, sendo julgada

---

45 Súmula 734/STF: "Não cabe reclamação constitucional quando já houver transitado em julgado o ato judicial que se alega tenha desrespeitado decisão do Supremo Tribunal Federal".

46 Didier Jr.-Cunha, *Curso*, p. 479.

47 Neves, *Manual*, n. 25.2.1.2.3.9, p. 640.

normalmente. Significa dizer que basta à parte interessada ou ao Ministério Público ingressar com a reclamação antes do trânsito em julgado da decisão[48], sendo irrelevantes os atos processuais praticados posteriormente no processo. É nesse sentido o § 6º do art. 988 do CPC ao prever que a inadmissibilidade ou o julgamento do recurso interposto contra a decisão proferida pelo órgão reclamado não prejudica a reclamação.

A objeção consagrada à utilização da reclamação como meio rescisório traz interessante consequência no tocante ao prazo para seu ajuizamento. Ainda que não seja correto falar-se em prazo para o ajuizamento da reclamação, a depender do caso concreto, criar-se-á um prazo, justamente para que a ação seja apresentada em juízo antes do trânsito em julgado da decisão. Enquanto existir recurso pendente de julgamento contra a decisão impugnada em sede de reclamação, realmente não haverá sentido fixar um prazo para tal ação, mas, não sendo a decisão recorrida, a parte deve ingressar com a reclamação no prazo recursal, sob pena de perder o direito à reclamação, nos termos do art. 988, § 5º, I, do CPC.

7.3.4. Posturas do relator ao receber a reclamação

Segundo o art. 989 do CPC, o relator, ao despachar a reclamação, procederá nos termos dos incisos do dispositivo legal. Antes propriamente de comentar as posturas previstas pelo dispositivo legal, é importante lembrar que tanto a emenda da petição inicial, nos termos do art. 321 do CPC, como o seu indeferimento, nos termos do art. 330 do CPC, são cabíveis nessa espécie de ação constitucional. Estando a petição formalmente em ordem, o relator procederá segundo o art. 989 do CPC.

Nos termos do art. 988, § 3º, do CPC, o relator será, sempre que possível, o juiz da causa principal, ou seja, o relator do recurso ou ação originária da qual resultou a decisão que restou descumprida por órgão hierarquicamente inferior. Trata-se, segundo parcela da doutrina, de espécie de prevenção temática[49], que naturalmente não existirá na hipótese de usurpação de competência, quando a distribuição deve ser livre.

Pela previsão do inciso I do art. 989 do CPC, o relator requisitará informações da autoridade a quem for imputada a prática do ato impugnado, que as prestará no prazo de dez dias. Conforme se nota do dispositivo legal ora comentado, a autoridade – judiciária ou administrativa – responsável pela ilegalidade apontada na petição inicial da reclamação será requisitada

---

48 Câmara, *O Novo*, p. 487.

49 Góes, *Reclamação*, p. 564.

a apresentar informações, do que se pode concluir ser tal autoridade o réu da ação de reclamação.

No inciso II do dispositivo legal ora analisado, está previsto o poder do relator de suspender o processo ou o ato impugnado, para evitar dano irreparável, dando a entender que, mesmo sem expresso pedido do autor da ação, poderá conceder de ofício essa tutela provisória[50]. Como o dispositivo ora analisado prevê apenas o dano irreparável como requisito para a suspensão do processo ou do ato, poderia se imaginar que não se está diante de tutela de urgência conforme prevista pelo Código de Processo Civil de 2015, já que para essas, além do perigo do tempo, é exigida a probabilidade de existência do direito (art. 300 do CPC).

Não acredito, entretanto, que se trate de hipótese diferenciada de tutela provisória, mas da tutela de urgência clássica, sendo a omissão legal incapaz de criar uma tutela provisória sem qualquer probabilidade de o autor da reclamação ter razão em suas pretensões[51]. Há divergência entre ser tal tutela de urgência cautelar[52] ou tutela antecipada[53], sendo preferível considerar-se tal tutela como antecipada, considerando-se que a suspensão do ato impugnado ou do processo antecipa no plano prático a satisfação do direito do autor. A determinação da espécie de tutela de urgência pode ter relevância no caso de pedido antecedente, o que me parece possível ainda que o art. 989, II, do CPC preveja a suspensão do processo ou do ato impugnado como providência do relator ao despachar a petição inicial da reclamação.

Por outro lado, embora omisso o dispositivo legal nesse sentido, parece também ser poder do relator a prática, em regime de tutela provisória, de ato positivo para efetivar ou preservar a decisão originária cuja autoridade foi violada. Nesse caso, a mera suspensão não é suficiente para a tutela plena da parte, o que justifica uma atuação mais ampla por parte do relator[54].

No inciso III do art. 989 do CPC vem prevista a determinação pelo relator de citação do beneficiário da decisão impugnada. O dispositivo, ao exigir a integração do beneficiário da decisão impugnada ao polo passivo da reclamação atende ao princípio do contraditório, ao garantir que o sujeito que

---

50 Didier Jr.-Cunha, *Curso*, p. 480; Wambier-Conceição-Ribeiro-Mello, *Primeiras*, p. 1.420; Costa, *Breves*, p. 2.209.

51 Costa, *Breves*, p. 2.209.

52 Theodoro Jr., *Curso*, n. 576-q, p. 666.

53 Didier Jr.-Cunha, *Curso*, p. 480.

54 Enunciado 64 da I Jornada de direito processual civil do CJF: "Ao despachar a reclamação, deferida a suspensão do ato impugnado, o relator pode conceder tutela provisória satisfativa correspondente à decisão originária cuja autoridade foi violada".

possa vir a ser afetado pela decisão possa participar do processo, inclusive com a apresentação de contestação em 15 dias.

7.3.5. Reações dos interessados

Como previsto no art. 989, I, do CPC, a autoridade responsável pela ilegalidade apontada na reclamação será requisitada a apresentar informações no prazo de 10 dias. A manifestação dessa autoridade, portanto, sempre existirá no processo, sendo inegável seu interesse na decisão a ser proferida na reclamação, até porque figura no polo passivo dessa ação, conforme já analisado.

Além da autoridade supramencionada, o art. 990 do CPC prevê que qualquer interessado poderá impugnar o pedido do reclamante. Essa norma parece ter perdido parcialmente seu sentido com a previsão do art. 989, III, do CPC. Explica-se: no procedimento previsto pela Lei 8.038/1990 não havia previsão de citação do beneficiário direto, havendo, entretanto, em seu art. 15 a mesma previsão do art. 989, III, do CPC. E tal previsão era utilizada pela melhor doutrina para justificar o ingresso do beneficiário direto na reclamação[55], o que já não é mais necessário diante da expressa previsão do art. 989, III, do CPC.

De qualquer forma, não se imaginando que o dispositivo seja inútil, deve ser aplicado para terceiros que demonstrem interesse jurídico na decisão, ou seja, que possam ser atingidos reflexamente em suas esferas jurídicas pela decisão da reclamação[56]. A intervenção é voluntária, recebendo o terceiro admitido na reclamação o processo no estado em que ele se encontra.

Finalmente, o art. 991 do CPC prevê que o Ministério Público, nas reclamações que não houver formulado, terá vista do processo, por cinco dias, após o decurso do prazo das informações e para o oferecimento da contestação pelo beneficiário do ato impugnado. O dispositivo reafirma entendimento que defendo há muito tempo: em ação na qual o Ministério Público funciona como autor, havendo participação do tribunal, em via recursal ou originariamente em ação incidental, não há necessidade de ouvi-lo como fiscal da ordem jurídica.

Se o Ministério Público é parte na ação, não é razoável que seja também fiscal da ordem jurídica, não havendo qualquer sentido para essa duplicidade de atuação. Que sentido tem o Ministério Público apresentar contrarrazões de agravo de instrumento por meio do promotor que patrocina ação civil

[55] Morato, *Reclamação*, p. 121; Dantas, *Reclamação*, p. 362-364.

[56] Costa, *Breves*, p. 2.210.

pública em primeiro grau e o procurador de justiça dar parecer em segundo grau de jurisdição? Que o procurador deva participar do agravo não resta qualquer dúvida, mas elaborando as contrarrazões, peça típica da atuação de parte que o Ministério Público desenvolve no processo.

Na hipótese da reclamação, o dispositivo legal ora comentado é suficientemente claro ao estabelecer que a oitiva do Ministério Público só se faz necessária nas reclamações em que o *parquet* não funcione como autor, porque aí sua manifestação se limitará à elaboração da petição inicial, pelo órgão ministerial competente para tanto, seguindo-se as regras funcionais da instituição e de competência jurisdicional.

Quanto ao órgão ministerial que deve elaborar a reclamação no caso concreto, a doutrina majoritária defende caber ao Procurador-Geral da República o ajuizamento das reclamações constitucionais[57]. Registre-se, entretanto, interessante entendimento que atribui ao promotor da causa a competência para a elaboração da reclamação, de forma a se permitir que um promotor de primeiro grau possa ingressar nos tribunais superiores com tal ação, desde que represente o Ministério Público no processo que usurpa a competência do tribunal ou no qual tenha sido praticado ato que contrarie sua decisão[58].

De qualquer forma, o Ministério Público sempre participa da reclamação, como autor ou como fiscal da ordem jurídica, o que se justifica diante do interesse público no respeito à competência dos tribunais superiores e na autoridade de suas decisões, matérias discutidas em tal ação constitucional.

7.3.6. Julgamento

Nos termos do art. 992 do CPC, julgando procedente a reclamação, o tribunal cassará a decisão exorbitante de seu julgado ou determinará medida adequada à preservação de sua competência.

Conforme já analisado anteriormente, na hipótese de ofensa à autoridade de decisão proferida pelo tribunal, a procedência da reclamação gera a cassação da decisão impugnada, o que significa dizer que o tribunal não profere outra em seu lugar (por isso não há reforma da decisão) e tampouco determina que o órgão hierarquicamente inferior profira outra decisão no lugar daquela que foi cassada (por isso não há anulação da decisão).

Aparentemente a exceção a essa realidade vem consagrada no art. 7º, § 2º, da Lei 11.417/2006, que, ao prever a procedência da reclamação no caso

---

57 Meirelles-Wald-Mendes, *Mandado*, p. 809; Pacheco, *O mandado*, 625; Dantas, *Reclamação*, p. 361.

58 Zenkner, *Reflexos*, p. 105-106.

de ofensa à súmula vinculante, determina que o Supremo Tribunal Federal casse a decisão judicial impugnada, determinando que outra seja proferida com ou sem a aplicação da súmula. Se realmente o tribunal determinar a prolação de nova decisão no lugar daquela que, impugnada, foi considerada ofensiva à autoridade de sua decisão, será caso de anulação da decisão, e não propriamente de cassação.

Na hipótese de usurpação de competência, a procedência do pedido leva o tribunal a praticar os atos necessários para preservação de sua competência, inclusive com a avocação dos autos, se for o caso. Por vezes, é até possível que haja anulação ou cassação de decisões judiciais proferidas por juízo absolutamente incompetente, não havendo sentido permitir ao tribunal que reconheça a usurpação de competência e não possa anular ou cassar os atos já praticados. Entendo que, nesse caso, a cassação ou anulação da decisão impugnada dependerá do caso concreto, sendo possível se imaginar hipótese em que bastará a cassação, e outros nos quais seja necessária a anulação de decisão para que outra seja proferida em seu lugar.

Como entendo que a reclamação tem natureza jurídica de ação, parece-me ser cabível a condenação do derrotado ao pagamento de custas processuais e honorários advocatícios. É natural que não se condenará o órgão jurisdicional ou o juiz que conduz o processo no qual foi proferida decisão impugnada ou usurpadora de competência de tribunal superior; como também não parece ser correta a condenação da autoridade administrativa que pratica o ato impugnado. No primeiro caso, condena-se o Estado, sendo o juízo estadual, e a União, sendo o juízo federal, e, no segundo, a pessoa jurídica de direito público à qual pertença a autoridade administrativa.

Em época na qual o Supremo Tribunal Federal entendia ser a reclamação constitucional exercício de direito de petição, a conclusão era pelo não cabimento de condenação da parte derrotada ao pagamento das verbas de sucumbência. No Superior Tribunal de Justiça havia, inclusive, julgamento expresso nesse sentido[59].

No tocante ao tema, entretanto, parece haver importante e significativa mudança jurisprudencial. O Supremo Tribunal Federal vem entendendo que, angularizada a relação jurídica processual por meio da citação do beneficiário direto, nos termos do art. 989, III, do CPC, será cabível a fixação de honorários sucumbenciais[60]. Caso não ocorra a angularização da relação jurídica

[59] STJ, Rcl. 2.017/RS, 3ª Seção, rel. Min. Jane Silva, j. 08.10.2008, *DJE* 15.10.2008.

[60] STF, 2ª Turma, Rcl 24.464 AgR/RS, rel. Min. Gilmar Mendes, rel. p/acórdão Min. Dias Toffoli, j. 27/10/2017, DJe 08/02/2018; STF, 1ª Turma, Rcl 24.417 AgR/SP, rel. Min. Roberto Barroso, j. 07/03/2017, DJe 24/04/2017.

processual, ou seja, a reclamação seja liminarmente rejeitada, não será cabível a fixação de honorários[61].

Por fim, o art. 993 do CPC prevê que, mesmo antes da lavratura do acórdão, o presidente determinará o imediato cumprimento da decisão proferida pelo tribunal, em norma elogiável à luz do princípio da celeridade e efetividade das decisões judiciais. O Supremo Tribunal Federal entende que os efeitos *erga omnes* e vinculantes do controle concentrado se dão a partir da publicação da ata de julgamento na imprensa oficial[62].

61 STJ, Corte Especial, EDcl no AgInt na Rcl 31.601/MA, rel. Min. João Otávio de Noronha, j. 28/06/2018, DJe 03/08/2018.

62 STF, Tribunal Pleno, Rcl 6.999 AgR/MG, rel. Min. Teori Zavascki, j. 17.10.2013, *DJe* 07.11.2013.

8

HABEAS DATA

8.1. INTRODUÇÃO

O direito ao *habeas data* vem expressamente consagrado no art. 5.º, LXXII, da CF/1988, sendo que o dispositivo legal trata tão somente das hipóteses de cabimento dessa ação constitucional, sendo missão da Lei 9.507/1997 o tratamento infraconstitucional de seu procedimento, ainda que, em seu art. 7.º, III, também crie uma nova hipótese de cabimento, não prevista expressamente na Constituição Federal. Eventuais discussões a respeito da autoaplicabilidade do dispositivo legal perderam sentido com o advento da Lei 9.507/1997.

Como se pode depreender do texto constitucional, o *habeas data* é ação constitucional voltada à garantia dos direitos de intimidade e de acesso à informação. O acesso a informações constantes de registros ou banco de dados de entidades governamentais ou de caráter público e a eventual retificação de informações equivocadas constituem o objeto de tutela do *habeas data*; o que inclui os bancos de dados e cadastros dos consumidores.

Ainda que a ultrapassada época ditatorial vivida pelo Brasil tenha motivado fortemente a ação de *habeas data*, é importante que se dê ao cidadão uma ação específica, com respaldo constitucional, para que possa ter conhecimento de seus dados cadastrados e para exigir eventual correção, considerando-se que, atualmente, a captação e armazenamento de informações são realizados com extrema facilidade, em especial por conta dos meios tecnológicos à disposição daqueles que formam e mantêm esses bancos de dados.

Cumpre registrar que, embora possível a tutela dos direitos protegidos pelo *habeas data* por meio do mandado de segurança, a opção do legislador constituinte em criar uma ação específica para a tutela do direito à informação deve ser respeitada. Não tenho dúvida de que se tratou de uma opção, e a ausência de previsão específica não sacrificaria qualquer interesse atualmente tutelado pelo *habeas data*, todos contemplados de forma genérica pelo mandado de segurança. Ainda assim, e isso fica claro no art. 1.º, *caput*, da Lei 12.016/2009, quando cabível o *habeas data*, não caberá mandado de segurança, o que confirma o prestígio que a ação específica consagrada no art. 5.º, LXXII, da CF/1988 tem em nosso sistema.

8.2. DIREITO À INFORMAÇÃO E *HABEAS DATA*

A análise das hipóteses de cabimento do *habeas data* é o suficiente para se compreender que o direito à informação, consagrado no art. 5.º, XXXIII, da CF/1988, é mais amplo que aquele tutelado por meio da ação constitucional ora analisada. No *habeas data*, a informação requerida será sempre voltada à pessoa do requerente, mais precisamente a dados pessoais seus que constem de arquivos ou bancos de dados. Nas palavras de festejada doutrina, dados definidores da situação da pessoa nas diversas searas de sua existência[1]. O direito à informação, consagrado no dispositivo constitucional mencionado, tem um objeto mais amplo, abrangendo outras espécies de informações que, apesar de interessarem ao requerente de um eventual pedido, não dizem respeito a seus dados pessoais[2].

Por outro lado, o art. 5.º, XXXIII, da CF/1988 prevê que o direito à informação diz respeito a dados mantidos por órgãos públicos, condicionando o exercício desse direito constitucional à espécie do órgão, e não à natureza da informação. Como será analisado um pouco adiante, no item 8.3.2 deste mesmo capítulo, para o *habeas data*, o órgão que mantém o cadastro de informações não precisa ser necessariamente público, bastando que torne públicas as informações que detenha.

Um candidato de concurso público, por exemplo, tem o direito de analisar sua prova com a respectiva correção, e, caso o órgão público se negue a prestar essa informação, não resta dúvida de que um direito será violado e de que uma tutela jurisdicional poderá ser obtida. Na realidade, até mesmo administrativamente o problema poderá ser resolvido, por meio do exercício

1 BASTOS, *Habeas*, p. 85.

2 PIOVESAN, *O "habeas"*, p. 99; BASTOS, *Habeas*, p. 91.

do direito de petição, consagrado no art. 5.º, XXXIV, da CF/1988. Em termos jurisdicionais, por um mandado de segurança ou mesmo uma ação de conhecimento pelo rito comum, provavelmente com pedido de tutela de urgência.

Essa importante distinção tem ao menos uma relevante consequência prática. O direito à informação, consagrado no art. 5.º, XXXIII, da CF/1988, é excepcionado quando o sigilo for imprescindível à segurança da sociedade e do Estado. Num juízo de proporcionalidade, o legislador constitucional entendeu mais adequado prestigiar os valores preservados pelo sigilo do que o direito à informação. Para a melhor doutrina, as razões que fundamentam o sigilo não se aplicam ao *habeas data*, considerando que as informações, nesse caso, sempre dirão respeito a dados pessoais do impetrante, não sendo possível se exigir sigilo para com o titular de informações e dados[3]. Esse é o entendimento do Superior Tribunal de Justiça[4].

8.3. HIPÓTESES DE CABIMENTO

8.3.1. Introdução

A Constituição Federal, em seu art. 5.º, LXXII, ao consagrar constitucionalmente o *habeas data*, limita-se a prever duas hipóteses de cabimento: a) para assegurar o conhecimento de informações relativas à pessoa do impetrante, constantes de registros ou banco de dados de entidades governamentais ou de caráter público; b) para retificação de dados, quando não se prefira fazêlo por processo sigiloso, judicial ou administrativo. Essas duas hipóteses de cabimento são praticamente repetidas pelos dois primeiros incisos do art. 7.º da Lei 9.507/1997, sendo que no inciso III de referida norma encontra-se uma terceira hipótese de cabimento: para a anotação, nos assentamentos do interessado, de contestação ou explicação sobre dado verdadeiro, mas justificável, e que esteja sob pendência judicial ou amigável.

8.3.2. Direito à informação

A primeira hipótese de cabimento do *habeas data*, prevista no art. 5.º, LXXII, *a*, da CF/1988 e repetida no art. 7.º, I, da Lei 9.507/1997, regulamenta o direito do impetrante à obtenção de informações mantidas em registro ou banco de dados.

O cabimento do *habeas data*, nesse caso, está condicionado à natureza das informações que se pretende obter, sendo incabível o pedido por meio

---

3 PIOVESAN, *O "habeas"*, p. 99.

4 STJ – REsp 781.969/RJ – Primeira Turma – Rel. Min. Luiz Fux – j. 08.05.2007 – *DJ* 31.05.2007, p. 395.

dessa ação constitucional se as informações que se tenciona conseguir são de interesse público, prestando-se à fiscalização de prática adotada por órgão público[5].

Interessante notar que a criação e manutenção desses cadastros ou bancos de dados não precisa necessariamente ser de responsabilidade de órgão público, como inclusive sugere o próprio texto constitucional. Ao prever que os responsáveis pela criação e manutenção serão órgãos governamentais ou de caráter público, o próprio art. 5.º, LXXII, *a*, da CF/1988 sugere a interpretação de que também órgãos de direito privado possam ser demandados por meio do *habeas data*.

A impressão foi confirmada pelo parágrafo único do art. 1.º da Lei 9.507/1997, ao prever que se considera de caráter público todo registro ou banco de dados contendo informações que sejam ou possam ser transmitidas a terceiros ou que não sejam de uso privativo do órgão ou entidade produtora ou depositária das informações. Em interpretação ao dispositivo legal, a melhor doutrina bem aponta que o caráter público das informações não se confunde com a natureza pública do órgão que as mantém em cadastro[6].

O caráter público, portanto, diz respeito à possibilidade de as informações se tornarem públicas, no sentido de chegarem ao conhecimento de terceiros. É absolutamente irrelevante, portanto, saber se o órgão que mantém tais informações é de direito público ou privado; o que se exige é o caráter público da informação. Sendo a informação disponibilizada somente pelo órgão que mantém o cadastro, não caberá *habeas data*[7]. O Superior Tribunal de Justiça já teve oportunidade de decidir pelo não cabimento de *habeas data* diante de pedido de exibição de extratos de conta corrente mantida pelo impetrante junto à Caixa Econômica Federal, asseverando que, nesse caso, as informações são confidenciais, franqueadas somente aos contratantes, e não a terceiros[8].

É certamente nesse aspecto que o *habeas data* mais interessa ao consumidor, especialmente diante da popularização dos chamados registros de devedores. Conforme a melhor doutrina, "no mundo da prestação de serviços, e, logicamente, dos negócios em geral, as informações são instantâneas e volumosas, medem-se hoje em gigabytes. Nesse aspecto vivemos também a era da informação, ou, o que é pior, na era dos bancos de dados, que

---

5 STJ – Pet 1.318/MA – Primeira Turma – Rel. Min. Francisco Falcão – j. 19.02.2002 – *DJ* 12.08.2002, p. 164.

6 BUENO, Cassio Scarpinella. *Habeas*, p. 74.

7 STJ – HD 56/DF – Terceira Seção – Rel. Min. Felix Fischer – j. 10.05.2000 – *DJ* 29.05.2000, p. 108.

8 STJ – REsp 1.128.739/RJ – Segunda Seção – Rel. Min. Castro Meira – j. 17.12.2009 – *DJE* 10.02.2010.

assumem as mais variadas formas e finalidades, como o CADIN, SERASA, SPC, SEPROC, Vídeo Cheque e Tele Cheque".[9]

Não resta qualquer dúvida de que esses cadastros contêm informações de natureza pública, não obstante sejam de empresas privadas; daí ser cabível o *habeas data* em tal circunstância pelo consumidor. Nesse sentido, o art. 43, § 4.º da Lei 8.078/1990, ao prever que "os bancos de dados e cadastros relativos a consumidores, os serviços de proteção ao crédito e congêneres são considerados entidades de caráter público".

8.3.3. Direito à retificação de dados

Havendo pedido com fundamento na hipótese de cabimento ora analisada, é importante observar que só pode pedir a retificação de dados o sujeito que tem conhecimento de quais sejam esses dados, o que significa que não caberá cumulação de pedidos, num mesmo *habeas data*, do pedido de prestação de informações e correções de dados.

Conforme decidiu o Superior Tribunal de Justiça, só tem direito a retificar dados o sujeito que aponta determinada incorreção nos mesmos, e, para isso, por questão de evidente lógica, deverá ter conhecimento de quais sejam tais dados[10]. Esse entendimento, entretanto, é duramente criticado por considerável parcela doutrinária, que considera mais adequada, à luz do princípio da economia processual, a elaboração de pedidos em cumulação sucessiva num mesmo *habeas data*, ao invés de dois *habeas data* sucessivos[11].

8.3.4. Anotação sobre dado verdadeiro

A primeira hipótese de cabimento do *habeas data* limita-se à ciência, enquanto a segunda permite a retificação de informações incorretas, sendo ambas previstas no texto constitucional, conforme já analisado. O art. 7.º, III, da Lei 9.507/1997 inova ao criar uma terceira hipótese de cabimento, admitindo-se que o impetrante exija que, mesmo diante da veracidade da informação constante do cadastro ou do banco de dados, seja averbada uma contestação ou explicação sobre tais dados, bastando para tanto que a informação esteja sendo discutida judicialmente ou extrajudicialmente.

Exemplo perfeito dessa hipótese de cabimento diz respeito ao pedido de inclusão de explicação sobre dados constantes de cadastros de devedores

---

[9] MARINS, James. *Habeas data*, antecipação de tutela e cadastros financeiros à luz do Código de Defesa do Consumidor. *Revista de Direito do Consumidor*, n. 26, abr.-jun. 1998.

[10] STJ – HD 160/DF – Primeira Seção – Rel. Min. Denise Arruda – j. 27.08.2008 – *DJE* 22.09.2008.

[11] BUENO, Cassio Scarpinella. *Habeas data*, p. 97-98.

(tais como Serasa, SPC etc.), quando a dívida que deu ensejo à anotação for objeto de questionamento, como, por exemplo, uma ação declaratória de inexistência da dívida. É natural que, nesse caso, a parte requeira uma tutela antecipada para retirada imediata da anotação, o que, para ela, se mostrará até mais vantajoso, mas, não havendo a concessão de tal espécie de tutela, a indicação de que o pretenso débito está sendo discutido pode ser bastante útil à parte.

Como bem lembrado pela doutrina, a hipótese de cabimento ora analisada não justifica meros caprichos do impetrante, de forma que a existência de discussão judicial ou extrajudicial a respeito da informação constante dos registros públicos não é razão, por si só, para habilitar a parte ao *habeas data*. Como em qualquer outra ação judicial, o autor deverá demonstrar a existência de interesse de agir, o que justificará a intervenção jurisdicional. No caso específico do *habeas data* nessa hipótese de cabimento, haverá interesse de agir sempre que o autor demonstrar que a ausência da anotação pode lhe gerar um dano concreto, de ordem material ou moral[12].

Esse interesse de agir, entretanto, não guarda qualquer relação com a probabilidade e/ou seriedade com que a anotação vem sendo questionada, seja em sede judicial ou extrajudicial. Significa dizer que não caberá ao órgão jurisdicional uma análise do mérito do questionamento, nem mesmo por meio de cognição sumária, para se determinar se o autor tem ou não direito ao *habeas data*. Tal exigência implicaria na criação de um obstáculo inexistente na lei e contrário ao espírito da ação constitucional ora analisada.

8.4. FASE ADMINISTRATIVA

8.4.1. Interesse de agir

A ideia de interesse de agir, também chamado de interesse processual, está intimamente associada à utilidade da prestação jurisdicional que se pretende obter com a movimentação da máquina jurisdicional[13]. Cabe ao autor demonstrar que o provimento jurisdicional pretendido será capaz de lhe proporcionar uma melhora em sua situação fática, o que será o suficiente para justificar o tempo, energia e dinheiro que serão gastos pelo Poder Judiciário na resolução da demanda.

---

12 MEIRELLES, Hely Lopes; WALD, Arnaldo; MENDES, Gilmar Ferreira. *Mandado de segurança e ações constitucionais*. 33. ed. São Paulo: Malheiros, 2010. p. 354.

13 DINAMARCO, Cândido Rangel. *Instituições de direito processual civil*. São Paulo: Malheiros, n. 544, p. 302; CÂMARA, Alexandre Freitas. *Lições de direito processual civil*. 17. ed. Rio de Janeiro: Lumen Juris, 2008. v. 1, p. 118.

Não se deve analisar se o autor tem efetivamente o direito que alega ter e que, portanto, se sagrará vitorioso na demanda, porque esse é tema pertinente ao mérito, e não às condições da ação. O juiz deve analisar em abstrato e hipoteticamente se o autor, sagrando-se vitorioso, terá efetivamente a melhora que pretendeu obter com o pedido de concessão de tutela jurisdicional que formulou por meio do processo. Ter ou não razão em suas alegações e pretensões é irrelevante nesse tocante, não afastando a carência da ação por falta de interesse de agir.

Segundo parcela da doutrina, o interesse de agir deve ser analisado sob dois diferentes aspectos: a necessidade de obtenção da tutela jurisdicional reclamada e a adequação entre o pedido e a proteção jurisdicional que se pretende obter[14]. No tocante à fase pré-processual, consagrada nos arts. 2.º, 3.º e 4.º da Lei 9.507/1997, cabe a análise tão somente da necessidade na impetração do *habeas data*.

Haverá necessidade sempre que o autor não puder obter o bem da vida pretendido sem a devida intervenção do Poder Judiciário. Em regra, havendo a lesão ou ameaça de lesão a direito, consubstanciada na lide tradicional, haverá interesse de agir, porque, ainda que exista a possibilidade de obtenção do bem da vida por meios alternativos de solução de conflitos, ninguém é obrigado a resolver suas crises jurídicas por essas vias alternativas. É natural que, no *habeas data*, a pretensão resistida dependa tanto de seu exercício no âmbito extrajudicial como da resistência ao pedido formulado. Nesse sentido, inclusive, há entendimento sumulado pelo Superior Tribunal de Justiça[15].

Não se pode antever nessa exigência qualquer ofensa ao princípio da inafastabilidade da tutela jurisdicional, considerando-se que o direito de ação não é ilimitado, sendo condicionado seu exercício à presença das condições da ação no caso concreto. Nesses termos, os dispositivos contidos na Lei 9.507/1997 que versam sobre a fase pré-processual do *habeas data*, fixando prazos para a resposta ao pedido de informações, retificações ou averbações, em nada contrariam a previsão do art. 5.º, LXXVIII, da CF/1988, apenas regulamentando de forma objetiva o interesse de agir nessa ação constitucional.

---

[14] DINAMARCO, Cândido Rangel. *Instituições de direito processual civil.* São Paulo: Malheiros, n. 544, p. 302-303; MARINONI, Luiz Guilherme. *Teoria geral do processo.* São Paulo: RT, 2006. p. 173; PINHO, Humberto Dalla Bernardina de. *Teoria geral do processo civil contemporâneo.* Rio de Janeiro: Lumen Juris, 2007. n. 12.5.2, p. 128; CÂMARA, Alexandre Freitas. *Lições de direito processual civil.* 17. ed. Rio de Janeiro: Lumen Juris, 2008. v. 1, p. 118-119; FREIRE, Rodrigo da Cunha Lima. *Condições da ação:* enfoque sobre o interesse de agir. 3. ed. São Paulo: RT, 2005. n. 4.15, p. 130-131; STJ – REsp 954.508/RS – Quarta Turma – Rel. Min. Fernando Gonçalves – j. 28.08.2007.

[15] Súmula 2/STJ: "Não cabe *habeas data* (CF, art. 5.º, LXXII, letra *a*) se não houve recusa de informações por parte da autoridade administrativa".

Cumpre lembrar que, num dos aspectos do princípio da inafastabilidade da jurisdição, entende-se que o interessado em provocar o Poder Judiciário, em razão de lesão ou ameaça de lesão a direito, não é obrigado a procurar antes disso os possíveis mecanismos administrativos de solução de conflitos. Ainda que seja possível a instauração de um processo administrativo, isso não será impedimento para a procura do Poder Judiciário. E mais. O interessado também não precisa esgotar a via administrativa de solução de conflitos, podendo perfeitamente procurá-la e, a qualquer momento, buscar o Poder Judiciário. Naturalmente, como observa a melhor doutrina, a exigência de um pedido recusado não se confunde com a necessidade de se instaurar um processo administrativo, tampouco de se exaurir a via administrativa de solução dos conflitos[16].

8.4.2. Procedimento

8.4.2.1. Fase pré-processual

A fase pré-processual, que tem seu procedimento disciplinado pelos arts. 2.º, 3.º e 4.º da Lei 9.507/1997, deve ser analisada dependendo do objetivo do solicitante perante o órgão ou entidade depositária do registro ou banco de dados. Os vetos presidenciais ao parágrafo único do art. 3.º e aos arts. 5.º e 6.º, apesar de não poderem ser elogiados, não sacrificam substancialmente a compreensão e desenvolvimento dessa fase prévia ao eventual processo judicial.

No art. 2.º da Lei 9.507/1997, há previsão para o requerimento, quando o objetivo do solicitante é exclusivamente tomar conhecimento de informações pessoais mantidas em registros ou banco de dados. Segundo o dispositivo legal, a partir do momento em que o requerimento é apresentado perante o órgão ou entidade depositária do registro ou banco de dados, haverá um prazo de 48 horas para a resposta. O parágrafo único do dispositivo legal prevê que a comunicação da resposta ao solicitante deve ser feita em 24 horas. Numa mera conta aritmética, chega-se ao prazo de 72 horas entre o pedido e a informação de que ele foi acolhido, tardando um pouco mais o efetivo acesso aos dados, conforme previsão do art. 3.º da Lei 9.507/1997.

Seria de se presumir que, decorrido qualquer desses prazos, passaria a ser cabível o *habeas data*, mas a previsão contida no art. 8.º, parágrafo único, I, da Lei 9.507/1997 parece sugerir algo diverso. Segundo o dispositivo legal mencionado, o impetrante deve instruir sua petição inicial com prova

16 NOVELINO, Marcelo. *Direito*, p. 476-477; MEIRELLES, Hely Lopes; WALD, Arnaldo; MENDES, Gilmar Ferreira. *Mandado de segurança e ações constitucionais*. 33. ed. São Paulo: Malheiros, 2010. p. 354.

da recusa ou do decurso de mais de dez dias sem decisão. Ora, se órgão tem o prazo de 48 horas para responder e 24 para informar sua resposta, a necessidade do decurso de dez dias sem resposta alonga injustificavelmente o prazo necessário para que o impetrante passe a ter interesse de agir no *habeas data*[17].

Diante do indesejável conflito entre os dispositivos legais mencionados, a tendência é pela aplicação, ao menos no tocante ao interesse de agir para a impetração de *habeas data*, dos prazos de dez e quinze dias previstos no art. 8.º da Lei 9.507/1997. Há doutrina que, apesar de reconhecer a estranheza da solução, defende que, no tempo entre o vencimento do prazo de 72 horas e dez ou quinze dias, seja cabível o mandado de segurança[18].

Interessante notar que o legislador permite o ingresso de *habeas data* diante da demora em responder o requerimento extrajudicial, não sendo necessário esperar, por vezes indefinidamente, pela recusa. Nesse caso, entretanto, surge a possibilidade de a informação ser prestada a destempo, quando já em trâmite o *habeas data*, hipótese em que a ação perde supervenientemente seu objeto, sendo caso de extinção terminativa por carência superveniente (falta de interesse).

De qualquer forma, os prazos do art. 2.º da lei ora comentada não são inutilizados pelos prazos mais dilatados do art. 8.º da mesma lei. Servem, ao menos, para alguma espécie de responsabilização do agente público que deixa de cumprir sua função, com a adoção das penalidades administrativas cabíveis. Na hipótese do órgão privado, entretanto, a norma realmente perde seu sentido, não havendo muito a se fazer diante do vencimento do prazo de 72 horas do art. 2.º, cabendo ao interessado esperar os dez ou quinze dias, conforme o caso, e ingressar com *habeas data*[19].

Sendo o pedido indeferido, não restará outra saída ao solicitante que não a via judicial, sendo cabível, nesse caso, o *habeas data*. Sendo acolhido o pedido, nos termos do art. 3.º da Lei 9.507/1997, o depositário do registro ou banco de dados marcará dia e hora para que o requerente tome conhecimento das informações. Como não há na lei previsão de prazo para que essa exibição ocorra após o deferimento do pedido, entendo que a designação de data em tempo longínquo, sem qualquer justificativa, enseja o ingresso de *habeas data*, com uma interessante particularidade, a possibilidade de concessão de tutela da evidência nos termos do art. 311, I, do CPC, ainda que

---

[17] Apontando a incoerência: BARBOSA MOREIRA, *Habeas*, p. 133; MEDINA, *Análise*, p. 158-159; ALMEIDA, *Habeas*, p. 108.

[18] MEDINA, *Análise*, p. 158.

[19] MEIRELLES, Hely Lopes; WALD, Arnaldo; MENDES, Gilmar Ferreira. *Mandado de segurança e ações constitucionais*. 33. ed. São Paulo: Malheiros, 2010. p. 353.

nesse caso o parágrafo único do artigo mencionado não admita a concessão dessa espécie de tutela provisória de ofício.

O art. 4.º da Lei 9.507/1997 dá a entender que o pedido de correção de dados será necessariamente uma fase posterior à sua exibição por via extrajudicial. Ocorre, entretanto, que é possível que o solicitante já tenha tido acesso às informações por outros meios que não o previsto nos arts. 2.º e 3.º da Lei 9.507/1997, sendo também nessa hipótese aplicável o procedimento previsto pelo artigo ora comentado[20]. É possível que um cliente de banco, por exemplo, fique sabendo de um incorreto apontamento junto aos serviços de proteção ao crédito sem necessariamente precisar pedir a esse órgão a informação sobre seus dados pessoais mantidos em registro ou cadastro.

Basta ao pedido, nos termos do art. 4.º, *caput*, da Lei 9.507/1997, que o requerimento – a lei fala em "petição" – esteja devidamente instruído com documentos comprobatórios, cabendo investigar que documentos seriam esses indicados pela norma legal. Entendo que os documentos que devem instruir o requerimento têm dupla função: (a) demonstrar a existência das informações reputadas incorretas e mantidas no registro ou cadastro do órgão ou entidade chamada administrativamente a corrigir tais dados, o que constituiria o interesse e adequação do pedido; (b) demonstrar documentalmente a incorreção dos dados, o que constituiria propriamente o mérito da pretensão administrativa.

Conforme previsto no art. 4.º, § 1.º, da Lei 9.507/1997, feita a retificação em, no máximo, dez dias após a entrada do requerimento, a entidade ou órgão depositário do registro ou da informação dará ciência ao interessado. Segundo o art. 8.º, parágrafo único, II, da mesma lei, é peça essencial de instrução da petição inicial a prova da recusa em fazer-se a retificação ou do decurso de mais de quinze dias sem decisão. Na conjugação dos dois dispositivos legais, a conclusão é que o interesse de agir só passa a existir após o décimo quinto dia do pedido, quando até então não houver resposta. Novamente deve-se considerar a possibilidade de perda superveniente do objeto do *habeas data*, na hipótese de retificação extemporânea.

Por fim, na terceira hipótese de cabimento do *habeas data*, o art. 4.º, § 2.º, da Lei 9.507/1997 não prevê qualquer prazo para a resposta e/ou atendimento do pedido feito extrajudicialmente. No silêncio do dispositivo legal, resta ainda mais tranquila a aplicação do prazo previsto no art. 8.º, parágrafo único, II, da Lei 9.507/1997, sendo condicionado o interesse de agir à recusa ou omissão por tempo superior a quinze dias do pedido.

[20] BARBOSA MOREIRA, *O "habeas"*, p. 133.

8.4.2.2. *Fase processual*

8.4.2.2.1. Introdução

Conforme ensina a melhor doutrina, há considerável semelhança entre o procedimento do *habeas data* e do mandado de segurança[21], inclusive com algumas regras legais que simplesmente copiam a lei de mandado de segurança. Termos como autoridade coatora, notificação e impetração podem ser encontrados no procedimento do *habeas data*, com inegável influência da lei de mandado de segurança. Antes de ser uma mera coincidência, a constatação tem relevância prática na aplicação subsidiária da Lei 12.016/2009 ao procedimento de *habeas data*, bem como na utilização de interpretações doutrinárias e jurisprudenciais a respeito de temas polêmicos do mandado de segurança que sejam aplicáveis ao *habeas data.*

8.4.2.2.2. Petição inicial

Sendo indiscutível a natureza de ação do *habeas data*, aplica-se o princípio da inércia da jurisdição, de forma que o Poder Judiciário se movimentará quando provocado pelo interessado. Essa provocação se dá por meio da petição inicial, ato processual solene que dá início ao procedimento.

Nos termos do art. 8.º, *caput*, da Lei 9.507/1997, a petição inicial do *habeas data* seguirá as regras formais dos arts. 319 a 321 do CPC, de forma a serem consagrados nessa espécie de ação constitucional não só os requisitos formais que devem ser respeitados na elaboração da petição inicial (art. 319 do CPC), mas também a necessidade de instrução da peça com documentos indispensáveis à propositura da ação (art. 320 do CPC) e a possibilidade de emenda no prazo de dez dias, na hipótese de vício sanável (art. 321 do CPC).

Dos requisitos formais da petição inicial previstos pelo art. 319 do CPC, o pedido de citação do réu deve ser compreendido como pedido de notificação da autoridade coatora, formalismo inútil, como sempre. O pedido de produção de provas não se justifica em razão da natureza sumário-documental do procedimento consagrado pela Lei 9.507/1997. O valor da causa, conforme correto ensinamento doutrinário, deve ser meramente estimativo, ainda que sua relevância seja praticamente inexistente em razão da gratuidade da ação e da isenção de condenação ao pagamento de honorários advocatícios[22].

---

[21] BARBOSA MOREIRA, *O "habeas"*, p. 140.

[22] MEIRELLES, Hely Lopes; WALD, Arnaldo; MENDES, Gilmar Ferreira. *Mandado de segurança e ações constitucionais.* 33. ed. São Paulo: Malheiros, 2010. p. 364.

No tocante à forma de apresentação da petição inicial, prevê o dispositivo legal ora analisado que ela deve ser apresentada no prazo em duas vias, regra que não foge à normalidade com relação às petições iniciais em geral, considerando a necessidade da existência de contrafé para ser entregue ao demandado. E, exatamente como ocorre nas ações em geral, quando o número de vias suplementares respeitar o número de demandados, no *habeas data* se exigirá do autor tantas vias quanto forem as autoridades apontadas como coatoras[23].

O mesmo dispositivo ainda prevê que a instrução exigida por lei deverá ser realizada com a juntada de documentos originários para a primeira via e cópia para a segunda. Ainda que a norma silencie, tais cópias dispensam autenticação.

O aspecto mais interessante e peculiar da petição inicial do *habeas data* encontra-se consagrado no parágrafo único do art. 8.º da Lei 9.507/1997. Os três incisos preveem documentos indispensáveis à propositura da ação, exigindo o autor a instrução da petição inicial com prova (leia-se documento) que demonstra o interesse de agir na postulação. Em outros termos, o autor deve comprovar que passou de forma infrutífera pela fase pré-processual, sendo, portanto, necessária a propositura da ação.

8.4.2.2.3. Posturas do juiz diante da petição inicial

Segundo o art. 10, *caput*, da Lei 9.507/1997, a petição inicial será desde logo indeferida em duas hipóteses: quando não for o caso do *habeas data* e quando lhe faltar os requisitos previstos em lei. A preocupação do legislador em prever uma decisão liminar que já extingue o processo é elogiável, sendo sempre preferível colocar-se um fim o mais rápido possível à ação que não reúna mínimas condições de prosseguimento. Duas observações, entretanto, se impõem na análise do dispositivo.

Em primeiro lugar, as formas de extinção previstas pelo dispositivo legal ora comentado não sofrem os efeitos da preclusão, de forma que, embora não desejável, também caberá a extinção do *habeas data* por inadequação do meio ou vício formal após a notificação e/ou apresentação de informações pela autoridade coatora. Em segundo lugar, como consagrado pelo art. 8.º, *caput*, da Lei 9.507/1997, é admissível a emenda da petição inicial do *habeas data*, de forma que nem toda irregularidade formal levará à sua extinção liminar, somente aquelas que sejam insanáveis. Não parece ser esse o caso, por exemplo, da instrução deficitária da peça inicial, vício plenamente sanável pela emenda da petição inicial.

---

23 BUENO, Cassio Scarpinella. *Habeas data*, p. 89.

Registre-se, ainda, a inútil previsão contida no art. 10, parágrafo único, da Lei 9.507/1997, que, além de se valer indevidamente do termo "despacho" ao se referir à sentença, determina que tal decisão será impugnável pelo recurso previsto pelo art. 15 da mesma lei, que, por sua vez, prevê o recurso de apelação. Como se pode notar, bastaria que o legislador tivesse silenciado a respeito para se aplicar o art. 1.009, *caput*, do CPC, sem maiores complicações.

Estando em ordem a petição inicial, o art. 9.º da Lei 9.507/1997 determina que o juiz ordene a notificação da autoridade coatora, que receberá a segunda via da petição inicial e as cópias dos documentos que a instruíram. Ainda segundo o dispositivo legal, o coator terá um prazo de dez dias para apresentar as informações que julgar necessárias. É inegável a influência exercida pelo art. 7.º, I, da Lei 1.533/1951, em regra atualmente consagrada no mesmo dispositivo pela Lei 12.016/2009. Não causa surpresa, portanto, que as mesmas polêmicas existentes no mandado de segurança sejam transportadas para o *habeas data*, como a identificação de quem deva ser o réu na demanda. A notificação, como forma de comunicação de ato processual, é bastante polêmica, estando atualmente reservada à forma de comunicação à autoridade coatora da existência da petição inicial do *habeas data* e mandado de segurança. Há parcela doutrinária que defende sua natureza de citação, considerando-se que, nesse caso, o réu terá sido integrado à relação jurídica processual[24]. Outra parcela, entretanto, prefere o entendimento de que a notificação é uma espécie *sui generis* de comunicação do ato processual, de forma a ser considerada uma terceira e excepcional forma de comunicação, ao lado da citação e intimação[25]. Qualquer que seja a natureza da notificação, ela deve se dar por correio ou oficial de justiça, na forma da lei processual[26].

Segundo o art. 11 da Lei 9.507/1997, uma vez realizada a notificação, caberá ao serventuário que cuida do processo juntar aos autos cópias autenticadas do ofício endereçado ao coator, bem como a prova de sua entrega a este ou da recusa em recebê-lo ou de dar recibo. Entendo que a certificação da recusa em receber a segunda via da petição inicial e a recusa em dar recibo só têm alguma eficácia jurídica quando realizadas por oficial de justiça, detentor de fé pública, o que faltará ao carteiro. Dessa forma, sendo a notificação realizada pelo correio, e havendo tais recusas por parte da autoridade coatora, a notificação deverá ser realizada por oficial de justiça.

---

[24] BUENO, Cassio Scarpinella. *Habeas data*, p. 90.

[25] OLIVEIRA, *Rito*, p. 188.

[26] MEIRELLES, Hely Lopes; WALD, Arnaldo; MENDES, Gilmar Ferreira. *Mandado de segurança e ações constitucionais*. 33. ed. São Paulo: Malheiros, 2010. p. 355.

Nesta hipótese, a certidão narrando o ocorrido será o suficiente para se dar a autoridade coatora como devidamente notificada.

O dispositivo tem ao menos um aspecto intrigante, em especial quando comparado com o art. 8.º, *caput*, da mesma lei. Enquanto o art. 11 prevê que será juntada aos autos do processo cópia autêntica de ofício, o art. 8.º, *caput*, ao fazer expressa remissão ao art. 285 do CPC/1973, indica a necessidade de expedição de mandado, inclusive com a informação de que a ausência de contestação levará à presunção de veracidade dos fatos alegados pelo autor. Pergunta-se: o coator é notificado mediante ofício ou mandado? A doutrina se divide sobre o tema, havendo os que defendem a expedição de um mandado de notificação, nos moldes do mandado de citação[27], e outros que entendem ser o procedimento menos formal que uma citação, bastando, portanto, a expedição de um ofício[28].

8.4.2.2.4. Prestação de informações

Uma vez notificada, a autoridade coatora terá, nos termos do art. 9.º da Lei 9.507/1997, um prazo de dez dias para a apresentação das informações em juízo. Trata-se de prazo próprio, de forma que, decorridos os dez dias e não apresentadas as informações, não mais se admitirá a manifestação da autoridade coatora, de forma a restar preclusa a oportunidade de reação.

O conteúdo das informações é de verdadeira contestação, inclusive com a possibilidade de arguição de matéria processual de defesa, bem como matéria de mérito, tais como a ausência de caráter público do banco de dados, ausência de documento essencial à propositura da ação ou de recusa do órgão público, sigilo das informações que se pretende obter, dentre outras[29].

Nos termos do art. 12 da Lei 9.507/1997, findo o prazo de dez dias para a prestação das informações, será ouvido o representante do Ministério Público, o que deixa claro que, independentemente da efetiva apresentação de informações, o procedimento prosseguirá. A prestação de informação, portanto, é um ônus da autoridade coatora, havendo doutrina, inclusive, que defende a geração da revelia e de seu principal efeito - presunção de veracidade dos fatos alegados pelo autor - diante da ausência da prestação de informações[30].

---

27 BUENO, Cassio Scarpinella. *Habeas data*, p. 88.

28 OLIVEIRA, *Rito*, p. 188.

29 MEIRELLES, Hely Lopes; WALD, Arnaldo; MENDES, Gilmar Ferreira. *Mandado de segurança e ações constitucionais*. 33. ed. São Paulo: Malheiros, 2010. p. 357.

30 BUENO, Cassio Scarpinella. *Habeas data*, p. 88.

Apesar de ser interessante o entendimento, não consigo ver grande repercussão prática, considerando que o direito à exibição ou retificação perseguido pelo *habeas data* é essencialmente matéria de direito, havendo somente ônus da prova ao autor no tocante à admissibilidade de tal ação constitucional, o que se fará por meio dos documentos que demonstrarão a realização da fase pré-processual e que, por exigência legal, devem instruir a petição inicial. De qualquer forma, e esse é o aspecto principal, o seguimento do procedimento não depende da efetiva apresentação das informações em juízo.

8.4.2.2.5. *Intimação da pessoa jurídica de direito público?*

Como já afirmado, há uma inegável proximidade do procedimento regulado pela Lei 9.507/1997 com aquele previsto pela Lei 1.533/1951, que regulamentou o procedimento do mandado de segurança até o ano de 2009, quando a Lei 12.016 a revogou. É natural, portanto, que a aplicação de novidades dessa lei ao procedimento do *habeas data* seja objeto de questionamentos doutrinários. No caso, trata-se da aplicação ou não do art. 7.º, II, da nova Lei de Mandado de Segurança, em previsão ausente da legislação anterior, que determina que o juiz dê ciência do processo ao órgão de representação judicial da pessoa jurídica, enviando-lhe cópia da petição inicial, sendo dispensado o envio dos documentos que a instruem.

Entendo que a mesma justificativa existente para a consagração da ciência da pessoa jurídica de direito público, presente no mandado de segurança, aplica-se também ao *habeas data*, de forma a ser aplicável tal regra ao procedimento do segundo. As discussões a respeito da forma de comunicação, que passam pela premissa de se definir a legitimidade passiva do *habeas data*, são exatamente as mesmas referentes ao mandado de segurança[31].

8.4.2.2.6. *Participação do Ministério Público*

De acordo com o art. 12 da Lei 9.507/1997, findo o prazo de dez dias para a prestação das informações, será ouvido o representante do Ministério Público, parecendo, nesse caso, ser indiscutível a necessidade de sua intimação para participar como fiscal da lei. Aplica-se subsidiariamente o art. 12 da Lei 12.016/2009, que veio a pacificar polêmico tema a respeito da necessidade de manifestação do Ministério Público quando intimado a participar como *custos legis*. O parágrafo único do dispositivo legal mencionado é claro ao prever que, com ou sem o parecer do Ministério Público, os autos serão conclusos

---

31 NEVES, Daniel Amorim Assumpção. *Ações constitucionais*. São Paulo: Método, 2011.

ao juiz para a decisão, em previsão de todo aplicável ao procedimento do *habeas data*.

Parece natural essa conclusão, diante da sumariedade do rito procedimental e do claro objetivo do legislador em fazer com que o procedimento seja o mais célere possível. Não se pode compreender que um procedimento com tais características fique obrigatoriamente retido por largo lapso temporal, à espera de um parecer ministerial. Essa possibilidade de o procedimento seguir sem a manifestação do Ministério Público, entretanto, não torna o prazo de dez dias para manifestação num prazo próprio, de forma que a única preclusão que se opera para a admissão de tal manifestação é a mista (temporal-lógica), verificada após a decisão já ter sido proferida. Antes disso, não há que se falar em preclusão temporal[32].

8.4.2.2.7. Instrução

Demonstrando claramente ser o procedimento do *habeas data* sumário-documental, a exemplo do que ocorre com o mandado de segurança, após o decurso do prazo de manifestação do Ministério Público, os autos serão conclusos para a prolação da decisão. A par da discussão de existência ou não da exigência de direito líquido e certo no *habeas data* – melhor entender que não, por ausência de expressa previsão nesse sentido –, não parece haver no procedimento previsto pela Lei 9.507/1997 espaço para produção de qualquer outra espécie de prova que não a documental[33]quando muito será admitida uma prova documentada.

Justamente sob essa perspectiva deve ser compreendida a regra consagrada pelo art. 17 da Lei 9.507/1997, ao prever que, no caso de *habeas data* de competência originária dos tribunais, caberá ao relator a instrução do processo. Só se pode entender que essa "instrução" seja na realidade a prática dos atos preparatórios para o julgamento, de forma que caberá ao relator da ação a notificação da autoridade coatora, a cientificação da pessoa jurídica de direito público e a intimação do Ministério Público como fiscal da lei.

8.4.2.2.8. Decisão

Nos termos do art. 12 da Lei 9.507/1997, após o encerramento dos atos preparatórios, o juiz terá um prazo de cinco dias para decidir o processo. Segundo o art. 19, *caput*, da mesma lei, sendo a ação de competência

---

[32] OLIVEIRA, *Rito*, p. 192.

[33] MEIRELLES, Hely Lopes; WALD, Arnaldo; MENDES, Gilmar Ferreira. *Mandado de segurança e ações constitucionais*. 33. ed. São Paulo: Malheiros, 2010. p. 361; OLIVEIRA, *Rito*, p. 190-191.

originária do tribunal, o julgamento deve ocorrer na primeira sessão que se seguir à data em que, feita a distribuição, os autos forem conclusos ao relator. Trata-se de prazos impróprios, de forma que seu vencimento não gerará preclusão temporal, de forma que a decisão proferida após os cinco dias legais ou em sessão subsequente será tão válida e eficaz quanto aquela proferida respeitando-se o prazo legal. A indicação de um prazo mais exíguo que o comum – dez dias – deixa claro que o legislador, apesar de não criar um dever processual no dispositivo legal, pretende que o juiz seja o mais rápido possível na prolação de sua decisão.

A celeridade, como importante característica do procedimento do *habeas data*, também se encontra consagrada no art. 19 da Lei 9.507/1997. No *caput* está previsto o direito de preferência no julgamento sobre os demais processos, salvo os *habeas corpus* e mandados de segurança, enquanto no parágrafo único há previsão de um prazo máximo de 24 horas para a conclusão dos autos após sua distribuição, mais um prazo impróprio. Parcela da doutrina, inclusive, diante da grande preocupação do legislador com a celeridade do procedimento, defende que, a exemplo do mandado de segurança, o *habeas data* tenha trâmite durante as férias forenses coletivas[34].

Todos os resultados possíveis no julgamento de uma ação judicial são admissíveis no *habeas data*. Qualquer que seja o teor da decisão, não haverá condenação ao pagamento de custas ou de honorários advocatícios, considerando-se a gratuidade consagrada no art. 21 da Lei 9.507/1997. Ainda que indesejável, é cabível a extinção do processo sem resolução de mérito por meio de sentença terminativa, nos termos do art. 485 do CPC. Nesse particular, anote-se a absoluta inutilidade do art. 18 da Lei 9.507/1997 ao prever que o pedido de *habeas data* poderá ser renovado se a decisão denegatória não lhe houver apreciado o mérito. Não havia necessidade de uma regra consagrar a regra geral. Na resolução do mérito, ainda que seja possível uma homologação de renúncia ou até mesmo o reconhecimento jurídico do pedido (exibição das informações desejadas), o mais comum é o acolhimento ou rejeição do pedido, nos termos do art. 487, I, do CPC.

Segundo o art. 13 da Lei 9.507/1997, o acolhimento do pedido do autor levará o juiz a determinar ao coator a tomada de duas providências, tudo a depender do pedido formulado. Se a pretensão for o acesso às informações, o juiz marcará data e horário para que o coator as exiba em juízo. Se a pretensão for a modificação de informações, o juiz marcará data e horário para que o coator apresente em juízo a prova da retificação ou da anotação feita nos assentamentos do autor. Entendo que a natureza da

---

34 MEIRELLES, Hely Lopes; WALD, Arnaldo; MENDES, Gilmar Ferreira. *Mandado de segurança e ações constitucionais*. 33. ed. São Paulo: Malheiros, 2010. p. 358.

decisão é mandamental[35], apesar de reconhecer a divergência doutrinária[36], de forma que a recusa injustificada do coator em proceder conforme a ordem do juiz constitui, nos termos do art. 77, IV, do CPC, ato atentatório à dignidade da justiça.

Para importante parcela da doutrina, o descumprimento da ordem pela autoridade coatora permite a aplicação da multa prevista no art. 537 do CPC, como forma de pressioná-la psicologicamente ao cumprimento da obrigação[37]. Entendo, entretanto, que a aplicação ou não das *astreintes* como forma de execução indireta, nesse caso, dependerá da definição de importante premissa de quem é a legitimidade passiva no *habeas data*. A única possibilidade de se defender a aplicação das *astreintes* à autoridade coatora é considerar-se a premissa de que ela é o réu, porque, admitindo-se ser a pessoa jurídica de direito público o legitimado passivo, somente a ela poderá ser aplicada a multa do art. 537 do CPC.

Em cumprimento do princípio do contraditório, a autoridade coatora deve ser informada do resultado do processo, em especial do acolhimento do pedido, porque, nesse caso, há providências que deverão ser tomadas por ela. Cuida do tema da informação da autoridade coatora o art. 14 da Lei 9.507/1997, exigindo, nos termos do *caput*, a intimação pessoal do coator, a ser realizada por correio com aviso de recebimento, telegrama, radiograma ou telefonema, conforme requerer o impetrante.

8.5. LIMINAR

Não há na Lei 9.507/1997 previsão expressa a respeito de concessão de liminar, contrariando tanto a antiga como a atual Lei do Mandado de Segurança, que expressamente consagra a possibilidade de concessão dessa espécie de tutela de urgência. A omissão legal leva a um debate doutrinário a respeito da aplicação extensiva ou não das regras do mandado de segurança ao *habeas data*. E, mesmo que nada houvesse na lei de mandado de segurança, poder-se-ia questionar a respeito da aplicabilidade da tutela antecipada ao procedimento do *habeas data*. A questão é: a par do silêncio legal, cabe tutela de urgência satisfativa no procedimento de *habeas data*?

Entendo que, num primeiro momento, é indispensável traçar de forma clara e segura a distinção entre satisfatividade e irreversibilidade. Discordo daqueles que tratam quase como sinônimos os termos satisfatividade e ir-

[35] BARBOSA MOREIRA, *Habeas*, p. 141; OLIVEIRA, *Rito*, p. 193.

[36] PEÑA DE MORAES, *Curso*, p. 663-664.

[37] BARBOSA MOREIRA, *Habeas*, p. 142.

reversibilidade[38], porque, em meu entendimento, são características distintas da tutela de urgência. O grau de satisfatividade mede-se pela identidade da situação fática criada pela tutela de urgência com aquela que seria criada com a concessão da tutela definitiva, enquanto a irreversibilidade mede-se pela possibilidade ou não de se retornar a situação fática anterior a concessão da tutela de urgência na hipótese de sua revogação. Prova maior é a constatação de que toda tutela antecipada é satisfativa, e, ao menos em tese, só será inadmissível quando irreversível (art. 300, § 3.º, do CPC).

O que se pretende afirmar é que, se alguma característica da tutela de urgência impedir a concessão da liminar da tutela antecipada, não será sua satisfatividade, mas sua irreversibilidade. Conforme bem notado pela melhor doutrina que já tratou do tema, o grande problema de uma tutela de urgência na ação de *habeas data* é sua irreversibilidade, fenômeno que, ao menos em tese, é incompatível com as tutelas de urgência satisfativas, naturalmente provisórias. Provisoriedade e irreversibilidade realmente não são fenômenos que possam conviver de forma pacífica.

É preciso observar, entretanto, que a irreversibilidade, quando prevista expressamente como requisito negativo para concessão de tutela de urgência satisfativa, não se constitui como obstáculo instransponível para a tutela urgente de direito da parte. Na tutela antecipada, ainda quando sua concessão for faticamente irreversível, o juiz poderá excepcionalmente concedê-la, lembrando a doutrina que um direito em perigo do autor não pode ser sacrificado pela vedação legal. Interessante lembrar-se da viabilidade da concessão de tutelas liminares de urgência nas cautelares probatórias, quando a prova será produzida de forma irreversível sem a participação do réu.

A doutrina entende de forma uníssona que, em situações excepcionais, a par do silêncio da lei, caberá ao juiz conceder a tutela de urgência satisfativa liminarmente, antes mesmo da notificação da autoridade coatora para prestar as informações[39].

8.6. LEGITIMIDADE

8.6.1. Legitimidade ativa

Não há qualquer indicação na Lei 9.507/1997 sobre a legitimidade ativa na ação de *habeas data*, sendo entendimento doutrinário que qualquer pessoa

---

[38] BUENO, Cassio Scarpinella. *Habeas*, p. 93-95.

[39] BUENO, Cassio Scarpinella. *Habeas*, p. 94-96; MEIRELLES, Hely Lopes; WALD, Arnaldo; MENDES, Gilmar Ferreira. *Mandado de segurança e ações constitucionais*. 33. ed. São Paulo: Malheiros, 2010. p. 363; ALMEIDA, *Habeas*, p. 11-115.

poderá ingressar com tal ação. Em razão de garantia constitucional, não se poderia admitir tratamento diverso entre pessoas nacionais e estrangeiras, sendo ampla nesse sentido a legitimidade ativa[40]. Por outro lado, tanto a pessoa humana como a pessoa jurídica podem ter interesse em tutelar os direitos garantidos pelo *habeas data*, não parecendo haver qualquer justificativa válida para qualquer espécie de limitação quanto à legitimação ativa nesse caso[41]. Acredito que tanto a pessoa jurídica de direito privado como a de direito público têm legitimidade ativa para o *habeas data*, ainda que, em se tratando de pessoa jurídica de direito público, seja mais comum a solução de eventual impasse por via administrativa, por meio de ordem superior aos órgãos envolvidos no conflito.

Essa espécie de legitimidade é ordinária, por meio da qual a parte defende em juízo em nome próprio o seu próprio interesse. O caráter pessoal das informações acessadas e/ou corrigidas, inclusive, leva ao único debate doutrinária a respeito da legitimação ativa no *habeas data*: são legitimados os herdeiros e sucessores do titular do interesse? Naturalmente, nesse caso, estar-se-á diante de legitimação ordinária superveniente, o que mantém longe da legitimidade ativa no *habeas data* a legitimação extraordinária, mas a pergunta remanesce: admite-se essa transferência da legitimidade ativa?

Enquanto parcela doutrinária defende a impossibilidade da transmissão de legitimidade aos herdeiros e sucessores, forte na ideia de intransmissibilidade do direito à informação/retificação protegido pelo *habeas data*[42], há doutrinadores que defendem a legitimidade superveniente do cônjuge ou herdeiros, quando o *habeas data* versar sobre informações que importem em direitos *mortis causa*[43]. O Superior Tribunal de Justiça já teve a oportunidade de adotar essa segunda corrente doutrinária, atribuindo legitimidade ativa à viúva de militar no acesso às informações funcionais do *de cujus*[44].

Por fim, ao se afastar a legitimação extraordinária do polo ativo do *habeas data*, também afastada estará a legitimidade do Ministério Público ingressar com tal ação[45], salvo na excepcionalíssima hipótese de dados de interesse do próprio órgão.

---

40 BARBOSA MOREIRA, *O "Habeas"*, p. 137.

41 LAURIA TUCCI, *Processo*, p. 335; NOJIRI, *O "habeas"*, p. 368-369. Contra: BASTOS, *Habeas*, p. 85-86.

42 LAURIA TUCCI, *Processo*, p. 336; BUENO, Cassio Scarpinella. *Habeas*, p. 81; MEIRELLES, Hely Lopes; WALD, Arnaldo; MENDES, Gilmar Ferreira. *Mandado de segurança e ações constitucionais*. 33. ed. São Paulo: Malheiros, 2010. p. 347; RIBEIRO LOPES-LOPES, *O "habeas"*, p. 278-279.

43 NOJIRI, *O "habeas"*, p. 367-368; ALMEIDA, *Habeas*, p. 121; OLIVEIRA, *Rito*, p. 183.

44 STJ, 3.ª Seção, HD 147/DF, rel. Min. Arnaldo Esteves Lima, j. 12.12.2007, *DJ* 28.02.2008, p. 69.

45 NOJIRI, *O "habeas"*, p. 369. Contra: RIBEIRO LOPES-LOPES, *O "habeas"*, p. 279.

8.6.2. Legitimidade passiva

A doutrina, praticamente de forma uníssona, entende que a legitimidade passiva no *habeas data* é do órgão ou entidade que detém a informação[46]. Conspira para essa conclusão o art. 2.º, *caput*, da Lei 9.507/1997, que, mesmo prevendo o procedimento extrajudicial do *habeas data*, consigna expressamente que o requerimento será apresentado ao órgão ou entidade depositária do registro ou banco de dados, em previsão que já antecipa quem será o réu da ação judicial, se a mesma se fizer indispensável em razão da frustração da fase pré-processual.

O órgão ou entidade não precisa ter necessariamente natureza pública para ser legitimado passivo na ação de *habeas data*. O próprio art. 5.º, LXXII, *a*, da CF/1988, prevê que basta aos órgãos ou entidades terem "caráter público", o que permite a conclusão, pela doutrina majoritária, de que esse caráter público diz respeito à possibilidade de as informações se tornarem públicas, no sentido de chegarem ao conhecimento de terceiros. É, portanto, absolutamente irrelevante saber se o órgão que mantém tais informações é de direito público ou privado; o que se exige é o caráter público da informação.

O aspecto mais interessante da legitimidade passiva do *habeas data*, que não pode passar despercebido, é o papel que a autoridade coatora desempenha na relação jurídica processual que será formada na demanda judicial. Como já devidamente analisado, a notificação será dirigida ao coator, não havendo nenhuma menção na Lei 9.507/1997 a qualquer espécie de cientificação da pessoa jurídica à qual pertença. Afinal, quem terá legitimidade passiva: a autoridade coatora ou a pessoa jurídica à qual pertence?

É interessante notar que, apesar da proximidade procedimental do *habeas data* com o mandado de segurança, a questão da legitimidade passiva no primeiro não suscitou de forma tão intensa debates doutrinários como no segundo. De qualquer forma, o debate é válido.

Não vejo porque concluir, no tocante ao *habeas data*, diferentemente do que já se havia concluído no mandado de segurança: o réu nessas duas ações é a pessoa jurídica que, no primeiro caso, detenha as informações e que, no segundo, tenha em seus quadros o sujeito responsável pela violação ou ameaça de violação a direito líquido e certo. Nesse sentido, concordo com parcela doutrinária que entende ser a autoridade coatora mero representante ou presentante da pessoa jurídica[47].

---

[46] BASTOS, *Habeas*, p. 86; BARBOSA MOREIRA, *O "habeas"*, p. 130-131; LAURIA TUCCI, *Processo*, p. 336.

[47] BUENO, Cassio Scarpinella. *Habeas*, p. 87. Aparentemente contra: PIOVESAN, *O "habeas"*, p. 100.

8.7. COMPETÊNCIA

A competência para julgamento do *habeas data* está prevista no art. 20 da Lei 9.507/1997, que, em singular opção, prevê não só a competência originária em seu inciso I, como a competência recursal em seu inciso II.

Da mesma forma que ocorre para a fixação da competência do mandado de segurança, no *habeas data* interessa saber o *status* da pessoa humana responsável pela exibição, anotação ou correção de informações. A ação constitucional pode tanto ser de competência do primeiro grau, e nesse caso podendo tramitar na Justiça Federal, como originária dos tribunais de segundo grau (Tribunal de Justiça e Tribunal Regional Federal) e dos órgãos de superposição (Superior Tribunal de Justiça e Supremo Tribunal Federal).

Nos termos do art. 20, I, *a*, da Lei 9.507/1997, será competente originariamente o Supremo Tribunal Federal na hipótese de impugnação a ato do Presidente da República, das Mesas da Câmara dos Deputados e do Senado Federal, do Tribunal de Contas da União, do Procurador-Geral da República e do próprio Supremo Tribunal Federal. Em termos recursais, a competência do Supremo Tribunal Federal é prevista em dois dispositivos. No art. 20, II, *a*, da Lei 9.507/1997, há previsão de competência recursal quando a decisão denegatória for proferida em única instância pelos tribunais superiores (recurso ordinário constitucional, nos termos dos arts. 1.027, I, do CPC e art. 102, II, *a*, da CF/1988), enquanto o art. 20, III, da mesma lei prevê a competência para o julgamento do recurso extraordinário nos casos previstos na Constituição Federal.

A competência originária do Superior Tribunal de Justiça está prevista no art. 20, I, *b*, da Lei 9.507/1997: *habeas data* contra ato de Ministro de Estado ou do próprio Tribunal. Em termos recursais, caberá ao Superior Tribunal de Justiça, nos termos do art. 20, II, *b*, da mesma lei, o julgamento, quando a decisão for proferida em única instância pelos Tribunais Regionais Federais. Essa previsão é apontada como inconstitucional pela melhor doutrina[48], considerando-se que não existe regra nesse sentido na Constituição Federal, não podendo a lei infraconstitucional, no caso, a Lei 9.507/1997, alargar a competência do Superior Tribunal de Justiça, quer criando um recurso inominado, quer simplesmente prevendo a competência para o recurso ordinário constitucional.

Caberá aos Tribunais Regionais Federais julgar *habeas data* contra atos do próprio tribunal ou de juiz federal, nos termos do art. 20, I, *c*, da Lei 9.507/1997, sendo sua competência recursal prevista pelo art. 20, II, *c*, da mesma lei: decisão proferida por juiz federal. Segundo o art. 20, I, *e*, da Lei

---

[48] BUENO, Cassio Scarpinella. *Habeas*, p. 106; BARBOSA MOREIRA, *O "habeas"*, p. 146-147.

9.507/1997, a competência dos Tribunais de Justiça para o julgamento do *habeas data* será disciplinada pela Constituição Estadual, o mesmo ocorrendo no tocante à competência recursal (art. 20, II, *d*, da Lei 9.507/1997).

Em primeiro grau de jurisdição, a competência será da Justiça Federal, quando o *habeas data* impugnar ato praticado por autoridade federal, excetuados os casos de competência dos tribunais federais (art. 20, I, *d*, da Lei 9.507/1997), sendo a competência da Justiça Estadual residual, nos termos do art. 20, I, *f*, da mesma lei.

8.8. RECURSOS

Não cabem elogios ao legislador no tocante ao tratamento recursal dispensado ao procedimento do *habeas data*, regulado pela Lei 9.507/1997. O tema é tratado pelos arts. 10, parágrafo único, e 15 da referida lei, e bem melhor seria se o legislador tivesse simplesmente silenciado a respeito do tema.

O art. 10, parágrafo único, prevê que do "despacho de indeferimento" cabe o recurso de apelação, fazendo remissão ao art. 15 do mesmo diploma legal. Não existe no sistema processual pátrio um despacho capaz de indeferir a petição inicial, considerando-se despachos os pronunciamentos judiciais sem caráter decisório, voltados tão somente ao andamento procedimental. Sendo a petição inicial indeferida, o ato judicial será uma sentença que extingue o processo, recorrível por apelação nos termos do art. 1.009, *caput*, do CPC.

Segundo o art. 15, *caput*, da Lei 9.507/1997, da sentença que conceder ou negar o *habeas data* cabe o recurso de apelação. Por alguma razão incompreensível, o dispositivo só tratou da sentença de mérito, deixando de indicar que também da sentença terminativa será cabível o recurso de apelação, conclusão a que se chega pela aplicação do art. 1.009, *caput*, do CPC, que corretamente não qualifica a espécie de sentença para determinar sua recorribilidade pela apelação. Dessa forma, qualquer que seja a sentença proferida no *habeas data*, o recurso cabível será a apelação, além, é claro, dos embargos de declaração para as hipóteses de omissão, obscuridade e contradição.

O recurso de apelação, nos termos do art. 15, parágrafo único, da Lei 9.507/1997 não terá efeito suspensivo, quando a sentença conceder o *habeas data*, de forma que a determinação de exibição ou correção deverá ser cumprida imediatamente, ainda que interposto o recurso de apelação. Sendo o julgamento de improcedência, e na ausência de regra expressa nesse caso, a apelação será recebida no duplo efeito, nos termos do art. 1.012, *caput*, do CPC, ainda que, nesse caso, a imediata geração da decisão denegatória não produza qualquer transformação prática no plano dos fatos, o que torna desimportante a ausência de efeito suspensivo.

Ainda que não exista efeito suspensivo próprio (*ope legis*) à apelação contra decisão de procedência no *habeas data*, o sucumbente poderá, ao apelar da sentença, requerer a concessão de efeito suspensivo impróprio (*ope legis*), com fundamento no art. 995, parágrafo único do CPC. Dessa forma, demonstrando serem relevantes seus fundamentos e o perigo de lesão irreparável ou de difícil reparação, caso a decisão recorrida gere imediatamente seus efeitos, poderá requerer a excepcional concessão de efeito suspensivo ao recurso.

Registre-se nesse tocante o disposto no art. 1.012, § 4.º do CPC, que prevê os requisitos para a concessão de efeito suspensivo a apelação que não o tenha por previsão legal. Segundo o dispositivo legal, a eficácia da sentença poderá ser suspensa pelo relator se o apelante demonstrar a probabilidade de provimento do recurso ou se, sendo relevante a fundamentação, houver risco de dano grave ou de difícil reparação.

Como se pode notar da leitura do dispositivo legal, a concessão de efeito suspensivo não está exclusivamente condicionada aos requisitos da tutela de urgência, como ocorre no art. 995, *caput* do CPC, mas também aos requisitos da tutela de evidência, já que basta ao apelante provar a probabilidade de provimento do recurso para que o efeito suspensivo seja concedido[49].

O dispositivo capta de uma forma mais adequada a nova realidade inaugurada pelo Código de Processo Civil de 2015 quanto às diferentes espécies de tutela provisória, e bem por isso não deve ter sua aplicação limitada ao recurso de apelação. Entendo que, mesmo que haja previsão genérica de efeito suspensivo *ope iudicis* no art. 995, *caput*, do CPC, o art. 1.012, § 4.º do CPC 2015 deve ser considerado norma da teoria geral dos recursos[50], o que não chegaria a ser uma novidade, considerada a natureza de recurso padrão da apelação, que tem vários dispositivos aplicáveis a todas as espécies recursais.

No tocante a esse pedido de concessão de efeito suspensivo impróprio, é preciso observar que, começando o procedimento da apelação em primeiro grau de jurisdição, e sendo de competência do relator desse recurso a concessão do efeito suspensivo, nos termos do art. 995, parágrafo único do CPC, o

---

[49] CÂMARA, Alexandre Freitas. *O novo processo civil brasileiro*. São Paulo: Atlas, 2015. p. 516; MELLO, Rogério Licastro Torres de. In: WAMBIER, Teresa Arruda Alvim; DIDIER JR., Fredie; TALAMINI, Eduardo e DANTAS, Bruno (Coords.) *Breves Comentários ao Novo Código de Processo Civil*. São Paulo: RT, 2015. p. 2.243. Contra: WAMBIER, Teresa Arruda Alvim; CONCEIÇÃO, Maria Lúcia Lins; RIBEIRO, Leonardo Ferres da Silva; MELO, Rogério Licastro Torres de. *Primeiros comentários ao Novo Código de Processo Civil artigo por artigo*. São Paulo: RT, 2015. p. 1.446.

[50] BUENO, Cássio Scarpinella. *Manual de direito processual civil*. São Paulo: Saraiva, 2015. p. 609; MEDINA, José Miguel Garcia. *Novo Código de Processo Civil comentado*. São Paulo: RT, 2015. p. 1.352.

apelante terá que pleitear junto ao tribunal a concessão do efeito suspensivo, sem que os autos do processo e, por consequência lógica, a apelação tenham chegado fisicamente ao tribunal.

Entendo que bastaria, nesse caso, ingressar com uma petição autônoma devidamente instruída perante o tribunal competente, requerendo a concessão de efeito suspensivo à apelação no tocante ao capítulo da sentença que concedeu a tutela antecipada, com fundamento no art. 995, parágrafo único. Uma vez distribuída a petição, o órgão colegiado que a receber torna-se prevento para a apelação, que será a ele encaminhada quando finalmente os autos chegarem ao tribunal. É a melhor forma entre todas as possíveis, sem a necessidade de interposição de recursos ou de outras ações judiciais: forma mais rápida, simples, barata e em sintonia com o sincretismo processual. Esse entendimento resta consagrado no art. 1.012, § 3.º do CPC.

Por fim, deve se registar que o art. 15, *caput*, da Lei 9.507/1997 prevê tão somente a recorribilidade da decisão que resolve o *habeas data* em primeiro grau de jurisdição, esquecendo-se da possibilidade de tal ação ser de competência originária do tribunal. Nesse caso, naturalmente não haverá sentença e tampouco recurso de apelação. Sendo um acórdão o julgamento que decide as ações de competência originária do tribunal, o recurso cabível, além dos embargos de declaração, será o recurso especial e/ou recurso extraordinário, a depender do caso concreto.

Defendo a aplicação subsidiária no *habeas data* das regras recursais previstas pelo Código de Processo Civil, sendo, por exemplo, cabível o recurso de agravo de instrumento contra decisão que verse sobre o pedido de tutela de urgência, bem como o agravo interno para decisões monocráticas proferidas pelo relator em sede recursal ou originária. Também me parece indiscutível o cabimento dos recursos de embargos de declaração, especial e extraordinário.

9

AÇÃO POPULAR

9.1. BREVE HISTÓRICO

9.1.1. Origem remota

Segundo ensina a melhor doutrina, a ação popular tem sua origem remota no direito romano, que, para alguns, foi, inclusive, a fonte remota de todas as ações coletivas existentes atualmente[1].

---

[1] Leonel, *Manual*, p. 40.

Apesar de ser a regra na *actio romana* a existência de um direito individual e pessoal, já identificado na provocação inicial, as chamadas ações populares eram aceitas como exceção a essa regra, admitindo-se que um cidadão buscasse tutela não por um direito somente seu, mas de toda a coletividade. Como àquela época não estava totalmente definido o conceito de Estado, criou-se uma singular relação do cidadão com a *res publica*, que auxilia a compreensão da admissão excepcional da ação popular romana. Para os romanos, *a res publica* era de todos os cidadãos, ou seja, todos os integrantes do povo eram considerados coproprietários dos bens públicos, de forma que a ação judicial que visava a proteção de tais bens, quando ajuizada por um indivíduo, apesar de vincular a todos os demais, era entendida como pretensão em defesa de direito próprio do cidadão-autor[2].

No início, a ação popular romana voltava-se a pretensões predominantemente de caráter penal, com pedidos de caráter inibidor da conduta lesiva e com a cominação de multa ou alguma espécie de pena pecuniária a ser adimplida por parte do transgressor. Com o desenvolvimento do instituto, a ação popular romana passou a tutelar cada vez mais situações de direito transindividual, ainda que fortemente relacionada à defesa das coisas públicas e de caráter sacro. Ações *pro libertate*, para a defesa da liberdade, *pro tutela*, na defesa de interesses do pupilo, e *ex lege Hostilia*, para proteção dos bens de ausente vítima de furto, eram ação que se justificavam pelo interesse geral no cumprimento da lei, o que demonstra a natureza transindividual dos interesses tutelados[3].

Com a queda do Império Romano, as *actiones populares* do direito romano não resistiram ao direito bárbaro, permanecendo não aplicáveis durante o período feudal, não tendo ressonância nas monarquias absolutistas e tampouco no direito canônico. Significa dizer que o direito intermédio representou um período sombrio para as ações coletivas, sendo apontado pela doutrina como renascimento da ação popular a Lei Comunal de 30 de março de 1836 na Bélgica e a Lei Comunal de 18 de julho de 1837 da França, que teriam servido de base para a ação popular eleitoral italiana de 1859[4].

9.1.2. Origem próxima

No Brasil, a doutrina entende que a ação popular vigorou no período imperial e início da República, durante a vigência das Ordenações do Reino, considerando-se a possibilidade de defesa de bens de uso comum pelo cidadão. Para alguns, estaria inclusive consagrada no art. 157 da Carta do Império

---

[2] Mancuso, *Ação*, p. 39-41.

[3] Leonel, *Manual*, p. 44-46.

[4] Assagra, *Manual*, p. 346.

de 1824[5]. Com o advento do Código Civil de 1916, mais precisamente em razão de seu art. 76, a doutrina majoritária passou a entender que o sistema jurídico brasileiro não mais admitia a ação popular, ainda que vozes isoladas continuassem a defender a sobrevivência dessa ação coletiva[6].

Em 1934 a ação popular é incluída expressamente na Constituição Federal, por meio do art. 113, § 38, para três anos depois ser suprimida pela Constituição de 1937, vindo a ser restabelecida pelo art. 141, § 38, da Constituição de 1946, mantendo-se em todas as Constituições subsequentes (art. 150, § 31, da CF de 1967; art. 153, § 31, da EC n. 1 de 1969 e na atual CF em seu art. 5º, LXXIII).

No campo infraconstitucional, a Lei 4.717 de 1965, que regulamenta a ação popular, teve o mérito de ser a primeira lei que indiscutivelmente trata de tutela coletiva no ordenamento brasileiro, sendo significativas as inovações propostas por tal lei, tais como a diferenciada forma de legitimação ativa, a possibilidade de réu virar autor, a coisa julgada *secundum eventum probationis*, a obrigatoriedade de execução da sentença de procedência, dentre outras significativas novidades procedimentais à época, que serão analisadas no presente capítulo.

Registre-se apenas que, tanto no âmbito constitucional quanto em seu regramento infraconstitucional, as normas legais de ação popular limitavam a utilização dessa ação para a tutela do patrimônio público material, sendo tradicionalmente associada a atos ilegais e lesivos ao erário. Com a Lei 6.513/1977 e a atual redação da norma constitucional que cuida da ação popular, o objeto dessa ação foi significativamente ampliado, para incluir os bens imateriais que fazem parte do patrimônio público, tais como a moralidade administrativa, o meio ambiente e o patrimônio histórico e cultural.

9.2. CABIMENTO

9.2.1. Patrimônio público material e imaterial

As hipóteses de cabimento da ação popular encontram-se previstas no art. 5º, LXXIII, da CF, sendo possível dividi-las em três: (a) anulação de ato lesivo ao patrimônio público ou de entidade de que o estado participe; (b) anulação de ato lesivo à moralidade administrativa; (c) anulação de ato lesivo ao meio ambiente e ao patrimônio histórico e cultural. No art. 1º, *caput*, da Lei de Ação Popular, está consagrada a lesividade ao patrimônio público como fundamento para a ação popular, enquanto o § 1º do mesmo dispo-

[5] Alves, *Manual*, p. 68.

[6] Mancuso, *Ação*, p. 52-54.

sitivo conceitua o patrimônio público a ser protegido como bens e direitos de valor econômico, artístico, estético, histórico ou turístico.

Já se pode adiantar a amplitude de tutela derivada da reunião dos dispositivos legais mencionados, sendo tranquilo o entendimento de que por meio da ação popular, tutelam-se tanto os bens materiais que compõem o patrimônio público como também os bens imateriais. Ao prever a tutela do meio ambiente e do patrimônio histórico e cultural, o legislador passou a permitir, por meio da ação popular, a tutela de bens pertencentes não a uma pessoa jurídica de direito público específica, mas a toda a coletividade. Como bem ensina a doutrina, é tão lesiva ao patrimônio público a destruição de um prédio sem valor econômico, mas de grande relevância artística, como a alienação de um imóvel por preço vil, realizada por favoritismo[7].

Ainda que se admita e elogie a amplitude atual de tutela obtenível por meio de ação popular, não se pode concordar com corrente doutrinária que defende seu cabimento para a tutela difusa do consumidor, como, por exemplo, a ação promovida contra a União, por meio do Ministério da Saúde, em razão de propaganda indevida de cigarro[8]. A tentativa vem sendo corretamente rejeitada pelo Superior Tribunal de Justiça[9], que limita a ação popular aos valores constantes expressamente do texto constitucional, no qual não se inclui o direito difuso do consumidor.

Conforme ensinamentos da melhor doutrina, na ação popular são tuteláveis apenas direitos materiais difusos, sendo, nesse caso, mais restrita que a ação civil pública, por meio da qual se pode tutelar todas as diferentes espécies de direito material protegidas pelo microssistema coletivo[10].

9.2.2. Atos e omissões

O art. 5º, LXXIII, da CF, ao mencionar expressamente a existência de um ato lesivo, pode passar a enganosa impressão de que as omissões que violam os valores tutelados pela ação popular não permitem o ingresso de tal ação. Não é esse, entretanto, o melhor entendimento, porque a lesão ao patrimônio público, moralidade administrativa, meio ambiente e patrimônio histórico e cultural também podem decorrer de omissão[11]. Nesse sentido, o

---

7 Meirelles-Wald-Mendes, *Mandado*, p. 173.

8 Assagra, *Manual*, p. 359.

9 STJ, 1ª Turma, REsp. 818.725/SP, rel. Min. Luiz Fux, j. 13/05/2008; *DJE* 16/06/2008.

10 Gajardoni, Direitos II, p. 103.

11 Silva, *Ação*, p. 126-127; Meirelles-Wald-Mendes, *Mandado*, p. 177-178.

Superior Tribunal de Justiça já teve a oportunidade de decidir que tanto o ato comissivo quanto o ato omissivo podem ser objeto de ação popular[12].

Basta imaginar que a ausência de atuação do Poder Público ameace ou mesmo gere efetiva violação ao patrimônio público, ao meio ambiente, ao patrimônio histórico e cultural. O desvio de verbas destinadas à adoção de medidas preventivas contra enchentes justifica o ingresso de ação popular quando a inundação afetar, por exemplo, o patrimônio histórico. Até mesmo a moralidade administrativa pode ser violada por ato omissivo, ainda que, na prática, seja mais raro de ocorrer.

Havendo omissão como conduta impugnada por meio da ação popular, não haverá sentido em o autor elaborar pedido anulatório, até porque não haverá qualquer ato a ser anulado. O pedido, nesse caso, portanto, será de natureza meramente declaratória, limitando-se a buscar a certeza jurídica de que houve uma omissão ilícita violadora dos valores tutelados pela ação popular. É a demonstração definitiva de que a tutela meramente declaratória também pode ser obtida nessa espécie de ação coletiva.

9.2.3. Tutela reparatória e preventiva

Ainda em interpretação ao art. 5º, LXXIII, da CF, a literalidade do dispositivo dá a entender que só pode ser objeto de ação popular atos já praticados, pertencentes ao passado, veiculando-se sempre pedido de tutela reparatória pelos danos suportados em razão de tal conduta. Como a melhor doutrina já teve a oportunidade de afirmar, esse entendimento não seria compatível com o atual estágio processual[13], no qual o princípio da inafastabilidade da jurisdição, consagrado no art. 5ª, XXXV, da CF, é concretizado no ideal de um acesso à ordem jurídica justa, sendo para isso indispensável a existência de mecanismos processuais aptos não só a reparar lesão de atos já praticados, como também para evitar que atos ilícitos sejam praticados.

Significa dizer que limitar a ação popular a pretensões reparatórias, voltadas à tutela de um direito já lesionado, não se coaduna com o atual estágio da ciência processual e indevidamente apequena tão importante ação constitucional. Na busca de se evitar a prática de um ato ilícito a ser praticado pelo agente público, atentatório aos valores protegidos pela ação popular, é inegável a viabilidade de uma ação coletiva preventiva, por meio da qual se busque a obtenção de tutela inibitória.

A tutela inibitória surge historicamente com o objetivo de tutelar direitos materiais que não encontravam na tutela reparatória uma proteção

---

[12] STJ, 1ª Turma, REsp 295.604/MG, rel. Min. Benedito Gonçalves, j. 07/10/2010, DJe 21/10/2010.

[13] Abelha Rodrigues-Klippel, *Comentários*, p. 180.

plena, ou, ainda pior, nenhuma proteção. Sendo promessa constitucional a inafastabilidade da tutela jurisdicional (art. 5.º, XXXV, da CF), notou-se a imprescindível necessidade de admitir uma tutela ampla e genérica capaz de proteger esses direitos materiais de forma efetiva. Direitos tais como o da integridade física, personalidade, saúde, meio ambiente, patrimônio histórico e cultural, entre outros, não encontram na tutela reparatória concretização da promessa constitucional de que nenhum direito agredido ou afrontado será excluído do Poder Judiciário. A fim de fazer valer a inafastabilidade da jurisdição, é aceita a ideia de uma tutela inibitória geral.

Naturalmente que, para a plena recomposição do erário, diferente da recomposição do meio ambiente ou do patrimônio histórico e cultural, a tutela reparatória é hábil meio de tutela de direitos, mas ainda assim a tutela inibitória poderá ser utilizada no caso concreto. É lição tranquila na doutrina que, mesmo tendo a tutela inibitória surgido para preencher um vácuo deixado pela tutela reparatória, estando voltada para determinados direitos materiais que necessitavam de uma proteção preventiva por meio da jurisdição, logo se notou que, mesmo naqueles casos em que é possível e eficaz a tutela reparatória, pode ser preferível a tutela inibitória. Aplica-se no âmbito jurídico um antigo e conhecido brocardo popular: "melhor prevenir do que remediar". Não é correto falar de preferência de uma espécie de tutela, mas é indiscutível que mesmo naquelas situações em que cabível a tutela reparatória pode a parte, sempre que possível, optar pela tutela inibitória[14].

A tese da tutela inibitória funda-se na exata definição de ato ilícito, cuja prática se pretende evitar. Durante muito tempo, condicionou-se a prestação de tutela jurisdicional à existência de um dano, o que até se justificava à época em que se imaginava ser a tutela reparatória a única existente. A dificuldade pode ser facilmente percebida pelo art. 186 do CC, que ao conceituar o ato ilícito indica a necessidade da presença de três elementos: contrariedade ao direito, culpa ou dolo e dano. A imprecisão do dispositivo é evidente, considerando-se que o ato ilícito é tão somente o ato contrário ao direito, sendo alheios ao seu conceito os elementos da culpa ou dolo e do dano. O art. 186 do CC não conceitua o ato ilícito, apenas descreve os elementos necessários para a obtenção da tutela reparatória.

Dessa forma, a tutela reparatória, sempre voltada para o passado, buscando a reparação do prejudicado, demanda ao menos dois elementos: *ato contrário ao direito* e *dano*, considerando-se que, mesmo nessa espécie de tutela, a culpa ou o dolo podem ser dispensados na hipótese de responsabilidade objetiva, como ocorre, por exemplo, no direito ambiental. A tutela inibitória, sempre

[14] Scarpinella Bueno, *Curso*, p. 272-273.

voltada para o futuro, buscando evitar a prática do ato ilícito, preocupa-se exclusivamente com o ato contrário ao direito, sendo-lhe irrelevante a culpa ou o dolo e o dano[15].

Apesar da aceitação pacífica do cabimento da ação popular preventiva, nesse tocante ainda se pode notar na doutrina alguma confusão entre ato ilícito e dano, ainda mais no âmbito da ação popular, tradicionalmente associada ao binômio ilegalidade-lesividade. Dessa forma, é comum encontrar em lições doutrinárias que a ação popular preventiva está voltada a evitar os efeitos nocivos do ato ilícito, e não a prática do ato ilícito em si[16].

Nessa concepção, melhor seria tratar a tutela como de remoção do ilícito, e não como tutela inibitória, ainda que ambas sejam espécies de tutela preventiva. Como ensina a melhor doutrina, existe uma diferença entre efeitos continuados do ato ilícito e a prática continuada do ilícito. Na hipótese de o ato ser continuado, é possível imaginar uma tutela que impeça sua continuação, sendo o caso de tutela inibitória. Por outro lado, é possível que o ato ilícito faça parte do passado, não mais existindo, o que não se pode afirmar quanto aos seus efeitos, que continuam a ser gerados. Nessa hipótese, não se pode falar em evitar a continuação do ato porque o ato ilícito já foi praticado na sua totalidade, por exemplo, no caso de um despejo de lixo tóxico em determinada área que já foi realizado e continua a gerar seus efeitos. Será o caso de tutela de remoção do ilícito[17].

9.2.4. Espécies de atos impugnáveis

Segundo entendimento pacificado na doutrina e na jurisprudência, tanto os atos vinculados como os discricionários podem ser objeto de ação popular, sendo possível se valer por analogia da ideia de ilegalidade e abuso de poder constante do art. 5º, LXIX, da CF, que regulamenta o cabimento do mandado de segurança e que foi analisado com maior profundidade no Capítulo 6, item 6.1. Significa dizer que não somente se fará o controle do desvio do padrão legal, mas também da razoabilidade no exercício do poder discricionário estatal, que não pode ser exercido sem qualquer espécie de controle pelo Poder Judiciário. Além da exigência de motivação na prática de tais atos[18], o próprio mérito do ato pode ser objeto de análise em sede de ação popular, já que a discricionariedade não permite a contrariedade

[15] Marinoni, *Tutela*, 3.2-3.4, p. 40-50.

[16] Medauar, *Direito*, n. 18.7.9, p. 426; Meirelles-Wald-Mendes, *Mandado*, p. 177.

[17] Marinoni, *Tutela*, 3.21, p. 152-155.

[18] STJ, 1ª Seção, MS 9.944/DF, rel. Min. Teori Albino Zavascki, j. 25/05/2005, *DJ* 13/06/2005, p. 157.

ao ordenamento jurídico, tampouco o desatendimento ao interesse público específico do ato praticado[19].

Tradicionalmente, admite-se a ação popular contra atos administrativos em geral, havendo forte resistência em aceitar tal ação como meio de impugnação a atos jurisdicionais[20]. Parcela da doutrina ainda faz distinção entre ato jurisdicional, praticado pelo juiz no exercício da jurisdição, e ato judicial, praticado pelo juiz em atividade administrativa, como aqueles praticados em processos de jurisdição voluntária, tal como a expedição de alvará para alienação de bem em prejuízo do erário[21]. Como defendo a natureza jurisdicional da jurisdição voluntária, não me parece acertada a distinção sugerida.

A natureza jurisdicional da jurisdição voluntária não afasta, entretanto, a possibilidade de membros do Poder Judiciário praticarem atos de natureza administrativa, que, se ilegais e lesivos ao patrimônio público, poderão ser objeto de ação popular. Um ato administrativo do presidente do tribunal que determina a incineração de autos, mesmo aqueles de valor histórico e/ou cultural, bem como um ato de aquisição de material sem a devida licitação e por preço maior que o de mercado são atuações administrativas do Poder Judiciário passíveis de impugnação por meio da ação popular.

O que não me parece legítimo é tratar a ação popular como um sucedâneo recursal externo, ou seja, uma ação autônoma de impugnação de ato judicial, seja ele proferido em processo de jurisdição contenciosa ou voluntária. Registrem-se, entretanto, precedentes do Superior Tribunal de Justiça que excepcionam a tese ora defendida. Primeiro, a existência de decisões que admitem a ação popular quando cabível for a ação anulatória prevista pelo art. 966, § 4º, do CPC[22]. Segundo, a existência de decisões que admitem a utilização de ação coletiva como meio instrumental para a relativização da coisa julgada injusta inconstitucional[23]; ainda que as decisões tratem de ação civil pública, pelos fundamentos expostos não resta dúvida do cabimento também de ação popular.

Em tese, também não se admite o controle de lei por meio da ação popular, da mesma forma que ocorre com o mandado de segurança, para o

[19] STF, Decisão monocrática, AO 772/MC/SP, rel. Min. Cezar Peluso, j. 26/04/2005, *DJ* 03/05/2005, p. 46.

[20] STF, Decisão monocrática, Pet 2.018/SP, rel. Min. Celso de Mello, j. 29/06/2000; *DJ* 01/08/2000, p. 37.

[21] Silva, *Ação*, p. 124-125.

[22] STJ, 2ª Turma, REsp. 536.762/RS, rel. Min. Eliana Calmon, j. 21/06/2005; *DJ* 15/08/2005, p. 240; STJ, 1ª Turma, rel. REsp. 450.431/PR, rel. Min. Luiz Fux, j. 18/09/2003, *DJ* 20/10/2003, p. 185.

[23] Informativo 444/STJ, 2ª Turma, REsp. 445.664/AC, rel. Min. Eliana Calmon, j. 24/08/2010; Informativo 425/STJ, 2ª Turma, REsp. 1.015.133-MT, rel. Min. Eliana Calmon, rel. p/ acórdão Min. Castro Meira, j. 02/03/2010.

qual existe, inclusive, entendimento sumulado[24]. Admite-se, por outro lado, que o controle de lei constitucional em tese seja realizado de forma incidental na ação popular[25], desde que o pedido de declaração de inconstitucionalidade seja tão somente o fundamento da pretensão, e não a pretensão em si mesma, o que transformaria a ação popular em inadmissível sucedâneo da ação direta de inconstitucionalidade[26].

9.2.5. Binômio ilegalidade-lesividade

Debate interessante no tocante ao cabimento da ação popular diz respeito a necessária existência do binômio ilegalidade e lesividade do ato impugnado. Ainda que atualmente seja indiscutível que estão abrangidos no objeto de tutela da ação coletiva os bens materiais e imateriais que compõem o patrimônio público, algumas questões ainda suscitam divergências. Adiante-se que o debate não atinge a ação popular preventiva, que busca tão somente evitar a prática de ato ilícito, não sendo requisito para sua concessão a existência ou potencial existência de lesão ou de dano. A exigência ou não de lesividade, portanto, restará limitada às ações que tenham como objeto atos ou omissões já ocorridos.

Questiona-se, em especial no ato contrário à moralidade administrativa, se é cabível a ação popular, mesmo que desse ato não tenha decorrido qualquer lesão material ao patrimônio público. De que o art. 5ª, LXXIII, da CF preveja a lesividade não há dúvida, mas é controvertida a interpretação dada a esse termo no dispositivo constitucional. Acredito que uma leitura com maior atenção da norma legal pode ser a base para a solução do aparente impasse. O termo "ato lesivo" é utilizado somente uma vez, aplicando-se às três hipóteses de cabimento: patrimônio público; moralidade administrativa; meio ambiente e patrimônio histórico e cultural.

Na primeira hipótese de cabimento, entendo que se tem a ideia de proteção ao erário, vitimado pela prática de ato ou omissão ilegal ou cometida em abuso de poder. Nesse caso, portanto, parece indiscutível a necessidade de lesão aos cofres públicos para o ingresso da ação popular[27], ainda que o Superior Tribunal de Justiça adote tradicional entendimento doutrinário no sentido de que, nos atos previstos nos arts. 2º e 3º da LAP, há lesividade

---

[24] Súmula 266/STF.

[25] STJ, 1ª Turma, AgInt no REsp 1.352.498/DF, rel. Min. Sérgio Kukina, j. 05/06/2018, DJe 08/06/2018; STJ, 2ª Turma, AgRg nos EDcl no REsp 1.495.317/RS, rel. Min. Humberto Martins, j. 10/03/2016, DJe 22/03/2016; STJ, 4ª Turma, EDcl no REsp 1.273.955/RN, rel. Min. Luis Felipe Salomão, j. 02/10/2014, DJe 07/10/2014; STF, Tribunal Pleno, Rcl. 664/RJ, rel. Min. Ellen Gracie, j. 22/05/2002, *DJ* 21/06/2002, p. 99.

[26] STJ, 2ª Turma, REsp. 1.081.968/SC, rel. Min. Castro Meira, j. 06/10/2009, *DJE* 15/10/2009.

[27] STJ, 1ª Turma, REsp. 806.153/SP, rel. Min. Luiz Fux, j. 08/04/2008, *DJE* 14/05/2008; Peña de Moraes, Curso, p. 668.

patrimonial efetiva, enquanto, nos atos previstos no art. 4º de mesma lei, há lesividade patrimonial presumida[28], como ocorre, por exemplo, na dispensa indevida de licitação[29], e mais recentemente venha entendendo por seu cabimento sem lesão no sentido pecuniário porque a ação popular também visa tutelar o patrimônio moral e cívico da administração[30].

Essa questão da lesividade efetiva e presumida, entretanto, não é precisa quanto à terminologia empregada, devendo ser interpretada com extremo cuidado. Segundo lições da melhor doutrina, a presunção legal nesse caso atinge tão somente o pedido de anulação do ato administrativo, que será anulado somente pela comprovação da situação descrita em lei, sem a necessidade de se comprovar a nocividade do ato. Para o pedido de condenação dos réus a reparação do erário, entretanto, deve-se comprovar, em quaisquer casos, a efetiva existência de danos, ou seja, mesmo nos casos da chamada lesividade presumida, será indispensável a prova de lesividade do ato[31]. O ato ilegal que não gera danos, inclusive, já foi rejeitado pelo Superior Tribunal de Justiça como apto a gerar condenação do réu, sob o argumento de que eventual condenação geraria um enriquecimento sem causa ao Estado[32].

Na segunda hipótese de cabimento, voltada à tutela do meio ambiente e do patrimônio histórico e cultural, ainda que se tutelem bens imateriais, também parece ser indispensável a existência de lesividade a tais bens para o cabimento da ação popular.

No caso da moralidade administrativa, a lesividade não diz respeito ao patrimônio público material, daí ser irrazoável exigir algum tipo de dano ao erário, para se admitir a ação popular. Ao prever o ato lesivo à moralidade administrativa, como bem imaterial pertencente ao patrimônio público, o legislador constituinte entendeu que a proteção exclusivamente da moralidade administrativa, que exige da Administração Pública a adoção de padrões éticos e fundados em boa-fé, já é o suficiente para se obter a tutela por meio de ação popular[33]. Não que se dispense a lesividade nesse caso, ou que seja ela presumida, como já decidiu erroneamente o Superior Tribunal

---

[28] STJ, 2ª Turma, AgRg no REsp 1.378.477/SC, rel. Min. Mauro Campbell Marques, j. 11/03/2014, DJe 17/03/2014; STJ, 2ª Turma, REsp 1.252.697/RJ, rel. Min. Herman Benjamin, j. 27/11/2012, DJe 02/02/2015.

[29] STJ, 1ª Seção, EREsp 1.192.563/SP, rel. Min. Herman Benjamin, j. 27/02/2019, DJe 01/08/2019.

[30] STJ, 2ª Turma, REsp 1.252.697/RJ, rel. Min. Herman Benjamin, j. 27/11/2012, DJe 02/02/2015.

[31] Mancuso, *Ação*, p. 99-100, citando lições de José Ignácio Botelho de Mesquita e Eros Grau.

[32] STJ, 1ª Turma, REsp 1.447.237/MG, rel. Min. Napoleão Nunes Maia Filho, j. 16/12/2014, DJe 09/03/2015; STJ, 1ª Turma, REsp. 802.378/SP, rel. Min. Luiz Fux, j. 24/04/2007, *DJ* 04/06/2007, p. 312.

[33] STJ, 2ª Turma, AgRg no REsp 1.378.477/SC, rel. Min. Mauro Campbell Marques, j. 11/03/2014, DJe 17/03/2014; STJ, 1ª Turma, AgRg no REsp 1.166.011/RJ, rel. Min. Benedito Gonçalves, j. 21/02/2013, DJe 11/03/2013.

de Justiça[34] e o Supremo Tribunal Federal[35] Simplesmente deve-se considerar a moralidade administrativa como bem imaterial do patrimônio público, e, por consequência, a mera prática de ato ou omissão contrária à moralidade administrativa, já gera a lesão exigida em lei[36].

Quanto ao tema é imprescindível a menção à edição pelo Supremo Tribunal Federal do Tema 836 da sua jurisprudência afirmando: "Não é condição para o cabimento da ação popular a demonstração de prejuízo material aos cofres públicos, dado que o art. 5º, inciso LXXIII, da Constituição Federal estabelece que qualquer cidadão é parte legítima para propor ação popular e impugnar, ainda que separadamente, ato lesivo ao patrimônio material, moral, cultural ou histórico do Estado ou de entidade de que ele participe."[37]

Registre-se posicionamento consolidado no Superior Tribunal de Justiça pela negativa de reapreciação em sede de ação popular da decisão a respeito da existência ou não de lesividade ao patrimônio público em julgamento de recurso especial. Segundo o entendimento do tribunal, trata-se de matéria fática, e seu enfrentamento levaria necessariamente a um revolvimento da matéria probatória, o que é obstado pelo entendimento consagrado no enunciado da Súmula 7 desse tribunal[38].

No tocante à ilegalidade, também se nota uma forte tendência doutrinária e jurisprudencial[39] pela exigência de sua verificação no caso concreto, ainda que sob as mais diferentes formas, tais como desvio do padrão legal, abuso de poder, desvio de finalidade e ofensa à razoabilidade. Parcela da doutrina lamenta tal exigência na hipótese de ato lesivo ao meio ambiente, afirmando que, nesse caso, a responsabilidade do ofensor é objetiva, sendo dispensável a comprovação de culpa no ato ou omissão[40]. Entendo incorreta a tese, porque, na responsabilidade objetiva, não se dispensa a ilicitude do ato, tão somente a culpa, notoriamente elementos distintos da responsabilidade civil, de forma que, mesmo sendo caso de responsabilidade objetiva, será imprescindível para se veicular a pretensão por meio de ação popular a existência de alguma ilegalidade no ato ou omissão impugnada.

---

34 STJ, 2ª Turma, AgRg no REsp 1.378.477/SC, rel. Min. Mauro Campbell Marques, j. 11/03/2014, DJe 17/03/2014; STJ, 2ª Turma, REsp 1.252.697/RJ, rel. Min. Herman Benjamin, j. 27/11/2012, DJe 02/02/2015.

35 STF, 2ª Turma, AI 561.622 AgR/SP, rel. Min. Ayres Britto, j. 14/12/2010, DJe 15/04/2011.

36 STF, 1ª Turma, RE 170.768/SP, rel. Min. Ilmar Galvão, j. 26/03/1999, *DJ* 13/08/1999, p. 16.

37 STF, 1ª Turma, 745.203 AgR/SP, rel. Min. Roberto Barroso, j. 23/06/2015, DJE 06/08/2015.

38 STJ, 2ª Turma, AgRg no REsp 916.010/SP, rel. Min. Humberto Martins, j. 19.02.2008, DJE 02.04.2008; STJ, 1ª Turma, REsp 984.167/RS, rel. Min. Luiz Fux, j. 05.06.2008, DJE 16.06.2008.

39 STJ, 2ª Turma, REsp. 479.803/SP, rel. Min. João Otávio de Noronha, j. 22/08/2006; *DJ* 22/09/2006, p. 247.

40 Rodrigues, *Ação*, p. 286.

9.3. SUJEITOS PROCESSUAIS

9.3.1. Legitimidade ativa

9.3.1.1. Espécies de legitimação ativa na ação popular

Conforme tradicional lição doutrinária, a legitimidade para agir (*legitimatio ad causam*) é a pertinência subjetiva da demanda ou, em outras palavras, é a situação prevista em lei que permite a um determinado sujeito propor a demanda judicial e a um determinado sujeito formar o polo passivo dessa demanda[41]. Tradicionalmente se afirma que serão legitimados ao processo os sujeitos descritos como titulares da relação jurídica de direito material deduzida pelo demandante[42], mas essa definição só tem serventia para a legitimação ordinária, sendo inadequada para a conceituação da legitimação extraordinária.

A regra geral em termos de legitimidade é consagrada no art. 18 do CPC, ao prever que somente o titular do alegado direito pode pleitear em nome próprio seu próprio interesse, consagrando a legitimação ordinária, com a ressalva de que o dispositivo legal somente se refere à legitimação ativa, mas é também aplicável para a legitimação passiva. A regra do sistema processual, ao menos no âmbito da tutela individual, é a legitimação ordinária, com o sujeito em nome próprio defendendo interesse próprio.

Excepcionalmente, admite-se que alguém em nome próprio litigue em defesa do interesse de terceiro, hipótese em que haverá uma legitimação extraordinária. Apesar de o art. 18 do CPC prever expressamente que a legitimação depende de autorização expressa da lei, a melhor doutrina entende que, além da previsão legal, também se admite a legitimação extraordinária, quando decorrer logicamente do sistema[43].

No tocante à tutela coletiva, há corrente doutrinária que defende a limitação da legitimação extraordinária à tutela individual, afirmando que, por meio dessa espécie de legitimação, defende-se em juízo um direito subjetivo singular de titularidade de pessoa determinada. Sendo o direito difuso de titularidade da coletividade (sujeitos indeterminados e indetermináveis) e o direito coletivo de uma comunidade – classe, grupo ou categoria de pessoas (sujeitos indeterminados, mas determináveis) –, inaplicável a eles a legitimação extraordinária. Sob forte influência dos estudos alemães a respeito do tema, alguns doutrinadores defendem que a legitimação ativa nas ações que têm

---

[41] Araken de Assis, *Substituição*, p. 9.

[42] Theodoro Jr., *Curso*, n. 53, p. 68; Câmara, *Lições*, v. 1, p. 116; Greco, *A teoria*, n. 2.7, p. 41; Pinho, *Teoria*, n. 12.5.2, p. 127; Fux, *Curso*, p. 160.

[43] Nery Jr.-Nery, *Código*, p. 178; Barbosa Moreira, *Notas*, p. 33.

como objeto direito difuso ou coletivo é uma terceira espécie de legitimidade, chamada de legitimidade autônoma para a condução do processo[44].

Apesar de minoritária a corrente doutrinária que defende ser a legitimidade do cidadão ordinária[45], a doutrina majoritariamente aponta para a natureza extraordinária dessa legitimidade - ou autônoma para condução do processo[46] -, considerando que o cidadão não defende direito próprio, mas sim direito difuso cujo titular é a coletividade[47]. Ainda que o cidadão-autor da ação popular venha a ser beneficiado por um resultado positivo, esse efeito não decorrerá em razão de sua titularidade, mas em razão de tal sujeito ser um membro da coletividade.

9.3.1.2. *Legitimidade ativa do cidadão*

A legitimidade ativa do cidadão na tutela coletiva é limitada à ação popular, em decorrência da previsão contida no art. 1º, *caput*, da Lei 4.717/1965 (LAP), não havendo qualquer indicação de tal legitimidade em leis subsequentes que versam sobre tutela coletiva, em especial os arts. 5º da LACP e 82 do CDC. Ao menos no que toca à previsão legal expressa, realmente o único texto legal que atribui legitimação ao cidadão é o art. 1º da Lei 4.717/1965, que inclusive exclui outros sujeitos dessa legitimação, salvo na excepcional hipótese de sucessão processual pelo Ministério Público, nos termos do art. 9º da mesma lei.

É francamente minoritária a corrente doutrinária que defende ser a legitimidade coletiva do cidadão ordinária[48], sendo majoritário o entendimento de natureza extraordinária dessa legitimidade - ou autônoma para condução do processo[49] -, considerando que o cidadão na ação coletiva (popular) não defende direito próprio, mas sim direito difuso, cujo titular é a coletividade[50]. Ainda que o cidadão-autor da ação popular venha a ser beneficiado por um resultado positivo, esse efeito não decorrerá em razão de sua titularidade, mas em virtude de tal sujeito ser um membro da coletividade.

A legitimidade ativa do cidadão na tutela coletiva é limitada à ação popular, em decorrência da previsão contida no art. 1º, *caput*, da Lei 4.717/1965, não havendo qualquer indicação de tal legitimidade em leis subsequentes que versam sobre tutela coletiva, em especial os arts. 5º da LACP e 82 do CDC.

---

44 Nery Jr.-Nery, *Código*, p. 178.

45 Mancuso, *Ação*, p. 150-154; Silva, *Ação*, p. 184-186.

46 Assagra, *Direito*, p. 404; Abelha Rodrigues-Klippel, *Comentários*, p. 186; Leonel, *Manual*, p. 159.

47 Zavascki, *Processo*, n. 7.3.2, p. 164-165; Carvalho Filho, *Ação*, p. 124-125; Vigliar, *Ações*, p. 135.

48 Mancuso, *Ação*, p. 150-154; Silva, *Ação*, p. 184-186.

49 Assagra, *Direito*, p. 404; Abelha Rodrigues-Klippel, *Comentários*, p. 186; Leonel, *Manual*, p. 159; Scarpinella, v. 2, III, p. 136.

50 Zavascki, *Processo*, n. 7.3.2, p. 164-165; Carvalho Filho, *Ação*, p. 124-125; Vigliar, *Ações*, p. 135.

Ao menos no que toca à previsão legal expressa, realmente o único texto legal que atribui legitimação ao cidadão é o art. 1º da LAP, que inclusive exclui outros sujeitos dessa legitimação, salvo na excepcional hipótese de sucessão processual pelo Ministério Público, nos termos do art. 9º da mesma lei.

Segundo parcela da doutrina, a opção do legislador foi clara em restringir a legitimidade do cidadão à ação popular, tendo considerado que a experiência não teria logrado o êxito esperado e experimentado em outros países[51]. Aponta-se para isso a existência de obstáculos multifacetários, de ordem econômica, social, técnica, cultural, política e jurídica. Diante de tal quadro, o legislador entendeu que, em leis subsequentes à da ação popular, o ideal seria não só diversificar o rol de legitimados, como também excluir o cidadão de tal rol, o que efetivamente ocorreu até os dias atuais.

Existe doutrina crítica a respeito dessa limitação afirmando que o cidadão deveria ter uma legitimidade mais ampla[52], havendo inclusive parcela doutrinária que defende, mesmo diante da atual configuração legislativa, a legitimidade ativa do cidadão para a propositura de qualquer ação coletiva, com fundamento nos princípios da inafastabilidade da jurisdição e no devido processo legal[53]. No sentido de ampliar a legitimação do cidadão de forma expressa, foram frustradas as sugestões de reforma legislativa, tanto na criação de um Código de Processo Civil Coletivo como na reforma da Lei de Ação Civil Pública.

Interessante notar que, além de doutrina crítica a respeito dessa ampliação amparada na desconsideração de particularidades de direito comparado e desprezo dos graves problemas que a legitimação do cidadão gera na propositura da ação coletiva, em especial nos Estados Unidos[54], existe outra corrente doutrinária que, em vez de propugnar pela ampliação da legitimidade do cidadão para outras ações coletivas, defende uma ampliação dos legitimados à propositura da ação popular, com a inclusão de pessoas jurídicas ou entidades públicas[55] e do Ministério Público[56] no rol de legitimados ativos. Nesse sentido, por exemplo, a ação popular portuguesa, que prevê outros sujeitos, além do cidadão, como legitimados ativos[57].

Nesse caso, entretanto, fica a pergunta: se os legitimados coletivos têm legitimidade para ingressar com ação civil pública para tutelar exatamente os

---

51 Venturi, *Processo*, p. 169.

52 Ferraresi, *A pessoa*, p. 137-143.

53 Mendes, Ações, p. 256-257.

54 Gidi, *Rumo*, p. 224-232.

55 Barbosa Moreira, *A proteção*, p. 177-178; Rodrigues, Ação, p. 278.

56 Fux, *Curso*, p. 173.

57 Grinover, *A ação*, p. 51-52.

mesmos bens tutelados pela ação popular, qual seria a utilidade prática de ampliar a legitimação da ação popular? Como não vejo qualquer utilidade prática em tal ampliação, não chego a me incomodar com decisões do Superior Tribunal de Justiça que estendem a legitimidade ativa do Ministério Público para a ação popular[58].

Ainda que se concorde que a ação popular tem, ao menos abstratamente, grande importância sob a ótica dos escopos políticos do processo, incrementando a participação popular de controle da administração pública por meio de ação judicial, é inegável que tal ação atualmente é privilégio de poucos, estando concentrada fundamentalmente nas mãos de acadêmicos e operadores do direito, serventuários públicos e políticos. Sem falar em sua utilização deturpada com o único e exclusivo objetivo de criar algum tipo de embaraço a adversários políticos.

A realidade mostrou que o cidadão genuíno ainda não tem um grau de cidadania suficiente para compreender a ação popular, tampouco disposição para utilizá-la de maneira adequada. Nesse sentido, foi feliz o legislador ao ampliar o rol de legitimados coletivos em leis que se seguiram à da ação popular, ainda que se possa questionar o acerto na exclusão do cidadão desse rol de legitimados. A substituição pura e simples dos legitimados atuais pelo cidadão para todas as ações coletivas está fora de cogitação, podendo significar um retrocesso sem precedentes no campo da tutela coletiva.

A mera inclusão do cidadão como colegitimado para a propositura de ações coletivas com os demais sujeitos previstos nos arts. 5º da LACP e 82 do CDC seria medida interessante, que poderia inclusive funcionar como incentivo a uma maior participação do cidadão, sem colocar em risco as conquistas obtidas até o momento. De qualquer modo, essa ampliação ou modificação drástica da legitimidade ativa coletiva passa necessariamente por modificação legislativa, podendo, portanto, ser consideradas apenas como *de lege ferenda*.

A realidade legislativa atual cria duas limitações. Primeiro, é restrita ao cidadão a legitimidade ativa da ação popular, com entendimento sumulado que exclui a pessoa jurídica dessa legitimidade[59], também não se admitindo compor o polo ativo, ao menos não originariamente, Estado-membro da Federação[60]. Segundo, a legitimação do cidadão é exclusiva para essa espécie de ação coletiva.

---

58 STJ, 2ª Turma, AgRg no AREsp 746.846/RJ, rel. Min. Herman Benjamin, j. 15/12/2015, DJe 05/02/2016; STJ, 1ª Turma, AgRg no Ag 1.249.132/SP, rel. Min. Luiz Fux, j. 24/08/2010, DJe 09/09/2010.

59 Súmula 365/STF.

60 STF, Tribunal Pleno, Pet 3.388/RR, rel. Min. Carlos Britto, j. 19.03.2009, *DJe* 25.09.2009.

Uma vez estabelecida a legitimação exclusiva do cidadão para a propositura da ação popular ora analisada, é preciso determinar o conceito de cidadão aplicável à legitimidade ativa dessa espécie de ação coletiva.

Interessante notar na doutrina explicação para a opção do legislador, limitando o conceito de cidadania no tocante à legitimidade ativa da ação popular ao fato de que somente aquele que está no pleno gozo de seus direitos políticos pode fiscalizar por meio da ação popular os representantes que elege e, por consequência, todos os demais agentes encarregados da gestão da coisa pública[61]. Por outro lado, há doutrina crítica que vê a limitação como herança da época ditatorial, na qual a Lei 4.717/1965 foi criada[62], enquanto outra parcela doutrinária critica a opção do legislador pautada no princípio da dignidade da pessoa humana[63]. Ainda que com fundamentos distintos, essa corrente doutrinária minoritária defende um conceito mais amplo de cidadania, considerando como cidadão legitimado todo brasileiro ou estrangeiro residente no Brasil, ainda que não no gozo de seus direitos políticos[64].

Ainda que exista doutrina minoritária a defender uma interpretação mais ampliativa, a doutrina amplamente majoritária concorda em associar o conceito de cidadão ao de eleitor, considerando que cabe ao cidadão eleitor, no pleno gozo de seus direitos políticos, a propositura da ação popular[65]. Tanto assim que o art. 1º, § 3º, da Lei 4.717/1965 (LAP) prevê que a prova da cidadania será feita com o título eleitoral ou com documento que a ele corresponda. Como se pode notar, o legislador se satisfaz com a cidadania mínima (capacidade de poder votar), dispensada a existência de cidadania máxima (capacidade de ser votado para qualquer cargo eletivo).

Apesar dessa associação dos conceitos de cidadão e eleitor, é importante lembrar que a legitimidade é do cidadão, e não do eleitor. Nesse sentido, o Superior Tribunal de Justiça já teve oportunidade de decidir que a condição de eleitor não é condição de legitimidade, e que o título de eleitor é utilizado apenas como prova documental da cidadania exigida à propositura da ação popular, concluindo ser irrelevante o domicílio eleitoral do autor, que poderá litigar contra ato praticado em local diverso de onde exerce seu direito ao voto[66].

Em tese, somente o brasileiro poderá ser tido como cidadão eleitor, até porque não se admite aos estrangeiros o alistamento como eleitor, nos

---

61 Mancuso, *Ação*, p. 144.

62 Abelha Rodrigues-Klippel, *Comentários*, p. 185-186.

63 Almeida, *Manual*, p. 367.

64 Pacheco, *O mandado*, p. 563-565.

65 Barbosa Moreira, *A legitimação*, p. 186; Zavascki, *Processo*, p. 100; Meirelles-Wald-Mendes, *Mandado*, p. 183; Mancuso, *Ação*, p. 143-144.

66 STJ, 2ª Turma, REsp 1.242.800/MS, rel. Min. Mauro Campbell Marques, j. 07.06.2011, *DJe* 14.06.2011.

termos do art. 14, § 2º, da CF. Ocorre, entretanto, que, por uma questão de reciprocidade, garantida no art. 12, § 1º, da CF, admite-se que o cidadão português, desde que residente no Brasil, tenha legitimidade para a ação popular, considerando-se a possibilidade da propositura em Portugal dessa espécie de ação coletiva por brasileiro que lá tenha residência fixa[67].

A legitimidade ativa do cidadão é uma das condições da ação popular, não devendo por isso ser confundida com outros institutos processuais. Portanto, é incontestável que o cidadão não tem, ao menos em regra, capacidade postulatória, considerada um dos pressupostos processuais subjetivos, sendo indispensável a presença de um advogado, salvo na hipótese de o cidadão autor ser advogado[68]. Interessante a posição do promotor de justiça, que, como cidadão, tem legitimidade para a propositura da ação popular em nome próprio, mas que necessitará de um advogado constituído para isso, considerando que sua capacidade postulatória é limitada ao exercício das funções institucionais do Ministério Público, que não abrange a propositura da ação popular.

Causa intenso debate a questão da capacidade de estar em juízo do autor da ação popular quando o cidadão eleitor tem entre 16 e 18 anos. Estando no gozo de seus direitos políticos, tem ele legitimidade ativa para a ação popular, mas, sendo considerado pela lei civil relativamente incapaz, não tem capacidade de estar em juízo, que é um dos pressupostos processuais subjetivos.

Majoritariamente a doutrina entende que, sendo a ação popular a representação de exercício de um direito político, a outorga de legitimidade ativa ao relativamente incapaz lhe dá automaticamente a capacidade de estar em juízo[69]. Entende-se que, sendo capaz de exercer o direito político máximo de votar em seus representantes, o sujeito maior de 16 anos e menor de 18 anos também teria capacidade de exercer mais um direito político, qual seja, controlar os elegidos por meio da ação popular[70]. Por outro lado, há doutrina que defende a emancipação do eleitor, nesse caso, a justificar sua capacidade de estar em juízo[71].

Para corrente doutrinária minoritária, não se deve confundir legitimidade (condição da ação) com capacidade de estar em juízo (pressuposto processual),

---

67 Dinamarco, Comentários, p. 46.

68 STJ, 4ª Turma, REsp 450.919/MA, rel. Min. Humberto Martins, j. 15.08.2006, *DJ* 28.08.2006, p. 254; STJ, 5ª Turma, REsp 527.963/DF, rel. Min. Laurita Vaz, j. 17.10.2006, *DJ* 04.12.2006, p. 355.

69 Rodrigues, *Ação*, p. 278.

70 Nery Jr.-Nery, *Código*, p. 189; Scarpinella Bueno, Curso, v. 2, III, p. 138.

71 Pacheco, *O mandado*, p. 569-570; Mancuso, Ação, p. 154-155; Nery Jr.-Nery, *Código*, p. 189.

de forma que será indispensável a presença de representação processual para assistir o autor na hipótese ora analisada[72].

Prefiro o entendimento doutrinário majoritário, não havendo qualquer sentido se exigir do autor da ação popular a presença de um representante processual para que tenha capacidade de estar em juízo. Seria como permitir ao relativamente incapaz o mais – votar – e não o menos – controlar as atividades dos administradores públicos.

9.3.1.3. *Intervenção superveniente de cidadão no polo ativo*

Nos termos do art. 6º, § 5º, da Lei 4.717/1965, é facultado a qualquer cidadão habilitar-se como litisconsorte ou assistente do autor da ação popular. O termo facultado é muito bem aplicado pelo dispositivo legal, considerando-se que, (i) partindo-se da premissa de litisconsórcio ativo ulterior entre cidadãos, não há dúvida de sua natureza facultativa; (ii) tratando-se de assistência, essa forma de intervenção de terceiro é sempre voluntária. O que causa estranheza, entretanto, é constar da previsão legal duas qualidades processuais para o cidadão que se habilita na ação popular em trâmite: litisconsorte e assistente.

Existem duas espécies de assistência. A assistência simples, também chamada de adesiva, é considerada a forma tradicional de assistência, sendo sua hipótese de cabimento prevista no art. 119 do CPC. Nessa espécie de assistência, a intervenção só é admitida se houver um interesse jurídico do terceiro na solução da demanda, representado no caso pela existência de uma relação jurídica não controvertida, distinta daquela discutida no processo entre o assistente (terceiro) e o assistido (autor ou réu), que possa vir a ser afetada pela decisão a ser proferida no processo do qual não participa. Já na assistência litisconsorcial, ou qualificada, prevista pelo art. 124 do CPC, o terceiro é titular da relação jurídica de direito material discutida no processo, sendo, portanto, diretamente atingido em sua esfera jurídica pela decisão a ser proferida. Dessa forma, o assistente litisconsorcial tem relação jurídica tanto com o assistido quanto com a parte contrária, afinal, todos eles participam da mesma relação de direito material, diferente do que ocorre no litisconsórcio simples, no qual não há relação jurídica do assistente com o adversário do assistido.

Como não há necessidade de existência de uma relação jurídica não controvertida entre o terceiro e qualquer uma das partes na ação popular, será impossível concluir-se que sua intervenção dar-se-á pela assistência simples. Ainda que o cidadão não seja titular do direito material discutido na ação popular, de titularidade da coletividade, entendo que, admitindo-se a premissa

[72] Dinamarco, *Comentários*, p. 48-49.

de que o cidadão que ingressa na ação popular em trâmite é um assistente, será um assistente litisconsorcial. Independentemente de ser titular ou não do direito material discutido na demanda – e na ação popular o cidadão realmente não é titular – sendo legitimado a defendê-lo em juízo, o ingresso de terceiro dar-se-á por meio da assistência litisconsorcial[73].

A assistência litisconsorcial é possível apenas nas hipóteses de litisconsórcio facultativo, porque somente nesse caso o titular do direito ou o legitimado a defendê-lo em juízo poderá ser excluído da demanda por vontade das partes. Significa dizer que, se porventura o autor tivesse formado o litisconsórcio entre todos os titulares do direito, não haveria terceiros a ingressar como assistentes. Como esse litisconsórcio, entretanto, é facultativo, uma vez não formado por vontade do autor, os titulares do direito ou legitimados a defendê-lo em juízo que ficaram de fora da relação jurídica processual serão os terceiros que, querendo, ingressarão no processo alheio como assistentes litisconsorciais. É justamente isso que ocorre na ação popular.

No tocante à assistência qualificada, entretanto, há intenso debate doutrinário a respeito da real qualidade processual do terceiro que ingressa no processo como assistente litisconsorcial: será efetivamente um assistente qualificado ou um litisconsorte da parte, tratando-se, nesse caso, de litisconsórcio ulterior?

A corrente doutrinária que defende que o substantivo *assistência* prepondera sobre o adjetivo *litisconsorcial* afirma que a redação do art. 124 do CPC não estabelece que o assistente será considerado litisconsorte, simplesmente significando que o seu tratamento procedimental será de litisconsorte, mas a sua qualidade processual continua a ser de assistente. Sustenta-se que esse terceiro que ingressa no processo nada pede e contra ele nada é pedido, de forma que o seu ingresso não inclui no processo qualquer nova demanda, o que é suficiente para não considerá-lo parte[74].

Não parece ser esse, entretanto, o melhor entendimento, porque o fato de o terceiro que ingressa no processo não fazer pedido ou contra ele nada ser pedido é irrelevante na definição de sua posição jurídica processual[75]. Na realidade, fazendo ou não o pedido ou sendo ou não feito pedido contra ele, por ser o titular do direito material discutido no processo, o acolhimento ou a rejeição o atingirá da mesma forma que o atingiria se o sujeito tivesse feito pedido ou contra ele tivesse sido feito qualquer pedido. O que precisa

[73] STJ, 2ª Turma, AgRg no REsp. 916.010/SP, rel. Min. Humberto Martins, j. 19/08/2010, *DJE* 03/09/2010; Mazzei, *Comentários*, p. 194.

[74] Dinamarco, *Instituições*, p. 388; Bedaque, *Código*, p. 162; Gusmão Carneiro, *Intervenção*, p. 145; Arruda Alvim, *Manual*, n. 43, p. 117-118.

[75] Marinoni, *Sobre*, p. 255.

restar claro é que o pedido será sempre o mesmo, esteja o sujeito presente ou não no início da demanda, tornando-se absolutamente irrelevante o fato de aquele pedido ser feito expressamente por ele ou contra ele.

Intervindo no processo, passa a ser parte, sendo tal constatação inegável, até porque o mesmo ocorre com o assistente simples. E também será parte na demanda, considerando-se que é titular do direito discutido no processo. Tendo o terceiro legitimidade para participar do processo e somente não o fazendo desde o início por vontade do autor, a partir do instante em que passa a fazer parte da relação jurídica processual, como titular do direito discutido, deverá ser considerado parte na demanda. A conclusão, portanto, é de inexistência da figura jurídica criada pelo art. 124 do CPC, considerando-se que o assistente litisconsorcial na verdade é reputado autor ou réu a partir do momento em que ingressa no processo, em verdadeira hipótese de litisconsórcio facultativo ulterior[76]. A doutrina majoritária entende ser esse o caso na ação popular quando cidadão ingressa em ação em trâmite[77].

Significa dizer que, adotando-se o entendimento de que a assistência litisconsorcial não passa de uma espécie de litisconsórcio ulterior, o art. 6º, § 3º, da Lei 4.717/1965 teria sido indevidamente repetitivo, porque, sempre que um cidadão ingressar em ação popular em trâmite, será considerado litisconsorte do cidadão que ingressou com a demanda judicial.

Por outro lado, para os que entendem haver diferença entre os fenômenos processuais, o dispositivo foi preciso ao prever tanto o litisconsórcio ulterior como a assistência, tudo a depender de o cidadão interveniente fazer ou não pedido na ação popular. Adotando-se esse entendimento, somente quando o cidadão ingressa em momento propício a fazer pedido será considerado um litisconsorte do autor originário, devendo-se levar com consideração o art. 329 do CPC, que trata da estabilização objetiva da demanda. Dessa forma, ingressando antes da citação do réu, ou mesmo depois dela e antes do saneamento do processo, será possível que o terceiro interveniente faça pedido, ainda que condicionado à concordância do réu no segundo caso, hipótese na qual será litisconsorte do autor. Ingressando após esse momento procedimental, por lhe ser vedado formular pedido contra o réu, será considerado assistente litisconsorcial do autor.

Registre-se que, adotado o entendimento de que a estabilização objetiva da ação coletiva não deve seguir as regras do Código de Processo Civil, admitindo-se a alteração da causa de pedir e do pedido até a prolação da sentença, desde que respeitado o princípio do contraditório e da boa-fé pro-

---

[76] STJ, REsp 616.485/DF, 2ª Turma, rel. Min. Eliana Calmon, j. 11/04/2006, *DJ* 22/05/2006, p. 180; Baptista da Silva, *Comentários*, p. 272-299.

[77] Abelha Rodrigues-Klippel, *Comentários*, p. 201; Silva, *Ação*, n. 7.1.1, p. 196-197.

cessual, como defende considerável parcela da doutrina, as considerações do parágrafo anterior devem ser revistas. Sendo admitida a formulação de pedido a qualquer momento antes da prolação da sentença, parece que qualquer intervenção de terceiro dar-se-á pelo fenômeno do litisconsórcio ulterior, não havendo espaço para a assistência litisconsorcial.

De qualquer forma, e procedimentalmente esse aspecto é essencial, o tratamento procedimental desse cidadão interveniente será o mesmo, seja ele assistente litisconsorcial ou litisconsórcio ulterior, considerando que mesmo a doutrina que defende a existência de assistência litisconsorcial é tranquila em afirmar que, embora não seja litisconsorte, esse assistente é tratado, no tocante à aplicação das regras procedimentais, como se o fosse[78].

Registre-se, por fim, que o tema a respeito da qualidade processual do cidadão interveniente na ação popular não é polêmico somente na doutrina, refletindo também no Superior Tribunal de Justiça, que ora trata tal intervenção como assistência litisconsorcial[79], ora como litisconsórcio ulterior, sendo que, nesse último caso, afasta expressamente a eventual violação ao princípio do juiz natural em razão de formação de litisconsórcio ativo ulterior facultativo[80].

9.3.2. Legitimidade passiva

9.3.2.1. Legitimados passivos

Nos termos do art. 6º, *caput*, da Lei 4.717/1965 (LAP), a ação será proposta contra as pessoas jurídicas públicas ou privadas e as entidades referidas no art. 1º da mesma lei, que prevê a União, o Distrito Federal, os Estados, os Municípios, as entidades autárquicas, as sociedades de economia mista, as sociedades mútuas de seguro nas quais a União represente os segurados ausentes, as empresas públicas, os serviços sociais autônomos, as instituições ou fundações para cuja criação ou custeio o tesouro público haja concorrido ou concorra com mais de 50% do patrimônio ou da receita ânua, as empresas incorporadas ao patrimônio da União, do Distrito Federal, dos Estados e dos Municípios, e quaisquer pessoas jurídicas ou entidades subvencionadas pelos cofres públicos.

Como se pode notar da extensa lista de legitimados passivos, toda pessoa jurídica que de alguma forma gira patrimônio e recursos públicos tem legitimidade passiva na ação popular, o que consagra a tradicional característica da ação popular de forma jurisdicional de controle da administração pública. A

---

78 Alvim, *Da assistência*, p. 47; Arruda Alvim, *Manual*, n. 43, p. 118.

79 STJ, 2ª Turma, AgRg no REsp. 916.010/SP, rel. Min. Humberto Martins, j. 19/08/2010, *DJE* 03/09/2010.

80 STJ, 1ª Turma, AgRg no REsp. 776.848/RJ, rel. Min. Luiz Fux, j. 22/06/2010, *DJE* 03/08/2010.

amplitude abrange as agências executivas, as agências reguladoras, organizações sociais e organizações da sociedade de interesse público[81]. Para se ter uma ideia de tal amplitude, o Superior Tribunal de Justiça já teve oportunidade de decidir pela legitimidade passiva em ação popular de empresa supranacional[82].

A amplitude na legitimação passiva, entretanto, não deve transpor o limite natural de proteção ao patrimônio público, em suas diversas facetas, por meio da ação popular. Dessa forma, apesar de nobre a tentativa de alargar a legitimidade passiva na ação popular para pessoas jurídicas privadas, sem qualquer subvenção de cofres públicos, quando o ato ou violação atingir o meio ambiente, parece ser adequada a resistência a tal entendimento. A ação civil pública será a demanda coletiva adequada para tal hipótese, sendo o cabimento da ação popular tão somente uma indevida ampliação de legitimidade do cidadão para ação coletiva para a qual lhe falta legitimidade.

Além dessas pessoas jurídicas, o art. 6º, *caput*, da Lei 4.717/1965 (LAP) atribui legitimidade passiva às autoridades, funcionários ou administradores que houverem autorizado, aprovado, ratificado ou praticado o ato impugnado, ou que, por omissas, tiverem dado oportunidade à lesão. Como se pode notar do dispositivo legal, qualquer autoridade que participe ativa ou omissivamente da ilegalidade ou abuso de poder tem legitimidade passiva na ação popular, desde o mais alto ao mais baixo posto. O termo "funcionário" não foi utilizado em seu sentido técnico, devendo ser compreendido como qualquer sujeito ocupante de cargo público e de função pública na qualidade de extranumerário, inclusive contratados[83].

Há uma especialidade quanto à legitimação passiva na ação popular decorrente do art. 6º, § 2º, da Lei 4.717/1965, que faz expressa remissão à ação popular fundada em ato ou contrato de operação bancária ou de crédito real quando o valor real do bem dado em hipoteca ou penhor for inferior ao constante de escritura, contrato ou avaliação. Nesse caso, além das pessoas públicas e privadas previstas no art. 1º, *caput*, da mesma lei, o dispositivo ora analisado prevê que apenas os responsáveis pela avaliação inexata e os beneficiários dessa avaliação serão legitimados a compor o polo passivo da ação popular. Entendo que, nesse caso, a novidade fica por conta da exclusão de todas as autoridades, funcionários e administradores que tenham de alguma forma participado do ato, limitando a lei a legitimidade ao responsável direto pela inexata avaliação.

Por fim, o art. 6º, *caput*, da Lei 4.717/1965 (LAP) prevê ainda a legitimidade passiva do beneficiário direto pelo ato ou omissão, esclarecendo o

---

81 Rodrigues, *Ação*, p. 280.

82 STJ, 2ª Turma, REsp. 453.136/PR, rel. Min. Herman Benjamin, j. 03/09/2009, *DJE* 14/12/2009.

83 Silva, *Ação*, p. 188; Mancuso, *Ação*, p. 172.

§ 1º do mesmo dispositivo que, não havendo, no caso concreto, tal sujeito, ou sendo ele indeterminado, a ação popular será proposta somente contra a pessoa jurídica e a autoridade, funcionário ou administrador. A questão central desse legitimado passivo é a distinção entre aquele sujeito que é beneficiado diretamente pelo ato ou omissão daquele que se aproveita de forma indireta. Segundo o Superior Tribunal de Justiça, os beneficiados indiretos são aqueles que apenas episódica e circunstancialmente são beneficiados pelo ato ou omissão, ou seja, aqueles que não guardam relação de causalidade necessária e suficiente com a violação apontada na ação popular[84].

Uma empresa que, contratando sem licitação com o Poder Público, aliena bens em valores muito acima dos de mercado, certamente é beneficiária direta do ato ilegal, considerando-se que teve um lucro indevido à custa de uma ilegalidade. O diretor responsável pela falcatrua, que recebeu uma comissão em razão da fraudulenta alienação, também é beneficiário direto e deve compor o polo passivo da ação popular. Os sujeitos que se valem dos bens adquiridos no dia a dia, ainda que possam ter sido beneficiados com a aquisição de tais bens pelo poder público, são somente beneficiados reflexos, não havendo, com relação a eles, a vinculação direta à ilegalidade a ponto de lhes conferir legitimidade passiva para compor o polo passivo da ação popular.

O art. 7º, § 2º, III, da Lei 4.717/1965 (LAP) reconhece a dificuldade na determinação *a priori* dos sujeitos responsáveis pelo ato e dos beneficiários diretos. Como é indiscutível a natureza de litisconsórcio necessário previsto pelo art. 6º, *caput*, da mesma lei, a ausência de um legitimado passivo poderia levar o processo à sua anulação, o que seria trágico para a tutela do patrimônio público. Buscando evitar que isso ocorra e, ao mesmo tempo, reconhecendo a possibilidade de se descobrir um legitimado passivo somente durante o processo judicial, o artigo ora comentado cria interessante regra que flexibiliza a estabilização subjetiva da demanda prevista no art. 329 do CPC[85], evitando a anulação do processo.

Segundo o dispositivo legal, se a existência ou identidade de sujeito responsável pelo ato ou omissão ou beneficiário direito se tornarem conhecidas no curso do processo e antes de proferida a sentença, esse sujeito deverá ser citado para integrar o polo passivo da demanda. Como se pode notar do dispositivo legal, haverá a formação de um litisconsórcio passivo ulterior a qualquer momento do processo, desde que antes da sentença, com o que se evita eventual supressão de grau jurisdicional. Ainda segundo o dispositivo legal, uma vez incluído o sujeito no polo passivo, terá aberto o prazo de contestação e a oportunidade de produção de provas, com o que se consagra o indispensável contraditório.

---

84 STJ, 2ª Turma, REsp. 234.388/SP, rel. Min. João Otávio de Noronha, j. 07/06/2005, *DJ* 01/08/2005, p. 373.

85 STJ, 2ª Turma, REsp 813.001/SP, rel. Min. Eliana Calmon, j. 26/05/2009, *DJE* 04/06/3009.

Mesmo que esse retrocesso possa atrasar o andamento procedimental da ação popular, não parece que a inclusão tardia de réu no processo possa gerar a dispensa do direito à ampla defesa e contraditório.

Situação especial se configurará se o autor abrir mão da citação real desse litisconsórcio passivo ulterior, preferindo a publicação de edital, o que lhe faculta o art. 7º, § 2º, II, da Lei 4.717/1965. Nesse caso, o terceiro integrado tardiamente ao processo terá um prazo de 30 dias para apresentar sua defesa e, na ausência de resposta, lhe será constituído um curador especial, com poderes especiais para a apresentação de contestação por negativa geral[86]. Como se nota, de qualquer forma, com citação real ou ficta, estar-se-á respeitando o princípio do contraditório.

9.3.2.2. Legitimação bifronte das pessoas jurídicas de direito público ou privado

Como já devidamente exposto, as pessoas jurídicas de direito público e privado descritas no art. 1º, *caput*, da Lei 4.717/1965 (LAP) são legitimadas passivas na ação popular. Sendo a legitimação ativa exclusiva do cidadão, por expressa previsão do mesmo dispositivo legal, seria correto concluir que tais pessoas jurídicas nunca poderão fazer parte do polo ativo de uma ação popular, e sua presença só seria admitida no polo passivo. Ocorre, entretanto, que o art. 6º, § 3º, da Lei 4.717/1965 prevê uma atípica legitimidade ativa superveniente a esses sujeitos que, iniciando a ação em seu polo passivo, podem optar por integrar posteriormente o polo ativo, em litisconsórcio com o cidadão que promoveu a demanda judicial.

Segundo o dispositivo legal ora analisado, a pessoa jurídica de direito público ou privado poderá, abstendo-se de contestar o pedido, passar a atuar ao lado do autor, criando uma espécie *sui generis* de litisconsórcio ativo ulterior formado pelo autor originário e um dos réus originários. A excepcional mudança de polo do processo, também admitida na ação de improbidade administrativa, deve se afigurar útil ao interesse público, cabendo ao representante legal ou dirigente da pessoa jurídica a análise do preenchimento desse requisito no caso concreto.

Não custa lembrar que a ação popular visa proteger o patrimônio público, apontando um ato ou omissão ilegal ou praticada com abuso de poder, de modo que a pessoa jurídica legitimada passiva da ação é, em tese, a pessoa lesada diretamente com a prática apontada na petição inicial da ação popular. Essa constatação sugere que a pessoa jurídica possa ter tanto interesse quanto

[86] Abelha Rodrigues-Klippel, *Comentários*, p. 200.

o autor na anulação do ato viciado e na recomposição de seu patrimônio público, ilegalmente desfalcado pela atuação de pessoas naturais responsáveis pela prática do ato impugnado. Caso perceba que a pretensão constante na ação popular é legítima, é também de seu interesse que seja acolhida pelo Poder Judiciário, não havendo sentido manter a pessoa jurídica no polo passivo da demanda. Como um eventual reconhecimento jurídico do pedido seria plenamente ineficaz em razão da natureza unitária do pedido de anulação do ato administrativo impugnado, o legislador entendeu mais adequado permitir uma mudança de polo, passando a pessoa jurídica a participar do processo como autora da ação popular, posição que melhor se adequará à sua concordância com a pretensão do autor originário.

O momento adequado para a alteração de polos admitida pelo artigo ora comentado não é unânime. Tanto na doutrina quanto na jurisprudência há acalorado debate a respeito do tema.

Seguindo a literalidade do dispositivo legal, corrente doutrinária defende que a pessoa jurídica deve pedir seu ingresso no polo ativo, com a consequente saída do polo passivo, no prazo de contestação; afinal, o art. 6º, § 3º, da Lei 4.717/1965 prevê que o réu deve se abster de contestar e pedir a alteração legal, de forma que, ultrapassado esse momento processual, não mais se admitiria a alteração[87]. Parece que, para essa corrente doutrinária, de duas, uma: vencido o prazo de contestação e não sendo ela apresentada, a alteração seria impedida pela preclusão temporal; apresentada a contestação dentro do prazo legal, a alteração seria impedida pela preclusão lógica, não se admitindo àquele que se colocou contra a pretensão assumir posteriormente o polo ativo da ação popular. Há decisão do Superior Tribunal de Justiça nesse sentido[88].

Sou adepto do entendimento contrário, que se afasta da interpretação literal do dispositivo legal ora analisado, fixando-se mais no requisito que deve ser preenchido para que a pessoa jurídica saia do polo passivo rumo ao polo ativo da ação. Sendo o interesse público o motivo da alteração do polo, vejo com extrema dificuldade a existência de preclusão, de qualquer espécie, a impedir a alteração analisada. Nem sempre a pessoa jurídica tem condições de notar a adequação da pretensão no momento de apresentar a defesa, e uma alteração açodada é até mesmo temerária. Melhor seria admitir a alteração até a prolação da sentença, desde que os elementos constantes nos autos possibilitem a formação segura do convencimento da pessoa jurídica

[87] Meirelles-Wald-Mendes, *Mandado*, p. 184; Almeida, *Manual*, p. 370.

[88] Informativo 397/STJ, 2ª Turma, AgRg no REsp 973.905/SP, rel. Min. Humberto Martins, j. 04.06.2009.

a respeito do acerto da pretensão do autor[89]. Registre-se que nesse sentido também existem precedentes do Superior Tribunal de Justiça[90].

Por fim, cumpre registrar que essa inusitada alteração de polos leva à situação ainda mais *sui generis* na ação popular. Imagine-se que uma pessoa jurídica colocada originariamente como réu decida formar um litisconsórcio ativo com o cidadão que propôs a ação, e, posteriormente, esse cidadão desiste da ação. Publicados os editais nos termos do art. 9º da Lei 4.717/1965, nenhum outro cidadão se habilita a assumir o polo ativo, mesma conduta adotada pelo Ministério Público, que, como já visto, não tem dever funcional de assumir o polo ativo nessas circunstâncias. A pessoa jurídica que, no início, era ré, mas quando da desistência do autor originário já formava com ele um litisconsórcio ativo, poderá sozinha continuar com a ação popular, o que gerará uma excepcional hipótese de polo ativo preenchido tão somente com uma pessoa jurídica de direito público ou privado.

9.3.3. Litisconsórcio ativo e passivo

Determinados os legitimados ativos e passivos na ação popular, cabe a análise de quais espécies de litisconsórcio existem nessa ação coletiva.

No polo ativo, tratando-se de litisconsórcio inicial, somente tem legitimidade para a propositura da ação popular o cidadão, sendo que cada um dos cidadãos legitimados poderá ingressar solitariamente com a ação judicial, o que permite a conclusão no sentido de ser um litisconsórcio facultativo aquele formado por mais de um cidadão para o ajuizamento da ação popular. Somente a vontade desses sujeitos, resultante de um juízo de oportunidade e conveniência, é apta à formação do litisconsórcio ativo inicial, o que demonstra claramente sua natureza facultativa.

O entendimento é pacífico, havendo inclusive doutrina que defende a aplicação do instituto do litisconsórcio multitudinário à ação popular, admitindo que o juiz, nos termos do art. 113, § 1º, do CPC, limite o número de autores[91]. Ainda que o dispositivo legal mencionado realmente seja aplicável ao litisconsórcio facultativo, como é o caso, entendo ser inaplicável à ação popular, considerando-se não só a natureza unitária de tal litisconsórcio, como também as particularidades da pretensão veiculada por meio dessa ação.

Uma eventual limitação no número de litisconsortes, nos termos do art. 113, § 1º, do CPC, exigiria de alguns autores populares a propositura de ou-

[89] Mancuso, *Ação*, p. 162-163; Mazzei, *Comentários*, p. 183-184.

[90] STJ, 2ª Turma, REsp 1.185.928/SP, rel. Min. Castro Meira, j. 15/06/2010, DJe 28/06/2010; STJ, 2ª Turma, REsp 945.238/SP, rel. Min. Herman Benjamin, j. 09.12.2008, *DJe* 20.04.2009.

[91] Rodrigues, *Ação*, p. 278-279.

tra ação popular (ou ações), idêntica à primeira, já que a mera diferença de autores não é o suficiente para distinguir ações populares com o mesmo réu, mesmo pedido e mesma causa de pedir. Pergunta-se: nesse caso, a segunda ação não seria obstada em razão do fenômeno da litispendência? E caso seja afirmativa a resposta, como me parece ser, seriam aceitos os autores excluídos da ação popular que continua em trâmite como litisconsortes ulteriores ou assistentes litisconsorciais, nos termos do art. 6º, § 5º, da Lei 4.717/1965? Ou simplesmente se retiraria o direito de ação popular desses cidadãos?

O que pretendo demonstrar é que a *ratio* do litisconsórcio multitudinário, apesar de também existir na ação popular, não é suficiente para a limitação no número de litisconsortes ativos, sendo inaplicável na ação popular o art. 113, § 1º, do CPC.

Como já adiantado, entendo que o litisconsórcio ativo formado entre cidadãos é unitário, porque a pretensão dos autores receberá o mesmo tratamento na decisão judicial que julga a ação popular, sendo inviável que um cidadão tenha o pedido acolhido e outro tenha o mesmo pedido rejeitado. Essa necessidade de uniformidade da decisão que julga a ação popular deixa claro que o litisconsórcio ativo formado nessa ação, apesar de facultativo, quando formado por vontade dos autores, será unitário.

No polo passivo, é pacífico o entendimento de que o litisconsórcio formado pelos legitimados pelo art. 18, *caput*, do CPC é necessário, sendo indispensável que o polo passivo seja formado por todos eles[92]. No tocante à unitariedade ou não desse litisconsórcio, dependerá do pedido formulado pelo autor e, em consequência, do capítulo da sentença que o decidir[93]. Na ação popular, haverá sempre uma cumulação sucessiva de pedidos: (i) no pedido de anulação do ato administrativo ou da declaração de omissão, o litisconsórcio é unitário, sendo inviável que o ato seja anulado para uns e mantido para outros sujeitos processuais ou que haja declarações com diferentes conteúdos; (ii) no pedido condenatório, de reparação do prejuízo, o litisconsórcio será simples, porque nem todos os réus serão obrigatoriamente condenados da mesma forma, tudo a depender da efetiva participação de cada um deles na ilegalidade ou abuso de poder apurado durante a ação popular.

Apesar do indiscutível acerto do entendimento defendido, que distingue o litisconsórcio simples do unitário partindo do pedido formulado pelo autor da ação popular, o Superior Tribunal de Justiça não é muito técnico quando enfrenta o tema. Há decisões que, sem a devida distinção a respeito

---

92 STJ, 2ª Turma, REsp. 931.528/SP, rel. Min. Eliana Calmon, j. 17/11/2009, *DJE* 02/12/2009; STJ, 5ª Turma, REsp. 1.095.370/SP, rel. Min. Jorge Mussi, j. 02/06/2009, *DJE* 03/08/2009; STJ, 1ª Turma, REsp. 639.946/SP, rel. Min. Teori Albino Zavascki, j. 03/05/2007, *DJ* 28/05/2007, p. 287.

93 Mancuso, *Ação*, p. 160; Abelha Rodrigues-Klippel, *Comentários*, p. 199.

dos pedidos formulados, simplesmente apontam para a natureza unitária do litisconsórcio passivo[94], enquanto outras apontam para sua natureza simples[95].

9.3.4. Intervenção de terceiros na ação popular

A par do debate a respeito da exata dimensão do art. 6º, § 5º, da Lei 4.717/1965, devidamente desenvolvido em capítulo específico sobre o tema, cabe uma breve exposição a respeito das intervenções de terceiro na ação popular. Das cinco espécies típicas de intervenção de terceiro, previstas nos arts. 119 a 138 do CPC, entendo pelo não cabimento da denunciação da lide e do chamamento ao processo, sendo que, nessa última, caso exista efetivamente um responsável solidário que não componha o polo passivo, a formação do litisconsórcio ulterior será admitida em razão da permissão prevista no art. 7º, § 2º, III, da Lei 4.717/1965 (LAP).

A assistência deve ser admitida tanto no polo ativo como no passivo, seguindo basicamente as regras do Código de Processo Civil, exigindo-se para o ingresso do terceiro a existência de interesse jurídico na solução da ação popular. Um particular, pessoa humana ou jurídica, que possa vir a ser afetado juridicamente em razão da decisão popular, sofrendo os efeitos da decisão em relação jurídica mantida com um ou alguns dos réus, ou ainda interessado juridicamente na proteção do patrimônio público, poderá, como no caso das associações civis[96], ingressar na ação popular como assistente.

No tocante à denunciação da lide, seria até viável imaginar seu cabimento em razão da regra consagrada no art. 11 da Lei 4.717/1965, que ressalva a ação regressiva contra os funcionários causadores de dano, quando incorrem em culpa, na hipótese de condenação dos réus na ação popular. A expressa previsão de direito regressivo pode levar o leitor mais apressado à conclusão de cabimento de denunciação da lide na ação popular, com o que, entretanto, não se pode concordar. Como já se teve oportunidade de afirmar, o litisconsórcio passivo na ação popular é necessário, de forma que os agentes responsáveis pelo ato causador do dano já devem fazer parte do polo passivo da ação, bem como os beneficiários direitos.

Uma interpretação possível, defendida por parcela da doutrina, teria sido a adoção da responsabilidade objetiva na ação coletiva, de forma que todos os responsáveis pelo ato administrativo devem ser condenados independentemente

---

[94] STJ, 2ª Turma, AgRg no REsp 916.010/SP, rel. Min. Humberto Martins, j. 19/08/2010, DJe 03/09/2010; STJ, 1ª Turma, REsp. 614.766/MA, rel. Min. Luiz Fux, j. 05/09/2006, *DJE* 21/09/2006, p. 216.

[95] STJ, 1ª Turma, REsp 762.070/SP, rel. Min. Luiz Fux, j. 17/12/2009, DJe 10/02/2010; Informativo 311/STJ, 2ª Turma, REsp. 258.122/PR, rel. Min. João Otávio de Noronha, j. 27/02/2007.

[96] Didier Jr., *Assistência*, p. 423.

de culpa, restando àqueles que satisfazem o direito de crédito com seu patrimônio, mas não tiveram culpa na formulação ou efetivação do ato administrativo impugnado, cobrarem regressivamente os funcionários que incorrem em culpa e não sofreram perda patrimonial na execução da sentença popular[97].

Não parece correto o entendimento, considerando-se que a responsabilidade objetiva, por ser excepcional, depende de expressa previsão legal, o que não ocorre para todos os réus da ação popular. Na realidade, o único réu que responde com responsabilidade objetiva é a pessoa jurídica de direito público, que naturalmente não será condenada a pagar a ela mesma os prejuízos por ela suportados. Para os agentes que participaram do ato e os beneficiários diretos, é aplicada a regra geral da responsabilidade subjetiva, tanto assim que o funcionário que simplesmente seguiu ordens da chefia, a qual não poderia contrariar, não deve ser condenado ao ressarcimento.

Outra interpretação feita pela doutrina parte da premissa de que o litisconsórcio entre os funcionários responsáveis pelo ato é facultativo, de forma que aqueles que não participaram do polo passivo da demanda poderiam ser demandados regressivamente pelos que foram condenados na ação popular[98]. Esse entendimento deve ser descartado, em razão da equivocada premissa adotada.

Independentemente do entendimento a respeito da previsão final do art. 11 da LAP, que considero materialmente inaplicável, a doutrina, de forma uníssona, ainda que por razões diversas, defende o não cabimento da denunciação da lide na ação popular[99].

O incidente de desconsideração da personalidade jurídica tem como objetivo o reconhecimento de responsabilidade patrimonial secundária de sócio (desconsideração tradicional) ou de sociedade (desconsideração inversa) e a possibilidade de constrição judicial sobre patrimônio de sujeito que não é devedor. No caso específico da ação popular é possível que haja condenação a pagar de pessoas físicas e jurídicas, sendo, portanto, cabível o incidente ora analisado para que o cumprimento de sentença de obrigação de pagar seja eficaz caso o devedor não tenha condições patrimoniais de fazer frente à condenação.

O *amicus curiae*, devidamente analisado no Capítulo 1, item 1.9, tem seus requisitos alternativos previstos no art. 138, *caput*, do CPC: (i) relevância da matéria; (ii) especificidade do tema objeto da demanda; (iii) repercussão social da controvérsia. Tendo sempre a ação popular como objeto direito difuso, custo a crer que não haverá o preenchimento de um ou mais dos requisitos previstos em lei. Afinal, tratando-se de direito material

---

[97] Silva, *Ação*, p. 303.

[98] Leonel, *Comentários*, p. 244.

[99] Barros Leonel, *Comentários*, p. 245-246; Rodrigues, *Ação*, p. 302; Donizetti, *Ações*, p. 178.

de titularidade da coletividade, como não reconhecer a relevância da matéria e a repercussão social da controvérsia? Que fique claro: entendo que o cabimento dessa espécie de intervenção deve ser sempre admissível em ação popular, desde que o terceiro preencha os requisitos formais exigidos pelo mesmo dispositivo legal.

9.3.5. Participação do Ministério Público

9.3.5.1. Legitimidade ativa superveniente

Conforme já analisado, a legitimidade ativa na ação popular é exclusiva do cidadão-eleitor, o que afasta qualquer possibilidade de o Ministério Público propor tal espécie de ação coletiva. Originariamente, portanto, é vedado ao Ministério Público compor o polo ativo da ação popular, em situação bem distinta das demais ações coletivas. Ocorre, entretanto, que existe uma possibilidade para que o Ministério Público assuma a condução da ação popular, de forma que teria, exclusivamente nessa situação, uma legitimidade ativa superveniente, condicionada a ocorrência das circunstâncias descritas no art. 9º da 4.717/1965 (LAP).

Segundo o art. 9º da Lei 4.717/1965 (LAP), ocorrendo uma das hipóteses descritas, serão publicados editais, nos termos do art. 7º, II, da mesma lei, abrindo-se um prazo de 90 dias para que qualquer cidadão ou o Ministério Público assumam o polo ativo da ação popular. Trata-se de interessante hipótese de sucessão processual a se verificar no polo ativo da demanda, permitindo-se que o Ministério Público ou qualquer outro cidadão – além da pessoa jurídica de direito público ou privado, originariamente figurando no polo passivo da demanda – possam assumir o polo ativo, desde que o cidadão autor originário desista da ação ou dê motivo para a "absolvição da instância".

9.3.5.2. Ministério Público como fiscal da ordem jurídica

Como em toda ação coletiva em que não participa como autor, o Ministério Publico intervirá obrigatoriamente como fiscal da ordem jurídica na ação popular. A atuação, nesse caso, vem prevista no art. 6º, § 4º, da Lei 4.717/1965, que, ao invés de se limitar a prever a obrigatória participação, descreve determinadas condutas que deverão ser adotadas pelo membro do *parquet*, inclusive permitindo que se questione em que qualidade efetivamente o Ministério Público intervém na ação coletiva. O exame do dispositivo legal aclarará o tema.

A primeira conduta prevista no dispositivo legal ora comentado é o apressamento da produção da prova, cujo exemplo típico, mas não exclusivo, vem consagrado no art. 7º, § 1º, da Lei 4.717/1965. Nos termos desse artigo, cabe ao representante do Ministério Público providenciar para que as requisições judiciais dirigidas às entidades indicadas na petição inicial ou mesmo terceiras sejam cumpridas dentro dos prazos fixados pelo juiz. Não seria propriamente apressar a produção da prova, mas providenciar para que seja produzida dentro do prazo, uma interessante forma de controlar o andamento da produção da prova de forma a não retardar o procedimento.

Ocorre, entretanto, que a atuação ministerial é bem mais ampla no campo probatório do que pode sugerir a mera interpretação literal do dispositivo ora comentado. Não restam maiores dúvidas de que, além de apressar a produção da prova, poderá também pedir sua produção[100], participar de sua realização e impugnar seus resultados, na tentativa de influenciar na formação do convencimento do juiz. Ainda que não seja autor da ação coletiva, até para melhor fiscalizar a ordem jurídica, o Ministério Público tem total interesse no esclarecimento fático da demanda, até porque ele sabe que, se o direito decorre dos fatos, a boa aplicação daquele depende necessariamente da correta fixação desses.

É nesse sentido o entendimento do Superior Tribunal de Justiça, que assevera que o Ministério Público como fiscal da ordem jurídica detém legitimidade para a juntada de documentos e para formular pedidos de produção de provas que entender necessárias[101].

Essa ampla participação no campo probatório levou o Superior Tribunal de Justiça a admitir o pedido formulado pelo Ministério Público para que fosse trasladada de outro processo a cópia de título de eleitor do autor, sem o qual a petição inicial seria indeferida[102]. Segundo o Tribunal, o Ministério Público não só tem ampla permissão para a produção da prova, como com ainda maior razão deve-se admitir a produção de prova voltada à comprovação da legitimidade ativa do autor, matéria de ordem pública, que naturalmente é tutelável pelo Ministério Público quando atua no processo como fiscal da ordem jurídica.

Ainda segundo o dispositivo legal ora comentado, caberá ao Ministério Público promover a responsabilidade civil ou criminal dos que nela incidirem. Segundo o art. 15 da LAP, caso o juiz constate, durante a demanda, a prática de ato ilícito penal ou a prática de falta disciplinar a que a lei comine a pena de demissão ou de rescisão de contrato, deverá, mesmo sem provocação, enviar cópias autenticadas que forem necessárias para as autoridades ou administradores a quem competir a aplicação de sanções ou a persecução penal.

---

[100] Mancuso, *Ação*, p. 212-213.

[101] STJ, 2ª Turma, AgRg no REsp 1.333.168/RJ, rel. Min. Mauro Campbell Marques, j. 05/12/2013, DJe 11/12/2013; STJ, 5ª Turma, RMS 27.455/DF, rel. Min. Laurita Vaz, j. 03/11/2011, DJe 21/11/2011.

[102] Informativo 435/STJ, 1ª Turma, REsp. 826.613/SP, rel. Min. Teori Albino Zavascki, j. 18/05/2010.

Encontra-se no final do art. 6º, § 4º, da Lei 4.717/1965 a parte mais polêmica do dispositivo legal. A previsão de que é vedado ao Ministério Público, em qualquer hipótese, assumir a defesa do ato impugnado ou dos seus autores suscita questões até mesmo a respeito da efetiva qualidade processual do Ministério Público na ação popular. Sendo absolutamente vedada a manifestação em favor dos réus, seria o Ministério Público um auxiliar especial do autor? Mesmo contrariamente à lei, deverá o Ministério Público se posicionar em favor da pretensão do autor, ainda que irrazoável?

Há importante lição doutrinária que defende a inaplicabilidade da regra legal às matérias de ordem pública, em especial às processuais, tais como os pressupostos processuais e as condições da ação. Nesses casos, o Ministério Público terá o dever de indicar ao juízo matéria processual que leve o processo à extinção sem a resolução do mérito, entendendo-se que não haveria com tal conduta qualquer infração ao art. 6º, § 4º, da Lei 4.717/1965, até porque, com tal alegação, o Ministério Público não estaria se manifestando em favor do ato ou dos réus, mas em favor da necessidade de um processo formalmente perfeito[103].

Ainda que elogiável o entendimento, não se imaginando motivos para deixar de aplicá-lo no caso concreto, entendo que ainda é necessária uma melhor interpretação do dispositivo legal no que toca às matérias de mérito versadas na ação popular. O propósito do legislador pode até ser considerado positivo, buscando evitar que qualquer espécie de conluio entre os réus e o promotor de justiça pudesse levar a uma atuação parcial em favor dos acusados pela ilegalidade em detrimento do interesse público que o autor busca tutelar. Não tem, entretanto, qualquer sentido obrigar o promotor de justiça a um pronunciamento em favor de ilegalidades ou injustiças pretendidas pelo autor, até porque a tutela dos interesses protegidos pela ação popular só se justifica quando amparada no Direito.

Conforme ensina a melhor doutrina, forçar o promotor de justiça a sempre se manifestar em favor da pretensão do autor retira a eficácia persuasiva dessa atuação diante do juiz, que não saberá se aquela é efetivamente a opinião do Ministério Público ou se a manifestação deriva da obrigatoriedade legal, devendo ser desprezada por ele. O juiz, como sujeito imparcial do processo, não deve se impressionar com manifestações que não expressem efetivamente o convencimento do Ministério Público de que o autor tem razão em sua pretensão, representando apenas o exercício de um dever funcional. Com isso, o próprio Ministério Público tem a importância de sua participação diminuída, sendo natural que o juiz passe a desprezar a opinião ministerial.

[103] STJ, 1ª Turma, REsp. 770.397/DF, rel. Min. Denise Arruda, j. 04/09/2007, *DJ* 11/10/2007, p. 295.

Também é preciso lembrar que o dispositivo legal remonta à época em que não existiam outras ações coletivas, em quadro bem distinto do atual. Não há atualmente qualquer sentido no Ministério Público atuar como auxiliar especial do autor na ação popular, até porque, se pretender ser autor de ação coletiva que tutela os exatos mesmos direitos protegidos pela ação popular, poderá ingressar com ação civil pública ou ação de improbidade administrativa. Como se nota, no quadro atual da tutela coletiva, há uma sobreposição de ações, que visam tutelar os mesmos direitos, com diferentes legitimados. Obrigatoriedade de pedir a procedência da ação, portanto, o Ministério Público teria na ação civil pública ou de improbidade administrativa proposta por ele, e não na ação popular ajuizada pelo cidadão.

Por fim, com a plena simbiose existente entre a ação popular e a ação civil pública de improbidade administrativa, há doutrina que assemelha a possibilidade de o Ministério Público pedir o arquivamento do inquérito civil, sem a necessidade de instauração da ação coletiva, com a possibilidade de pedir o julgamento de improcedência da ação popular, sempre que entender não ter ocorrido a violação apontada pelo autor[104]. Lembro também do entendimento tranquilo da doutrina no sentido de não ser o Ministério Público, como fiscal da ordem jurídica, obrigado a pedir a procedência de ações coletivas em geral[105].

Tudo conspira, portanto, para o afastamento da rigidez que uma interpretação literal do art. 6º, § 4º, da Lei 4.717/1965 sugere, adotando-se um entendimento mais flexível, permitindo-se ao membro do Ministério Público a manifestação em sentido da improcedência do pedido do autor sempre que, diante das provas produzidas e alegações feitas pelas partes, acreditar que não existe razão para o acolhimento do pedido do autor. Como fiscal da ordem jurídica, qualidade reiteradamente reconhecida ao Ministério Público pelo Superior Tribunal de Justiça na ação popular[106], deverá ele fiscalizar a boa aplicação da lei e a preservação dos direitos supraindividuais, o que não torna incompatível o pedido de improcedência[107].

A questão, entretanto, não é totalmente pacificada, como se pode notar de julgado do Superior Tribunal de Justiça no qual há uma expressa menção à qualidade de auxiliar de autor desempenhada pelo Ministério Público na ação popular[108]. O curioso desse julgado é que, paradoxalmente, há a afirmação de que o Ministério Público deve intervir na ação popular para oficiar

[104] Mancuso, *Ação*, p. 215.

[105] Leonel, *Manual*, p. 199.

[106] STJ, 2ª Turma, REsp. 958.280/DF, rel. Min. Castro Meira, j. 06/09/2007, *DJ* 20/09/2007, p. 278; STJ, 2ª Turma, REsp. 771.859/RJ, rel. Min. Eliana Calmon, j. 15/08/2006, *DJ* 30/08/2006, p. 175.

[107] Abelha-Klippel, *Comentários*, p. 201-202.

[108] STJ, 1ª Turma, REsp. 770.397/DF, rel. Min. Denise Arruda, j. 04/09/2007, *DJ* 11/10/2007, p. 295.

no processo, dizer o direito, fiscalizar a aplicação da lei – o que entendo ser função de um verdadeiro fiscal da ordem jurídica, e não auxiliar do autor –, além de arguir todas as irregularidades ou ilegalidades processuais que contrariem a ordem pública, no que fica claro que não será auxiliar do autor, considerando que sua atuação poderá levar o processo à extinção sem a resolução de mérito, certamente um desfecho não pretendido pelo autor.

Registre-se, finalmente, entendimento doutrinário no sentido de que a atuação em favor do autor não significaria obrigatoriedade de pedir a procedência do pedido, mas uma obrigatória participação durante todo o procedimento em favor do autor da ação popular, sendo-lhe vedado, inclusive, o pedido de prova que poderia prejudicar a pretensão e a interposição de recurso contra o interesse do autor[109]. Apesar de elogiável a tentativa de compatibilizar a previsão literal do art. 6º, § 4º, da Lei 4.717/1965 com a liberdade ministerial de pedir a improcedência do pedido, o entendimento não merece outros elogios.

O que viria a ser prova contra a pretensão do autor? Entendo que, se o Ministério Público atua como fiscal da ordem jurídica na ação popular, deve se preocupar em produzir toda prova necessária para a formação do mais completo convencimento judicial a respeito do substrato fático na demanda. Somente assim, terá tranquilidade de se posicionar com total segurança a respeito do direito aplicável ao caso concreto, em favor ou contra o autor da ação popular. Seria digna da atuação ministerial a inércia probatória, ou ainda pior, a omissão em colaborar com a produção de uma prova, somente porque sua produção poderia demonstrar que o autor não tem razão? Não seria mais adequado, à luz de sua função de fiscal da ordem jurídica, produzir ou pedir a produção da prova para, constatada a ausência de razão do autor, pleitear pela improcedência de seu pedido?

A afirmação de que essa atuação em favor do autor impediria ao Ministério Público a interposição de recurso contra os interesses do mesmo também não merece prosperar. O Ministério Público não atua na ação popular como auxiliar do autor, não sendo a qualidade de cidadão do sujeito que promove tal ação a circunstância que legitima a intervenção do Ministério Público. Sua atuação como fiscal da ordem jurídica se justifica em razão da especial natureza do direito material discutido, de interesse de toda a coletividade, de forma que, deixar de recorrer porque tal postura contraria a vontade do autor, ainda que condizente com o melhor direito, não tem qualquer sentido lógico ou jurídico. Basta imaginar a hipótese de o Ministério Público se manifestar pela improcedência do pedido e não poder apelar de uma sentença que o acolhe, ainda que, à luz do entendimento ministerial, proferida ao arrepio da lei.

[109] Meirelles-Mendes-Wald, *Mandado*, p. 186; Rodrigues, *Ações*, p. 304; Assagra, *Manual*, p. 374-375.

9.3.5.3. *Participação na execução*

A indisponibilidade de execução de título executivo judicial no âmbito da tutela coletiva é a regra, de forma que, não sendo executada a sentença coletiva de procedência pelo autor ou por outro colegitimado dentro de certo prazo legal, caberá ao Ministério Público o dever funcional de fazê-lo. A justificativa é simples: evitar que um eventual conluio do autor com o réu, ou mesmo um desinteresse de outros legitimados em executar a decisão, seja capaz de frustrar a proteção de um direito transindividual já reconhecido por decisão judicial.

O art. 16 da Lei 4.717/1965, que prevê o dever funcional do Ministério Público de executar a decisão judicial, decorridos sessenta dias da publicação da sentença condenatória de segunda instância (melhor seria dizer acórdão de segundo grau), em razão da inércia do cidadão autor e de outros cidadãos, vai no mesmo sentido do art. 15 da Lei 7.347/1985, que prevê ser dever funcional do Ministério Público a execução em sessenta dias do trânsito em julgado, caso não a execute o autor ou outro colegitimado.

Ainda que a obrigatoriedade de propositura da execução pelo Ministério Público seja a tônica do sistema da tutela coletiva, é preciso observar importante distinção entre as duas regras legais mencionadas. Enquanto na ação popular, o prazo de sessenta dias tem seu termo inicial na prolação da decisão de procedência do segundo grau, na ação civil pública, a contagem do mesmo prazo só tem início com o trânsito em julgado da sentença de procedência. Significa dizer que o Ministério Público só tem o dever funcional de executar uma sentença proferida em ação civil pública de forma definitiva, enquanto na ação popular, ainda que pendente de julgamento recurso especial e/ou extraordinário, haverá dever funcional do Ministério Público em executar provisoriamente a sentença.

Ainda que se reconheça o nobre objetivo de se executar uma sentença popular a partir do momento em que ela passa a gerar efeitos no processo, mesmo que ainda não definitiva em razão da pendência de recurso, não entendo correto imputar ao Ministério Público um dever funcional em executar sentença provisoriamente. Ninguém tem o dever de executar provisoriamente, sendo sempre admissível que se aguarde o momento de executar a decisão definitivamente, após o trânsito em julgado, em razão da teoria do risco-proveito aplicável ao cumprimento provisório de sentença.

Prevê o art. 520, I, do CPC que o cumprimento provisório de sentença corre por conta e responsabilidade do exequente, em nítida aplicação da *teoria do risco-proveito*. Significa dizer que o cumprimento provisório de sentença é uma opção benéfica ao exequente, já que permite, se não a satisfação do direito, ao menos o adiantamento da prática de atos executivos. Mas os riscos de tal adiantamento são totalmente carreados ao exequente, que estará obrigado a ressarcir o executado por todos os danos (materiais, morais, processuais) advindos do cumprimento provisório de sentença na hipótese de a sentença ser reformada ou anulada pelo recurso pendente de julgamento. A responsabilidade, nesse caso, é objetiva, de forma que o elemento "culpa" é irrelevante para a sua configuração, bastando ao executado provar a efetiva ocorrência de danos em razão do cumprimento provisório de sentença[110].

Significa dizer que, na ação popular, não se pode impor um dever ao Ministério Público que acarretará um risco de prejuízo aos cofres públicos, porque os danos suportados pelo executado provisório nesse caso serão cobrados do Estado. É até mesmo um contrassenso, numa ação em que se busca a tutela do patrimônio público, exigir do Ministério Público a adoção de uma conduta que poderá resultar em prejuízo a esse mesmo patrimônio que se buscava tutelar. Dessa forma, ainda que exista expressa previsão a respeito na Lei 4.717/1965, é preferível se aplicar o art. 15 da Lei 7.347/1985.

Reconheço que o entendimento ora defendido não encontra amparo nos tribunais, sendo que o Superior Tribunal de Justiça não só aplica o art. 16 da LAP em sua literalidade como vai além, ao admitir que em sua interpretação também seja incluída a liquidação da sentença coletiva genérica[111]. Ainda que a liquidação seja inegavelmente cognitiva, como fase preparatória da execução, é natural que, por ser a viabilizadora da execução, ainda que dela não faça parte, sejam nessa fase procedimental aplicáveis subsidiariamente regras voltadas à execução.

O problema, naturalmente, não se coloca na hipótese de sentença de procedência transitada em julgado em razão de ausência de interposição de apelação por parte dos réus. Apesar de extremamente rara no caso concreto tal situação, o dever do Ministério Público de executar a sentença coletiva só começa a ser contado do trânsito em julgado[112].

9.4. COMPETÊNCIA

A Lei 4.717/1965 trata da competência da ação popular no art. 5º, sendo, entretanto, norma incompleta para a exata definição do juízo competente no caso concreto. Na busca da fixação da competência, o operador deve atentar para as diversas normas nos mais variados diplomas legais a respeito da com-

[110] Marinoni-Arenhart, *Execução*, p. 365; Abelha Rodrigues, *Manual*, p. 194; Greco, *O processo*, n. 3.4.1.2, p. 203.

[111] STJ, 2ª Turma, REsp. 450.258/SP, rel. Min. Eliana Calmon, j. 08/06/2004, *DJ* 20/09/2004.

[112] Meirelles-Wald-Mendes, *Mandado*, p. 203; Costa Machado, *A intervenção*, 8.4.3, p. 462.

petência da Justiça, do foro e do juízo. Para que essa tarefa seja facilitada, é possível seguir um esquema de descoberta da competência no caso concreto:

1ª etapa: *Verificação da competência da Justiça brasileira.* Os arts. 21 a 23 do CPC tratam dos limites da jurisdição nacional, disciplinando as hipóteses de competência exclusiva do juiz brasileiro e as hipóteses de competência concorrente deste com o juiz estrangeiro. Sendo exclusiva ou concorrente, será competente a Justiça brasileira para julgar o processo.

2ª etapa: Analisar se a competência para julgamento é dos *Tribunais de superposição* (a competência originária do STF vem disciplinada pelo art. 102, I, da CF, e a competência originária do STJ no art. 105, I, da CF) ou de órgão jurisdicional atípico (por exemplo, o Senado Federal - art. 52, I e II, CF - e a Câmara dos Deputados - art. 51, I, da CF).

3ª etapa: Verificar se o processo será de *competência da justiça especial* (Justiça do Trabalho, Justiça Militar ou Justiça Eleitoral) ou justiça comum (Justiça Estadual e Justiça Federal).

4ª etapa: Sendo de competência da justiça comum, *definir entre a Justiça Estadual e a Federal.* A Justiça Federal tem sua competência absoluta prevista pelos arts. 108 (TRF) e 109 (primeiro grau) da CF. A competência da Justiça Estadual é residual, ou seja, sendo de competência da justiça comum, mas não sendo de competência da Justiça Federal, será de competência da Justiça Estadual.

5ª etapa: Descoberta a *Justiça competente*, verificar se o processo é de competência originária do Tribunal respectivo (TRF ou TJ) ou do primeiro grau de jurisdição.

6.ª etapa: Sendo de competência do primeiro grau de jurisdição, determinar a *competência do foro.* Por foro, deve-se entender uma unidade territorial de exercício da jurisdição. Na Justiça Estadual, cada comarca representa um foro, enquanto, na Justiça Federal, cada seção judiciária representa um foro.

7ª etapa: Determinado o foro competente, a tarefa do operador poderá ter chegado ao final. Haverá hipóteses, entretanto, nas quais ainda deverá ser definida a *competência de juízo*, o que será feito, no mais das vezes, por meio das leis de organização judiciária (responsáveis pela criação de varas especializadas em razão da matéria e da pessoa) ou ainda pelo Código de Processo Civil (definição de qual juízo é competente, quando duas ações são conexas e tramitam no mesmo foro - art. 58 do CPC).

É lição clássica o entendimento de que a ação popular é ação de competência de primeiro grau de jurisdição, independentemente da autoridade que figure como réu na ação, não havendo assim que se falar em competência originária por prerrogativa de função, como ocorre na ação de improbidade administrativa. Ainda que possa versar sobre os mesmos fatos jurídicos, a ação popular não prevê as sanções típicas da ação de improbidade administrativa, sendo incabível qualquer analogia com a competência para o julgamento de crimes de responsabilidade praticados pela autoridade[113].

O Supremo Tribunal Federal, entretanto, já teve oportunidade de lembrar que, em situações excepcionais, terá competência originária para o julgamento da ação popular[114]. São duas essas hipóteses: (a) as causas e os conflitos entre a União e os Estados, a União e o Distrito Federal, ou entre uns e outros, inclusive as respectivas entidades da administração indireta (art. 102, I, *f*, da CF); (b) a ação em que todos os membros da magistratura sejam direta ou indiretamente interessados e aquela em que mais da metade dos membros do tribunal de origem estejam impedidos ou sejam direta ou indiretamente interessados (art. 102, I, *n*, da CF).

Uma vez determinada a competência do primeiro grau de jurisdição, que é a regra, aplica-se a previsão do art. 5º da LAP, que deixa curiosamente de fixar a competência do foro (territorial).

No *caput* do dispositivo mencionado, consta informação de suma relevância para a determinação da Justiça competente, com a previsão de que a origem do ato impugnado deve ser considerada para a fixação da competência. O melhor entendimento do dispositivo legal é que, havendo no polo passivo pessoa jurídica federal, a competência será da Justiça Federal, enquanto, nos casos de pessoa jurídica estadual, municipal e do Distrito Federal, a competência será da Justiça Estadual. Nenhuma grande revelação, pois se chegaria a mesma conclusão pela leitura do art. 109, I, da CF.

Também não pode ser considerada inovadora, diante do quadro atual da competência no sistema jurídico pátrio, a previsão do art. 5º, § 2º, da LAP. O dispositivo prevê, em redação tortuosa, a competência de juízo, mais precisamente de vara especializada da Fazenda Pública, naquelas comarcas e seções judiciárias onde houver tal vara. Registre-se, por fim, que, por se tratar da fixação de competência de juízo, somente após a fixação da competência do foro terá alguma relevância a existência ou não de vara especializada em razão da matéria. A vara especializada em razão da matéria não modifica regra de competência de foro, só passando a ter importância após tal determinação[115].

Como se pode notar, não há qualquer previsão a respeito da competência do foro, sendo missão do operador desvendar o mistério criado pela Lei de Ação Popular. Vejo duas possibilidades: (a) busca-se a solução dentro do microssistema coletivo, aplicando-se por analogia a regra do art. 2º da

[113] STF, Tribunal Pleno, Pet 3.152 AgR/PA, rel. Min. Sepúlveda Pertence, j. 23/06/2004, *DJ* 20/08/2004, p. 37; STF, Tribunal Pleno, AO 1.031 AgR/RN, rel. Min. Carlos Velloso, j. 19/02/2004, *DJ* 19/03/2004, p. 16.

[114] STF, Tribunal Pleno, ACO 622 QO/RJ, rel. Min. Ilmar Galvão, j. 07/11/2007, *DJE* 14/02/2008; STF, Tribunal Pleno, Pet 3.674 QO/DF, rel. Min. Sepúlveda Pertence, j. 04/10/2006, *DJ* 19/12/2006, p. 37.

[115] Súmula 206/STJ.

LACP, lembrando a natureza absoluta dessa competência, ou (b) parte-se para o Código de Processo Civil, nas regras gerais de competência territorial, de natureza relativa.

Pessoalmente, compartilho do entendimento doutrinário que defende a aplicação da regra já constante no microssistema, o que inclusive manteria homogêneo o tratamento da competência do foro no âmbito da tutela coletiva. Ainda que o local nem sempre seja o mesmo (o art. 209 do ECA, por exemplo, indica o local do ato ou da omissão, e não do dano, como ocorre no art. 2º da LACP), a regra é sempre de competência absoluta.

No Superior Tribunal de Justiça há precedente determinando a aplicação por analogia das regras do Código de Processo Civil e transformando a competência territorial da ação popular na única competência relativa de todo o microssistema coletivo[116], com o que naturalmente, não se pode concordar.

Conforme ensina a melhor doutrina117, essa omissão deve ser suprida dentro do próprio microssistema, com a aplicação do art. 2º, da LACP. Nesse sentido há precedente recente do Superior Tribunal de Justiça[118].

Dessa forma, figurando no polo passivo a União, aplicam-se os arts. 51, parágrafo único, do CPC e 109, § 2º, da CF[119]. Cumpre inicialmente ressaltar que o termo *União*, contido tanto no art. 109, §§ 1.º e 2.º, da CF como no art. 51 do CPC, deve ser interpretado restritivamente, não se aplicando a regra prevista em tais dispositivos aos processos em que figurem como réu autarquias, fundações ou empresas públicas federais, que seguirão outras regras de competência, em especial as previstas nos arts. 46 e 53, IV, *a*, do CPC[120]. Figurando a União como ré da ação popular, portanto, o autor poderá optar entre a seção judiciária de seu domicílio, a do local em que houver ocorrido o ato ou fato que deu origem à demanda, aquela onde esteja situada a coisa objeto da demanda, ou a do Distrito Federal (é hipótese de competência concorrente, com escolha do autor).

Havendo no polo passivo pessoa jurídica de direito público ou privado federal, a competência da Justiça dependerá da interpretação a ser dada ao art. 109, I, da CF. O dispositivo legal se refere à União, entidade autárquica

116 STJ, 1ª Seção, CC 107.109/RJ, rel. Min. Castro Meira, j. 24/02/2010, DJe 18/03/2010.

117 Costa, *O processo*, n. V.3.4.1., p. 256.

118 STJ, 1ª Seção, CC 164.362/MG, rel. Min. Herman Benjamin, j. 12/06/2019, DJe 19/12/2019.

119 STJ, 1ª Seção, CC 107.109/RJ, rel. Min. Castro Meira, j. 24/02/2010, *DJE* 18/03/2010; STJ, 1ª Seção, CC 47.950/DF, rel. Min. Denise Arruda, j. 11/04/2007, *DJ* 07/05/2007, p. 252.

120 Castro Mendes, *Competência*, p. 110-111; Theodoro Jr., *Curso*, v. 1, p. 163. A jurisprudência é nesse sentido: STJ, 5.ª Turma, EDcl no AgRg no REsp 865.475/DF, Rel. Min. Jane Silva, j. 18/09/2007; STJ, 1ª Turma, REsp 833.347/DF, Rel. Min. José Delgado, j. 03/08/2006. Em sentido contrário, Dinamarco, *Instituições*, p. 506-507.

e empresa pública federal. A jurisprudência, entretanto, se consolidou no sentido de também incluir as fundações federais como entes aptos a exigir a competência da Justiça Federal. O mesmo pode ser dito relativamente às agências reguladoras federais[121] e aos conselhos de fiscalização profissional[122]. Não ocorre o mesmo com as demandas das quais participe sociedade de economia mista, em que, apesar da preponderância de capital pertencente à União, serão de competência da Justiça Estadual[123].

A competência territorial, nesse caso, é regida pela conjugação das alíneas *a* e *b* do inciso IV do art. 53 do CPC, sendo competente o foro do local da sede ou de agência e sucursal que tenham contraído a obrigação objeto do processo. O Superior Tribunal de Justiça entende que, sendo ré autarquia federal, a competência é do local de sua sede ou de sua agência ou sucursal em cujo âmbito de competência ocorreram os fatos que originaram a lide[124]. O objetivo de se admitir a competência do foro do local de agência ou sucursal da pessoa jurídica é claramente facilitar o acesso à Justiça daquele que pretende litigar contra grande empresa com sede distante e agências, sucursais ou filiais espalhadas por todo o País.

É polêmica a conclusão do Superior Tribunal de Justiça pela competência da Justiça Federal em razão da mera presença do Ministério Público Federal na ação, valendo-se do fundamento da ausência de personalidade jurídica do Ministério Público. Afirma-se que o Ministério Público Federal é um órgão da União e, como tal, está incluído no termo "União" expressamente previsto pelo art. 109, I, da CF[125]. Há doutrina, na qual me incluo, que entende ser a simples presença na demanda do Ministério Público Federal incapaz para afirmar a competência da Justiça Federal, devendo a norma constitucional ser interpretada restritivamente. Sem nenhuma indicação legal no sentido de apontar tal competência, não se afigura correto qualquer interpretação ampliativa. Por outro lado, além da omissão legislativa – que não pode ser utilizada como argumento de autoridade –, não há nenhuma previsão constitucional (arts. 127 a 129 da CF), tampouco do Estatuto do Ministério Público da União (LC

---

[121] REsp 572.906/RS, 1.ª Turma, Rel. Min. Luiz Fux, j. 08/06/2004.

[122] STJ 66: "Compete à Justiça Federal processar e julgar execução fiscal promovida por Conselho de fiscalização profissional"; STJ, 1ª Seção, CC 40.275/BA, Rel. Min. Castro Meira, *DJ* 15/03/2004, p. 145; CC 36.801/GO, 1ª Seção, Min. Francisco Peçanha Martins, *DJ* 07/06/2004, p. 152; CC 25.355/MG, 2.ª Seção, Rel. Min. Carlos Alberto Menezes Direito, *DJ* 19/03/2001, p. 72.

[123] Súmulas 556 e 508 do STF – esta última especificamente quanto ao Banco do Brasil.

[124] Informativo 424/STJ: 1ª Turma, REsp 891.326-RJ, Rel. Min. Teori Albino Zavascki, julgado em 23/02/2010.

[125] STJ, 1.ª Turma, REsp 440.002/SE, Rel. Teori Albino Zavascki, *DJ* 06/12/2004, p. 195; STJ, 1.ª Seção, CC 39111/RJ, Rel. Luiz Fux, *DJ* 28/02/2005.

75/1993) que preveja essa limitação de atuação do Ministério Público Federal à Justiça Federal, sendo plenamente viável sua atuação perante outras Justiças[126].

Apesar da relevância do tema, em especial no âmbito da tutela coletiva, deve-se reconhecer que, na ação popular, em razão das formas de participação do Ministério Público, ele é esvaziado em importância. O Ministério Público funcionará como fiscal da ordem jurídica, não havendo qualquer razão para que o juízo estadual no qual tramita a ação popular intime o Ministério Público Federal para intervir no feito e vice-versa. E, mesmo quando o Ministério Público se torna autor, nos termos do art. 9º da LAP, ele já estará participando do processo como fiscal da ordem jurídica, presumidamente vinculado à sua Justiça de atuação.

Figurando no polo passivo da ação popular o Estado ou Município, a competência será do foro de domicílio do autor, ou de ocorrência do ato ou fato que originou a demanda, ou de situação da coisa ou da capital do respectivo ente federado, nos termos do art. 52, parágrafo único, do CPC. Figurando pessoa jurídica estadual ou municipal, a competência territorial nesse caso é regida pela conjugação das alíneas *a* e *b* do inciso IV do art. 53 do CPC, sendo competente o foro do local da sede ou de agência e sucursal que tenham contraído a obrigação objeto do processo.

Interessante notar que, apesar do litisconsórcio passivo formado na ação popular, é a pessoa jurídica de direito público ou privado que determina a regra de competência territorial, sendo o local de domicílio das pessoas humanas que compõem o polo passivo irrelevante para fins de fixação de competência. Uma ação popular movida contra o Município de Vitória, por exemplo, ainda que tenha funcionários da Municipalidade como réus domiciliados em Vila Velha e beneficiados domiciliados em Cariacica, terá como foro competente a Comarca de Vitória. Trata-se de interessante hipótese de inaplicabilidade do art. 46, § 4º, do CPC.

9.5. PROCEDIMENTO

9.5.1. Introdução

Não restam maiores dúvidas a respeito da natureza de ação de conhecimento da ação popular, ou mesmo de um processo sincrético cuja primeira fase é de conhecimento. Segundo o art. 7º da Lei 4.717/1965, a ação popular seguirá basicamente o procedimento comum, apenas com algumas peculiaridades, de forma que só há no presente estudo interesse na análise dessas singularidades.

[126] Castro Mendes, *Competência*, p. 62; Didier Jr., *Direito*, p. 161.

9.5.2. Petição inicial

Aplicando-se à ação popular o princípio da inércia da jurisdição, a movimentação jurisdicional depende de provocação da parte interessada, o que se dará no caso concreto por meio da petição inicial. Aplicam-se subsidiariamente os arts. 319 e 320 do CPC, e nem cabe afirmar que se aplicam tais dispositivos naquilo que couber, porque, ao menos com relação ao art. 319 do CPC, a aplicação é integral. A especialidade da petição inicial fica por conta da aplicação do art. 320 do CPC.

O inciso I do art. 319 do CPC exige que conste da petição inicial o endereçamento, não havendo qualquer particularidade na ação popular, o mesmo ocorrendo no tocante ao inciso II, que exige a qualificação das partes, o inciso III, que versa sobre a causa de pedir (fatos e fundamentos jurídicos do pedido), e o inciso VI, que prevê o pedido de provas. Características específicas da petição inicial na ação popular estão limitadas aos incisos IV e V do art. 319 do diploma processual e sobre a eventual aplicabilidade do inciso VII de tal dispositivo.

O inciso IV trata do pedido, que pode cumular até quatro pretensões: (a) decretação de invalidade do ato ou omissão; (b) desconstituição do ato; (c) declaração da omissão, (d) condenação em perdas e danos ou em obrigação de fazer, não fazer e entregar. Em regra, haverá uma cumulação sucessiva de pedidos, envolvendo um ou ambos os pedidos indicados em (a), (b) (c) e o de natureza condenatória (d). Afirmo que, em regra, haverá essa cumulação, em razão da constatação já feita de que a mera ofensa à moralidade administrativa, tratada como bem imaterial, pertencente ao patrimônio público, é o suficiente para sustentar a pretensão na ação popular. Dessa forma, havendo tão somente a pretensão de anular um ato contrário à moralidade administrativa, é possível que não venha tal pedido cumulado com o indenizatório. Quem sabe um dano moral coletivo; mas, de qualquer forma, não será indispensável a formulação de pedido condenatório.

Registre-se que, apesar de alguma resistência doutrinária, atualmente a jurisprudência caminha para admitir que o pedido condenatório nem sempre tem como objeto uma obrigação de pagar quantia certa, sendo viável a sua veiculação em obrigações de fazer[127], não fazer e entregar coisa. Naturalmente, admite-se no pedido condenatório a cumulação de diferentes espécies de obrigações.

Diferentemente de parcela doutrinária[128], entendo ser inviável a formulação de pedidos que contenham as sanções previstas no art. 12 da Lei 8.429/1992

[127] STJ, 1ª Turma, REsp. 1.098.028/SP, rel. Min. Luiz Fux, j. 09/02/2010, *DJ* 02/03/2010.

[128] Assagra, *Manual*, p. 360. No sentido do texto: Meirelles-Mendes-Wald, *Mandado*, p. 196.

na ação popular, o que, na realidade, ampliaria a legitimação ativa da ação civil pública por improbidade administrativa para o cidadão. A vontade do legislador de restringir a legitimação ativa dessa ação ficou clara com a previsão do art. 17 da mesma lei, não havendo qualquer sentido em outorgá-la ao cidadão por meio de uma ação formalmente popular, mas substancialmente de improbidade administrativa. Pela vedação aos pedidos de sanção na ação popular, já se manifestou o Superior Tribunal de Justiça[129].

O valor da causa, exigido pelo inciso V do art. 319 do CPC, é exigido também na ação popular, seguindo-se as regras comuns para a sua fixação no caso concreto. Aplica-se à ação popular, portanto, tanto o critério legal como o critério estimativo de fixação do valor da causa, bem como as regas de controle de ofício e mediante provocação do réu por meio da impugnação ao valor da causa.

A aplicação do art. 319, VII, do CPC passa pela fixação de uma premissa: o cabimento ou não da audiência de conciliação e mediação prevista no art. 334 do CPC à ação popular. O § 4º, II, do art. 334 do CPC prevê que tal audiência não será realizada quando o direito não admitir a autocomposição, mas tal vedação não parece ser o suficiente para afastá-la da ação popular.

O legislador foi extremamente feliz em não confundir direito indisponível com direito que não admita autocomposição, porque mesmo nos processos que versam sobre direito indisponível é cabível a autocomposição. Naturalmente, nesse caso, a autocomposição não tem como objeto o direito material, mas sim as formas de exercício desse direito, tais como os modos e momentos de cumprimento da obrigação. Na tutela coletiva, por exemplo, esse entendimento é pacificado[130], o que fundamenta o entendimento ora defendido de cabimento da audiência do art. 334 do CPC na ação popular.

Como o objeto de tutela na ação popular são direitos indisponíveis, de titularidade da coletividade, numa primeira impressão pode-se imaginar inviável qualquer espécie de transação nessa ação, de forma que o saneamento sempre se daria por escrito. Na realidade, ainda que os direitos discutidos na ação popular não possam ser objeto de renúncia, seja porque têm natureza indisponível, seja porque o autor não é seu titular, é admissível que se faça uma transação não sobre o direito em si, mas sobre a forma de exercício desse direito. É possível, sem abrir mão da tutela do patrimônio público material e imaterial, convencionar-se a forma, os modos e prazos para o cumprimento

---

[129] STJ, 1ª Turma, REsp. 879.360/SP, rel. Min. Luiz Fux, j. 17/06/2008, *DJE* 11/09/2008.

[130] Mancuso, *Ação civil pública*, p. 241; Mazzilli, *A defesa*, p. 438-439; Gomes Jr., *Curso*, p. 273; STJ, 2ª Turma, REsp 299.400/RJ, rel. Min. Francisco Peçanha Martins, rel. p/ acórdão Min. Eliana Calmon, j. 01.06.2006, DJ 02.08.2006, p. 229.

da obrigação imputada aos réus, de forma que será cabível a designação de audiência de conciliação e mediação na ação popular.

Partindo-se de tal premissa, o inciso VII do art. 319 do CPC é aplicável à ação popular, de forma que, caso o autor não pretenda a realização da audiência de conciliação e mediação, deverá nesse sentido se manifestar na petição inicial. Registre-se, apenas, que nesse caso a audiência só não será realizada se o réu também expressamente se manifestar contra a sua realização, nos termos do art. 334, § 4º, I, do CPC[131].

Na petição inicial também poderá constar pedido de tutela provisória a ser concedida *inaudita altera parte*, embora não haja preclusão temporal para a elaboração de tal pedido. A tutela provisória é devidamente analisada no Capítulo 1, item 1.5.

O título de eleitor é documento indispensável à propositura da ação, nos exatos termos do art. 320 do CPC, cabendo ao autor instruir a petição inicial com cópia desse documento, ainda que a ausência seja considerada um vício sanável. Se não juntar aos autos, instado a tanto, não evitará a extinção do processo. A exigência prevista no dispositivo legal comentado é excepcionada pelo art. 1º, § 4º, da LAP, que permite, na petição inicial, a elaboração de um pedido de exibição de documentos.

Conforme prevê o dispositivo legal mencionado, o autor da ação popular poderá requerer às entidades que compõem o polo passivo da demanda ou mesmo a entidades estranhas ao processo as certidões e informações que julgar necessárias, no que naturalmente poderão estar incluídos documentos indispensáveis à propositura da ação. A melhor doutrina assevera com acerto que a legitimidade da ação popular cria a hipótese perfeita para um autor que não tem em seu poder os documentos necessários à propositura da ação, sendo o pedido de exibição incidental essencial para viabilizar o exercício do direito de ação.

Ainda segundo a regra legal comentada, caberá ao autor indicar a finalidade dos documentos requeridos, dando a entender pela aplicabilidade do art. 400, *caput*, do CPC, que prevê a presunção de veracidade dos fatos que se pretendiam provar com a exibição de coisa ou documento não apresentado. A conclusão, entretanto, não parece correta[132], e por duas razões essenciais. A primeira é que a presunção de veracidade decorreria de omissão de um dos réus, mas prejudicaria a todos os outros, que não tinham qualquer responsabilidade na exibição das certidões ou prestação de informações. A segunda é a presunção de legalidade do ato administrativo, atacado por meio da ação

---

[131] Neves, Manual, n. 17.5, p. 573.

[132] Cais, *Comentário*, p. 205-206.

popular, que só poderá ser afastada, no caso concreto, por meio de prova que convença o juiz do contrário. A indicação da finalidade, portanto, tem como função exclusiva demonstrar a utilidade do pedido do autor diante de seus objetivos na ação popular.

9.5.3. Posturas do juiz diante da petição inicial

9.5.3.1. Emenda e indeferimento da petição inicial

Apesar de não haver uma previsão específica nesse sentido, é indubitável a aplicação à ação popular do art. 321 do CPC, que admite, diante de um vício sanável, a emenda da petição inicial. O Superior Tribunal de Justiça, por exemplo, já decidiu que a ausência de cópia do título de eleitor do autor é vício que pode ser sanado por meio de emenda da petição inicial no prazo de dez dias, lembrando, inclusive, que esse prazo não é próprio, de forma a admitir-se a emenda a qualquer tempo antes da extinção do processo[133].

Também não há dúvida a respeito da aplicação subsidiária do art. 330 do CPC, que trata do indeferimento da petição inicial. E, por consequência natural, também é aplicável o art. 331, *caput*, do CPC, que admite a retratação do juiz em 5 dias diante da apelação interposta pelo autor.

9.5.3.2. Julgamento de improcedência liminar

Apesar de extremamente difícil de ocorrer no caso concreto, entendo ser aplicável à ação popular o julgamento liminar de improcedência previsto no art. 332 do CPC.

Acredito não ser a regra aplicável a diferentes ações populares, em razão da singular espécie de coisa julgada prevista no art. 18 da LAP. Transitada em julgado uma decisão de improcedência, a repropositura da ação popular, por qualquer cidadão, inclusive o que ingressou com a ação frustrada, dependerá de prova nova, o que já demonstra a inaplicabilidade do julgamento liminar de improcedência. Por outro lado, julgada a ação procedente, a repropositura, independentemente de quem seja o autor, deve ser extinta sem a resolução do mérito por respeito à coisa julgada material e para se evitar o *bis in idem*.

Mas a tese jurídica apresentada pelo autor da ação popular pode fundamentar outras espécies de ação, ainda que com pedidos distintos. Nesse caso pode-se criar o precedente ou ser editada súmula que possibilite ao juiz o julgamento de improcedência liminar do pedido do autor popular, nos termos do art. 332 do CPC.

[133] Informativo 435/STJ, 1ª Turma, REsp. 826.613/SP, rel. Min. Teori Albino Zavascki, j. 18/05/2010.

9.5.3.3. Citação dos réus e intimação do Ministério Público

Estando em ordem a petição inicial, o juiz, nos termos do art. 7º, I, *a*, da LAP, determinará a citação dos réus, sendo a utilização de plural para designar os citados mais um indicativo da natureza necessária do litisconsórcio passivo formado na ação popular. O mesmo dispositivo determina a intimação do Ministério Público para funcionar como fiscal da ordem jurídica. Como o Ministério Público não é réu na ação popular, o dispositivo legal foi preciso ao indicar o modo de ciência da existência da ação.

Segundo o art. 7º, II, da LAP, cabe ao autor definir se prefere a citação dos beneficiários de forma real - oficial de justiça ou correio, a depender de sua vontade - ou na forma ficta do edital. Como vigora em favor do autor a gratuidade, o edital será gratuito, sendo afixado na sede do juízo e publicado por três vezes no jornal oficial do Distrito Federal, ou da Capital do Estado, ou Território em que seja ajuizada a ação. Em termos de prazo, o edital terá um prazo de 30 dias e a publicação deve se iniciar no máximo três dias após a entrega, na repartição competente, sob protocolo, de uma via autenticada do mandado de citação.

A citação por edital, ficta por natureza, tem suas hipóteses de cabimento previstas no art. 256 do CPC. Aparentemente, a citação na ação popular conforme previsto em lei encontraria respaldo no art. 256, III, do CPC, que trata dos procedimentos-editais, nos quais a citação por edital depende exclusivamente de previsão legal, sem qualquer necessidade de preenchimento de requisitos no caso concreto. No caso da ação popular, portanto, bastaria a vontade do autor de empregar essa forma de citação, o que significaria dizer que, mesmo sendo o réu identificado, com endereço certo e conhecido, a citação seria ficta. Na realidade, no caso de beneficiário incerto, nem mesmo será possível a aplicação do art. 7º, II, da LAP, considerando-se que, nesse caso, o polo passivo da ação popular será formado somente pela pessoa jurídica e os responsáveis pelo ato impugnado.

É preciso registrar, entretanto, que parcela considerável da doutrina que já teve oportunidade de se manifestar sobre o tema entende que a ação popular não deve ser incluída entre os procedimentos-editais, não sendo propriamente a vontade do autor que determina a citação por edital, mas uma das situações previstas no art. 256, II, do CPC[134]. Ainda que louvável a preocupação com o efetivo exercício do contraditório por parte do réu conhecido e com endereço certo, cumpre lembrar que, em situação análoga, de citação de herdeiros domiciliados fora da comarca em que tramita o in-

[134] Assagra, *Manual*, p. 378; Abelha Rodrigues-Klippel, *Comentários*, p. 206; Donizetti, *Ações*, p. 183-184; Cais, *Comentários*, p. 209. Contra: Silva, Ação popular, p. 212.

ventário, ainda que conhecidos e com endereço certo, o Supremo Tribunal Federal já teve oportunidade de declarar a constitucionalidade do art. 999, § 1º, do CPC/1973, que prevê a citação por edital desses réus[135]. A boa notícia é que essa norma não foi repetida pelo Código de Processo Civil de 2015, que passou a adotar no processo de inventário forma de citação que garante de forma real o princípio do contraditório. Oxalá essa novidade possa influenciar mudança de entendimento também na ação popular.

Seja como for, uma vez determinada a citação por edital e não comparecendo o réu no prazo legal com advogado constituído, a ele será indicado um curador especial com poderes de apresentar contestação por negativa geral, nos termos do art. 341, parágrafo único, do CPC. Ainda que na ação popular a negativa geral não tenha a relevância que em geral possuiu, considerando que muito provavelmente os demais réus contestarão a ação, a prerrogativa é aplicável.

9.5.3.4. *Exibição incidental*

Nos termos do art. 7º, I, *b*, da LAP, o juiz, ao despachar a petição inicial, ordenará a requisição dos documentos cuja exibição tenha sido requerida incidentalmente pelo autor, ou qualquer outro documento que entenda necessário ao esclarecimento dos fatos, fixando um prazo de 15 a 30 dias para a exibição. Apesar da omissão legal, tratando-se de uma exibição incidental, em respeito ao princípio do contraditório, a entidade apontada como detentora dos documentos deve ser intimada para responder ao pedido em 5 dias, sendo somente após esse prazo, com o silêncio ou rejeição da defesa, determinada a exibição em prazo fixado pelo juiz de 15 a 30 dias.

Entendo que esse prazo não é próprio, admitindo-se a juntada de documentos aos autos após seu vencimento, mas a partir de seu vencimento e desatendida a determinação do juízo, poderá o juiz aplicar medidas de execução por sub-rogação (busca e apreensão), de execução indireta (coercitivas e indutivas, inclusive *astreintes*) e mandamentais, nos termos do art. 400, parágrafo único, do CPC. Além disso, é possível se defender que, nesse caso, há o crime de desobediência, nos termos do art. 330 do CP.

Uma das tarefas do Ministério Público na ação popular, nos termos do art. 7º, § 2º, da LAP, é providenciar para que as requisições do juiz sejam cumpridas dentro do prazo. A regra legal é de curiosa aplicação prática. O que se espera do promotor de justiça? Que fique durante o prazo lembrando o agente público de seu dever? O fará pessoalmente, por telefone, por carta, ou por outro meio de comunicação? Sinceramente, vejo de utilidade prática

---

[135] Informativo 523/STF, Tribunal Pleno, RE 552.598/RN, rel. Min. Menezes de Direito, j. 08/10/2008.

escassa o dispositivo legal[136]. Caberá ao Ministério Público, certamente, atuar da forma mais rápida possível diante do descumprimento da requisição, requerendo medidas para que a exibição seja realizada, mas antes disso, sinceramente, não acredito que o Ministério Público tenha algo a fazer.

O art. 1º, § 5º, da LAP prevê uma intrigante regra legal. Nada de anormal no prazo de quinze dias para a exibição em juízo, tendo como termo inicial a data da entrega, sob recibo, do requerimento de exibição. A curiosidade do dispositivo legal vem em seu final, mais precisamente na previsão de que as certidões e informações prestadas pela pessoa jurídica que figura como réu só poderão ser utilizadas para a instrução de ação popular. Não se compreende a limitação proposta pela lei, ainda mais quando o § 6º da norma comentada prevê a negativa de exibição de documento, se o sigilo se justificar em interesse público.

É curioso, porque, se houver necessidade de sigilo, não ocorrerá a exibição, o que demonstra que os documentos exibidos em juízo não são sigilosos, não havendo qualquer justificativa plausível para sua utilização limitar-se a ação popular na qual a prova documental é produzida. O processo, como é notório, é público, como públicas são todas as informações lá contidas, desde que não haja no caso concreto o chamado "segredo de justiça", de forma que os documentos exibidos na ação popular poderão ser utilizados, mediante a extração de cópias, em qualquer outro processo. Não se tratará de prova emprestada, que exige uma distinção entre seu conteúdo (oral ou pericial) e sua forma (documental), mas é inegável que seja possível sua utilização por meio de cópia em outros processos.

A regra de sigilo, entretanto, parece encontrar uma exceção no art. 1º, § 7º, da LAP, que prevê que o juiz, diante das alegações de recusa na exibição – o que deve ser feito antes mesmo da determinação da exibição, em respeito ao contraditório – poderá, salvo na hipótese de segurança nacional, requisitar ainda assim os documentos ou parte deles, determinando que a ação seguirá em segredo de justiça até o trânsito em julgado da sentença condenatória. Esse segredo de justiça com prazo para acabar só pode ser compreendido se aplicada ao caso concreto a regra de que as partes, após o trânsito em julgado, podem retirar dos autos os documentos originais, ainda que substituídos por cópias. Na hipótese ora analisada, entendo que o réu que exibiu o documento poderá retirá-los dos autos sem a necessidade de substituir os originais por cópias, mantendo assim o sigilo a seu respeito.

Concordo que, em respeito ao princípio da ampla defesa, os documentos devam ser exibidos, de preferência antes de iniciado o prazo de contestação

[136] Cais, *Comentários*, p. 208.

dos réus, para que possam responder à petição inicial já com ciência de todos os dados necessários[137]. O que, naturalmente, não cria uma preclusão temporal para a exibição de tais documentos, que poderão ser juntados aos autos a qualquer momento do procedimento, desde que se respeite o art. 435 do CPC.

9.5.4. Contestação

9.5.4.1. Prazo

O prazo de 15 dias de resposta do réu observado no procedimento comum não é aplicável à ação popular em razão de expressa previsão legal. O art. 7º, IV, da LAP prevê que o prazo para contestar é de 20 dias, podendo ser prorrogado por mais 20 dias desde que o interessado requeira tal prorrogação, demonstrando ser difícil a produção da prova documental. Registre-se que nesse caso o poder de o juiz dilatar prazos, consagrado no art. 139, VI, do CPC, deve ser exercido nos limites previstos pelo dispositivo ora analisado, ou seja, não pode dilatar o prazo de contestação além de 20 dias e depende de expressa e tempestiva provocação do réu.

Concordo com a doutrina que defende a preclusão temporal para o pedido de prorrogação do prazo, caso o interessado não se manifeste dentro de seu prazo original de 20 dias para responder à petição inicial[138]. Só é possível se prorrogar o que existe, de forma que, vencido o prazo de resposta, será materialmente impossível qualquer prorrogação. É nesse sentido o art. 139, parágrafo único, do CPC.

O mero pedido dentro do prazo já é o suficiente para suspender o prazo de resposta, que seguirá pelo saldo ou pelo saldo somado aos vinte dias concedidos pelo juiz, após a decisão denegatória ou concessiva do pedido, respectivamente. Não se concebe, dentro de uma visão atual de contraditório, o elemento surpresa no processo, sendo inadmissível que, aguardando a apreciação do pedido de prorrogação, o réu venha a ser surpreendido com o indeferimento de seu pedido e consequente decretação de revelia. Naturalmente que, se restar provado que o réu fez o pedido de forma manifestamente infundada, com o único propósito de ganhar tempo para responder à petição inicial, caberá punição por litigância de má-fé, mas ainda assim entendo que não ocorrerá revelia.

Sendo acolhido o pedido de prorrogação elaborado por um dos réus, a dilação do prazo de resposta aproveita a todos os demais, até porque o art. 7º, IV, da LAP é expresso ao determinar que o prazo será comum a todos os interessados (melhor seria dizer todos os réus). E justamente em razão

---

[137] Abelha Rodrigues-Klippel, *Comentários*, p. 188.

[138] Abelha Rodrigues-Klippel, *Comentários*, p. 206.

dessa previsão não entendo aplicáveis ao prazo de resposta na ação popular as regras diferenciadas de contagem do prazo previstas nos arts. 183 e 229 do CPC[139], sendo contado o prazo em dobro somente quando presente o requisito legal – dificuldade na produção da prova –, independentemente da qualidade dos réus ou da presença de diferentes patronos de sociedades distintas os representando, o que fatalmente ocorrerá no caso concreto.

Conforme entendimento do Superior Tribunal de Justiça, a pessoa jurídica que figura no polo passivo da demanda pode pedir a concessão de prazo em dobro para contestar e, dentro desse prazo, optar por assumir posição de litisconsorte do autor, nos termos do art. 6º, § 3º, da LAP. Segundo o tribunal, não há preclusão lógica em se pedir o prazo em dobro e posteriormente assumir o polo ativo da demanda[140].

9.5.4.2. *Matéria de defesa*

Na contestação o réu poderá alegar todas as defesas processuais (preliminares) previstas no art. 337 do CPC e de mérito (direta e indireta). As exceções são todas admitidas, tanto a de incompetência (alegada como preliminar de contestação), considerando a natureza relativa da competência territorial da ação popular, como as de suspeição e impedimento do juiz (alegada em peça autônoma)[141]. A reconvenção, entretanto, não será cabível por impossibilidade de preenchimento dos requisitos legais para a admissão de tal espécie de resposta.

É comum, na prática, o réu na ação popular, em especial o agente público, entender que houve abuso de direito de ação e que o autor popular utilizou-se da ação somente para manchar sua imagem de político probo. Com esse fundamento, ingressa com reconvenção para pedir a condenação por ressarcimento de eventuais danos morais suportados. Como já teve a oportunidade de decidir o Superior Tribunal de Justiça, além da ausência de conexão exigida pelo art. 343, *caput*, do CPC, a reconvenção nesses moldes jamais será admitida em razão da regra consagrada no § 5º do dispositivo legal[142], afinal, o autor popular atua com legitimação extraordinária (em nome próprio na defesa da coletividade) e não pode ser demandado em reconvenção com legitimidade ordinária (atuação em nome próprio na defesa de interesse próprio).

---

139 Rodrigues, *Ação*, p. 300; Assagra, Manual, p. 380; Donizetti, *Ações*, p. 184. Contra: Abelha Rodrigues-Klippel, *Comentários*, p. 206.

140 STJ, 2ª Turma, AgRg no REsp 973.905/SP, rel. Min. Humberto Martins, j. 04/06/2009, *DJE* 25/06/2009.

141 Alves, *Ação*, p. 90; Rodrigues, *Ação*, p. 300.

142 STJ, 2ª Turma, REsp. 72065/RS, rel. MIn. Castro Meira, j. 03/08/2004, *DJ* 06/09/2004, p. 185.

9.5.4.3. *Revelia*

A revelia é um estado de fato gerado pela ausência jurídica de contestação. Esse conceito pode ser extraído do art. 344 do CPC, que, apesar de confundir o conteúdo com os efeitos da revelia, expõe claramente que a existência desse fenômeno processual depende da ausência de contestação[143]. A ausência deve ser necessariamente jurídica, porque ocorre revelia mesmo nos casos em que o réu apresenta contestação, que faticamente existirá. Essa existência fática, entretanto, não é o suficiente para afastar a revelia, sendo indispensável que juridicamente ela exista. Contestação intempestiva, por exemplo, não impede a revelia do réu[144].

O art. 344 do CPC realmente peca em confundir o *conteúdo* da revelia com o seu *efeito principal*, qual seja a presunção de veracidade dos fatos alegados pelo autor, mas ainda assim pode ser aproveitado parcialmente para justificar o conceito apresentado. Não se mostra correta a doutrina minoritária que pretende extrair do dispositivo legal mais do que indica, entendendo que a revelia na realidade é a ausência jurídica de resposta do réu, de forma que, apresentada qualquer espécie de resposta, o réu não é revel[145]. Ao que parece, essa parcela da doutrina confunde revelia com seus efeitos, não compreendendo que é plenamente possível um réu revel apresentar outras espécies de resposta que não a contestação, evitando assim a geração dos efeitos da revelia, mas não o seu estado de revel[146].

Como entendo que o conteúdo da revelia não pode ser confundido com os seus efeitos, até porque, se, conforme autorizada doutrina, conceito é o que está dentro e efeito é aquilo que se projeta para fora, é impossível confundir um com o outro. Sendo a revelia uma questão de fato gerada pela ausência jurídica de contestação, não guarda maior interesse o seu conceito, sendo muito mais relevante o estudo de seus efeitos. Como já afirmado, é plenamente possível existência de revelia que não gere nenhum dos efeitos programados pela lei, o que, entretanto, não será o suficiente para afastá-la do caso concreto[147].

---

143 Theodoro Jr., *Curso*, n. 396, p. 451; Marinoni-Arenhart, *Manual*, p. 130; Nery Jr.-Nery, *Comentários*, n. 1 ao art. 319, p. 593.

144 STJ, 4ª Turma, REsp 669.954/RJ, Rel. Min. Jorge Scartezzini, j. 21/09/2006, *DJ* 16/10/2006. Posição contrária minoritária: Calmon de Passos, *Comentários*, n. 237.2, p. 353.

145 Nesse sentido, Dinamarco, *Instituições*, v. 3, n. 1120, p. 533; Scarpinella Bueno, *Curso*, v. 2, p. 189; Fidélis dos Santos, *Manual*, v. 1, n. 546, p. 395-396.

146 No sentido do texto Marinoni-Arenhart, *Manual*, p. 131.

147 Dinamarco, *Instituições*, v. 3, n. 1121, p. 534; Marinoni-Arenhart, *Manual*, p. 131. Contra: STJ, REsp 510.229/RJ, 1ª Turma, Rel. Min. Francisco Falcão, j. 16/11/2004, *DJ* 13/12/2004.

Na ação popular há tanto a revelia, quando o réu deixa de contestar, como a geração de seus efeitos, em especial a presunção de veracidade dos fatos alegados. Como corretamente observado pela melhor doutrina, apesar de possível, dificilmente haverá a presunção de veracidade em razão das exceções previstas no art. 345, I e II, do CPC[148]. Apesar da correção do raciocínio, é preciso fazer uma análise cuidadosa da revelia diante dos pedidos formulados pelo autor na ação popular.

No tocante ao inciso II do art. 345 do CPC, que prevê o direito indisponível, que vem sendo associado ao direito defendido pela Fazenda Pública em juízo, entendo que a proibição de presunção de veracidade do alegado dá-se somente com relação aos fatos que fundamentam a invalidade do ato impugnado, considerando que o pedido condenatório não tem natureza indisponível. Os fatos que fundamentam o pedido de condenação só não serão presumidos verdadeiros, se um dos réus contestar esse pedido e as matérias de sua defesa beneficiarem os demais réus, em razão do litisconsórcio simples que eles formam no tocante a essa parcela da pretensão.

9.5.5. Providências preliminares e julgamento conforme o estado do processo

No procedimento comum, ultrapassado o momento de resposta do réu, passa-se às chamadas providências preliminares. Segundo o art. 347 do CPC, findo o prazo para a contestação, tenha sido ela apresentada ou não, o juiz determinará, no que couber, as providências preliminares. Registre-se que as providências preliminares não constituem uma fase obrigatória do procedimento, dependendo sua existência das circunstâncias do caso concreto[149].

Na hipótese de o réu ser revel, a postura a ser adotada pelo juiz dependerá da geração ou não do principal efeito da revelia. Sendo presumidos verdadeiros os fatos alegados pelo autor, será caso de julgamento antecipado da lide, nos termos do art. 355, II, do CPC. Não sendo presumidos os fatos como verdadeiros, aplica-se o art. 348 do CPC, com a determinação ao autor para que especifique as provas que pretende produzir no prazo de 5 dias, em aplicação do art. 218, § 3º, do CPC, em razão da omissão do dispositivo legal[150], sendo possível, entretanto, ao juiz designar outro prazo. Na ação popular, como a maioria da doutrina entende não haver o efeito da presunção de veracidade, caberá ao juiz determinar a especificação de provas.

---

148 Mancuso, *Ação*, p. 224.

149 Theodoro Jr., *Curso*, n. 400, p. 456; STJ, 1.ª Turma, REsp 215.552/AM, Rel. Min. Milton Luiz Pereira, j. 06/12/2001.

150 Barbosa Moreira, *O novo*, p. 50; Dinamarco, *Instituições*, n. 1.133, p. 552; Theodoro Jr., *Curso*, n. 402, p. 457.

A segunda providência preliminar prevista pelo Código de Processo Civil consiste na réplica, oportunidade de manifestação aberta ao autor sempre que o réu alegar em sua contestação *defesa de mérito indireta* (art. 350 do CPC) e/ou *defesa processual* (art. 351 do CPC). Nessas duas espécies de matéria defensiva, o réu traz uma novidade ao processo, tanto quando alega um fato novo impeditivo, modificativo ou extintivo do direito do autor, como quando alega uma defesa preliminar, naturalmente não narrada pelo autor em sua petição inicial. Como se pode notar, a réplica é manifestação do princípio do *contraditório*[151], exigindo-se a oitiva do autor a respeito de matérias novas do processo que podem ser determinantes para a decisão judicial.

Ultrapassada a fase das providências preliminares, ainda que nenhuma delas tenha sido necessária, o processo chega a uma nova fase, em que o juiz proferirá uma decisão, que pode ser interlocutória ou sentencial. Nesse momento, abrem-se quatro caminhos possíveis ao juiz, sendo que, em três deles, o processo será extinto por sentença e, no outro, a decisão terá natureza saneadora, com o prosseguimento da demanda e o ingresso na fase probatória. Trata-se da fase do "julgamento conforme o estado do processo".

Entre os quatro caminhos previstos pelo Código de Processo Civil, está a extinção do processo sem a resolução do mérito (art. 485 do CPC); extinção do processo com a resolução do mérito, desde que a sentença se fundamente no art. 487, II e III, do CPC (art. 354, *caput*, do CPC); julgamento antecipado do mérito (art. 355 do CPC), que pode ser parcial (art. 356 do CPC); e prolação de decisão saneadora (art. 357 do CPC), todas aplicáveis à ação popular.

É interessante notar que, à época da elaboração da Lei 4.717, no distante ano de 1965, a inovação da regra prevista no art. 7º, V, da LAP era notável, afinal, permitia ao juiz julgar a ação popular sem necessariamente designar audiência de instrução e julgamento. Atualmente, o fenômeno está consagrado no art. 355 do CPC, com o nome "julgamento antecipado do mérito", que admite o imediato julgamento de mérito da ação, nos termos do art. 487, I, do CPC, sempre que o processo se encontre apto à formação de juízo de certeza pelo juiz, diante de uma cognição exauriente.

Há, entretanto, uma importante diferença procedimental entre o art. 7º, V, da LAP e o art. 355 do CPC que não deve ser desconsiderada. Na ação popular, não sendo necessária a produção de prova oral ou pericial, já sendo suficiente a prova documental produzida pelas partes, caberá ao juiz abrir sucessivamente o prazo de 10 dias para autor e réus se manifestarem por escrito antes de julgar antecipadamente a lide. Entendo que essas alegações

[151] Dinamarco, *Instituições*, n. 1.132, p. 551; Theodoro Jr., *Curso*, n. 401, p. 456.

finais escritas, inexistentes no julgamento antecipado do mérito previsto pelo art. 355 do CPC, são indispensáveis na ação popular, constituindo-se em ofensa ao princípio do contraditório sua inobservância no caso concreto. O prazo dos réus será contado em dobro, com aplicação do art. 229 do CPC, desde que os três requisitos exigidos pelo dispositivo legal sejam preenchidos.

O saneamento e organização do processo é momento indispensável para se resolver alguma pendência formal e preparar o processo para a fase instrutória, que, nas ações populares, costuma ser complexa, em razão da frequência com que a prova pericial é produzida. O saneamento e organização do processo são realizados por meio de um ato processual complexo, como atestam os incisos do art. 357 do CPC, cabendo ao juiz, nesse momento procedimental: resolver, se houver, as questões processuais pendentes; delimitar as questões de fato sobre as quais recairá a atividade probatória, especificando os meios de prova admitidos; definir a distribuição do ônus da prova, observado o art. 373 do CPC; delimitar as questões de direito relevantes para a decisão do mérito; e, se necessário, designar audiência de instrução e julgamento.

A decisão – e não despacho – de saneamento e organização do processo será em regra proferida por escrito, sendo cabível a designação de audiência nos casos de complexidade em matéria de fato ou de direito, quando o saneamento poderá ser feito pelo juiz em cooperação com as partes, nos termos do art. 357, § 3º, do CPC.

9.5.6. Sentença

A sentença da ação popular pode ser prolatada oralmente em audiência de instrução e julgamento ou cm cartório, no prazo de 15 dias do recebimento dos autos pelo juiz, nos termos do art. 7º, VI, da LAP. Nesse tocante, o prazo é menor que os 30 dias previstos no art. 226, III, do CPC, e por decorrer de norma específica deve prevalecer, mas em ambos os casos o prazo é impróprio, de forma que seu vencimento não gerará preclusão temporal para o juiz, ou seja, uma sentença proferida após o prazo de 15 dias não impede que o juiz profira sentença válida. O atraso, entretanto, poderá ensejar a tomada das providências previstas no art. 235 do CPC.

O interessante no caso da ação popular fica por conta da sanção administrativa prevista pelo art. 7º, parágrafo único, da LAP para o juiz que não cumpre a determinação de sentenciar dentro do prazo legal. Segundo esse dispositivo legal, a desídia profissional privará o juiz da inclusão em lista de merecimento para promoção durante dois anos e acarretará a perda, para efeito de promoção por antiguidade, de tantos dias quantos forem os do retardamento. Não deixa de ser interessante a previsão de uma sanção pessoal, que afetará interesses do juiz que conduz a demanda, de forma objetiva e clara.

O próprio dispositivo legal prevê as condições para o afastamento da sanção administrativa: a demonstração de um motivo justo para o retardamento, cumprindo ao juiz especificar a razão do vencimento de prazo em sua própria sentença, e comprovar depois suas alegações perante o órgão administrativo competente para a análise de seu pedido de promoção. A carga excessiva de processos somada à precária estrutura do órgão judiciário é certamente a explicação mais comum para o vencimento do prazo legal.

A sentença pode ser terminativa, com fundamento no art. 485 do CPC, ou definitiva, nos termos do art. 487 do CPC. Na sentença genuína de mérito, havendo dois capítulos para decidir os pedidos tradicionalmente feitos pelo autor da ação popular – invalidade do ato/declaração da omissão e condenação – a natureza da sentença será declaratória sempre que o pedido for julgado improcedente e, na hipótese de procedência, será desconstitutiva no tocante à impugnação do ato, declaratória quanto à omissão e condenatória no tocante à reparação dos danos.

Conforme defende a melhor doutrina, a sentença de procedência na ação popular, apesar de ser em regra constitutiva negativa e condenatória, também pode ser meramente declaratória[152]. Imagino essa situação numa ação popular em que se impugne ato contrário à moralidade administrativa, sem que tenha havido qualquer dano ao patrimônio público material que enseje pedido indenizatório. Nesse caso, é possível se pedir somente a declaração de imoralidade do ato, certificando-se judicialmente a ofensa à moralidade administrativa.

Segundo o art. 11 da LAP, na procedência do pedido de invalidade do ato impugnado, o juiz condenará ao pagamento por perdas e danos os responsáveis por sua prática. Ainda que o pedido da ação popular seja composto por duas pretensões, sendo a segunda delas a condenação dos réus ao ressarcimento dos danos causados ao patrimônio público, surge a questão da possibilidade de o juiz condenar os réus sem o pedido expresso do autor nesse sentido. Como se sabe, o art. 492 do CPC não admite que o juiz conceda aquilo que não foi pedido, sob pena de proferir sentença *ultra petita*, mas o direito processual reconhece os indevidamente chamados "pedidos implícitos", admitindo excepcionalmente a concessão de ofício do que não foi pedido.

Os pedidos implícitos, como são excepcionais, devem ser previstos em lei, mas nem sempre haverá uma expressa previsão nesse sentido, sendo necessária interpretação além da literal para se concluir pela sua existên-

[152] Barros Leonel, *Ação*, p. 242; Rodrigues, *Ação*, p. 310.

cia no caso concreto. Assim foi feito pela jurisprudência no tocante aos alimentos na ação de investigação de paternidade, em interpretação que muito interessa, por mais paradoxal que possa parecer, para a solução da questão na ação popular.

O art. 7.º da Lei 8.560/1992 (Lei de investigação de paternidade) prevê que, "sempre que na sentença de primeiro grau se reconhecer a paternidade, nela se fixarão os alimentos provisionais ou definitivos do reconhecido que deles necessite". A utilização dos termos "sempre" e "fixarão" demonstra sem nenhuma dúvida que, nessa espécie de demanda, os alimentos devem ser concedidos pelo juiz, mesmo que não haja pedido expresso do autor nesse sentido, sendo os termos legais suficientes para amparar a conclusão de tratar-se de pedido implícito[153].

Apesar de não constar o termo "sempre" no art. 11 da LAP, a utilização do verbo condenar no imperativo ("condenará") associado à declaração de nulidade do ato, vem sendo interpretado como permissão para o juiz condenar o réu independentemente do pedido do autor[154]. A condenação dos réus à reparação do patrimônio público, portanto, seria considerado pedido implícito na ação popular.

9.6. ABANDONO E DESISTÊNCIA DO AUTOR POPULAR

9.6.1. Introdução

O art. 9º da Lei 4.717/1965 (Lei da Ação Popular) prevê uma situação exclusiva de demandas populares já em trâmite, sendo absolutamente impossível se falar em sua aplicação enquanto não existir uma demanda judicial já instaurada. Trata-se de interessante hipótese de sucessão processual a se verificar no polo ativo da demanda, permitindo-se que o Ministério Público ou qualquer outro cidadão – além da pessoa jurídica de direito público ou privado, originariamente figurando no polo passivo da demanda – possam assumir o polo ativo, desde que o cidadão-autor originário desista da ação ou dê "motivo para a absolvição da instância".

Segundo a previsão legal, ocorrendo uma das hipóteses indicadas e após a publicação de editais que seguirão os requisitos formais previstos pelo art. 7º, II, da mesma lei, será possível a verificação de sucessão processual, com

153 STJ, 3.ª Turma, AgRg no Ag 778.187/PR, Rel. Min. Sidnei Beneti, j. 18/11/2008; SEC 800/IT, Corte Especial, Rel. Min. Fernando Gonçalves, j. 18/10/2006. *Informativo* 380/STJ, 4.ª T., REsp 819.729-CE, rel. Aldir Passarinho Jr., j. 09/12/2008.

154 STJ, 1ª Turma, REsp. 439.051/RO, rel. Min. Teori Albino Zavascki, j. 14/12/2004, *DJ* 01/02/2005, p. 407; Mancuso, Ação, p. 242-243; Silva, *Ação*, p. 230; Rodrigues, *Ação*, p. 311. Contra: Barros Leonel, *Comentários*, p. 239.

a retirada do autor originário do polo ativo do processo e o ingresso de um novo sujeito. Como em qualquer espécie de sucessão processual, estar-se-á diante de uma modificação subjetiva da demanda, com a alteração do(s) sujeito(s) que participa(m) da relação jurídica processual no polo ativo.

Como bem observado pelo Superior Tribunal de Justiça, a diferenciada regra não constitui qualquer privilégio, decorrendo da especial natureza dessa espécie de ação, meio processual de dignidade constitucional e instrumento de participação da cidadania, posto à disposição de todos para a defesa do interesse difuso da coletividade[155]. E sua não aplicação no caso concreto gera a nulidade da sentença terminativa[156].

Há precedente do Superior Tribunal de Justiça determinando a aplicação na ação popular do previsto no art. 485, § 1º, do CPC, de forma que antes da extinção por abandono o autor deverá ser intimado pessoalmente a dar andamento ao processo no prazo de 5 dias[157]. Entendo que referida intimação deve preceder às providencias previstas no art. 9º da Lei 4.717/1965, por questão de economia processual.

9.6.2. Momento de aplicação do dispositivo legal

Conforme exposto nas breves observações introdutórias, a aplicação do dispositivo legal comentado está condicionada ao trâmite da ação popular, sendo norma inaplicável às hipóteses em que ainda não exista referida demanda judicial. Nem poderia ser diferente, considerando que a norma se refere ao procedimento, aspecto extrínseco do processo, que, por essa razão, só será aplicada quando a ação já existir. De qualquer forma, a conclusão óbvia não resolve todos os problemas que podem advir da determinação do momento adequado para a aplicação do dispositivo legal. Parece ser evidente que, sem processo, será impossível a aplicação da norma; mas será que a simples existência de uma demanda já possibilitaria a aplicação do dispositivo legal ora analisado?

A ação popular, assim como outra qualquer, será considerada proposta a partir do momento em que o cidadão protocola sua petição inicial perante algum órgão jurisdicional (art. 312 do CPC). Será, já a partir desse momento limiar da demanda judicial, aplicável o art. 9º da Lei 4.717/1965? Apesar do processo já passar a existir a partir da propositura da ação, não parece ser acertado a aplicação do art. 9º da Lei da Ação Popular antes que a relação jurídica processual esteja completa com a citação válida do réu. Esse enten-

[155] STJ, 2ª Turma, REsp. 554.532/SP, rel. Min. Castro Meira, j. 11/03/2008, *DJE* 28/03/2008.

[156] STJ, 2ª Turma, REsp 1.681.159/SP, rel. Min. Herman Benjamin, j. 21/11/2017, DJe 19/12/2017.

[157] STJ, 2ª Turma, AgInt no REsp 1.319.780/RJ, rel. Min. Og Fernandes, j. 06/09/2018, DJe 14/09/2018.

dimento leva em consideração a fase inicial em que a desistência tenha se operado, antes mesmo da integração da relação jurídica do polo passivo da demanda. Dessa forma, apenas quando já formada a relação jurídica processual triangular terá sentido a publicação dos editais com a convocação de interessados em assumir a demanda popular.

9.6.3. Desistência e "absolvição de instância"

Segundo o art. 9º da Lei 4.717/1965, a publicação dos editais e a intimação do Ministério Público ou de qualquer cidadão para permitir a sucessão processual no polo ativo da demanda popular se realizarão em duas hipóteses: a desistência da ação pelo autor e a absolvição de instância. A expressão "absolvição de instância", constante do Código de Processo Civil de 1939 (art. 201), foi abandonada pelo atual diploma processual, que não faz mais nenhuma remissão a tal termo. Como a Lei da Ação Popular é anterior ao atual estatuto processual, é preciso se definir quais as razões que levaram o legislador da época (1965) a prever tal fenômeno processual no dispositivo comentado, e isso só será possível a partir da conceituação do instituto da "absolvição de instância".

Da análise do art. 201 do Código de Processo Civil de 1939, é possível se concluir que o termo "absolvição de instância" refere-se às hipóteses previstas atualmente no art. 485, do CPC, que são as sentenças extintivas do processo sem o julgamento do mérito, feitas, evidentemente, as devidas adaptações. Há, inclusive, doutrina que defende a aplicação do art. 9º da LAP para qualquer hipótese de sentença terminativa, permitindo-se que o Ministério Público ou outro cidadão assumam o polo ativo, corrigindo a falha ou vício que levaria a demanda à sua extinção de forma anômala[158].

O Superior Tribunal de Justiça, entretanto, não aceita essa interpretação, preferindo associar o termo "absolvição de instância" à sentença terminativa em razão do abandono da causa, nos termos no art. 485, incisos II e III, do CPC, ou seja, a desistência unilateral ou bilateral da ação[159], ainda que haja precedente no sentido de aplicação da regra à hipótese de ilegitimidade[160]. Considero correto esse entendimento, por se compatibilizar com a ideia principal do art. 9º da LAP: a permissão de uma sucessão processual, que somente se justifica nas hipóteses em que o autor demonstrar desinteresse ou desídia no bom andamento da demanda. Entendo, entretanto, que também

[158] Didier Jr., *Pressupostos*, p. 336.

[159] STJ, 2ª Turma, AgRg no REsp 1.479.601/SP, rel. Min. Assusete Magalhães, j. 16/06/2015, DJe 25/06/2015; STJ, 1ª Turma, REsp. 638.011/RJ, rel. Min. Luiz Fux, j. 25/04/2006, DJ 18/05/2006, p. 182.

[160] STJ, 2ª Turma, REsp 1.177.453/RS, rel. Min. Mauro Campbell Marques, j. 24/08/2010, DJe 30/09/2010.

a desistência do autor deve ser considerada para fins da aplicação do dispositivo legal, já que o abandono nada mais é do que uma desistência tácita.

No tocante ao abandono da causa, a extinção do processo deverá obrigatoriamente ser precedida de intimação pessoal do autor para que dê andamento ao procedimento no prazo de 5 dias, e somente depois de transcorrido tal prazo sem manifestação alguma do autor, o processo será extinto (art. 485, § 1º, do CPC). Não parece haver qualquer motivo específico para se afastar a exigência do art. 485, § 1º, do CPC à ação popular, devendo tão somente se adaptar tal previsão ao disposto no art. 9º da Lei 4.717/1965. A única diferença digna de nota com o sistema do Código de Processo Civil é que, neste, a intimação pessoal é condição para a extinção do processo, enquanto, na ação popular, a intimação pessoal é condição para se aplicar ao caso concreto regra que estabelece a publicação de editais convocando os interessados em assumir a demanda judicial.

Nos termos do art. 485, § 6º, do CPC, oferecida a contestação, a extinção do processo por abandono da causa pelo autor depende de requerimento do réu, sendo a mesma regra exigida para a hipótese de pedido de desistência. Na ação popular, ainda que a condição legal esteja presente, entendo que o réu só deva ser intimado a se manifestar depois da publicação dos editais, caso ninguém se disponha a assumir o polo ativo da demanda.

A importância da manifestação do réu nas hipóteses de extinção por abandono ou desistência decorre do direito do réu à obtenção de uma sentença de mérito no processo. Assim, antes da sentença terminativa, será imperiosa a manifestação do réu que já tenha se defendido no processo para demonstrar sua concordância com tal extinção. Ocorre, entretanto, que, na ação popular, o ato de desistência ou de abandono não gera a extinção do processo, e sim a publicação de editais convocando interessados em prosseguir na demanda judicial no lugar do omisso autor originário. Dessa forma, resta irrelevante o posicionamento do réu antes da aplicação do artigo legal objeto de análise, não dependendo de sua manifestação a publicação dos editais, bastando para tanto o pedido de desistência do autor ou seu abandono da causa. O direito do réu a uma sentença de mérito somente poderá ser cogitado no caso de nenhum interessado pretender continuar com a demanda judicial.

Registre-se, por fim, que a aplicação da norma legal comentada não impede a extinção do processo, sendo somente uma condição para que tal extinção ocorra, o que poderá normalmente vir a ocorrer no caso concreto, se, após a devida publicação dos editais, não comparecer ao processo nenhum interessado, e manifestando-se o Ministério Público pela extinção do processo[161].

---

[161] Mancuso, Ação popular, p. 229.

Interessante decisão do Superior Tribunal de Justiça corrobora essa conclusão, ao exigir a publicação dos editais em ação popular na qual o Ministério Público já tinha previamente concordado com a extinção terminativa[162], justamente para dar oportunidade para outro cidadão assumir o processo, mas já adiantando que não sendo esse o caso haverá extinção do processo.

9.6.4. Sucessores processuais

Conforme o disposto no art. 9º da Lei 4.717/1965, publicados os editais no prazo e condições previstas pelo art. 7º, II, ficará assegurado a qualquer cidadão, bem como ao representante do Ministério Público, dentro do prazo de 90 dias da última publicação, promover o prosseguimento da ação. Sendo evidentemente uma hipótese que permite a sucessão processual, com a retirada do autor originário e colocação em seu lugar de "qualquer cidadão" ou do Ministério Público, cumpre analisar de que forma se deverá compreender essa legitimação superveniente.

Antes de se fazer tal análise, é preciso observar que o dispositivo é incompleto, porque deixou de fora um sujeito processual que poderá assumir o polo ativo da ação popular em caso de abandono ou desistência do autor. Como já analisado no item 9.3.2.2 deste Capítulo, admite-se que a pessoa jurídica que começa a ação popular como réu se torne autora, nos termos do art. 6º, § 3º, da Lei 4.717/1965. Diante dessa possibilidade, não se pode negar que, frente à hipótese prevista pelo art. 9º da LAP, admite-se que a pessoa jurídica de direito público ou privado que se encontrava no polo passivo da demanda assuma o polo ativo, dando continuidade à demanda popular[163].

Entendo que, ainda que inexistente previsão legal nesse sentido, deve existir uma ordem de preferência entre os sucessores processuais, justificando-se tal conclusão nos motivos do legislador em não atribuir originariamente a legitimidade da ação popular ao Ministério Público. A legitimidade originária exclusiva do cidadão representa uma forma de ampliar o exercício de sua cidadania, admitindo-se que qualquer cidadão possa buscar a tutela do patrimônio público, por meio do controle das ilegalidades administrativas. Esse ideal deve ser preservado na aplicação do art. 9º da LAP, de forma que o Ministério Público terá uma legitimação subsidiária, só se admitindo sua intervenção como autor da demanda popular no caso de não ser ela assumida por qualquer cidadão ou até mesmo pela pessoa jurídica de direito público ou privado que figurava até então no polo passivo da demanda.

---

[162] STJ, 2ª Turma, REsp. 771.859/RJ, rel. Min. Eliana Calmon, j. 15/08/2006, *DJ* 30/08/2006, p. 175.

[163] STJ, 2ª Turma, rel. Min. Eliana Calmon, AgRG no REsp. 439854/MS, *DJ* 18/08/03, p. 194.

A possibilidade de o Ministério Público assumir o polo ativo da demanda popular enseja algumas considerações específicas a respeito da atuação desse sujeito como parte no processo. Entendo que embora tenha sido consagrada em lei a forma editalícia, seria mais adequada a intimação pessoal do Ministério Público, que já estará participando do processo como fiscal da ordem jurídica, porque tal forma de intimação aumenta a chance de ciência e, por consequência, da não extinção do processo.

Também se deve ponderar que o Ministério Público tem total autonomia na decisão de assumir ou não o polo ativo da demanda popular, não existindo qualquer obrigatoriedade na adoção de tal postura. Não havendo razões sérias para a continuidade da demanda popular, o Ministério Público deve optar pela inércia, mantendo-se na posição de fiscal da ordem jurídica que tem desde o começo da demanda judicial, negando, portanto, o convite a assumir o polo ativo[164].

9.7. CONEXÃO E LITISPENDÊNCIA

9.7.1. Conceitos e efeitos

O fenômeno da conexão vem previsto no art. 55, *caput*, do CPC, reputando-se duas ou mais ações conexas quando lhes for comum o pedido ou a causa de pedir. Diante do próprio conceito legal consagrado no dispositivo mencionado, nota-se que a conexão é fenômeno processual que ocorrerá sempre que entre duas ou mais demandas houver a identidade de causa de pedir ou do pedido. Esse é o objeto do fenômeno, seu conteúdo. Não se deve confundir o fenômeno da conexão com a sua consequência, ou seja, com o seu efeito, que será a reunião dos processos perante um só juízo para julgamento conjunto. Como se sabe, o conteúdo não se confunde com o efeito, até mesmo porque o efeito de um instituto é fenômeno externo a ele, enquanto o conteúdo pertence ao seu interior.

Ainda que a reunião de ações conexas perante um mesmo juízo não seja obrigatória, cabendo a realização de um juízo de conveniência no caso concreto[165], o estudo da conexão torna-se interessante a partir desse efeito, previsto no art. 58 do CPC. São duas as principais justificativas para tal reunião: economia processual e harmonização dos julgados[166].

---

[164] Silva, *Ação*, p. 238/239; Noronha, *O Ministério*, p. 133; Sidou, *Habeas Corpus*, p. 365; Rodrigues, *Ação*, p. 256.

[165] STJ, 4.ª Turma, REsp 1.278.217/MG, rel. Min. Luis Felipe Salomão, j. 16.02.2012, DJe 13.03.2012; STJ, 3.ª Turma, REsp 1.226.016/RJ, rel. Min. Nancy Andrighi, j. 15.03.2011, DJe 25.03.2011.

[166] Arruda Alvim, *Manual*, p. 398-399; Pizzol, *A competência*, p. 297; Amaral Santos, *Primeiras*, p. 258.

A primeira e inegável vantagem aferida com a reunião de causas conexas é evitar que decisões conflitantes sejam proferidas por dois juízos diferentes. A existência de decisões conflitantes proferidas em demandas que tratem de situações similares é, naturalmente, motivo de descrédito ao Poder Judiciário, podendo inclusive gerar problemas práticos de difícil solução. Por outro lado, é inegável que a reunião de duas ou mais demandas perante somente um juízo prestigia o princípio da economia processual, já que os atos processuais serão praticados somente uma vez, o que se mostrará mais cômodo ao Poder Judiciário (funcionará apenas uma estrutura – juiz, escrivão, cartorário etc.) e às partes e terceiros que tenham dever de colaboração com a Justiça (p. ex., testemunhas, que só prestarão depoimento uma vez). Com a prática de atos processuais que sirvam a mais de um processo, é evidente que haverá otimização do tempo e, em razão disso, respeito ao princípio da economia processual.

O termo "litispendência" é equívoco, podendo significar pendência da causa (que começa a existir quando de sua propositura e se encerra com a sua extinção) ou pressuposto processual negativo verificado na concomitância de ações idênticas. Na presente análise, interessa o segundo significado, previsto expressamente no art. 337, § 3º, do CPC, ainda que a citação seja importante para definir qual das ações será extinta[167].

As mesmas razões que justificam a reunião de ações conexas motivam a extinção do processo na hipótese de litispendência, não havendo qualquer vantagem em se manter em trâmite duas ações idênticas. Na melhor das hipóteses, haverá somente ofensa à economia processual, com repetição desnecessária de atos gerando um mesmo resultado; na pior, além da ofensa à economia processual, haverá desarmonia entre julgados na hipótese de decisões conflitantes para a mesma ação desenvolvida em dois processos diferentes.

Como se pode notar desses breves comentários introdutórios, havendo conexão, o efeito possível é a reunião de ações perante o juízo prevento, enquanto que, havendo litispendência, o efeito necessário é a extinção do processo sem a resolução do mérito. Essa é a sistemática criada pelo Código de Processo Civil, aplicável indubitavelmente aos processos individuais. Mas será também válida para a tutela coletiva?

9.7.2. Efeitos da conexão e litispendência na tutela coletiva

Acredito que não exista qualquer diferença substancial entre a tutela individual e a tutela coletiva no tocante aos fenômenos processuais da conexão e da litispendência. Dessa forma, é possível a existência de conexão entre ações

[167] REsp 778.976/PB, 4.ª Turma, Rel. Min. João Otávio de Noronha, j. 08/04/2008; EDcl no AgRg na MC 5.281/GO, 1.ª Turma, Rel. Min. Luiz Fux, j. 20/05/2003.

coletivas, que tenham identidade de pedido ou causa de pedir e de litispendência, quando existirem em trâmite ações coletivas idênticas[168]. Na tutela coletiva, entretanto, é importante fixar duas premissas a respeito do tema.

Primeiro é importante salientar que, nessa análise entre diferentes processos, deve-se considerar a parte no sentido material, e não no sentido processual. Havendo substituição processual em hipótese de legitimação extraordinária concorrente, a propositura de um novo processo com a mesma parte contrária, mesma causa de pedir e mesmo pedido, ainda que com autores diferentes, não evita a litispendência[169]. O Superior Tribunal de Justiça tem entendimento consolidado no sentido de se valer da parte material, e não processual, para a identificação da demanda[170]. Em razão da espécie de legitimação ativa existente na ação popular, tal observação é imprescindível para o estudo do fenômeno da litispendência.

Em segundo lugar, deve-se desprezar, para fins de comparação entre ações, a espécie de ação, sendo possível haver tanto a conexão como a litispendência entre diferentes espécies de ações coletivas. No tocante à ação popular, que visa à tutela do patrimônio público, é natural que possa, no caso concreto, existir também uma ação de improbidade administrativa fundada no mesmo ato impugnado na ação popular, apesar de ser o pedido desta ação sempre mais limitado que o daquela, em razão das sanções político-administrativas que só podem ser pedidas na ação de improbidade administrativa. Por outro lado, uma ação popular voltada à tutela do meio ambiente e do patrimônio histórico e cultural pode ser parecida ou idêntica a uma ação civil pública.

Parece não haver maiores questionamentos doutrinários a respeito da aplicação integral das regras da conexão, inclusive de seu efeito de reunião de processos perante um mesmo juízo, previsto no art. 58 do CPC, à tutela coletiva. E mesmo não havendo conexão será possível a reunião das ações coletivas nos termos do art. 55, § 3º, do CPC. O Superior Tribunal de Justiça, inclusive, já teve a oportunidade de entender cabível a reunião de ações populares conexas[171], bem como de negar tal reunião, quando as ações populares tramitarem em graus jurisdicionais distintos[172], exatamente como ocorre nas ações individuais. Reconhecendo a possibilidade de conexão entre diferentes

[168] Mazzilli, *A defesa*, p. 249-250.

[169] Wambier, *Litispendência*, p. 264; Mendes, *Ações*, 19.2, p. 260; Leonel, *Pedido*, p. 529.

[170] STJ, 1ª Turma, REsp 1.435.624/PB, rel. Min. Marga Tessler (Juíza Federal convocada do TRF 4ª Região), j. 28/04/2015, DJe 13/05/2015; STJ, 2ª Turma, REsp 1.168.391/SC, rel. Min. Eliana Calmon, j. 20.05.2010, DJe 31.05.2010.

[171] STJ, REsp. 685.398/SP, rel. Min. Arnaldo Esteves, j. 03/04/2007, *DJ* 07/05/2007, p. 358.

[172] STJ, 1ª Turma, REsp. 851.090/SP, rel. Luiz Fux, j. 18/12/2007, *DJE* 21/03/2008.

espécies de ações, o Superior Tribunal de Justiça admite a reunião de ação civil pública e ação popular em razão da conexão[173].

A maior polêmica a respeito do tema diz respeito ao efeito que deve ser gerado quando verificada a litispendência entre ações coletivas. Para uma parcela doutrinária, a litispendência só pode gerar a extinção da ação coletiva na hipótese de uma identidade integral dos três elementos da ação, ou seja, além da mesma causa de pedir e do mesmo pedido, autor e réu devem também se repetir. Apesar de reconhecer que existe litispendência mesmo quando autores diferentes buscam a tutela do mesmo interesse em juízo, essa corrente doutrinária defende que, nesse caso, as ações coletivas devem ser reunidas, preservando-se o exercício do direito de ação e o princípio da inafastabilidade da jurisdição para os diferentes autores das ações coletivas[174].

Não é esse, entretanto, o entendimento da doutrina majoritária, que defende a extinção do processo sem resolução do mérito quando ocorrer litispendência entre ações coletivas, ainda que sendo diferentes os autores[175]. Nesse entendimento, o direito de ação estará preservado porque o autor da ação coletiva extinta poderá ingressar como litisconsorte ulterior ou assistente litisconsorcial do autor da ação coletiva que será mantida em trâmite.

Concordo com esse entendimento, não havendo justificativa plausível para se admitir pluralidade de ações populares com o mesmo réu, mesma causa de pedir e mesmo pedido, ainda que propostas por autores diferentes. A solução de se aplicar o efeito da conexão nessa situação, reunindo as ações coletivas idênticas, despreza o fato de que a extinção por litispendência é obrigatória, enquanto a reunião das demandas por conexão não. Pergunta-se, então: havendo uma ação popular que se encontra no momento de seu julgamento, e outro cidadão ingressa com a mesma ação popular, será caso de reunião? E na hipótese de uma dessas ações já ter sido julgada?

Interessante hipótese ocorre na litispendência entre diferentes espécies de ação coletiva, fenômeno já reconhecido pelo Superior Tribunal de Justiça[176]. Havendo em trâmite ação popular idêntica a ação de improbidade administrativa ou ação civil pública, será caso de extinção de uma dessas ações? Uma resposta afirmativa a tal questionamento significará uma ofensa clara ao princípio da inafastabilidade da jurisdição, considerando-se que os legitimados para ação popular não são legitimados para a ação civil pública

[173] STJ, 1ª turma, REsp. 936.205/PR, rel. Min. Francisco Falcão, j. 07/08/2007, *DJ* 30/08/2007, p. 239; STJ, 2ª Turma, REsp. 208.680/MG, rel. Min. Francisco Peçanha Martins, j. 06/04/2004, *DJ* 31/05/2004, p. 253.

[174] Didier Jr-Zaneti, *Curso*, p. 172-173; Vigliar, *Ações*, p. 133.

[175] Mazzilli, *A defesa*, p. 256; Venturi, *Processo*, p. 333-334; Castro Mendes, *Ações*, p. 260; Leonel, *Manual*, p. 253.

[176] STJ, AgRg nos Edcl no MS 13.710/DF, rel. Min. Celso Limongi, j. 23/09/2009, *DJE* 06/10/2009.

e vice-versa, de forma que, extinta sua ação, não poderia o autor ingressar como litisconsorte ativo do autor da ação coletiva mantida em trâmite.

Entendo que, nesse caso excepcional, de litispendência entre ações coletivas cujos legitimados ativos não sejam os mesmos sujeitos, é possível se aplicar o efeito da reunião das ações conexas perante o juízo prevento, afastando-se o risco de decisões contraditórias e mantendo-se o direito de ação dos autores de tais ações coletivas[177]. Essa reunião, entretanto, seguirá as regras da reunião na conexão, nem sempre sendo realizada no caso concreto, tudo a depender de sua conveniência.

9.7.3. Prevenção do juízo

A prevenção é um fenômeno de extrema importância na eventualidade de existirem duas ou mais ações conexas, havendo a reunião de todas perante um mesmo juízo, para que nele seja proferida decisão sobre elas (que a doutrina entende, inclusive, poder ser feito por meio de somente uma sentença), em prol dos princípios da economia processual e da harmonização das decisões, conforme já analisado. A função da prevenção nas hipóteses de reunião por conexão é definir em qual juízo as ações serão reunidas, ou seja, determinar qual juízo irá concentrar as ações sob seu comando.

O art. 59 do CPC prevê ser o juízo prevento o do primeiro registro ou da primeira distribuição. A diversidade de regras - registro e distribuição - se justifica por não existir propriamente distribuição naqueles foros de comarca única, já que nesse caso não se escolhe entre mais de dois juízos. Significa dizer que nos foros de comarca única o processo será somente registrado, enquanto nos demais ele será registrado e posteriormente distribuído.

O dispositivo mantém uma equivocada tradição do CPC/1973, criando regra pela qual a prevenção do juízo depende de ato judicial - registro ou distribuição -, quando o ideal seria definir a prevenção por ato da parte, qual seja, a propositura da ação, o que se dá por meio do protocolo da petição inicial. A crítica, entretanto, se limita à tutela individual, considerando-se que na tutela coletiva a regra para a fixação do juízo prevento não se confunde com o art. 59 do CPC.

São três artigos com o mesmo conteúdo: art. 2º, parágrafo único, da Lei 7.347/1985 (Ação Civil Pública) e art. 17, § 5º, da Lei 8.429/1992 (Lei de Improbidade Administrativa), com a mesma redação: "A propositura da ação prevenirá a jurisdição do juízo para todas as ações posteriormente intentadas que possuam a mesma causa de pedir ou o mesmo objeto"; e o art. 5º, § 3º,

---

[177] Wambier, *Litispendência*, p. 287-295; Dinamarco, *Competência*, p. 514; Assagra, *Direito*, p. 418-419.

da Lei 4.717/1965 (Lei da Ação Popular): "A propositura da ação prevenirá a jurisdição do juízo para todas as ações, que forem posteriormente intentadas contra as mesmas partes e sob os mesmos fundamentos".

Como se nota da redação dos dispositivos legais acima transcritos, não é o registro ou a distribuição o ato processual determinante da prevenção do juízo, mas sim a mera propositura da ação. Essa diversidade de tratamento entre o Código de Processo Civil e as leis extravagantes que tratam da ação civil pública, improbidade administrativa[178] e ação popular já foi percebida pela melhor doutrina[179], sendo entendimento antigo do Superior Tribunal de Justiça[180].

O exato momento em que a ação é proposta vem descrito no art. 312 do CPC, que determina que a ação será considerada proposta: (a) quando distribuída, em comarcas com mais de uma vara; e (b) quando despachada pelo juiz em comarcas em que exista apenas uma vara. O artigo tem redação técnica impecável, visto que é impossível distribuir uma demanda em um foro de vara única, mas, pelos problemas práticos que pode gerar, vem se considerando proposta a ação no dia em que a petição inicial ingressa no Poder Judiciário por meio do protocolo inicial[181], sendo essa a data a ser considerada para fins de prevenção do juízo entre ações coletivas.

9.8. RECURSOS

9.8.1. Recursos cabíveis

A Lei 4.717/1965 prevê, em seu art. 19, somente o cabimento de dois recursos: a apelação e o agravo de instrumento. Entretanto, em razão do art. 22 da mesma lei, que determina a aplicação subsidiária das regras procedimentais constantes do Código de Processo Civil, é indubitável que outros recursos também são cabíveis na ação popular. Na realidade, cumprindo o requisito de cabimento exigido pelo Código de Processo Civil, será cabível qualquer recurso, que poderá inclusive ser interposto de forma adesiva, desde que respeitados os limites do art. 997 do CPC.

O art. 19 da LAP, inclusive, deve ser interpretado com extremo cuidado, à luz do microssistema coletivo e mesmo das regras recursais constantes do Código de Processo Civil que não contrariem o espírito desse microssistema.

---

[178] STJ, 2ª Turma, AgRg na MC 23.640/DF, rel. Min. Og Fernandes, j. 03/02/2015, DJe 06/02/2015.

[179] Cf. Scarpinella Bueno, *O Poder*, p. 156. No mesmo sentido, Mazzilli, *A defesa*, op. cit., p. 221-222; Almeida, *Direito processual*, p. 347.

[180] STJ, 1ª Seção, CC 45.297/DF, rel. Min. João Otávio de Noronha, j. 14.09.2005, *DJ* 17.10.2005 p. 163.

[181] STJ, AgRg no REsp 500.409/PR, 1ª Turma, rel. Min. Luiz Fux, j. 03.02.2005, *DJ* 21.03.2005, p. 220; Marinoni--Mitidiero, *Código*, p. 252.

A começar pela previsão do *caput* do dispositivo legal ora mencionado, que trata tanto do reexame necessário, tema versado em item próprio, como da apelação contra a sentença.

Segundo o dispositivo, a sentença que nega a pretensão do autor, seja de forma terminativa ou de forma definitiva, estará sujeita ao duplo grau de jurisdição obrigatório, enquanto que da sentença que julgar a ação procedente (mais adequado seria dizer "que julgar o pedido procedente") caberá apelação. Numa interpretação literal, portanto, só será cabível a apelação contra a sentença de procedência do pedido, o que, naturalmente, não tem qualquer razoabilidade, porque, mesmo havendo o reexame necessário da sentença negativa, pode o autor recorrer voluntariamente dessa decisão, o que fará, naturalmente, por meio da apelação.

A norma mais interessante quanto ao cabimento recursal na ação popular é indiscutivelmente o art. 19, § 1º, da LAP, ao prever que da decisão interlocutória cabe agravo de instrumento. Ainda que a norma tenha sido criada para evitar a confusão a respeito do recurso cabível contra ela na vigência do CPC/1939, com o advento do Código de Processo Civil de 2015 ela passou a ter uma relevância que nunca teve.

Em alteração significativa do sistema recursal quanto às decisões interlocutórias, o novo diploma processual passou a prever em rol exauriente o cabimento do agravo de instrumento (art. 1.015 do CPC), sendo que as decisões interlocutórias não recorríveis por agravo de instrumento passaram a ser recorríveis por apelação ou contrarrazões a esse recurso, nos termos do art. 1.009, § 1º, do CPC. Há, portanto, uma dupla recorribilidade, tudo a depender de a decisão estar ou não prevista no rol legal do art. 1.015 do CPC.

Para o presente tema chama atenção o inciso XIII do art. 1.015 do CPC, que prevê o cabimento do agravo de instrumento em outros casos além daqueles descritos nos incisos anteriores, desde que haja expressa previsão em lei nesse sentido. É justamente em razão desse dispositivo que o art. 19, § 1º, da LAP passa a ter uma relevância indiscutível, porque a interpretação mais adequada da conjugação desses dois dispositivos legais é que na ação popular toda decisão interlocutória será recorrível por agravo de instrumento.

A outra interpretação possível, que me parece absolutamente inadequada, seria afirmar que o art. 19, § 1º, da LAP deve ser interpretado de forma restritiva para que o agravo de instrumento só possa ser cabível nas hipóteses previstas expressamente pelo rol legal do art. 1.015 do CPC. Essa interpretação, além de inadequada, cria uma ilegalidade, porque a partir dela teríamos decisões interlocutórias proferidas na ação popular que seriam recorríveis por apelação ou pelas contrarrazões a esse recurso, o que de maneira clara e indiscutível viola o art. 19, § 1º, da LAP.

9.8.2. Legitimidade recursal

O art. 19, § 2º, da LAP, traz interessante regra no tocante à legitimidade recursal. Não resta dúvida de que todos os sujeitos processuais parciais, ou seja, autor e réus, têm legitimidade recursal, dependendo do caso concreto a existência de interesse de agir. O Ministério Público, que obrigatoriamente funcionará como fiscal da ordem jurídica na ação popular, tem legitimidade recursal tanto pelo artigo ora comentado como pelo art. 996, *caput*, do CPC. Caso tenha assumido o polo ativo da ação, nos termos do art. 9º da LAP, terá legitimidade recursal como parte na demanda.

A legitimidade recursal do Ministério Público, portanto, não é grande novidade. O mais interessante é a previsão permitir que qualquer cidadão, mesmo aqueles que não fizeram parte do processo, tenha legitimidade para recorrer da sentença terminativa ou de improcedência do pedido. A previsão é interessante, porque não seria possível chegar a tal conclusão pela mera aplicação do art. 996 do CPC, que, apesar de indevidamente confundir legitimidade com interesse recursal[182], é claro o suficiente ao indicar três categoriais de legitimados: (a) partes; (b) terceiro prejudicado; (c) Ministério Público.

O cidadão que não compõe o polo ativo da ação no momento da prolação da sentença não pode ser considerado parte e tampouco será Ministério Público. Significa dizer que, à luz do art. 996 do CPC, sua legitimidade recursal só poderia ser compreendida pela ótica do terceiro prejudicado. Ocorre, porém, que a melhor interpretação do art. 996, parágrafo único, do CPC é a que determina que o terceiro – sujeito que não faz parte do processo no momento da prolação da decisão – deve ter um interesse jurídico que justifique sua intervenção no processo por meio do recurso[183], consubstanciado na possibilidade de relação jurídica da qual é titular ser afetada pela decisão recorrida, gerando-lhe um prejuízo.

Diante desse conceito de terceiro prejudicado, dificilmente a legitimidade do cidadão-terceiro poderá ser explicada nos termos do art. 996, parágrafo único, do CPC, considerando-se que o direito material tutelado na ação popular não é do cidadão, mas difuso, pertencente à coletividade. Dessa forma, a expressa previsão de que o cidadão tem legitimidade para recorrer, mesmo sendo um terceiro no momento de prolação da sentença, deve ser bem-vinda. E ampliada, porque a legitimidade não deve ser exclusiva para a apelação, sendo aplicável a todos os recursos.

---

182 Neves, *Manual*, n. 22.2.2, p. 573.

183 Barbosa Moreira, *Comentários*, n. 164, p. 295; Araken de Assis, *Manual*, n. 19.2.3, p. 149.

9.8.3. Isenção no recolhimento do preparo

O preparo recursal diz respeito ao custo financeiro da interposição do recurso. Entendo que, no momento de interposição do recurso, o Estado pode cobrar do recorrente por diferentes atividades que praticará. Assim, para o julgamento do recurso, cobra-se o preparo; para o transporte dos autos para outro órgão jurisdicional, o porte de remessa e retorno. No meu entendimento são diferentes espécies de despesas processuais, cada qual voltada a uma diferente espécie de atividade desempenhada pelo Poder Judiciário[184].

Não é esse, entretanto, o entendimento do Superior Tribunal de Justiça, que considera que todas as despesas devidas na interposição do recurso são *preparo*[185]. Na realidade, a própria redação do art. 1.007, *caput*, do CPC confunde indevidamente as diferentes espécies de despesas processuais. O equívoco, inclusive, é benéfico, porque, entendendo o porte de remessa e retorno como integrante do preparo, na hipótese do seu não recolhimento aplicar-se-á o art. 1.007, § 2.º, do CPC, concedendo-se à parte a possibilidade de complementar o recolhimento do preparo no prazo de 5 dias[186]. Seja como for, a análise da isenção do preparo, portanto, abrange tanto o preparo em sentido estrito quanto as custas de porte de remessa e retorno do recurso, quando existirem.

Existem isenções ao recolhimento do preparo, de forma que nem todo recurso exige seu recolhimento e determinados sujeitos não precisam recolhê-lo. São as isenções objetivas e subjetivas do preparo, naturalmente aplicáveis aos recursos interpostos em ação popular. Não havendo isenção e não sendo recolhido o preparo, ocorrerá a deserção do recurso.

As isenções objetivas atingem todos os recursos nos quais seja expressamente prevista em lei a não exigência do recolhimento de preparo; (a) embargos de declaração (art. 1.023, *caput*, do CPC); (c) agravo em recurso especial e em recurso extraordinário (art. 1.042, § 2º, do CPC). Registre-se que, sendo omisso o Código de Processo Civil a respeito do recolhimento de preparo, sua cobrança dependerá de leis de organização judiciária.

Alguns sujeitos estão dispensados do recolhimento do preparo, qualquer que seja a espécie de recurso. Segundo o art. 1.007, § 1.º, do CPC, são isentos o Ministério Público, União, Distrito Federal, Estados,

[184] Cheim Jorge, *Teoria*, 9.3.3, p. 149; Scarpinella Bueno, *Curso*, v. 5, p. 64.

[185] STJ, 6ª Turma, AgRg mo Ag 732.419/RS, rel. Min. Maria Thereza de Assis Moura, j. 18/11/2008.

[186] *Informativo* 563/STJ, Corte Especial, REsp 844.440-MS, rel. Min. Antonio Carlos Ferreira, j. 6/5/2015, DJe 11/6/2015; *Informativo* 517/STJ, 2.ª Turma, EDcl no REsp 1.221.314-SP, rel. Min. Castro Meira, j. 21.02.2013; STJ, 6.ª Turma, AgRg no Ag 732.419/RS, rel. Min. Maria Thereza de Assis Moura, j. 18.11.2008. Contra: STJ, 2ª Turma, AgRg no AREsp 588.239/SP, rel. Min. Og Fernandes, j. 16/12/2014, DJe 19/12/2014.

Municípios e respectivas autarquias. Também são isentas as pessoas jurídicas de direito público federais, estaduais e municipais (art. 1.º-A da Lei 9.494/1997), além do beneficiário da assistência judiciária (inclusive pessoa jurídica[187]), que está dispensado do recolhimento do preparo (art. 98, § 1º, I, do CPC). Registre-se que o Superior Tribunal de Justiça entende que a autarquia federal, equiparada em prerrogativas e privilégios à Fazenda Pública, está isenta do recolhimento do preparo[188], mas que os Conselhos de Fiscalização Profissional, apesar de terem estrutura de autarquias, não têm direito à isenção do preparo, nos termos do art. 4.º, parágrafo único, da Lei 9.289/1996[189].

O tema da isenção do preparo na ação popular, entretanto, tem uma especialidade, derivada da regra de gratuidade que favorece o autor dessa espécie de ação. O art. 5º, LXXIII, da CF prevê que o autor será isento de custas processuais e do ônus de sucumbência, salvo se restar comprovada má-fé; o art. 10 da LAP prevê que as partes só pagarão custas e preparo no final; e o art. 12 da LAP prevê que a sentença incluirá na condenação dos réus o pagamento ao autor das custas e demais despesas e honorários advocatícios.

A gratuidade favorece tão somente o autor da ação popular, inclusive no tocante ao recolhimento do preparo recursal. Os réus, portanto, se não forem isentos por regra geral, como ocorre com a pessoa jurídica de direito público e o beneficiário da assistência judiciária, deverão recolher naturalmente o preparo recursal, sob pena de deserção[190].

9.8.4. Efeitos da apelação

A regra consagrada no art. 1.012, *caput*, do CPC é que a apelação seja recebida efeito suspensivo. Como todo recurso tem efeito devolutivo, é popular a afirmação de que a apelação é recebida no duplo efeito, ainda que existam outros efeitos gerados por tal recurso. O art. 19, *caput*, da LAP segue a mesma regra, ao prever que a apelação será recebida no efeito suspensivo. Aparentemente, portanto, restaria indiscutível o recebimento da apelação contra sentença proferida em ação popular no duplo efeito. A tranquilidade desse entendimento, entretanto, é abalada em razão da previsão contida no art. 14 da LACP, que atribui ao juiz o poder de conferir efeito suspensivo aos recursos para evitar dano irreparável à parte, sendo entendido que os recursos, inclusive a apelação, não têm efeito suspensivo próprio.

---

187 STJ, EResp 839.625/SC, 1.ª Seção, rel. Min. Teori Albino Zavascki, j. 22.08.2007, DJ 15.10.2007, p. 224.

188 *Informativo* 441/STJ, Corte Especial, REsp 1.101.727/PR, rel. Min. Hamilton Carvalhido, j. 02.08.2010.

189 *Informativo* 506/STJ: 1.ª Seção, REsp 1.338.247-RS, Rel. Min. Herman Benjamin, j. 10.10.2012.

190 STJ, 2ª Turma, REsp. 193.815/SP, rel. Min. Castro Meira, j. 24/08/2005, *DJ* 19/09/2005, p. 240.

Registre-se que a presente discussão só terá relevância na hipótese de sentença de procedência, considerando-se que as sentenças terminativas e de improcedência não geram efeitos além da extinção do processo e declaração de inexistência do direito material alegado, respectivamente, além de eventual condenação em verbas de sucumbência em caso de má-fé do autor. Ainda que exista corrente doutrinária que defende, nesses casos, o recebimento da apelação somente no efeito devolutivo[191], a ausência de consequências práticas relevantes torna o assunto desinteressante.

Na tentativa de se permitir que a sentença, mesmo recorrida pelos réus, gere efeitos imediatos, parcela da doutrina defende a aplicação da regra consagrada no art. 14 da LACP à ação popular[192]. Por outro lado, existe corrente doutrinária que defende a aplicação do art. 19, *caput*, da LAP, com o interessante fundamento de que o ato administrativo impugnado na ação popular goza de presunção relativa de legalidade, e mesmo diante de sentença de procedência que reconheça a existência de ilegalidade é preferível manter a situação jurídica consolidada pelo ato administrativo até o julgamento da apelação[193].

Apesar de atraente, não me parece correta essa tese, porque insustentável diante da possibilidade de concessão de tutela provisória mediante cognição sumária e juízo de mera probabilidade, apta a modificar, ainda que provisoriamente, a situação jurídica consolidada por ato administrativo. Se uma decisão nessas condições já gera efeitos imediatos, como não permitir que o mesmo ocorra com a sentença, fundada em cognição exauriente e juízo de certeza?

Entendo que a existência de efeito suspensivo à apelação na ação popular passa por uma definição de premissa fundamental: a forma de encarar o microssistema coletivo. A melhor doutrina ensina que, antes de se buscar a solução no Código de Processo Civil, deve-se resolver no âmbito do microssistema, entre as diversas leis extravagantes que o compõe. No caso ora analisado, entretanto, existe previsão expressa no art. 19, *caput*, da LAP, que conflita com a previsão expressa do art. 14 da LACP. Como resolver o aparente impasse? Aplica-se a norma específica ou aquela que melhor se amolda ao direito tutelado pelo microssistema coletivo?

Particularmente, entendo que, diante de um conflito de normas como o apresentado, cabe a aplicação daquela que se mostrar mais adequada à tutela dos direitos coletivos *lato sensu*, de forma a ser preferível a aplicação do art. 14 da LACP, retirando-se o efeito suspensivo próprio da apelação e permitindo-se ao juiz a concessão de efeito suspensivo impróprio vinculada

---

191 Mancuso, *Ação*, p. 255.

192 Assagra de Almeida, *Manual*, p. 389.

193 Abelha Rodrigues, *Comentários*, p. 219.

à verificação de grave dano com a geração imediata de efeitos da sentença impugnada. O Superior Tribunal de Justiça, entretanto, entende que a regra a ser aplicada é a do art. 19 da LAP, atribuindo efeito suspensivo a apelação[194], opinião compartilhada pela doutrina majoritária[195].

9.9. REEXAME NECESSÁRIO

9.9.1. Introdução

O art. 496 do CPC trata do chamado reexame necessário ou duplo grau de jurisdição obrigatório. Em razão desse instituto processual, a sentença contrária à Fazenda Pública, nos termos dos incisos do dispositivo ora comentado, deve ser obrigatoriamente reexaminada pelo tribunal de segundo grau, independentemente da interposição de recurso. Registre-se desde já que, mesmo sendo interposto recurso pela Fazenda Pública, continua a existir o reexame necessário, até porque o recurso pode ser parcial ou inadmissível, o que não impedirá o reexame na integralidade da sentença sujeita ao duplo grau obrigatório.

O reexame necessário não é recurso, sendo erro crasso atribuir tal natureza jurídica ao instituto ora analisado. Devem ser evitadas expressões tais como "apelação *ex officio*", "recurso de ofício" ou "recurso obrigatório". São várias as razões para que o reexame necessário previsto pelo art. 496 do CPC não seja considerado um recurso:

> (a) ausência de voluntariedade: o recurso é um ônus processual, sendo que a sua existência depende de expressa manifestação de vontade da parte, por meio de sua interposição. O reexame necessário, conforme se depreende do próprio nome, nada tem de voluntário, porque sua existência decorre de expressa manifestação da lei, sendo irrelevante a vontade das partes e mesmo do juiz, que será obrigado a ordenar a remessa dos autos ao Tribunal e, não o fazendo, proporcionará a avocação dos autos por seu presidente (art. 496, § 1.º, do CPC);
>
> (b) o reexame necessário não é dialético, porque não existem razões nem contrarrazões, cabendo ao Tribunal tão somente analisar os atos praticados até a sentença. Como consequência lógica, também não haverá contraditório;
>
> (c) a previsão de um prazo de interposição é característica de todo e qualquer recurso, o que não ocorre com o reexame necessário, que deverá existir sempre que as condições assim exigirem, independentemente de eventual demora do processo chegar ao Tribunal;

[194] STJ, 2ª Turma, REsp. 1.188.564/SP, rel. Min. Mauro Campbell Marques, j. 10/08/2010, *DJE* 10/09/2010.

[195] Mancuso, *Ação*, p. 255; Afonso da Silva, *Ação*, p. 245; Meirelles-Wald-Mendes, *Mandado*, p. 199; Sidou, *Habeas corpus*, p. 372.

(d) o reexame necessário, apesar de estar previsto em lei federal (CPC), não se encontra previsto como recurso, (*princípio da taxatividade*);

(e) a legitimação recursal regulada pelo art. 996 do CPC (partes, terceiro prejudicado e Ministério Público) não se aplica ao reexame necessário, instituto cuja "legitimidade" é do juízo, que determina a remessa do processo ao Tribunal.

A interpretação literal do art. 496, *caput*, do CPC leva considerável parcela doutrinária a afirmar que o reexame necessário é uma condição de eficácia da sentença[196]; ou seja, que a sentença não pode gerar efeitos até que seja reexaminada pelo tribunal de segundo grau. Esse entendimento deve ser levado em consideração com ressalvas, porque a sentença pode gerar efeitos, ainda que pendente de reexame necessário, conforme demonstra de forma cabal o art. 14, §§ 1º e 3º, da Lei 12.016/2009. O reexame necessário, portanto, não impede necessariamente a geração de efeitos da sentença, mas tão somente seu trânsito em julgado, sendo mais adequado se afirmar que o reexame necessário é condição impeditiva da geração do trânsito em julgado.

O reexame necessário já teve posição de maior destaque em nosso sistema processual, sendo aplicado em qualquer sentença desfavorável aos interesses da Fazenda Pública. Atualmente, os §§ 3º e 4º do art. 496 do CPC afastam a aplicação do reexame necessário a determinadas sentenças prejudiciais à Fazenda Pública, salvo no mandado de segurança, no qual qualquer decisão concessiva da ordem está sujeita ao duplo grau obrigatório[197].

9.9.2. Reexame necessário na ação popular

O tema é versado pelo art. 19, *caput*, da LAP, que prevê o reexame necessário na hipótese de sentença que concluir pela carência ou pela improcedência do pedido, mesmo que parcial[198]. Ainda que o dispositivo indique apenas uma espécie de sentença terminativa (aquela fundada em carência, prevista no art. 485, VI, do CPC), o entendimento mais adequado é sujeitar qualquer sentença terminativa ao reexame necessário. Há, entretanto, precedente excluindo a remessa necessária na hipótese de extinção por abandono ou desistência[199].

---

196 Fux, *Curso*, p. 929; Didier Jr.-Cunha, *Curso*, p. 481.

197 STJ, 2ª Turma, AgRg no REsp 1.373.905/RJ, rel. Min. Herman Benjamin, j. 06/06/2013, DJe 12/06/2013; STJ, 2ª Turma, REsp 1.274.066/PR, rel. Min. Mauro Campbell Marques, j. 01/12/2011, DJe 09/12/2011; STJ, 2ª Turma, REsp 1.240.710/PR, rel. Min. Castro Meira, j. 03/05/2011, DJe 12/05/2011.

198 STJ, 1ª Turma, REsp. 189.328/SP, rel. Min. Milton Luiz Pereira, j, 26/02/2002, *DJ* 01/07/2002, p. 219.

199 STJ, 1ª Turma, REsp 1.115.586/DF, rel. Min. Gurgel de Faria, j. 02/08/2016, DJe 22/08/2016.

Como se pode notar, figurando a pessoa jurídica de direito público no polo passivo da ação popular, o reexame necessário específico da ação popular não serve para proteger os interesses da Fazenda Pública em juízo, mas a coletividade representada pelo autor que ingressou com a ação. As espécies de sentença descritas podem até mesmo tornar a Fazenda Pública vitoriosa na demanda, quando permanece em sua posição originária de réu, e ainda assim haverá o reexame necessário, o que leva parcela da doutrina, inclusive, a falar em "reexame necessário inverso".

Como não há previsão específica em sentido contrário, como ocorre no já mencionado art. 14, §§ 1º e 3º, da Lei 12.016/2009, o reexame necessário nesse caso impede a geração de efeitos da sentença até que o tribunal de segundo grau o decida. Tal circunstância, entretanto, não terá maiores repercussões práticas, considerando que as sentenças terminativa e de improcedência não geram fase executiva, salvo no tocante ao capítulo acessório dos custos do processo, que só serão cobrados, se demonstrada a má-fé do autor, nos termos do art. 5º, LXXIII, da CF. De qualquer forma, os efeitos da sentença estarão suspensos até o julgamento do reexame necessário.

A questão mais interessante que envolve o reexame necessário na ação popular diz respeito à aplicação subsidiária das regras do Código de Processo Civil. Não vejo qualquer possibilidade de se aplicar exclusivamente as regras do art. 496 do CPC, simplesmente ignorando o art. 19, *caput*, da LAP, até porque os propósitos do reexame necessário são nitidamente diferentes: no Código de Processo Civil, a proteção dos interesses da Fazenda Pública; na ação popular, a proteção dos interesses da coletividade. Mas seria possível uma aplicação conjunta dessas duas normas? Na sentença de improcedência e terminativa protegendo a coletividade e na sentença de procedência protegendo a pessoa jurídica de direito público que figura como ré?

Apesar de existir corrente doutrinária que defende a aplicação do art. 496 do CPC à ação popular, prefiro a conclusão contrária, notando que a previsão expressa do art. 19 da LAP trata de forma exauriente o problema, em especial porque num confronto entre o direito público primário, de titularidade da coletividade, e do direito público secundário, de titularidade da Fazenda Pública, o legislador optou claramente pela tutela do primeiro, não havendo sentido sacrificá-lo em prol do segundo[200]. A doutrina, majoritariamente, adota esse entendimento[201].

---

[200] Gomes Jr., *Considerações*, p. 467-468.

[201] Assagra, *Manual*, p. 390; Rodrigues, *Ação*, p. 319; Costa Machado, *A intervenção*, n. 8.4.3, p. 462; Abdo, *Comentários*, p. 287; Tosta, *Do reexame*, p. 250-251.

9.10. COISA JULGADA

O art. 18 da LAP prevê que a coisa julgada produzida na ação popular opera-se *erga omnes*, ou seja, vincula a todos. A norma se compatibiliza com o art. 103, I, do CDC, considerando-se que a tutela do patrimônio público constitui direito difuso da coletividade. É natural que a coisa julgada material vincule a todos os sujeitos que compõem a coletividade, que, apesar de não participarem do processo, são os titulares do direito material discutido e estão representados pelo cidadão autor, com a legitimação que lhe é constitucionalmente outorgada.

O mesmo dispositivo legal prevê que, tendo sido a ação (melhor teria sido dizer pedido) julgada improcedente por deficiência de provas, qualquer cidadão poderá intentar outra ação popular, idêntica à primeira, valendo-se de prova nova. Trata-se da chamada coisa julgada *secundum eventum probationis*.

No tocante aos direitos coletivos e difusos, a coisa julgada, na hipótese de julgamento de improcedência do pedido, tem uma especialidade que a diferencia da coisa julgada tradicional, prevista pelo Código de Processo Civil. Enquanto, no instituto tradicional, a imutabilidade e a indiscutibilidade geradas pela coisa julgada não dependem do fundamento da decisão, nos direitos difusos e coletivos, caso tenha a sentença como fundamento a ausência ou a insuficiência de provas, não se impedirá a propositura de novo processo com os mesmos elementos da ação – partes, causa de pedir e pedido –, de modo a possibilitar uma nova decisão, o que, naturalmente, afastará, ainda que de forma condicional, os efeitos de imutabilidade e indiscutibilidade da primeira decisão transitada em julgado.

A primeira questão a respeito dessa espécie atípica de coisa julgada diz respeito à sua constitucionalidade. Uma corrente minoritária vê uma quebra da isonomia em referido sistema e aponta para uma proteção exacerbada dos autores das ações coletivas *stricto sensu* em desfavor dos réus. Apesar de mais sentida nas ações que tenham como objeto os direitos individuais homogêneos, também nas que tratam de direitos difusos e coletivos, haveria uma disparidade de tratamento absolutamente desigual, o que feriria o princípio constitucional da isonomia[202].

Majoritariamente, entretanto, a doutrina entende pela constitucionalidade da coisa julgada *secundum eventum probationis* – como também da coisa julgada *secundum eventum litis* –, afirmando que os sujeitos titulares do direito, ao não participarem efetivamente do processo, não poderão ser prejudicados por uma má condução procedimental do autor da demanda.

---

202 Botelho de Mesquita, *Na ação*, p. 81 e ss.; Cruz e Tucci-Tucci, *Devido*, p. 120-121; Castro Mendes, *Ações*, p. 263-264.

Não seria justo ou legítimo impingir a toda uma coletividade, em decorrência de uma falha na condução do processo, a perda definitiva de seu direito material. A ausência da efetiva participação dos titulares do direito em um processo em contraditório é fundamento suficiente para defender essa espécie de coisa julgada material[203].

Ademais, a coisa julgada *secundum eventum probationis* serve como medida de segurança dos titulares do direito que não participam como partes no processo contra qualquer espécie de desvio de conduta do autor. A insuficiência ou a inexistência de provas poderá decorrer, logicamente, de uma inaptidão técnica dos que propuseram a demanda judicial, mas também não se poderá afastar, de antemão, algum ajuste entre as partes para que a prova necessária não seja produzida e com isso a sentença seja de improcedência[204]. É bem verdade que os poderes instrutórios do juiz, aguçados nas ações coletivas em razão da natureza dos direitos envolvidos, poderiam também funcionar como forma de controle para que isso não ocorra, mas é inegável que a maneira mais eficaz de afastar, definitivamente, qualquer ajuste fraudulento nesse sentido é a adoção da coisa julgada *secundum eventum probationis.*

Outra questão que parece ter sido pacificada pela doutrina e pela jurisprudência diz respeito aos legitimados à propositura de um novo processo com a mesma causa de pedir e o mesmo pedido do primeiro; estaria legitimado o mesmo sujeito que propôs a primeira demanda que foi resolvida de forma negativa por ausência ou insuficiência de provas? A ausência de qualquer indicativo proibitivo para a repetição do polo ativo nas duas demandas parece afastar de forma definitiva a proibição. Todos os legitimados poderão, com base na prova nova, propor a "segunda" demanda, mesmo aquele que já havia participado no polo ativo da "primeira"[205].

A próxima questão refere-se à formação ou não de coisa julgada nas ações coletivas – direitos difusos e coletivos – julgadas improcedentes por ausência ou insuficiência de provas. Fala-se em coisa julgada *secundum eventum probationis*, mas há divergência a respeito de ser essa uma espécie atípica de coisa julgada ou se, nesse caso, a coisa julgada material estaria afastada, de modo a operar-se, no caso concreto, tão somente a coisa julgada formal.

Há parcela significativa da doutrina que entende não se operar, nesse caso, a coisa julgada material, por afirmar que, sendo possível a propositura de um novo processo com os mesmos elementos da ação – partes, causa de

---

203 Marcato, *O princípio*, p. 317; Marinoni-Arenhart, *Manual*, p. 781.

204 Vigliar, *Ação*, p. 117; Nery Jr.-Nery, *Código*, p. 1.348; Mancuso, *Ação*, p. 276.

205 Barbosa Moreira, *Ação*, p. 123; Arenhart, *Perfis*, p. 412.

pedir e pedido –, a imutabilidade e indiscutibilidade próprias da coisa julgada material não se fariam presentes. A possibilidade de existência de um segundo processo, que, naturalmente, proporcionará uma segunda decisão, afetaria de forma irremediável a segurança jurídica advinda da coisa julgada material tradicional, de forma a estar afastado esse fenômeno processual quando os fundamentos que levaram à improcedência do pedido forem a insuficiência ou a inexistência de prova[206].

Esse entendimento, entretanto, não é o mais correto, parecendo configurar-se a mesma confusão a respeito da formação ou não da coisa julgada nos processos que tenham como objeto as relações de trato continuativo, reguladas pelo art. 505, I, do CPC. Em razão da possibilidade de que a sentença determinativa seja alterada em virtude de circunstâncias supervenientes de fato e de direito, parcela da doutrina apressou-se a afirmar que essa "instabilidade" da sentença seria incompatível com o fenômeno da coisa julgada material, que exige a imutabilidade e a indiscutibilidade do julgado.

Aos partidários do entendimento de que não existe coisa julgada nas ações que tratam de direito difuso ou coletivo quando a improcedência decorrer da insuficiência ou ausência de provas surge uma questão de difícil resposta: como deverá o juiz proceder ao receber uma petição inicial de um processo idêntico a um processo anterior decidido nessas condições, em que o autor não indica qualquer nova prova para fundamentar sua pretensão, alegando tão somente não ser possível suportar a extrema injustiça da primeira decisão. Sem ao menos indícios de que existe uma prova nova, ainda que o fundamento da primeira decisão tenha sido a insuficiência ou ausência de provas, poderá o juiz dar continuidade ao processo?

É evidente, nesse caso, que o juiz deverá indeferir a petição inicial; não há maiores dúvidas a esse respeito. Mas sob qual fundamento? O fundamento de sua decisão será o art. 485, V, do CPC, o qual aponta que, nesse caso, não se poderá afastar a segurança obtida pela coisa julgada material gerada pela primeira decisão. Essa é a prova maior de que existe coisa julgada material, independente do fundamento da decisão de mérito da primeira demanda que efetivamente ocorreu, embora sua imutabilidade e sua indiscutibilidade estejam, no caso da ausência ou insuficiência de provas, condicionadas à inexistência de prova nova que possa fundamentar a nova demanda.

Apesar da defesa veemente da existência de coisa julgada material na hipótese ora analisada e da extinção do processo quando não houver prova nova em razão justamente do fenômeno da coisa julgada material, ainda que

---

206 Barros Leonel, *Manual*, p. 273-274; Mazzili, *A defesa*, p. 427; Marinoni-Arenhart, *Manual*; Nery Jr.-Nery, *Código*, p. 1.347-1.348.

seja admitida a inexistência de coisa julgada material quando a mesma se verifica *secundum eventum probationis*, como prefere a doutrina que tratou do tema, a conclusão a que todos chegam já é o suficiente para os fins buscados no presente trabalho: se não houver prova nova, o processo deverá ser extinto sem julgamento do mérito. Seja por falta de interesse de agir, como prefere a doutrina[207], seja por força da coisa julgada, o essencial é a conclusão pacífica de que o segundo processo não deve ser admitido.

Há um outro interessante questionamento a respeito do tema que vem suscitando dúvidas na doutrina nacional. Os dispositivos legais que tratam da coisa julgada *secundum eventum probationis* são omissos a respeito da exigência de que, expressa ou implicitamente, conste da sentença ter sido a improcedência gerada pela ausência ou insuficiência de provas ou se tal circunstância poderá ser estranha à decisão, de modo a ser demonstrada somente na segunda demanda. A tomada de uma ou de outra posição terá peso fundamental no próprio conceito de prova nova, que será fixado a seguir.

A tese restritiva exige que haja na motivação ou no dispositivo da decisão, expressa ou implicitamente, a circunstância da ausência ou insuficiência de provas. Afirma-se que, por ser uma exceção à regra da coisa julgada material prevista em nosso ordenamento processual, deverá o juiz indicar, ou ao menos ser possível deduzir de sua fundamentação, que sua decisão de improcedência decorreu de uma insuficiência ou inexistência de material probatório. A ausência dessa circunstância proporcionaria, obrigatoriamente, a geração de coisa julgada material tradicional[208].

Com entendimento contrário, existe corrente doutrinária que não vê qualquer necessidade de constar, expressa ou implicitamente na sentença, que a improcedência do pedido decorreu de ausência ou insuficiência de provas. A doutrina que defende uma tese mais ampla, afirma que não se deveria adotar um critério meramente formal do instituto, propondo-se um critério mais liberal, nomeado de critério substancial. Segundo essa visão, sempre que um legitimado propuser, com o mesmo fundamento, uma segunda demanda coletiva na qual fundamente sua pretensão em uma nova prova, estar-se-á diante da possibilidade de obter-se uma segunda decisão[209].

A segunda corrente defende o entendimento mais acertado, considerando que a adoção da tese restritiva limitaria indevidamente o conceito de prova nova. Ao exigir-se uma fundamentação referente à ausência ou à insuficiên-

[207] Gidi, *Coisa*, p. 135-136, Abelha, *Ação*, p. 329.

[208] José Afonso da Silva, *Ação*, p. 273; Mancuso, *Ação*, p. 284; Arruda Alvim, *Notas*, p. 37; Assagra, *Direito*, p. 377-378.

[209] Gidi, *Coisa*, p. 131-138; Grinover, *Novas*, p. 222-224; Barros Leonel, *Manual*, p. 274.

cia de provas, será impossível o juiz se manifestar sobre o que não existia à época da decisão, o que retiraria a possibilidade de propositura de uma nova demanda fundada em meio de prova que não existia à época da prolação da decisão. Nesses casos, haveria um indevido e indesejável estreitamento do conceito de nova prova, que também, por não ser tranquilo na doutrina, passa-se a analisar.

Todos os regramentos legais que tratam da coisa julgada *secundum eventum probationis* são omissos quanto ao conceito de "nova prova", missão legada à doutrina. Parcela majoritária defende que não se deve confundir nova prova com prova superveniente, surgida após o término da ação coletiva. Por esse entendimento, seria nova a prova, mesmo que preexistente ou contemporânea à ação coletiva, desde que não tenha sido nesta considerada. Assim, o que interessa não é se a prova existia ou não à época da demanda coletiva, mas se foi ou não apresentada durante seu trâmite procedimental; será nova porque, no tocante à pretensão do autor, é uma novidade, mesmo que, em termos temporais, não seja algo recente[210].

Esse entendimento muito se assemelha ao conceito dado, pela melhor doutrina, ao "fato novo" como fundamento da liquidação de sentença por artigos. Também nesse caso, o adjetivo "novo" não é utilizado para designar um fato ocorrido após o término do processo em que se formou o título executivo, mas sim como novidade ao Poder Judiciário, por não ter sido objeto de apreciação em tal processo. O fato, portanto, assim como a "nova prova" nas ações coletivas, poderá ser anterior, concomitante ou posterior à demanda judicial; para ser adjetivado de novo, basta que não tenha sido objeto de apresentação pelas partes e de apreciação pelo juiz.

Registre-se o pensamento a respeito do tema exposto por Ada Pellegrini Grinover, que, nos trabalhos para a elaboração do Anteprojeto de Código Modelo de Processos Coletivos para a Ibero-América, entendeu, junto com Kazuo Watanabe, que as provas que já poderiam ter sido produzidas, mas não foram, ficam acobertadas pela eficácia preclusiva da coisa julgada. Fato novo, portanto, seria o fato superveniente. A regra consta do art. 12, § 1º, do Anteprojeto de Código Brasileiro de Processos Coletivos.

A ideia restritiva de conceito de "nova prova" sugerida pela processualista não parece ser a mais adequada ao fenômeno da proteção dos direitos transindividuais em juízo. Já foi devidamente exposto que uma das razões para adotar-se a coisa julgada *secundum eventum probationis* nas demandas que tenham como objeto direitos difusos ou coletivos é evitar que, por meio de conluio fraudulento entre as partes processuais, obtenha-se uma decisão

---

210 Abelha, *Ação*, p. 327; Marinoni-Arenhart, *Manual*, p. 781-782.

de improcedência. Considerando a relevância do direito material debatido e a ausência dos legitimados no processo, ao menos essa proteção lhes deve ser concedida, o que não ocorreria se fosse adotada a visão de que somente provas que não existiam à época da demanda coletiva permitiriam uma nova demanda judicial.

De qualquer forma, o pensamento ao menos se mostra bastante correto quando sedimenta a ideia de que, ao surgir uma prova que não existia ou que era impossível de obter-se à época da ação coletiva, sua apresentação será o suficiente para permitir a propositura de um novo processo com os mesmos elementos da ação do anterior. Nesse caso, evidentemente, não será possível defender a corrente doutrinária que exige do juiz a indicação, expressa ou implícita, de ter o julgamento de improcedência decorrido de ausência ou insuficiência de provas. Não sabendo da existência da prova, porque não era possível sua obtenção, o que só veio a ser possibilitado, por exemplo, pelo avanço tecnológico, não haveria possibilidade lógica de o juiz considerar tal circunstância em sua decisão.

9.11. RELATIVIZAÇÃO DA COISA JULGADA

9.11.1. Introdução

A melhor doutrina defende a existência de duas formas de relativização da coisa julgada material. A forma típica de relativização é a ação rescisória, consagrada em nosso sistema jurídico e prevista nos arts. 966 a 975 do CPC[211]. A forma atípica de relativização é realizada sob duas justificativas: (a) coisa julgada inconstitucional; e (b) coisa julgada injusta inconstitucional. Enquanto, na primeira se pretende afastar a coisa julgada de sentenças de mérito transitadas em julgado que tenham como fundamento norma declarada inconstitucional pelo Supremo Tribunal Federal, na segunda o pretendido afastamento da imutabilidade própria da coisa julgada se aplicaria às sentenças que produzam extrema injustiça, em afronta clara e inaceitável a valores constitucionais essenciais ao Estado democrático de direito.

9.11.2. Ação rescisória

A mera aplicação do art. 22 da LAP é o suficiente para se concluir pelo cabimento da ação rescisória da sentença de mérito transitada em julgado proferida em ação popular[212]. Não há, realmente, qualquer razão lógica ou jurídica a impedir a propositura de ação rescisória no âmbito dessa ação co-

[211] Barbosa Moreira, *Considerações*, p. 199-200.

[212] Assagra, *Manual*, p. 394.

letiva. Como forma típica de relativização da coisa julgada material, e sendo a coisa julgada produzida de forma especial na ação popular, é preciso se fazer uma cuidadosa análise, não do cabimento em si, mas do interesse de agir no caso concreto.

A coisa julgada *secundum eventum probationis*, prevista no art. 18 da LAP e comentada de forma pontual no item 9.10 deste Capítulo, deve ser considerada na determinação do interesse de agir na ação rescisória no caso concreto. Havendo julgamento de procedência, em tese haverá interesse de agir na ação rescisória fundada em qualquer vício de rescindibilidade. No caso de improcedência, entretanto, parece não haver interesse de agir em ação rescisória fundada em prova nova, vício de rescindibilidade previsto no art. 966, VII, do CPC, porque, havendo documento novo apto a modificar a decisão de improcedência já transitada em julgado, se admitirá a repropositura da ação popular, não sendo necessária a ação rescisória para tutelar a pretensão daquele que pretende modificar o resultado de ação popular já extinta.

Consta do art. 967 do CPC o rol dos legitimados ativos para a propositura da ação rescisória: (a) parte no processo ou seu sucessor a título universal ou singular; (b) terceiro juridicamente interessado; (c) Ministério Público. Não vejo necessidade de ampliação desse rol, salvo na hipótese de cidadão que não participou da ação popular como autor, que não é propriamente um terceiro juridicamente interessado, mas terá legitimidade ativa, pelos mesmos fundamentos que tem legitimidade recursal, essa expressamente consagrada no art. 19, § 2º, da LAP. Discordo de parcela doutrinária que defende a legitimidade ativa na ação rescisória dos sujeitos legitimados à propositura de outras ações coletivas que não a popular (art. 5º da LACP e 82 do CDC)[213], não havendo motivo relevante para tal grau de ampliação na regra consagrada pelo art. 967 do CPC.

No tocante à legitimidade passiva na ação rescisória, a doutrina e jurisprudência entendem que devem ser réus dessa demanda todos os sujeitos que figuravam como parte no processo originário e não estejam propondo a ação rescisória. Na ação popular, entretanto, entendo que o litisconsórcio passivo só será necessário quando o pedido de rescisão voltar-se ao capítulo referente à anulação do ato administrativo, porque, nesse caso, todos serão necessariamente afetados pela decisão da ação e, por essa razão, são obrigados a participar do processo. Se, entretanto, o pedido rescindendo voltar-se exclusivamente ao capítulo condenatório da ação popular, o litisconsórcio será facultativo, dependendo do caso concreto a definição dos sujeitos que

[213] Assagra, *Manual*, p. 394.

deverão compor o polo passivo. Basta imaginar que de todos os réus, somente um tenha sido condenado, não parecendo haver a necessidade de compor a ação rescisória todos os réus quando o pedido for voltado somente à rescisão desta isolada condenação.

Formado litisconsórcio passivo na ação rescisória, no tocante ao pedido rescindendo, ele será unitário, não se admitindo que se opere a rescisão da decisão para alguns litisconsortes e a sua manutenção para outros. Já no tocante ao pedido rescisório, o litisconsórcio é simples, porque, no novo julgamento – do pedido inicial do autor da ação originária –, o resultado poderá ser diferente para os litisconsortes, desde que, naturalmente, o litisconsórcio da ação originária tenha sido simples. Tendo sido unitário o litisconsórcio passivo formado na ação originária, naturalmente que também em relação ao pedido rescisório será caso de litisconsórcio da mesma natureza[214].

Registre-se, por fim, entendimento jurisprudencial consagrado no sentido de estender à ação rescisória a gratuidade que favorece o autor da ação popular[215], o que facilita no mais das vezes a tutela do direito difuso defendido na ação popular e não protegido de forma devida.

9.11.3. Coisa julgada inconstitucional

O art. 525, §§ 12 a 15, e o art. 535, §§ 5º a 8º, ambos do CPC, trazem consigo a previsão de matérias que podem ser alegadas em sede de defesa típica do executado (embargos e impugnação) e que afastam a imutabilidade da coisa julgada material. De idêntica redação, os dispositivos legais permitem ao executado a alegação de inexigibilidade do título com o fundamento de que a sentença que se executa (justamente o título executivo judicial) é fundada em lei ou ato normativo declarados inconstitucionais pelo Supremo Tribunal Federal. Ainda que a sentença já tenha transitado em julgado, ou seja, durante a sua execução definitiva, o executado ainda conseguirá se livrar da execução, afastando a imutabilidade da sentença, característica típica da coisa julgada.

A declaração de inconstitucionalidade realizada pelo Supremo Tribunal Federal pode ocorrer, segundo os dispositivos legais ora apresentados, por três diferentes maneiras: (a) redução de texto, quando a lei é declarada inconstitucional para todos os fins e desaparece do ordenamento jurídico; (b) aplicação da norma à situação considerada inconstitucional, quando ela será válida para certas situações e inválida para outras; (c) interpretação conforme a Constituição, quando, havendo mais de uma interpretação possível, somente uma delas for considerada constitucional.

---

214 Nery Jr.-Nery, *Código*, p. 792.

215 STF, Tribunal Pleno, AR 1.178 AgR-AgR/SP, rel. Min. Néri da Silveira, j. 16/09/1988; 18/12/1998, p. 52.

A par das interessantes discussões a respeito do tema[216], que não cabem nos limites do presente estudo, fica nítida, da explicação a respeito das normas legais que tratam dessa relativização, sua aplicabilidade à ação popular, mais precisamente em seu momento executivo. Julgada procedente a ação popular com fundamento em dispositivo tido por inconstitucional pelo Supremo Tribunal Federal, poderá o executado alegar essa inconstitucionalidade como matéria de defesa executiva, sendo que o acolhimento da defesa desconstituirá a decisão exequenda transitada em julgado e, por consequência, relativizará a coisa julgada material. A única condição é aquela imposta pelo art. 525, § 14, e art. 535, § 7º, ambos do CPC: a decisão do Supremo Tribunal Federal ter sido proferida antes do trânsito em julgado da decisão exequenda.

9.11.4. Coisa julgada injusta inconstitucional

Essa forma de relativização, diferentemente da anteriormente analisada, não tem uma expressa previsão legal, sendo criação doutrinária e jurisprudencial, ainda que já se tenha sugerido que, ao menos em termos procedimentais, seja possível a aplicação subsidiária dos arts. 525, §§ 12 a 15, e 535, §§ 5º a 8º, ambos do CPC. [217] Também encontra adeptos e críticos ardorosos, existindo espaço até mesmo para uma corrente intermediária, que aceita a proposta de relativização desde que com tratamento legislativo específico, única forma de evitar abusos desmedidos e injustificáveis[218].

Fundamentalmente, trata-se da possibilidade de sentença de mérito transitada em julgado causar uma extrema injustiça, com ofensa clara e direta a preceitos e valores constitucionais fundamentais. Reconhecendo ser a coisa julgada material instituto processual, responsável pela tutela da *segurança jurídica*, sendo esse também um importante direito fundamental previsto na Constituição Federal, a doutrina que defende a sua relativização entende que a coisa julgada não pode ser um valor absoluto, que *a priori* e em qualquer situação se mostre mais importante do que outros valores constitucionais. A proposta é que se realize, no caso concreto, uma ponderação entre a manutenção da segurança jurídica e a manutenção da ofensa a direito fundamental garantido pela Constituição Federal. Nesse *juízo de proporcionalidade* entre valores constitucionais, seria legítimo o afastamento da coisa julgada quando se mostrar no caso concreto mais benéfico à proteção do valor constitucional afrontado pela sentença protegida pela coisa julgada material.

---

216 Neves, *Manual*, n. 17.10.2, p. 505-508.

217 Zavascki, *Inexigibilidade*, p. 332.

218 Neves, *Manual*, n. 17.10.3, p. 508-512.

Entre as diversas teses defensivas dessa espécie de relativização, é corrente se encontrar entre as justificativas para a extrema injustiça[219]: (a) afronta à razoabilidade e proporcionalidade; (b) ofensa à moralidade administrativa (absurda lesão ao Estado); (c) afronta ao valor justo da indenização por desapropriação[220]; (d) afronta aos direitos fundamentais do homem; (e) afronta ao meio ambiente equilibrado.

Como se pode notar, dos valores que justificariam a relativização da coisa julgada material sob a justificativa de extrema injustiça contida na decisão transitada em julgado, vários são tutelados por meio da ação popular, tais como a moralidade administrativa e o meio ambiente. Significa dizer que, para os que admitem essa forma de relativização, certamente decisões proferidas em ação popular poderiam ser objeto de impugnação. Vale lembrar-se da questão do interesse de agir em razão da coisa julgada *secundum eventum probationis* existente na ação popular, de forma que não será viável a relativização por formas atípicas, sendo possível se tutelar a moralidade administrativa ou qualquer outro valor objeto de ação popular por meio da repropositura dessa ação.

9.12. LIQUIDAÇÃO DE SENTENÇA

9.12.1. Introdução

Liquidar uma sentença significa determinar o objeto da condenação, permitindo-se assim que a demanda executiva tenha início com o executado sabendo exatamente o que o exequente pretende obter para a satisfação de seu direito. Apesar de ser pacífico na doutrina esse entendimento, há uma séria divergência a respeito de quais as obrigações que podem efetivamente ser liquidadas.

Apesar do debate doutrinário a respeito da espécie de obrigação que pode ser objeto de liquidação de sentença, havendo aqueles que defendem uma interpretação mais extensiva, que abrange todas as espécies de obrigação, e outros que defendem ser somente a obrigação de pagar quantia liquidável[221], na ação popular o debate perde muito sua relevância. Ainda que se admitam pedidos condenatórios a fazer, não fazer e entregar coisa, a experiência mostra, e essa característica remonta à própria tradição da ação popular, que a liquidação da sentença popular tem como objeto uma obrigação de pagar quantia certa.

[219] Dinamarco, *Relativizar*, n. 127, p. 245-249.

[220] STJ, 1.ª Turma, REsp 765.566/RN, rel. Min. Luiz Fux, j. 19/04/2007.

[221] Neves, *Manual*, n. 41.1, p. 857-858.

9.12.2. Espécies de liquidação de sentença

Segundo previsão do Código de Processo Civil, existem duas espécies de liquidação de sentença: (a) por arbitramento e (b) pelo procedimento comum (chamada de liquidação por artigos no CPC/1973).

Segundo previsto no art. 14, *caput*, da LAP, se o valor da lesão ficar provado durante a fase de conhecimento, caberá ao juiz condenar os réus já com a indicação do *quantum debeatur*. Caso contrário, a fixação do valor devido dar-se-á por meio da liquidação de sentença. Entendo que a norma deve ser interpretada à luz do art. 491 do CPC, que prevê a prolação de sentença ilíquida quando não for possível determinar, de modo definitivo, o montante devido e quando a apuração do valor devido depender da produção de prova de realização demorada ou excessivamente dispendiosa, assim reconhecida na sentença.

Sendo proferida uma sentença popular ilíquida, a execução dependerá de uma liquidação prévia, que poderá seguir por arbitramento ou pelo procedimento comum, a depender do caso concreto[222]. Nesse tocante, o art. 14, *caput*, da LAP não deve ser interpretado literalmente, considerando-se que a necessidade de uma avaliação ou perícia – na realidade, a primeira é espécie da segunda – para a fixação do valor devido é própria da liquidação por arbitramento, mas a doutrina é unânime em também admitir a liquidação pelo procedimento comum sempre que o valor devido exigir a alegação e prova de fato novo, nos termos do art. 509, II, do CPC[223].

Interessante notar que a liquidação de sentença poderá ser realizada provisoriamente, desde o momento de prolação da sentença ilíquida, independentemente de interposição de apelação com efeito suspensivo ou mesmo reexame necessário, nos termos do art. 512 do CPC, que torna a liquidação da sentença um dos efeitos da sentença condenatória. Só não se poderá exigir nesse caso a iniciativa do Ministério Público diante da inércia dos demais legitimados, considerando que a atuação obrigatória do Ministério Público como demandante da ação popular está condicionada à inércia dos demais legitimados após a decisão de segundo grau ou da decisão de primeiro grau transitada em julgado.

9.12.3. Legitimidade ativa

Já foi devidamente explicado que a liquidação tem como objetivo fixar o *quantum debeatur*, sendo uma complementação da atividade cognitiva já

222 Assagra, *Manual*, p. 397-398; Donizetti, *Ações*, p. 189.

223 STJ, 1ª Turma, REsp. 480.614/RJ, rel. Min. José Delgado, j. 14/10/2003, *DJ* 09/02/2004, p. 129.

iniciada com a condenação do réu. Não tem a liquidação qualquer função expropriatória, reservada ao momento de cumprimento da sentença. O interesse em obter o valor exato da condenação não é exclusivo do autor, que naturalmente terá tal interesse para que possa dar início ao cumprimento de sentença. Também o réu condenado tem interesse na liquidação, considerando-se que, ciente do valor exato de sua dívida, poderá quitá-la ou oferecer uma transação com base mais concreta[224].

Sendo de interesse tanto do vencedor como do vencido a fixação do valor da condenação, não resta nenhuma dúvida de que, ao menos como regra, tanto o credor como o devedor – assim reconhecidos no título executivo – têm legitimidade ativa para dar início à fase procedimental de liquidação de sentença. Especificamente no caso da ação popular, a regra da legitimidade ativa binária da liquidação de sentença deve ser compreendida como atribuidora de legitimação tanto aos sujeitos que teriam condições jurídicas de executar o título que contém obrigação ilíquida como aos sujeitos que teriam condições jurídicas de compor o polo passivo nessa execução.

Dessa forma, não só o cidadão vencedor da demanda, como qualquer outro cidadão é legitimado a ingressar com a liquidação de sentença. Também o Ministério Público, que tem legitimidade ativa executiva nos termos do art. 16 da LAP, poderá ingressar com a liquidação. Como analisado no item 9.13.3 deste Capítulo, a pessoa jurídica de direito público que compõe o polo passivo não será condenada a pagar a ela mesma, tendo legitimidade ativa para a execução, ainda que tendo composto o polo passivo da ação popular. Tendo legitimidade executiva, também poderá ingressar com a liquidação de sentença. Finalmente, todos os réus que podem ser executados – agentes públicos e beneficiados diretos pelo ato impugnado – poderão ingressar com a liquidação da sentença.

9.12.4. Competência

Não há nenhuma norma expressa a respeito da competência para a liquidação de sentença, devendo-se analisar o momento procedimental no qual a liquidação ocorre para determinar o órgão jurisdicional competente.

Tratando-se de liquidação incidental em execução – fase de satisfação de sentença ou processo autônomo –, é natural que seja competente para conhecer da liquidação o próprio juízo no qual já tramita a demanda executiva. Tratando-se de liquidação que dá início a processo sincrético no qual se buscará, ao final, a satisfação do direito do demandante, nos termos do

[224] Dinamarco, *Instituições*, p. 620; Araken de Assis, *Manual*, p. 305; Pontes de Miranda, *Comentários*, v. 9, p. 502-503.

art. 516 do CPC, deve-se realizar um exercício de abstração, determinando qual seria o órgão competente para a execução daquele título, caso não fosse necessária a liquidação. Por fim, tratando-se de liquidação entre a fase de conhecimento e a fase de execução, haverá *competência absoluta* - de caráter funcional - do juízo que proferiu a sentença ilíquida, não se aplicando ao caso o permissivo do art. 516, parágrafo único, do CPC[225].

A existência de foros concorrentes para o cumprimento de sentença busca facilitar a satisfação do direito, permitindo ao demandante a escolha entre o juízo do local onde deva ser executada a obrigação de fazer ou de não fazer (art. 516, parágrafo único, do CPC). Essa facilitação da satisfação do direito, entretanto, nada tem a ver com a liquidação da sentença, entendida como atividade cognitiva integrativa da sentença genérica proferida no encerramento da primeira fase de natureza cognitiva. É natural, portanto, que, havendo entendimento corrente no sentido de que a sentença ilíquida que condena e a decisão da liquidação completam um todo - tanto é assim que, em regra, haverá uma só decisão, com a exata determinação do *an debeatur* e do *quantum debeatur* -, o juízo que exerceu a função judicante nessa primeira fase de solução da lide automaticamente se torne competente para a segunda fase, em nítida ocorrência de competência funcional[226].

Esse entendimento é parcialmente excepcionado na tutela coletiva, mas a exceção não atinge a liquidação coletiva da sentença popular. Sendo a liquidação coletiva, como ocorre na ação popular, a regra se aplica conforme o exposto, mas, sendo individual a liquidação da sentença coletiva, poderá o liquidante realizá-la no foro de seu domicílio[227].

9.13. EXECUÇÃO

9.13.1. Introdução

O direito processual civil passou por significativa modificação no tocante ao sistema aplicado à execução dos títulos executivos judiciais em geral e à sentença civil em especial. De um sistema fundado na autonomia das ações, no qual a execução de sentença exigia um processo autônomo, temos atualmente o sistema do sincretismo processual, no qual se destaca a chamada ação sincrética, que se desenvolve por um processo dividido em duas fases sucessivas, a primeira de conhecimento e a segunda de execução. Foi uma mudança que

[225] Contra: Nery Jr.-Nery, *Código*, p. 722.

[226] Lucon, *Código*, p. 1.789; Didier-Braga-Oliveira, *Curso*, p. 395-396; Abelha Rodrigues, *Manual*, p. 451-452.

[227] STJ, Corte Especial, REsp 1.243.887/PR, rel. Min. Luis Felipe Salomão, j. 19/10/2011, DJe 12/12/2011 (Recurso Especial Repetitivo temas 480, 481).

ocorreu paulatinamente, desde 1990[228], mas atualmente é reconhecido pela melhor doutrina que a execução do título executivo judicial ocorre em regra pelo cumprimento de sentença, mera fase procedimental posterior à prolação da sentença condenatória (para parcela da doutrina, executiva *lato sensu*).

Seria inexplicável deixar de aplicar os avanços do sistema executivo à execução da sentença coletiva em geral e da popular em especial. É inegável que o sistema do cumprimento de sentença, consagrado definitivamente pelo Código de Processo Civil de 2015, facilita a satisfação do direito exequendo, e, tendo natureza difusa o direito defendido em sede de ação popular, ainda com maior razão admite-se a aplicação de um sistema que facilite a efetiva tutela desse direito em fase executiva.

9.13.2. Execução por sub-rogação e indireta

Na execução por *sub-rogação*, o Estado vence a resistência do executado, substituindo sua vontade, com a consequente satisfação do direito do exequente[229]. Mesmo que o executado não concorde com tal satisfação, o juiz terá à sua disposição determinados atos materiais que, ao substituir a vontade do executado, geram a satisfação do direito. Exemplos classicamente lembrados são a penhora/expropriação; depósito/entrega da coisa; atos materiais que são praticados independentemente da concordância ou resistência do executado.

Na *execução indireta*, o Estado não substitui a vontade do executado; pelo contrário, atua de forma a convencê-lo a cumprir sua obrigação, com o que será satisfeito o direito do exequente. O juiz atuará de forma a pressionar psicologicamente o executado para que ele modifique sua vontade originária de ver frustrada a satisfação do direito do exequente[230]. Sempre que a *pressão psicológica* funciona, é o próprio executado o responsável pela satisfação do direito; a satisfação será voluntária, decorrente da vontade da parte, mas obviamente não será espontânea, considerando-se que só ocorreu porque foi exercida pelo juiz uma pressão psicológica sobre o devedor.

Existem duas formas de execução indireta. A primeira consubstancia-se na ameaça de piorar a situação da parte caso não cumpra a obrigação, como ocorre com as *astreintes*, multa aplicável diante do descumprimento das obrigações de fazer, não fazer e entregar coisa, ou ainda com a prisão civil na hipótese do devedor inescusável de alimentos. A segunda forma de execução indireta consubstancia-se na oferta de uma melhora na situação da parte caso ela cumpra sua obrigação, como ocorre no art. 827, § 1º do

---

228 Daniel Neves, *Manual*, n. 34.2, p. 749-753.

229 Dinamarco, *Instituições*, n. 1.330, p. 47; Theodoro Jr., *Processo*, n. 13, p. 53.

230 Dinamarco, *Instituições*, n. 1.330, p. 47-48.

CPC, que prevê um desconto de 50% no valor dos honorários advocatícios no caso de pagamento do valor exequendo no prazo de 3 dias da citação. Apesar de lições tradicionais de direito estrangeiro, os termos "sanções premiadoras" ou "sanções premiais"[231], empregados para designar essa espécie de execução indireta, não parecem adequados, porque, apesar de a ideia de prêmio concedido a quem cumpre a obrigação estar correta, não se pode confundir *sanção* com *pressão psicológica.*

Na execução de pagar quantia certa, tradicionalmente o procedimento executivo é fundado em atos de sub-rogação representados pela penhora e expropriação de bens. No procedimento de cumprimento de sentença de obrigação de pagar quantia, existe a previsão de uma multa no valor de 10% do valor da condenação na hipótese de o devedor não realizar o pagamento no prazo de 15 dias. Para parcela da doutrina, trata-se de medida de execução indireta, que busca pressionar psicologicamente o devedor a efetuar o pagamento do valor devido[232]. Não parece, entretanto, tratar-se efetivamente de medida de execução indireta, sendo sancionatória a natureza jurídica dessa multa[233]. Como se pode afirmar que a *astreinte* é uma multa e que tem o seu valor prefixado em lei, sem nenhuma liberdade ao juiz em aumentar ou diminuir tal valor? Como saber *a priori* se o valor legal funcionará efetivamente no caso concreto para pressionar o devedor ao cumprimento da obrigação? Por outro lado, não se aplica medida de execução indireta, quando é material ou juridicamente impossível o cumprimento da obrigação[234]. Não teria nenhum sentido aplicar uma multa diária ao executado que tem a obrigação de entregar coisa que já pereceu. Da mesma forma, não teria sentido pressionar alguém a pagar, se essa pessoa não tem patrimônio suficiente para tornar materialmente possível o cumprimento da obrigação. Mas a multa é aplicada independentemente da situação patrimonial do executado[235], o que deixa claro que, diante do dever de pagar descumprido, aplica-se como sanção a multa no valor de 10% sobre o valor da condenação.

O tema, entretanto, é bastante controvertido, chegando-se até mesmo ao ponto de considerar-se a multa com natureza jurídica híbrida, sendo ao mesmo tempo execução indireta e sanção processual[236].

---

231 Bermudes, *A reforma*, p. 175-176, apontando para lições de Carnelutti ao falar em "sanções premiadoras".

232 Wambier-Wambier-Medina, *Breves*, p. 144-145; Gusmão Carneiro, *Cumprimento*, p. 61.

233 STJ, 3ª Turma, MC 14.258/RJ, rel. Min. Nancy Andrighi, j. 17/06/2008; Daniel Neves, *Reforma*, p. 218-220; Marinoni-Mitidiero, *Código*, p. 464; Sérgio Shimura, *Cumprimento*, p. 246.

234 STJ, 1ª Turma, REsp 634.775/CE, rel. Min. Teori Albino Zavascki, j. 21/10/2004.

235 Gusmão Carneiro, *Cumprimento*, p. 59.

236 Informativo 437/STJ, 3ª Turma, REsp 1.111.686-RN, Rel. Min. Sidnei Beneti, j. 1º/06/2010.

Uma interessante e excepcional forma de execução por sub-rogação encontra-se prevista no art. 14, § 3º, da LAP, que permite o desconto em folha de pagamento sempre que o réu condenado receber dos cofres públicos e se assim convier ao interesse público. O desconto em folha de pagamento é medida excepcional, porque torna penhorável o ganho proveniente do trabalho, contrariando o art. 833 do CPC, que, em seu inciso IV, prevê a impenhorabilidade absoluta do salário e outras formas de remuneração, prevendo como única exceção, no § 2º, a execução de prestação alimentícia e vencimentos que superem 50 salários mínimos.

Sou um ferrenho crítico da impenhorabilidade total dos salários e afins, sendo o Brasil um dos poucos países civilizados que tem regra com tamanha extensão, sendo praticamente irrisória a admissão de penhora de salários superiores a 50 salários mínimos. Não obstante, existe uma norma pela qual se nota com clareza a vontade do legislador: a impenhorabilidade deve ser excepcionada somente na prestação alimentícia, ou seja, com fundamento no princípio da dignidade da pessoa humana. Na ação popular, que busca tutelar o patrimônio público, é natural que se questione se esse valor tutelado também é o suficiente para excepcionar a regra de impenhorabilidade.

Entendo que a resposta a essa pergunta deva ser dada de forma negativa, sob pena de, em toda condenação em favor da Fazenda Pública, ter-se que admitir o desconto em folha de pagamento do devedor. Ressaltando mais uma vez minha verdadeira ojeriza ao art. 833, IV, do CPC, entendo que esse dispositivo revoga tacitamente o art. 14, § 3º, da LAP[237]. Há doutrina que afirma ser o dispositivo legal de discutível juricidade[238].

Na obrigação de entregar coisa, é possível a cumulação de medidas de execução por sub-rogação e indireta, não existindo nenhuma ordem entre tais medidas, cabendo ao juiz aplicá-las ao caso concreto como entender mais eficaz para a efetiva satisfação do direito exequendo. Assim, poderá determinar a busca e apreensão ou a imissão na posse (execução por sub-rogação) ou, se preferir, aplicar uma multa diária diante do descumprimento da obrigação de entregar a coisa (execução indireta), como também poderá aplicar ambas as medidas concomitantemente, até que uma delas se mostre eficaz, o que levará à revogação da outra.

Tratando-se de obrigação de fazer de natureza fungível, ou seja, uma obrigação que pode ser cumprida por outros sujeitos além do devedor (por exemplo, pintar uma casa), é possível a cumulação de medidas de execução

---

[237] Contra: Rodrigues, *Ação*, p. 320; Abelha Rodrigues-Klippel, *Comentários*, p. 214.

[238] Mancuso, *Ação*, p. 289.

indireta e por sub-rogação. Pode o juiz determinar a aplicação de multa[239], como também determinar que a obrigação seja cumprida por terceiro à custa do executado, nos termos dos arts. 817 a 820 do CPC. Sendo a obrigação de fazer infungível (personalíssima), na qual somente o devedor pode cumprir a obrigação, de nada adiantará a aplicação de medidas de execução por sub-rogação, considerando-se que, nesse caso, a vontade do devedor não pode ser substituída pela vontade do Estado-Juiz. Nessa espécie de execução, resta somente a aplicação de *astreintes* na tentativa de convencer o executado a cumprir a obrigação[240].

9.13.3. Legitimidade ativa

Naturalmente o cidadão que funcionou como autor da ação coletiva terá legitimidade para a execução. É, inclusive, o sujeito que costuma executar a sentença, não sendo comum que um cidadão que teve todo o trabalho em obter uma sentença condenatória deixe de ter interesse na tutela do patrimônio público no momento da satisfação do direito. No tocante ao capítulo acessório condenatório nas verbas de sucumbência, a legitimidade executiva é exclusiva do cidadão-autor[241]. Outros cidadãos, que não tenham composto o polo ativo da ação coletiva na fase de conhecimento, também são legitimados ativos para o cumprimento de sentença.

O Ministério Público tem legitimidade ativa, nos termos do art. 16 da LAP, tema tratado neste Capítulo, item 9.3.5.3. A legitimidade ativa, nesse caso, é superveniente e condicionada, porque depende da inércia dos cidadãos, mesmo quando o Ministério Público, nos termos do art. 9º da LAP, tenha assumido o polo ativo da ação popular ainda na fase de conhecimento.

Tendo havido a alteração de polos, nos termos do art. 6º, § 3º, da LAP, a pessoa jurídica constará do título executivo como coautora da ação coletiva, sendo, nesse caso, natural sua legitimidade ativa para executá-lo. Mas o que ocorre quando a pessoa jurídica assume sua posição no polo passivo, inclusive apresentando contestação, colocando-se, portanto, contra a pretensão do autor popular? Entendo que, nesse caso, a pessoa jurídica não poderá ser condenada ao pagamento ao erário, sob pena de condenar-se ao pagamento o próprio credor[242], o que geraria a extinção do crédito por confusão.

Do capítulo condenatório de pagar quantia certa, portanto, não constará como devedora a pessoa jurídica que figurou na ação popular como ré.

[239] STJ, 1ª Turma, REsp 893.041/RS, rel. Min. Teori Albino Zavascki, j. 05/12/2006.

[240] Araken de Assis, *Manual*, n. 19, p. 132.

[241] Mancuso, *Ação*, p. 295.

[242] Silva, *Ação*, p. 265; Meirelles-Wald-Mendes, *Mandado*, p. 203.

E o art. 17 da LAP prevê que essa pessoa jurídica terá legitimidade para a propositura da execução da sentença, ainda que tenha se colocado contra a pretensão do autor popular. A norma tem lógica clara, considerando-se que o beneficiado pelo pagamento será a própria pessoa jurídica demandada na ação popular.

9.13.4. Medidas cautelares para garantir o resultado da execução

Segundo o art. 14, § 4º, da LAP, sendo a parte condenada a restituir bens ou valores, ficará sujeita a sequestro e penhora, desde a prolação da sentença condenatória. Primeiramente, é preciso destacar que há um equívoco claro no dispositivo legal mencionado. Como o dispositivo faz menção a obrigações de entregar coisa e de pagar quantia certa, as medidas cautelares adequadas para garantir a eficácia da execução de tais obrigações são, respectivamente, o sequestro e o arresto[243].

Portanto, onde se lê penhora deve-se entender arresto. Nem mesmo o entendimento doutrinário de que o arresto funciona como uma penhora antecipada pode justificar o equívoco legal, porque falar-se em penhora antecipada só tem cabimento no arresto executivo, jamais no arresto cautelar[244]. E justamente porque o arresto cautelar antecede a execução, constituindo-se em ato de mera garantia, e não satisfativo, próprio da execução. Como o art. 14, § 4º, da LAP prevê a possibilidade de sequestro ou penhora (leia-se arresto) desde o momento da prolação da sentença, admite que as medidas sejam adotadas antes da execução, em momento procedimental no qual, inclusive, nem seria juridicamente possível a execução, o que demonstra de forma cabal não ser o ato de constrição uma penhora, mas sim um arresto.

Registre-se que com a supressão das cautelares nominadas pelo Código de Processo Civil de 2015, o arresto e sequestro cautelar sobrevivem apenas em sua nomenclatura em razão do art. 301 do CPC, mas seguirão o procedimento cautelar comum, sem, inclusive, qualquer especialidade quanto aos requisitos para a sua concessão.

Como é de conhecimento notório, são cabíveis medidas cautelares, ainda que o momento procedimental não admita execução, como resta demonstrado nas cautelares incidentais concedidas durante o processo/fase de conhecimento. O que se pretende mostrar é que, sendo o sequestro e o arresto previstos no artigo ora analisado, e na realidade qualquer medida cautelar, que exige para sua concessão a presença do *periculum in mora* e do *fumus boni iuris* (nos termos do art. 300, *caput*, do CPC, elementos que evidenciem a probabilida-

[243] Abelha Rodrigues-Klippel, *Comentários*, p. 214.

[244] Neves, *Manual*, n. 47.1.3, p. 929.

de do direito e o perigo de dano ou o risco ao resultado útil do processo), o dispositivo é inútil, já que seriam cabíveis mesmo que não houvesse uma expressa previsão nesse sentido.

Ainda que criticado por moderna doutrina civilista, em respeito ao princípio de que a lei não contém palavras inúteis, menos ainda um artigo inteiro, entendo que o art. 14, § 4º, prevê o sequestro e o arresto cautelar como efeitos secundários da sentença de procedência na ação popular. Os efeitos secundários da sentença são gerados automaticamente com a sua prolação, independentemente de pedido expresso do demandante ou da pendência de recurso com efeito suspensivo. E o mais importante para a presente análise, não dependem de preenchimento de qualquer requisito no caso concreto, o que dispensará no sequestro e arresto diante da sentença popular o perigo de dano e a probabilidade de o direito existir.

Interessante mencionar a existência de corrente doutrinária que, mesmo adotando diferentes fundamentos, parece chegar à mesma conclusão ora defendida. Para essa corrente doutrinária, o legislador acertou ao prever a penhora, medida de natureza cautelar-incidental que se desenvolve no cumprimento provisório de sentença atípica advinda da sentença popular de primeiro grau. Como essa parcela da doutrina concorda que a apelação tem duplo efeito e ainda assim é possível a constrição de bens para garantir o resultado da execução, fala-se em cumprimento provisório de sentença anômala.

Ainda que não se concorde com o raciocínio, a penhora não exige *periculum in mora* nem *fumus boni iuris*, e, nesse sentido, o ato de constrição judicial poderá ser realizado mediante a mera provocação do exequente. É essa ideia que defendo no tocante ao sequestro e ao arresto previstos no art. 14, § 4º, da LAP.

9.13.5. Capítulos da sentença executáveis

Como já devidamente demonstrado no item 9.5.6 deste Capítulo, a sentença de procedência na ação popular terá dois capítulos principais. Haverá ainda um capítulo acessório, que versará sobre a as verbas de sucumbência. A execução desses capítulos dependerá fundamentalmente de sua natureza.

O primeiro terá natureza constitutiva negativa, versando sobre a ilegalidade do ato e sua anulação, ou natureza declaratória, versando sobre a ilegalidade da omissão. Em nenhum desses capítulos se fará necessária execução forçada, considerando-se que, nas sentenças constitutivas, a situação jurídica pretendida é criada com a mera prolação da decisão e, nas sentenças declaratórias, a certeza jurídica é obtida mediante sua mera prolação.

O segundo capítulo e o capítulo acessório terão natureza condenatória, exigindo a instauração da fase de cumprimento de sentença, salvo na improvável hipótese de cumprimento voluntário da obrigação exequenda. O capítulo acessório que versa sobre as verbas de sucumbência será sempre condenatório em pagar quantia certa, enquanto o capítulo principal condenatório pode ter como objeto obrigação de qualquer natureza, e não só de pagar quantia certa.

Havendo condenação a pagar quantia certa, na hipótese de prejuízo ao erário, o valor obtido em cumprimento de sentença será revertido para a pessoa jurídica de direito público que tenha suportado a lesão econômica reconhecida na sentença. Havendo condenação em razão de violação ao meio ambiente e ao patrimônio histórico e cultural, o valor obtido em cumprimento de sentença para pagar quantia certa deve ser revertido para o Fundo de Direitos Difusos, previsto no art. 13 da LACP[245].

9.14. TUTELA PROVISÓRIA

9.14.1. Tutela antecipada e cautelar

Consta do art. 5º, § 4º, da Lei 4.717/1965 a previsão de que, na defesa do patrimônio público, caberá a suspensão liminar do ato lesivo impugnado, no que se pode compreender a admissão expressa de tutela de urgência em favor do autor da ação popular. Tal previsão, entretanto, não afasta da ação popular a aplicação subsidiária das regras que regem a tutela de urgência no Código de Processo Civil, segundo posição de parcela doutrinária que defende o não cabimento da tutela antecipada na ação popular[246]. O Superior Tribunal de Justiça, acertadamente, vem admitindo a antecipação de tutela na ação popular[247] e a concessão de medidas cautelares, desde que preenchidos os requisitos[248].

Entendo que as novidades criadas pelo Código de Processo Civil de 2015 quanto ao pedido antecedente de tutela de urgência são totalmente aplicáveis à ação popular, inclusive a estabilização da tutela antecipada prevista no art. 304 do CPC. Sendo o pedido incidental, na petição inicial já poderá constar pedido de tutela de urgência a ser concedida *inaudita altera parte*, embora não haja preclusão temporal para a elaboração de tal pedido.

Cabe apenas a lembrança das vedações à concessão de tutela de urgência contra a Fazenda Pública, atualmente reunidas no art. 7º, § 2º, da Lei 12.016/2009. Como necessariamente haverá ao menos uma pessoa jurídica

---

245 Rodrigues, *Ação*, p. 321.

246 Meirelles-Wald-Mendes, *Mandado*, p. 191.

247 STJ, 1ª Turma, REsp. 1.098.028/SP, rel. Min. Luiz Fux, j. 09/02/2010, *DJ* 02/03/2010.

248 STJ, 1ª Turma, AgRg na MC 21.710/MS, rel. Min. Napoleão Nunes Maia Filho, j. 19/08/2014, DJe 29/09/2014.

de direito público no polo passivo da ação popular, não é possível se afastar tais vedações, ainda que os temas indicados no dispositivo legal não sejam comuns às ações populares.

Mais relevante a respeito das especialidades da tutela de urgência contra a Fazenda Pública é a exigência de oitiva prévia no prazo de 72 horas, prevista no art. 2º da Lei 8.437/1992. A inaplicabilidade da norma à ação popular não exige nem ao menos a alegação de sua inconstitucionalidade, exagerando nas prerrogativas da Fazenda Pública em juízo, ainda que em detrimento de direito material evidente do autor. Basta para se chegar a tal conclusão observar a literalidade da norma, que exige a prévia oitiva somente nos casos de mandado de segurança coletivo e ação civil pública, do que se pode concluir que a ação popular não é alcançada pela exigência legal. O entendimento ora defendido, pela dispensa da oitiva prévia, ainda que excepcionalmente, é do Superior Tribunal de Justiça[249].

A exigência de oitiva prévia, ainda que dificulte a concessão da tutela de urgência, não é, por si só, um impedimento definitivo à sua obtenção. Pessoalmente entendo a regra ora comentada inconstitucional, mas não vejo razão sólida para afastar sua aplicação somente da ação popular. Diferente é minha conclusão com relação ao art. 1º, § 3º, da Lei 8.437/1992, que veda a concessão de liminar contra o poder público que esgote, no todo ou em parte, o objeto da ação. Nesse caso, como o pedido de tutela antecipada tem como objeto a mesma pretensão contida no pedido, a aplicação do dispositivo legal seria praticamente afastar essa espécie de tutela de urgência da ação popular, o que sacrificaria os direitos tuteláveis por essa ação, em ofensa insuportável ao art. 5º, XXXV, da CF[250].

Por fim, não há qualquer razão para deixar de aplicar o art. 311 do CPC à ação popular, sendo, portanto, cabível a tutela da evidência nessa espécie de ação coletiva.

9.14.2. Pedido de suspensão de segurança

Segundo o art. 4º, *caput*, da Lei 8.437/1992, o presidente do tribunal poderá suspender fundamentadamente a execução da liminar nas ações movidas contra o Poder Público ou seus agentes, a requerimento do Ministério Público ou da pessoa jurídica de direito público interessada, em caso de manifesto interesse público ou de flagrante ilegitimidade, e para evitar grave lesão à ordem, à saúde, à segurança e à economia públicas. A aplicabilidade da norma à ação popular está expressamente consagrada no § 1º do artigo ora

---

249 STJ, 2ª Turma, AgRg no AREsp 580.269/SE, rel. Min. Humberto Martins, j. 06/11/2014, DJe 17/11/2014; STJ, 2ª Turma, REsp 1.052.430/MG, rel. Min. Mauro Campbell Marques, j. 12/04/2011, DJe 27/04/2011.

250 Rodrigues, *Ação*, p. 309.

comentado, que exige, ainda, que o pedido seja elaborado antes do trânsito em julgado da decisão.

O tema foi exaustivamente tratado no Capítulo 6, item 6.14.

9.15. GRATUIDADE

9.15.1. A regra da gratuidade

No art. 5º, LXXIII, da CF, há previsão de que o autor da ação popular é isento do pagamento de custas processuais e do ônus da sucumbência, salvo se restar comprovada sua má-fé. A regra da gratuidade, consagrada no dispositivo constitucional, é corroborada pelos arts. 12 e 13 da LAP.

A justificativa é óbvia: incentivar os cidadãos à propositura de ações populares, sem a natural preocupação com os prejuízos econômicos que uma eventual derrota judicial poderia gerar àquele que se aventurar na propositura de tal espécie de ação. A atuação do autor na ação popular não deixa de ter alta carga de altruísmo, porque assume todos os percalços e incômodos de uma ação judicial para defender direito da coletividade. Ainda que seja indiretamente beneficiado pelo resultado positivo da ação popular, como membro pertencente à coletividade, o autor popular beneficia com seu esforço pessoal a todos os membros que compõem essa coletividade.

Não teria qualquer sentido, funcionando como forte inibidor na propositura da ação popular, a seguinte equação: sendo julgado o pedido procedente, todos os membros da coletividade se beneficiam indistintamente do resultado, mas, sendo julgado o pedido improcedente ou a ação extinta sem a resolução do mérito, o prejuízo econômico gerado pela demanda será suportado exclusivamente pelo autor da ação popular. Justamente para evitar que essa injusta situação ocorra, concede-se ao autor a gratuidade.

É notória a pequena atração exercida pela ação popular, sendo incomparavelmente menor o número dessas ações quando comparadas com outras espécies de ações coletivas, que têm como legitimados outros sujeitos que não o cidadão. A gratuidade, entretanto, não deixa de ser um atrativo, porque, se o autor tivesse que assumir os riscos de uma improcedência ou decisão terminativa, em ações que geralmente envolvem altos valores, o que já é escasso, tenderia a desaparecer[251]. Ou seja, ruim com a gratuidade, pior sem ela.

O art. 12 da LAP prevê que da sentença de procedência da ação popular sempre constará um capítulo acessório de condenação dos réus ao pagamento das custas, das demais despesas, judiciais e extrajudiciais, e dos honorários

[251] Barros Leonel, *Comentários*, p. 249.

advocatícios. Aplica-se a essa condenação as regras dos ônus da sucumbência previstos no Código de Processo Civil.

Como no art. 12 da LAP não há qualquer indicação de condenação ao pagamento de custas, despesas e honorários advocatícios na hipótese de extinção do processo sem julgamento do mérito e na hipótese de improcedência do pedido, o legislador deixa claro por meio da omissão que o autor não será condenado em tais verbas, ainda que seja derrotado na demanda judicial. Apesar de não existir uma previsão expressa nesse sentido, a omissão indicada é encarada pela doutrina como consagradora da regra da gratuidade[252].

No tocante à gratuidade, o aspecto mais interessante diz respeito ao adiantamento dos honorários periciais, que, ao menos em regra, segue as regras estabelecidas pelo art. 95 do CPC. Dessa forma, sendo a perícia requerida pelo autor, pelo autor e réu, pelo Ministério Público como fiscal da ordem jurídica ou ainda determinada de ofício pelo juiz, o ônus de adiantar os honorários periciais é do autor. Na hipótese de somente o réu pedir a produção da prova pericial, será seu o ônus de adiantar tal verba.

Sendo o pedido de prova pericial na ação coletiva elaborado exclusivamente pelo réu, não haverá qualquer especialidade, cabendo a ele o depósito em juízo dos honorários periciais "sob pena" de preclusão da prova técnica. A experiência forense, entretanto, mostra que nas ações coletivas são em geral os autores que requerem a produção da prova pericial, justamente os sujeitos agraciados com a dispensa no adiantamento das verbas periciais, além de outras. Questiona-se: como proceder diante de tal situação? Por um lado, não se pode exigir do autor o adiantamento e, por outro, não se pode exigir do perito que trabalhe sem o devido adiantamento de seus honorários.

Passou a ser prática comum em juízos de primeiro grau a simples inversão do ônus do adiantamento para o réu, com intimações para que deposite o valor referente aos honorários do perito, tese defendida por parcela da doutrina[253]. O tema é controverso, mas o entendimento consolidado no Superior Tribunal de Justiça é no sentido de que não se aplica essa inversão do ônus do adiantamento dos honorários periciais, apesar de o réu assumir o risco diante da não produção da prova[254].

Especificamente no tocante à tutela coletiva, o Superior Tribunal de Justiça entende que tal inversão seria flagrantemente contrária à regra consagrada no art. 95 do CPC, que deve ser aplicada subsidiariamente ao microssistema

---

252 Barros Leonel, *Comentários*, p. 248.

253 Mazzilli, A defesa, p. 621.

254 STJ, 3ª Turma, REsp 781.446/RN, rel. Min. Sidnei Beneti, j. 03.04.2008, *DJe* 15.04.2008; STJ, 2ª Turma, AgRg no REsp 1.042.919/SP, rel. Min. Humberto Martins, j. 05.03.2009, *DJe* 31.03.2009.

coletivo. Além disso, afirma que tal inversão criaria a paradoxal exigência de adiantamento de uma prova por parte do réu que poderá prejudicar a defesa de seus interesses, contrariando o postulado básico de que ninguém é obrigado a fazer prova contra si mesmo[255].

Admitindo-se que o autor está isento do adiantamento dos honorários do perito e que não cabe ao réu tal ônus, nos termos do art. 95 do CPC, resta a pergunta: o perito deverá trabalhar sem garantia de remuneração? Afirmo que não há garantia de remuneração porque a isenção no pagamento das verbas de sucumbência em caso de improcedência do pedido ou de sentença terminativa naturalmente inclui os valores devidos a título de honorários periciais. Na melhor das hipóteses caberá ao Estado arcar com os honorários ao final da demanda, e nesse caso o perito deve aguardar todo o tempo de duração do processo e depois ainda sofrer mais um tempo para a difícil missão de executar a Fazenda Pública.

Em um primeiro momento, o Superior Tribunal de Justiça tinha, em meu entender, chegado à mais correta solução, mas pelo fundamento mais inadequado possível. Antevendo os problemas gerados pela isenção no adiantamento dos honorários periciais, ressaltando até mesmo uma inviabilidade na produção da prova técnica e, por consequência, frustração da tutela coletiva, o tribunal passou a determinar que no tocante aos honorários periciais a isenção expressamente prevista em lei não deveria ser admitida[256].

Não posso concordar com o "abandono da interpretação" literal dos arts. 87 do CDC e 17 da LACP, pois os honorários periciais constituem uma das principais despesas a serem adiantadas pelas partes, e não tem qualquer sentido lógico ou jurídico a sua exclusão da isenção legal. Por outro lado, não se pode exigir o trabalho gratuito do perito, nem mesmo o exercício de seu labor mediante uma incerta expectativa de algum dia receber pelo trabalho prestado.

Entendo que, se a lei oferece a gratuidade, quem deve arcar com verbas, tal como a dos honorários periciais, é o Estado, justamente o responsável pela criação da gratuidade. Colocar uma prerrogativa criada por lei em favor da parte autora da ação coletiva nas costas do perito não parece razoável, tanto quanto não o é simplesmente afastar no caso concreto o tratamento diferenciado dispensado pela lei. Daí por que sempre entendi que em casos como esse a gratuidade deva ser mantida e o ônus do adiantamento das verbas periciais ser arcado pelo Estado.

---

[255] Informativo 411/STJ, 2ª Turma, REsp 891.743/SP, rel. Min. Eliana Calmon, j. 13.10.2009.

[256] REsp 891.743/SP, Recurso Especial 2006/0213263-0, 2ª Turma, rel. Min. Eliana Calmon, j. 13.10.2009, *DJe* 04.11.2009; STJ, 1ª Turma, REsp 733.456/SP, rel. Min. Luiz Fux, j. 20.09.2007, *DJ* 22.10.2007.

Nesse sentido, inclusive, o Estado, sempre que possível, poderá fornecer o trabalho pericial por meio de seus órgãos especializados na matéria, somente sendo exigido o trabalho de peritos privados se não houver no caso concreto outra possibilidade[257].

Basta imaginar um convênio do Poder Judiciário com as universidades públicas, que poderiam oferecer conhecimento suficiente para cobrir praticamente todas as perícias exigidas nas demandas coletivas. Os professores de cada matéria, com alunos do último ano, por exemplo, poderiam realizar uma perícia judicial como trabalho de conclusão de curso ou algo assemelhado, com proveito a todos: os estudantes ganhariam experiência e seriam aprovados em seus cursos; o Estado não precisaria desembolsar dinheiro para pagar a perícia; o processo certamente ganharia uma perícia de qualidade técnica insuspeita, em razão da excelência dos professores e alunos.

De qualquer forma, entendia que por vias equivocadas chegava-se a uma conclusão aceitável no tocante ao adiantamento dos honorários periciais nas ações coletivas. O Superior Tribunal de Justiça, entretanto, modificou seu entendimento, passando a decidir que a lei deve ser aplicada, inclusive em sua interpretação literal, de modo a ser impossível exigir do autor o adiantamento dos honorários periciais[258].

Reforçando o entendimento de que o réu não pode ser obrigado a arcar com o adiantamento dos honorários periciais e que também não cabe ao autor o adiantamento de tal verba, o Superior Tribunal de Justiça, apesar de amparado em premissas corretas, conclui pelo impasse que só poderá ser resolvido com o sacrifício do perito. Apesar de ser dever a prestação do serviço pericial em juízo, e não apenas uma faculdade, exigir a prestação do serviço nessas condições afronta qualquer regra de razoabilidade.

Outra solução possível ao impasse, inclusive reconhecida por decisão do Superior Tribunal de Justiça, seria retirar o valor para o adiantamento das verbas sucumbenciais do Fundo de Direito Difusos – FDD, previsto no art. 13 da LACP[259]. O dinheiro, portanto, seria retirado do FDD e entregue ao perito para a elaboração de seu trabalho, sendo o retorno desse dinheiro ao FDD determinado pelo resultado do processo.

Sendo o pedido julgado procedente, os réus serão condenados ao pagamento das custas e despesas processuais, no que estão incluídos os honorários periciais, de forma que o dinheiro retornará (ao menos potencialmente) ao FDD. Por outro lado, sendo o pedido julgado improcedente ou havendo ex-

[257] STJ, 2ª Turma, REsp 935.470/MG, rel. Min. Mauro Campbell Marques, j. 24.08.2010, *DJe* 30.09.2010.

[258] STJ, 1ª Seção, EResp 733.456/SP, rel. Min. Humberto Martins, j. 24.02.2010, *DJe* 29.04.2011.

[259] STJ, 2ª Turma, RMS 30.812/SP, rel. Min. Eliana Calmon, j. 04.03.2010, *DJe* 18.03.2010.

tinção do processo sem a resolução do mérito, o FDD arcará definitivamente com o prejuízo.

Entendo que as divergências a respeito do tema ora enfrentado poderão ser superadas se for – como acredito que deva ser – aplicado o art. 95 do CPC ao processo coletivo. Nos termos do § 3º do dispositivo legal suprarreferido, quando o pagamento da perícia for de responsabilidade de beneficiário de gratuidade da justiça, ela poderá ser custeada com recursos alocados no orçamento do ente público e realizada por servidor do Poder Judiciário ou por órgão público conveniado, ou paga com recursos alocados no orçamento da União, do Estado ou do Distrito Federal, no caso de ser realizada por particular, hipótese em que o valor será fixado conforme tabela do tribunal respectivo ou, em caso de sua omissão, do Conselho Nacional de Justiça.

Sendo o beneficiário da gratuidade o vencedor da demanda, cabe ao vencido ressarcir o Estado pelas despesas arcadas por ele na realização da perícia. Como não houve adiantamento de valores pelo beneficiário da assistência judiciária, ele não terá legitimidade para pedir essa condenação. Diante dessa realidade, o § 4º do art. 95 do CPC determina que com o trânsito em julgado o juízo oficiará a Fazenda Pública para que ela proceda a cobrança dos valores dispendidos, o que será feito pela via executiva (cumprimento) em razão da existência de título executivo judicial. Trata-se de excepcional legitimidade ativa executiva da Fazenda Pública.

O § 5º do dispositivo ora comentado é claro ao vedar a utilização de recursos do fundo de custeio da Defensoria Pública para os fins previstos no § 3º, o que deve ser interpretado por analogia para o processo coletivo e o FDD.

9.15.2. Exceção à regra da gratuidade: condenação do autor popular nos ônus de sucumbência

No art. 5º, LXXIII, da CF, há previsão da regra e da exceção quanto à gratuidade concedida ao autor popular. A exceção diz respeito a comprovada má-fé no exercício do direito de ação. O art. 13 da LAP, por sua vez, determina a condenação do autor ao pagamento do décuplo das custas, se o juiz entender que a lide foi manifestamente temerária.

Fica claro do texto constitucional que a isenção na condenação ao pagamento de custas e despesas processuais, além dos honorários advocatícios, é afastada, caso se comprove, no caso concreto, ter o autor atuado com má-fé, não em atos pontuais do procedimento, mas na propositura da ação popular. Significa dizer que, para comportamentos pontuais de má-fé, a sanção aplicável são as multas cabíveis na legislação processual, restando a aplicação do art. 5º, LXXIII, da CF, para a comprovação de que o autor utilizou com má-fé da própria ação em si, com propósitos obscuros e egoístas, muitas vezes somente para prejudicar a reputação dos réus[260].

É interessante notar que, uma vez configurada essa má-fé prevista pelo dispositivo legal ora comentado, é consequência natural a constatação de ser a lide temerária, condição de aplicação do art. 13 da LAP. Significa dizer que, uma vez perdida a isenção no pagamento dos ônus sucumbenciais, o autor popular automaticamente estará também condenado ao pagamento da multa prevista no art. 13 da LAP, no valor de dez vezes as custas processuais. Não consigo imaginar que, havendo má-fé na propositura da ação popular, não haja lide temerária no caso concreto, ainda que, para a multa, se exija que a lide seja manifestamente temerária, circunstância que somente demonstra o cuidado que o juiz deve tomar na aplicação da sanção.

Conclusivamente, é possível se afirmar que, de um mesmo ato, geram-se duas consequências bem distintas. Sendo a propositura da ação fundada em comprovada má-fé, criando-se no caso concreto uma lide manifestamente temerária, o autor perderá os benefícios de gratuidade e será condenado em multa no valor de dez vezes as custas processuais. Como bem observado pela doutrina, não há no caso *bis in idem*, porque o afastamento da isenção não é propriamente uma sanção, mas a perda de uma prerrogativa, bem diferente da multa processual determinada pelo art. 13 da LAP[261].

9.16. PRESCRIÇÃO

Segundo o art. 21 da LAP, o prazo prescricional para a propositura da ação popular é de 5 anos. A primeira consideração que deve ser feita é que, apesar de limitar o exercício da ação popular, o artigo legal não pode ser considerado inconstitucional[262]. Os prazos prescricionais e decadenciais são matérias de legislação infraconstitucional, e não se pode, pelo simples fato de se exigir um período de tempo para o exercício do direito de ação, entender que tal prazo seja inconstitucional. É preciso lembrar que a existência de prazos prescricionais e decadenciais não se dá por mero capricho do legislador, mas em razão de importante valor, essencial à vida em sociedade, que é a segurança jurídica.

O prazo de 5 anos previsto no dispositivo legal não se refere somente à prescrição, como a literalidade do dispositivo legal poderia sugerir, atingindo

[260] Abelha Rodrigues-Klippel, *Comentários*, p. 212.

[261] Barros Leonel, *Comentários*, p. 255.

[262] Contra: Assagra, Manual, p. 401.

também a decadência[263]. Significa dizer que atinge tanto o pedido de natureza constitutiva negativa como o pedido de natureza condenatória. A principal questão que se levanta no tocante ao pedido condenatório, entretanto, é a aplicação do art. 37, § 5º, da CF, que prevê ser imprescritível a ação de ressarcimento por prejuízos gerados ao erário.

Já tive a oportunidade de afirmar que o objeto tutelável por meio de ação popular não se limita ao erário, compreendendo também a moralidade administrativa, o meio ambiente e o patrimônio histórico e cultural. Mas, havendo pedido condenatório de ressarcimento de danos suportados pelo Estado, haverá prescrição de 5 anos ou para essa cobrança não há prazo prescricional?

Para corrente doutrinária minoritária, a pretensão ora analisada prescreve como outra qualquer, e, sendo veiculada por meio de uma ação coletiva, seu prazo prescricional é de 5 anos. O principal fundamento utilizado por essa parcela da doutrina é a inexistência de previsão expressa de imprescritibilidade no dispositivo ora analisado, ressaltando que o legislador constituinte, quando pretendeu excepcionar a regra da prescrição, o fez de maneira expressa, como ocorreu no art. 5º, XLII e XLIV, da CF[264].

A doutrina majoritária, entretanto, reconhece que a única interpretação possível do art. 37, § 5º, da CF, independentemente do método adotado, é pela imprescritibilidade da pretensão de ressarcimento de danos suportados pelo Erário[265]. Também foi historicamente nesse sentido o entendimento consolidado dos tribunais superiores[266].

---

[263] Didier Jr.-Zaneti, *Curso*, p. 273; Abelha Rodrigues-Klippel, *Comentários*, p. 221.

[264] Pazzaglini Filho, Lei, p. 237; Cruz, Comentários, p. 412; Nery-Nery, CF comentada, p. 359; Grinover, Ação, p. 33.

[265] Carvalho Filho, Manual, p. 1.014-1.015; Didier-Zaneti, Curso, p. 286; Andrade-Masson-Andrade, Interesses, p. 741; Decomain, Improbidade, p. 392; Gajardoni, Direitos I, p. 159; Ferraresi, Improbidade, p. 237; Garcia-Alves, Improbidade, n. 82, p. 519-520.

[266] STF, 1ª Turma, AI 712.435 AgRg/SP, rel. Min. Rosa Weber, j. 13.03.2012, *DJe* 12.04.2012; STJ, 2ª Turma, AgRg no AREsp 76.985/MS, rel. Min. Cesar Asfor Rocha, j. 03.05.2012, *DJe* 18.05.2012; STJ, 1ª Turma, AgRg no Ag 1.224.532/SP, rel. Min. Hamilton Carvalhido, j. 03.02.2011, *DJe* 10.02.2011.

10

AÇÃO CIVIL PÚBLICA

10.1. NOMENCLATURA

Apesar da utilização tradicional da expressão "ação civil pública", deve-se reconhecer a existência de divergência a respeito de tal nomenclatura, em especial quando comparada com a expressão "ação coletiva".

Para parcela doutrinária, são expressões sinônimas, não existindo diferença entre elas, tampouco interesse prático na distinção[1]. Para outra parcela doutrinária, há diferença entre as expressões, embora não haja concordância a respeito do parâmetro de diferenciação, sendo possível a indicação de três correntes:

---

[1] Scarpinella, *Curso*, p. 210; Leal, *Ações coletivas*, p. 188; Pedro Dinamarco, *Ação civil pública*, p. 17; Vigliar, *Ação civil pública ou ação coletiva?*, p. 453.

(a) ação civil pública é a ação proposta pelo Ministério Público, enquanto a ação coletiva é ajuizada por outros legitimados coletivos[2], entendimento fundado em razões históricas e na legitimação exclusiva do Ministério Público na propositura da ação pública, tanto penal como civil;

(b) ação civil pública é a que tutela direitos difusos e coletivos, únicos direitos previstos na Lei 7.347/1985, enquanto a ação coletiva se prestaria a tutelar os direitos individuais homogêneos, que encontram previsão somente no CDC[3];

(c) ação civil pública é a regulamentada pela Lei 7.347/1985 e a ação coletiva, pela Lei 8.078/1990[4].

Conforme ensina a melhor doutrina, a nomeação das ações é algo ultrapassado, condizente com uma época imanentista do Direito, na qual não se conseguia distinguir o direito material do direito processual[5]. Portanto, dividir o chamado "processo coletivo" em diferentes espécies de ações e entendê-las como espécies de ações coletivas tem como objetivo apenas uma melhor organização didática, em especial no tocante à indicação de importantes diferenças procedimentais existentes entre elas.

Tome-se como exemplo da dificuldade de entendimento homogêneo a respeito do tema a divergência acerca da natureza da ação de improbidade administrativa. Para alguns, ela não é espécie de ação civil pública[6], havendo inclusive aqueles que preferem uma aproximação com a ação popular[7]. Para outra corrente doutrinária, a ação de improbidade administrativa é uma espécie de ação civil pública[8], sendo esse o entendimento consagrado no Superior Tribunal de Justiça[9]. A discussão, entretanto, não tem grande repercussão prática.

Chamar ou não a ação regulada pela Lei 8.429/1992 de ação civil pública é formalidade que não muda a realidade, ou seja, trata-se de uma ação coletiva que visa a tutela do patrimônio público e da moralidade administrativa regida pela Lei 8.429/1992, subsidiariamente pelo microssistema coletivo, e

---

2 Mazzilli, *A defesa*, p. 73-74.

3 Lopes, *Aspectos*, 1.3.2, p. 40; Zavascki, *Processo coletivo*, p. 56-58.

4 Arruda Alvim, apud Leal, *Ações*, p. 188.

5 Vigliar, *Ação civil pública ou ação coletiva?*, p. 441-443; Lenza, *Teoria*, 2.3., p. 157-158.

6 Meirelles-Wald-Mendes, *Mandado*, p. 257-258; Carvalho Filho, *Manual*, 14.7, p. 1.011; Alves, *Ação*, p. 309-343.

7 Figueiredo, *Ação*, p. 330.

8 Garcia-Alves, *Improbidade*, p. 624; Andrade-Masson-Andrade, *Interesses*, n. 6.12.1, p. 728; Assagra, *Direito*, p. 459; Gomes Jr-Favreto, *Comentários*, p. 301-302.

9 Informativo 560/STJ, 1ª Turma, REsp 1.191.613-MG, Rel. Min. Benedito Gonçalves, julgado em 19/3/2015, DJe 17/4/2015; Informativo 559/STJ, 1ª Seção, CC 131.323-TO, Rel. Min. Napoleão Nunes Maia Filho, julgado em 25/3/2015, DJe 6/4/2015.

residualmente pelo Código de Processo Civil[10]. Da mesma forma ocorre com o nome da ação pela qual se busca a tutela do patrimônio público, movida por cidadão (ação popular), e a ação de procedimento documental sumarizado pela qual se impugna violação ou ameaça de violação a direito coletivo ou individual homogêneo líquido e certo (mandado de segurança coletivo).

10.2. OBJETO DE TUTELA

O art. 1º, IV, da Lei 7.347/1985 prevê as espécies de direito que podem ser tutelados pela ação civil pública de responsabilidade de danos morais e patrimoniais. Há nos demais incisos do dispositivo legal a menção expressa a determinados direitos: (I) meio ambiente; (II) consumidor; (III) bens e direitos de valor artístico, estético, histórico, turístico e paisagístico; (V) infração da ordem econômica; (VI) ordem urbanística; (VII) honra e à dignidade de grupos raciais, étnicos ou religiosos; (VIII) patrimônio público e social.

O rol, entretanto, é meramente exemplificativo, considerando-se o inciso IV do dispositivo legal ora comentado. Segundo o art. 1º, IV, da LACP, a ação civil pública pode ser utilizada para a tutela de qualquer outro direito difuso ou coletivo, ainda que não previsto expressamente no rol legal. Essa amplitude, entretanto, é excepcionada pelo parágrafo único do artigo ora analisado.

O art. 1º, parágrafo único, da Lei 7.347/1985 prevê que não será cabível ação civil pública para veicular pretensões que envolvam tributos, contribuições previdenciárias, o Fundo de Garantia por Tempo de Serviço (FGTS) ou outros fundos de natureza institucional cujos beneficiários podem ser individualmente determinados, embora exista decisão do Superior Tribunal de Justiça admitindo a propositura de ação civil pública pelo Ministério Público em matéria previdenciária[11], apontando a distinção entre a tutela coletiva de pretensões relacionadas às contribuições previdenciárias e benefícios, sendo apenas a primeira delas vedada por lei[12].

O dispositivo é duramente criticado pela doutrina, que denuncia o vergonhoso objetivo da norma legal: afastar o Poder Público do alcance de ações coletivas cujo resultado positivo poderia impor-lhe um dano de dimensões consideráveis. A simples vedação ao processo coletivo, deixando aos interessados somente o caminho da tutela individual, é considerado pela doutrina majoritária como afronta ao princípio da inafastabilidade da jurisdição[13].

---

10 Costa, *O processo*, p. 126-127.

11 STJ, 5ª Turma, REsp 1.220.835/RS, rel. Min. Napoleão Nunes Maia Filho, j. 01.03.2011, *DJe* 09.06.2011.

12 STJ, 5ª Turma, REsp 1.142.630/PR, rel. Min. Laurita Vaz, j. 07.12.2010, *DJe* 01.02.2011; STJ, 6ª Turma, REsp 946.533/PR, rel. Min. Maria Thereza de Assis Moura, j. 10.05.2011, *DJe* 13.06.2011.

13 Nery-Nery, Código, p. 1.435; Leonel, Manual, 5.2.5, p. 170-172; Assagra, Direito, 11.7.5, p. 575.

Resta evidente que o objetivo é mesmo proteger o Poder Público quando os tribunais superiores impedem ações coletivas para discussão de cobrança de tributos, mas a admitem quando o objeto é a anulação de qualquer tipo de acordo de natureza tributária que gere danos ao Poder Público ou ainda a revogação de qualquer espécie de benefício fiscal ilegal[14], que se mostre lesivo ao erário.

Ou seja, em uma ação coletiva em favor dos contribuintes, na qual o Poder Público poderia sofrer um grave dano em caso de derrota, a natureza tributária do direito material é causa de vedação a essa espécie de ação. Já em uma ação coletiva em que o objetivo é proteger o patrimônio público por meio de análise da legalidade de concessão prejudicial de benefício fiscal que cause prejuízo ao Poder Público, a tutela coletiva será admitida. Deixo claro que meu posicionamento crítico se limita ao primeiro entendimento, mas essa divergência de tratamentos é claramente ofensiva ao princípio da isonomia. Para os contribuintes, a ação individual, para o Poder Público, a ação coletiva.

Registre-se que, por não se confundir com tributo, vem sendo admitida por meio de ação coletiva a discussão de tarifas públicas cobradas nos serviços explorados sob o regime de concessão ou permissão[15].

Ressalte-se, por fim, que o Superior Tribunal de Justiça entende que sendo a matéria tributária apenas causa de pedir da ação coletiva, não compondo seu pedido, a vedação legal ora analisada é inaplicável[16].

Ainda que não exista qualquer previsão a respeito da tutela do direito individual homogêneo na Lei 7.347/1985, não há dúvida de que também a tutela dessa espécie de direito se prestará à ação civil pública. Mesmo que o direito individual homogêneo só venha previsto como direito tutelável pelo microssistema coletivo no CDC, é indubitável que a ação civil pública nesse caso pode ter como objeto direitos individuais homogêneos de diferentes naturezas, não se limitando à tutela do consumidor.

Dessa forma, a ação civil pública tem o mais amplo campo de cabimento dentre todas as ações coletivas que compõem o processo coletivo comum. Além de ser cabível nas três espécies de direitos tutelados pelo microssistema coletivo – difuso, coletivo e individual homogêneo –, é instrumento hábil a tutelar a mais variada gama de direitos materiais, desde aqueles previstos

---

14 STF, 1ª Turma, ARE 752.603 AgR/DF, rel. Min. Marco Aurélio, j. 09/04/2014; DJe 30/04/2014; STF, 2ª Turma, RE 586.705 AgRg/DF, rel. Min. Ricardo Lewandowski, j. 23.08.2011, *DJe* 08.09.2011; STJ, 2ª Turma, REsp 871.473/DF, rel. Min. Eliana Calmon, j. 20/08/2013, DJe 28/08/2013; STJ, 1ª Turma, REsp 903.189/DF, rel. Min. Luiz Fux, j. 16.12.2010, *DJe* 23.02.2011.

15 STJ, 1ª Turma, AgRg no Ag 1.249.559/RJ, rel. Min. Arnaldo Esteves Lima, j. 15.12.2011, *DJe* 02.02.2012.

16 STJ, 2ª Turma, REsp 1.387.960/SP, rel. Min. Og Fernandes, j. 22/05/2014, DJe 13/06/2014.

expressamente no art. 1º da LACP, como outros, por exemplo, o direito das crianças e adolescentes, dos idosos, à saúde pública, à educação etc.

10.3. DIREITOS TUTELADOS PELA AÇÃO CIVIL PÚBLICA

10.3.1. Introdução

Nos termos do art. 81 do CDC, existem três diferentes espécies de direito tutelados pelo microssistema coletivo em geral, e pela ação civil pública em especial. Além desses, também existem previsões legais específicas pelo cabimento da ação civil pública na tutela de determinados direitos individuais indisponíveis, como ocorre no Estatuto da Criança e do Adolescente e no Estatuto do Idoso.

10.3.2. Direito difuso

Nos termos do art. 81, parágrafo único, I, do CDC, os interesses ou direitos difusos são direitos transindividuais, de natureza indivisível, de que sejam titulares pessoas indeterminadas e ligadas por circunstâncias de fato. Como se pode notar do conceito legal de direito difuso, essa espécie de direito é composta por quatro elementos cumulativos.

Afirmar que o direito difuso é transindividual é determinar a espécie de direito pelo seu aspecto subjetivo, qual seja, o seu titular. O direito transindividual, também chamado de metaindividual ou supraindividual, é aquele que não tem como titular um indivíduo[17].

Nota-se que o conceito de direito transindividual é residual, aplicando-se a todo direito material que não seja de titularidade de um indivíduo, seja ele pessoa humana ou jurídica, de direito privado ou público. No caso específico do direito difuso, o titular é a coletividade, representada por sujeitos indeterminados e indetermináveis. São direitos que não têm por titular uma só pessoa nem mesmo um grupo bem determinado de pessoas, concernindo a todo o grupo social, a toda a coletividade, ou mesmo à parcela significativa dela.

O segundo elemento é a natureza indivisível, voltado para a incindibilidade do direito, ou seja, o direito difuso é um direito que não pode ser fracionado entre os membros que compõem a coletividade. Dessa forma, havendo uma violação ao direito difuso, todos suportarão por igual tal violação, o mesmo ocorrendo com a tutela jurisdicional, que uma vez obtida aproveitará a todos indistintamente[18].

---

[17] Zavascki, Processo coletivo, p. 42.

[18] Cfr. Ação civil pública, p. 151.

Ao prever o terceiro elemento que compõe o direito difuso, o art. 81, parágrafo único, I, do CDC comete um equívoco ao afirmar que a titularidade desse direito é de pessoas indeterminadas. Na realidade, os titulares não são sujeitos indeterminados, mas sim a coletividade. Essa coletividade, naturalmente, é formada por pessoas humanas, mas o direito difuso não as considera como indivíduos, mas tão somente como sujeitos que compõem a coletividade, como integrantes desta[19].

Com essas considerações deve ser interpretado o dispositivo legal ora mencionado, e nesses termos compreende-se que o titular do direito difuso é a coletividade, por sua vez composta por sujeitos indeterminados e indetermináveis, ou seja, sujeitos que não são nem podem ser determinados individualmente. Na realidade, como lembra a melhor doutrina, admite-se uma indeterminabilidade relativa; mesmo que seja possível a determinação, sendo esta extremamente difícil e trabalhosa, o direito continua a ser difuso[20].

Por fim, o último elemento apontado pelo dispositivo legal ora analisado na conceituação do direito difuso é a circunstância de estarem todos os sujeitos que compõem a coletividade ligados por uma situação de fato, sendo dispensável que entre eles exista qualquer relação jurídica[21].

Exemplo classicamente dado de direito difuso é o da propaganda enganosa[22]. Por meio de anúncio que induz o consumidor a erro, um fornecedor tenta vender produto ou serviço que jamais será apto a atender as expectativas deixadas pela propaganda. O simples fato de ser veiculada uma campanha publicitária enganosa é o suficiente para que todos os consumidores, potencialmente expostos a tal campanha, passem a compor a coletividade consumerista afrontada pela violação cometida pelo fornecedor.

Outro interessante exemplo é o da colocação no mercado de produtos com alto grau de nocividade ou periculosidade à saúde ou segurança dos consumidores[23]. Novamente, será uma circunstância de fato que reunirá os consumidores em uma coletividade afrontada pela conduta do fornecedor. Também tradicional a menção à violação do meio ambiente, por meio de emissão de poluentes por fábrica acima do admitido em lei.

19 Arruda Alvim, Ação civil pública, *RePro* 87, São Paulo, RT, p. 151, jul.-set. 1997; Antonio Gidi, Coisa julgada e litispendência em ações coletivas, p. 24.

20 Barbosa Moreira, A ação popular do direito brasileiro como instrumento de tutela jurisdicional dos chamados interesses difusos, *Temas de direito processual civil*, São Paulo: Saraiva, 1977, p. 112-113.

21 Rizzatto Nunes, Ações coletivas e as definições de direito difuso, coletivo e individual homogêneo, in Rodrigo Mazzei e Rita Dias Nolasco (Coord.), *Processo civil coletivo*, São Paulo: Quartier Latin, 2005, p. 87.

22 Eduardo Arruda Alvim, Apontamentos sobre o processo das ações coletivas, *Processo coletivo*, 28; Didier--Zaneti, Curso, p. 74; Watanabe, Código, p. 72; Vigliar, Tutela jurisdicional coletiva, p. 71.

23 Watanabe, Código, p. 72.

10.3.3. Direito coletivo

Nos termos do art. 81, parágrafo único, II, do CDC, os interesses ou direitos coletivos são direitos transindividuais, de natureza indivisível, de que seja titular grupo, categoria ou classe de pessoas ligadas entre si ou com a parte contrária por uma relação jurídica base. Como se pode notar do conceito legal de direito coletivo, essa espécie de direito é composta por quatro elementos cumulativos.

Exatamente como ocorre no direito difuso, o direito coletivo é transindividual (metaindividual ou supraindividual) porque seu titular não é um indivíduo. Por terem a natureza transindividual como característica comum, o direito difuso e o direito coletivo são considerados direitos essencialmente coletivos[24]. Há, entretanto, uma diferença. Enquanto no direito difuso o titular do direito é a coletividade, no direito coletivo é uma comunidade, determinada por um grupo, classe ou categoria de pessoas.

A natureza indivisível também é elemento do direito coletivo, exatamente da mesma forma como ocorre no direito difuso. Nesse aspecto, as duas espécies de direito transindividual são idênticas, comungando a característica de serem direitos que não podem ser divididos e usufruídos particularmente pelos sujeitos que compõem a coletividade ou comunidade. Como ocorre no direito difuso, também no direito coletivo todos os indivíduos que compõem a titularidade do direito – grupo, classe ou categoria de pessoas – suportam uniformemente todos os efeitos que atinjam o direito material.

No terceiro elemento do direito coletivo, o art. 81, parágrafo único, II, do CDC foi extremamente feliz em apontar como titular do direito um grupo, classe ou categoria de pessoas, deixando claro que não são os sujeitos individualmente considerados os titulares do direito, mas sim o grupo, classe ou categoria da qual façam parte. Essa limitação do direito coletivo a sujeitos que componham uma determinada comunidade leva a doutrina a corretamente afirmar que esses sujeitos são indeterminados, mas determináveis[25].

O último elemento indispensável ao direito coletivo é a existência de uma relação jurídica base. Conforme bem ensinado pela doutrina, essa relação jurídica base não se confunde com a relação jurídica controvertida que será analisada no processo coletivo, sempre preexistente à lesão ou ameaça de lesão do direito do grupo, categoria ou classe de pessoas[26]. Significa que o

---

[24] Barbosa Moreira, Ação civil pública, *Revista Trimestral de Direito Público*, São Paulo, Malheiros, n. 3, p. 24, 1993; Aluisio Gonçalves de Castro Mendes, *Ações coletivas*, São Paulo: RT, 2002, p. 210-211.

[25] Barros Leonel, Manual, p. 106; Eduardo Arruda Alvim, Apontamentos, p. 30; Marinoni-Arenhart, Manual, p. 725.

[26] Watanabe, Código, p. 73.

direito coletivo depende de uma relação jurídica que reúna os sujeitos em um grupo, classe ou categoria antes de qualquer violação ou ameaça de violação a um direito indivisível dessa comunidade.

A forma mais simples de visualizar a diferença entre essas duas relações jurídicas de direito material é imaginando que, solucionada a crise jurídica envolvendo o grupo, classe ou categoria de pessoas, essa unidade entre elas continuará a existir, porque a relação jurídica base existente entre elas não se confunde com aquela relação jurídica resolvida em juízo. Consumidores que tenham adquirido um mesmo modelo de carro e tenham direito a um *recall* não realizado pela montadora estarão reunidos em uma relação jurídica base que preexiste e sobreviverá à solução da relação jurídica conflituosa gerada pelo problema derivado da produção do veículo e a resistência da montadora em resolvê-lo espontaneamente.

A relação jurídica base da qual depende a existência do direito coletivo pode se dar de duas formas distintas: entre os próprios sujeitos que compõem o grupo, classe ou categoria ou desses sujeitos com um sujeito comum que viole ou ameace de violação o direito da comunidade. Nas palavras da melhor doutrina, essa relação jurídica base pode ocorrer entre os membros do grupo *affectio societatis* (como, por exemplo, entre os advogados inscritos na OAB) ou pela sua ligação com a "parte contrária" (como, por exemplo, contribuintes ligados ao ente estatal responsável pela tributação)[27].

É natural imaginar ser o direito coletivo mais coeso que o direito difuso, porque existe uma relação jurídica base que torna determináveis os sujeitos beneficiados por sua tutela. A coesão desse direito, entretanto, não significa uma necessária organização, como bem demonstrado por autorizada doutrina, considerando-se que sua natureza indivisível apresenta uma identidade tal que, independentemente de sua harmonização formal ou amalgamação pela reunião de seus titulares em torno de uma entidade representativa, constituem uma só unidade, o que já é suficiente para a proteção jurisdicional coletiva[28].

São variados os exemplos de direito coletivo. Quando se analisa a relação jurídica base derivada de uma vinculação entre os membros do grupo, classe ou categoria, pode-se imaginar os associados de uma associação de proteção aos direitos do consumidor. Ou mesmo uma associação de classe, tal como a OAB, na tutela de direito de todos os seus associados, como direito de todos os advogados a terem acesso ao Fórum em horários razoáveis. Analisada a relação jurídica base no tocante à "parte contrária", um bom exemplo é o

---

27 Didier-Zaneti, Curso, p. 75.

28 Watanabe, Código, p. 75.

grupo de alunos de uma escola quando discutem a reformulação da grade curricular.

10.3.4. Direitos individuais homogêneos

O art. 81, parágrafo único, III, do CDC foi bastante sucinto no conceito de direitos individuais homogêneos, prevendo apenas como exigência que tal direito decorra de uma origem comum. A singeleza do dispositivo, entretanto, limita-se ao aspecto literal, havendo sérias divergências a respeito de seu conteúdo.

Diante do conceito legal, é imprescindível que se determine o alcance da expressão "origem comum". Para a melhor doutrina a origem comum pode ser fática ou jurídica (de direito), devendo-se ter em conta não ser necessária uma unidade factual e temporal. Excelente exemplo é a hipótese de vítimas de uma publicidade enganosa veiculada por vários órgãos de imprensa e em repetidos dias. Apesar da inexistência de identidade factual, os danos gerados aos consumidores enganados pela propaganda têm origem comum[29].

Em termos processuais, a origem comum decorre dos dois elementos que compõem a causa de pedir: fato e fundamento jurídico. Havendo um dano a grupo de pessoas em razão de um mesmo fato, ou ainda de fatos assemelhados, pode-se afirmar que os direitos individuais de cada um deles ao ressarcimento por seus danos são de origem comum. Da mesma forma, sendo possível que, mesmo diante de fatos distintos, um grupo de sujeitos possa postular por um direito com base em um mesmo fundamento jurídico, também se poderá afirmar que seus direitos individuais decorrem de uma origem comum.

Essa origem comum, entretanto, parece não ser o suficiente para que se tenha um direito individual homogêneo. Apesar de ser o único requisito previsto pelo dispositivo legal ora analisado, para que a reunião de direitos individuais resulte em um direito individual homogêneo é necessário que exista entre eles uma homogeneidade, não sendo suficiente apenas a origem comum. A homogeneidade, portanto, seria o segundo elemento dessa espécie de direito.

Com amparo em realidade já existente nas *class actions* do direito norte--americano (regra 23 das *Federal Rules* de 1966), corrente doutrinária entende que a homogeneidade dependerá da prevalência da dimensão coletiva sobre a individual. Significa que, havendo tal prevalência, os direitos, além de terem origem comum, serão homogêneos e poderão ser tutelados pelo microssis-

29 Watanabe, Código, p. 76.

tema coletivo. Por outro lado, se, apesar de terem uma origem comum, a dimensão individual se sobrepor à coletiva, os direitos serão heterogêneos e não poderão ser tratados à luz da tutela coletiva.

Nas ações cujo objeto seja o direito individual homogêneo, busca-se uma sentença condenatória genérica, que possa aproveitar a todos os titulares do direito, sendo que caberá a cada um deles ingressar com uma liquidação de sentença individual para se comprovarem o nexo de causalidade e o dano individualmente suportado pelo liquidante. Para a melhor doutrina, a prevalência das questões coletivas sobre as individuais se mostrará sempre que não houver maior dificuldade de o indivíduo provar o nexo de causalidade e quantificar seu dano[30].

Conforme esse entendimento, quando não for possível de forma simples a determinação do nexo causal do direito individual e daquele que seria reconhecido na sentença coletiva, não haverá interesse de agir para a ação coletiva, dado que tal ação não será útil nem adequada para resolver a crise jurídica enfrentada pelos indivíduos. Por outro lado, a sentença não será eficaz, porque de pouco proveito será aos titulares dos direitos individuais, considerando que a liquidação da sentença nesse caso em tudo se assemelhará a um verdadeiro processo de conhecimento condenatório individual[31].

A preocupação demonstrada pela doutrina ao exigir algo mais além da mera origem comum para caracterizar o direito individual homogêneo se presta essencialmente para diferenciar o direito individual homogêneo de um mero litisconsórcio disfarçado. Segundo parcela da doutrina, a ação coletiva por interesses individuais homogêneos tem como característica uma tese jurídica geral, referente a determinados fatos, que pode aproveitar a muitas pessoas, o que seria diferente de inúmeras pretensões singularizadas[32].

O argumento é comum e impressiona, mas entendo que não tenha como prosperar. A origem comum está presente, em uma maior ou menor intensidade, nas hipóteses de cabimento do litisconsórcio, salvo na hipótese prevista no art. 113, I, do CPC, que trata de um mesmo direito ou obrigação com pluralidade de titulares. Tanto que a proteção poderá se dar por tutela coletiva ou por tutela individual com a formação do litisconsórcio, respeitando-se o art. 113, § 1º, do CPC[33].

Justamente em razão desta circunstância, tenho dificuldade de aceitar o tratamento coletivo de qualquer soma de direitos individuais, ainda que de origem comum e homogêneos. Penso que para se justificar a tutela coletiva

---

30 Grinover, Código, p. 135.

31 Grinover, Código, p. 135-136; Mendes, Ações, p. 221.

32 Luiz Paulo da Silva Araújo Filho, apud Didier-Zaneti, Curso, p. 78; Rizzatto Nunes, As ações, p. 91.

33 Zavascki, Processo coletivo, p. 43.

deve a violação do direito ter repercussão significativa, atingindo um número razoável de indivíduos, sob pena de se tutelarem coletivamente direitos individuais que não tenham grande repercussão subjetiva[34].

Para justificar o que se alega, basta imaginar dois consumidores que, ao dividirem uma mesma garrafa de cerveja, tiveram sérias complicações médicas em razão de defeito do produto (líquido apodrecido). A origem dos direitos ao ressarcimento dos danos é naturalmente comum, bem como não há como negar a homogeneidade dos direitos, considerando a simples prova do nexo de causalidade entre os direitos individuais e a eventual sentença condenatória genérica. No entanto, seria legítimo que uma associação de defesa dos consumidores ingressasse com uma ação civil pública requerendo a condenação do fornecedor da cerveja pelos danos suportados pelos dois consumidores lesados? Teria sido esse o objetivo de se tutelarem coletivamente os direitos individuais homogêneos?

É preciso concordar que no texto legal não existe qualquer espécie de exigência expressa para um número mínimo de lesados, o que tem levado, inclusive, parcela da doutrina a entender que essa circunstância é irrelevante. Entendo, entretanto, que deve existir um número razoável de lesados a permitir a aplicação do microssistema coletivo, única forma de compatibilizar o direito individual homogêneo e a tutela coletiva. No exemplo da cerveja, caso o problema tivesse afetado um número maior de consumidores, em razão de diversas garrafas com defeito de produção, seria adequada a tutela coletiva, mas para somente dois consumidores – ou poucos – entendo como único caminho viável a tutela individual.

No sentido de exigir número razoável de lesados, há interessante lição doutrinária que se vale de dispositivos legais do próprio CDC para fundamentar tal conclusão: (a) o art. 94 prevê a publicação de editais, o que só se justifica quando forem desconhecidos ou incertos aqueles a quem se pretende informar; (b) o art. 95 prevê sentença condenatória genérica, não identificando os tutelados por ela, o que só se justifica quando um número considerável tenha sido beneficiado; (c) o art. 100 prevê a execução coletiva por *fluid recovery* determinando a análise da extensão do dano, o que demonstra a necessidade de um número considerável de sujeitos tutelados[35].

O Superior Tribunal de Justiça tem decisões nesse sentido, exigindo para a configuração de direito individual homogêneo, e consequente utilização da ação coletiva, um número considerável de indivíduos tutelados[36].

---

[34] Mendes, Ações, p. 221, fala em "número expressivo de pessoas" e "fenômenos típicos de massa".

[35] Abelha Rodrigues, Ação, p. 353-354.

[36] Informativo 491/STJ: 4ª Turma, REsp 823.063-PR, rel. Min. Raul Araújo, j. 14.02.2012; STJ, 3ª Turma, AgRg no REsp 710.337/SP, rel. Min. Sidnei Beneti, j. 15.12.2009, *DJe* 18.12.2009.

Cumpre finalmente uma consideração. Diferente dos direitos difusos e coletivos, o direito individual homogêneo não é um direito transindividual, visto que seu titular não é a coletividade nem uma comunidade, mas sim os indivíduos. É, na lição da melhor doutrina, a soma de direitos individuais ligados entre si por uma relação de afinidade, de semelhança, ou de homogeneidade[37].

Justamente por não ser transindividual, o objeto do direito individual homogêneo não é indivisível, como ocorre no direito difuso e coletivo, sendo divisível e decomponível entre cada um dos indivíduos. Como não existe a incindibilidade natural dos direitos transindividuais, o direito individual homogêneo é apenas a soma de direitos individuais, que fundados em uma tese geral podem ser tratados conjuntamente como se fossem um só em um processo coletivo.

A doutrina majoritariamente entende pela natureza individual do direito individual homogêneo[38], dadas a sua titularidade e divisibilidade, havendo, inclusive, expressões consagradas na doutrina que demonstram de forma clara essa característica dos direitos individuais homogêneos e a consequente diferença destes com os direitos difusos e coletivos (transindividuais).

José Carlos Barbosa Moreira consagrou a ideia de que os direitos difusos e coletivos são direitos essencialmente coletivos, enquanto os direitos individuais homogêneos são apenas acidentalmente coletivos[39]. Teori Albino Zavascki fala em defesa de direitos coletivos para se referir aos direitos difusos e coletivos, e em defesa coletiva de direitos para se referir a direitos individuais homogêneos[40]. As tentativas de defender uma natureza transindividual dos direitos individuais homogêneos são raras[41] e praticamente sem repercussão, não impressionando por vezes a menção a tal circunstância em corpo de julgados consideravelmente despreocupados com a melhor técnica.

10.3.5. Direitos individuais indisponíveis

Como exposto anteriormente, apesar de o microssistema coletivo se preocupar com a tutela de direitos transindividuais e individuais, nesse segundo caso – direitos individuais homogêneos – há uma prevalência da dimensão coletiva sobre a dimensão individual, inclusive sob o aspecto subjetivo, o que

---

37 Zavascki, Processo coletivo, p. 42-43.

38 Marinoni-Arenhart, Curso, p. 726; Abelha, Ação, p. 353; Assagra, Manual, p. 492; Vigliar, Tutela, 79; Mendes, Ações, p. 220-221; Mazzilli, p. 57; Zavascki, p. 43.

39 Barbosa Moreira, Processo coletivo, p. 42-43.

40 Zavascki, Tutela jurisdicional, p. 195-196.

41 Didier-Zaneti, Curso, p. 80-82.

exigirá uma quantidade razoável de titulares de direitos individuais de origem comum a justificar a aplicação das regras procedimentais do microssistema coletivo.

Ocorre, entretanto, que em duas passagens legais que versam sobre o direito coletivo *lato sensu*, e mais precisamente sobre a aplicabilidade do microssistema coletivo, encontra-se a tutela de direitos individuais puros, que podem até mesmo ter apenas um sujeito como titular. Trata-se do art. 201, V, da Lei 8.069/1990 (ECA) e art. 74, I, da Lei 10.741/2001 (Estatuto do Idoso), que expressamente atribuem legitimidade ao Ministério Público na tutela de direitos individuais indisponíveis por meio de instrumentos exclusivos do microssistema coletivo: inquérito civil e ação civil pública, e do art. 3.º, *caput*, da Lei 7.853/1989, com redação dada pelo art. 98 da Lei 13.146/2015 (Estatuto da Pessoa com Deficiência), que prevê legitimidade ainda mais ampla.

Conforme já tive oportunidade de afirmar, será objeto de tutela por meio do microssistema coletivo a espécie de direito que o legislador desejar, sendo ele transindividual ou individual. Nas hipóteses ora analisadas, entretanto, não vejo qualquer sentido lógico ou jurídico que legitime a aplicação das especiais e diferenciadas regras do microssistema coletivo a direitos essencialmente individuais, ainda que indisponíveis e de titularidade de idosos, crianças e adolescentes. Entendo que se trata de ampliação indevida e injustificável, mas não se pode deixar de reconhecer a opção legislativa.

O que não parece correto é tentar explicar a tutela processual coletiva de direito individual indisponível adequando essa espécie de direito ao direito individual homogêneo. Essa indevida confusão, notada em julgamentos do Superior Tribunal de Justiça[42], é absolutamente indesejável porque não distingue os elementos objetivos e subjetivos dos direitos materiais. Ser indisponível diz respeito ao conteúdo do direito, enquanto ser individual homogêneo concerne aos sujeitos que são seus titulares, tanto assim que não existe qualquer exigência de que essa segunda espécie de direito seja indisponível. Há, inclusive, decisões do próprio Superior Tribunal de Justiça que, corretamente, fazem questão de diferenciar direito individual indisponível de direito individual homogêneo[43].

Há inúmeras decisões reconhecendo a legitimidade do Ministério Público e o cabimento da ação civil pública para a tutela de direito indisponível

---

[42] STJ, 1ª Turma, AgRg no REsp 1.086.805/RS, rel. Min. Arnaldo Esteves Lima, j. 02.08.2011, *DJe* 15.09.2011; STJ, 2ª Turma, AgRg no Ag 1.156.930/RJ, rel. Min. Humberto Martins, j. 10.11.2009, *DJe* 20.11.2009.

[43] STJ, 2ª Turma, AgRg no REsp 1.045.750/RS, rel. Min. Castro Meira, j. 23.06.2009, *DJe* 04.08.2009; STJ, 1ª Seção, EREsp 819.010/SP, rel. Min. Eliana Calmon, rel. p/ acórdão Min. Teori Albino Zavascki, j. 13.02.2008, *DJe* 29.09.2008.

de indivíduo, seja menor[44] ou idoso[45], nos termos dos art. 201, V, da Lei 8.069/1990 (ECA) e art. 74, I, da Lei 10. 741/2001 (Estatuto do Idoso).

O problema é a interpretação extensiva que se vem fazendo de tais dispositivos para admitir a ação civil pública em favor de indivíduos, mesmo fora das proteções legais, com fundamento que, apesar de interessante, parece não se sustentar. Alega-se que, indiretamente, a tutela desses indivíduos estará atendendo a um interesse difuso da coletividade em ver os hipossuficientes e – com ainda maior razão – os hipervulneráveis protegidos pela tutela jurisdicional. Dessa forma, apesar de se tratar de direito individual indisponível não previsto em lei como tutelável pelo microssistema coletivo, o respeito ao pacto coletivo de inclusão social imperativa desses sujeitos atenderia a um direito difuso, o que justificaria a utilização do microssistema coletivo[46], tendo essa última hipótese sido contemplada pela nova redação dada pelo art. 98 da Lei 13.146/2015 ao art. 3.º, *caput*, da Lei 7.853/1989.

Exemplos concretos dessa ampliação, além das hipóteses legais, são encontrados em precedentes do Superior Tribunal de Justiça ao reconhecer a legitimidade do Ministério Público para a propositura de ação civil pública em favor de indivíduo economicamente hipossuficiente no acesso a medicamento[47] e em favor de deficiente físico para a obtenção de prótese[48].

Não tenho qualquer dúvida de que os hipervulneráveis merecem toda a proteção estatal possível, inclusive a jurisdicional, mas não vejo a necessidade de aplicação do microssistema coletivo na defesa de seus direitos individuais indisponíveis. Que se admita a excepcional legitimidade extraordinária do Ministério Público para esse caso, uma vez que essa espécie de legitimidade não precisa de previsão expressa em lei, mas para a propositura de processo individual.

A opção do legislador em incluir direitos individuais indisponíveis de determinados sujeitos (idoso, criança e adolescente) no microssistema coletivo já se mostra incongruente e desnecessária. Ampliar o âmbito dessa tutela contém o mesmo vício, mas, por derivar de interpretação extensiva, é ainda mais perigoso, podendo até, no extremo, descaracterizar o microssistema coletivo.

---

[44] STJ, 3ª Turma, REsp 976.021/MG, rel. Min. Nancy Andrighi, j. 14.12.2010, *DJe* 03.02.2011.

[45] STJ, 1ª Turma, REsp 1.005.587/PR, rel. Min. Luiz Fux, j. 02.12.2010, *DJe* 14.12.2010; STJ, 1ª Turma, AgRg no Ag 1.131.833/SP, rel. Min. Teori Albino Zavascki, j. 18.08.2009, *DJe* 26.08.2009.

[46] STJ, 1ª Seção, REsp 931.513/RS, rel. Min. Carlos Fernando Mathias, rel. p/ acórdão Min. Herman Benjamin, j. 25.11.2009, *DJe* 27.09.2010.

[47] STJ, 2ª Turma, AgRg no REsp 1.297.893/SE, rel. Min. Castro Meira, j. 25/06/2013, DJe 05/08/2013.

[48] STJ, 1ª Seção, REsp 931.513/RS, rel. Min. Carlos Fernandes Mathias (desembargador convocado do RTF 1ª Região), rel. p/ acórdão Min. Herman Benjamin, j. 25/11/2009, DJe 27/09/2010.

Nesse sentido divirjo frontalmente do entendimento consagrado pelo Superior Tribunal de Justiça em julgamento de recurso especial repetitivo no sentido de ter o Ministério Público legitimidade, com fundamento no art. 1º da Lei 8.625/1993 (Lei Orgânica Nacional do Ministério Público), à propositura de ação coletiva para a defesa de direito individual homogêneo[49]. Note-se que, por esse entendimento, não é necessária previsão específica de legitimidade ativa, como ocorre no Estatutos da Criança e Adolescente, Idoso e das Pessoas com Deficiência.

Não se pode negar, à luz do dispositivo mencionado, que o Ministério Público tem entre suas atribuições a tutela do direito individual indisponível, mas partir dessa premissa para se concluir pela legitimidade ativa para o processo coletivo representa um alargamento indevido do campo de incidência do microssistema coletivo. Afinal, a legitimidade extraordinária garantida pela lei pode levar a legitimação do Ministério Público a tutelar um direito individual indisponível por meio de ação individual, não havendo sentido lógico valer-se de todo o microssistema coletiva para tutela apenas um direito individual, seja ele de que natureza for.

10.4. COMPETÊNCIA

10.4.1. Competência originária dos tribunais superiores

As ações coletivas foram criadas para o primeiro grau de jurisdição, podendo-se até afirmar que no tocante à ação popular e a ação civil pública essa seja a regra em termos de competência. Como os pedidos dessas duas espécies de ação coletiva se limitam a evitar a prática de ato ilícito, anular o ato ilícito já praticado e condenar os réus ao ressarcimento de danos, mesmo quando o polo passivo é composto por agentes públicos, inclusive autoridades que têm prerrogativa de competência em razão de sua função para processos cujo objeto seja ilícito penal ou crime de responsabilidade, a competência será do primeiro grau de jurisdição.

O Supremo Tribunal Federal, inclusive, já teve a oportunidade de se declarar incompetente para o julgamento originário de ação popular na qual figurava como réu o Presidente da República[50]. Trata-se, na realidade, de entendimento antigo daquele tribunal[51], inclusive aplicável também à ação civil pública.

---

[49] STJ, Corte Especial, REsp 1.682.836-SP, Rel. Min. Og Fernandes, 1ª Seção, j.25/04/2018, DJe 30/04/2018 (Tema 766).

[50] STF, Tribunal Pleno, Pet 5.856 AgR/DF, rel. Min. Celso de Mello, j. 25/11/2015; DJe 15/12/2015.

[51] STF, Pet 1.738 AgRg/MG, rel. Min. Celso de Mello, j. 01.09.1999, *DJ* 01.10.1999, p. 42.

O Supremo Tribunal Federal, entretanto, já teve oportunidade de lembrar que, em situações excepcionais, terá competência originária para o julgamento da ação popular[52], em entendimento também aplicável à ação civil pública. São duas as hipóteses: (a) as causas e os conflitos entre a União e os Estados, a União e o Distrito Federal, ou entre uns e outros, inclusive as respectivas entidades da administração indireta (art. 102, I, *f*, da CF); (b) a ação em que todos os membros da magistratura sejam direta ou indiretamente interessados e aquela em que mais da metade dos membros do tribunal de origem estejam impedidos ou sejam direta ou indiretamente interessados (art. 102, I, *n*, da CF). Recentemente também entendeu ser de sua competência originária a ação civil pública proposta pelo Ministério Público Federal contra a Itaipu Binacional, nos termos do art. 102, I, "e", da CF[53].

10.4.2. Competência de Justiça Especializada

Para a determinação da competência da Justiça o aspecto a ser considerado é a matéria discutida na demanda judicial. Em um primeiro momento, deve-se determinar se a causa é de competência da Justiça Especializada, ou seja, da Justiça Trabalhista (art. 114 da CF), da Justiça Eleitoral (art. 121 da CF) e da Justiça Militar (art. 124 da CF).

Na Justiça Militar seu caráter sancionatório-penal não admite a existência de ações coletivas.

A Justiça do Trabalho é fértil para ações coletivas, inclusive o dissídio coletivo, que, apesar de inegavelmente tratar-se de espécie de ação coletiva, não é abordado na presente obra em razão da limitação de seu objeto às ações coletivas da Justiça Comum. Em virtude do objeto tutelável pela ação popular, entendo não haver competência da Justiça do Trabalho para essa espécie de ação coletiva, o mesmo não podendo se afirmar relativamente à ação civil pública, tranquilamente admitida na Justiça Trabalhista. Exemplo clássico são as ações civis públicas que têm como objeto o meio ambiente do trabalho[54]. Apesar de não tratar especificamente de ações coletivas, o entendimento é amparado no enunciado da Súmula 736 do Supremo Tribunal Federal.

No tocante à ação de improbidade administrativa, há doutrina que entende ser extremamente difícil a competência das Justiças Especializadas

[52] STF, Tribunal Pleno, ACO 622 QO/RJ, rel. Min. Ilmar Galvão, j. 07.11.2007, *DJe* 14.02.2008; STF, Tribunal Pleno, Pet 3.674 QO/DF, rel. Min. Sepúlveda Pertence, j. 04.10.2006, *DJ* 19.12.2006, p. 37.

[53] STF, Tribunal Pleno, Rcl 2.937/PR, rel. Min. Marco Aurélio, j. 15.12.2011, *DJe* 16.04.2012.

[54] STJ, 3ª Turma, AgRg no REsp 1.116.923/PR, rel. Min. Vasco Della Giustina, j. 21.10.2010, *DJe* 05.11.2010; STF, 2ª Turma, RE 206.220/MG, rel. Min. Marco Aurélio, j. 16.03.1999, *DJ* 17.09.1999, p. 58.

para o julgamento dessa espécie de ação[55], enquanto outros afirmam ser ela inadmissível[56]. O Tribunal Superior do Trabalho vem sistematicamente recusando-se a julgar ações cujos atos são tipificados na Lei 8.429/1992, sustentando sua natureza administrativa, o que afasta a atuação da justiça especializada[57].

Na Justiça Eleitoral há interessante previsão no art. 105-A da Lei 9.504/1997 (com redação dada pela Lei 12.034/2009), no sentido de que, em matéria eleitoral, não são aplicáveis os procedimentos previstos na Lei 7.347, de 24 de julho de 1985, o que parece ser suficiente para excluir a ação civil pública dessa Justiça especializada. Também não visualizo o cabimento de ação popular ou da ação de improbidade administrativa em razão do objeto tutelável por tais ações.

10.4.3. Competência da Justiça Comum

Não sendo caso de competência de algumas das Justiças Especializadas, a competência será da Justiça Comum, que contém a Justiça Federal (art. 109 da CF) e a Justiça Estadual (competência residual). A competência da Justiça Federal é determinada em razão da pessoa ou da matéria, sendo sempre absoluta. As hipóteses de competência em razão da pessoa estão consagradas nos incisos I, II e VIII do art. 109 da CF, enquanto as hipóteses de competência em virtude das matérias estão previstas nos incisos III, V-A, X e XI do mesmo dispositivo constitucional.

Entendo não haver qualquer especialidade quanto à competência da Justiça Federal e, residualmente, da Justiça Estadual para o julgamento do processo coletivo. Da mesma forma que determinadas matérias e algumas pessoas indicadas no art. 109 da CF tornam a Justiça Federal competente para a ação individual, ocorrerá com a ação coletiva.

A Lei 4.717/1965, mais precisamente em seu art. 5º, *caput*, prevê que, conforme a origem do ato impugnado, é competente para conhecer da ação, processá-la e julgá-la o juiz (na realidade, juízo) que, de acordo com a organização judiciária de cada Estado, o for para as causas que interessem à União, ao Distrito Federal, ao Estado ou ao Município. O melhor entendimento do dispositivo legal é que, havendo no polo passivo pessoa jurídica federal, a

---

55 Costa, O processo, p. 248-249.

56 Oliveira, Improbidade, 10.4, p. 361; Monteiro, Curso, p. 501.

57 TST, 6ª Turma, RR 531-30.2003.5.14.0402, rel. Min. Aloysio Corrêa da Veiga, j. 26.10.2011, *DJ* 04.11.2011; TST, 1ª Turma, RR 13700-05.2007.5.12.0013, rel. Min. Walmir Oliveira da Costa, j. 22.06.2011, *DJ* 01.07.2011; TST, Subseção I Especializada em Dissídios Individuais, E-RR 540500-44.2006.5.12.0014, rel. Min. Lelio Bentes Corrêa, j. 05.05.2011, *DJ* 20.05.2011.

competência será da Justiça Federal, enquanto, nos casos de pessoa jurídica estadual, municipal e do Distrito Federal, a competência será da Justiça Estadual ou Distrital. Nenhuma grande revelação, pois se chegaria à mesma conclusão pela leitura do art. 109, I, da CF.

As Leis 7.347/1985 e 8.078/1990, que formam o núcleo duro do microssistema coletivo, não têm qualquer previsão específica no sentido de determinar a competência da Justiça para as ações coletivas, limitando-se a tratar da competência do foro. Na realidade, mesmo que quisesse, o legislador infraconstitucional não poderia ter legislado sobre a competência da Justiça, matéria tratada exclusivamente pela Constituição Federal. A omissão, entretanto, não causa qualquer percalço, bastando aplicar as regras já mencionadas do art. 109 da CF.

Não concordo com o entendimento de que, somente pelo fato de a pessoa jurídica lesada pelo ato ilícito impugnado ser uma daquelas constantes do art. 109, I, da CF, a competência já seria da Justiça Federal[58]. Conforme o dispositivo constitucional, exige-se a presença desses sujeitos na demanda judicial, de modo que um mero interesse econômico e/ou político, mantendo-se a pessoa jurídica de direito público fora da relação jurídica processual, não parece ser o suficiente para a determinação da competência da Justiça Federal.

Segundo o Superior Tribunal de Justiça, entretanto, a competência da Justiça Federal para o julgamento de ações coletivas, além das hipóteses previstas pelo art. 109 da CF, também incluirá processos que envolvam interesses nitidamente federais em razão da natureza dos bens e dos valores jurídicos que visa tutelar[59].

Interessante questão se coloca na hipótese de verba repassada pela União para outros entes federativos. Conforme entendimento do Superior Tribunal de Justiça, uma vez incorporada a verba advinda de convênios firmados com a União ao patrimônio municipal ou estadual, a competência para apreciação e julgamento do feito é da Justiça Estadual, pois a União perde interesse no controle da destinação e uso da verba pública[60]. O entendimento, inclusive, está sumulado quanto ao repasse ao Município[61]. Registre-se apenas o entendimento consagrado na Súmula 208/STJ, que prevê a competência da

58 Oliveira, Improbidade, 10.4, p. 364; Costa, O processo, p. 249; Alves-Pacheco, Improbidade, 7.2, p. 695.

59 STJ, 1ª Turma, REsp 1.100.698/PR, rel. Min. Francisco Falcão, j. 05.05.2009, *DJe* 20.05.2009; STJ, REsp 876.936/RJ, rel. Min. Luiz Fux, j. 21.10.2008, *DJe* 13.11.2008.

60 STJ, 2ª Turma, REsp 1.070.067/RN, rel. Min. Mauro Campbell Marques, j. 02.09.2010, *DJe* 04.10.2010; STJ, 1ª Seção, AgRg no CC 107.457/PA, rel. Min. Herman Benjamin, j. 14.04.2010, *DJe* 18.06.2010.

61 Súmula 209/STJ: Compete à Justiça Estadual processar e julgar prefeito por desvio de verba transferida e incorporada ao patrimônio municipal.

Justiça Federal para processar e julgar prefeito municipal por desvio de verba sujeita a prestação de contas perante órgão federal.

Pela relevância do Ministério Público nas ações coletivas é importante registrar o entendimento do Superior Tribunal de Justiça no sentido de que, apesar de o Ministério Público Federal não constar expressamente do rol previsto no art. 109 da CF, especialmente em seu primeiro inciso, sua presença na ação – coletiva ou individual – acarreta a competência da Justiça Federal, considerando que, por não ter personalidade jurídica, o Ministério Público Federal deve ser considerado como órgão da União e, como tal, estaria incluído no termo "União" expressamente previsto pelo art. 109, I, da CF[62].

Há doutrina, na qual me incluo, que entende ser a simples presença na demanda do Ministério Público Federal incapaz de gerar a competência da Justiça Federal, devendo a norma constitucional ser interpretada restritivamente. Sem nenhuma indicação legal no sentido de apontar tal competência, não se afigura correta qualquer interpretação ampliativa. Por outro lado, além da omissão legislativa – que não pode ser utilizada como argumento de autoridade –, não há nenhuma previsão constitucional (arts. 127 a 129 da CF), tampouco do Estatuto do Ministério Público da União (LC 75/1993), que preveja essa limitação de atuação do Ministério Público Federal à Justiça Federal, sendo plenamente viável sua atuação perante outras Justiças[63].

Corrente doutrinária entende que à regra de competência do local do dano nas ações coletivas aplica-se a regra de "competência por delegação" prevista pelo art. 109, §§ 3º e 4º, da CF. A delegação nesse caso se justificaria em razão de o processo se desenvolver perante o local do dano como forma de presumidamente garantir uma tutela jurisdicional de melhor qualidade. A justificativa para o legislador ter criado uma regra de competência territorial absoluta (situação excepcional) é justamente o contato mais direto do juiz com os elementos probatórios a serem colhidos e até mesmo com a repercussão do ato praticado na comunidade. A transferência de uma demanda para outra cidade, em que exista vara federal, colocaria em xeque tal justificativa, afastando o juiz do local do dano e, em tese, prejudicando a própria entrega da prestação jurisdicional[64].

Esse entendimento, entretanto, não foi o mesmo que o Supremo Tribunal Federal teve sobre o tema, o que gerou inclusive o cancelamento da Súmula 183 do Superior Tribunal de Justiça. Para o Tribunal Supremo, a inexistência de norma expressa no sentido da delegação de competência impede a sua

---

[62] STJ, 1ª Turma, 1ª Seção, CC 39.111/RJ, Rel. Luiz Fux, *DJ* 28.02.2005.

[63] Bermudes, Direito, p. 326-329; Castro Mendes, *Competência*, p. 62; Didier Jr., *Direito*, p. 161.

[64] Nery-Nery, *Código*, p. 1.315; Grinover, *Código*, p. 777; Leonel, *Manual*, p. 219.

aplicação nas ações coletivas, de modo que a demanda de competência da Justiça Federal deverá sempre ser proposta em vara federal, ainda que esta se situe em local diverso daquele em que se verificou o dano. Na realidade, entende-se que, na Justiça Federal, por local do dano tem-se a seção judiciária, de forma que a regra do art. 2º da Lei 7.347/1985 seria sempre cumprida[65].

10.4.4. Competência do foro

10.4.4.1. Regra de competência absoluta: funcional ou territorial?

Parece não haver dúvida na doutrina e na jurisprudência a respeito da natureza absoluta da competência no âmbito da tutela coletiva. É natural que a competência da Justiça e do juízo no caso concreto seja sempre de natureza absoluta, mas o traço distintivo na tutela coletiva é que a competência do foro também é absoluta, diferente do que ocorre, ao menos como regra, na tutela individual.

A competência do foro no âmbito do núcleo duro do microssistema coletivo é regulada pelos arts. 2º da LACP e 93 do CDC. No art. 93 do CDC não há qualquer previsão a respeito da natureza da competência lá determinada, mas no art. 2º da LACP há previsão expressa da competência funcional do local do dano, o que demonstra de forma indiscutível a natureza absoluta da competência ali prevista.

Uma vez previsto expressamente no art. 2º da LACP que a competência do foro para as demandas coletivas é funcional, pode-se afirmar que a natureza dessa competência estaria resolvida por determinação legal. Ocorre, entretanto, que a simples previsão de uma espécie de competência não é suficiente para determinar sua natureza[66], de forma que continua a existir a dúvida a respeito de ser a regra de competência do foro do local do dano de natureza funcional ou territorial, ainda que, nesse segundo caso, excepcionalmente absoluta.

A origem da questão remonta à criação de Chiovenda de uma espécie de competência funcional resultante da maior facilidade e eficácia no exercício da função jurisdicional em um determinado território[67]. O problema gerado por tal construção é deixar transparecer a ideia – amplamente dominante na doutrina nacional – de que a fixação de competência em um determinado território possa ter caráter funcional, o que não se coaduna com o conceito

---

65 STF, Pleno, RE 228.955/RS, rel. Min. Ilmar Galvão, *DJU* 24.03.2000. Esse sempre foi o entendimento de Mazzili, *A defesa*, p. 223-224.

66 Dinamarco, Instituições, p. 530; Mazzilli, A defesa, p. 212.

67 *Instituições de direito processual civil*. 2. ed. São Paulo: Saraiva, 1969. 2º v., p. 187.

clássico de competência funcional. Se a competência é de foro (circunscrição territorial), só pode ser territorial.

O debate a respeito da espécie de competência do local para o julgamento das ações coletivas, entretanto, é meramente acadêmico. Há os que entendem se tratar de competência funcional[68], nos termos das lições de Chiovenda; há os que reputam se tratar de competência territorial[69], posicionamento que considero o mais adequado; e até aqueles que defendem uma espécie híbrida de competência, reunindo a funcional e a territorial[70]. No que mais importa, entretanto, todos concordam: trata-se de competência absoluta de um determinado foro para julgar a ação coletiva.

10.4.4.2. Local do dano

O art. 2º da LACP prevê que a competência para a ação coletiva é do local do dano, enquanto o art. 93 do CDC, em seu inciso I, repete a mesma regra para dano de âmbito local e ainda considera a ação coletiva preventiva ao prever a competência do local onde deva ocorrer o dano. É verdade que melhor teria sido prever o local onde deva ser praticado o ato ilícito, já que a tutela preventiva não depende de potencial dano, bastando para sua concessão a iminência da prática de um ato contrário ao Direito. De qualquer forma, a norma deve ser elogiada por se lembrar da tutela coletiva preventiva. Em seu inciso II, o art. 93 do CDC prevê a competência do foro da Capital do Estado ou no do Distrito Federal, para os danos de âmbito nacional ou regional, aplicando-se as regras do Código de Processo Civil nos casos de competência concorrente.

Não há razões para elogiar o art. 93 do CDC, salvo pela lembrança da tutela coletiva preventiva. Embora criticável o dispositivo, o Superior Tribunal de Justiça corretamente entende que sua aplicação não está limitada aos direitos individuais homogêneos, tampouco à seara consumerista, tratando-se de norma aplicável em todas as ações civis públicas[71].

Entendo que há dois graves problemas gerados por esse dispositivo legal, não havendo qualquer contribuição de suas regras para a necessária segurança jurídica ou mesmo qualidade da prestação jurisdicional.

---

68 Nery-Nery, Código, p. 494. No mesmo sentido, Barbi, Comentários, p. 320; Fidélis dos Santos, Manual, p. 150; Fux, Curso, p. 99; Marinoni-Mitidiero, Código, p. 165.

69 Mancuso, Ação civil pública, p. 66; Theodoro Jr., Curso, p. 162; Gusmão Carneiro, Jurisdição, p. 90.

70 Marcato, Breves, p. 29; Vincenzi, Competência, p. 274-275; Greco Filho, Direito, p. 205; Pizzol, A competência, p. 172.

71 Informativo 468/STJ, 3ª Turma, REsp 1.101.057/MT, rel. Min. Nancy Andrighi, j. 07.04.2011.

A primeira crítica dirigida ao dispositivo legal diz respeito a sua total despreocupação em conceituar as diferentes abrangências de dano que menciona (local, regional e nacional). Nem mesmo parâmetros que poderiam ajudar na análise do caso concreto são fornecidos pelo referido dispositivo. Naturalmente que deixando a missão de conceituação de tais abrangências exclusivamente à jurisprudência e à doutrina, o resultado seria – como de fato o é – a insegurança jurídica. De qualquer forma, tenta-se explicar o que significa dano local, regional e nacional.

A análise se inicia pelo que deve ser entendido como *dano de âmbito local*. Parece que nesse caso o dano não terá repercussão muito ampla, estando limitado a produtos ou serviços que atingirão tão somente pessoas domiciliadas em pequena área territorial, sendo a característica principal a pequena extensão geográfica do dano. Nesse caso, o art. 93, I, do CDC indica o foro do lugar como competente, e assim o deverá ser. No caso de o dano atingir mais de uma comarca, a competência entre elas se resolverá pelo fenômeno da prevenção, ainda que as comarcas pertençam a diferentes Estados. O mesmo ocorrerá com diferentes seções judiciárias, mesmo que de regiões distintas.

Os danos de maior repercussão poderão ser *regionais*, quando afetarem pessoas espalhadas por uma área mais extensa, abrangendo uma área que possa ser considerada uma região, ou *nacionais*, quando atingirem pessoas em diferentes áreas, sendo gerado praticamente em todo o território nacional.

Como se pode notar, não é fácil a distinção entre dano local, regional e nacional, ainda que a distinção entre dano regional e nacional seja inócua para a definição da competência. A dificuldade pode ser sentida nas lições de autorizada especialista no tema, segundo quem o dano local é mais restrito, atingindo pessoas residentes "num determinado local", enquanto será regional ou nacional o produto ou serviço que gerar danos mais amplos, de modo a atingir "pessoas espalhadas por uma inteira região ou por todo território nacional"[72].

Para o Superior Tribunal de Justiça, é regional o dano mesmo quando atinge sujeitos domiciliados dentro de um mesmo Estado da Federação, desde que espalhados em vários locais diferentes[73], e nacional, o que interessa a três Estados da Federação[74], ou que atinja consumidores de mais de uma

[72] Ada Pellegrini Grinover. *Código brasileiro de defesa do consumidor*, p. 808.

[73] STJ, 3ª Turma, REsp 1.101.057/MT, rel. Min. Nancy Andrighi, j. 07.04.2011, *DJe* 15.04.2011; STJ, 2ª Turma, REsp 1.120.117/AC, rel. Min. Eliana Calmon, j. 10.11.2009, *DJe* 19.11.2009; STJ, 2ª Turma, REsp 448.470/RS, rel. Min. Herman Benjamin, j. 28.10.2008, *DJe* 15.12.2009.

[74] STJ, 1ª Seção, CC 97.351/SP, rel. Min. Castro Meira, j. 27.05.2009, *DJe* 10.06.2009.

região[75], dando a entender que o dano local é reservado a uma comarca ou ainda a um pequeno grupo de comarcas dentro do mesmo Estado, levando em conta que há decisão que considera como dano regional aquele que atinge oito comarcas, mas de diferentes Estados da Federação.

Para os casos de dano regional ou nacional, o art. 93, II, do CDC apontou como competente o foro da Capital do Estado (no caso de dano regional, naturalmente de um dos Estados envolvidos) ou do Distrito Federal. Haverá nesse caso uma competência concorrente entre tais foros, sendo a competência fixada concretamente por meio do fenômeno da prevenção.

Registre-se a existência de doutrina que entende que, no caso de dano nacional, o único foro competente deveria ser o do Distrito Federal[76], em entendimento afastado pelo Superior Tribunal de Justiça[77], que corretamente entende pela existência de foros concorrentes, exatamente como aponta a doutrina amplamente majoritária[78].

Importa notar a existência de doutrina[79] no sentido de que a competência em caso de dano nacional não deve ser livremente estabelecida entre as comarcas da capital dos Estados envolvidos e do Distrito Federal, cabendo uma análise no caso concreto a respeito de qual local seria o mais adequado a receber as demandas coletivas. Em interessante julgamento que definiu a competência de ação de improbidade administrativa, o Superior Tribunal de Justiça entendeu que, mesmo havendo atos de improbidade em três Estados da Federação, a competência seria da capital do Estado no qual a maioria dos atos foi praticada e onde todos os réus eram domiciliados[80]. Trata-se do princípio da competência adequada.

A segunda crítica que deve ser feita ao art. 93 diz respeito à regra criada pelo seu inciso II, porque, a depender da situação concreta e/ou a vontade do autor, a ação coletiva terá como competente um foro no qual o dano discutido não foi gerado e em algumas situações bem distante do local onde ocorreu. Entendo que nesse caso a regra viola a própria razão de ser da competência absoluta das ações coletivas, porque, se a justificativa para impor a competência de um foro é a proximidade com as provas, pessoas e facilitação do exercício jurisdicional, como justificar uma regra que permite a competência de um foro em que nenhuma dessas vantagens existirá?

---

75 STJ, 2ª Seção, CC 112.235/DF, rel. Min. Maria Isabel Gallotti, j. 09/02/2011, DJe 16/02/2011.

76 Grinover, Código, p. 779; Araújo Filho, Comentários, p. 126.

77 STJ, 1ª Seção, AgRg no CC 118.023/DF, rel. Min. Benedito Gonçalves, j. 28.03.2012, *DJe* 03.04.2012.

78 Mendes, Ações coletivas, p. 237-238; Mazzilli, A defesa, p. 220-221.

79 DIDIER JR., Fredie; ZANETI JR., Hermes. *Curso de direito processual civil*, v. 4, p. 139.

80 STJ, 1ª Seção, CC 97.351/SP, rel. Min. Castro Meira, j. 27.05.2009, *DJe* 10.06.2009.

Basta imaginar um dano suportado por consumidores do Sul brasileiro, espalhados por inúmeras comarcas do Rio Grande do Sul, Santa Catarina e Paraná, inclusive as capitais de tais Estados. Pouco importa se tal dano é local ou nacional porque a regra aplicável será a mesma: competência corrente dos foros da Capital e do Distrito Federal. Caso o autor escolha qualquer uma das três capitais dos Estados afetados, não haverá violação a regra prevista no art. 2º da LACP, porque a ação terá como competente um foro no qual ocorreu o dano. E se a opção for o Distrito Federal?

Será ainda mais dramática a hipótese de dano que atinja comarcas de Estados diferentes sem, entretanto, afetar suas capitais. Nesse caso, independentemente da escolha do autor – entre as capitais dos Estados atingidos ou Distrito Federal – a ação coletiva será proposta e seguirá em foro onde não ocorreu o dano discutido na demanda.

Não é preciso muito esforço para notar que nem todos os foros considerados como competentes pelo art. 93, II, do CDC, nas ações coletivas que versam sobre dano regional ou nacional, serão afetados por tal dano, de forma que a aplicação do dispositivo legal no caso concreto poderá significar o desrespeito à regra consagrada no art. 2º da LACP que prevê como competente absoluto (funcional) o foro do local do dano.

10.4.4.3. ECA e Estatuto do Idoso

O art. 209 do ECA prevê como competente para as ações coletivas que tenham como fundamento os direitos por ele tutelados o foro do local onde ocorreu ou deva ocorrer a ação ou omissão impugnada na demanda. Conforme lembra a melhor doutrina, a regra é diferente daquela prevista no art. 2º da LACP, e sobre ela deve prevalecer, mas nem por isso deixa de ser norma de competência absoluta[81].

Prevê o art. 80 da Lei 10.741/2003 que as ações dispostas no Capítulo que trata da tutela coletiva em favor dos idosos serão propostas no foro do domicílio do idoso, cujo juízo terá competência absoluta para processar a causa, ressalvadas as competências da Justiça Federal e a competência originária dos Tribunais Superiores. Mais uma vez há regra diversa daquela indicada no núcleo duro do microssistema coletivo, mantendo-se, entretanto, sua natureza absoluta.

Nesse caso, no entanto, autorizada doutrina entende que, mesmo havendo dispositivo específico no Estatuto do Idoso, deve prevalecer a regra constante do núcleo duro do microssistema, levando-se em conta o dano, e

[81] Assagra, p. 461.

não o domicílio dos idosos[82]. Afirma-se corretamente que, se as justificativas para a criação de uma regra de competência absoluta são a facilitação e a eficácia da tutela jurisdicional, de pouca valia será o local do domicílio dos idosos, sendo muito mais interessante ao atendimento dessas justificativas considerar o local do dano como competente.

10.4.5. Competência de juízo

Uma vez determinada a competência do foro, ter-se-á chegado à última etapa para a determinação da competência no caso concreto. É possível que existam no foro varas especializadas em razão da matéria ou da pessoa, sendo em ambos os casos hipótese de competência absoluta. Sempre que estiverem fixadas em norma de organização judiciária, determinarão a competência do juízo, em interesse geral da administração da Justiça.

As normas de organização judiciária criam varas especializadas, que concentram todas as demandas pertencentes a um determinado foro – geralmente da Capital ou de cidade de grande porte –, tomando-se por base matéria específica ou em razão da presença no processo de um determinado sujeito. O objetivo é bastante claro: especializar os servidores da justiça, inclusive e principalmente o juiz, o que teoricamente ensejará uma prestação jurisdicional de melhor qualidade. Vivemos, afinal, em tempos de especialização.

O Superior Tribunal de Justiça, por exemplo, entende ser competência absoluta da Vara da Infância e Juventude o julgamento de ação civil pública quando fundamentada no Estatuto da Criança e Adolescente (ECA)[83].

Registre-se que, por se tratar da fixação de competência de juízo, somente após a fixação da competência do foro terá alguma relevância a existência ou não de vara especializada em razão da matéria. A vara especializada em razão da matéria ou da pessoa não modifica regra de competência de foro, só passando a ter importância após tal determinação.

10.5. LEGITIMIDADE

10.5.1. Espécies de legitimidade

Conforme tradicional lição doutrinária, a legitimidade para agir (*legitimatio ad causam*) é a pertinência subjetiva da demanda ou, em outras palavras, é a situação prevista em lei que permite a um determinado sujeito propor a

[82] Yarshell, Competência no Estatuto do Idoso (Lei 10.741/2003). Disponível em: <http://www.mundojuridico.adv.br>. Acesso em: 12 maio 2005; Godinho, A proteção, 6.6, p. 208.

[83] STJ, 2ª Turma, REsp 1.486.219/MG, rel. Min. Herman Benjamin, j. 25/11/2014, DJe 04/12/2014.

demanda judicial e a um determinado sujeito formar o polo passivo dessa demanda[84]. Tradicionalmente afirma-se que serão legitimados ao processo os sujeitos descritos como titulares da relação jurídica de direito material deduzida pelo demandante[85], mas essa definição só tem serventia para a legitimação ordinária, sendo inadequada para a conceituação da legitimação extraordinária.

Na tutela individual a regra geral em termos de legitimidade é consagrada no art. 18, *caput*, do CPC, ao prever que somente o titular do alegado direito pode pleitear em nome próprio seu próprio interesse, consagrando a legitimação ordinária, com a ressalva de que o dispositivo legal somente se refere à legitimação ativa, mas é também aplicável à legitimação passiva. A regra do sistema processual, ao menos no âmbito da tutela individual, é a legitimação ordinária, com o sujeito em nome próprio defendendo interesse próprio.

Excepcionalmente admite-se que alguém em nome próprio litigue em defesa do interesse de terceiro, hipótese em que haverá uma legitimação extraordinária. Apesar de o art. 18, *caput*, do CPC prever que a legitimação depende de autorização expressa da lei, a melhor doutrina entende que, além da previsão legal, também se admite a legitimação extraordinária quando decorrer logicamente do sistema[86], como acontece com a legitimação recursal do advogado em apelar do capítulo da sentença que versa sobre seus honorários advocatícios.

Existe certo dissenso doutrinário a respeito da legitimação extraordinária e da substituição processual. Enquanto parcela da doutrina defende tratar-se do mesmo fenômeno, sendo substituto processual o sujeito que recebeu pela lei a legitimidade extraordinária de defender interesse alheio em nome próprio[87], outra parcela da doutrina entende que a substituição processual é uma espécie de legitimação processual[88]. Há aqueles que associam a substituição processual à excepcional hipótese de o substituído não ter legitimidade para defender seu direito em juízo, sendo tal legitimação exclusiva do substituído[89]. Para outros, a substituição processual só ocorre quando o

---

84 Araken de Assis, *Substituição*, p. 9.

85 Theodoro Jr., *Curso*, n. 53, p. 68; Câmara, *Lições*, v. 1, p. 116; Greco, *A teoria*, n. 2.7, p. 41; Pinho, *Teoria*, n. 12.5.2, p. 127; Fux, *Curso*, p. 160.

86 Nery-Nery, *Código*, p. 178; Barbosa Moreira, *Notas*, p. 33.

87 STJ, AgRg no Resp 1.188.180/RJ, 2ª Turma, rel. Min. Castro Meira, j. 19.06.2012, *DJe* 03.08.2012; STJ, AgRg no Ag 1.279.714/PR, 5ª Turma, rel. Min. Hornildo Amaral de Mello Castro, j. 18.11.2010, *DJe* 29.11.2010; Dinamarco, *Instituições*, n. 548, p. 308; Theodoro Jr., *Curso*, n. 53, p. 68.

88 Araken de Assis, *Substituição*, p. 16-17; Marinoni-Mitidiero, *Curso*, p. 101.

89 Araken de Assis, *Substituição*, p. 16.

legitimado extraordinário atua no processo sem que o legitimado ordinário atue com ele[90].

As explicações não convencem, sendo amplamente superior a corrente doutrinária que entende tratar-se a substituição processual e a legitimação extraordinária do mesmo fenômeno, sendo esse também o entendimento consagrado no Superior Tribunal de Justiça[91]. Além disso, no âmbito da tutela coletiva parece não haver qualquer empecilho para a utilização do termo substituição processual, ao menos para aqueles que consideram haver no polo ativo uma legitimação extraordinária. Para tanto, basta lembrar que o titular do direito difuso, coletivo e individual homogêneo não é legitimado, ao menos por meio de ação coletiva, a defesa do direito em juízo. Portanto, mesmo para a corrente doutrinária que diferencia a legitimação extraordinária da substituição processual, na tutela coletiva não restará dúvida de que os legitimados são substitutos processuais e os titulares do direito, substituídos.

Existe corrente doutrinária que entende adequado restringir a legitimação extraordinária à tutela individual, afirmando que por meio dessa espécie de legitimação se defende em juízo um direito subjetivo singular de titularidade de pessoa determinada. Sendo o direito difuso, de titularidade da coletividade (sujeitos indeterminados e indetermináveis) ou coletivo, de titularidade de uma comunidade – classe, grupo ou categoria de pessoas (sujeitos indeterminados, mas determináveis) –, seria inaplicável a eles a legitimação extraordinária.

Sob forte influência dos estudos alemães a respeito do tema, defendem que a legitimação ativa nas ações que têm como objeto direito difuso ou coletivo é uma terceira espécie, chamada de legitimidade autônoma para a condução do processo. Trata-se, segundo essa corrente doutrinária, de legitimação diversa da extraordinária porque não se podem identificar os titulares do direito e na qual a lei elege determinados sujeitos para defenderem o direito daqueles que não poderão fazê-lo individualmente[92].

No tocante à tutela jurisdicional coletiva do direito individual homogêneo, a maior parte da corrente doutrinária que defende a existência dessa terceira espécie de legitimidade acredita ser aplicável a legitimação extraordinária para explicar a legitimidade dos autores coletivos[93]. Sendo a indeterminação dos titulares e a impossibilidade de tutelá-los individualmente a justificativa de adoção da legitimação autônoma para a condução do processo, é uma con-

---

90 Câmara, *Lições*, v. 1, p. 118.

91 STJ, 3ª Turma, REsp 1.482.294/CE, rel. Min. Ricardo Villas Bôas Cueva, j. 09/06/2015, DJe 15/06/2015; STJ, 2ª Turma, AgRg no REsp 1.188.180/RJ, rel. Min. Castro Meira, j. 19/06/2012, DJe 03/08/2012.

92 Nery-Nery, *Código*, p. 1.443; Assagra, Direito, p. 499; Leonel, Manual, 5.2.2, p. 153.

93 Nery-Nery, Código, p. 1.443; Leonel, Manual, 5.2.2, p. 153. Contra, pela legitimidade autônoma mesmo no direito individual homogêneo: Assagra, Direito, p. 499.

sequência natural a exclusão dessa espécie de legitimação nas ações coletivas que buscam a tutela de direito individual homogêneo.

Nunca fui totalmente convencido da necessidade da adoção pelo sistema processual brasileiro dessa terceira forma de legitimação, tendo a impressão de que limitar a legitimação extraordinária a direitos individuais é apenas não admitir sua adaptação à defesa dos direitos transindividuais. É natural que a legitimação extraordinária tenha surgido para a tutela de direitos individuais, mas essa origem não a impede de atualmente também ser aplicável aos direitos transindividuais. Há doutrina nesse sentido, defendendo ser extraordinária a legitimação ativa nas ações coletivas[94].

Seja como for, trata-se de questão meramente acadêmica, sem relevantes consequências práticas. O que mais importa – e isso é indiscutível, independentemente da teoria adotada – é que os legitimados coletivos não são titulares do direito que defenderão em juízo, e tais titulares não têm legitimidade ativa para defender seus direitos.

10.5.2. Legitimados ativos

10.5.2.1. Ministério Público

O estudo da legitimidade do Ministério Público para o ajuizamento das ações coletivas é de extrema importância para a tutela coletiva, considerando-se que, mesmo sem dados estatísticos confiáveis, é praticamente unânime a opinião doutrinária de que o Ministério Público é o legitimado mais atuante, responsável pela propositura da maioria das ações coletivas[95]. Essa é uma constatação empírica, e as razões de ser dessa realidade dividem a comunidade jurídica, por vezes em posições radicalmente antagônicas.

Defender de forma radical essa maior presença do Ministério Público no polo ativo de ações coletivas como decorrência de um maior preparo e disposição ou de um indevido intrometimento em busca dos holofotes e do poder é apequenar o debate. Naturalmente, ao Ministério Público é fonte de poder relevante não só a legitimidade ativa para a propositura da ação coletiva, mas sua predominância na propositura de tais ações. Por outro lado, deve-se reconhecer que os demais legitimados têm pequena participação – que na realidade vem aumentando – em razão de sua falta de preparo e disposição na propositura das ações coletivas.

---

[94] Mazzilli, A defesa, p. 64-65; Zavascki, Processo coletivo, p. 76.

[95] Barbosa Moreira, La iniciativa, p. 57; Mazzilli, *A defesa*, p. 327; Leonel, *Manual*, p. 182; Assagra, *Direito*, p. 513. Com dados estatísticos, ainda que pontuais e antigos Carneiro, *Acesso*, p. 192.

Entendo que o aprimoramento de nossa democracia, com um aumento lento, mas progressivo, da noção de cidadania e de participação social por meio do processo coletivo tende a diminuir a soberania do Ministério Público, passando a existir outros legitimados tão preparados e dispostos quanto os promotores de justiça ao ajuizamento da ação coletiva. De qualquer forma, a existência de um rol de legitimados ativos de diferentes espécies e naturezas é algo extremamente benéfico para a defesa dos direitos coletivos *lato sensu*, não devendo ser motivo de preocupação, e sim de conforto.

A legitimidade do Ministério Público para o ajuizamento das ações coletivas está expressamente consagrada nos arts. 5º, I, da Lei 7.347/1985 (LACP) e 82, I, da Lei 8.078/1990 (CDC). Esses dispositivos, entretanto, não exaurem o tema, devendo ser interpretados à luz das funções institucionais constitucionalmente atribuídas ao Ministério Público por meio do art. 129 da CF.

Segundo o art. 129, III, da CF, é função institucional do Ministério Público promover o inquérito civil e a ação civil pública, para a proteção do patrimônio público e social, do meio ambiente e de outros interesses difusos e coletivos. A expressa previsão constitucional de tutela dos direitos difusos e coletivos permite a conclusão de que, para a defesa desses direitos em juízo, o Ministério Público não tem qualquer limitação em sua atuação. Qualquer direito dessa espécie que seja tutelável por meio de ação coletiva poderá ser protegido no caso concreto pelo Ministério Público, não se aplicando a esse legitimado ativo a regra da "pertinência temática"[96]. O texto constitucional é suficientemente claro ao se valer do termo "outros" para designar todo e qualquer direito coletivo ou difuso.

Na realidade, o tema é totalmente pacificado no tocante à defesa dos direitos difusos, em razão da indeterminabilidade dos sujeitos que serão beneficiados com a tutela jurisdicional. Não se pode dizer o mesmo no tocante aos direitos coletivos, cujos titulares (grupo, classe ou categoria de pessoas) são formados por sujeitos indeterminados, mas determináveis. Nesse caso, segundo parcela da doutrina, caberá ao Ministério Público, dentro de suas tradicionais limitações institucionais no processo civil, somente a propositura de ações coletivas que de alguma forma estejam amparadas em interesse social[97], havendo entendimento, inclusive, que assemelha a legitimidade nesse caso àquela existente na tutela dos direitos individuais homogêneos[98].

Pessoalmente não entendo viável a limitação da legitimidade ativa do Ministério Público na tutela dos direitos coletivos em razão do texto

[96] STF, Tribunal Pleno, RE 511.961/SP, rel. Min. Gilmar Mendes, j. 17.06.2009, *DJe* 13.11.2009; STJ, 2ª Turma, REsp 933.002/RJ, rel. Min. Castro Meira, j. 16.06.2009, *DJe* 29.06.2009.

[97] Abelha Rodrigues e Klippel, *Comentários*, p. 37; Costa, *Comentários*, p. 394-396.

[98] Mazzilli, A defesa, p. 109.

constitucional. É inegável que, ao prever expressamente entre as atribuições funcionais do Ministério Público a propositura de ações na tutela de direitos difusos e coletivos, o legislador constituinte afasta a possibilidade de qualquer interpretação limitativa.

Um pouco mais polêmica é a legitimidade do Ministério Público na defesa dos direitos individuais homogêneos, até porque não existe no art. 129 da CF uma expressa previsão que trate dessa legitimidade, como ocorre com os direitos difusos e coletivos. A simples exclusão de legitimidade do Ministério Público pela ausência dos direitos individuais homogêneos do art. 129, III, da CF desconsidera que o rol previsto em tal dispositivo legal é meramente exemplificativo, como fica claro da previsão contida no inciso IX do mencionado dispositivo, ao considerar função institucional do Ministério Público o exercício de outras funções não previstas expressamente no dispositivo, desde que compatíveis com sua finalidade. Ademais, não custa lembrar que a defesa dos direitos individuais homogêneos por meio de ação coletiva só foi consagrada em nosso ordenamento jurídico no Código de Defesa do Consumidor, do ano de 1990, e nossa Constituição Federal data de dois anos antes (1988)[99].

A questão, portanto, não é definir se existe ou não a legitimação do Ministério Público na defesa de direitos individuais homogêneos em razão de previsão constitucional, mas de definir em quais limites se admitirá essa legitimidade tomando-se por conta a necessidade de adequá-la às finalidades institucionais do Ministério Público. Mais uma vez entendo que a virtude não está nas soluções extremistas. Sendo incorreta a tese que defende a ilegitimidade nesse caso, tampouco se deve admitir como correta a tese que advoga a legitimidade ampla e irrestrita, qualquer que seja a espécie de direito individual homogêneo.

Não obstante decisões do Superior Tribunal de Justiça nesse sentido[100], a meu ver, não é razoável o entendimento de que, somente por se tratar de uma ação coletiva, todo e qualquer direito individual homogêneo veiculado já tenha relevância social suficiente a permitir a propositura da ação pelo Ministério Público. Apesar da opção do legislador por tratar processualmente de forma coletiva alguns direitos materiais essencialmente individuais, é desconsiderar a realidade equiparar todas as diferentes espécies de direitos individuais homogêneos reputando-os como detentores de repercussão social.

Nem mesmo o fundamento processual de que a ação coletiva em qualquer hipótese gera economia processual e harmonização de julgados, valores niti-

---

[99] Mazzilli, A defesa, p. 107.

[100] Informativo 421/STJ, 3ª Turma, REsp 910.192-MG, rel. Min. Nancy Andrighi, j. 02.02.2010; STJ, 1ª Turma, REsp 637.332/PR, rel. Min. Luiz Fux, j. 24.11.2004, *DJ* 13.12.2004, p. 242.

damente associados com o interesse social da melhor qualidade da prestação jurisdicional[101], são suficientes para convencer do acerto da tese. Se assim o fosse, todo litisconsórcio seria necessário, bem como as intervenções de terceiro seriam obrigatórias, dado que, apesar de em extensão significativamente menor, nesses casos também se obtêm economia processual macroscópica e harmonização dos julgados.

Concordo com a doutrina que defende a natureza de interesse social dos direitos difusos e coletivos em razão de sua transindividualidade e indivisibilidade, o que já é suficiente para que todo direito dessas espécies seja considerado indisponível[102]. Dessa maneira, o art. 129, III, da CF, com a previsão de ampla legitimidade do Ministério Público na defesa de qualquer direito difuso ou coletivo, é plenamente compatível com o art. 127, *caput*, da CF, atendendo plenamente a função institucional prevista constitucionalmente. Reforço, portanto, a ideia de que nos direitos difusos e coletivos não existe "pertinência temática", sendo irrelevantes as circunstâncias do caso concreto, entendimento compartilhado pela jurisprudência dos tribunais superiores[103].

Segundo entendimento doutrinário[104] e jurisprudencial[105] amplamente majoritário, a legitimidade do *parquet* na defesa de direito individual homogêneo depende de duas circunstâncias alternativas: (a) direito indisponível; (b) direito disponível que, por sua importância e/ou extensão, tenha repercussão social. Registre-se a existência de corrente doutrinária minoritária que defende a legitimidade somente na hipótese de direito individual homogêneo indisponível, nos termos do art. 127, *caput*, da CF[106]. Se alguma dificuldade prática existe na distinção entre direito disponível e direito indisponível, tais dificuldades se potencializam na aferição concreta da relevância social exigida na hipótese de direito individual homogêneo disponível. De qualquer forma, é corrente a lição doutrinária de que a relevância social pode se manifestar

---

101 Almeida, Direito, p. 514.

102 Carvalho Filho, Ação, p. 127.

103 STF, Tribunal Pleno, RE 511.961/SP, rel. Min. Gilmar Mendes, j. 17.06.2009, *DJe* 13.11.2009; STJ, 2ª Turma, REsp 933.002/RJ, rel. Min. Castro Meira, j. 16.06.2009, *DJe* 29.06.2009.

104 Zavascki, *Processo*, p. 234-234-240; Castro Mendes, *Ações coletivas*, p. 247-248; Leonel, *Manual*, p. 190; Arruda Alvim, O MP e a tutela, p. 257-259; Zanellato, Sobre a defesa, p. 398-403.

105 STF, Tribunal Pleno, RE 631.111, rel. Min. Teori Zavascki, j. 07/08/2014, DJe 30/10/2014; STF, 2ª Turma, RE. 514.023/AgRg/RJ, rel. Min. Ellen Gracie, j. 04.12.2009, DJe 05.02.2010; STF, 2ª Turma, RE 472.489/AgRg/RS, rel. Min. Celso de Mello, j. 29.04.2008, DJe 29.08.2008; STJ, 2ª Turma, AgRg no REsp 1.188.180/RJ, rel. Min. Castro Meira, j. 19/06/2012, DJe 03/08/2012; STJ, 4ª Turma, AgRg no AgRg nos EDcl no REsp 1.225.925/SP, rel. Min. Antonio Carlos Ferreira, j. 05/05/2015, DJe 03/06/2015; STJ, 3ª Turma, AgRg no REsp 1.298.449/MG, rel. Min. Marco Aurélio Belizze, j. 14/06/2016, DJe 22/06/2016; STJ, 3ª Turma, AgRg no REsp 1.411.444/SP, rel. Min. Marco Aurélio Bellizze, j. 27/10/2015, DJe 13/11/2015; STJ, 6ª Turma, REsp 1.178.660/MG, rel. Min. Nefi Cordeiro, j. 26/05/2015, DJe 02/06/2015.

106 Carvalho Filho, Ação, p. 129-130.

pela natureza do dano (p. ex., saúde, segurança, ambiental); pelo número significativo de lesados; pelo interesse social no funcionamento de um sistema econômico, social ou jurídico (p. ex., questões referentes aos servidores públicos, poupadores, segurados)[107].

Superada a questão a respeito da legitimidade do Ministério Público na defesa de direitos difusos, coletivos e individuais homogêneos por meio de ação coletiva, cumpre analisar entendimento consagrado no Superior Tribunal de Justiça no sentido de habilitar o Ministério Público à propositura de ação coletiva na defesa de direito individual indisponível.

Nos termos do art. 127, *caput*, da CF, incumbe ao Ministério Público a defesa dos interesses sociais e individuais indisponíveis, sendo que tal previsão constitucional vem levando nossa jurisprudência à conclusão de legitimidade do Ministério Público em certas situações à propositura de ação coletiva para a defesa do direito de um indivíduo, desde que de natureza indisponível[108].

Não se pode desconhecer a diferença entre direito individual homogêneo e direito individual indisponível, sendo que, no primeiro, caso deve existir uma pluralidade de titulares de direitos individuais, independentemente da natureza do direito – indisponível ou disponível. Para haver homogeneidade, característica essencial do direito individual homogêneo, deve existir pelo menos mais de um direito individual, sendo classicamente conceituado esse direito como a soma de direitos individuais de origem comum. No direito individual não há homogeneidade, porque somente um direito não pode ser homogêneo ou heterogêneo. Essa distinção é reconhecida na maioria das decisões que admitem a legitimidade do Ministério Público na defesa de direitos individuais indisponíveis[109].

Entendo haver certa confusão entre legitimidade do Ministério Público como substituto processual do indivíduo titular de direito indisponível e a adequação procedimental de uma ação coletiva para a tutela jurisdicional desse direito. Ainda que se possa admitir a legitimidade ativa do Ministério Público nos termos do art. 127, *caput*, da CF, não vejo como, sem expressa previsão legal, defender que essa legitimação permita o ingresso de uma ação coletiva. Significa que a admissão de substituição processual do Ministério Público para litigar em nome próprio na defesa de interesses do titular de direito individual indisponível não corresponde de forma automática e meramente consequencial à possibilidade de propositura de ação coletiva.

---

107 Mazzilli, A defesa, p. 108.

108 STF, 2ª Turma, RE 554.088 AgRg/SC, rel. Min. Eros Grau, j. 03.06.2008, *DJe* 20.06.2008; STJ, 2ª Turma, REsp. 1.156.930/RJ, rel. Min. Humberto Martins, j. 10.11.2009, *DJe* 20.11.2009.

109 STJ, 2ª Turma, AgRg no Ag 1.156.930/RJ, rel. Min. Humberto Martins, j. 10.11.2009, *DJe* 20.11.2009; STJ, 1ª Turma, REsp 899.820/RS, rel. Min. Teori Albino Zavascki, j. 24.06.2008, *DJe* 01.07.2008.

Como já defendido no Capítulo 2, item 2.3, entendo que o microssistema coletivo não existe somente para a tutela jurisdicional de direitos transindividuais, como demonstra de modo claro o Código de Defesa do Consumidor ao adotar o microssistema na tutela de direitos individuais homogêneos, direitos essencialmente individuais com tratamento processual coletivo. Dessa forma, caso seja essa a vontade do legislador, não vejo qualquer empecilho para se aplicar o microssistema coletivo à tutela de direitos individuais indisponíveis, mas para isso é essencial a previsão legal expressa, o que demonstrará a sua intenção de estender ainda mais o campo de aplicação deste microssistema.

Interessante notar que as decisões que defendem a legitimidade do Ministério Público para a propositura de ação coletiva na defesa de direito individual indisponível de idoso vêm amparadas nos arts. 15, 74 e 79 da Lei 10.741/2003 (Estatuto do Idoso)[110], sendo mais interessante para a tese ora defendida o art. 74, I, que prevê ser de competência do Ministério Público a instauração do inquérito civil e da ação civil pública para a proteção de direitos e interesses difusos ou coletivos, individuais indisponíveis e individuais homogêneos do idoso. Como se pode notar, a justificativa da legitimidade para a ação coletiva nesse caso é legal, tanto quanto a existência de forma genérica para direitos difusos e coletivos na Lei de Ação Civil Pública e para os direitos individuais homogêneos no Código de Defesa do Consumidor.

No caso de tutela de menor, as decisões utilizam como fundamento os arts. 11, 201, V, 208, VI e VII, da Lei 8.069/1990 (ECA)[111], sendo mais relevante para o tema ora enfrentado o art. 201, V, que prevê ser de competência do Ministério Público a promoção do inquérito civil e da ação civil pública para a proteção dos interesses individuais, difusos ou coletivos relativos à infância e à adolescência. Nesse caso é preciso um maior esforço hermenêutico, porque o legislador não prevê expressamente a tutela por ação coletiva dos direitos individuais homogêneos, podendo-se imaginar que, ao valer-se do termo "direitos individuais", haveria a necessidade de homogeneidade. De qualquer modo, é válida a interpretação de que o termo "direitos individuais" seja associado à sua natureza indisponível, o que seria o suficiente para demonstrar a legitimidade do Ministério Público na defesa de tais direitos por meio de ação coletiva.

Como se observa, nesses dois casos apresentados, referentes à tutela de direitos individuais indisponíveis de idoso, criança ou adolescente, há uma opção legislativa na atribuição ao Ministério Público de legitimação na tutela coletiva. É até possível trabalhar nessas situações legais por meio de interpre-

[110] STJ, 1ª Seção, EREsp 695.665/RS, rel. Eliana Calmon, j. 23.04.2008, *DJe* 12.05.2008.

[111] STJ, 1ª Seção, AgRg no EREsp 837.591/RS, rel. Min. Castro Meira, j. 23.05.2007, *DJe* 11.06.2007, p. 259.

tações ampliativas, tal como ocorre na proteção da gestante hipossuficiente, que ao ser internada em hospital em estado crítico tem direito protegido que repercute nos direitos à vida e à saúde do nascituro[112]. O que não parece legítimo é que qualquer titular de direito individual indisponível seja substituído processualmente pelo Ministério Público em uma ação coletiva, sem que para isso exista expressa previsão legal.

O entendimento ora defendido foi adotado por importante decisão do Superior Tribunal de Justiça que negou a legitimidade do Ministério Público em ação civil pública na qual se buscava a obtenção de medicamento em favor de pessoa carente de recursos, mas não inclusa na proteção do Estatuto do Idoso ou do Estatuto da Criança e do Adolescente[113]. Ainda assim, o julgado não é de todo elogiável, considerando-se que a questão da ilegitimidade – entende-se que caberia à Defensoria Pública a defesa do carente – não foi precedida pela da adequação da ação coletiva no caso concreto.

Entendo que, além de ser atribuição da Defensoria Pública a defesa do direito individual indisponível do hipossuficiente econômico, tal defesa não será instrumentalizada por ação coletiva, por ausência de previsão legal nesse sentido. A distinção é importante porque o Supremo Tribunal Federal considera que, nos locais em que a Defensoria Pública não exerça sua função constitucional de forma organizada, caberá a defesa do hipossuficiente econômico ao Ministério Público[114]. Nesses casos, entretanto, volto a ressaltar que, por ausência de expressa permissão legal, a defesa deverá ser exercida por meio de uma ação individual, nunca de natureza coletiva.

Registre-se, entretanto, que mais recentemente o mesmo Superior Tribunal de Justiça estendeu a legitimidade do Ministério Público em ação coletiva em tutela de direito individual indisponível além das expressas previsões legais, em postura já devidamente criticada.

10.5.2.2. Associação

A legitimidade ativa da associação está consagrada no art. 5º, V, da Lei 7.347/1985 e no art. 82, IV, da Lei 8.078/1990, sendo entendimento corrente na doutrina e jurisprudência a legitimação das associações para todas as espécies de direitos tutelados no microssistema coletivo. Dessa forma, poderá propor ações coletivas na defesa de direitos difusos, coletivos e individuais homogêneos, ainda que seja mais comum sua atuação nos dois últimos casos.

---

[112] STJ, 2ª Turma, AgRg no REsp 1.045.750/RS, rel. Min. Castro Meira, j. 23.06.2009, DJe 04.08.2009.

[113] STJ, 2ª Turma, REsp 620.622/RS, rel. Min. Eliana Calmon, j. 04.09.2007, *DJ* 27.09.2007, p. 247.

[114] STF, 1ª Turma, RE 147.776/SP, rel. Min. Sepúlveda Pertence, j. 19.05.1998, *DJ* 19.06.1998, p. 136; STF, Dec. Monocrática, RE 432.423/SP, rel. Min. Gilmar Mendes, j. 09.09.2005, *DJ* 07.10.2005, p. 91.

Existem três requisitos cumulativos exigidos pelos art. 5º, V, *a* e *b*, da Lei 7.347/1985 e art. 82, IV, da Lei 8.078/1990: (a) constituição nos termos da lei civil; (b) existência jurídica há pelo menos um ano; (c) pertinência temática.

Os dois primeiros requisitos são tratados como se fossem um só, quando na realidade são requisitos diferentes, mas a existência de um depende inexoravelmente do preenchimento do outro. Significa que antes de tudo a associação deve ser devidamente registrada perante o órgão responsável (Registro Civil de Pessoas Jurídicas, nos termos do art. 45 do CC e arts. 114 e 119 da LRP), de forma que uma associação sem o devido registro cartorial não poderá jamais propor ação coletiva. Conforme ensina a melhor doutrina, a exigência legal tem como objetivo evitar a constituição oportunista de associações com o propósito exclusivo de propor ações coletivas[115].

O prazo de pelo menos um ano exigido da constituição da associação para permitir seu ingresso com ação coletiva é contado dessa constituição jurídica, perfeita e acabada. Registre-se a acertada opinião doutrinária no sentido de que, excepcionalmente, essa condição da ação passe a existir durante o processo, não havendo sentido na extinção do processo, por carência da ação, se no momento de análise das condições da ação já tiver transcorrido um ano da constituição da associação, condição que não estava preenchida no momento da propositura da demanda. Seja em aplicação do art. 493 do CPC[116], seja em respeito aos princípios da economia processual e efetividade da jurisdição, como já reconheceu o Superior Tribunal de Justiça[117], essa excepcional forma de legitimação superveniente deve realmente ser admitida.

A exigência de existência jurídica há pelo menos um ano, entretanto, pode ser excepcionada, nos termos do art. 82, § 1º, do CDC[118]. Aparentemente são dois requisitos alternativos que justificam a legitimidade ativa de associação com menos de um ano de existência jurídica.

O primeiro requisito é o manifesto interesse social que envolva a causa, que seria evidenciado, segundo o dispositivo legal ora comentado, pela dimensão ou característica do dano. Provavelmente por considerar que toda e qualquer ação coletiva contém um manifesto interesse social, o legislador achou por bem qualificar tal circunstância, valendo-se, para tanto, de conceitos jurídicos abertos e indeterminados. O que efetivamente se deve compreender por dimensão e características do dano?

---

[115] Costa, Comentários, p. 407.

[116] Shimura, Tutela coletiva, p. 89.

[117] STJ, 3ª Turma, REsp 705.469/MS, rel. Min. Nancy Andrighi, j. 16.06.2005, *DJ* 01.08.2005, p. 456.

[118] STJ, 4ª Turma, REsp 1.357.618/DF, rel. Min. Luis Felipe Salomão, j. 26/09/2017, DJe 24/11/2017; STJ, 3ª Turma, AgRg nos EDcl no REsp 1.384.891/SC, rel. Min. Paulo de Tarso Sanseverino, j. 05/05/2015, DJe 12/05/2015.

Tudo faz crer que o legislador tenha levado em consideração o aspecto subjetivo e objetivo do dano suportado para justificar a exceção à regra legal ora analisada.

A dimensão do dano, portanto, diz respeito ao número de sujeitos que o suportam, e o legislador deu a entender que danos coletivos de menor extensão, porque limitados a pequeno grupo de pessoas e/ou a poucos indivíduos, não justificariam a exceção ora analisada. Por esse raciocínio, todo direito difuso justificaria a aplicação do art. 82, § 1º, do CDC, considerando sua titularidade pela coletividade. A análise restaria limitada aos direitos coletivos e individuais homogêneos.

A característica do dano como requisito legitimador da exclusão da exigência legal ora analisada diz respeito ao aspecto objetivo do dano, parecendo o legislador ter criado uma gradação de danos, de forma que apenas naqueles mais sérios as associações poderiam litigar mesmo antes de existirem juridicamente por um ano. Novamente nas hipóteses de direitos difusos, dada à indisponibilidade do direito, será difícil criar qualquer tipo de gradação de dano. O que é pior, a poluição de um rio (violação do meio ambiente) ou a destruição de um prédio do século XVIII (patrimônio histórico e cultural)? Somente nos direitos coletivos e individuais homogêneos seria possível estabelecer uma gradação de relevância, ainda assim com alguma dificuldade.

O segundo requisito previsto pelo art. 82, § 1º, do CDC é a relevância do bem jurídico a ser protegido, e serve para demandas que não versam sobre dano. Ainda que sem a natureza reparatória própria do primeiro requisito, o legislador, ao indicar a relevância do bem jurídico a ser tutelado, cria uma gradação de relevância entre os bens da vida que podem ser tutelados por meio da ação coletiva, permitindo a legitimidade de associação com menos de um ano de existência jurídica somente naqueles de maior importância e/ou relevância social. Novamente, e pelas mesmas razões já expostas, o requisito deve ficar limitado aos direitos coletivos e individuais homogêneos.

Registre-se, por fim, parcela doutrinária que defende a inaplicabilidade do art. 82, § 1º, do CDC ao mandado de segurança coletivo, considerando que a previsão de legitimidade ativa nesse caso é constitucional, não podendo ser excepcionada por norma infraconstitucional[119]. Discordo do pensamento por entender que a legitimidade, nesse caso, não será excepcionada ou diminuída, pelo contrário, estar-se-á ampliando a gama de legitimados ativos.

O terceiro requisito exigido para a legitimidade ativa das associações é a chamada "pertinência temática", significando que deve existir uma vinculação

119 Shimura, Tutela coletiva, n. 3.3.4, p. 89.

entre as finalidades institucionais da associação, consagradas em seu estatuto social, e a espécie de bem jurídico tutelado em sede de ação coletiva[120].

Segundo a melhor doutrina, o estatuto da associação não precisa de um grau de especialidade que limite demasiadamente a sua atuação como autora de ações coletivas, de modo que uma previsão genérica, desde que relacionada, ainda que de maneira indireta, com o objeto da demanda, já é suficiente. O que não se admite, por exemplo, é que uma associação, voltada à defesa do consumidor, queira discutir em juízo a violação ao patrimônio cultural, ou uma associação, voltada à defesa do meio ambiente, queira defender em juízo um direito difuso à saúde pública.

O Superior Tribunal de Justiça, interpretando devidamente o que atualmente se entende por "meio ambiente", já admitiu que associação de moradores, cujo estatuto a legitimava a zelar pela qualidade da vida no bairro, ingressasse com ação civil pública para a preservação de importante conjunto arquitetônico presente no bairro. O julgamento lembrou que o art. 225 da CF expressamente vincula o meio ambiente à sadia qualidade de vida e que o art. 3º, III, *a* e *d*, da Lei 6.938/1981, que dispõe ser poluição qualquer degradação ambiental oriunda de atividades que, direta ou indiretamente, prejudiquem a saúde e o bem-estar da população ou atinjam as condições estéticas do meio ambiente[121].

Aparentemente, o requisito da pertinência temática foi o mais próximo que o legislador brasileiro chegou da chamada "representação adequada", analisada no próximo tópico. Presume que, ao ter em seus estatutos a expressa previsão – ainda que genérica – da defesa do direito coletivo *lato sensu*, a associação será o representante adequado para sua defesa em juízo em uma ação coletiva.

Registre-se entendimento do Superior Tribunal de Justiça no sentido de dispensa da exigência da pertinência temática quando o autor da ação coletiva for a Ordem dos Advogados do Brasil, em razão de ter como seu mister a defesa, inclusive judicial, da Constituição Federal, do Estado de Direito e da justiça social, o que, inexoravelmente, inclui todos os direitos coletivos e difusos[122].

O tema da representação adequada como requisito de admissibilidade da ação coletiva, intimamente relacionado à legitimidade ativa, é tema que suscita intenso e interessante debate doutrinário e jurisprudencial. Entendo

---

120 STJ, 1ª Turma, AgInt no REsp 1.350.108/DF, rel. Min. Napoleão Nunes Maia Filho, j. 14/08/2018, DJe 23/08/2018; STJ, 2ª Seção, EDcl no REsp 1.091.756/MG, rel. Min. Marco Aurélio Bellizze, j. 08/08/2018, DJe 15/08/2018.

121 Informativo 442/STJ: 2ª Turma, REsp 876.931-RJ, rel. Min. Mauro Campbell Marques, j. 10.08.2010.

122 STJ, 2ª Turma, REsp 1.351.760/PE, rel. Min. Humberto Martins, j. 26/11/2013, DJe 09/12/2013.

que o tema é por vezes tratado sem o apuro técnico devido, o que leva o intérprete a um estado de confusão e incerteza que poderia ser evitado, ou ao menos minimizado.

A doutrina nacional parece concordar que o instituto da representação adequada pode se dar de duas formas distintas: *ope iudicis* e *ope legis*. Tradicionalmente associa-se a primeira forma aos sistemas jurídicos de países da *common law* e o segundo, aos sistemas jurídicos dos países da *civil law*. No primeiro caso, caberá ao juiz a análise, no caso concreto, da adequada representação dos interesses em jogo pelo autor que pretende conduzir uma ação coletiva; enquanto no segundo caso, caberia ao legislador, de forma abstrata, determinar quais os requisitos para se determinarem quais sujeitos têm condições de assumir o polo ativo de uma ação coletiva.

Nos países do sistema da *common law*, em especial nos Estados Unidos, a representação adequada é uma das mais importantes causas de admissibilidade da ação coletiva, considerando-se que a coisa julgada dessa ação coletiva atingirá sujeitos que não participarão do processo, independentemente de seu resultado (*pro et contra*). Diante dessa realidade, o devido processo legal seria violado se o autor da ação coletiva não demonstrasse concretamente ter efetivas condições de exercer a melhor e mais completa defesa que o direito poderia ter em juízo[123].

O raciocínio é até certo ponto simples: como os sujeitos que compõem a coletividade ou comunidade serão atingidos sem o direito de participarem do processo coletivo em contraditório, deve-se assegurar que sejam "ouvidos" por meio do autor, que só terá condições de se tornar esse verdadeiro "porta-voz" dos indivíduos se demonstrar concretamente estar plenamente apto a fazer a defesa do direito da forma mais perfeita e irrepreensível possível.

Segundo precisas lições doutrinárias, a representação adequada nesse caso, além de evitar colusões entre as partes, asseguraria que o resultado obtido por meio do processo coletivo fosse o mesmo obtido por meio de processos individuais, dos quais os indivíduos teriam participado na plenitude do contraditório e da ampla defesa[124]. É dizer que, apesar de os indivíduos não terem participado do processo coletivo, sua participação teria sido inútil e desnecessária, já que o resultado seria o mesmo.

Na representação adequada presente nos países que fazem parte da família da *common law*, cabe ao juiz a análise concreta de elementos que indiquem as efetivas e reais condições de o autor cumprir seu papel como dele se espera. A depender do país de origem, variam os fatores relevantes a

[123] Watanabe, Direito processual comparado, p. 536; Gidi, *Class actions*, p. 99-100.

[124] Gidi, *Class actions*, p. 100.

serem analisados pelo juiz, ainda que existam alguns destes que podem ser considerados comuns: as condições do autor e de seu advogado, a eventual existência de conflito entre o autor e/ou advogado e membros do grupo, a capacidade econômica, a especialidade do advogado.

Independentemente dos fatores considerados no caso concreto, um sistema de representação adequada, como o existente nos Estados Unidos, Inglaterra, Canadá e País de Gales, exige do juiz uma análise objetiva no caso concreto para a aferição da capacidade não só de representação dos sujeitos que compõem o grupo, mas também de sua efetiva capacidade de boa condução do processo, de seu preparo e disposição para encarar o processo coletivo.

Registre-se precedente do Superior Tribunal de Justiça no sentido de ser admissível, ainda que excepcionalmente, inclusive de ofício o controle de idoneidade (adequação da representatividade) para aferir/afastar a legitimação ad causam de associação[125].

Segundo lições doutrinárias, nos sistemas jurídicos dos países da *civil law*, a representação adequada dos autores das ações coletivas seguiria uma regra legal, tratando-se, portanto, de um sistema *ope legis*. Nesse entendimento, caberá ao legislador a previsão dos requisitos necessários para que se admita um sujeito no polo ativo do processo coletivo, cabendo ao juiz tão somente a análise do preenchimento ou não de tais requisitos no caso concreto. Há, portanto, uma presunção legal absoluta de quais sejam os representantes adequados, ao que deve se conformar o juiz no caso concreto[126].

Ainda que existam exceções, tais como o Uruguai, Argentina e Paraguai (nossos parceiros no Mercosul), que permitem ao juiz a aferição da representatividade adequada no caso concreto[127], no Brasil a doutrina majoritária entende que ao juiz cabe somente analisar os requisitos já previamente consagrados em lei, não podendo partir para uma análise no caso concreto das efetivas condições para a melhor condução do processo do legitimado que preencheu tais requisitos[128]. Na hipótese das associações, por exemplo, bastará a existência jurídica por mais de um ano e a pertinência temática[129], sendo irrelevante qualquer outra consideração a respeito da real capacidade do legitimado de defender de forma plena e exauriente o direito coletivo *lato sensu*.

---

[125] STJ, 4ª Turma, REsp 1.213.614/RJ, rel. Min. Luis Felipe Salomão, j. 01/10/2015, DJe 26/10/2015.

[126] Scarpinella, As *class actions*, p. 131.

[127] Watanabe, Direito, p. 535.

[128] Andrade-Masson-Andrade, Interesses, 2.2.4, p. 47-48; Venturi, Processo, 7.1.8, p. 219-227; Nery-Nery, Código, p. 1.144; Abelha Rodrigues-Klippel, Comentários, p. 35; Assagra, Direito, p. 519.

[129] STJ, 1ª Turma, AgRg nos EDcl nos EDcl no REsp 1.150.424/SP, rel. Min. Olindo Menezes (Desembargador convocado do TRF 1ª Região), j. 10/11/2015, DJe 24/11/2015; STJ, 1ª Turma, REsp 876.936/RJ, rel. Min. Luiz Fux, j. 21/10/2008, DJe 13/11/2008.

Os críticos a esse sistema de aferição da representação adequada afirmam que, sem a possibilidade de análise das efetivas condições do autor da ação coletiva no caso concreto, permite-se a existência de processos coletivos propostos por autores despreparados, desmotivados, diretamente interessados em determinado resultado que pode não ser o melhor para todos, e por vezes até imbuídos de má-fé[130]. Esses defeitos que estariam sendo admitidos pelo sistema *ope legis*, adotado no Brasil, frustrariam os objetivos da tutela coletiva, permitindo que o resultado do processo coletivo não represente o resultado possível se o autor tivesse outros atributos.

É interessante notar que os defensores do sistema atual adotado no direito brasileiro se valem de alguns fundamentos, rebatidos de forma quase apaixonada pelos críticos de tal sistema.

Primeiro argumento amplamente utilizado é a especial maneira de formação da coisa julgada material na tutela coletiva. A coisa julgada coletiva só vincula os indivíduos se os beneficiar, não havendo sua vinculação quando o resultado do processo coletivo for negativo. Pelo sistema da coisa julgada *secundum eventum litis in utilibus*, uma eventual condução insuficiente do processo coletivo jamais seria capaz de afetar os indivíduos, que mesmo diante do insucesso do processo coletivo poderiam obter tutela jurisdicional em ações individuais.

Concordo com as críticas lançadas a tal argumento, porque, se é verdade que os indivíduos não são prejudicados como titulares de direitos individuais correlatos ao direito coletivo *lato sensu* discutido no processo coletivo, não há maiores dúvidas de que o serão como membros da coletividade ou de uma comunidade. Diferente do que entende grande parte da doutrina, a sentença de improcedência do processo coletivo faz coisa julgada material, apenas sendo admitida sua repropositura na hipótese de prova nova em razão da coisa julgada *secundum eventum probationis*. Pior ainda no direito individual homogêneo, em que a coisa julgada material se opera de forma tradicional, *pro et contra* e independentemente da motivação da decisão.

Significa que, uma vez conduzido o processo coletivo de forma precária ou tendenciosa pelo autor, e sendo julgado improcedente o pedido, se o problema não for a ausência de provas, a decisão tornar-se-á imutável e indiscutível, de modo que aquele direito difuso ou coletivo, objeto do processo, jamais poderá ser tutelado[131]. Esse é um sacrifício que não pode ser simplesmente ignorado, ainda que consideradas as diferentes técnicas de formação da coisa julgada aplicáveis na tutela coletiva brasileira.

---

130 Gomes Jr., Curso, p. 145.

131 Gidi, *Class actions*, p. 130.

Por outro lado, argumenta-se que a presença indispensável do Ministério Público, como autor ou fiscal da ordem jurídica, impede que o autor conduza o processo de forma desidiosa ou tendenciosa. Concordo com essa tese, e acredito realmente que a exigência legal de presença obrigatória de um órgão tão sério, aparelhado e especializado na defesa da tutela coletiva seja uma salvaguarda interessante no tocante a garantir a efetiva atuação judicial em prol do direito defendido no processo coletivo.

Há, entretanto, restrições. Na ação popular, por exemplo, o Ministério Público só pode assumir o polo ativo na hipótese de desistência ou abandono do processo pelo autor popular. Também nos direitos individuais homogêneos haverá limitações, considerando o entendimento analisado no item 10.5.2.1. que limita a legitimação ativa do Ministério Público. E nesse segundo caso é ainda mais delicada a situação se adotado o entendimento de que, se o Ministério Público não tiver legitimidade ativa para a defesa do direito individual homogêneo, ele não deverá participar como fiscal da ordem jurídica no processo.

Por fim, conforme analisado no Capítulo 5, item 5.3, os poderes do juiz no processo coletivo são aguçados, exigindo-se do magistrado uma atuação ativa e vigilante para que eventual descompromisso ou má-fé do autor não seja determinante no resultado do processo. Ainda que se louve o ideal de juiz mais ativo e preocupado com a qualidade de sua prestação jurisdicional, é preciso reconhecer que existem limitações a essa atuação, até porque o volume de trabalho de nossos magistrados atualmente é muito elevado, o que dificulta a atenção que se pretende exigir. Por outro lado, o sistema processual continua – mesmo no processo coletivo – a ser misto com preponderância do dispositivo, de modo que a vontade do autor ainda tem muita relevância na condução do processo.

A doutrina nacional se divide nitidamente em dois grupos no tocante à representatividade adequada: (a) os que entendem que o sistema adotado *é ope legis*, não cabendo, portanto, ao juiz analisar no caso concreto a efetiva condição/disposição do autor em conduzir o processo coletivo[132]. Esse grupo se divide em duas correntes: (i) os que entendem que o sistema adotado por nosso legislador é o ideal, e (ii) os que consideram que, *de lege ferenda*, o ideal seria modificar a lei para a adoção do sistema *ope iudicis*. E (b) os que entendem que o sistema atual já admite a conclusão pela aferição *ope iudicis* da representação adequada[133], afirmando que a presunção legal de adequação

[132] Andrade-Masson-Andrade, Interesses, 2.2.4, p. 47-48; Venturi, Processo, 7.1.8, p. 219-227; Nery-Nery, Código, p. 1.144; Abelha Rodrigues-Klippel, Comentários, p. 35; Assagra, Direito, p. 519.

[133] Grinover, Novas questões, p. 213-214; Gidi, *Class actions*, p. 3.5.10, p. 129-135; Costa, Comentários, p. 390-391; Didier-Zaneti, Curso, p. 209; Leonel, Manual, 5.2.6, p. 173.

na representação prevista em lei é apenas relativa, sendo, portanto, admissível a produção de prova em sentido contrário[134], havendo recentes decisões do Superior Tribunal de Justiça nesse sentido[135].

Sou partidário da segunda corrente doutrinária do primeiro grupo, porque entendo que o controle da adequada representação do autor da ação coletiva evitaria processos coletivos sem condições de tutelar o direito defendido, em verdadeiro atentado aos princípios da economia processual e segurança jurídica. Evitaria a pluralidade de processos coletivos que versam sobre o mesmo tema, em muitos casos propostos por autores sem qualquer condição para uma boa condução do processo. A adoção do sistema *ope iudicis*, entretanto, depende de reforma legislativa.

Por outro lado, é preciso lembrar que, mesmo nos sistemas de controle *ope iudicis*, a eventual constatação de que o autor não tem efetivamente condições de melhor tutelar o direito discutido, ainda que posterior ao encerramento do processo, não vincula os membros do grupo (*Collateral attack*). Na realidade, como bem lembra a melhor doutrina, a representação adequada no sistema da *common law* não é somente um requisito de admissibilidade da ação coletiva, limitada ao ingresso do processo, porque essa matéria não preclui, podendo o juiz extinguir o processo por inadequação da representação a qualquer momento, seja por fato superveniente ou pela constatação de ter sido enganosa a percepção prévia sobre a adequação da representação[136].

Atualmente, com a justificativa da coisa julgada *secundum eventum litis in utilibus*, não há maiores preocupações com a perda de energia, tempo e dinheiro de um processo coletivo fadado ao insucesso em razão do despreparo e/ou má-fé do autor. No sistema sugerido, o indivíduo continuaria a poder discutir em ação individual seu direito, mesmo diante do insucesso de uma ação coletiva, mas como a adequação da representação passaria a ser analisada em concreto, as chances de isso ocorrer seriam bem menores, o que poderia até mesmo servir de desestímulo à propositura de ação individual. Atualmente, independentemente da defesa do direito realizada pelo autor da ação coletiva, o direito individual não suporta o seu insucesso, não existindo qualquer razão para que o indivíduo deixe de ingressar com ação individual na busca da tutela de seu direito.

Só entendo que o sistema adotado pelo legislador pátrio não é o da representação adequada (*ope iudicis*) e que, por isso, somente uma mudança

[134] Gomes Jr., Curso, p. 145.

[135] STJ, 4ª Turma, REsp 1.213.614/RJ, rel. Min. Luis Felipe Salomão, j. 01/10/2015, DJe 26/10/2015; STJ, 4ª Turma, REsp 1.405.697/MG, rel. Min. Marco Aurélio Bellizze, j. 17/09/2015, DJe 08/10/2015.

[136] Gidi, Class actions, p. 102; Scarpinella, As *class actions*, p. 134.

legislativa permitiria sua adoção[137]. E não faltaram tentativas para que se chegasse a esse objetivo. Tanto no Projeto de Lei do Código de Processo Civil coletivo como no de mudança da Lei de Ação Civil Pública estava consagrada a representação adequada *ope iudicis*, mas nenhum desses projetos vingou no Congresso Nacional. No mesmo sentido, o art. 3º do Código Modelo da Ibero-América, que obviamente não tem aplicabilidade no direito pátrio.

O Supremo Tribunal Federal foi chamado a decidir, em recurso extraordinário repetitivo, sobre a possibilidade de sujeitos não associados à associação autora da ação coletiva, que tem como objeto direito individual homogêneo, poderem se aproveitar da sentença de procedência da ação coletiva. Em tal julgamento, entretanto, o Supremo Tribunal Federal proferiu decisão ainda mais ampla, já que não versa somente sobre a legitimidade ativa da associação em executar a sentença coletiva em favor de indivíduos, mas também estabelece condições para a sua atuação no polo ativo da ação coletiva[138].

Em equivocada interpretação do art. 5º, XXI, da CF, o Supremo Tribunal Federal decidiu que as associações dependem de autorização expressa de seus associados para a propositura da ação coletiva, o que pode ocorrer individualmente por manifestação expressa de seus associados ou por aprovação da propositura da ação em assembleia geral.

A decisão é incorreta porque confunde indevidamente os institutos da substituição processual (quando a associação atua em nome próprio em favor dos interesses de terceiros) com a representação processual (quando a associação atua em nome de seus associados em favor de seus interesses)[139].

Segundo o dispositivo legal constitucional, "as entidades associativas, quando expressamente autorizadas, têm legitimidade para representar seus filiados judicial ou extrajudicialmente". Ainda que o dispositivo não possa ser considerado um primor de redação legislativa, ao apontar expressamente para a *representação* de seus filiados em juízo, trata de hipótese de representação processual e não de substituição processual. O art. 5º, XXI, da CF, portanto, apesar de prever expressamente sobre a legitimidade da associação, versa claramente sobre a representação processual, e somente nesse sentido poderia ser exigida a autorização de seus associados para atuar em favor de seus direitos.

Para fins de atuação da associação na execução da sentença coletiva, até se pode admitir sua participação como representante processual do indivíduo beneficiado, já que nesse caso estará defendendo numa execução individual

---

[137] Scarpinella, As *class actions*, p. 131-136.

[138] STF, Tribunal Pleno, RE 573.232/SC, rel. Min. Ricardo Lewandowski, rel. p/ acórdão Min. Marco Aurélio, j. 14/05/2014, DJe 19/09/2014.

[139] A confusão do voto do relator foi bem notada no voto vista do Ministro Joaquim Barbosa.

um direito da mesma natureza. No entanto, para fins de participação no polo ativo da ação coletiva, não é o art. 5º, XXI, da CF que deve ser considerado para determinar as condições de atuação da associação, mas sim os arts. 5º, V, da Lei 7.347/1985 e 82, IV, da Lei 8.078/1990.

Significa dizer que a legitimação da associação para a propositura da ação coletiva não exige qualquer preenchimento de requisito constitucional, bastando a comprovação de sua existência jurídica há mais de um ano e a pertinência temática.

Infelizmente, entretanto, como, inclusive, já era de se esperar, a equivocada decisão, proferida em recurso especial submetido a julgamento de recurso repetitivo, logo passou a ser utilizada como razão de decidir a questão no Superior Tribunal de Justiça, que passou a exigir para fins de atuação da associação no polo ativo da ação coletiva a autorização expressa de seus associados[140].

Criou-se nos tribunais superiores uma situação peculiar. Caso se admita, como tais tribunais vêm fazendo, que a atuação da associação no polo ativo da ação coletiva deve ser admitida somente nos termos do art. 5º, XXI, da CF, não há mais sentido em falar-se em legitimidade extraordinária, porque o dispositivo claramente trata de representação processual. Curiosamente, entretanto, os tribunais continuam a tratar o fenômeno como de legitimação processual, afirmando que sem a autorização expressa de seus associados falta legitimidade à associação para a propositura da ação coletiva[141].

Partindo-se dessa incorreta premissa criada pelos tribunais superiores, a autorização expressa dos associados passa a ser mais um requisito para a associação ter legitimidade ativa na propositura da ação coletiva, ao lado da existência jurídica há pelo menos um ano e da pertinência temática.

O equivocado entendimento tem um efeito prático perverso, porque a partir do momento em que se entende que a legitimidade ativa na ação coletiva da associação está condicionada à autorização expressa de seus associados, é natural a conclusão de que a ação só possa aproveitar a quem era associado no momento da propositura da demanda judicial e que autorizou a sua propositura. Ou seja, mesmo sendo associado, não tendo autorizado a propositura da ação coletiva, não poderá se beneficiar da sentença coletiva[142].

---

140 STJ, 1ª Seção, REsp 1.503.007/CE, rel. Min. Herman Benjamin, j. 14/06/2017, DJe 06/09/2017; STJ, 2ª Turma, AgRg no REsp 1.546.659/RS, rel. Min. Humberto Martins, j. 27/10/2015, DJe 13/11/2015; STJ, 3ª Turma, REsp 1.405.697/MG, rel. Min. 17/09/2015, DJe 08/10/2015.

141 Essa realidade fica clara no voto vista do Ministro Teori Albino Zavascki.

142 STJ, 2ª Turma, AgInt nos EDcl no REsp 1.377.960/DF, rel. Min. Mauro Campbell Marques, j. 24/04/2018, DJe 03/05/2018; STJ, 5ª Turma, REsp 1.129.023/SC, rel. Min. Felix Fischer, j. 16/02/2016, DJe 23/02/2016;

Registrem-se decisões do Superior Tribunal de Justiça, mesmo posteriores ao precedente do Supremo Tribunal Federal, que continuam a apontar que todos os indivíduos pertencentes à comunidade, associados ou não à autora da ação coletiva, se beneficiam da sentença coletiva, podendo executá-la em seu favor[143]. O tema, portanto, continua polêmico, tanto que a Segunda Seção do Superior Tribunal de Justiça afetou recurso especial ao julgamento repetitivo (tema 948) para pacificar o entendimento do tribunal a respeito do tema.

Essa realidade é ruim no caso do direito individual homogêneo, porque exigirá daqueles sujeitos na mesma situação fático-jurídica dos associados a propositura de nova demanda para a defesa de seus interesses. Conspira, portanto, contra os valores mais importantes da tutela coletiva: a economia processual e a harmonização dos julgados, porque exige a propositura de novas ações e abre a possibilidade de decisões contraditórias e/ou conflitantes.

Já no caso dos direitos difuso e coletivo a realidade é péssima, porque viola a própria natureza indivisível de tais espécies de direitos. Como exatamente compatibilizar a limitação ora analisada com tal indivisibilidade? Se a tutela favorece a coletividade ou uma comunidade (grupo, classe ou categoria de pessoas), como exatamente deve ser compreendida a limitação de benefício somente à parcela dos sujeitos que compõe o titular do direito (que não são os indivíduos, mas a coletividade ou comunidade)?

Esse problema prático, entretanto, entendo que pode ser afastado sem violação ao entendimento já pacificado nos tribunais superiores. Quando a associação atua como autora de ação coletiva em benefício da coletividade (direito difuso) ou de uma comunidade (direito coletivo), ela claramente não está em juízo na defesa de seus associados, de forma a ser inaplicável a esses casos o art. 5º, XXI, da CF. Nesses casos, portanto, a legitimidade ativa será analisada exclusivamente à luz das normas referentes ao tema constantes da Lei de Ação Civil Pública e do Código de Defesa do Consumidor.

De forma surpreendente, e até certo ponto enigmática, o Supremo Tribunal Federal, após fixar a problemática tese ora analisada, resolveu limitar significativamente sua aplicabilidade. Segundo esse entendimento a exigência de autorização prévia só se aplicaria a ação coletiva, de rito ordinário, ajuizada por associação civil na defesa de interesses dos associados[144]. O entendimento foi rapidamente replicado pelo Superior Tribunal de Justiça.[145]

STJ, 6ª Turma, EDcl no AgRg no REsp 1.185.789/GO, rel. Min. Sebastião Reis Júnior, j. 03/12/2015, DJe 01/02/2016.

[143] STJ, 2ª Turma, AgRg no REsp 1.423.791/BA, rel. Min. Og Fernandes, j. 17/03/2015, DJe 26/03/2015.

[144] STF, RE 612.043 ED/PR, rel. Min. Marco Aurélio, j. 06/06/2018; DJe 06/08/2018.

[145] STJ, 3ª Turma, EDcl no REsp 1.405.697/MG, rel. Min. Marco Aurélio Belizze, j. 10/09/2019, DJe 17/09/2019.

Ainda que deva ser comemorada a limitação imposta pelo próprio Supremo Tribunal Federal ao seu equivocado entendimento a respeito da espécie de legitimidade das associações em ações coletivas, fiquei curioso de imaginar em que tipo de demanda o entendimento passou a ser aplicável.

Naturalmente a tutela dos interesses difusos e coletivos parece estar fora de seu alcance, o que já é uma excelente notícia. E como relação aos direitos individuais homogêneos haverá a necessidade de o procedimento ser comum, e não aquele estabelecido pelo microssistema coletiva. Aí as coisas se complicam, porque ser afastado o procedimento do processo coletivo, tudo leva a crer que a demanda passaria a ser individual, funcionando a associação não como legitimada extraordinária, mas como representante processual dos autores.

Ou seja, se levarmos a sério o entendimento restritivo criado pelo próprio Supremo Tribunal Federal e replicado pelo Superior Tribunal de Justiça, não haverá necessidade de autorização para a propositura de ações coletivas por associações, ficando tal exigência limitada à propositura de demandas individuais.

10.5.2.3. Pessoas jurídicas da administração pública

A legitimidade ativa para as ações coletivas da União, Estados, Municípios e do Distrito Federal está prevista nos arts. 5º, III, da Lei 7.347/1985 (LACP) e 82, II, da Lei 8.078/1990 (CDC), enquanto nos arts. 5º, IV, da Lei 7.347/1985 (LACP) e 82, III, da Lei 8.078/1990 (CDC) encontra-se a legitimidade ativa das empresas públicas, autarquias, fundações e sociedades de economia mista. Os dispositivos legais, portanto, versam sobre a legitimidade ativa das pessoas jurídicas que compõem a administração pública, tanto da administração direta como da indireta.

Era de esperar que essas pessoas jurídicas fossem frequentes propositoras de ações coletivas, pois em uma sociedade séria supõe-se que o Estado tenha todo o interesse no respeito aos direitos transindividuais. A realidade, entretanto, não é bem essa, notando-se a presença desses sujeitos com muito maior frequência no polo passivo da demanda judicial, acusados de violação de direitos que teoricamente deveriam ser os maiores interessados em preservar[146]. De qualquer forma, sempre que pretenderem modificar esse paradoxo, terão legitimidade ativa garantida por lei.

No tocante às pessoas jurídicas de direito público da administração direta, existe interessante debate doutrinário a respeito da exigência da pertinência temática, sendo necessário delimitar de forma correta a discussão a respeito do tema.

[146] Mancuso, Ação, n. 6.3.3, p. 152.

Para parcela da doutrina esses sujeitos têm legitimidade ativa para defender direitos quando sua proteção se revela socialmente útil e necessária, sendo dispensável a análise concreta entre a vinculação dos interesses próprios da pessoa jurídica de direito público e o direito defendido em juízo[147]. A doutrina majoritária, entretanto, entende pela aplicação do requisito da pertinência temática para as pessoas jurídicas de direito público, ainda que da administração direta, exigindo uma ligação entre o interesse defendido em juízo e os limites territoriais de sua atuação ou suas finalidades institucionais[148].

É interessante observar que grande parte da doutrina que afirma existir a exigência de pertinência temática para os sujeitos ora analisados fundamenta seu entendimento na impossibilidade de ente público litigar na defesa de interesses que não digam respeito à sua área territorial de atuação[149]. Assim, não teria legitimidade ativa um Município para ingressar com ação coletiva que só traga benefícios a consumidores localizados em outro Município, como um Estado não teria legitimidade ativa para ingressar com ação coletiva em favor de patrimônio histórico e cultural pertencente a outro Estado da Federação.

Entendo que existe uma indevida confusão entre diferentes condições da ação. A pertinência temática exige a existência de uma relação entre o interesse da pessoa jurídica de direito público e o direito tutelado em juízo, e, nesses termos, considero que não se pode exigir tal requisito das pessoas jurídicas de direito público da administração direta. Se o objetivo final da União, Estados, Municípios e do Distrito Federal é prover o bem comum, favorecendo os administrados, não parece legítimo criar uma limitação no tocante à legitimação ativa nas ações coletivas. Isso não significa que, fora dos limites territoriais de sua atuação, se possa admitir o interesse de agir desses sujeitos. Concordo que deva existir uma limitação territorial de atuação, mas nesse caso não vejo tal limitação decorrente da pertinência temática, matéria afeta à legitimidade, mas sim da falta de interesse de agir[150].

A distinção entre pertinência temática e limitação territorial, ainda que não resultante dos fundamentos apresentados, não é estranha à parcela da doutrina que entende corretamente pela ausência da exigência da pertinência temática e pela existência de uma limitação territorial para a atuação das pessoas jurídicas de direito público da administração direta. Há, inclusive,

---

[147] Venturi, Processo, p. 211.

[148] Costa, Comentários, p. 404; Leonel, Manual, p. 164-165.

[149] Dinamarco, Ação, p. 257; Vigliar, Ação, p. 83.

[150] Em sentido próximo, Mazzilli, A defesa, p. 309.

decisão do Superior Tribunal de Justiça nesse sentido[151], e outro no sentido de não exigir dos entes políticos a pertinência temática e nem a representatividade adequada[152].

No tocante às pessoas jurídicas - públicas ou privadas - que compõem a administração indireta, entendo que, se seus objetivos imediatos são direcionados para determinadas áreas, o que delimita sua esfera de atuação dentro do poder público, é natural que se exija não só a vinculação ao território de sua atuação, como também a pertinência temática[153]. Não teria muito sentido admitir que uma empresa pública federal voltada à exploração do petróleo do pré-sal ingresse com ação coletiva buscando a tutela de patrimônio histórico e cultural, bem como não se deve admitir que uma fundação voltada ao meio ambiente ingresse com ação coletiva consumerista.

Conforme já tive a oportunidade de defender quando da análise da legitimidade ativa da Defensoria Pública, entendo que o disposto no art. 82, III, da Lei 8.078/1990 (CDC), ao prever a legitimidade das entidades e órgãos da administração pública ainda que sem personalidade jurídica, seja aplicável a todas as espécies de direitos coletivos *lato sensu*. Por essa razão, parece aceitável a legitimação ativa do PROCON, que, apesar de não ter personalidade jurídica própria, tem personalidade judiciária, o que já é suficiente para admiti-lo no rol dos legitimados ativos de ações coletivas[154].

Por fim, cumpre ressaltar que essas pessoas jurídicas da Administração Pública, sempre que se valerem de uma ação coletiva, não estarão em juízo em nome próprio na defesa de interesse próprio. Significa que, sendo ordinária a legitimação dessa pessoa jurídica, ou seja, estando em juízo em nome próprio na defesa de interesse próprio, a ação será individual, e, nesse caso, o postulante não terá os benefícios concedidos ao autor de uma ação coletiva.

Interessante notar o entendimento pacificado nos tribunais superiores no sentido de permitir ao Ministério Público a defesa em juízo do patrimônio público, algo que só poderá fazer mediante ação coletiva, considerando não ter mais função institucional de defender individualmente os interesses

---

[151] STJ, 3ª Turma, REsp 168.051/DF, rel. Min. Antônio de Pádua Ribeiro, j. 19.05.2005, *DJ* 20.06.2005, p. 263; Carvalho Filho, Ação, p. 147.

[152] STJ, 3ª Turma, REsp 1.509.586/SC, rel. Min. Nancy Andrighi, j. 15/05/2018, DJe 18/05/2018.

[153] Abelha e Klippel, Comentários, p. 41; Almeida, Manual, p. 123-124; Dinamarco, Ação, p. 260-261; Negrão, Ações, p. 238-240. Aparentemente no sentido do texto: STJ, 1ª Turma, REsp 879.840/SP, rel. Min. Francisco Falcão, j. 03.06.2008, *DJe* 26.06.2008. Contra: Carvalho Filho, Ação, p. 149; STJ, 1ª Turma, REsp 236.499/PB, rel. Min. Humberto Gomes de Barros, j. 13.04.2000, *DJ* 05.06.2000, p. 125.

[154] STJ, 4ª Turma, AgRg no REsp 512.382/DF, rel. Min. Antonio Carlos Ferreira, j. 14/08/2012, DJe 28/08/2012; STJ, 2ª Turma, REsp 1.075.392/RJ, rel. Min. Castro Meira, rel. p/ acórdão Min. Herman Benjamin, j. 15.12.2009, *DJe* 04.05.2011; STJ, 3ª Turma, REsp 866.636/SP, rel. Min. Nancy Andrighi, j. 29.11.2007, *DJ* 06.12.2007 p. 312.

da Fazenda Pública em juízo[155]. Caso a própria pessoa de direito público ingresse com ação, a legitimação poderá ser ordinária, e, assim, a ação terá natureza individual, já que o autor estará em juízo em nome próprio na defesa de seu próprio interesse. Mas também poderá ser uma legitimação extraordinária, quando a pessoa jurídica de direito público litigar em nome próprio na defesa do interesse da coletividade, situação que ensejará uma ação de natureza coletiva.

10.5.2.4. Defensoria Pública

Pela Lei 11.448, de 15.01.2007, com a alteração do art. 5º, II, da Lei 7.347/85 (LACP), houve a expressa inclusão da Defensoria Pública no rol de legitimados à propositura da ação coletiva. Antes de analisar a norma legal propriamente dita, é preciso fazer uma exposição, ainda que breve, da participação da Defensoria Pública no âmbito das ações coletivas antes da Lei 11.448/2007.

É necessário reconhecer que, mesmo antes dessa previsão legal, a Defensoria Pública já participava de ações coletivas. Parece não haver maiores dúvidas a respeito da legitimidade da Defensoria Pública como mero assistente judicial de associação que funcionaria como autora da ação coletiva. Como se pode notar com relativa facilidade, nessa circunstância a Defensoria Pública não compõe o polo ativo da ação coletiva, servindo simplesmente como assistente judicial de pessoa jurídica legitimada expressamente em lei para a propositura de tal espécie de ação.

Ainda que não seja parte na ação coletiva, a mera atuação da Defensoria Pública já é o suficiente para suscitar relevante questionamento: auxiliando judicialmente o autor da ação coletiva, deverá ser demonstrada sua situação de carência econômica, inviabilizadora da atuação em proteção do direito transindividual? Importante lembrar que, apesar da gratuidade existente para os autores das ações coletivas, é necessária a presença de agente com capacidade postulatória, de preferência experimentado, o que nem sempre pode ser obtido pelas associações menos organizadas.

O mesmo se pode dizer da ação popular, na qual o cidadão pobre pode não ter condições de contratar um advogado. Apesar da extrema improbabilidade de tal circunstância, é possível se imaginar a presença da Defensoria Pública como assistente judicial do autor da ação popular. Contudo, se o réu tivesse condições de arcar com a contratação do advogado, ainda assim poderia a Defensoria Pública atuar na qualidade de assistente judicial?

---

[155] Súmula 329/STJ: "O Ministério Público tem legitimidade para propor ação civil pública em defesa do patrimônio público".

Para parcela doutrinária a comprovação da hipossuficiência econômica do autor é indispensável, devendo ser compreendida essa atuação da Defensoria Pública dentro de sua função típica de proteção ao economicamente necessitado. Outra parcela doutrinária entende que essa comprovação é dispensada, até porque a defesa em juízo não se dá para tutela de interesse do autor da ação coletiva, mas sim da coletividade ou de um grupo, classe ou categoria de pessoas[156].

Por outro lado, apesar de certa divergência, aos órgãos especializados criados pela Defensoria Pública já vinha se reconhecendo a legitimidade para a propositura de ações coletivas em defesa de direitos coletivos e individuais homogêneos dos consumidores[157], ainda que não se possa afirmar que a aceitação era tranquila, existindo inclusive decisões do Superior Tribunal de Justiça em sentido contrário[158], apesar de notadamente em menor número.

Apesar da divergência, entendo que a legitimidade ora analisada está amparada na previsão contida no art. 82, III, do CDC, que ao prever a legitimidade ativa inclui expressamente órgãos da administração pública, direta e indireta, ainda que sem personalidade jurídica[159]. Além dessa expressa previsão legal, a referida legitimação encontra amparo também nos arts. 6º, VIII (princípio da facilitação da defesa dos consumidores), e 83 (princípio da instrumentalidade máxima do processo do consumidor), ambos do CDC[160], e no art. 4º, XI, da LC 80/1994[161].

Ainda que a Defensoria Pública, mesmo sem expressa previsão legal, já viesse ingressando com ações coletivas antes da Lei 11.448/2007, sua inclusão no rol de legitimados ativos foi um marco expressivo em termos de aperfeiçoamento da proteção jurisdicional dos direitos coletivos *lato sensu*. Contra a expressa inclusão da Defensoria Pública entre os legitimados ativos coletivos foi proposta ação direta de inconstitucionalidade, apresentada pela Associação Nacional dos Membros do Ministério Público – CONAMP.

Nessa Ação Direta de Inconstitucionalidade havia uma cumulação de pedidos na forma subsidiária. Como pedido principal, a declaração de inconstitucionalidade do art. 5º, II, da Lei 7.347/1985 (LACP), com redução de texto e, subsidiariamente, em interpretação conforme o texto constitucional,

---

[156] Pereira e Bottini, A defensoria, p. 266-273.

[157] STJ, 4ª Turma, AgRg no REsp 1.000.421/SC, rel. Min. João Otávio de Noronha, j. 24.05.2011, *DJe* 01.06.2011; STJ, 3ª Turma, AgRg no AgRg no Ag 656.360/RJ, rel. Min. Paulo de Tarso Sanseverino, j. 15.03.2011, *DJe* 24.03.2011; STJ, 3ª Turma, REsp 555.111/RJ, rel. Min. Castro Filho, j. 05.09.2006, *DJ* 18.12.2006, p. 363.

[158] STJ, 1ª Turma, EDcl no REsp 734.176/RJ, rel. Min. Francisco Falcão, j. 17.08.2006, *DJ* 28.09.2006, p. 203; STJ, 2ª Turma, AgRg no Ag 500.644/MS, rel. Min. Francisco Peçanha Martins, j. 01.03.2005, *DJ* 18.04.2005.

[159] Didier Jr. e Zaneti Jr., Curso, p. 217; Lima, Defensoria, n. 7.3.3.1.2, p. 229.

[160] Sousa, A nova, p. 235-236.

[161] STJ, 1ª Turma, REsp 912.849-RS, rel. Min. José Delgado, j. 26.02.2008, *DJe* 28.04.2008.

que fosse declarada a ilegitimidade da Defensoria Pública para a propositura de ações coletivas que tivessem como objeto direitos difusos, limitando sua atuação às ações coletivas cujos objetos fossem os direitos coletivos e individuais homogêneos vinculados a carentes econômicos.

Referida ação foi julgada totalmente improcedente, com expressa menção de que o reconhecimento da legitimidade ativa da Defensoria Pública não traz qualquer prejuízo institucional ao Ministério Público[162].

Estava claro que uma declaração de inconstitucionalidade com redução de texto pelos argumentos utilizados em referida Ação Direta de Inconstitucionalidade não merecia prosperar. A alegada violação aos arts. 5º, LXXIV, e 134, ambos da CF, tentava extrair do texto constitucional algo que dificilmente ele quis dizer. A defesa dos necessitados prevista pelo art. 134 da CF, "na forma do art. 5º, LXXIV", da CF, que prevê a "assistência jurídica integral e gratuita aos que comprovarem insuficiência de recursos", não deve ser interpretada restritivamente, limitando-se àqueles que individualmente comprovarem o estado de carência financeira.

Ainda que se exija no caso concreto a comprovação de hipossuficiência econômica, certamente ela não precisará ser feita individualmente, o que já seria o suficiente para legitimar a Defensoria Pública a litigar em nome próprio na defesa de grupo, classe ou categoria de pessoas com notória carência financeira[163].

Ações coletivas como a proposta pela Defensoria Pública de São Paulo na defesa de interesse dos moradores do Jardim Pantanal, o qual ficou mais de dois meses submerso em lodo e lama em razão de chuvas torrenciais, naturalmente atendem à exigência constitucional, pois se supõe que, se as pessoas não fossem economicamente necessitadas, não residiriam em local frequentemente castigado pelas chuvas. Diga-se o mesmo da ação coletiva proposta pela Defensoria Pública da União em Belém, na defesa coletiva de crianças e adolescentes que vivem em situação de risco nas ruas da cidade[164].

Como pedido subsidiário da ação ora analisada, constava a pretensão de interpretação conforme a Constituição para que a Defensoria Pública só tivesse legitimidade para a defesa dos direitos coletivos e individuais homogêneos, sempre com vinculação à hipossuficiência econômica dos beneficiados[165]. Esse pedido era mais interessante porque tocava, ainda que indiretamente,

---

[162] STF, Tribunal Pleno, ADI 3.943/DF, rel. Min. Cármen Lúcia, j. 07/05/2015, DJe 06/08/2015.

[163] Pereira e Bottini, A Defensoria, p. 266.

[164] Ordacgy, Primeiras, p. 93.

[165] Nesse sentido Carvalho Filho, Ação, p. 157.

no ponto principal da legitimidade da Defensoria Pública: existirá para ela a chamada "pertinência temática"? E, havendo, em que termos será exigida?

No julgamento da referida ação direta de inconstitucionalidade proposta pela CONAMP a respeito da legitimidade da Defensoria Pública no processo coletivo, o Supremo Tribunal Federal entendeu que a presença de hipossuficientes econômicos entre os membros da coletividade ou da comunidade (grupo, classe, categoria ou pessoas no direito coletivo ou indivíduos titulares do direito individual homogêneo) já era razão suficiente para legitimar a Defensoria Pública para a propositura da ação coletiva.

A limitação da defesa exclusiva de hipossuficientes econômicos no âmbito da tutela dos direitos difusos e coletivos seria consideravelmente limitadora para a Defensoria Pública, em razão da indivisibilidade desses direitos. No tocante à tutela de direito difuso, o art. 5º, II, da Lei 7.347/1985 (LACP) seria inaplicável, considerando-se que na coletividade tutelada nessa espécie de direito sempre haverá sujeitos não carentes do ponto de vista econômico[166]. Resumindo, a coletividade perderia mais um legitimado – em algumas localidades extremamente organizado e especializado – na defesa de seus direitos difusos em juízo.

No tocante à tutela de direito coletivo, a limitação também seria significativa, porque, apesar de existirem grupos, classes e categorias de pessoas formadas exclusivamente de hipossuficientes econômicos, haveria insuperável dificuldade na identificação não só de todos os sujeitos que compõem esse grupo, classe ou categoria, como também seria extremamente difícil a comprovação da carência econômica de todos eles. Note-se que nesse caso, sendo indivisível o direito, não se admitiria que essa identificação e comprovação fossem reservadas ao momento da execução, pois seria impossível a decisão favorecer a somente parcela do grupo, classe ou categoria.

Há no acórdão ora analisado a menção da impossibilidade de a Defensoria Pública executar a sentença individualmente em favor de quem não comprovar a hipossuficiência econômica, o que parece razoável, mas em nada interfere em sua legitimidade para a propositura da ação coletiva, ainda que a tutela buscada possa tutelar também quem não é hipossuficiente econômico. A solução é perfeita porque numa tutela individual não pode a Defensoria Pública atuar por quem não provar sua situação de pobreza jurídica.

Registre-se que em voto vencido proferido no julgamento do Recurso Especial 912.849/RS, o Ministro Teori Albino Zavascki, seguindo entendimento do relator da apelação no caso concreto, curiosamente o processualista Araken

---

[166] Carvalho Filho, Ação, p. 157, defende a impossibilidade. Contra, no sentido do texto, Ferraresi, Ação, p. 208.

de Assis, já havia entendido pela legitimidade da Defensoria Pública para a defesa de direitos individuais homogêneos dos consumidores, limitando a proteção jurisdicional obtida somente àqueles que demonstrassem individualmente, em fase de execução, sua condição de economicamente necessitado[167].

Como bem demonstrado por abalizada doutrina, essa limitação subjetiva pretendida pelo entendimento ora examinado exigiria dos consumidores, que não são economicamente hipossuficientes, a propositura de nova ação - coletiva ou individual -, o que contraria os princípios da economia processual e da harmonização dos julgados[168]. Ademais, o entendimento mistura indevidamente a questão de legitimidade e da eficácia subjetiva da coisa julgada coletiva, sendo irrelevante para a determinação dos beneficiados quem foi o autor da ação coletiva. Se assim não fosse, ação coletiva movida por associação de defesa dos consumidores não poderia beneficiar individualmente sujeito não considerado tecnicamente consumidor, o que evidentemente não acontece nem deve ocorrer.

Nesse sentido o entendimento do Supremo Tribunal Federal é superior, porque ele não impede que a sentença coletiva favoreça também quem não é hipossuficiente econômico, apenas retira da Defensoria Pública a legitimidade ativa para executar a sentença em favor do indivíduo que não demonstrar seu estado de pobreza.

No voto prolatado pelo Ministro Barroso, há expressa menção à ilegitimidade ativa da Defensoria Pública na hipótese de já ser possível identificar que os tutelados, como grupo, classe, categoria ou individualmente, não são hipossuficientes, como ocorreria numa ação para tutelar os associados do Iate Clube ou os correntistas do Itaú Personnalité. Nesse sentido, inclusive, há decisão do Superior Tribunal de Justiça entendendo pela ilegitimidade ativa da Defensoria Pública em ação coletiva que visava tutelar interesses de idosos contratantes de planos privados de saúde[169].

É tradicional na doutrina a divisão da função da Defensoria Pública em típica e atípica. Existe unanimidade em apontar como função típica a defesa dos interesses dos economicamente necessitados, existindo certa divergência no que viria a ser sua função atípica. Essas divergências são mais de forma do que de conteúdo, pois, atinentes à forma de classificação dessa função, mas ainda assim merecem breves comentários.

Para parcela da doutrina, qualquer atuação que, apesar de permitida por previsão legal, não seja em defesa do economicamente necessitado re-

[167] STJ, 1ª Turma, REsp 912.849/RS, rel. Min. José Delgado, j. 26/02/2008, DJe 28/04/2008.

[168] Didier Jr. e Zaneti Jr., Curso, p. 218.

[169] STJ, 4ª Turma, REsp 1.192.577/RS, rel. Min. Luis Felipe Salomão, j. 15/05/2014, DJe 15/08/2014.

presenta uma atuação atípica[170]. São clássicos exemplos dessa atuação atípica a defesa de acusados no processo penal (art. 4º, XIV e XV, da LC 80/1994), com amparo nos arts. 261 e 263 do CPP, e a curadoria especial nas hipóteses previstas no art. 72, II, do CPC e admitida expressamente pelo art. 4º, XVI, da LC 80/1994.

Em ambos os casos mencionados a condição econômica do sujeito tutelado pela Defensoria Pública é irrelevante, pois são outras as razões que determinam sua participação no processo. Uma eventual legitimidade ativa da Defensoria Pública absolutamente dissociada da hipossuficiência econômica seria possível, portanto, em razão de suas funções atípicas.

Outra parcela da doutrina, ao especificar a função atípica desenvolvida pela Defensoria Pública, a divide em duas espécies: defesa do hipossuficiente jurídico e do hipossuficiente organizacional, o que se obtém por meio do alargamento do conceito de necessitados, alvo constitucional de tutela nos termos do art. 134 da CF.

Alarga-se o conceito de necessitados para, além dos tradicionais carentes de recursos econômicos, incluírem-se também os necessitados jurídicos, no sentido de que caberia à Defensoria Pública, quando previsto em lei, garantir a determinados sujeitos, independentemente de sua condição econômica, o pleno exercício da ampla defesa e do contraditório[171]. Costuma-se indicar como exemplos as já citadas atuações em defesa do réu no processo penal e da curadoria especial exercida no processo civil.

Também se incluem entre os necessitados aqueles que têm real dificuldade de se organizar para defenderem seus direitos em juízo e fora dele. Nesse caso, passa-se a falar em necessitados organizacionais, hipossuficiência derivada da vulnerabilidade das pessoas em face das relações complexas existentes na sociedade contemporânea, com especial ênfase aos conflitos próprios da sociedade de massa atual[172]. Derivaria dessa função atípica a legitimação da Defensoria Pública nas ações coletivas.

A tese, entretanto, não é pacífica, existindo doutrina que, em algum grau, continua a vincular a atuação da Defensoria Pública ao necessitado econômico, ainda que no âmbito da tutela coletiva[173], enquanto outra parcela

[170] Peña de Moraes e Teixeira da Silva, As sistência, p. 156; Ordacgy, Primeiras, p. 96; Sousa, A nova, p. 230-231.

[171] Grinover, Novas, p. 246.

[172] Grinover, Novas tendências, p. 245; Britto, A evolução, p. 18; Lima, Defensoria, n. 7.3.3.3.1, p. 234.

[173] Wambier-Wambier-Medina, Breves, 312-313; Carvalho Filho, Ação, p. 156-157; Pereira e Bottini, A Defensoria, p. 273-278.

entende que a legitimação, em razão do art. 134 da CF, nunca será tão ampla como a do Ministério Público[174].

O Supremo Tribunal Federal, no julgamento já mencionado a respeito da constitucionalidade da norma que prevê a legitimidade ativa coletiva para a Defensoria Pública, parece ter se inclinado pelo sentido mais amplo da atuação da Defensoria Pública, chegando a afirmar que essa amplitude de atuação era uma exigência do acesso à ordem jurídica justa e que interessava a qualquer sujeito preocupado com a prestação de tutela jurisdicional.

Mas o julgamento não é totalmente claro nesse sentido, chegando a mencionar que no exercício de sua atribuição institucional, em respeito ao art. 5º, LXXIV, da Constituição, reiterado no art. 134, a Defensoria Pública deve "sempre averiguar a compatibilidade dos interesses e direitos que a instituição protege com os possíveis beneficiários de quaisquer das ações ajuizadas, mesmo em ação civil pública". Na realidade, o julgamento não é muito claro, porque ora afirma que não se deve limitar a legitimidade da Defensoria Pública à tutela do hipossuficiente econômico e em outro momento aparenta afirmar exatamente o contrário.

Uma ação civil pública para tutelar portadores de alguma espécie de deficiência, sendo todos notoriamente não hipossuficientes econômicos, pode ser proposta pela Defensoria Pública? Um grupo de consumidores não hipossuficientes econômicos, pode ser tutelado por ação coletiva proposta pela Defensoria Pública? E um grupo de idosos, ainda que não hipossuficiente econômicos? E de crianças e adolescentes?

Conforme já apontado, o Superior Tribunal de Justiça já teve a oportunidade de afirmar que a tutela de idosos consumidores, se não forem hipossuficientes econômicos, não pode ser feita pela Defensoria Pública por meio de ação civil pública[175]. Mas no mesmo tribunal há julgamento que entendeu pela legitimidade ativa da Defensoria Pública em tema referente ao direito de educação, afirmando expressamente que ela pode tutelar qualquer interesse individual homogêneo, coletivo *stricto sensu* ou difuso, considerando que sua legitimidade não se determina por critérios objetivos, ou seja, pelas características ou perfil do objeto de tutela, mas por critérios subjetivos, isto é, pela natureza ou *status* dos sujeitos protegidos, que são os necessitados[176].

[174] Pinho, A legitimidade, p. 185.

[175] STJ, 4ª Turma, REsp 1.192.577/RS, rel. Min. Luis Felipe Salomão, j. 15/05/2014, DJe 15/08/2014.

[176] STJ, 2ª Turma, REsp 1.264.116/RS, rel. Min. Herman Benjamin, j. 18.10.2011, *DJe* 13.04.2012. Com o mesmo entendimento amplo: STJ, 1ª Turma, REsp 912.849/RS, rel. Min. José Delgado, j. 26.02.2008, *DJe* 28.04.2008.

A par da discussão a respeito da extensão da legitimidade ativa da Defensoria Pública na tutela coletiva, o reconhecimento de sua legitimação traz algumas interessantes consequências, tais como a possibilidade de formação de um litisconsórcio ativo entre Defensorias Públicas, por aplicação extensiva do art. 5º, § 5º, da Lei 7.347/1985 (LACP)[177]. Também se admite que a Defensoria Pública, órgão público que é, celebre compromisso de ajustamento de conduta, nos termos do art. 5º, § 6º, da Lei 7.347/1985 (LACP)[178]. Não terá, entretanto, legitimidade para conduzir inquérito civil, atuação privativa do Ministério Público (art. 8º, § 1º, da Lei 7.347/1985), também faltando legitimidade à Defensoria Pública para a propositura da ação popular, que continua exclusiva do cidadão (art. 1º, *caput*, da Lei 4.717/1965), e para a propositura da ação de improbidade administrativa (art. 17, *caput*, da Lei 8.429/1992)[179].

10.5.3. Legitimados passivos

Diferente do que ocorre no polo ativo das ações coletivas, no qual não existe legitimação ordinária, no polo passivo é, em regra, exatamente essa a espécie de legitimidade existente. Os réus, portanto, estarão em juízo em nome próprio na defesa de interesse próprio.

A admissão de legitimação extraordinária no polo passivo da ação coletiva exige a aceitação do chamado processo coletivo passivo[180]. Nesse caso, como o réu estará em nome próprio na defesa do dever ou estado de sujeição de um grupo, classe ou categoria de pessoas, a legitimação nunca será ordinária, exatamente como ocorre no polo ativo das ações coletivas.

10.6. PROCEDIMENTO

10.6.1. Introdução

A ação civil pública segue substancialmente o procedimento ordinário, havendo apenas algumas regras procedimentais diferenciadas na Lei 7.347/1985. Ademais, existem características procedimentais comuns à ação popular e à ação civil pública, tais como a tentativa de se evitar a extinção por abandono e desistência imotivada, os efeitos recursais, o reexame necessário e a gratuidade.

---

[177] Didier Jr. e Zaneti Jr., Curso, p. 219; Ordacgy, Primeiras, p. 96-97, Séguin, Defensoria, p. 157.

[178] Lima, Defensoria, p. 245-246.

[179] Câmara, Legitimidade, p. 49.

[180] Neves, *Manual de processo coletivo*, 21, p. 463-474.

10.6.2. Inércia da jurisdição

O art. 7º da LACP, que prevê a possibilidade de juízes e tribunais, no exercício de suas funções, remeterem peças ao Ministério Público para as providências cabíveis quando tiverem conhecimento de fatos que possam ensejar a propositura da ação coletiva, trata de forma bastante interessante e peculiar os princípios da inércia da jurisdição e do impulso oficial[181]. O teor da norma é copiado pelos arts. 90 do Estatuto do Idoso e 221 do ECA e foi consagrado no art. 139, X do CPC. Segundo a previsão do art. 2º do CPC, a existência do processo depende de provocação do interessado (princípio dispositivo), enquanto seu desenvolvimento se dá por meio do impulso oficial (princípio inquisitivo).

Não que o dispositivo ora analisado quebre essa tradicional regra do sistema processual brasileiro, até porque o juiz não pode dar início de ofício ao processo coletivo, mas, ao permitir que "provoque" um legitimado ativo para que o processo seja iniciado, pratica ato absolutamente incompatível com o processo individual. Basta imaginar o absurdo da situação de um juiz intimar um indivíduo remetendo-lhe peças do processo e sugerindo que ele tenha um direito a ser reclamado em juízo.

10.6.3. Prevenção do juízo

A conexão e a continência, previstas nos arts. 55, *caput* e 56 do CPC, são tranquilamente aplicáveis ao processo coletivo. Da mesma forma o efeito desses fenômenos processuais previsto no art. 58 do CPC: a reunião de processos perante o juízo prevento. Não vejo qualquer razão para deixar de aplicar ao processo coletivo o disposto no art. 55, § 3º do CPC, que admite a reunião de processos não conexos desde que haja risco de prolação de decisões contraditórios ou conflitantes.

A prevenção é um fenômeno de extrema importância na eventualidade de existirem duas ou mais ações conexas, havendo a reunião de todas perante um mesmo juízo, para que nele seja proferida decisão sobre elas (que a doutrina entende, inclusive, poder ser feito por meio de somente uma sentença), em prol dos princípios da economia processual e da harmonização das decisões, conforme já analisado. A função da prevenção nas hipóteses de reunião por conexão é definir em qual juízo as ações serão reunidas, ou seja, determinar qual juízo irá concentrar as ações sob seu comando.

O art. 59 do CPC prevê ser o juízo prevento o do primeiro registro ou da primeira distribuição. A diversidade de regras – registro e distribuição – se

[181] Didier-Zaneti, *Curso*, p. 128.

justifica por não existir propriamente distribuição naqueles foros de comarca única, já que nesse caso não se escolhe entre mais de dois juízos. Significa dizer que nos foros de comarca única o processo será somente registrado, enquanto nos demais ele será registrado e posteriormente distribuído.

O dispositivo mantém uma equivocada tradição do CPC/1973, criando regra pela qual a prevenção do juízo depende de ato judicial – registro ou distribuição – quando o ideal seria definir a prevenção por ato da parte, qual seja, a propositura da ação, o que se dá por meio do protocolo da petição inicial. A crítica, entretanto, se limita à tutela individual, considerando-se que na tutela coletiva a regra para a fixação do juízo prevento não se confunde como o art. 59 do CPC.

São três artigos com o mesmo conteúdo: art. 2º, parágrafo único, da Lei 7.347/1985 (Ação Civil Pública) e art. 17, § 5º, da Lei 8.429/1992 (Lei de Improbidade Administrativa), com a mesma redação: "A propositura da ação prevenirá a jurisdição do juízo para todas as ações posteriormente intentadas que possuam a mesma causa de pedir ou o mesmo objeto"; e o art. 5º, § 3º, da Lei 4.717/1965 (Lei da Ação Popular): "A propositura da ação prevenirá a jurisdição do juízo para todas as ações, que forem posteriormente intentadas contra as mesmas partes e sob os mesmos fundamentos".

Como se nota da redação dos dispositivos legais acima transcritos, não é o registro ou a distribuição o ato processual determinante da prevenção do juízo, mas sim a mera propositura da ação. Essa diversidade de tratamento entre o Código de Processo Civil e as leis extravagantes que tratam da ação civil pública, improbidade administrativa[182] e ação popular já foi percebida pela melhor doutrina[183], sendo entendimento antigo do Superior Tribunal de Justiça[184].

O exato momento em que a ação é proposta vem descrito no art. 312 do CPC, que determina que a ação será considerada proposta: (a) quando distribuída, em comarcas com mais de uma vara; e (b) quando despachada pelo juiz em comarcas em que exista apenas uma vara. O artigo tem redação técnica impecável, visto que é impossível distribuir uma demanda em um foro de vara única, mas, pelos problemas práticos que pode gerar, vem se considerando proposta a ação no dia em que a petição inicial ingressa no Poder Judiciário por meio do protocolo inicial[185], sendo essa a data a ser considerada para fins de prevenção do juízo entre ações coletivas.

---

182 STJ, 2ª Turma, AgRg na MC 23.640/DF, rel. Min. Og Fernandes, j. 03/02/2015, DJe 06/02/2015.

183 Cf. Scarpinella Bueno, *O Poder*, p. 156. No mesmo sentido, Mazzilli, *A defesa*, op. cit., p. 221-222; Almeida, *Direito processual*, p. 347.

184 STJ, 1ª Seção, CC 45.297/DF, rel. Min. João Otávio de Noronha, j. 14.09.2005, *DJ* 17.10.2005 p. 163.

185 STJ, AgRg no REsp 500.409/PR, 1ª Turma, rel. Min. Luiz Fux, j. 03.02.2005, *DJ* 21.03.2005, p. 220; Marinoni--Mitidiero, *Código*, p. 252.

10.6.4. Litisconsórcio ativo

10.6.4.1. Espécie

Havendo para a propositura da ação civil pública uma legitimidade ativa concorrente e disjuntiva, é indiscutível que o litisconsórcio formado entre os legitimados ativos é facultativo, dependendo sua formação, portanto, da vontade de esses legitimados se unirem para a propositura da ação[186].

Em regra, o litisconsórcio facultativo é simples, mas também é possível que seja unitário. A melhor doutrina afirma que, se houver hipótese de legitimidade disjuntiva concorrente, o litisconsórcio será facultativo e unitário[187], exatamente como ocorre no polo ativo das ações civis públicas[188]. Na realidade, a unitariedade do litisconsórcio nesse caso é facilmente explicada pela unitariedade do direito material discutido no caso concreto. Significa que, apesar de diferentes autores se encontrarem na demanda na posição de postulantes, o direito tutelado por eles é um só, de modo a ser praticamente inviável seu tratamento de maneira distinta para os litisconsortes: ou o juiz reconhece o direito à tutela e todos ganham a demanda, ou não reconhece o direito alegado e todos perdem.

10.6.4.2. Litisconsórcio ativo formado por diferentes Ministérios Públicos

Segundo a previsão do art. 5º, § 5º, da LACP, é admissível a formação de litisconsórcio facultativo entre os Ministérios Públicos da União, do Distrito Federal e dos Estados na defesa dos interesses e direitos de que cuida esta lei. Naturalmente, trata-se de litisconsórcio facultativo, dado à legitimidade ativa concorrente e disjuntiva das ações coletivas.

Corrente doutrinária saudou o dispositivo legal com a afirmação de que a previsão permitiria expressamente a reunião do Ministério Público Estadual e Federal para a propositura da ação coletiva. No entendimento dessa corrente doutrinária, a defesa dos direitos coletivos *lato sensu* pelo Ministério Público, desde que dentro de suas atribuições institucionais, pode ser exercida em qualquer Justiça, inclusive com a formação de litisconsórcio entre o Ministério Público Estadual e Federal[189].

---

186 Scarpinella Bueno, Curso, v. 2, t. III, p. 230; Mancuso, *Ação*, 8.1, p. 217; Almeida, *Aspectos*, p. 153; Leonel, *Manual*, 5.2.3, p. 155; Nery-Nery, *Código*, p. 1.445.

187 Dinamarco, *Instituições*, v. 2, p. 356.

188 Vigliar, *Ação*, p. 88; Andrade-Masson-Andrade, *Interesses*, 2.6.1.2, p. 127; Mancuso, *Ação*, 8.1, p. 217; Carvalho Filho, *Ação*, p. 177; Nery-Nery, *Código*, p. 1.445.

189 Watanabe, *Comentários*, p. 82; Souza, *Ação*, p. 87-89; Costa, *Comentários*, p. 416.

Há doutrina que defende a inviabilidade do litisconsórcio conforme descrito no dispositivo ora analisado, afirmando ser inviável a atuação do Ministério Público Estadual na Justiça Federal e do Ministério Público Federal na Justiça Estadual. Para essa corrente doutrinária, os Ministérios Públicos só teriam legitimidade para atuar em suas respectivas Justiças[190].

Afastando-se dessa inviabilidade, há uma terceira corrente doutrinária que defende não se tratar propriamente de litisconsórcio, já que o Ministério Público é uno e indivisível. Tratar-se-ia, portanto, de distintos representantes de um mesmo legitimado, o que permitiria a presença no processo não como partes, mas como representantes da parte, do Ministério Público Estadual e Federal[191]. Até mesmo o litisconsórcio ativo entre Ministério Público Estadual, Federal e do Trabalho vem sendo admitido pelo Superior Tribunal de Justiça[192], superando antigo entendimento do tribunal a respeito do tema[193].

10.6.4.3. Litisconsórcio ativo ulterior?

Litisconsórcio inicial é aquele formado desde a propositura da ação, já existindo neste, que é considerado o primeiro ato do procedimento. É evidente, portanto, que a formação do litisconsórcio inicial é de responsabilidade exclusiva do demandante, pois somente a ele será dado iniciar o processo por meio da petição inicial. O litisconsórcio ulterior é formado após o momento inicial de propositura da ação, vindo a se verificar durante o trâmite procedimental.

Não resta dúvida a respeito da possibilidade de o litisconsórcio ativo ser inicial, sendo formado desde a propositura da demanda. Mas poderá ser também ulterior?

A pergunta deve ser respondida em dois tempos: (a) primeiro, o eventual litisconsórcio ulterior formado por colegitimados ativos que não tenham posposto a ação coletiva; (b) segundo, pelo terceiro que foi diretamente lesado pelo ato ilícito discutido na ação coletiva.

Nos termos do art. 5º, § 2º, da LACP, é facultado ao Poder Público e a outras associações legitimadas habilitar-se como litisconsortes de qualquer das partes. Essa previsão merece duas considerações prévias. Apesar de mencionar apenas o Poder Púbico e associações, a regra legitima o ingresso de qualquer

---

190 Almeida, *Aspectos*, p. 139-143; Zavascki, *Processo coletivo*, p. 139-143.

191 Nery-Nery, *Código*, p. 1.447.

192 STJ, 1ª Turma, REsp 1.444.484/RN, rel. Min. Benedito Gonçalves, j. 18/09/2014, DJe 29/09/2014.

193 STJ, 1ª Turma, AgRg no REsp 976.896/RS, rel. Min. Benedito Gonçalves, j. 06/10/2009, *DJe* 15/10/2009; STJ, REsp 976.896/RS; STJ, 1ª Turma, REsp 876.936/RJ, rel. Min. Luiz Fux, j. 21/10/2008, *DJe* 13/11/2008.

dos legitimados coletivos como litisconsortes[194]; e, apesar da expressa menção de que poderão ingressar como litisconsortes de qualquer das partes, é natural que o litisconsórcio ulterior venha a ser formado no polo ativo por questões de legitimidade.

É preciso observar que a resistência do Superior Tribunal em admitir a formação de litisconsórcio facultativo ulterior com fundamento na preservação do princípio do juízo natural[195] não se aplica ao caso em análise porque existe expressa previsão legal admitindo a formação do litisconsórcio ulterior. Há, inclusive, decisão no sentido de admitir a formação de tal espécie de litisconsórcio na ação popular, sem que haja ofensa ao princípio do juízo natural[196].

Não há vedação, portanto, nem mesmo jurisprudencial, para a formação do litisconsórcio ora analisado, mas seria mesmo uma hipótese de litisconsórcio ulterior o ingresso dos colegitimados no polo ativo da ação coletiva?

Há corrente doutrinária que defende a interpretação literal do dispositivo, sustentando a natureza litisconsorcial ulterior da intervenção ora analisada[197]. Para outra corrente doutrinária, a natureza é de assistência litisconsorcial, o que impede qualquer alteração na causa de pedir e/ou pedido por parte do terceiro interveniente[198]. A maioria da doutrina entende que a qualidade processual desse terceiro, ao intervir na ação coletiva, dependerá de sua postura: modificando o pedido e/ou causa de pedir, será litisconsorte ulterior, mas, não ocorrendo tal modificação, será assistente litisconsorcial do autor[199].

Apesar de tanto o litisconsorte ulterior como o assistente litisconsorcial serem tratados procedimentalmente como litisconsorte unitário, existindo até mesmo doutrina que não veja diferença entre os dois fenômenos, preferindo afirmar que só há assistência simples[200], o debate não se exaure no plano acadêmico. A definição de sua qualidade processual definirá sua relação com o pedido e causa de pedir da ação.

Partindo-se da premissa de que o assistente litisconsorcial não faz pedido nem contra ele é feito pedido, não sendo, portanto, parte na demanda, mas apenas no processo, caso seja dessa espécie a intervenção ora analisada, será

---

194 Andrade-Masson-Andrade, Interesses, 2.6.1.3, p. 128.

195 STJ, 2ª Turma, REsp 767.979/RJ, rel. Min. Eliana Calmon, j. 09.06.2009, *DJe* 25.06.2009; *Informativo* STJ/279, REsp 769.884/RJ, rel. Min. João Otávio de Noronha, j. 28.03.2006; STJ, 1ª Turma, REsp 870.482/RS, rel. José Delgado, j. 06.03.2008, *DJe* 30.06.2008.

196 STJ, 1ª Turma, AgRg no REsp 776.848/RJ, rel. Min. Luiz Fux, j. 22.06.2010, *DJe* 03.08.2010.

197 Abelha Rodrigues-Klippel, Comentários, p. 201; Silva, Ação, n. 7.1.1, p. 196-197.

198 Didier-Zaneti, Curso, pp. 248-249; Nery-Nery, Código, p. 1.445.

199 Mazzilli, A defesa, p. 358; Vigliar, Ação, p. 88; Leonel, Manual, 5.10.4, p. 254; Almeida, Aspectos, p. 153; Mancuso, Ação civil pública, 8.1, p. 218.

200 Marinoni, Sobre, p. 255; Arruda Alvim, Manual, p. 43, p. 118.

vedada a alteração objetiva da demanda pelo interveniente. Por outro lado, caso seja entendido como litisconsorte, poderá proceder a tal alteração, sempre em respeito à estabilização objetiva da demanda consagrada no art. 329 do CPC. Nesse sentido, com a correta distinção entre os poderes do assistente litisconsorcial e litisconsorte ulterior, já teve oportunidade de se manifestar o Superior Tribunal de Justiça[201].

Parece que o entendimento majoritário da doutrina é o mais conveniente, ainda que possa gerar algumas complicações práticas interessantes. Admite-se, portanto, o litisconsórcio ulterior, com possibilidade de alteração ou ampliação do objeto do processo (causa de pedir e pedido), desde que atendidos os limites temporais para tanto (art. 329 do CPC), e também a assistência litisconsorcial na hipótese de a intervenção não modificar o objeto do processo.

Reconheço o embaraço possível em uma modificação de causa de pedir ou pedido preparado por autor superveniente que não elaborou a petição inicial. E se houver divergência entre os dois – ou mais – autores a respeito desses elementos da ação? Entendo que nesse caso caberá ao juiz determinar os limites objetivos da demanda, sempre levando em consideração a maior tutela possível ao direito transindividual ou individual homogêneo discutido. Caso não esteja envolvido na disputa, a participação do Ministério Público como fiscal da ordem jurídica nessa definição será determinante.

Além dos colegitimados, seria possível admitir o ingresso de um terceiro como litisconsorte ulterior do autor coletivo? Entendo que essa pergunta deva ser respondida negativamente, porque, se o sujeito não tem legitimidade inicial para propor a ação coletiva, não parece possível que se torne autor posteriormente. Na realidade, continuará a lhe faltar a legitimidade que o impediu de ingressar com a ação coletiva originariamente.

No máximo, será admitido que um cidadão, legitimado para o ingresso da ação popular, ingresse como litisconsorte ulterior em uma ação civil pública que tenha o mesmo objeto de eventual ação popular[202]. Nesse caso, apesar da estranheza de se contar com alguém no polo ativo que não tem legitimidade para dar início à ação coletiva, a permissão se justifica como medida de economia processual, pois, sendo vedada essa participação, o cidadão poderá ingressar com a ação popular, que, idêntica ou conexa à ação civil pública já em trâmite, levará à reunião de ambas perante o juízo prevento, que será o da primeira ação proposta.

---

[201] STJ, 2ª Turma, RMS 26.718/SP, rel. Min. Herman Benjamin, j. 01.09.2009, *DJe* 08.09.2009.

[202] Mazzilli, A defesa, p. 359; Leonel, Manual, 5.10.4; Vigliar, Ação, p. 88; Abelha Rodrigues, Ação, p. 373.

Segundo a doutrina majoritária, se houver a formação desse litisconsórcio e ocorrer a desistência ou abandono por parte do autor originário, a ação civil pública deverá ser extinta, porque não pode ser conduzida exclusivamente pelo cidadão, que não tem legitimidade ativa para essa espécie de ação coletiva[203]. Concordo com a premissa, mas discordo da conclusão. Entendo que nesse caso a ação civil púbica deve ser convertida em ação popular, justamente para se adequar à legitimidade ativa do cidadão, porque a solução aventada pela doutrina não se coaduna com o princípio da economia processual: entre converter um processo em outro, ainda que com as necessárias adaptações, e extinguir um processo forçando a propositura de outro, é preferível a adoção da primeira opção.

10.6.5. Instrução da petição inicial

A petição inicial da ação civil pública segue as exigências formais dos arts. 319 e 320 do CPC, não havendo especialidades dignas de nota. Há, na realidade, apenas um dispositivo da Lei 7.347/1985 que merece comentário.

Segundo o art. 8º, *caput*, da LACP, "para instruir a inicial, o interessado poderá requerer às autoridades competentes as certidões e informações que julgar necessárias, a serem fornecidas no prazo de 15 (quinze) dias". Trata-se, na realidade, de possibilidade de o autor dispensar o ingresso prévio da ação cautelar de exibição de coisa ou documento e ingressar diretamente com a ação principal.

Com o sincretismo processual adotado pelo sistema processual pátrio, é natural que se passe a admitir pedidos cautelares de forma incidental, com a dispensa de um processo cautelar autônomo, inclusive por meio de tópico da petição inicial. O interessante do dispositivo legal ora comentado é que em 1985 ainda vigorava um sistema processual fortemente amparado na autonomia das ações, podendo o art. 8º, *caput*, da LACP, ser considerado norma sincretista em período de autonomia. De qualquer forma, atualmente não é mais grande novidade.

10.6.6. Astreintes

Segundo o art. 11, *caput*, da LACP, "na ação que tenha por objeto o cumprimento de obrigação de fazer ou não fazer, o juiz determinará o cumprimento da prestação da atividade devida ou a cessação da atividade nociva, sob pena de execução específica, ou de cominação de multa diária, se esta for suficiente ou compatível, independentemente de requerimento do autor".

---

[203] Didier-Zaneti, p. 241; Andrade-Masson-Andrade, Interesses, 2.6.1.7, p. 132; Vigliar, Ação, p. 88-89.

Apesar da saudável disposição do legislador em regular o cumprimento de obrigação de fazer e não fazer, atualmente bastaria a aplicação subsidiária do art. 537 do CPC.

Merece destaque a previsão de aplicação de multa – que na realidade não precisa ser diária, conforme corretamente tratado pelo novo diploma processual – como forma de execução indireta no cumprimento de obrigações de fazer e não fazer. E certamente a maior particularidade quanto à ação civil pública diz respeito à exigibilidade dessa multa.

A multa coercitiva pode ser aplicada tanto para pressionar o devedor a cumprir uma decisão interlocutória que concede tutela provisória quanto para cumprir uma sentença que julga procedente o pedido do autor. Questão que causa séria divergência na doutrina pátria refere-se ao momento a partir do qual a multa torna-se exigível. Em outras palavras, a partir de qual momento a parte beneficiada com o crédito gerado pela frustração da multa poderá executá-lo?

Para parcela da doutrina, a multa é exigível a partir do momento em que a decisão que a fixa torna-se eficaz, ou porque não foi recorrida ou porque foi impugnada por recurso sem efeito suspensivo[204]. Essa exigibilidade permitiria a execução imediata de crédito decorrente da multa frustrada fixada em decisão ainda não definitiva, inclusive a decisão interlocutória que concede a tutela antecipada, o que só pode ser compreendido com a possibilidade de cumprimento provisório da decisão interlocutória.[205]

Com base nesse entendimento, a necessidade de exigibilidade imediata resulta da própria função coercitiva da multa, porque a necessidade de aguardar a definitividade da decisão, que só ocorrerá com o advento da coisa julgada material, seria extremamente contrária à necessidade de pressionar efetivamente o devedor a cumprir a obrigação. Uma perspectiva de remota execução não seria suficiente para exercer a pressão psicológica esperada das *astreintes*[206].

Para outra corrente doutrinária, deve-se aguardar o trânsito em julgado para que se possa exigir o crédito gerado pela frustração da multa. Essa corrente doutrinária entende que a mera ameaça de aplicação da multa, independentemente do momento em que o crédito gerado por sua frustração passará a ser exigível, já é suficiente para configurar a pressão psicológica pretendida pelo legislador[207]. Por outro lado, como só deve pagar a multa a

---

[204] Scarpinella Bueno, *Código*, p. 1.413.

[205] Theodoro Jr., *Processo*, n. 474, p. 558.

[206] Talamini, *Tutela*, n. 9.7, p. 254-255.

[207] Marinoni, *Tutela*, n. 3.27.1.6, p. 222.

parte definitivamente derrotada na demanda judicial – o que só será conhecido com o trânsito em julgado –, cabe aguardar esse momento procedimental para admitir a execução da multa[208].

Numa tentativa de se achar um meio termo entre a executabilidade imediata, fundada na maior eficácia da multa, e a executabilidade condicionada ao trânsito em julgado, em prestígio à segurança jurídica, o Superior Tribunal de Justiça passou a entender que a multa fixada em sede de tutela antecipada só poderia ser executada após a sua confirmação em sentença, e desde que o recurso contra essa decisão não tenha efeito suspensivo[209]. Registre-se que a ausência do efeito suspensivo não chegava a ser um problema, porque ele só poderia ser obtido excepcionalmente no caso concreto (efeito suspensivo *ope iudicis*). O equilíbrio buscado entre a eficácia da multa e a segurança jurídica foi alcançado de outra forma pelo art. 537, § 3º, do CPC.

Inicialmente, a previsão do dispositivo legal deve ser saudada por duas razões. Primeiro, porque consagra expressamente a eficácia imediata da multa, em nítido prestígio da efetividade desse meio executivo[210]. Segundo, porque deixa claro que a execução definitiva dessa multa depende do trânsito em julgado da sentença, afastando indevida confusão entre executabilidade e provisoriedade sentida em algumas decisões do Superior Tribunal de Justiça.[211]

Apesar de consagrar a eficácia imediata da multa, o § 3º do art. 537 do CPC consagra um cumprimento de sentença incompleto, já que exige para o levantamento dos depósitos realizados em juízo o trânsito em julgado de sentença favorável à parte.

O único ato vedado pela norma comentada na execução provisória da multa é o levantamento de valores, de forma que, sendo penhorado qualquer outro bem que não seja dinheiro, deverá ocorrer normalmente sua expropriação, permanecendo o valor recebido depositado em juízo à espera do trânsito em julgado.

O legislador aparentemente encontrou uma solução que prestigia a efetividade e a segurança jurídica. A executabilidade imediata reforça o caráter de pressão psicológica da multa porque o devedor sabe que, descumprida a decisão em tempo breve, poderá sofrer desfalque patrimonial. Por outro lado, ao exigir para o levantamento de valores em favor do exequente o trânsito em julgado o legislador prestigia a segurança jurídica.

---

[208] Dinamarco, *Instituições*, n. 1.637, p. 474.

[209] *Informativo* 546/STJ, Corte Especial, REsp 1.200.856/RS, rel. Min. Sidnei Beneti, j. 1.º.07.2014; Informativo 511/STJ, 4ª Turma, REsp 1.347.726-RS, rel. Min. Marco Buzzi, j. 27.11.2012.

[210] Bueno, *Código*, p. 1.413; Theodoro Jr., *Processo*, n. 474, p. 558; Talamini, *Tutela relativa*, n. 9.7, p. 254-255.

[211] Informativo 422/STJ, 1.ª Turma, REsp 1.098.028/SP, rel. Min. Luiz Fux, j. 09.02.2010; STJ, 3.ª Turma, AgRg no REsp 1.116.800/RS, rel. Min. Massami Uyeda, j. 08.09.2009, DJe 25.09.2009.

Tenho sérias dúvidas a respeito da aplicabilidade da norma legal ora comentada no processo coletivo, considerando que o microssistema coletivo tem regra a respeito do tema em outro sentido, exigindo o trânsito em julgado para que a multa fixada durante o processo possa ser executada. Dessa forma, na ação civil pública (art. 12, § 2.º, da Lei 7.347/1985), nas demandas regidas pelo Estatuto da Criança e do Adolescente (ECA) (art. 213, § 3.º, da Lei 8.069/1990) e nas demandas reguladas pelo Estatuto do Idoso (art. 83, § 3.º, da Lei 10.741/2003), a multa só será exigível após o trânsito em julgado da decisão.

Não posso deixar de registrar minha profunda lamentação por tal solução, porque no processo coletivo, no qual se tutelam direitos indisponíveis e disponíveis com repercussão social, a eficácia da multa é ainda mais relevante. Condicionar sua executabilidade ao trânsito em julgado é em grande medida frustrar a expectativa de que a multa cumpra sua função de pressionar psicologicamente o devedor a cumprir a obrigação. As regras presentes no microssistema coletivo, entretanto, não deixam margem a outra interpretação.

Conforme consta do dispositivo ora analisado, é possível o levantamento do dinheiro antes do trânsito em julgado, bastando para isso estar pendente de julgamento o agravo contra recurso especial e recurso extraordinário. A permissão legal dá-se em razão das chances mínimas de sucesso de tal recurso, assumindo o legislador nesse caso o risco por um levantamento antes do trânsito em julgado.

Apesar de raro, é possível que tal recurso seja provido e tal situação deve ser considerada. Sendo por meio de decisão definitiva demonstrado não assistir razão à parte que teria sido beneficiada pela multa, na hipótese de a multa ainda não ter sido cobrada, esta perderá seu objeto. Já tendo sido executada, com a satisfação do credor, caberá a repetição de indébito. Ainda que existisse uma decisão do juiz à época da fixação da multa que deveria ter sido cumprida, se posteriormente essa decisão mostrou-se contrária ao direito, não há mais nenhuma justificativa para a manutenção das consequências do inadimplemento da obrigação[212].

10.6.7. Tutela provisória

Não existe nada de inovador na Lei 7.347/1985 quanto à tutela de urgência. O que foi inovador à época de promulgação da lei, atualmente seria facilmente explicado por regras gerais.

O art. 4º da LACP prevê expressamente a possibilidade de ação cautelar a ser oferecida pelos mesmos legitimados ativos à propositura da ação civil

---

[212] Marinoni, *Tutela*, n. 3.27.1.6, p. 222; Abelha Rodrigues, *Manual*, p. 230; Talamini, *Tutela*, n. 9.7.1, p. 255.

pública. Naturalmente a legitimidade é estendida para o pedido de cautelar realizado incidentalmente na própria ação civil pública.

Nos termos do art. 12, *caput*, da LACP, o juiz pode conceder mandado liminar, com ou sem justificação prévia, em decisão recorrível por agravo. Nesse caso, a liminar foi utilizada como medida de urgência de natureza satisfativa, o que era muito importante em 1985, época em que esse tipo de tutela de urgência sobrevivia com as liminares previstas em determinados procedimentos. Com o advento da tutela antecipada em 1994, liminares tais como a prevista pelo art. 12, *caput*, da LACP, perderam o sentido, ainda mais quando não preveem os requisitos para sua concessão, o que leva à aplicação por analogia dos requisitos previstos no art. 300 do CPC.

Não há qualquer razão para inadmitir o pedido antecedente da tutela de urgência, inclusive sendo aplicável o art. 304 do CPC, com a eventual estabilização da tutela antecipada concedida antecedentemente.

Quanto à tutela de evidência prevista no art. 311 do CPC, sua aplicabilidade na ação civil pública é plena.

10.7. COISA JULGADA

10.7.1. Introdução

A coisa julgada é um dos aspectos mais relevantes na distinção da tutela coletiva da individual. Regras tradicionais presentes na tutela individual, tais como a coisa julgada *pro et contra* e sua *eficácia inter partes*, são simplesmente desconsideradas, passando-se às eficácias *ultra partes* e *erga omnes* e à coisa julgada *secundum eventum probationis* e *secundum eventum litis*.

Quanto ao afirmado, existe alguma divergência na ação de improbidade administrativa e no mandado de segurança coletivo, devidamente analisada no presente capítulo.

Por fim, há ainda a funesta e lamentável regra consagrada no art. 16 da Lei 7.347/1985, que aparentemente cria uma espécie de limitação territorial aos efeitos da sentença e por consequência da coisa julgada material.

10.7.2. Coisa julgada *secundum eventum probationis*

No tocante aos direitos coletivos e difusos, a coisa julgada, na hipótese de julgamento de improcedência do pedido, tem uma especialidade que a diferencia da coisa julgada tradicional, prevista pelo Código de Processo Civil. Enquanto no instituto tradicional a imutabilidade e a indiscutibilidade geradas pela coisa julgada não dependem do fundamento da decisão, nos direitos difusos e coletivos, caso tenha a sentença como fundamento a ausência ou a insuficiência de provas, não se impedirá a propositura de novo processo com os mesmos elementos da ação – partes, causa de pedir e pedido –, de modo a possibilitar uma nova decisão, o que, naturalmente, afastará, ainda que de forma condicional, os efeitos de imutabilidade e indiscutibilidade da primeira decisão transitada em julgado. Exclui-se da análise os direitos individuais homogêneos porque, nestes, a coisa julgada opera-se *secundum eventum litis*; assim, qualquer fundamento que leve à improcedência não afetará os interesses dos indivíduos titulares do direito (art. 103, III, do CDC).

A primeira questão a respeito dessa espécie atípica de coisa julgada diz respeito à sua constitucionalidade. Uma corrente minoritária vê uma quebra da isonomia em referido sistema e aponta para uma proteção exacerbada dos autores das ações coletivas *stricto sensu* em desfavor dos réus. Apesar de mais sentida nas ações que tenham como objeto os direitos individuais homogêneos, também nas que tratam de direitos difusos e coletivos haveria uma disparidade de tratamento absolutamente desigual, o que feriria o princípio constitucional da isonomia[213].

Majoritariamente, entretanto, a doutrina entende pela constitucionalidade da coisa julgada *secundum eventum probationis* – como também da coisa julgada *secundum eventum litis* –, afirmando que os sujeitos titulares do direito, ao não participarem efetivamente do processo, não poderão ser prejudicados por uma má condução procedimental do autor da demanda. Não seria justo ou legítimo impingir a toda uma coletividade, em decorrência de uma falha na condução do processo, a perda definitiva de seu direito material. A ausência da efetiva participação dos titulares do direito em um processo em contraditório é fundamento suficiente para defender essa espécie de coisa julgada material[214].

Ademais, a coisa julgada *secundum eventum probationis* serve como medida de segurança dos titulares do direito que não participam como partes no processo contra qualquer espécie de desvio de conduta do autor. A insuficiência ou a inexistência de provas poderá decorrer, logicamente, de uma inaptidão técnica dos que propuseram a demanda judicial, mas também não se poderá afastar, de antemão, algum ajuste entre as partes para que a prova necessária não seja produzida e com isso a sentença seja de improcedência[215]. É bem verdade que os poderes instrutórios do juiz, aguçados nas ações coletivas em razão da natureza dos direitos envolvidos, poderiam também funcionar como forma de controle para que isso não ocorra, mas é inegável que a maneira mais eficaz de afastar, definitivamente, qualquer ajuste fraudulento nesse sentido é a adoção da coisa julgada *secundum eventum probationis*.

---

[213] Botelho de Mesquita, *Na ação*, p. 81 e ss.; Cruz e Tucci-Tucci, *Devido*, p. 120-121; Castro Mendes, *Ações*, p. 263-264.

[214] Marcato, *O princípio*, p. 317; Marinoni-Arenhart, *Manual*, p. 781.

[215] Vigliar, *Ação*, p. 117; Nery-Nery, *Código*, p. 1.348; Mancuso, *Ação*, p. 276.

Outra questão que parece ter sido pacificada pela doutrina e pela jurisprudência diz respeito aos legitimados à propositura de um novo processo com a mesma causa de pedir e o mesmo pedido do primeiro; estaria legitimado o mesmo sujeito que propôs a primeira demanda que foi resolvida de forma negativa por ausência ou insuficiência de provas? A ausência de qualquer indicativo proibitivo para a repetição do polo ativo nas duas demandas parece afastar de forma definitiva a proibição. Todos os legitimados poderão, com base na prova nova, propor a "segunda" demanda, mesmo aquele que já havia participado no polo ativo da "primeira"[216].

A próxima questão refere-se à formação ou não de coisa julgada nas ações coletivas – direitos difusos e coletivos – julgadas improcedentes por ausência ou insuficiência de provas. Fala-se em coisa julgada *secundum eventum probationis*, mas há divergência a respeito de ser essa uma espécie atípica de coisa julgada ou se, nesse caso, a coisa julgada material estaria afastada, de modo a operar-se, no caso concreto, tão somente a coisa julgada formal.

Há parcela significativa da doutrina que entende não se operar, nesse caso, a coisa julgada material, por afirmar que, sendo possível a propositura de um novo processo com os mesmos elementos da ação – partes, causa de pedir e pedido –, a imutabilidade e a indiscutibilidade próprias da coisa julgada material não se fariam presentes. A possibilidade de existência de um segundo processo, que, naturalmente, proporcionará uma segunda decisão, afetaria de maneira irremediável a segurança jurídica advinda da coisa julgada material tradicional, de modo a estar afastado esse fenômeno processual quando os fundamentos que levaram à improcedência do pedido forem a insuficiência ou a inexistência de prova[217].

Esse entendimento, entretanto, não é o mais correto, parecendo configurar-se a mesma confusão a respeito da formação ou não da coisa julgada nos processos cujo objeto sejam as relações de trato continuativo, reguladas pelo art. 505, I, do CPC. Em razão da possibilidade de que a sentença determinativa seja alterada em virtude de circunstâncias supervenientes de fato e de direito, parcela da doutrina apressou-se a afirmar que essa "instabilidade" da sentença seria incompatível com o fenômeno da coisa julgada material, que exige a imutabilidade e a indiscutibilidade do julgado.

Aos partidários do entendimento de que não existe coisa julgada nas ações que tratam de direito difuso ou coletivo quando a improcedência decorrer da insuficiência ou ausência de provas surge uma questão de difícil resposta: como deverá o juiz proceder ao receber uma petição inicial de um

---

[216] Barbosa Moreira, *Ação*, p. 123; Arenhart, *Perfis*, p. 412.

[217] Barros Leonel, *Manual*, p. 273-274; Mazzili, *A defesa*, p. 427; Marinoni-Arenhart, *Manual*; Nery-Nery, *Código*, p. 1.347-1.348.

processo idêntico a um processo anterior decidido nessas condições, em que o autor não indica qualquer nova prova para fundamentar sua pretensão, alegando tão somente não ser possível suportar a extrema injustiça da primeira decisão? Sem ao menos indícios de que existe uma prova nova, ainda que o fundamento da primeira decisão tenha sido a insuficiência ou ausência de provas, poderá o juiz dar continuidade ao processo?

É evidente nesse caso que o juiz deverá indeferir a petição inicial; não há maiores dúvidas a esse respeito. Mas sob qual fundamento? O fundamento de sua decisão será o art. 485, V, do CPC, o qual aponta que, nesse caso, não se poderá afastar a segurança obtida pela coisa julgada material gerada pela primeira decisão. Essa é a prova maior de que existe coisa julgada material, independentemente do fundamento da decisão de mérito da primeira demanda que efetivamente ocorreu, embora sua imutabilidade e sua indiscutibilidade estejam, no caso da ausência ou insuficiência de provas, condicionadas à inexistência de prova nova que possa fundamentar a nova demanda.

Apesar da defesa veemente da existência de coisa julgada material na hipótese ora analisada e da extinção do processo quando não houver prova nova em razão justamente do fenômeno da coisa julgada material, ainda que seja admitida a inexistência de coisa julgada material quando esta se verifica *secundum eventum probationis*, como prefere a doutrina que tratou do tema, a conclusão a que todos chegam já é o suficiente para os fins buscados no presente trabalho: se não houver prova nova, o processo deverá ser extinto sem julgamento do mérito. Seja por falta de interesse de agir, como prefere a doutrina[218], seja por força da coisa julgada, o essencial é a conclusão pacífica de que o segundo processo não deve ser admitido.

Há outro interessante questionamento a respeito do tema que vem suscitando dúvidas na doutrina nacional. Os dispositivos legais que tratam da coisa julgada *secundum eventum probationis* são omissos a respeito da exigência de que, expressa ou implicitamente, conste da sentença ter sido a improcedência gerada pela ausência ou insuficiência de provas, ou se tal circunstância poderá ser estranha à decisão, de modo a ser demonstrada somente na segunda demanda. A tomada de uma ou de outra posição terá peso fundamental no próprio conceito de prova nova, que será fixado a seguir.

A tese restritiva exige que haja na motivação ou no dispositivo da decisão, expressa ou implicitamente, a circunstância da ausência ou insuficiência de provas. Afirma-se que, por ser uma exceção à regra da coisa julgada material prevista em nosso ordenamento processual, deverá o juiz indicar,

---

218 Gidi, *Coisa*, p. 135-136, Abelha, *Ação*, p. 329, a extinção se fundamenta na falta de interesse de agir.

ou ao menos ser possível deduzir de sua fundamentação, que sua decisão de improcedência decorreu de uma insuficiência ou inexistência de material probatório. A ausência dessa circunstância proporcionaria, obrigatoriamente, a geração de coisa julgada material tradicional[219].

Com entendimento contrário, existe corrente doutrinária que não vê qualquer necessidade de constar, expressa ou implicitamente na sentença, que a improcedência do pedido decorreu de ausência ou insuficiência de provas. A doutrina que defende uma tese mais ampla afirma que não se deveria adotar um critério meramente formal do instituto, propondo-se um critério mais liberal, nomeado de critério substancial. Segundo essa visão, sempre que um legitimado propuser, com o mesmo fundamento, uma segunda demanda coletiva na qual fundamente sua pretensão em uma nova prova, estar-se-á diante da possibilidade de obter uma segunda decisão[220].

A segunda corrente defende o entendimento mais acertado, considerando que a adoção da tese restritiva limitaria indevidamente o conceito de prova nova. Ao exigir-se do juiz uma fundamentação referente à ausência ou à insuficiência de provas, será impossível a ele se manifestar sobre o que não existia à época da decisão, o que retiraria a possibilidade de propositura de uma nova demanda fundada em meio de prova não existente à época da prolação da decisão. Nesses casos, haveria um indevido e indesejável estreitamento do conceito de nova prova, que também, por não ser tranquilo na doutrina, se passa a analisar.

Todos os regramentos legais que tratam da coisa julgada *secundum eventum probationis* são omissos quanto ao conceito de "nova prova", missão legada à doutrina. Parcela majoritária da doutrina entende que não se deve confundir nova prova com prova superveniente, surgida após o término da ação coletiva. Por esse entendimento, seria nova a prova, mesmo que preexistente ou contemporânea à ação coletiva, desde que não tenha sido nesta considerada. Assim, o que interessa não é se a prova existia ou não à época da demanda coletiva, mas se foi ou não apresentada durante seu trâmite procedimental; será nova porque, no tocante à pretensão do autor, é uma novidade, mesmo que, em termos temporais, não seja algo recente[221].

Esse entendimento muito se assemelha ao conceito dado, pela melhor doutrina, ao "fato novo" como fundamento da liquidação de sentença por artigos. Também nesse caso o adjetivo "novo" não é utilizado para designar um fato ocorrido após o término do processo em que se formou o título

[219] Afonso da Silva, *Ação*, p. 273; Mancuso, *Ação*, p. 284; Arruda Alvim, *Notas*, p. 37; Assagra de Almeida, *Direito*, p. 377-378.

[220] Gidi, *Coisa*, p. 131-138; Grinover, *Novas*, p. 222-224; Barros Leonel, *Manual*, p. 274.

[221] Abelha, *Ação*, p. 327; Marinoni-Arenhart, *Manual*, p. 781-782.

executivo, mas sim como novidade ao Poder Judiciário, por não ter sido objeto de apreciação em tal processo. O fato, portanto, assim como a "nova prova" nas ações coletivas, poderá ser anterior, concomitante ou posterior à demanda judicial; para ser adjetivado de novo, basta que não tenha sido objeto de apresentação pelas partes e de apreciação pelo juiz.

Registre-se o pensamento, a respeito do tema, exposto por Ada Pellegrini Grinover, que, nos trabalhos para a elaboração do Anteprojeto de Código Modelo de Processos Coletivos para a Ibero-América, entendeu, com Kazuo Watanabe, que as provas que já poderiam ter sido produzidas, mas não o foram, ficam acobertadas pela eficácia preclusiva da coisa julgada. Fato novo, portanto, seria o fato superveniente. A regra constava do art. 38, § 1º, do Projeto de Lei 5.139/2009, que foi arquivado na Câmara dos Deputados, conforme já analisado no Capítulo 3.

A ideia restritiva de conceito de "nova prova" sugerida pela processualista não parece ser a mais adequada sob a ótica da proteção dos direitos transindividuais em juízo. Já foi devidamente exposto que uma das razões para admitir a coisa julgada *secundum eventum probationis* nas demandas que tenham como objeto direitos difusos ou coletivos é evitar que, por meio de conluio fraudulento entre as partes processuais, se obtenha uma decisão de improcedência. Considerando a relevância do direito material debatido e a ausência dos legitimados no processo, ao menos essa proteção lhes deve ser concedida, o que não ocorreria se fosse adotada a visão de que somente provas que não existiam à época da demanda coletiva permitiriam uma nova demanda judicial.

De qualquer forma, o pensamento ao menos se mostra bastante correto quando sedimenta a ideia de que, ao surgir uma prova que não existia ou que era impossível de obter à época da ação coletiva, sua apresentação será o suficiente para permitir a propositura de um novo processo com os mesmos elementos da ação do anterior. Nesse caso, evidentemente, não será possível defender a corrente doutrinária que exige do juiz a indicação, expressa ou implícita, de ter o julgamento de improcedência decorrido de ausência ou insuficiência de provas. Não sabendo da existência da prova porque não era possível sua obtenção, o que só veio a ser possibilitado, por exemplo, pelo avanço tecnológico, não haveria possibilidade lógica de o juiz considerar tal circunstância em sua decisão.

10.7.3. Coisa julgada *secundum eventum litis*

No sistema tradicional da coisa julgada, esta se opera com a simples resolução de mérito, independentemente do resultado no caso concreto (*pro et contra*). Portanto, é irrelevante saber se o pedido do autor foi acolhido ou rejeitado, se houve sentença homologatória ou se o juiz reconheceu a prescrição ou decadência; sendo sentença prevista no art. 487 do CPC, faz coisa julgada material.

No entanto, existe outro sistema possível, que, ao menos na tutela individual, é extremamente excepcional: a coisa julgada *secundum eventum litis*. Por meio desse sistema, nem toda sentença de mérito faz coisa julgada material, tudo dependendo do resultado concreto da sentença definitiva transitada em julgado. Por vontade do legislador é possível que o sistema crie exceções pontuais à relação sentença de mérito com cognição exauriente e a coisa julgada material.

Poderia o sistema passar a prever que toda sentença de mérito fundada em prescrição não fará coisa julgada em ações na quais figure como parte um idoso, ou ainda que a sentença que homologa transação não fará coisa julgada material quando o acordo tiver como objeto direito real. Apesar da óbvia irrazoabilidade dos exemplos fornecidos, servem para deixar claro que afastar a coisa julgada material de sentença de mérito, que em regra se tornariam imutáveis e indiscutíveis com o trânsito em julgado, em fenômeno conhecido como coisa julgada *secundum eventum litis*, é fruto de uma opção político-legislativa.

Na tutela individual, a técnica da coisa julgada *secundum eventum litis* era consideravelmente excepcional, sendo identificada no art. 274 do CC, que trata dos limites subjetivos da coisa julgada nas demandas que têm como objeto dívida solidária. Mas aparentemente tal forma de coisa julgada se tornou regra em razão do previsto no art. 506 do CPC, ao prever que a coisa julgada não prejudica terceiros, não mencionando mais a inviabilidade de benefício aos terceiros. Seja como for, na presente obra interessa o estudo da coisa julgada *secundum eventum litis* nas ações coletivas em geral e na ação de improbidade administrativa em específico.

Segundo previsão do art. 103, § 1º, do CDC, os efeitos da coisa julgada previstos nos incisos I e II do mesmo dispositivo legal não prejudicarão interesses e direitos individuais dos integrantes da coletividade, do grupo, classe ou categoria, em regra também aplicável ao inciso III[222]. Significa que, decorrendo de uma mesma situação fática jurídica consequências no plano do direito coletivo e individual, e sendo julgado improcedente o pedido formulado em demanda coletiva, independentemente da fundamentação, os indivíduos não estarão vinculados a esse resultado, podendo ingressar livremente com suas ações individuais. A única sentença que os vincula é a de procedência, porque esta naturalmente os beneficia, permitindo-se que o indivíduo se valha dessa sentença coletiva, liquidando-a no foro de seu

[222] Marinoni-Arenhart, *Manual*, p. 747; Theodoro Jr., *Curso*, n. 1.688, p. 547.

domicílio e posteriormente executando-a, o que o dispensará do processo de conhecimento. A doutrina fala em coisa julgada *secundum eventum litis in utilibus*, porque somente a decisão que seja útil ao indivíduo será capaz de vinculá-lo a sua coisa julgada material[223].

Uma empresa petrolífera causa um grande vazamento de óleo em uma determinada baía, o que naturalmente agride o meio ambiente saudável, mas também prejudica os pescadores do local, que têm danos individuais por não mais poderem exercer seu ofício. Havendo uma ação coletiva fundada no direito difuso a um meio ambiente equilibrado e sendo essa ação julgada improcedente, os pescadores poderão ingressar e vencer em ações individuais de indenização contra a empresa petrolífera. Por outro lado, com a sentença de procedência, os pescadores poderão se valer desse título executivo judicial, liquidando seus danos individuais e executando o valor do prejuízo.

Registre-se que esse benefício da coisa julgada material da ação coletiva pode ser excepcionado em duas circunstâncias:

> (a) na hipótese de o indivíduo ser informado na ação individual da existência da ação coletiva (*fair notice*), e em um prazo de 30 dias preferir continuar com a ação individual (*right to opt out*), não será beneficiado pela sentença coletiva de procedência (art. 104 do CDC)[224];
>
> (b) nas ações coletivas de direito individual homogêneo, o art. 94 do CDC admite a intervenção dos indivíduos como litisconsortes do autor, e nesse caso os indivíduos se vinculam a qualquer resultado do processo coletivo, mesmo no caso de sentença de improcedência[225].

10.7.4. Limitação territorial da coisa julgada

Segundo o art. 16 da LACP, "a sentença civil fará coisa julgada *erga omnes*, nos limites da competência territorial do órgão prolator, exceto se o pedido for julgado improcedente por insuficiência de provas, hipótese em que qualquer legitimado poderá intentar outra ação com idêntico fundamento, valendo-se de nova prova". A presente redação do dispositivo legal decorreu da famigerada Lei 9.494/1997, e na primeira regra que consagra é absolutamente lamentável em virtude da tentativa de limitar a abrangência territorial da tutela coletiva. E, o que é ainda pior, a norma teria sido supostamente criada para a defesa de interesses fazendários...[226]

---

[223] Gidi, *Rumo*, p. 289-290.

[224] Theodoro Jr., *Curso*, n. 1.688, p. 547; Marinoni-Arenhart, *Manual*, p. 747.

[225] Mazzilli, *A defesa*, p. 563; Venturi, *Processo*, n. 11.4.4, p. 403.

[226] Grinover, A ação civil pública refém do autoritarismo, p. 241; Leonel, Manual, p. 283.

A referida Lei 9.494/1997 tem norma específica no mesmo sentido de limitação do alcance da sentença coletiva, no art. 2º-A: "A sentença civil prolatada em ação de caráter coletivo proposta por entidade associativa, na defesa dos interesses e direitos dos seus associados, abrangerá apenas os substituídos que tenham, na data da propositura da ação, domicílio no âmbito da competência territorial do órgão prolator".

Por um lado, as previsões legais são claras afrontas a todas as tentativas legislativas voltadas à diminuição no número de processos, o que em última análise geraria uma maior celeridade naqueles que estiverem em trâmite, afrontando, inclusive, o próprio espírito da tutela coletiva[227].

Por outro lado, a exigência de diversas ações coletivas a respeito da mesma circunstância fático-jurídica poderá gerar decisões contraditórias, o que abalará a convicção da unidade da jurisdição, ferindo de morte o ideal de harmonização de julgados[228]. E, uma vez existindo várias decisões de diferente teor, também restará maculado o princípio da isonomia, com um tratamento jurisdicional distinto para sujeitos pela simples razão de serem domiciliadas em diferentes localidades[229].

Até se poderia alegar que nesse caso o Estado – mais precisamente o Executivo, dado que a lei decorre de conversão da Medida Provisória 1.570/1997 – apenas adotou a regra que mais lhe pareceu interessante, ainda que computados os prejuízos de sua escolha. Nesse sentido, o Estado teria pesado todos os males advindos da multiplicação de processos coletivos – ofensa ao princípio da economia processual – e das eventuais decisões contraditórias – ofensa ao princípio da harmonização dos julgados –, e ainda assim teria feito a consciente opção pela regra consagrada no dispositivo legal ora comentado.

O alegado não deve de maneira alguma ser entendido como defesa da opção do legislador, até porque compartilho da corrente doutrinária amplamente majoritária que critica com veemência o art. 16 da LACP. A questão não é precisamente se pessoalmente gosto ou não da previsão legal, mas reconhecer a possível aplicação prática da regra se a única crítica for principiológica, fundada em ofensa clara, manifesta e injustificada aos princípios da economia processual e à harmonização dos julgados. Nada mais que uma, entre várias opções equivocadas de política legislativa.

Entretanto, mesmo nesse caso haverá uma nova e fatal crítica a respeito da conduta estatal: a clara e manifesta ofensa ao princípio do devido processo

[227] Grinover, A ação civil publica, p. 241.

[228] Mazzilli, A defesa, p. 291.

[229] Leonel, Manual, p. 284; Didier-Zaneti, Curso, p. 148.

substancial (*substantive due process of law*)[230]. É natural que a liberdade legislativa estatal - ainda mais pelo caminho indevidamente tomado das medidas provisórias - encontra limites na proporcionalidade e razoabilidade, não se devendo admitir a elaboração de regras legais que afrontem tais princípios. As mais variadas críticas doutrinárias elaboradas contra a regra legal ora analisada dão uma mostra clara de sua irrazoabilidade.

Uma crítica mais severa, e não pela maior contundência ou maior acerto, mas porque inviabiliza na prática a aplicação da regra, é voltada para a impossibilidade material de se limitar territorialmente a coisa julgada material. Conforme ensina a melhor doutrina, se a coisa julgada representa a qualidade da sentença de mérito transitada em julgado, é materialmente impossível limitála a um determinado território, sendo algo similar a dizer que uma fruta só é vermelha em certo lugar do país[231].

E mesmo que se tente fugir dessa crítica, interpretando-se o dispositivo legal no sentido de que a limitação não deve atingir a coisa julgada material, conforme previsto, mas na realidade os efeitos da decisão, os mesmos doutrinadores demonstram a inadequação da pretendida limitação ao lembrar que os efeitos concretos da decisão operam em sentidos imprevisíveis e não podem ser limitados territorialmente pelo legislador. Da mesma forma que uma pessoa divorciada o será em todo o território nacional, a abrangência da sentença coletiva também irradiará seus efeitos no mundo prático em todo o território pátrio[232].

A própria indivisibilidade do direito transindividual também é outro aspecto lembrado por grande parte da doutrina para demonstrar a incompatibilidade lógica da limitação territorial com essas espécies de direitos[233]. Basta imaginar um direito difuso, de toda a coletividade, sendo limitado a apenas um determinado território, o que feriria de morte a própria ideia de indivisibilidade que é essencial aos direitos transindividuais. Como pode uma propaganda ser considerada enganosa em um Estado da Federação, e não em outro? Um medicamento nocivo à saúde em um Estado da Federação, e não em outro? Um contrato de adesão ser nulo em um Estado da Federação e válido em outros?

Trago uma situação que vivi em minha atuação profissional para demonstrar que realmente, no que tange aos direitos difusos, somente quem tem nervos de aço consegue interpretar a norma ora criticada de forma a dar-lhe operatividade. O Ministério Público Estadual de uma determinada

[230] Didier-Zaneti, Curso, p. 147-148.

[231] Marinoni-Arenhart, Manual, p. 748; Zavascki, Processo coletivo, p. 78-79.

[232] Marinoni-Arenhart, Manual, p. 749.

[233] Leonel, Manual, p. 284; Marinoni-Arenhart, Manual, p. 749; Mendes, Ações coletivas, p. 265.

capital ingressou com ação coletiva para obrigar um fornecedor a dispor um telefone 0800 para os consumidores que, uma vez tendo adquirido o produto em telefonemas gratuitos, tinham que posteriormente reclamar por meio de telefonemas pagos, inclusive interurbanos.

Agora basta imaginar uma sentença de procedência diante de tal pedido. Ela teria efeito somente para os consumidores domiciliados na comarca em que tramitou a demanda judicial, ou, ainda, na melhor das hipóteses, no Estado em que a Comarca está contida? Instado a criar um telefone 0800, ele seria disponível somente para quem provasse ser domiciliado naquele determinado território? Consumidores de outro Estado receberiam uma mensagem gravada afirmando que o serviço para eles não funcionaria porque no seu Estado não teria o fornecedor sido condenado a oferecer o serviço 0800? Será no mínimo consideravelmente complicada a aplicação da regra do art. 16 da LACP em uma situação como essa.

Também interessante a tese de que a modificação legal tenha sido eficaz por ter modificado dispositivo que já não mais se encontrava em vigor[234]. Segundo esse entendimento, a partir do momento em que o CDC passou a regulamentar de forma exaustiva o tema da coisa julgada na tutela coletiva por meio do art. 103 do diploma legal, o art. 16 da LACP teria sido tacitamente revogado. Como o CDC é de 1990 e a mudança do art. 16 para a atual redação deu-se em 1997, a modificação teria sido ineficaz e, portanto, inaplicável.

Também no plano da ineficácia da modificação trazida ao art. 16 da LACP pela Lei 9.494/1997, pode-se afirmar que ela é inócua, considerando-se que o CDC não foi alterado nesse particular, e a disciplina dos arts. 93 e 103 é de aplicação integrada e subsidiária nas ações civis públicas de que cuida a Lei 7.347/1985 (art. 21 desta). O mesmo raciocínio é aplicado à ação popular, tendo em conta não ter sido alterado o sistema criado do art. 18 da Lei de Ação Popular, o que afasta nessa espécie de ação coletiva qualquer limitação territorial da coisa julgada material[235].

Superadas as críticas fundadas na inaplicabilidade prática da regra limitadora da coisa julgada material a um determinado território, a doutrina segue para a tentativa de limitar sua aplicação, partindo-se da premissa de que, se a regra será aplicada, que faça o menor estrago possível.

As teses nascidas com tais propósitos, apesar de sempre terem um propósito nobre, nem sempre podem ser admitidas, como aquela que defende não ser a norma aplicável ao direito consumerista em razão da ausência de

[234] Mendes, Ações coletivas, p. 264.

[235] Mazzilli, A defesa, p. 293.

norma nesse sentido no CDC[236]. Não concordo com esse entendimento porque para ampará-lo seria necessário afastar a ideia de microssistema coletivo, com a interação das leis que versam sobre processo coletivo, em especial a LACP e o CDC. Seria indubitavelmente muito positivo para os consumidores, que teriam afastada a limitação territorial consagrada pelo dispositivo legal ora criticado, mas o preço de sacrificar a ideia de microssistema coletivo parece ser muito alto.

Há, entretanto, uma teoria que merece destaque. Em uma análise conjunta dos arts. 16 da LACP e art. 103 do CDC, afirma-se que o dispositivo legal só pode ser aplicado aos direitos difusos e coletivos. Segundo essa corrente doutrinária, como o art. 16 da LACP, além de criar a limitação territorial da coisa julgada material, prevê a coisa julgada *secundum eventum probationis*, deve-se aplicar a norma somente aos direitos que produzem essa forma especial de coisa julgada, o que não é o caso do direito individual homogêneo, conforme já verificado[237]. Essa teoria teve inclusive aceitação em julgamento do Superior Tribunal de Justiça, cuja relatoria coube à Ministra Nancy Andrighi[238].

Essa decisão, entretanto, foi reformada em julgamento de embargos de divergência interpostos contra o acórdão proferido no recurso especial, tendo a 2ª Seção do Superior Tribunal de Justiça decidido que o art. 16 da LACP aplica-se a qualquer espécie de direito tutelado pelo microssistema coletivo, inclusive o direito individual homogêneo[239]. E decisões posteriores daquele tribunal infelizmente vinham confirmando o funesto entendimento[240].

Houve, entretanto, uma memorável e festejada mudança de posição adotada recentemente pela Corte Especial, com voto irrepreensível do Ministro Luiz Felipe Salomão, que atuou como relator. Em feliz consideração o Ministro relator afirma que a anterior posição adotada pelo Superior Tribunal de Justiça, "em hora mais que ansiada pela sociedade e pela comunidade jurídica, deve ser revista para atender ao real e legítimo propósito das ações coletivas, que é viabilizar um comando judicial célere e uniforme – em atenção à extensão do interesse metaindividual objetivado na lide"[241].

---

236 Marioni-Arenhart, Manual, p. 748.

237 Grinover, A ação civil pública, p. 242. Com a mesma conclusão, mas por razões diversas, Zavascki, Processo, p. 79-80.

238 STJ, 3ª Turma, REsp 411.529/SP, rel. Min. Nancy Andrighi, j. 24.06.2008, *DJe* 05.08.2008.

239 STJ, 2ª Seção, EREsp 411.529/SP, rel. Min. Fernando Gonçalves, j. 10.03.2010, *DJe* 24.03.2010.

240 STJ, 3 ª Turma, EDcl no REsp 167.328/SP, rel. Min. Paulo Tarso Sanseverino, j. 01.03.2011, *DJe* 16.03.2011; STJ, 4ª Turma, REsp 600.711/SP, rel. Min. Luis Felipe Salomão, j. 18.11.2011, *DJe* 24.11.2011.

241 STJ, Corte Especial, REsp 1.243.887/PR, rel. Min. Luis Felipe Salomão, j. 19.10.2011, *DJe* 12.12.2011.

Percebeu a histórica decisão que o art. 16 LACP confunde institutos distintos – coisa julgada e competência territorial –, o que pode levar à enganosa interpretação de que os efeitos da sentença podem ser limitados territorialmente, fazendo crer que a coisa julgada seja um efeito da sentença de mérito transitada em julgado, em tese absolutamente descartada em dias atuais.

O julgado adota corretas lições doutrinárias para reconhecer que nos direitos difusos e coletivos a limitação territorial sugerida pelo art. 16 da LACP é lógica e juridicamente inviável, considerando-se a natureza indivisível de tais direitos materiais[242]. Reconheceu também o absurdo da limitação sugerida no dispositivo legal, a permitir que um mesmo contrato possa ser nulo em um Estado da Federação e válido em outro, ou mesmo duas pessoas serem divorciadas apenas no foro da ação de divórcio, continuando casadas nos demais foros.

Valendo-se do microssistema coletivo, a celebrada decisão determinou a interpretação do art. 16 da LACP à luz dos arts. 93 e 103 do CDC, levando-se em conta a extensão do dano e qualidade dos direitos postos em juízo. Conclui que, sendo o dano de escala local, regional ou nacional, o juízo, no comando decisório, sob pena de ser inócua a sua decisão, deve ter capacidade para recompor ou indenizar tais danos em suas abrangências territoriais, independentemente de qualquer limitação.

Após um momento de indefinição a respeito do tema no Superior Tribunal de Justiça, que mesmo depois do posicionamento da Corte Especial, continua a proferir decisões que aplicavam a limitação do art. 16 da Lei 7.347/1985[243] e outras que seguiam a orientação de afastar os limites territoriais[244], a jurisprudência do tribunal parece finalmente ter se consolidado pelo afastamento de referido dispositivo legal[245].

A matéria foi afetada pelo Supremo Tribunal Federal para a criação de precedente vinculante quanto ao tema por meio do Recurso Extraordinário nº 1.101.937/SP, com relatoria do Ministro Alexandre de Moraes. O julgamento por maioria de votos apontou para a consagração da seguinte tese: (1) É inconstitucional o art. 16 da Lei 7.347/85, alterado pela lei 9.494/97; (2) Em se tratando de ação civil pública de efeitos nacionais ou regionais,

---

242 STJ, 3ª Seção, CC 109.435/PR, rel. Min. Napoleão Nunes Maia Filho, j. 22.09.2010, *DJe* 15.12.2010.

243 STJ, 3.ª Turma, REsp 1.304.953/RS, Rel. Min. Nancy Andrighi, j. 26.08.2014, *DJe* 08.09.2014; STJ, 2.ª Turma, AgRg no REsp 1.353.720/SC, Rel. Min. Herman Benjamin, j. 26.08.2014, *DJe* 25.09.2014.

244 STJ, 2.ª Turma, AgRg no REsp 1.380.787/SC, Rel. Min. Og Fernandes, j. 19.08.2014, *DJe* 02.09.2014; STJ, 2.ª Seção, REsp 1.391.198/RS, Rel. Min. Luis Felipe Salomão, j. 13.08.2014, *DJe* 02.09.2014.

245 STJ, 1ª Turma, REsp 1.800.103/DF, rel. Min. Napoleão Nunes Maia Filho, j. 13/08/2019; DJe 16/08/2019; STJ, 2ª Turma, AgInt no REsp 1.457.464/SP, rel. Min. Francisco Falcão, j. 13/12/2018, DJe 18/12/2018; STJ, 2ª Turma, REsp 1.746.416/PR, rel. Min. Herman Benjamin, j. 16/08/2018, DJe 13/11/2018; STJ, 3ª Turma, AgInt no REsp 1.633.392/PR, rel. Min. Paulo de Tarso Sanseverino, j. 24/04/2018, DJe 30/04/2018.

a competência deve observar o art. 93, 2, do CDC; (3) Ajuizadas múltiplas ações civis públicas de âmbito nacional ou regional firma-se a prevenção do juízo competente que primeiro conheceu de uma delas para o julgamento de todas as demandas conexas.

10.8. LIQUIDAÇÃO DE SENTENÇA

10.8.1. Competência

O vetado art. 97, parágrafo único, do CDC, além de prever a liquidação na forma de artigos, previa que a liquidação poderia ser promovida no foro do domicílio do liquidante. Lê-se das razões do veto: "Esse dispositivo dissocia, de forma arbitrária, o foro dos processos de conhecimento e de execução, rompendo o princípio da vinculação quanto à competência entre esses processos, adotado pelo Código de Processo Civil (art. 575) e defendido pela melhor doutrina. Ao despojar uma das partes da certeza quanto ao foro de execução, tal preceito lesa o princípio de ampla defesa assegurado pela Constituição (art. 5º, LV)".

Se as razões do veto já eram sofríveis à época, atualmente o são ainda mais, pois o art. 575 do CPC/1973, mencionado expressamente no veto, foi tacitamente revogado pelo art. 475-P do CPC/1973, com especial destaque para o parágrafo único do dispositivo.

A regra de que deva existir obrigatoriamente uma vinculação no mesmo juízo da atividade cognitiva e executiva é fundada em uma crença, que durante muito tempo e de maneira absolutamente equivocada foi considerada como verdade absoluta pelo legislador: o melhor juízo para executar uma sentença é aquele que a formou. Essa crença, entretanto, foi afastada – ao menos parcialmente – com a disposição contida no parágrafo único do art. 475-P do CPC/1973 e mantida no art. 516, parágrafo único, do CPC.

Não há nenhuma norma expressa a respeito da competência para a liquidação de sentença, devendo-se analisar o momento procedimental no qual a liquidação ocorre para determinar o órgão jurisdicional competente.

Tratando-se de liquidação incidental em execução – fase de satisfação de sentença ou processo autônomo –, é natural que seja competente para conhecer da liquidação o próprio juízo no qual já tramita a demanda executiva. Tratando-se de liquidação que dá início a processo sincrético que buscará ao final a satisfação do direito do demandante, este deverá fazer um exercício de abstração, determinando qual seria o órgão competente para a execução daquele título caso não fosse necessária a liquidação. Por fim, tratando-se de liquidação entre a fase de conhecimento e a fase de execução, haverá *competência absoluta* – de caráter funcional – do juízo que proferiu a sentença ilíquida, não se aplicando ao caso o permissivo do art. 516, parágrafo único, do CPC[246].

A existência de foros concorrentes para o cumprimento de sentença busca facilitar a satisfação do direito, permitindo ao demandante a escolha entre o juízo que formou o título, o foro do atual domicílio do executado, ou ainda o foro do local em que se encontrem seus bens (art. 516, parágrafo único, do CPC). Essa facilitação da satisfação do direito, entretanto, nada tem a ver com a liquidação da sentença, entendida como atividade cognitiva integrativa da sentença genérica proferida no encerramento da primeira fase de natureza cognitiva. É natural, portanto, que, havendo entendimento corrente no sentido de que a sentença ilíquida que condena e a decisão da liquidação completam um todo – tanto é assim que em regra serão uma só decisão, com a exata determinação do *an debeatur* e do *quantum debeatur* –, o juízo que exerceu a função judicante nessa primeira fase de solução da lide automaticamente se tornará competente para a segunda fase, em nítida ocorrência de competência funcional[247].

Entendo que o mesmo raciocínio deve ser aplicado à execução coletiva de sentença coletiva genérica. Nesse caso, ainda que a execução se mostre mais adequada em um dos foros previstos pelo art. 516, parágrafo único, do CPC, não existe qualquer razão para admitir a liquidação da sentença em outro juízo que não aquele que formou o título executivo. O raciocínio, insisto, é exatamente o mesmo da tutela individual.

Na liquidação individual da sentença coletiva genérica, entretanto, a regra deve ser outra em razão das particularidades dessa espécie de liquidação. Primeiro, que a vantagem de ter o mesmo juízo nas fases de conhecimento e de liquidação de sentença não existe no caso apresentado, considerando-se que na liquidação imprópria o juízo não se limitará a fixação do *quantum debeatur*, também analisando a titularidade do direito, o que dependerá de uma análise individualizada da situação do liquidante. Por outro lado, há vantagens práticas inegáveis em admitir a liquidação no foro do indivíduo: (i) para o indivíduo facilita a propositura da liquidação, em nítido atendimento do princípio do acesso à ordem jurídica justa; (ii) para o Estado, evita-se a concentração em um mesmo juízo de quantidade considerável de liquidações individuais, o que poderia até mesmo inviabilizar o andamento dos processos nesse cartório[248].

Pelas razões expostas, deve ser elogiado o entendimento consagrado no Superior Tribunal de Justiça a respeito do tema, no sentido de admitir

---

[246] Contra: Nery-Nery, *Código*, p. 722.

[247] Lucon, *Código*, p. 1.789; Didier-Braga-Oliveira, *Curso*, p. 395-396; Abelha Rodrigues, *Manual*, p. 451-452.

[248] Cavalieri, Programa, p. 360. No mesmo sentido Leonel, Manual, p. 379.

como competente para a liquidação individual da sentença coletiva o foro do domicílio do liquidante[249].

10.8.2. Espécies de liquidação de sentença

Com a correta exclusão da "liquidação por mero cálculo aritmético" do Código de Processo Civil de 2015, os dois incisos do art. 509 do CPC preveem apenas a liquidação: (I) por arbitramento e (II) pelo procedimento comum. O legislador parece ter acabado com as diferentes espécies de liquidação de sentença, limitando-se a prever dois diferentes procedimentos: liquidação por arbitramento quando determinado pela sentença, convencionado pelas partes ou exigido pela natureza do objeto da liquidação, e liquidação pelo procedimento comum, quando houver necessidade de alegar e provar fato novo (antiga liquidação por artigos).

Sempre se entendeu que a liquidação prevista pelo CPC/1973 como liquidação por mero cálculo aritmético era uma pseudoliquidação, já que supostamente estar-se-ia a liquidar o que já era líquido, considerando que a liquidez da obrigação é sua determinabilidade e não sua determinação. Significa dizer que sendo possível se chegar ao valor exequendo por meio de um mero cálculo aritmético, a obrigação já será líquida e por tal razão seria obviamente dispensada a liquidação de sentença.

O § 2.º do art. 509 do CPC é extremamente feliz ao prever que quando a apuração do valor depender apenas de cálculo aritmético, o credor poderá promover, desde logo, o cumprimento da sentença. Para facilitar a elaboração de tal cálculo o § 3º do mesmo dispositivo prevê que o Conselho Nacional de Justiça desenvolverá e colocará à disposição dos interessados programa de atualização financeira.

Independentemente da espécie de liquidação de sentença cabível no caso concreto, o art. 509, § 1.º, do CPC consagra a teoria dos capítulos da sentença, permitindo à parte concomitantemente liquidar capítulo ilíquido e executar capítulo líquido.

Os únicos dispositivos do CDC que mencionam a liquidação de sentença coletiva estão concentrados no capítulo que trata das ações coletivas para a defesa de interesses individuais homogêneos, nada havendo em termos de previsão legal quanto aos direitos difusos e coletivos. Nas demais leis que compõem o microssistema coletivo não há preocupação com a regulamentação da liquidação de sentença.

---

[249] *Informativo* 452/STJ: 3ª Turma, REsp 1.098.242/GO, rel. Min. Nancy Andrighi, j. 21.10.2010; *Informativo* 422/STJ: 3ª Seção, CC 96.682-RJ, rel. Min. Arnaldo Esteves Lima, j. 10.02.2010.

Entendo que essa opção legislativa tenha razão de ser, considerando-se não haver realmente qualquer especialidade procedimental nas liquidações de sentença proferidas em ações que versam sobre direitos difusos e coletivos. O interesse maior, portanto, fica por conta da liquidação das sentenças coletivas que tenham como objeto direito individual homogêneo, que só tem tutela legal no Código de Defesa do Consumidor.

Havendo sentença de procedência ilíquida em ação coletiva que verse sobre direito difuso e coletivo, a liquidação pode se dar por arbitramento, quando for necessária apenas a realização de uma prova pericial, ou por artigos, quando for preciso a alegação e prova de um fato novo. Não há, na realidade, qualquer especialidade nesse tocante.

Na hipótese de direito individual homogêneo, existe debate doutrinário a respeito da espécie de liquidação. Ressalte-se que o art. 97, parágrafo único, do CDC indicava expressamente a liquidação por artigos, mas, como foi objeto de veto presidencial, não pode ser utilizado na solução do impasse.

Há corrente doutrinária que defende o cabimento de ambas as formas genuínas de liquidação existentes no sistema processual, tudo a depender das exigências do caso concreto. Para essa corrente, será possível tanto determinar o valor mediante a simples produção de uma prova pericial - liquidação por arbitramento - ou pela produção de prova referente a fato novo - liquidação por artigos.

Prefiro o entendimento contrário, no sentido de que a liquidação será necessariamente por artigos, sendo sempre indispensável a prova de fato novo. E essa exigência decorre da especial natureza da liquidação de sentença fundada em direito individual homogêneo, que inclusive leva a melhor doutrina a defender ser tal liquidação uma forma de "liquidação imprópria"[250].

É até possível defender, diante das razões do veto, que, mesmo diante do veto presidencial ao art. 97, parágrafo único, do CDC, a regra referente à espécie de liquidação sobreviveu implicitamente. A norma tratava da espécie de liquidação e da competência, e as razões do veto limitaram-se às críticas quanto à parte da regra que tratava da competência, não havendo qualquer menção à expressa previsão da forma de artigos como a única adequada à liquidação de sentença fundada em direito individual homogêneo.

10.8.3. Direito difuso e coletivo

Independentemente de ser determinado ou genérico o pedido do autor, há hipóteses em que simplesmente não é possível a fixação do valor da obrigação no momento de se decidir o pedido do autor. Vai nesse sentido o art.

[250] Pizzol, Liquidação, p. 194; Wambier, Liquidação, p. 380.

491, I, do CPC ao prever a possibilidade de prolação de sentença ilíquida se não for possível determinar, de modo definitivo, o montante devido.

Por outro lado, e isso também independe de o pedido formulado pelo autor ser genérico ou determinado, pode valer a pena a prolação da sentença ilíquida quando o processo já estiver pronto para a decisão sobre o *an debeatur*, mas ainda depender de atos processuais complexos e demorados a fixação do *quantum debeatur*. Nesse caso, não há sentido em se postergar a decisão sobre ambos os aspectos da obrigação, sendo nesse sentido o inciso II do art. 491 do CPC ao prever a possibilidade de prolação de sentença ilíquida quando a apuração do valor devido depender da produção de prova de realização demorada ou excessivamente dispendiosa, assim reconhecida na sentença.

De qualquer forma, nas ações que têm por objeto direito difuso e coletivo é plenamente possível que a sentença seja líquida, independentemente de o pedido ser determinado ou genérico. Como também é possível, nos termos dos incisos I e II do art. 491 do CPC, ser proferida sentença ilíquida. Nesse caso, como admitido em lei, far-se-á necessária a fase de liquidação de sentença, mas, justamente por não ter qualquer especialidade, seguirá a forma de arbitramento ou artigos, a depender das exigências do caso concreto.

10.8.4. Direito individual homogêneo

No tocante às ações coletivas que tenham como objeto um direito individual homogêneo, aparentemente a situação é outra. Ainda que materialmente possível um pedido determinado, tudo leva a crer que o pedido nesse tipo de ação seja genérico, até mesmo para que os indivíduos beneficiados com a decisão a liquidem no futuro para aferirem os danos individuais suportados por cada um deles. Conforme já afirmado, sendo o pedido indeterminado admitir-se-á a prolação de sentença ilíquida.

A doutrina majoritária entende no sentido do texto, por vezes até mesmo afirmando que a sentença genérica é a única possível, nos termos do art. 95 do CDC[251]. Essa mesma doutrina, entretanto, lembrava na vigência do CPC/1973 que na realidade a sentença genérica é apenas a regra, sendo admissível, ainda que excepcionalmente, a prolação de sentença líquida, como, por exemplo, em uma sentença que tenha condenado o Instituto de Previdência a pagar, a cada um dos aposentados, uma quantia específica, atualizada a partir de determinada data, o que exigirá apenas a elaboração de um cálculo aritmético por cada um dos tutelados, processando-se a

[251] Wambier, Liquidação, p. 371; Grinover, Código, p. 152; Marinoni-Arenhart, Manual, p. 740; Cavalieri, Programa, p. 358.

liquidação de acordo com o art. 475-B do CPC/1973[252]. Diante do Código de Processo Civil de 2015 essa sentença deve ser considerada líquida, nos termos do art. 509, § 2º, o que corrobora a conclusão de que em ações coletivas que versam sobre direito individual homogêneo a sentença será sempre ilíquida.

E mesmo que admitida a excepcionalidade de uma sentença líquida, em regra a sentença será genérica e demandará uma fase de liquidação. Interessante notar que essa liquidação, a ser realizada pelos indivíduos que se beneficiaram da sentença coletiva, será mais ampla em termos de cognição do que uma tradicional liquidação de sentença. Tanto assim que a doutrina chama tal liquidação de "liquidação imprópria".

A especialidade dessa espécie de liquidação é que esta não se limitará a revelar o valor do débito devido pelo réu em favor do autor, mas também deverá ser reconhecida a titularidade desse direito, única forma de a sentença coletiva aproveitar ao indivíduo[253]. O objeto da liquidação, portanto, será mais amplo que aquele existente na liquidação de sentença tradicional.

10.8.5. Liquidação individual das sentenças de direito difuso e coletivo

Conforme já afirmado, a liquidação coletiva da sentença genérica proferida em ação coletiva de direitos difusos e coletivos não tem qualquer especialidade. Ocorre, entretanto, que essa sentença também poderá ser utilizada por indivíduos que foram prejudicados pela mesma situação fático-jurídica que tenha levado o réu a ser condenado na ação coletiva. Nesse caso, haverá tantas liquidações individuais quantos forem os indivíduos nessa situação.

Note-se que nos direitos individuais homogêneos a ação coletiva é voltada para a prolação de uma sentença que seja aproveitada individualmente por cada indivíduo lesionado, daí ser uma consequência natural nesse caso o oferecimento de liquidações individuais. Como o objetivo é tutelar os indivíduos, a sentença é proferida com a missão de servir de título executivo, ainda que representativo de obrigação ilíquida, para todos os titulares do direito individual homogêneo.

Já nos direitos difusos e coletivos o objetivo é tutelar a coletividade ou uma comunidade, de forma que a sentença é proferida para ser executada – e eventualmente liquidada – em favor dos titulares desses direitos. Significa que o benefício a indivíduos é somente residual, não sendo essa a preocupação da demanda judicial. Os indivíduos, portanto, poderão se aproveitar

---

252 Wambier, Liquidação, p. 373.

253 Grinover, Código, p. 154. No mesmo sentido: Marinoni-Arenhart, Manual, p. 741; Mancuso, Manual, p. 181-182.

da sentença coletiva, como se nesse caso houvesse uma condenação implícita do réu a ressarci-los.

Nesse caso, a liquidação terá objeto cognitivo muito próximo das liquidações individuais de sentença fundada em direito individual homogêneo. Novamente caberá ao autor da liquidação provar não só o valor do dano, mas também a existência desse dano e a correlação entre o dano individualmente suportado e a situação fático-jurídica reconhecida na sentença coletiva como fundamento da procedência.

10.9. EXECUÇÃO

10.9.1. Legitimidade ativa

Naturalmente, o autor da ação coletiva terá legitimidade para a execução. É, inclusive, esse sujeito que costuma executar a sentença, não sendo comum que outro legitimado, que não tenha participado da fase de conhecimento como autor, dê início à fase executiva. Não é normal que um legitimado que teve todo o trabalho em obter uma sentença condenatória deixe de se interessar justamente no momento da satisfação do direito. Apesar dessa realidade, é indiscutível que outros legitimados previstos nos arts. 5.º da LACP e 82 do CDC, que não tenham composto o polo ativo da ação coletiva na fase de conhecimento, também sejam legitimados ativos para o cumprimento de sentença.

O mesmo pode se dizer da execução de título executivo extrajudicial. Apesar de ser comum que o próprio legitimado coletivo que participou da formação do título seja o exequente na hipótese de inadimplemento obrigacional, não existe qualquer impedimento para que outro legitimado coletivo ingresse com a execução. Nesse sentido deve-se lamentar a mudança de entendimento do Superior Tribunal de Justiça quanto à legitimidade do Ministério Público de executar decisão do Tribunal de Contas do Estado com vista ao ressarcimento do erário[254]. O entendimento parte da equivocada premissa de que nesse caso o Ministério Público atuaria em favor do órgão público (execução individual), quando na realidade sua atuação se dá em prol da coletividade (execução coletiva).

A indisponibilidade de execução de título executivo judicial no âmbito da tutela coletiva é a regra, de forma que, não sendo executada a sentença coletiva de procedência pelo autor ou por outro colegitimado dentro de certo

[254] STJ, 2ª Turma, AgRg no REsp 1.541.385/MA, rel. Min. Herman Benjamin, j. 05/11/2015, DJe 03/02/2016; STJ, 1ª Seção, EDcl no REsp 1.194.670/MA, rel. Min. Napoleão Nunes Maia Filho, j. 03/09/2013, DJe 20/09/2013.

prazo legal, caberá ao Ministério Público o dever funcional de fazê-lo. A justificativa é simples: evitar que um eventual conluio do autor com o réu, ou mesmo um desinteresse de outros legitimados em executar a decisão, seja capaz de frustrar a proteção de um direito transindividual já reconhecido por decisão judicial.

O art. 16 da Lei 4.717/1965, que prevê o dever funcional do Ministério Público de executar a decisão judicial, decorridos 60 dias da publicação da sentença condenatória de segunda instância (melhor seria dizer acórdão de segundo grau), em razão da inércia do cidadão autor e de outros cidadãos, vai no mesmo sentido do art. 15 da Lei 7.347/1985, que prevê ser dever funcional do Ministério Público a execução em 60 dias do trânsito em julgado, caso não a execute o autor ou outro colegitimado.

Ainda que a obrigatoriedade de propositura da execução pelo Ministério Público seja a tônica do sistema da tutela coletiva, é preciso observar importante distinção entre as duas regras legais mencionadas. Enquanto na ação popular o prazo de 60 dias tem seu termo inicial na prolação da decisão de procedência do segundo grau, na ação civil pública a contagem do mesmo prazo só tem início com o trânsito em julgado da sentença de procedência. Significa que o Ministério Público somente tem o dever funcional de executar uma sentença proferida em ação civil pública de forma definitiva, enquanto na ação popular, ainda que pendente de julgamento recurso especial e/ou extraordinário, haverá dever funcional do Ministério Público em executar provisoriamente a sentença.

Mesmo que se reconheça o nobre objetivo de se fazer cumprir uma sentença popular a partir do momento em que ela passa a gerar efeitos no processo, mesmo que ainda não seja definitiva em razão da pendência de recurso, não entendo correto imputar ao Ministério Público um dever funcional em executar a sentença provisoriamente. Ninguém tem o dever de executar provisoriamente, sendo sempre admissível que se aguarde o momento em que a decisão torna-se definitiva, após o trânsito em julgado, em razão da teoria do risco-proveito aplicável à execução provisória.

Prevê o art. 520, I, do CPC que a execução provisória corre por conta e responsabilidade do exequente, em nítida aplicação da *teoria do risco-proveito*. Significa que a execução provisória é uma opção benéfica ao exequente, já que permite, senão a satisfação do direito, ao menos o adiantamento da prática de atos executivos. Entretanto, os riscos de tal adiantamento são totalmente carreados ao exequente, que estará obrigado a ressarcir o executado por todos os danos (materiais, morais, processuais) advindos da execução provisória na hipótese de a sentença ser reformada ou anulada pelo recurso pendente de julgamento. A responsabilidade, nesse caso, é objetiva, de modo que o elemento "culpa" é irrelevante para a sua configuração, bastando ao executado provar a efetiva ocorrência de danos e o nexo de causalidade com a execução provisória[255].

Significa que, na ação popular, não se pode impor um dever ao Ministério Público que acarretará um risco de prejuízo aos cofres públicos, porque os danos suportados pelo executado provisório nesse caso serão cobrados do Estado. É até mesmo um contrassenso, em uma ação em que se busca a tutela do patrimônio público, exigir do Ministério Público a adoção de uma conduta que poderá resultar em prejuízo a esse mesmo patrimônio que se buscava tutelar. Portanto, ainda que exista expressa previsão a respeito na Lei 4.717/1965, parece ser preferível a aplicação do art. 15 da Lei 7.347/1985.

Reconheço que o entendimento ora defendido não encontra amparo nos tribunais, e o Superior Tribunal de Justiça não só aplica o art. 16 da LAP em sua literalidade, como vai além, ao admitir que em sua interpretação também seja incluída a liquidação da sentença coletiva genérica[256]. Ainda que a liquidação seja inegavelmente cognitiva, como fase preparatória da execução, a decisão demonstra o claro entendimento no sentido de ser iniciada a persecução executiva a partir da decisão de segundo grau, ainda que nesse caso precedida pela liquidação de sentença.

O problema, naturalmente, não se coloca na hipótese de sentença de procedência transitada em julgado em razão de ausência de interposição de apelação por parte dos réus. Apesar de extremamente rara no caso concreto tal situação, o dever do Ministério Público de executar a sentença coletiva só começa, nesse caso, a ser contado do trânsito em julgado[257]. O mesmo se diga do acórdão que julga a apelação não recorrido por recurso especial e/ou recurso extraordinário, de ocorrência um pouco mais frequente.

Registre-se, por fim, que o art. 15 da LACP se aplica somente nos casos de direito difuso e coletivo, nos quais a execução coletiva da sentença é o caminho natural de satisfação do direito reconhecido como violado pela decisão. Nos direitos individuais homogêneos o caminho natural dessa satisfação é a execução individual a ser oferecida pelos interessados, sendo coletiva a execução de maneira subsidiária e eventual, nos termos do art. 100 do CDC.

10.9.2. Direitos difusos e coletivos

Conforme já tive oportunidade de afirmar, diante de uma sentença coletiva fundada em violação a direito difuso e coletivo, o caminho natural de

---

255 Marinoni-Arenhart, *Execução*, p. 365; Abelha Rodrigues, *Manual*, p. 194; Greco, *O processo*, n. 3.4.1.2, p. 203.

256 STJ, 2ª Turma, REsp 450.258/SP, rel. Min. Eliana Calmon, j. 08.06.2004, *DJ* 20.09.2004.

257 Meirelles-Wald-Mendes, *Mandado*, p. 203; Costa Machado, *A intervenção*, 8.4.3, p. 462.

satisfação da decisão é por meio de uma execução coletiva, que reverterá em prol da coletividade ou de uma comunidade. Não há, na realidade, qualquer especialidade procedimental nessa execução, devendo o exequente se valer das regras previstas na teoria geral da execução e aplicáveis tanto à execução individual como coletiva.

O ponto de destaque fica por conta das lições doutrinárias que apontam uma preferência nessa execução pela tutela específica[258]. Como toda tutela inibitória é específica, fica clara também a opção por essa espécie de tutela, restando a tutela reparatória apenas para aquelas situações em que não será concretamente possível a obtenção da inibitória. E, mesmo quando a tutela reparatória for a única possível, prefere-se essa espécie de tutela *in natura*, e somente de forma residual a tutela pelo equivalente em dinheiro.

Naturalmente é mais adequada uma tutela que proíba uma determinada empresa de cortar ilegalmente milhares de árvores, mas, uma vez ocorrido o evento, a tutela preventiva já não será mais possível, restando tão somente a tutela reparatória. Nesse caso, deve-se preferir a condenação do réu a alguma compensação ao meio ambiente lesado, como a obrigação de replantio das árvores, e apenas de forma residual sua condenação ao pagamento de quantia certa.

Havendo condenação a pagar quantia certa na hipótese de danos causados ao erário, o valor obtido em cumprimento de sentença ou processo de execução será revertido para a pessoa jurídica de direito público que tenha suportado a lesão econômica reconhecida na sentença ou no título executivo extrajudicial[259]. Em todas as demais hipóteses, o valor em dinheiro obtido em processo de execução ou cumprimento de sentença deverá ser revertido para o Fundo de Direitos Difusos, previsto no art. 13 da LACP[260].

10.9.3. Direitos individuais homogêneos

10.9.3.1. Introdução

Como já tive oportunidade de afirmar, o direito individual homogêneo tem natureza de direito individual, e nada mais é do que a soma de direitos individuais de origem comum. Em um processo coletivo cujo objeto seja um direito individual homogêneo, a sentença condenará o réu ao pagamento dos danos gerados aos sujeitos que sejam titulares de cada direito individual que, somados, resultaram no direito individual homogêneo.

---

[258] Abelha, Ação civil pública, p. 322.

[259] Leonel, Manual, p. 374.

[260] Rodrigues, *Ação*, p. 321.

Essa especial característica do direito individual homogêneo faz com que a sentença coletiva seja executada individualmente, por cada um dos indivíduos beneficiados por ela. Muito provavelmente será necessária uma fase de liquidação de sentença, conforme analisado no Capítulo 10, item 10.8.4, mas a execução subsequente terá natureza individual. Significa que, dentro da normalidade, a ação é tratada como coletiva somente até a prolação da sentença, e depois desse momento é tratada como individual, seja na liquidação, seja na execução.

A execução individual não terá qualquer especialidade procedimental, sendo uma regular execução de pagar quantia certa de título executivo judicial. Os pontos de maior interesse ficam por conta da execução por *fluid recovery* e da execução pseudocoletiva, temas que serão analisados a seguir.

10.9.3.2. Execução por fluid recovery

A execução de sentença fundada em direito individual homogêneo será feita individualmente, pelos lesionados, seus sucessores ou mesmo pelos legitimados coletivos. Independentemente do exequente, o importante a ressaltar é a natureza individual dessas execuções, o que, no caso concreto, exigirá a iniciativa do indivíduo, seja ingressando com a execução, seja municiando o legitimado coletivo de informações para que o *quantum debeatur* individual seja estabelecido. O indivíduo, portanto, é peça fundamental na execução de sentença coletiva fundada em direito individual homogêneo.

Como a participação do indivíduo é praticamente indispensável na execução ora analisada, surge a possibilidade de uma sentença praticamente ineficaz, que aproveite concretamente um número ínfimo de interessados que se habilitem na demanda para executar seus créditos. Por vezes, uma sentença com abrangência ampla em termos de sujeitos beneficiados pode simplesmente deixar de gerar todos os seus potenciais efeitos, bastando para isso que os beneficiados pela decisão não executem seus créditos individuais.

Poder-se-á questionar por que um sujeito, que tem em seu favor um título executivo judicial, deixa de executá-lo. Apesar dos mecanismos de aviso aos interessados previstos pela lei, deve-se reconhecer que a publicação de editais no início do processo, nos termos do art. 94 do CDC, pode não levar à informação da existência do processo para todos os interessados. E, mesmo que adotado entendimento doutrinário no sentido de aplicar esse dispositivo legal por analogia para o momento posterior ao trânsito em julgado[261], difícil acreditar na plena publicidade da decisão. Medida interessante nesse sentido seria o autor pedir já na petição inicial a condenação do réu a providenciar a

[261] Mancuso, Manual, p. 186.

publicação da sentença em meios de comunicação de grande alcance, como a internet, televisão e rádio. De qualquer forma, deve-se contar com a ignorância dos interessados a respeito da sentença que os beneficia.

Por outro lado, a própria desinformação de muitas partes e seus patronos pode colaborar para não haver a execução individual na dimensão adequada e possível diante da sentença coletiva. A exata compreensão do sistema processual existente para a tutela coletiva ainda está longe de ser uma realidade, de modo que não é espantoso encontrar advogados que simplesmente não sabem que poderão se valer de uma sentença coletiva para o benefício de seus clientes.

Além das dificuldades apresentadas, é importante lembrar típica hipótese de execução por *fluid recovery*. Como aponta a melhor doutrina[262] e a jurisprudência[263], existem danos que individualmente considerados são ínfimos, dificilmente incentivando os indivíduos à execução. No entanto, quando esses danos individuais são somados, passando a existir de forma global, nota-se que o prejuízo gerado pelo réu foi substancial. Os exemplos são fartos: milhares de consumidores foram enganados por uma empresa de chocolate, que anunciava barras de 30 g com somente 29 g; milhares de viajantes pagaram pedágio a R$ 10,00 quando o valor coreto seria R$ 9,90; milhares de clientes de um banco tiverem R$ 0,50 retirados indevidamente de suas contas. Nesse caso, a falta de interesse nas execuções individuais, em razão do ínfimo valor envolvido, poderá liberar o réu de arcar com as consequências de seu ato danoso, o que, naturalmente, não deve ser bem aceito.

Exatamente por compreender que a efetividade da sentença fundada em direito individual homogêneo dependerá antes de tudo da iniciativa do indivíduo, com o que nem sempre se poderá contar, o legislador consagrou no art. 100 do CDC a chamada execução por *fluid recovery*, originária do direito norte-americano, também chamada de reparação fluída. Segundo o dispositivo legal, "decorrido o prazo de um ano sem habilitação de interessados em número compatível com a gravidade do dano, poderão os legitimados do art. 82 promover a liquidação e execução da indenização devida".

A execução por *fluid recovery* se distingue de forma significativa da execução individual. Nesta, o indivíduo ou o legitimado coletivo como substituto processual litiga para satisfazer o direito individual, enquanto naquela o legitimado coletivo busca uma recomposição em prol da coletividade, tanto assim que, segundo o art. 100, parágrafo único, do CDC, o produto da indenização devida reverterá para o fundo criado pela Lei 7.347/1985, o Fundo

---

262 Grinover, Código, p. 163; Mancuso, Manual, p. 183.

263 STJ, 4ª Turma, REsp 1.187.632/DF, rel. Min. João Otávio de Noronha, rel. p/ acórdão Min. Antonio Carlos Ferreira, j. 05/06/2012, *DJe* 06/06/2013.

de Direito Difusos (FDD), independentemente de pedido nesse sentido na petição inicial da ação coletiva[264]. Não deixa de ser interessante porque o dano gerado pelo réu foi individual, enquanto a execução por *fluid recovery* tutela a coletividade.

Essa forma diferenciada de execução deve ser considerada como uma anomalia do sistema, só devendo tomar lugar quando as execuções individuais não tiverem sido oferecidas em número compatível com a gravidade do dano. Insista-se mais uma vez que, se o direito individual homogêneo tem natureza de direito individual, as execuções devem ser individuais, valendo-se o sistema da execução por *fluid recovery* apenas subsidiariamente[265].

Apesar do silêncio da lei, o termo inicial do prazo de um ano previsto pelo art. 100 do CDC é o trânsito em julgado da sentença[266], pois ninguém pode ser obrigado a executar provisoriamente uma sentença assumindo os riscos que essa espécie de execução proporciona. Caberá aos legitimados coletivos uma primeira aferição do número de interessados habilitados diante do potencial da sentença, uma vez que, se os próprios legitimados coletivos entenderem que o número de interessados habilitados é compatível com a gravidade do dano, não devem ingressar com a execução por *fluid recovery*. E, mesmo que seja oferecida a execução, caberá ao juiz a palavra final a respeito do cabimento dessa espécie de execução, sendo nesse caso indispensável, em respeito ao princípio do contraditório, a oitiva do réu antes da prolação da decisão. De qualquer forma, o juiz nunca poderá dar início de ofício a tal execução.

Como a lei foi suficientemente clara ao mencionar um número compatível com a gravidade do dano, não é necessário que todos os beneficiados tenham se habilitado a fim de evitar a execução por *fluid recovery*. Apesar do subjetivismo existente no dispositivo legal ora mencionado, deve restar claro que, mesmo havendo interessados não habilitados, a *fluid recovery* poderá ser dispensável. A tese de que deve haver um ressarcimento integral do dano gerado é amparada em vício de premissa, porque a execução por *fluid recovery* não tem como objetivo complementar as execuções individuais, mas tão somente fazer com que a sentença tenha eficácia prática.

Essa é a razão, inclusive, para que na execução por *fluid recovery* se busquem outros parâmetros que não somente os danos individuais não executados individualmente, pois, sem a colaboração dos titulares do direito, nem sempre será possível a determinação do valor de tal dano. O Superior

---

[264] STJ, 4ª Turma, REsp 996.771/RN, rel. Min. Luis Felipe Salomão, j. 06.03.2012, *DJe* 23.04.2012.

[265] STJ, 4ª Turma, REsp 1.156.021/RS, rel. Min. Macro Buzzi, j. 06/02/2014, *DJe* 05/05/2014.

[266] Andrade-Masson-Andrade, Interesses, p. 239; Leonel, Manual, p. 381.

Tribunal de Justiça tem interessante julgado no qual associou o valor dos danos individuais não executados e o valor da execução por *fluid recovery* com fundamento no princípio da menor onerosidade[267]. É claro que no caso julgado era possível e razoavelmente simples se aferir esse valor, o que, entretanto, não é a regra das condenações fundadas em violação de direito individual homogêneo.

Sempre que impossível ou extremamente difícil se aferir o valor dos danos individuais sem a presença do indivíduo beneficiado pela sentença, como deverá o juiz proceder? Nesse momento, avultará o *defining function* do juiz na determinação do valor da execução, que, mesmo não estando atrelado aos danos sofridos e não reparados, deverá levar em consideração os danos já reparados como forma de diminuir eventual valor a ser pago na execução por *fluid recovery*[268].

Para parcela minoritária da doutrina o prazo de um ano do trânsito em julgado previsto no art. 100 do CDC é decadencial, de modo que, se o indivíduo não se habilitar nesse prazo para executar a sentença coletiva, perderá seu direito de crédito. A justificativa para esse entendimento é evitar um eventual *bis in idem*[269].

Concordo com a doutrina majoritária que defende a possibilidade de execuções individuais mesmo durante ou após o encerramento da execução por *fluid recovery*[270]. O prazo de um ano previsto pelo art. 100 do CDC tem natureza processual, e simplesmente aponta o momento a partir do qual se admitirá uma execução coletiva de sentença fundada em violação a direito individual homogêneo. Esse referido prazo, em razão de sua natureza processual, não afeta os prazos prescricionais e decadenciais referentes ao direito individual que poderá ser objeto de execução[271].

É evidente que, ao responder a todos os beneficiados pela sentença coletiva e também pela *fluid recovery*, o réu estará sendo prejudicado em dobro, mas não se pode falar nesse caso em *bis in idem*, pois os credores das duas espécies de execução são diferentes: no primeiro caso o indivíduo e, no segundo, a coletividade.

Ademais, devemos lembrar que a execução forçada não deveria nem mesmo existir se os réus condenados cumprissem sua obrigação de pagar o

---

[267] *Informativo* 499/STJ: 4ª Turma, REsp 1.187.632-DF, rel. originário Min. João Otávio de Noronha, rel. p/ acórdão Min. Antonio Carlos Ferreira, j. 05.06.2012.

[268] Grinover, Código, pp. 164-165.

[269] Andrade-Masson-Andrade, Interesses, pp. 238-239.

[270] Didier-Zaneti, Curso, p. 389; Leonel, Manual, p. 381; Lucon-Silva, Análise, p. 180.

[271] Grinover, Código, p. 154.

que foi definitivamente reconhecido na sentença condenatória. Caso o réu pretenda evitar uma duplicidade executiva, terá um ano, a partir do trânsito em julgado, para pagar o que deve aos indivíduos beneficiados, de forma a evitar a execução por *fluid recovery*. Basta procurar tais sujeitos e realizar o pagamento do devido e, havendo resistência do indivíduo que deve recebêlo, ingressar com consignações em pagamento, o que já será suficiente para evitar a execução por *fluid recovery*.

Ao prever que o produto obtido por meio da execução por *fluid recovery* reverterá para o Fundo de Direitos Difusos (FDD), o art. 100, *caput*, do CDC dá a entender que toda execução por *fluid recovery* será realizada, cujo objeto é uma obrigação de pagar quantia certa, em um valor aproximado daquele que deveria ter sido cobrado pelos beneficiados pela sentença que não se habilitaram para a execução. Entendo, entretanto, que nem sempre deverá ser assim. Ainda que a condenação do réu na sentença coletiva tenha como objeto uma obrigação de pagar quantia certa aos lesionados por sua atuação, para a execução por *fluid recovery* será possível a transformação dessa condenação em uma obrigação de fazer ou de entregar.

Basta imaginar um dos exemplos dados neste capítulo para justificar a execução por *fluid recovery*. Milhões de motoristas pagaram R$ 0,50 a mais do que o valor correto de um pedágio. Reconhecida tal situação, na sentença coletiva o réu é condenado a ressarcir cada um dos usuários do pedágio pela diferença apurada entre o valor cobrado e o valor que deveria ter sido cobrado, no caso, míseros R$ 0,50. Como é de esperar, as execuções individuais, se existirem, serão em número insignificante diante do dano gerado. Na execução por *fluid recovery*, entretanto, em vez de cobrar o valor total da tungada, o juiz poderia determinar que a empresa que cuida do pedágio passasse a cobrar R$ 0,50 a menos do que o preço devido, até que devolvesse aos consumidores, ainda que de forma reflexa e indireta, o valor indevidamente ganhado com a cobrança em valor acima do devido.

De qualquer forma, quando o valor for revertido para o Fundo de Direitos Difusos (FDD), é importante notar que ele não será revertido em favor dos indivíduos s lesionados, mas sim em prol da coletividade, devendo ser aplicado na área de interesse que gerou a execução[272]. Conforme correto entendimento jurisprudencial, a remessa de tais valores ao FDD, por estar expressamente consagrado em lei, independe de pedido expresso do autor em sua petição inicial[273].

---

[272] Mancuso, Manual, p. 193.

[273] STJ, 4ª Turma, REsp 996.771/RN, rel. Min. Luis Felipe Salomão, j. 06.03.2012, *DJe* 23.04.2012.

10.9.3.3. Legitimidade

Conforme amplamente afirmado, a execução típica diante de uma sentença fundada em violação a direito individual homogêneo é individual, buscando a satisfação de um direito determinado e de titularidade definida. Segundo o art. 97, *caput*, do CDC, "a liquidação e a execução de sentença poderão ser promovidas pela vítima e seus sucessores, assim como pelos legitimados de que trata o art. 82".

A primeira parte do dispositivo legal não apresenta qualquer dificuldade interpretativa, prevendo típica hipótese de legitimação ordinária das vítimas do ato ilícito reconhecido na sentença ou de seus sucessores. Os indivíduos estarão nesse caso litigando em nome próprio por um direito individual próprio. A legitimação concedida aos legitimados à propositura da ação coletiva, elencados no art. 82 do CDC, por sua vez, traz maiores dificuldades ao intérprete, havendo até mesmo quem aponte para uma legitimação anômala nesse caso[274].

A análise torna-se ainda mais difícil diante da expressa previsão do art. 98 do CDC: "A execução poderá ser coletiva, sendo promovida pelos legitimados de que trata o art. 82, abrangendo vítimas cujas indenizações já tiveram sido fixadas em sentença de liquidação, sem prejuízo do ajuizamento de outras execuções".

Para corrente doutrinária considerável a previsão do art. 97, *caput*, do CDC não atribui propriamente uma legitimação ativa para os legitimados coletivos, mas tão somente autoriza que esses possam litigar em nome das vítimas do ato ilícito ou seus sucessores na defesa de seus direitos. Significa que, sendo a execução individual, a legitimidade será exclusiva das vítimas e de seus sucessores, limitando-se a participação dos legitimados coletivos a uma representação processual desses titulares do direito[275].

O entendimento parece ser realmente o mais adequado considerando-se a natureza da execução em favor das vítimas e seus sucessores. Fica claro nesse caso que nas execuções não mais se estará diante de um direito individual homogêneo, o que poderia justificar a legitimidade ativa dos legitimados coletivos previstos pelo art. 82 do CDC. Direito puramente individual deve gerar uma legitimidade ordinária para seus titulares defendê-lo em juízo, não havendo justificativa plausível nesse caso para uma legitimação extraordinária em favor dos legitimados coletivos.

Ocorre, entretanto, que o entendimento de que a presença dos legitimados coletivos na execução individual da sentença proferida em violação

---

[274] Mancuso, Manual, p. 189.

[275] Leonel, Manual, 379; Lucon-Silva, Análise, p. 169; Marinoni-Arenhart, Manual, p. 741; Grinover, Código, p. 157-158.

a direito individual homogêneo se dá por meio da representação processual pode causar um embaraço a essa participação. Tratando-se de representação processual, o legitimado coletivo necessariamente deverá obter uma expressa autorização da vítima ou de seu sucessor para que ajuíze em seu nome a liquidação ou execução, o que, naturalmente, poderá dificultar no caso concreto tal ajuizamento.

Provavelmente pensando nessas dificuldades práticas, e considerando a previsão contida no art. 8.º, III, da CF, o Supremo Tribunal Federal, ao enfrentar o tema, havia pacificado o entendimento de que os legitimados coletivos têm legitimidade no campo dos direitos individuais homogêneos tanto para a fase de conhecimento como para a fase de liquidação e execução da sentença. Entendeu-se que seria efetivamente caso de legitimação extraordinária, por meio da qual o legitimado coletivo liquida e executa a sentença em nome próprio na defesa dos interesses da vítima do ato ilícito e seus sucessores[276]. A partir do posicionamento do Supremo Tribunal Federal, o Superior Tribunal de Justiça também passou a decidir pela legitimação extraordinária, com a dispensa de autorização das vítimas ou sucessores para o ingresso da liquidação e execução[277].

O importante nesses julgados, entretanto, era a constatação de que, embora se admita uma legitimação extraordinária dos legitimados coletivos, a execução não será coletiva, como sugere o art. 98 do CDC. Havendo a determinação e individualização dos direitos exequendos, a execução será individual, não obstante o legitimado ativo seja coletivo[278]. Como lembra a melhor doutrina, nesse caso, tem-se aí uma ação pseudocoletiva, formada pela soma das parcelas identificadas de direitos individuais[279].

Destaque-se a respeito do tema o excelente entendimento consagrado pelo Superior Tribunal de Justiça em julgamento de Recurso Especial repetitivo (Tema 948) no sentido de que em ação civil pública proposta por associação, na condição de substituta processual, possuem legitimidade para a liquidação e execução da sentença todos os beneficiados pela procedência do pedido, independentemente de serem filiados à associação promovente[280].

---

276 STF, Plenário, RE 214.668/ES, rel. orig. Min. Carlos Velloso, rel. p/ o acórdão Min. Joaquim Barbosa, 12.06.2006.

277 STJ, 2ª Turma, REsp 1.243.752/PR, rel. Min. Castro Meira, j. 14.04.2011, *DJe* 27.04.2011; STJ, 2ª Turma, AgRg no Ag 1.391.935/SC, rel. Min. Mauro Campbell Marques, j. 19.05.2011, *DJe* 31.05.2011; STJ, 1ª Turma, AgRg no REsp 1.206.708/RS, rel. Min. Benedito Gonçalves, j. 14.04.2011, *DJe* 19.04.2011.

278 *Informativo* 414/STJ: Corte Especial, EREsp 760.840/RS, rel. Min. Nancy Andrighi, j. 04.11.2009.

279 Abelha, Ponderações, p. 462; Gajardoni, Direitos I, p. 30.

280 Informativo 694/STJ, Segunda Seção, REsp 1.438.263/SP, Rel. Min. Luis Felipe Salomão, por maioria quanto à redação da tese, julgado em 24/03/2021 (Tema 948).

10.9.4. Regime jurídico das despesas e custas processuais

As regras de sucumbência na fase de liquidação e execução da sentença coletiva são as mesmas aplicáveis às liquidações e execuções em geral. A única especialidade diz respeito à presença da Fazenda Pública como executada em razão do disposto no art. 1º-D da Lei 9.494/1997: "Não serão devidos honorários advocatícios pela Fazenda Pública nas execuções não embargadas".

Na análise da abrangência do dispositivo legal ora citado, o Superior Tribunal de Justiça, ainda na vigência do CPC/1973, passou a entender que, diante de uma sentença coletiva, a aplicabilidade ou não da regra dependeria da natureza da liquidação e execução: caso fosse coletiva, aplicável a odiosa previsão legal de forma que, não sendo embargada a execução, não seria cabível condenar a Fazenda Pública ao pagamento de honorários advocatícios; caso fosse individual, a norma seria inaplicável em razão das singularidades existentes nesse tipo de execução. O entendimento, inclusive, encontra-se sumulado: Súmula 345/STJ: "São devidos honorários advocatícios pela Fazenda Pública nas execuções individuais de sentença proferida em ações coletivas, ainda que não embargadas".

Segundo a previsão do art. 85, § 7º, do CPC, não serão devidos honorários no cumprimento de sentença contra a Fazenda Pública que enseja expedição de precatório, desde que não tenha sido impugnada. O dispositivo legal confirma o entendimento dos tribunais superiores a respeito do tema, na interpretação do art. 1.º-D da Lei 9.494/1997, de que sendo hipótese de cumprimento de sentença por RPV (requisição de pequeno valor), ainda que a Fazenda Pública deixe de impugnar, serão devidos honorários advocatícios[281]. Segundo o Superior Tribunal de Justiça, não serão devidos honorários na hipótese de o cumprimento de sentença começar pelo sistema do precatório e o exequente renunciar ao excedente para adequá-la ao sistema da RPV[282].

Essa nova realidade imposta pelo Código de Processo Civil de 2015 não deve alterar o entendimento sumulado quanto às execuções individuais de sentença coletiva, mas certamente afetará o entendimento consolidado na vigência do CPC/1973 a respeito da execução coletiva.

281 STF, Tribunal Pleno, RE 420.816 ED/PR, rel. Min. Sepúlveda Pertence, j. 21.03.2007, *DJe* 27.04.2007; STJ, 2ª Turma, AgRg no AREsp 361.400/RS, rel. Min. Assusete Magalhães, j. 09.12.2014, *DJe* 16.12.2014.

282 STJ, 1ª Seção, REsp 1.406.296/RS, rel. Min. Herman Benjamin, j. 26.02.2014, *DJe* 19.03.2014.

11

HABEAS CORPUS

11.1. BREVE HISTÓRICO

11.1.1. Origem remota

Estudos apontam que desde a antiguidade existem procedimentos destinados à proteção da liberdade. Na Roma antiga, surgida no século VIII a.C., para os homens então considerados livres, havia interditos de apresentação criados para amparar a liberdade de locomoção. Destacava-se para essa finalidade o *interdictum de homine libero exhibendo*[1].

[1] Isaac Sabbá Guimarães, *Habeas Corpus: críticas e perspectivas*, p. 143.

Segundo a melhor doutrina, tanto referido interdito, como o *interdictum de liberis exhibendis* eram as ações de caráter principal para restituir-se um homem livre à sua faculdade de ir, ficar e vir[2]. Pode-se, portanto, verificar nesses interditos romanos uma origem remota do *habeas corpus*.

11.1.2. Origem próxima

Ainda que os interditos mencionados possam ser vistos como um remoto embrião do *habeas corpus*, tal ação constitucional, nos moldes em que prevista no ordenamento jurídico atual, tem como origem mais específica a *Magna Charta Libertatum*, assinada em 1215, na Inglaterra.

Trata-se de um verdadeiro acordo firmado entre o rei João Sem Terra e os barões com a finalidade de conter as arbitrariedades e limitar os poderes reais. Entre outros aspectos, o documento proibia prisões injustas, instituiu sistema de julgamento por pessoas desvinculadas do poder real, ou seja, julgamento pelos pares, e previa em linhas gerais o princípio da legalidade[3].

Anota José Afonso da Silva que o *writ of habeas corpus*, inicialmente, estava vinculado à ideia do devido processo legal e que somente com o '*Habeas Corpus Amendment Act*' de 1679, se configurou com maior precisão o instrumento como um remédio destinado a assegurar a liberdade dos súditos e a prevenir os encarceramentos em ultramar[4].

11.1.3. O *habeas corpus* no Brasil

O *habeas corpus* não foi expressamente previsto na primeira Constituição brasileira, outorgada em 1824. Em que pese constar de seu texto dispositivo que contemplava, em regra, a proibição de prisão sem culpa formada, não se introduziu na Constituição do Império o remédio processual.

Foi apenas com a promulgação do Código de Processo Criminal, em 1832, que o ordenamento brasileiro passou a contar efetivamente com o *habeas corpus* como ação ("Art. 340. Todo cidadão que entender, que ele ou outrem sofre uma prisão ou constrangimento ilegal, em sua liberdade, tem o direito de pedir uma ordem de *Habeas Corpus* em seu favor").

---

2 Pontes de Miranda, *História e prática do Habeas Corpus*, p. 174.

3 Cláusula 39: *No free man shall be taken, or imprisoned, or disseized, or outlawed, or exiled, or any wise destroyed: nor will we go upon him, nor send upon him, but by the lawful judgement of his peers or by the law of the land.* Em tradução livre: Nenhum homem livre será capturado ou preso, ou privado dos seus bens, ou declarado fora da lei, ou exilado, ou de maneira alguma destruído, nem nós iremos contra ele, nem enviaremos alguém contra ele, exceto por julgamento legítimo dos seus pares ou pela lei da terra.

4 José Afonso da Silva, *Curso de direito constitucional positivo*, p. 445.

Dignas de nota foram as alterações veiculadas pela Lei 2.033, de 1871, que, entre outros pontos, autorizou o uso do *habeas corpus* preventivo (Art. 18, § 1º: "Tem lugar o pedido e concessão da ordem de *habeas corpus* ainda quando o impetrante não tenha chegado a soffrer o constrangimento corporal, mas se veja delle ameaçado.") e dispôs sobre a possibilidade de uso da ação por estrangeiro (Art. 18, § 8º: "Não é vedado ao estrangeiro requerer para si ordem de *habeas corpus*, nos casos em que esta tem lugar.").

Posteriormente, o *habeas corpus* foi introduzido na primeira Constituição republicana, promulgada em 1891, que o alçou, portanto, à categoria de garantia constitucional (Art. 72, § 22, em sua redação original: "Dar-se-á o *habeas corpus* , sempre que o indivíduo soffrer ou se achar em iminente perigo de sofrer violencia ou coação por ilegalidade ou abuso de poder."), e constou de todas as Constituições subsequentes.

Cumpre observar que a amplitude do dispositivo que por primeiro assegurou constitucionalmente a ação possibilitava seu manejo em situações que extrapolavam a proteção da liberdade de locomoção. As hipóteses de cabimento, todavia, foram restringidas ao direito de ir, vir e ficar a partir da Emenda Constitucional de 1926[5].

Na Constituição Federal de 1988, o *habeas corpus* está previsto no Título II, que trata dos direitos e garantias fundamentais, Capítulo I, especificamente no art. 5º, inciso LXVIII ("conceder-se-á *habeas corpus* sempre que alguém sofrer ou se achar ameaçado de sofrer violência ou coação em sua liberdade de locomoção, por ilegalidade ou abuso de poder") e é regulado pelos arts. 647 a 667 do CPP.

11.2. NATUREZA JURÍDICA

Da análise do art. 5º, LXVIII, da CF, depreende-se que o *habeas corpus* é um meio processual de garantia do direito à liberdade de locomoção[6]. Ainda que esteja previsto no Título II do CPP, que trata dos recursos, o

[5] José Afonso da Silva, *Curso de direito constitucional positivo*, p. 445.

[6] Fernando da Costa Tourinho, *Manual de Processo Penal*, p. 963. "É *remedium juris* destinado a tutelar, de maneira eficaz e imediata, a liberdade de locomoção, o direito de ir e vir. *The power of locomotion*. O direito de ficar, de ir e vir de um para outro lugar. Tutela o direito de não ser preso, a não ser em flagrante ou por ordem escrita e fundamentada da autoridade judiciária competente; o direito de não ser preso por dívida, salvo o caso do alimentante inadimplente; o direito de não ser recolhido à prisão nos casos em que se permite fiança ou liberdade provisória; o direito de não ser extraditado, a não ser nas hipóteses previstas na Magna Carta; o direito de frequentar todo e qualquer lugar, ressalvadas aquelas restrições que podem ser impostas quando da concessão de sursis ou suspensão condicional do processo; o direito de viajar, ausentando-se de sua residência, ressalvadas as restrições de que tratam os arts. 328 e 367 do CPP".

habeas corpus indubitavelmente é ação constitucional destinada a tutelar a liberdade de locomoção.

E não se trata de recurso por diversas razões. Inicialmente, verifica-se que, diferentemente dos recursos, o *writ* pode ser utilizado para atacar decisão transitada em julgado, além de não haver prazo para sua propositura. Ademais, pode ser manejado contra ato de autoridade coatora diverso de decisão judicial (Promotor de Justiça ou Delegado de Polícia, por exemplo) ou até mesmo ato restritivo da liberdade de locomoção perpetrado por particular[7].

Mesmo que a jurisprudência venha restringindo o uso do remédio heroico como sucedâneo recursal, é evidente que pode ser manejado, observadas as hipóteses de cabimento, para atacar decisão judicial. Tal fato, porém, não descaracteriza sua natureza de ação constitucional.

11.3. ESPÉCIES DE *HABEAS CORPUS*

O texto constitucional indica a existência de duas espécies de *habeas corpus*: liberatório e preventivo.

O *habeas corpus* será liberatório nos casos em que a violência ou coação à liberdade já estiver consumada e se prestará a fazer cessar o indevido constrangimento. Nessa hipótese, concedida a ordem, será expedido alvará de soltura (no caso de custódia indevida) ou ofício endereçado à autoridade coatora (ou ao particular) com o teor da decisão para que finde o constrangimento ilegal (por exemplo, ofício expedido por Tribunal ao juiz da execução comunicando que foi concedida ordem para outorgar ao paciente o livramento condicional).

O remédio constitucional preventivo presta-se para evitar qualquer potencial ferimento ao direito de locomoção. É necessário, porém, que haja um temor concreto e fundado da coação. Em se tratando da modalidade preventiva, será expedido salvo-conduto para que o paciente não sofra qualquer constrangimento ilegal pelo motivo constante da ação.

O salvo-conduto é o documento por meio do qual, devidamente identificados o paciente e a autoridade coatora, se dá conhecimento a quem interessar possa, incluindo autoridade policial ou judiciária, de que foi expedida ordem de *habeas corpus* com a finalidade de evitar o constrangimento pelos motivos relativos à impetração.

A depender da situação, não será necessário expedir o salvo-conduto, pois o simples recolhimento do mandado de prisão ou os próprios termos

[7] Guilherme de Souza Nucci, *Habeas Corpus*, p. 22.

da ordem judicial concessiva já podem ser suficientes para cessar a ameaça de coação[8].

Podem ser citadas como hipóteses típicas de *habeas corpus* preventivo a) a impetração com a finalidade de evitar o indiciamento pela autoridade policial; b) para impedir a submissão a regime mais gravoso que o fixado na sentença condenatória ou na execução penal, por ausência de estabelecimento prisional adequado; c) a fim de obstar quebra de sigilo telefônico, de dados, fiscal ou bancário durante a investigação; e d) garantir ao paciente o direito de permanecer calado se intimado a depor na condição de testemunha, evitando que possa se incriminar.

Especificamente no tocante ao *habeas corpus* preventivo, cumpre observar que o art. 647 do CPP[9] possui previsão mais restritiva do que a garantia insculpida no texto constitucional. Reza o dispositivo da lei adjetiva que a ordem será concedida sempre que alguém se achar na iminência de sofrer violência ou coação ilegal.

Diante do contraste com a garantia mais ampla prevista na Constituição Federal, que não exige a iminência da ameaça, mas apenas que o sujeito esteja ameaçado de sofrer violência ou coação em sua liberdade, é possível afirmar que o dispositivo do CPP, no ponto, não foi recepcionado pela nova ordem constitucional.

11.4. CABIMENTO

Do texto constitucional extrai-se em caráter amplo a hipótese de cabimento da impetração do *habeas corpus* e suas espécies[10].

A garantia estende-se a qualquer ser humano, brasileiro ou estrangeiro, em qualquer situação que caracterize ou possa vir a implicar tolhimento da liberdade de ir, vir e ficar, por ilegalidade ou abuso de poder.

Ressalte-se que tem sido admitida, excepcionalmente, a utilização do *habeas corpus* mesmo contra medida que afete apenas de modo indireto a liberdade do indivíduo. São exemplos de tal hipótese o ajuizamento do remédio heroico para trancar inquérito policial ou ação penal, quando puder se constatar, de plano, sem a necessidade de revolver o arcabouço fático-probatório, a inexistência de justa causa. Pode-se citar também, a título ilustrativo, a

---

8 Gustavo Henrique Badaró, *Processo penal*, p. 949.

9 Art. 647. Dar-se-á *habeas corpus* sempre que alguém sofrer ou se achar na iminência de sofrer violência ou coação ilegal na sua liberdade de ir e vir, salvo nos casos de punição disciplinar.

10 Art. 5º, LXVIII – conceder-se-á *habeas corpus* sempre que alguém sofrer ou se achar ameaçado de sofrer violência ou coação em sua liberdade de locomoção, por ilegalidade ou abuso de poder.

admissão do uso do *habeas* até mesmo para impugnação de decisão judicial relativa à produção de determinadas provas[11].

O art. 648 do CPP elenca situações em que a coação é considerada ilegal[12]. Em vista da amplitude da previsão constitucional, é possível afirmar que o rol é meramente exemplificativo[13].

11.4.1. Ausência de justa causa

Cuida-se de hipótese ampla que engloba todo e qualquer caso em que a coação não encontra justificativa ou fundamento legal, seja em relação ao próprio ato constritivo da liberdade, seja em relação à falta de elementos aptos a sustentarem a ação penal ou o inquérito policial[14].

Ressalte-se que o trancamento de inquérito policial ou de ação penal por meio de *habeas corpus* representa medida excepcional, admitida quando ficar demonstrada de forma patente, aferível sem que seja necessária análise profunda de elementos probatórios, a inexistência de indícios de autoria ou prova da materialidade, a atipicidade da conduta ou a existência de causa extintiva da punibilidade[15].

11.4.2. Excesso de prazo

Ninguém pode ficar detido por período superior ao previsto em lei ou desarrazoado.

Nesse aspecto, durante a fase policial, decretada a prisão temporária pelo prazo de 5 (cinco) dias (art. 2º, *caput*, da Lei 7.960/1989), caracteriza constrangimento ilegal manter a detenção por tempo superior ao fixado, exceto se houver sido prorrogada ou se a prisão tiver sido convertida em preventiva.

---

[11] Em relação a quebra de sigilo bancário, telefônico e fiscal: STF, 2ª Turma, HC 96056/PE, rel. Min. Gilmar Mendes, j. 28/06/2011, *DJe* 07/05/2012.

[12] Art. 648. A coação considerar-se-á ilegal: I – quando não houver justa causa; II – quando alguém estiver preso por mais tempo do que determina a lei; III – quando quem ordenar a coação não tiver competência para fazê-lo; IV – quando houver cessado o motivo que autorizou a coação; V – quando não for alguém admitido a prestar fiança, nos casos em que a lei a autoriza; VI – quando o processo for manifestamente nulo; VII – quando extinta a punibilidade.

[13] Pedro Henrique Demercian e Jorge Assaf Maluly, *Curso de processo penal*, p. 679. Em sentido contrário: José Frederico Marques, *Elementos de direito processual penal*, p. 353.

[14] A título ilustrativo: STJ, 6ª Turma, HC 242.686/SP, rel. Min. Maria Thereza de Assis Moura, j. 16/04/2013, *DJ* 24/04/2013. Nos dizeres de Júlio Fabrini Mirabete, Processo Penal, p. 748: Trata-se, portanto, da ausência do *fumus boni juris* para a prisão, inquérito ou ação penal, ou qualquer constrangimento à liberdade de locomoção. Não se trata de saber se a coação é justa ou injusta, o que só se decide na sentença após regular instrução, mas se o constrangimento é ou não legal

[15] STJ, 5ª Turma, RHC 77.330/SP, rel. Min. Reynaldo Soares da Fonseca, j. 14/02/2017, *DJe* 17/02/2017.

Ademais, nos termos do art. 10 do CPP, em se tratando de indiciado preso em flagrante ou preventivamente, o inquérito policial deverá terminar em 10 dias. Caso o prazo seja ultrapassado sem que se tenham sido obtidos os elementos aptos a embasar a denúncia, em regra, a prisão passará a ser ilegal.

O CPP estabelece prazos para a instrução do processo, conforme o procedimento aplicável. Leis especiais (*v.g.* Lei 11.343/2006) também o fazem. Assim, em havendo prisão provisória, é salutar que se respeitem, na soma, os prazos previstos para a realização dos atos processuais. Ou seja, a prisão não deve, em tese, ultrapassar o lapso temporal previsto para conclusão da instrução, considerados, por exemplo, os prazos para denúncia, apresentação de defesa, realização de audiência de instrução e julgamento (art. 400 e ss. do CPP), apresentação de alegações finais e prolação de sentença.

Em que pese a existência de prazos fixados em lei, no que concerne à instrução do processo criminal, o excesso de prazo da prisão será analisado sob o prisma da razoabilidade e da proporcionalidade.

Conforme a orientação das Cortes Superiores, não há um critério aritmético apto a caracterizar o constrangimento ilegal. A análise deve ser feita à luz das peculiaridades do caso concreto, partindo-se de elementos como a complexidade da causa e eventual culpa das partes ou do juízo na demora do trâmite processual, ou seja, fatores que possam influenciar na duração do processo[16].

Quanto ao tema, o Superior Tribunal de Justiça editou a Súmula 52, segundo a qual, "encerrada a instrução criminal, fica superada a alegação de constrangimento por excesso de prazo", bem como a Súmula 64, que estabelece que "não constitui constrangimento ilegal o excesso de prazo na instrução provocado pela defesa".

Além das hipóteses mencionadas, em se tratando de prisão-sanção, estabelecida na sentença condenatória, configura coação ilegal a não observância da progressão de regime prisional. Outrossim, representa evidente ilegalidade a detenção por qualquer período que extrapole a pena imposta.

11.4.3. Incompetência

A teor do art. 5º, LXI, da Constituição Federal, "ninguém será preso senão em flagrante delito ou por ordem escrita e fundamentada de autoridade judiciária competente, salvo nos casos de transgressão militar ou crime propriamente militar, definidos em lei".

[16] A propósito: STJ, 5ª Turma, RHC 70.169/PI, rel. Min. Reynaldo Soares da Fonseca, j. 15/12/2016, *DJe* 01/02/2017.

Assim, excetuado o flagrante delito e a transgressão ou crime militar, a prisão somente pode ser decretada por quem detém o poder jurisdicional para tanto, observada a competência para processar e julgar o caso.

Em regra, inobservados as regras atinentes à fixação e prorrogação da competência, será cabível a exceção de incompetência (art. 108 do CPP). É possível, todavia, quando não houver necessidade de exame aprofundado das provas, a utilização do remédio heroico[17].

11.4.4. Cessação do motivo

A hipótese é claramente intuitiva. Cessada a causa ensejadora da coação, a liberdade de locomoção deve ser desde logo assegurada. Verifica-se que há estreita ligação com a falta de justa causa, pois o fundamento legal para a constrição deixa de existir.

Assim, entre inúmeras possibilidade, o *habeas corpus* se revela instrumento hábil a fazer cessar constrangimento à liberdade de locomoção se, por exemplo, deixa de subsistir o motivo específico adotado como fundamento para prisão preventiva ou ainda se terminar o prazo da prisão temporária.

11.4.5. Não concessão de fiança

Reza o art. 5º, LXVI, da CF que "ninguém será levado à prisão ou nela mantido, quando a lei admitir a liberdade provisória, com ou sem fiança". Com base na garantia constitucional, em se tratando de delito afiançável, configura coação ilegítima a não concessão de fiança visando à obtenção ou manutenção da liberdade.

Convém frisar que não se trata da uma faculdade da autoridade, mas um direito constitucionalmente assegurado do acusado.

Caso a autoridade policial, após a lavratura do flagrante, não estabeleça a fiança, é possível solicitar ao juiz competente, por meio de simples petição, que a fixe. Impetrado *habeas corpus* para tanto, o magistrado a estabelecerá e, posteriormente à soltura do paciente, remeterá os autos para apensamento ao inquérito[18].

Cabe também o remédio heroico para diminuição do valor da fiança, a fim de adequá-lo à condição financeira do paciente[19]. Possível valer-se do

[17] Pedro Henrique Demercian e Jorge Assaf Maluly, *Curso de processo penal*, p. 688.

[18] Guilherme de Souza Nucci, *Habeas Corpus*, p. 137.

[19] TRF3, 5ª Turma, HC 68.723/SP, rel. Des. Fed. André Nekatschalow, j. 10/10/2016, e-*DJF3* 18/10/2016.

habeas corpus, outrossim, para retirada da fiança em virtude de hipossuficiência econômica do paciente[20] ou quando se mostrar desnecessária[21].

11.4.6. Manifesta nulidade do processo

O art. 5º, LIV, da CF estabelece que "ninguém será privado da liberdade ou de seus bens sem o devido processo legal" e o inciso subsequente, LV, assegura aos litigantes, em processo judicial ou administrativo, e aos acusados em geral, o contraditório e ampla defesa, com os meios e recursos a ela inerentes.

É ínsita a uma ordem jurídica justa a garantia de que a prestação jurisdicional será realizada em observância ao ordenamento jurídico e de acordo com as formas prescritas em lei, assegurando-se a paridade de armas entre os litigantes e a plenitude de defesa. É dentro desse contexto que se situam as nulidades.

O ato processual consubstancia uma espécie de ato jurídico. A lei prevê os aspectos formais para a prática do ato processual, sendo certo que o desrespeito pode implicar a ineficácia, nulidade ou a inexistência do ato. A inobservância da forma prevista em lei caracteriza um ato viciado, defeituoso, atípico e pode gerar consequências, tais como as nulidades[22]. Observe-se que o ato imperfeito somente será nulo a partir do momento em que o Juiz assim o declarar.

O CPP trata das nulidades nos arts. 563 a 573 e, no dispositivo inaugural atinente à matéria, apresenta como princípio basilar a inexistência de nulidade quando não há prejuízo às partes (*pas de nullité sans grief*).

Nos processos findos (com sentença transitada em julgado) ou em curso, o *habeas corpus* poderá vir a ser utilizado para reconhecimento de nulidade processual manifesta, absoluta ou relativa.

Em se tratando de processo ainda em trâmite, caso haja resistência ao reconhecimento da nulidade, a regra é a impugnação do *decisum* por meio do recurso cabível. Todavia, a depender da situação, poderá ser manejado o remédio heroico.

Quanto aos processos findos, a revisão criminal é o meio específico previsto para impugnar a sentença condenatória transitada em julgado. É a ação rescisória do processo penal. Em tese, também é possível a utilização do remédio heroico com a finalidade de se obter declaração de nulidade de

---

20 STJ, 5ª Turma, HC 317.080/DF, rel. Min. Felix Fischer, j. 26/05/2015, *DJe* 19/06/2015.

21 STJ, 5ª Turma, HC 306.138/PR, rel. Min. Jorge Mussi, j. 20/10/2016, *DJe* 26/10/2016.

22 Daniel Amorim Assumpção Neves. *Manual de direito processual civil*, p. 283.

processo com decisão condenatória transitada em julgado. Contudo, o manejo do *habeas corpus* em substituição à revisão criminal pressupõe a existência de prisão ou situação aberrante, aferível sem necessidade de dilação probatória[23].

Em qualquer dos casos, conforme a jurisprudência do STF e do STJ, apenas se reconhece a nulidade, até mesmo a absoluta, caso seja demonstrada a ocorrência de prejuízo sofrido em virtude do vício no ato processual[24].

11.4.7. Extinção da punibilidade

O art. 107 do Código Penal elenca causas de extinção da punibilidade[25]. Há outras causas na Parte Especial do CP, bem como em legislação extravagante.

Verificada uma das hipóteses legais, não pode ser mantida a prisão do réu ou do condenado. Trata-se de matéria de ordem pública, aferível a qualquer tempo. Assim, por exemplo, caso sobrevenha lei que deixe de considerar o fato como criminoso ou na hipótese da verificação da prescrição, extingue-se a punibilidade e, consequentemente, deve-se assegurar a liberdade.

Quanto ao tema, o STF sumulou o entendimento no verbete 695 de que "não cabe *habeas corpus* quando já extinta a pena privativa de liberdade". O fundamento das decisões que ensejaram a edição da súmula baseia-se na compreensão de que o cumprimento da sanção torna inviável a ofensa ao direito de locomoção.

11.4.8. *Habeas corpus* no processo civil

Em razão da possibilidade de prisão civil do devedor de alimentos, o *habeas corpus* tem relativa relevância no processo civil.

Optando o exequente pelo procedimento do art. 528, § 3º, do CPC, o executado será intimado para que no prazo de três dias adote uma entre três possíveis posturas, não estando prevista expressamente em lei a ausência de reação do executado, embora essa seja não só uma reação possível, mas, infelizmente, frequente na praxe forense.

---

23 Guilherme de Souza Nucci, *Habeas Corpus*, p. 138.

24 STJ, 5ª Turma, HC 344.693/SP, Rel. Min. Joel Ilan Paciornik, j. 07/02/2017, *DJe* 15/02/2017 e STF, 2ª Turma, HC 93.921/RJ, rel. Min. Celso de Mello, j. 29.11.2016, *DJe* 31/01/2017.

25 Art. 107. Extingue-se a punibilidade: I – pela morte do agente; II – pela anistia, graça ou indulto; III – pela retroatividade de lei que não mais considera o fato como criminoso; IV – pela prescrição, decadência ou perempção; V – pela renúncia do direito de queixa ou pelo perdão aceito, nos crimes de ação privada; VI – pela retratação do agente, nos casos em que a lei a admite; VII – (Revogado pela Lei 11.106, de 2005); VIII – (Revogado pela Lei 11.106, de 2005); IX – pelo perdão judicial, nos casos previstos em lei.

A primeira reação prevista em lei é o pagamento, em espécie de reconhecimento jurídico do pedido, o que acarreta ao executado o dever de pagar também as custas processuais e os honorários advocatícios, salvo se for beneficiário da assistência judiciária gratuita, sendo a execução extinta. Poderá o executado alegar e provar que já cumpriu a obrigação, que em regra se dá pelo pagamento, também se admitindo outras formas menos frequentes, tais como a transação, novação etc. Sendo acolhida essa alegação, a execução será extinta.

Poder-se-á ainda se justificar pelo não pagamento, indicando com seriedade e de forma fundamentada as razões que efetivamente o impossibilitaram de satisfazer o direito do exequente. A seriedade da alegação decorre geralmente de prova documental juntada com a defesa, mas o executado tem direito a produzir provas em momento procedimental posterior, em especial a testemunhal, que não pode ser produzida no momento da defesa. A justificativa impede a prisão porque, segundo o art. 5.º, LXVII, da CF, somente o inadimplemento voluntário e inescusável da obrigação alimentícia permite a prisão civil.

Sendo acolhida a defesa, a prisão civil não será decretada, devendo o juiz extinguir a execução, podendo o exequente requerer a instauração da execução por quantia certa contra devedor solvente pelo procedimento comum, nos próprios autos ou em autos apartados[26]. Há decisões do Superior Tribunal de Justiça admitindo a conversão de um rito procedimental em outro, mormente quando mais favorável ao executado, como é o caso presente, com fundamento no princípio da economia processual[27].

Segundo os tribunais superiores, não sendo acolhida a justificativa e determinada a prisão, não cabe *habeas corpus* para convencer o tribunal das razões do inadimplemento, considerando-se a limitação probatória presente desse tipo de ação[28].

Ainda que se concorde com o entendimento dos tribunais superiores a respeito da inadequação do *habeas corpus* em razão de seu procedimento sumário documental, não se deve descartar *a priori* sua utilização contra a decisão que decreta a prisão civil, até mesmo porque, sendo possível ao autor a produção de prova documental em seu favor, apesar de continuar a ser tecnicamente mais apropriado o recurso cabível contra a decisão (p. ex., na

---

[26] Greco, *O processo*, n. 11.1.3, p. 532.

[27] STJ, 3.ª Turma, RHC 14.993/CE, rel. Min. Castro Filho, j. 05/02/2004, *DJe* 25/02/2004, p. 167; STJ, 4.ª Turma, REsp 414.514/SP, rel. Min. Barros Monteiro, j. 19/11/2002, *DJ* 10.03.2003, p. 230.

[28] STF, 1.ª Turma, HC 87.134/SP, rel. Min. Sepúlveda Pertence, j. 08/08/2006; STJ, 3.ª Turma, HC 55.842/SP, rel. Min. Carlos Alberto Menezes Direito, j. 03/08/2006; HC 49.408/SP, 3.ª Turma, rel. Min. Nancy Andrighi, j. 02/02/2006.

decisão proferida pelo juízo de primeiro grau cabe agravo de instrumento), deve-se admitir o *habeas corpus* como meio viável de garantir ao preso sua liberdade.

Tratando-se de decisão interlocutória de primeiro grau, o órgão competente para o julgamento do *habeas corpus* é o tribunal de segundo grau ao qual esteja vinculado o órgão de primeiro grau, sendo irrelevante o local em que esteja preso o autor do *habeas corpus*. A competência do Superior do Tribunal de Justiça exige que a decisão que determina a prisão tenha sido proferida pelo Tribunal de Justiça ou Tribunal Regional Federal, ainda que em agravo de instrumento contra a decisão que denegou tal pedido em primeiro grau de jurisdição[29].

De tudo quanto afirmado com relação às formas de impugnação da decisão que decreta a prisão civil, haveria uma opção ao preso: a mais técnica seria a interposição do recurso cabível e a mais atécnica, mas também admitida em razão da importância que o sistema jurídico concede à liberdade, o *habeas corpus*.

Entendo que não se deve admitir a existência concomitante dos dois instrumentos, porque haverá nesse caso identidade de partes, causa de pedir e pedido, o que configura a litispendência. Havendo o julgamento no mérito de um dos instrumentos impugnativos, entendo que a coisa julgada material deveria ser suficiente para impedir o manejo do outro instrumento, mas aparentemente não é exatamente esse o entendimento do Superior Tribunal de Justiça, existindo decisão daquele tribunal que admite o *habeas corpus* mesmo depois de preclusa a decisão desfavorável ao preso proferida em agravo de instrumento[30]. O Tribunal preferiu prestigiar a justiça à segurança jurídica, admitindo a relativização da coisa julgada para afastar o decreto de prisão, em entendimento que já havia proporcionado decisão anterior a admitir a revogação da prisão civil mesmo diante do óbice da coisa julgada material em sentido contrário[31].

11.5. LIMITAÇÕES AO USO DO *HABEAS CORPUS*

Em se tratando de garantia individual e, portanto, cláusula pétrea, nos termos do art. 60, § 4º, da CF, o *habeas corpus* não poderá ser abolido da Carta Magna.

---

[29] STJ, 3.ª Turma, AgRg no HC 135.742/DF, rel. Min. Massami Uyeda, j. 26.05.2009, *DJe* 10.06.2009.

[30] STJ, 1.ª Turma, REsp 769.735/RS, rel. Min. Luiz Fux, rel. p/ acórdão, Min. Teori Albino Zavascki, j. 26.05.2008, *DJe* 18/02/2009.

[31] STJ, 3.ª Turma, RHC 11.758/SP, rel. Min. Castro Filho, j. 18/09/2001, *DJ* 29/10/2001, p. 199.

Todavia, a própria Constituição Federal especifica a hipótese geral de cabimento e prevê situações que excetuam sua utilização, bem como a construção pretoriana delimita o cabimento do *writ*.

11.5.1. Punição disciplinar militar

Conforme preceitua o art. 142, § 2º, da Constituição Federal, "não caberá *habeas corpus* em relação a punições disciplinares militares". A proibição se refere à análise do mérito da punição militar e visa a resguardar os princípios de hierarquia e disciplina que regem as organizações militares.

Tal vedação não impede, contudo, que o Poder Judiciário análise pressupostos de legalidade da imposição de punição que implique constrição da liberdade. Assim, pode o Judiciário aferir, por exemplo, se a autoridade que aplica a punição tem poder para tanto, se o apenado é subordinado à autoridade e se a pena corresponde à suscetível de aplicação[32].

O STF, na Súmula 694, também cristalizou o entendimento de que "não cabe *habeas corpus* contra a imposição da pena de exclusão de militar ou de perda de patente ou de função pública".

11.5.2. Estado de defesa e estado de sítio

O art. 136 da CF permite que o Presidente da República decrete estado de defesa para preservar ou restabelecer a ordem pública ou a paz social ameaçadas por grave e iminente instabilidade institucional ou atingidas por calamidades de grandes proporções na natureza.

E o art. 137 da CF possibilita que o Presidente da República decrete estado de sítio nos casos de "I – comoção grave de repercussão nacional ou ocorrência de fatos que comprovem a ineficácia de medida tomada durante o estado de defesa; e II – declaração de estado de guerra ou resposta a agressão armada estrangeira".

O decreto que instituir o estado de defesa poderá restringir temporariamente alguns direitos, dentre eles o direito de reunião (art. 136, I, *a*, da CF). Na mesma toada, o decreto do estado de sítio pode determinar a suspensão de garantias constitucionais (art. 138 da CF).

Especificamente quanto ao estado de sítio, o art. 138 da CF determina que o respectivo decreto delimite as garantias que ficarão suspensas. E o art. 139 da CF estabelece que, no caso de decreto do estado de sítio em virtude comoção grave de repercussão nacional ou ocorrência de fatos que compro-

---

32 Alexandre de Moraes, *Direito Constitucional*, p. 152. Nesse sentido: STF, 1ª Turma, HC 108.268/MS, Rel. Min. Luiz Fux, j. 20/09/2011, *DJe* 04/10/2011.

vem a ineficácia de medida tomada durante o estado de defesa (art. 137, I, da CF), somente poderão ser adotadas as seguintes medidas: "I – obrigação de permanência em localidade determinada; II – detenção em edifício não destinado a acusados ou condenados por crimes comuns; III – restrições relativas à inviolabilidade da correspondência, ao sigilo das comunicações, à prestação de informações e à liberdade de imprensa, radiodifusão e televisão, na forma da lei; IV – suspensão da liberdade de reunião; V – busca e apreensão em domicílio; VI – intervenção nas empresas de serviços públicos; VII–requisição de bens".

Nesse aspecto, é evidente que o espectro de utilização do remédio heroico fica episodicamente reduzido, não sendo passível de concessão em contrariedade às medidas excepcionais adotadas pelo Estado dentro dos parâmetros constitucionais estabelecidos.

Ressalte-se, todavia, que, a partir da interpretação dos arts. 138 e 139 da CF, somente no caso de decretação do estado de sítio por declaração de guerra ou resposta a agressão armada estrangeira é que se pode efetivamente suspender a garantia do *habeas corpus*[33].

Basta verificar que as medidas acima citadas, previstas no art. 139 da CF, dizem respeito exclusivamente ao decreto do estado de sítio em virtude comoção grave de repercussão nacional ou ocorrência de fatos que comprovem a ineficácia de medida tomada durante o estado de defesa (art. 137, I, da CF). Não há, portanto, delimitação *numerus clausus* às medidas a serem adotadas no caso de guerra ou agressão armada (art. 137, II, da CF), razão pela qual pode haver a suspensão episódica da garantia do remédio heroico nessa hipótese.

11.5.3. Sucedâneo recursal

Diante da largueza do espectro de proteção ao direito de locomoção por meio de *habeas corpus*, que abarca a efetiva e a potencial coação, o remédio heroico é comumente utilizado para atacar decisões judiciais em substituição aos recursos cabíveis.

Por outro lado, sob o fundamento de que o uso indiscriminado do *writ* acaba por macular sua utilidade e eficácia e prejudicar a celeridade que a nobre ação requer, verifica-se um movimento do Judiciário no sentido de restringir o uso do remédio heroico como sucedâneo recursal.

A partir do julgamento do HC 109.956/PR, Rel. Min. Marco Aurélio, j. 07/08/2012, o STF passou a não mais admitir a utilização do *writ* em substituição ao recurso ordinário constitucional, previsto na Carta da República

[33] Guilherme de Souza Nucci, *Habeas Corpus*, p. 41.

para impugnar decisão denegatória proferida em *habeas corpus* decidido em única instância por Tribunal Superior (art. 102, II, *a*, da CF).

A nova orientação foi também adotada pelo STJ, que, com base no precedente do STF e em resposta ao alargamento da admissibilidade do *writ*, passou, outrossim, a não conhecer do *habeas corpus* substitutivo de recurso ordinário (art. 105, II, *a*, da CF)[34].

No que concerne à utilização do *habeas corpus* em substituição ao recurso extraordinário há divergência entre as Turmas do STF.

A Primeira Turma do Supremo Tribunal Federal entende que, em virtude da competência definida taxativamente na Constituição Federal para julgamento do *habeas corpus*, não é possível conhecer da impetração em substituição ao recurso extraordinário[35]. Diversamente, a Segunda Turma do mesmo tribunal entende que o simples fato de o *habeas corpus* ser substitutivo de recurso extraordinário não caracteriza óbice ao conhecimento[36].

No âmbito do Superior Tribunal de Justiça, além da questão atinente ao recurso ordinário, diversos julgados apontam para a impossibilidade geral de substituição dos recursos pelo *writ*. É comum encontrar atualmente nos julgados afirmação nos moldes do voto proferido pelo Min. Sebastião Reis Júnior no HC 256.468/ES, para quem o *habeas* não pode "ser utilizado em substituição a recursos processuais penais, a fim de discutir, na via estreita, temas afetos a apelação criminal, recurso especial, agravo em execução, tampouco em substituição à revisão criminal, de cognição mais ampla", excetuada a possibilidade de concessão da ordem *ex officio*[37].

Ainda que os tribunais superiores venham restringindo o cabimento do *habeas corpus* nessas hipóteses, é comum que as Cortes analisem o pleito veiculado e, mesmo não conhecendo da impetração, até concedam a ordem de ofício. Tal fato, de certa forma, esvazia o entendimento quanto à inadequação do manejo do remédio constitucional, pois o teor do *writ* continua a ser examinado.

11.5.4. Pena pecuniária

O STF pacificou a orientação de que não cabe o remédio heroico "contra decisão condenatória a pena de multa, ou relativa a processo em curso por infração penal a que a pena pecuniária seja a única cominada" (Súmula 693).

---

34 STJ, 5ª Turma, HC 239.550/RJ, rel. Min. Laurita Vaz, j. 18/09/2012, *DJe* 26/09/2012.

35 STF, 1ª Turma, AgRg no HC 138.099/SP, rel. Min. Luiz Fux, j. 09/12/2016, *DJe* 16/12/2016.

36 STF, 2ª Turma, HC 135.393/MG, rel. Min. Ricardo Lewandowski, j. 06/12/2016, *DJe* 15/12/2016.

37 STJ, 6ª Turma, HC 256.468/ES, rel. Min. Sebastião Reis Júnior, j. 15/12/2016, *DJe* 02/02/2017; STJ, 6ª Turma, HC 238.422/BA, rel. Min. Maria Thereza de Assis Moura, j. 06/12/2012, *DJe* 13/12/2012.

Nos termos do art. 51 do Código Penal na redação dada pela Lei 9.268/1996, "transitada em julgado a sentença condenatória, a multa será executada perante o juiz da execução penal e será considerada dívida de valor, aplicáveis as normas relativas à dívida ativa da Fazenda Pública, inclusive no que concerne às causas interruptivas e suspensivas da prescrição. Redação dada pela Lei 13.964/2019".

Dessa forma, não sendo possível a conversão da pena de multa em pena privativa de liberdade, razão não há para a concessão de *habeas corpus*, haja vista a ausência de ameaça ao direito de locomoção.

11.5.5. Decisão de Turma ou do Plenário

Com base em precedentes da década de 1970, o STF firmou a compreensão de que não é cabível *habeas corpus* originário "para o Tribunal Pleno de decisão de Turma, ou do Plenário, proferida em *habeas corpus* ou no respectivo recurso (Súmula 606/STF). Tal orientação é seguida também pelo Superior Tribunal de Justiça[38].

Os julgados que embasam o verbete sumular apontam que a divisão interna das Cortes (no caso do STF em Turmas e Tribunal Pleno) não implica existência de uma dupla instância interna. Argumenta-se, ademais, que as decisões preferidas pelos órgãos fracionários representam exteriorização de julgamento do próprio Tribunal.

Assim, no âmbito interno da Corte, não é possível impetrar o *habeas corpus*, endereçado ao Plenário, para atacar decisão de turma ou do próprio Pleno.

11.6. SUJEITOS PROCESSUAIS

11.6.1. Paciente

O paciente é quem está submetido ao constrangimento ilegal ou sob ameaça de sofrê-lo, em razão de ilegalidade. Somente a pessoa física, nacional ou estrangeira, pode figurar como paciente na impetração[39]. O paciente pode ou não ser o próprio impetrante.

Não é possível a impetração em favor de coletividade de pessoas desconhecidas e indeterminadas[40]. Inviável, outrossim, a propositura da ação em favor de pessoa jurídica, pois não lhe é ínsito o direito de locomoção.

---

[38] STJ, Corte Especial, AgInt no HC 351.933/DF, rel. Min. Napoleão Nunes Maia Filho, j. 24/10/2016, *DJe* 04/11/2016.

[39] Nos autos do HC 96.344/SP, o STJ, em decisão monocrática proferida pelo Min. Castro Meira, entendeu não ser cabível a impetração em favor de animais. Não chegou a ser proferida decisão colegiada no caso, em virtude de pedido de desistência do Agravo interposto contra o *decisum*.

[40] STF, HC 81.348/RJ, rel. Min. Ellen Gracie, j. 26/09/2001, *DJ* 10/10/2011.

11.6.2. Legitimidade ativa

A legitimidade ativa na ação de *habeas corpus* apresenta aspectos peculiares. Nos termos do art. 654, *caput*, do CPP, o *habeas corpus* pode ser impetrado por qualquer pessoa, em seu favor ou de outrem, bem como pelo Ministério Público.

Trata-se de verdadeira ação de cunho popular que pode ser proposta por qualquer pessoa, física ou jurídica, nacional ou estrangeira, sem a necessidade de representação por advogado, para a garantia do direito de locomoção próprio ou de outrem, ressalvada a já citada impossibilidade de a pessoa jurídica figurar como paciente. O impetrante pode ser menor de idade, analfabeto ou interditado, mesmo sem representação ou assistência de terceiro, em decorrência do previsto no art. 5º, XXXIV, "a", da CF.

Ao possibilitar que alguém litigue em nome próprio em defesa de interesse de terceiro, o dispositivo contempla hipótese de legitimação ativa extraordinária. Quando o impetrante é também paciente, não haverá a substituição processual típica da legitimidade extraordinária e o polo ativo será formado por uma só parte.

Caso se trate de *writ* ajuizado em nome próprio para a defesa do direito de locomoção de outrem, o polo ativo terá duas partes (impetrante e paciente). José Frederico Marques aponta que se forma um verdadeiro litisconsórcio[41]. Assim, em havendo a substituição processual, a depender da situação, o próprio paciente poderá interpor recurso.

Registre-se que, se o Juiz ou o Tribunal, no curso do processo, verificar que alguém está a sofrer ou se acha ameaçado de sofrer violência ou coação em sua liberdade de locomoção por ilegalidade, deverá conceder a ordem de ofício.

11.6.3. Legitimidade passiva

Deverá figurar no polo passivo da ação o coator, ou seja, aquele que exerce a coação, violência ou ameaça. Poderá ser autoridade pública (Juiz, Promotor, Delegado, etc.), particular ou ainda órgão estatal (Tribunal, Comissão Parlamentar de Inquérito, etc). Enfatize-se que o coator é a pessoa de quem emana a ordem tida por ilegal e não quem apenas a cumpre.

No que tange a coator particular, em tese, qualquer coação, constrangimento ou ameaça dele emanados poderá ensejar a atuação da Polícia, o que afastaria a necessidade de impetração do *habeas corpus*. Todavia, há situações que inevitavelmente demandam a intervenção judicial[42].

---

[41] José Frederico Marques, *Elementos de Direito processual penal*, p. 364.

[42] Guilherme de Souza Nucci, *Habeas Corpus*, p. 58.

Nesse sentido, a título ilustrativo, em casos de internação em manicômio ou de retenção de paciente em hospital, determinados por médico, surge situação delicada para a atuação policial. Configura-se adequado, então, o ajuizamento do remédio constitucional, para que a eventual ilegalidade seja aferida no âmbito do Judiciário. Na hipótese, o diretor da instituição hospitalar é quem deverá figurar no polo passivo do *writ*.

11.7. COMPETÊNCIA

A competência para conhecer do *habeas corpus* está fixada na Constituição Federal e na legislação federal e estadual e tem como elemento norteador a hierarquia jurisdicional. Em regra, o *writ* será julgado por magistrado em posição superior ao que ordenou ou autorizou a coação[43].

11.7.1. Competência do Supremo Tribunal Federal

Nos termos do art. 102, I, *d*, da CF, o Supremo Tribunal Federal será competente para processar e julgar o remédio heroico caso seja paciente o Presidente da República, o Vice-Presidente, os membros do Congresso Nacional, seus próprios Ministros, o Procurador-Geral da República, os Ministros de Estado e os Comandantes da Marinha, do Exército e da Aeronáutica, os membros dos Tribunais Superiores, os do Tribunal de Contas da União e os chefes de missão diplomática de caráter permanente.

A Corte Suprema será competente, outrossim, conforme a alínea *i* do dispositivo mencionado, quando o coator for Tribunal Superior ou quando o coator ou o paciente for autoridade ou funcionário cujos atos estejam sujeitos diretamente à jurisdição do Supremo Tribunal Federal, ou se trate de crime sujeito à mesma jurisdição em uma única instância.

Além da competência originária, o STF será competente para julgar, em recurso ordinário, o *habeas corpus* decidido em única instância pelos Tribunais Superiores, se denegatória a decisão.

O verbete sumular 690 do STF estabelecia a competência originária dessa Corte nos *habeas corpus* contra decisão de Turma Recursal dos Juizados Especiais Criminais. Todavia, a partir do julgamento do HC 86.834/SP, Rel. Min. Marco Aurélio, j. 23/08/2006, o STF passou a considerar que, em razão de os integrantes dessas turmas recursais submeterem-se, nos crimes comuns e nos de responsabilidade, à jurisdição do Tribunal de Justiça ou do Tribunal Regional Federal, a estes incumbe, conforme o caso, analisar os *habeas corpus* contra ato por elas praticado.

---

43 Pontes de Miranda. *História e Prática do* Habeas Corpus, p. 246.

11.7.2. Competência do Superior Tribunal de Justiça

A teor do art. 105, I, *c*, da CF, competirá ao Superior Tribunal de Justiça processar e julgar, originariamente, o *habeas corpus* nos casos em que o coator ou o paciente for Governador de Estado ou do Distrito Federal, desembargador de Tribunal de Justiça de Estado ou do Distrito Federal, membro de Tribunal de Contas de Estado ou do Distrito Federal, de Tribunal Regional Federal, de Tribunal Regional Eleitoral e do Trabalho, membro de Conselho ou Tribunal de Contas de Município e o do Ministério Público da União que oficie perante tribunais.

O STJ será também competente para julgar o *writ* quando o coator for Tribunal sujeito à sua jurisdição, Ministro de Estado ou Comandante da Marinha, do Exército ou da Aeronáutica, ressalvada a competência da Justiça Eleitoral.

Em caráter recursal, por força do art. 105, II, *a*, ao STJ compete julgar, em recurso ordinário, os *habeas corpus* decididos em única ou última instância pelos Tribunais Regionais Federais ou pelos Tribunais dos Estados e do Distrito Federal, quando a decisão for denegatória.

11.7.3. Competência no âmbito da justiça especializada (Justiça Eleitoral, Militar ou do Trabalho)

11.7.4. Justiça Eleitoral

Ao tratar dos Tribunais e Juízes eleitorais, a Constituição Federal, no art. 121, estabelece que a organização e competência dos órgãos da Justiça Eleitoral serão previstos em lei complementar. Cumpre tal papel a Lei 4.737/1965, que instituiu o Código Eleitoral.

Nos termos do art. 22, I, *e*, da lei mencionada, compete ao Tribunal Superior Eleitoral processar e julgar o *habeas corpus*, em matéria eleitoral, relativo a atos do Presidente da República, dos Ministros de Estado e dos Tribunais Regionais; ou, ainda, quando houver perigo de se consumar a violência antes que o juiz competente possa prover sobre a impetração.

No âmbito recursal, extrai-se dos arts. 121, § 4º, V, da CF e 276, II, *b*, do Código Eleitoral, que o TSE será competente para julgamento de recurso ordinário interposto de decisão denegatória de *habeas corpus* proferida por Tribunal Regional Eleitoral.

Em regra, as decisões do TSE são irrecorríveis. Dentre as exceções encontram-se as denegatórias de *habeas corpus*, que desafiam a impetração de recurso ordinário para o STF.

Por sua vez, nos termos do art. 29, I, *e*, do Código Eleitoral, aos TRE´s compete processar e julgar o *habeas corpus*, em matéria eleitoral, contra ato de autoridades que respondam perante os Tribunais de Justiça por crime de responsabilidade ou, ainda, quando houver perigo de se consumar a violência antes que o juiz competente possa prover sobre a impetração. Esta última hipótese de "salto" ao Tribunal é prevista, pois, principalmente em período eleitoral, a celeridade para análise do *writ* é indispensável já que o magistrado originalmente competente pode não estar imediatamente acessível.

Em grau recursal, conforme art. 29, II, *b*, compete aos TRE´s julgar os recursos interpostos dos *habeas corpus* denegados ou concedidos pelos juízes eleitorais.

Por fim, os juízes eleitorais serão competentes para o julgamento de *habeas corpus* em se tratando de matéria eleitoral e autoridade coatora sujeita à sua jurisdição.

11.7.5. Justiça Militar

O art. 124, parágrafo único, da Constituição Federal prevê que a competência dos órgãos das Justiça Militar será estabelecida em lei.

Nesse diapasão, o art. 469 do Código de Processo Penal Militar e o art. 6º, I, *c*, da Lei 8.457/1992 dispõem que compete ao Superior Tribunal Militar conhecer dos *habeas corpus*. Ou seja, o processamento e julgamento dos *writs* impetrados contra atos emanados dos Juízes Auditores ou dos Conselhos de Justiça, em âmbito federal, é de competência do STM.

Quanto à esfera estadual, a Constituição Federal estabelece no art. 125, *caput*, que os Estados organizarão sua Justiça. O § 3º do citado dispositivo assenta que "a lei estadual poderá criar, mediante proposta do Tribunal de Justiça, a Justiça Militar estadual, constituída, em primeiro grau, pelos juízes de direito e pelos Conselhos de Justiça e, em segundo grau, pelo próprio Tribunal de Justiça, ou por Tribunal de Justiça Militar nos Estados em que o efetivo militar seja superior a vinte mil integrantes".

Deve-se, nesse caso, consultar a Constituição do Estado e a lei de organização judiciária. Pode-se afirmar, todavia, que o TJM, em regra, será competente para julgar o *writ* impetrado contra atos dos Juízes de Direito do juízo militar e dos Conselhos de Justiça, órgãos de primeiro grau. Caso não haja TJM no Estado, a competência será do Tribunal de Justiça.

Os Juízes de Direito do juízo militar serão competentes para o julgamento de *habeas corpus* em se tratando de matéria militar e autoridade coatora sujeita à sua jurisdição.

11.7.6. Justiça do Trabalho

Reza o art. 114, IV, da CF que compete à Justiça do Trabalho processar e julgar o *habeas corpus* "quando o ato questionado envolver matéria sujeita à sua jurisdição".

Atente-se para a orientação firmada na Medida Cautelar na ADI 3684, Rel. Min. Cezar Peluso, j. 01/02/2007, na qual o STF afirmou que "o disposto no art. 114, incs. I, IV e IX, da Constituição da República, acrescidos pela Emenda Constitucional nº 45, não atribui à Justiça do Trabalho competência para processar e julgar ações penais". Os casos, portanto, para exame no âmbito trabalhista, não se devem referir a matéria penal.

Seguindo a sistemática constitucional geral de competência para conhecer do *writ*, teremos que aos Tribunais Regionais do Trabalho compete processar e julgar o *habeas corpus* impetrado contra ato coator de Juiz do Trabalho.

Deve-se observar, contudo, que a competência para impetração do remédio heroico na Justiça do Trabalho foi esvaziada. O típico caso de impetração nessa esfera estava relacionado à prisão de depositário infiel na fase de execução. Todavia, o STF, a teor da Súmula Vinculante 25, pacificou a orientação de que é ilícita a decretação de prisão nessa hipótese[44].

Portanto, no âmbito da Justiça do Trabalho, não há em termos práticos possibilidade de utilização do remédio heroico.

11.7.7. Competência no âmbito da justiça comum (Justiça Federal e Estadual de Primeiro e Segundo Graus)

Segundo o art. 108, I, *d*, da CF, a competência para conhecer do *writ* será do Tribunal Regional Federal quando a autoridade coatora for Juiz Federal. Nesse diapasão, entende-se, a partir da análise da sistemática de atribuição de competência para conhecer do remédio, que, em vista do art. 96, III, da CF, os TRF's também serão competentes quando o ato coator emanar de membro do Ministério Público Federal.[45]

E os Juízes Federais, nos termos do art. 109, VII, da Carta Magna, serão competentes para processar e julgar os *habeas corpus* em matéria criminal de sua competência ou quando o constrangimento provier de autoridade cujos atos não estejam diretamente sujeitos a outra jurisdição.

A competência dos Tribunais de Justiça está delimitada nas Constituições estaduais e, em linhas gerais, estes processarão e julgarão os *habeas corpus*

---

44 Súmula Vinculante 25: É ilícita a prisão civil de depositário infiel, qualquer que seja a modalidade do depósito.

45 STJ, 6ª Turma, REsp 697.005/SP, Rel. Min. Hélio Quaglia Barbosa, j. 26/04/2005, *DJ* 09/05/2005.

quando o coator for o Juiz criminal de primeira instância. Pela mesma razão descrita acima quanto ao julgamento de membro do MPF, os TJ´s serão competentes quando o ato coator emanar de Promotor de Justiça.

Já os juízes estaduais de primeiro grau serão competentes nas hipóteses em que o coator for autoridade ou particular sujeito à sua jurisdição, o que abarca o Delegado de Polícia.

11.7.8. Competência das Turmas Recursais

O STJ firmou a orientação de que às Turmas Recursais compete conhecer de *habeas corpus* impetrado contra ato de magistrado de primeiro grau atuando em Juizado Especial, pois se trata do órgão imediatamente superior no âmbito dessa competência[46].

Conforme o entendimento da citada Corte Superior, o que determina a competência para o processamento e julgamento do *writ* nos processos regidos pela Lei 9.099/1995 é o da hierarquia jurisdicional. Assim, sendo as Turmas competentes para conhecer dos recursos interpostos das decisões proferidas pelos Juizados Especiais, também o serão em relação ao conhecimento do *habeas corpus*.

11.8. PROCEDIMENTO

Em virtude da própria natureza do remédio heroico e de sua nobre finalidade, a tramitação do *habeas corpus* deve ser célere e abreviada e a ação terá prioridade no julgamento.

11.8.1. Petição inicial

Conforme indica o art. 654, § 1º, do CPP, a petição inicial do *habeas corpus* deve conter: "a) o nome da pessoa que sofre ou está ameaçada de sofrer violência ou coação e o de quem exercer a violência, coação ou ameaça; b) a declaração da espécie de constrangimento ou, em caso de simples ameaça de coação, as razões em que funda o seu temor; c) a assinatura do impetrante, ou de alguém a seu rogo, quando não souber ou não puder escrever, e a designação das respectivas residências."

É importante que sejam apresentados ao menos dados suficientes para identificação exata dos envolvidos, as circunstâncias e causas e o que se objetiva com a medida.

---

46 STJ, 5ª Turma, RHC 9.148/GO, rel. Min. Gilson Dipp, j. 22/02/2000, *DJ* 20/03/2000.

Em se tratando do instrumento de maior relevância para garantia da liberdade individual e diante da possibilidade de propositura por qualquer do povo, o magistrado deve relevar eventuais vícios da impetração, possibilitar que sejam supridas omissões e conhecer do *writ* sempre que for possível extrair da petição e documentos que o instruírem os elementos essenciais para sua análise[47].

Se, nos termos do art. 654, § 2º, do CPP, os Juízes e Tribunais, ao constatarem que alguém sofre ou poderá vir a sofrer coação ilegal, podem conceder *habeas corpus* de ofício, revelar-se-ia incongruente a análise rígida de formalidades para conhecimento do *writ*.

Com fundamento na Lei 9.800/1999, tem sido admitida a propositura de *habeas corpus* por fax ou telegrama[48]. Admite-se, outrossim, a apresentação da petição inicial pela via postal ou, conforme a Lei 11.419/2006, por meio eletrônico.

Em vista do disposto no art. 1º, § 1º, do Estatuto da Advocacia, não é necessário possuir capacidade postulatória para impetração de *habeas corpus*. Tampouco se exige a outorga de procuração pelo paciente ao impetrante.

No âmbito da Terceira Seção do STJ, há divergência entre as Turmas sobre a questão. Enquanto a 5ª Turma entende serem imprescindíveis a capacidade postulatória e a juntada de procuração para que se conheça de recurso interposto na instância especial em *habeas corpus* (Súmula 115/STJ)[49], a 6ª Turma entende serem dispensáveis tais requisitos, a nosso ver corretamente, a fim de assegurar pleno acesso jurisdicional na tutela da liberdade[50].

11.8.2. Liminar em *habeas corpus*

Não há previsão legal específica acerca da concessão de liminar em *habeas corpus*. Todavia, doutrina e jurisprudência convergem quanto à possibilidade de concessão de liminar nesse *writ*.

Argumenta-se que o *habeas corpus* é ação assemelhada ao mandado de segurança e, havendo previsão expressa quanto à possibilidade de concessão de liminar no *writ of mandamus*, não há razão lógica para impedi-la no remédio heroico, ação que tem por fim garantir a liberdade individual[51]. É indispensável, para tanto, que concorram o *fumus boni iuris*, caracterizado

---

[47] Dante Busana. *O* habeas corpus *no Brasil*, p. 103.

[48] STJ, 5ª Turma, HC 23.826/MG, rel. Min. Laurita Vaz, j. 03/02/2004, *DJ* 08/03/2004.

[49] STJ, 5ª Turma, AgRg no RHC 57.452/SP, rel. Min. Reynaldo Soares da Fonseca, j. 09/06/2015, *DJe* 17/06/2015.

[50] STJ, 6ª Turma, RHC 61.741/SP, rel. Min. Sebastião Reis Júnior, 20/10/2015, *DJe* 10/11/2015.

[51] STF, Tribunal Pleno, HC 41.296/DF, rel. Min. Gonçalves de Oliveira, j. 23/11/1964, *DJ* 22/12/1964.

pela probabilidade de existência do direito, e o *periculum in mora*, entendido como o perigo de ineficácia da medida, ou seja, a urgência.

Embora a construção pretoriana, para possibilitar a concessão de liminar em *habeas corpus*, tenha se baseado no mandado de segurança, há uma diferença relevante entre as duas hipóteses.

Conforme mencionado no capítulo desta obra dedicado à tutela de urgência em mando de segurança, além do perigo de ineficácia da medida e da relevância da fundamentação, para concessão de liminar no *writ of mandamus* é necessário também que haja pedido do impetrante.

Diferentemente, no *habeas corpus*, em razão da natureza jurídica e do direito que visa a tutelar, tão logo seja verificado que o paciente sofre ou está em vias de sofrer coação ilegal, o Juiz ou o Relator, no Tribunal, pode conceder desde logo liminar, ainda que não haja pedido.

11.8.3. Posturas do juiz, intervenção do Ministério Público e decisão

Observada a necessária flexibilidade quanto à análise dos aspectos formais da impetração, caso haja flagrante impropriedade ou não se possa minimamente extrair a pretensão do impetrante e não seja o caso de emenda, a petição deverá ser indeferida.

Preenchidos os requisitos legais, o Juiz ou o Relator no Tribunal receberá a petição inicial e deverá apreciar, no prazo máximo de 24 horas, eventual pedido de liminar, bem como poderá requisitar informações à autoridade apontada como coatora ou ao particular.

O art. 656, *caput*, do CPP possibilita que o juiz, caso entenda necessário, e esteja preso o paciente, ordene que este lhe seja imediatamente apresentado em dia e hora que designar. Trata-se, contudo, de medida completamente incomum, substituída pelo pedido de informações nos moldes do art. 662 do CPP.

Nos termos do art. 664, *caput*, do CPP, as informações podem ser requisitadas ou dispensadas. Cuida-se, porém, de peça relevante para exame da medida[52].

---

[52] Júlio Fabbrini Mirabete, Processo Penal, p. 759: "O fornecimento, por parte da autoridade apontada como coatora, de informações capazes de esclarecer o alegado na impetração, constitui dever indeclinável. Devem ser elas prestadas no prazo fixado pelo magistrado, e no seu retardamento pode ser aplicada multa ao responsável (art. 655). É inadmissível a dispensa de informações da autoridade, máxime em se cuidando de hipótese em que se alega falta de justa causa ou esteja o paciente preso, não se podendo conceder a ordem simplesmente porque não foram elas prestadas no prazo. Somente em casos excepcionais, em que a ilegalidade do constrangimento é demonstrada sem a menor dúvida com a impetração é que se pode dispensar as informações para a concessão do *writ*".

O procedimento é célere. Não existe fase instrutória no *writ*. Em regra, as provas pré-constituídas são apresentadas com a petição inicial, a elas se somam as informações e eventuais documentos posteriormente acostados aos autos. São esses os elementos probatórios a serem examinados no julgamento da ação. Excepcionalmente, poderá ser admitida a produção de outras provas.

Não há previsão legal para manifestação do Ministério Público nos *habeas corpus* em primeiro grau, exceto nos casos em que o órgão ministerial é impetrante ou autoridade coatora. Nos Tribunais, a teor do Decreto-Lei 552/1969, deve-se abrir vista ao *Parquet*, para apresentação de parecer, antes do julgamento.

Assim, em primeiro grau, recebidas as informações, o juiz deve julgar, fundamentadamente, em 24 horas, a ação, avaliando se o ato apontado como coator é legal ou ilegal.

No Tribunal, recebidas ou dispensadas as informações, após abrir-se vista ao Ministério Público pelo prazo de dois dias, o *habeas corpus* deverá ser julgado logo na primeira sessão possível, podendo, entretanto, adiar-se o julgamento para a sessão seguinte (art. 664, *caput*, do CPP). O parágrafo único do dispositivo estabelece que "a decisão será tomada por maioria de votos. Havendo empate, se o presidente não tiver tomado parte na votação, proferirá voto de desempate; no caso contrário, prevalecerá a decisão mais favorável ao paciente".

O pedido será julgado prejudicado, caso o Juiz ou o Tribunal verifique que já cessou a violência ou a coação ilegal (art. 659). Assim, por exemplo, se o impetrante se insurge contra a instauração de inquérito policial e, no curso do *writ*, deixa de ser denunciado, o pedido fica prejudicado. Da mesma forma, em *habeas corpus* em que se pleiteia a liberdade provisória, a absolvição do paciente torna prejudicada a impetração.

Conforme se depreende do art. 651 do CPP, desde que não se trate de hipótese de trancamento da ação penal, a decisão concessiva do *habeas corpus* não obstará o prosseguimento do processo. Caso a ordem seja concedida em virtude de nulidade do processo, este deverá ser renovado (art. 652 do CPP).

Em se tratando de *habeas corpus* liberatório, concedida a ordem, o paciente deverá ser logo posto em liberdade, exceto se por outro motivo deva ser mantido na prisão (art. 660, § 1º, do CPP). Será imediatamente enviada cópia da decisão à autoridade que tiver ordenado a prisão ou tiver o paciente à sua disposição, a fim de juntar-se aos autos do processo (art. 660, § 5º, do CPP). Será expedido alvará de soltura (no caso de custódia indevida) ou ofício endereçado à autoridade coatora para que finde o constrangimento ilegal.

Na modalidade preventiva, se for concedida ordem para evitar ameaça de violência ou coação ilegal, dar-se-á salvo-conduto ao paciente assinado pelo magistrado (art. 660, §§ 1º e 4º, do CPP), para que o paciente não sofra qualquer constrangimento ilegal pelo motivo constante da ação. A depender da situação, o simples recolhimento do mandado de prisão ou os próprios termos da decisão judicial concessiva já podem ser suficientes para cessar a ameaça de coação, tais como a ordem para anulação de ato ou o término do processo[53].

11.8.4. Desistência

No HC 11.920/MG, Rel. Min. Fontes de Alencar, a Sexta Turma do STJ afirmou que não se deve admitir a desistência de *habeas corpus*, pois a liberdade é direito fundamental.

Trata-se de posição isolada, pois é pacífica a possibilidade de desistência em *habeas corpus*, tendo o STF e o STJ admitido até mesmo depois de iniciado o julgamento[54], antes de sua conclusão.

É comum e salutar, todavia, que o magistrado analise se, mesmo com a homologação da desistência, há motivo apto a ensejar a concessão de ordem de ofício, evitando-se prejuízo ao paciente[55].

11.9. RECURSOS

Conforme preceitua o art. 574, I, do CPP, em primeiro grau de jurisdição, da sentença que conceder *habeas corpus* será interposto recurso de ofício pelo juiz. Cuida-se, portanto, de hipótese de remessa necessária.

Caberá, outrossim, nos termos do art. 581, X, do CPP, recurso em sentido estrito da decisão que conceder ou negar o *habeas corpus* em primeira instância.

Da decisão que conceder a ordem, paralelamente ao recurso *ex offcio*, caberá, portanto, recurso em sentido estrito a ser interposto pelo Ministério Público ou pelo impetrante. Em se tratando de decisão denegatória, além do recurso em sentido estrito a ser interposto pelo impetrante, pelo paciente ou pelo Ministério Público, é possível que se proponha novo *habeas* para o Tribunal competente, com o mesmo objeto, tendo como autoridade coatora o magistrado sentenciante.

---

53 Gustavo Henrique Badaró, *Processo Penal*, p. 949.

54 STF, 1ª Turma, HC 88.759 ED-QO/ES, rel. Min. Ricardo Lewandowski, j. 24/05/2011, *DJ* 25/08/2011; STJ, 6ª Turma, HC 50.023/RS, rel. Min. Maria Thereza de Assis Moura, j. 19/06/2008, *DJe* 28/10/2008.

55 STF, 2ª Turma, HC 71.217/MG, rel. Néri da Silveira, j. 29/03/1994, *DJ* 17/06/1994; STJ, 6ª Turma, HC 3.287/RJ, Min. Luiz Vicente Cernicchiaro, j. 18/04/1995, *DJ* 19/06/1995.

A decisão denegatória de *habeas corpus* em segundo grau de jurisdição por Tribunal de Justiça ou Tribunal Regional Federal desafia a interposição de recurso ordinário constitucional, nos termos do art. 105, II, *a*, da CF, destinado ao STJ.

Caso se trate de decisão denegatória proferida em *habeas corpus* decidido em única instância por Tribunal Superior, caberá recurso ordinário constitucional endereçado ao STF, a teor do disposto no art. 102, II, *a*, da CF.

Da decisão que concede ordem de *habeas corpus* caberá, em tese, conforme o caso, recurso especial, nos termos do art. 105, III, *a* e *c*, da CF[56], e recurso extraordinário, nos termos do art. 102, III, da CF[57].

Sempre foi comum a utilização do *habeas corpus* em substituição ao recurso ordinário constitucional. Todavia, principalmente após o julgamento do HC 109.956/PR, Rel. Min. Marco Aurélio, pelo STF, a jurisprudência tem restringido a possibilidade de utilização do *habeas corpus* em substituição aos recursos previstos no sistema processual. Ainda assim, conforme já mencionado, é comum que as Cortes analisem o pleito veiculado e, eventualmente, mesmo não conhecendo da impetração, até mesmo concedam a ordem de ofício.

[56] STJ, 5ª Turma, REsp 1.187.339/RS, rel. Min. Honildo Amaral de Mello Castro, Rel. para o acórdão, Min. Gilson Dipp, j. 28/06/2011, *DJe* 19/09/2011; STJ, 5ª Turma, , RHC 8.892/RJ, Rel. Min. Jorge Scartezzini, j. 21/09/1999, *DJ* 25/10/1999.

[57] STF, 2ª Turma, RE 250.917/MG, rel. Min. Marco Aurélio, Rel. para o acórdão Min. Nelson Jobim, j. 29/06/1999, *DJ* 14/09/2001.

BIBLIOGRAFIA

ALMEIDA, Gregório Assagra de. *Direito processual coletivo brasileiro*. São Paulo, Saraiva, 2003.

___________. *Manual das ações constitucionais*. Belo Horizonte: Del Rey, 2007.

ALVES, Rogério Pacheco; GARCIA, Emerson. *Improbidade administrativa*. 3. ed. Rio de Janeiro: Lumen Juris, 2006.

ALVIM, Arruda. *Manual de direito processual civil*. São Paulo: RT, 2011.

ALVIM, Thereza. Da assistência litisconsorcial no Código brasileiro. *RePro*, São Paulo, n. 11-12, 1978, p. 47.

ANDRADE, Adriano; MASSON, Cleber; ANDRADE, Landolfo. *Interesses difusos e coletivos sistematizado*. São Paulo. Método, 2011.

ARAGÃO, E. D. Moniz de. *Comentários ao Código de Processo Civil*. 9. ed. Rio de Janeiro: Forense, 2000. v. 2.

ARAÚJO FILHO, Luiz Paulo da Silva. *Comentários ao Código de Defesa do Consumidor* - direito processual. São Paulo: Saraiva, 2002.

ARENHART, Sérgio Cruz. *Perfis da tutela inibitória coletiva*. São Paulo: RT, 2003.

ARRUDA ALVIM, Eduardo. Apontamentos sobre o processo das ações coletivas. In: MAZZEI, Rodrigo; NOLASCO, Rita Dias (Coords.). *Processo civil coletivo*. São Paulo: Quartier Latin, 2005.

___________. O MP e a tutela dos interesses individuais homogêneos. In: SAMPAIO, Aurisvaldo; CHAVES, Cristiano (Coords.). *Estudos de direito do consumidor:* tutela coletiva. Rio de Janeiro: Lumen Juris, 2005.

ARRUDA ALVIM, José Manoel. Ação civil pública. *RePro* 87, São Paulo: RT, p. 151, jul.-set. 1997.

ASSIS, Araken de. Antecipação de tutela. In: Teresa Arruda Alvim Wambier (Org.). *Aspectos polêmicos da antecipação de tutela*. São Paulo: RT, 1997.

__________. Breve contribuição ao estudo da coisa julgada nas ações de alimentos. *Doutrina e prática do processo civil contemporâneo*. São Paulo: RT, 2001.

__________. Do litisconsórcio no Código de Processo Civil. *Revista Autônoma de Processo*, Curitiba: Juruá, v. 1, 2007.

__________. *Doutrina e prática do processo civil contemporâneo*. São Paulo: RT, 2001.

__________. Eficácia da coisa julgada inconstitucional. In: DIDIER JR., Fredie (Org.). *Relativização da coisa julgada*: enfoque crítico. 2. ed. Salvador: Juspodivm, 2006.

__________. *Manual dos recursos*. São Paulo: RT, 2011.

__________. *Procedimento sumário*. São Paulo: Malheiros, 1996.

__________. Substituição processual. *Revista Dialética de Direito Processual*, São Paulo: RT, 2003.

ASSIS, Arnoldo Camanho. Liminares no mandado de injunção. In: MENDES, Gilmar Ferreira; VALE, André Rufino do; QUINTAS, Fábio Lima. *Mandado de injunção*: estudos sobre sua regulamentação. Edição eletrônica - EPUB. São Paulo: Saraiva, 2013.

BADARÓ, Gustavo Henrique. *Processo penal*. 4 ed. São Paulo: RT, 2016.

BARBI, Celso Agrícola. *Comentários ao Código de Processo Civil*. 11. ed. Rio de Janeiro: Forense, 2002. v. 1.

__________. *Do mandado de segurança*. Rio de Janeiro: Forense, 2008.

BARBOSA MOREIRA, José Carlos. A ação popular do direito brasileiro como instrumento de tutela jurisdicional dos chamados interesses difusos. *Temas de direito processual civil*. São Paulo: Saraiva, 1977.

__________. A *eficácia preclusiva da coisa julgada material no sistema do processo civil brasileiro*. Temas de direito processual. 1.ª série. São Paulo: Saraiva, 1988.

__________. Ação civil pública. *Revista Trimestral de Direito Público*, São Paulo, Malheiros, n. 3, p. 24, 1993.

__________. Algumas inovações da Lei 9.756/98 em matéria de recursos cíveis. In: NERY JR., Nelson; WAMBIER, Teresa Arruda Alvim (Coord.). *Aspectos polêmicos e atuais dos recursos e outros meios de impugnação às decisões judiciais.* São Paulo: RT, 1998.

__________. *Comentários ao Código de Processo Civil.* 15. ed. Rio de Janeiro: Forense, 2006.

__________. La iniciativa em la defensa judicial de los interesses difusos y colectivos (un aspecto de la experiência brasilina). *RePro*, São Paulo: RT, n. 68, 1992.

__________. Mandado de segurança – uma apresentação. *Temas de direito processual*: Sexta série. São Paulo: Saraiva, 1997.

__________. Notas sobre o problema da efetividade do processo. *Temas de direito processual civil.* 3.ª série. São Paulo: Saraiva, 1984.

__________. *O novo processo civil brasileiro.* 27. ed. Rio de Janeiro: Forense, 2008.

__________. Os limites objetivos da coisa julgada no sistema do novo Código de Processo Civil. *Temas de direito processual.* São Paulo: Saraiva, 1977.

__________. Processo civil e processo penal: mão e contramão? *Temas de direito processual civil.* 7.ª série. São Paulo: Saraiva, 2001.

__________. Solidariedade ativa: efeitos da sentença e coisa julgada na ação de cobrança proposta por um único credor, *Revista do Advogado*, AASP, n. 84, 2005.

BARROSO, Luís Roberto. *O controle de constitucionalidade no direito brasileiro.* 3. ed. São Paulo: Saraiva, 2008.

BERMUDES, Sérgio. Efeito infringente dos embargos de declaração. *Direito processual civil:* estudos e pareceres. 3.ª série. São Paulo: Saraiva, 2002.

__________. *Introdução ao processo civil.* 4. ed. Rio de Janeiro,Forense, 2006.

BUENO, Cassio Scarpinella. *A nova Lei do Mandado de Segurança.* São Paulo: Saraiva, 2009.

__________. Amicus curiae *no processo civil brasileiro:* um terceiro enigmático. São Paulo: Saraiva, 2006.

__________. *Código de Processo Civil anotado.* In: MARCATO, Antonio Carlos (Coord.). São Paulo: Atlas, 2006.

___________. *Curso sistematizado de direito processual civil.* São Paulo: Saraiva, 2008.

___________. *O Poder Público em juízo.* 2. ed. São Paulo: Saraiva, 2003.

BUSANA, Dante. *O* habeas corpus *no Brasil.* São Paulo: Atlas, 2009.

CABRAL, Antonio do Passo. Pelas asas de Hermes: A intervenção do *amicus curiae*, um terceiro especial. *Revista de Processo,* n. 117, set./out. 2004.

DEMERCIAN, Pedro Henrique; MALULY, Jorge Assaf. *Curso de processo penal.* 9ª ed. Rio de Janeiro: Forense, 2014.

CÂMARA, Alexandre Freitas. A coisa julgada do controle direto de constitucionalidade. *Escritos de Direito Processual.* Rio de Janeiro: Lumen Juris, 2005.

___________. *Ação rescisória.* Rio de Janeiro: Lumen Juris, 2007.

___________. *Juizados Especiais Cíveis estaduais e federais*: Uma abordagem crítica. 5. ed. Rio de Janeiro: Lumen Juris, 2009.

___________. Legitimidade da Defensoria Pública para ajuizar ação civil pública: um possível primeiro pequeno passo em direção a uma grande reforma. In: SOUSA, José Augusto (org.). *A Defensoria Pública e os processos coletivos.* Rio de Janeiro: Lumen Juris, 2008.

___________. *Lições de direito processual civil.* 7. ed. Rio de Janeiro: Lumen Juris, 2003.

CARNEIRO, Athos Gusmão. *Da antecipação da tutela*: exposição didática. Rio de Janeiro: Forense, 2006.

___________. *Do rito sumário na reforma do CPC*: Lei 9.245, de 26 de dezembro de 1995. 2. ed. São Paulo: Saraiva, 1997.

___________. *Jurisdição e competência.* 10. ed. São Paulo: Saraiva, 2000.

CARNEIRO, Paulo Cezar Pinheiro. *Acesso à justiça.* 2. ed. Rio de Janeiro: Forense, 2000.

CARVALHO FILHO, José dos Santos. *Ação civil pública.* 7. ed. Rio de Janeiro: Lumen Juris, 2009.

___________. *Manual de direito administrativo.* 24. ed. Rio de Janeiro: Lumen Juris, 2011.

CASTRO, Guilherme de Siqueira; FERREIRA, Olavo Augusto Vianna Alves. *Mandado de injunção.* Salvador: Juspodivm, 2016.

CAVALCANTE, Mantovanni Colares. *Do Mandado de Segurança*. 2. ed. São Paulo: Dialética, 2010.

CAVALIERI FILHO, Sérgio. *Programa de direito do consumidor*. 2. ed. São Paulo: Atlas, 2010.

COSTA MACHADO, Antônio Cláudio da. *A intervenção do Ministério Público no processo civil brasileiro*. 2. ed. São Paulo: Saraiva, 1998.

COSTA, Susana Henrique da. *Comentários à lei de ação civil pública e lei de ação popular*. São Paulo: Quartier Latin, 2006.

___________. *O processo coletivo na tutela do patrimônio público e da moralidade administrativa:* ação de improbidade administrativa, ação civil pública e ação popular. São Paulo: Quartier Latin, 2008.

CRETELLA JR., José. *Comentários à Lei do Mandado de Segurança*. 12. ed. Rio de Janeiro: Forense, 2003.

CUNHA, Leonardo José Carneiro da. *A Fazenda Pública em juízo*. 5. ed. São Paulo: Dialética, 2007.

___________; BRAGA, Paula Sarno; DIDIER JR., Fredie. *Curso de direito processual civil*. Salvador: Juspodivm, 2011.

CUNHA JR., Dirley da. A intervenção de terceiros no processo de controle abstrato de constitucionalidade – a intervenção do particular, do colegitimado e do *amicus curiae* na ADIN, ADC e ADPF. In: ALVIM, Eduardo Pellegrino de Arruda; NERY JR., Nelson; WAMBIER, Teresa Arruda Alvim. *Aspectos polêmicos e atuais dos recursos*. São Paulo: RT, 2004.

___________. *Controle de constitucionalidade*. 4. ed. Salvador: JusPodivm, 2010.

___________. *Curso de direito constitucional*, 10 ed. Salvador: Juspodivm, 2016, p. 752.

DALL'AGNOL, Antonio. *Comentários ao Código de Processo Civil*. São Paulo: RT, 2007. v. 2.

DEMERCIAN, Pedro Henrique; MALULY, Jorge Assaf. *Curso de processo penal*. 9 ed. Rio de Janeiro: Forense, 2014.

DIDIER JR., Fredie. *Direito processual civil*. 5. ed. Salvador: Juspodivm, 2005.

___________. *Pressupostos processuais e condições da ação:* o juízo de admissibilidade do processo. São Paulo: Saraiva, 2005.

___________. *Recurso de terceiro*. São Paulo: RT, 2003.

__________; BRAGA, Paula Sarno; OLIVEIRA, Rafael. Aspectos processuais da ADIN e da ADC. In: DIDER JR., Fredie (Coord.). *Ações constitucionais*. Salvador: Juspodivm, 2008.

__________; __________; __________. *Curso de direito processual civil*. Salvador: Juspodivm, 2007. v. 2.

__________; RODRIGUES, Marcelo Abelha; JORGE, Flávio Cheim. *A terceira etapa da reforma processual civil*: Comentários às Leis 11.187 e 11.232, de 2005. São Paulo: Saraiva, 2006.

__________; ZANETI JR., Hermes. *Curso de direito processual civil*. 4. ed. Salvador: Juspodivm, 2009. v. 4.

__________; __________. O mandado de segurança coletivo e a Lei 12.016/2009. *O novo mandado de segurança*. Belo Horizonte: Forum, 2010.

DINAMARCO, Cândido Rangel. *A nova era do processo civil*. São Paulo: Malheiros, 2009.

__________. *A reforma do Código de Processo Civil*. São Paulo: Malheiros, 1999.

__________. Ação rescisória contra decisão interlocutória. *A nova era do processo civil*. 2. ed. São Paulo: Malheiros, 2007.

__________. *Execução civil*. 8. ed. São Paulo: Malheiro, 2002.

__________. *Fundamentos do processo civil moderno*. 6. ed. São Paulo: Malheiros, 2010.

__________. *Instituições de direito processual civil*. São Paulo: Malheiros, 2009.

__________. Procedimentos especiais de jurisdição voluntária. *Fundamentos do processo civil moderno*. 3. ed. São Paulo: Malheiros, 2000. t. I.

DINAMARCO, Pedro. *Ação civil pública*. São Paulo: Saraiva, 2001.

DIREITO, Carlos Alberto Menezes de. *Manual do mandado de segurança*. 4. ed. São Paulo: Renovar, 2003.

FABRÍCIO, Adroaldo Furtado. *Comentários ao Código de Processo Civil*. 8. ed. Rio de Janeiro: Forense, 2001.

__________. *Ensaios de direito processual*. Rio de Janeiro: Forense, 2003.

FAVRETO, Rogério *et alii*. *Comentários à nova Lei do Mandado de Segurança*: Lei 12.016, de 7 de agosto de 2009. 5. ed. São Paulo: RT, 2004.

FERRARESI, Eurico. *Ação popular, ação civil pública e mandado de segurança coletivo* – instrumentos processuais coletivos. Rio de Janeiro: Forense, 2009.

__________. *Do mandado de segurança*: Comentários à Lei 12.016, de 07 de agosto de 2009. Rio de Janeiro: Forense, 2009.

FIGUEIRA JR., Joel Dias. *Comentários ao Código de Processo Civil*, 2ª ed., São Paulo, RT, 2007.

__________. *O novo procedimento sumário*. São Paulo: RT, 1996.

FIGUEIREDO, Lúcia Valle. *Mandado de segurança*. 5. ed. São Paulo: Malheiros, 2004.

FONSECA, João Francisco N. da. *O processo do mandado de injunção*. São Paulo: Saraiva, 2015.

FUX, Luiz. *Curso de direito processual civil*. 3. ed. Rio de Janeiro: Forense, 2005.

GAJARDONI, Fernando da Fonseca. *Comentários à nova lei de Mandado de Segurança*. São Paulo: Método, 2009.

__________. *Direitos difusos e coletivos I*. São Paulo: Saraiva, 2012.

GIDI, Antônio. *Coisa julgada e litispendência em ações coletivas*. São Paulo: Saraiva, 1995.

__________. *Rumo a um Código de Processo Civil coletivo*. Rio de Janeiro: Forense, 2006.

GODINHO, Robson Renault. *A proteção processual dos direitos dos idosos*. 2. ed. Rio de Janeiro: Lumen Juris, 2010.

GOMES JR., Luiz Manoel e FAVRETO, Rogério. *Comentários à lei do mandado de segurança*. 2. ed. São Paulo: RT, 2011.

GRECO FILHO, Vicente. *Direito processual civil brasileiro*. 20. ed. São Paulo: Saraiva, 2007.

GRECO, Leonardo. *A teoria da ação no processo civil*. São Paulo: Dialética, 2003.

__________. *Eficácia* da declaração *erga omnes* de constitucionalidade ou inconstitucionalidade em relação à coisa julgada. In: DIDIER JR., Fredie (Org.). *Relativização da coisa julgada*. Enfoque crítico. 2. ed. Salvador: Juspodivm, 2006.

__________. *Jurisdição voluntária moderna*. São Paulo: Dialética, 2003.

__________. *O processo de execução*. Rio de Janeiro: Renovar, 1999. v. 1 e 2.

GRINOVER, Ada Pellegrini. *A ação civil pública refém do autoritarismo*. O processo – estudos & pareceres. São Paulo: DPJ, 2006.

__________. *Código Brasileiro de Defesa do Consumidor*. 6. ed. Rio de Janeiro: Forense Universitária, 1999.

__________. Novas questões sobre a legitimação e a coisa julgada nas ações coletivas. *O processo – estudos & pareceres*. São Paulo: DPJ, 2006.

GUERRA, Marcelo Lima. *As liminares na reforma do CPC*. In: WAMBIER, Tereza Arruda Alvim (Coord.). *Liminares*. São Paulo: RT, 1995.

GUIMARÃES, Isaac Sabbá. *Habeas Corpus*: críticas e perspectivas. 3 ed. Curitiba: Juruá, 2009.

GUMERATO, Glauco Ramos; FREIRE, Rodrigo da Cunha Lima; NEVES, Daniel Amorim Assumpção; MAZZEI, Rodrigo. *A reforma do CPC*. São Paulo: RT, 2007.

JORGE, Flávio Cheim. *Teoria geral dos recursos cíveis. 4. ed.* São Paulo: RT, 2009.

KLIPPEL, Rodrigo; NEFFA Jr., José. *Comentários à Lei de Mandado de Segurança*. Rio de Janeiro: Lumen Juris, 2009.

LACERDA, Galeno. *Teoria geral do processo*. Rio de Janeiro: Forense, 2006.

LEAL, Márcio Flávio Mafra. *Ações coletivas:* história, teoria e prática. Porto Alegre: Fabris, 1998.

LEONEL, Ricardo de Barros. *Manual do processo coletivo*. São Paulo: RT, 2002.

LENZA, Pedro. *Teoria geral da ação civil pública*. São Paulo: RT, 2003.

LIMA, Frederico Rodrigues Viana de. *Defensoria pública*. Salvador: Juspodivm, 2010.

LOPES, João Batista. Sujeito passivo no mandado de segurança. In: ALVIM, Eduardo Pellegrino de Arruda; NERY JR., Nelson; WAMBIER, Teresa Arruda Alvim. *Aspectos polêmicos e atuais dos recursos*. São Paulo: RT, 2004.

__________. *Tutela antecipada no processo civil brasileiro*. 3. ed. São Paulo: RT, 2007.

LOPES, Mauro Luis Rocha. *Comentários à nova Lei do Mandado de Segurança*. Niterói: Impetus, 2009.

LUCON, Paulo Henrique dos Santos. *Código de Processo Civil interpretado.* In: MARCATO, Antonio Carlos (Coord.). São Paulo: Atlas, 2004.

__________. Coisa julgada, efeitos da sentença, "coisa julgada inconstitucional" e embargos à execução do art. 741, par. ún. In: DIDIER JR., Fredie (Org.). *Relativização da coisa julgada.* Enfoque crítico. 2. ed. Salvador: Juspodivm, 2006.

MANCUSO, Rodolfo de Camargo. *Ação civil pública.* 8. ed. São Paulo: RT, 2002.

__________. *Ação popular.* 4. ed. São Paulo: RT, 2001.

__________. *Manual de direito do consumidor em juízo.* São Paulo: Saraiva, 2004.

__________. Sobre a identificação da autoridade coatora e a impetração contra a lei em tese, nos mandados de segurança. *Revista de Processo*, n. 44.

MARCATO, Ana Cândida Menezes. O princípio do contraditório como elemento essencial para a formação da coisa julgada material na defesa dos interesses transindividuais. In MAZZEI, Rodrigo; NOLASCO, Rita Dias (Coord.). *Processo civil coletivo.* São Paulo: Quartier Latin, 2005.

MARCATO, Antonio Carlos. Breves considerações sobre jurisdição e competência. *RePro*, São Paulo, n. 66, 1992, p. 29.

MARINONI, Luiz Guilherme. Sobre o assistente litisconsorcial. *RePro*, São Paulo, v. 58, 1990, p. 255.

__________. *Técnica processual e tutela dos direitos.* 2. ed. São Paulo: RT, 2008.

__________. *Tutela antecipatória, julgamento antecipado e execução imediata da sentença.* 4. ed. São Paulo: RT, 2000.

__________. *Tutela inibitória:* individual e coletiva. 4. ed. São Paulo: RT, 2006.

__________; ARENHART, Sérgio Cruz. *Curso de direito processual civil*, v.3, São Paulo, RT, 2007.

__________; __________. *Manual do processo de conhecimento.* São Paulo: RT, 2006.

__________; MITIDIERO, Daniel Francisco. *Código de Processo Civil comentado.* São Paulo: RT, 2010.

MARQUES, José Frederico. Atualizadores: Eduardo Reale Ferrari e Guilherme Madeira Dezem. *Elementos de direito processual penal.* Campinas: Millennium, 2009. V. 4.

MAZZILLI, Hugo Nigro. *A defesa dos interesses difusos em juízo.* 15. ed. São Paulo: Saraiva, 2002.

MEDAUAR, Odete. *Direito administrativo moderno.* 2. ed. São Paulo: RT, 1998.

MEDINA, José Miguel Garcia; ARAÚJO, Fábio Caldas de. *Mandado de segurança individual e coletivo.* São Paulo: RT, 2009.

MEIRELLES, Helly Lopes. *Mandado de segurança.* 24. ed. São Paulo: Malheiros, 2002.

__________; WALD, Arnaldo; MENDES, Gilmar Ferreira. *Mandado de segurança e ações constitucionais.* 33. ed. São Paulo: Malheiros, 2010.

MENDES, Aluísio Gonçalves de Castro. *Ações coletivas no direito comparado e nacional.* São Paulo: RT, 2002.

__________. *Competência cível da Justiça Federal.* São Paulo: Saraiva, 1998.

MENDES, Gilmar Ferreira; COELHO, Inocêncio Mártires; BRANCO, Paulo Gustavo Gonet. *Curso de direito constitucional.* São Paulo: Saraiva, 2007.

MESQUITA, José Ignácio Botelho de. *A coisa julgada.* Rio de Janeiro: Forense, 2004.

MIRANDA, Gilson Delgado. *Procedimento sumário.* São Paulo: RT, 2000.

MIRANDA, Pontes de. Atualizador: Vilson Rodrigues Alves. *História e Prática do* Habeas Corpus. 3 ed. Campinas: Bookseller, 2007. T. I e T. II

MIRABETE, Julio Fabbrini. *Processo penal.* 18 ed. São Paulo: Atlas, 2008.

MORAES, Alexandre de. *Direito constitucional.* 14 ed. São Paulo: Atlas, 2003.

MORAES, Guilherme Peña de. *Curso de direito constitucional.* 2. ed. Niterói: Impetus, 2008.

__________; SILVA, José Fontenelle Teixeira da. *Assistência judiciária:* sua gênese, sua história e a função protetiva do Estado. 2. ed. rev. e ampl. Rio de Janeiro: Liber Juris Ltda., 1984.

MOREIRA, Wander Paulo da Mota. Notas sobre o mandado de injunção. In: TEIXEIRA, Sálvio de Figueiredo. (Coord.). *Mandados de segurança e de injunção*: estudos de direito processual constitucional em memória de Ronaldo Cunha Campos. São Paulo: Saraiva, 1990, p. 418.

MOUTA ARAÚJO, José Henrique. *Mandado de segurança*. Salvador: Juspodivm, 2009.

NEGRÃO, Ricardo. *Ações coletivas:* enfoque sobre legitimidade ativa. São Paulo: Leud, 2004.

NEGRÃO, Theotonio; GOUVÊA, José Roberto F. *Código de Processo Civil e legislação processual em vigor*. 37. ed. São Paulo: Saraiva, 2005.

NERY JR., Nelson. Intervenção do Ministério Público nos procedimentos especiais de jurisdição voluntária. *RePro*, São Paulo, n. 46, abr.-jun. 1987, p. 11.

___________. Recursos na ação direta de inconstitucionalidade. In: ALVIM, Eduardo Pellegrino de Arruda; NERY JR., Nelson; WAMBIER, Teresa Arruda Alvim. *Aspectos polêmicos e atuais dos recursos*. São Paulo: RT, 2002.

___________. *Teoria geral dos recursos*. 6. ed. São Paulo: RT, 2004.

___________; NERY, Rosa Maria de Andrade. *Código de Processo Civil comentado e legislação extravagante*. 10. ed. São Paulo: RT, 2007.

NEVES, Daniel Amorim Assumpção. *Ações probatórias autônomas*. São Paulo: Saraiva, 2008.

___________. *Manual de direito processual civil*. São Paulo: Método, 2009.

___________. *Manual de direito processual civil*. 5 ed. São Paulo: Método, 2013.

___________. *Manual de processo coletivo*. São Paulo: Método, 2012.

___________. *Preclusões para o juiz*. São Paulo: Método, 2004.

NOGUEIRA, Antônio de Pádua Soubhie. *Execução provisória da sentença*. São Paulo: RT, 2005.

NOGUEIRA, Gustavo Santana. *Curso básico de processo civil*. 2. ed. Rio de Janeiro: Lumen Juris, 2004.

NOVELINO, Marcelo. *Direito constitucional*. São Paulo: Método, 2011.

NUCCI, Guilherme de Souza. *Habeas Corpus*. Rio de Janeiro: Forense, 2014.

NUNES, Rizzatto. Ações coletivas e as definições de direito difuso, coletivo e individual homogêneo. In: MAZZEI, Rodrigo Mazzei; NOLASCO, Rita Dias (Coord.). *Processo civil coletivo*. São Paulo: Quartier Latin, 2005.

OLIVEIRA, Carlos Alberto Álvaro de. *Do formalismo no processo civil*. 3. ed. São Paulo: Saraiva, 2009.

OLIVEIRA, José Roberto Pimenta. *Improbidade administrativa e sua autonomia constitucional.* Belo Horizonte: Forum, 2009.

ORDACGY, André da Silva. Primeiras impressões sobre a Lei 11.448/2007 e a atuação da Defensoria Pública da União na tutela coletiva. In: SOUZA, José Augusto Garcia de (Coord.). *A defensoria pública e os processos coletivos* - comemorando a Lei Federal 11.448, de 15 de janeiro de 2007. 2. tir. Rio de Janeiro: Lumen Juris, 2008.

PACHECO, José da Silva. *O mandado de segurança e outras ações constitucionais típicas.* 4. ed. São Paulo: RT, 2002.

PASSOS, José Joaquim Calmon de. *Comentários ao Código de Processo Civil.* 9. ed. Rio de Janeiro: Forense, 2004.

__________. *Mandado de segurança coletivo, mandado de injunção e* habeas data. Rio de Janeiro, Forense, 1989.

PEREIRA, Marivaldo de Castro; BOTTINI, Pierpaolo Cruz. A Defensoria Pública perante a tutela dos interesses transindividuais: atuação como parte legitimada ou como assistente judicial. In: SOUZA, José Augusto Garcia de (Coord.). *A defensoria pública e os processos coletivos* - comemorando a Lei Federal 11.448, de 15 de janeiro de 2007. 2. tir. Rio de Janeiro: Lumen Juris, 2008.

PINHO, Humberto Dalla Bernardina de. A legitimidade da Defensoria Pública para a propositura de ações civis públicas: primeiras impressões e questões controvertidas. In: SOUZA, José Augusto Garcia de (Coord.). *A defensoria pública e os processos coletivos* - comemorando a Lei Federal 11.448, de 15 de janeiro de 2007. 2. tir. Rio de Janeiro: Lumen Juris, 2008.

__________. *Teoria geral do processo civil contemporâneo.* Rio de Janeiro: Lumen Juris, 2007.

PIZZOL, Patrícia Miranda. *A competência no processo civil.* São Paulo: RT, 2003.

__________. *Liquidação nas ações coletivas.* São Paulo: Lejus, 1998.

PONTES DE MIRANDA, Francisco. *Comentários ao Código de Processo Civil.* Rio de Janeiro: Forense, 1974. t. III.

PORTO, Sérgio Gilberto. *Comentários ao Código de Processo Civil.* São Paulo: RT, 2000. v. 8.

PRÁ, Carlos Gustavo Rodrigues del. Breves considerações sobre o *amicus curiae* na ADIN e sua legitimidade recursal. In: ALVIM, Eduardo Pellegrino de Arruda; NERY JR., Nelson; WAMBIER, Teresa Arruda Alvim. *Aspectos polêmicos e atuais dos recursos*. São Paulo: RT.

REDONDO, Bruno Garcia; OLIVEIRA, Guilherme Peres de; CRAMER, Ronaldo. *Mandado de segurança*. São Paulo: Método, 2009.

RIZZATTO NUNES, Luiz Antonio. Ações coletivas e as definições de direito difuso, coletivo e individual homogêneo. In: MAZZEI, Rodrigo; NOLASCO, Rita Dias (Coord.). *Processo civil coletivo*. São Paulo: Quartier Latin, 2005.

RODRIGUES, Marcelo Abelha. Ação civil pública. In: DIDIER JR., Fredie (Org.). *Ações constitucionais*. 4. ed. Salvador: Juspodivm, 2009.

__________. *Manual de execução civil*. Rio de Janeiro: Forense Universitária, 2006.

__________. Ponderações sobre a *fluid recovery* do art. 100 do CDC. In: MAZZEI, Rodrigo; NOLASCO, Rita Dias (Coord.). *Processo civil coletivo*. São Paulo: Quartier Latin, 2005.

__________; KLIPPEL, Rodrigo. *Comentários à tutela coletiva*. Rio de Janeiro: Lumen Juris, 2009.

SANTOS, Ernane Fidélis dos. *Manual de direito processual civil*. São Paulo: Saraiva, 2009.

__________. *Novíssimos perfis do processo civil brasileiro*. Belo Horizonte: Del Rey, 1996.

SANTOS, Moacyr Amaral. *Primeiras linhas de direito processual civil*. 23. ed. São Paulo: Saraiva, 2004. v. 1.

SÉGUIN, Elida. Defensoria pública e a tutela do meio ambiente. In: SOUZA, José Augusto Garcia de (Coord.). *A defensoria pública e os processos coletivos* – comemorando a Lei Federal 11.448, de 15 de janeiro de 2007. 2. tir. Rio de Janeiro: Lumen Juris, 2008.

SHIMURA, Sérgio Seiji. *Tutela coletiva e sua efetividade*. São Paulo: Método, 2006.

SIDOU, José Maria Othon. Habeas corpus, *mandado de segurança, mandado de injunção,* habeas data, *ação popular*: As garantias ativas dos direitos coletivos. 6. ed. Rio de Janeiro: Forense, 2002.

SILVA, José Afonso da. *Ação popular*. 2. ed. São Paulo: Malheiros, 2007.

___________. *Curso de direito constitucional positivo*. 30 ed. São Paulo: Malheiros, 2008.

SILVA, Ovídio A. Baptista da. A "antecipação" da tutela na recente reforma processual. In: TEIXEIRA (org.). *Reforma do Código de Processo Civil*. São Paulo: Saraiva, 1996.

___________; GOMES, Fábio Luiz. *Teoria geral do processo civil*. 6. ed. São Paulo: RT, 2011.

SOUSA, José Augusto Garcia de. A nova Lei 11.448/2007, os escopos extrajurídicos do processo e a velha legitimidade da Defensoria Pública para as ações coletivas. In: SOUSA, José Augusto Garcia de (Coord.). *A defensoria pública e os processos coletivos* – comemorando a Lei Federal 11.448, de 15 de janeiro de 2007. 2. tir. Rio de Janeiro: Lumen Juris, 2008.

SOUZA, Bernardo Pimentel. *Introdução aos recursos cíveis e à ação rescisória*. 5. ed. São Paulo: Saraiva, 2008.

SOUZA, Moutari Ciocchetti de. *Ação civil pública e inquérito civil*. 4. ed. São Paulo: Saraiva, 2011.

TALAMINI, Eduardo. *Coisa julgada e sua revisão*. São Paulo: RT, 2005.

___________. Embargos do executado. *RePro*, São Paulo, n. 90, 1999, p. 99.

___________. *Tutela.relativa aos deveres de fazer e não fazer*. 2. ed. São Paulo: RT, 2003.

TAVARES, André Ramos. *Manual do novo mandado de segurança*. São Paulo: Método, 2009.

TEIXEIRA, Sálvio de Figueiredo. *Código de Processo Civil anotado*. 7. ed. São Paulo: Saraiva, 2003.

TESHEINER, José Maria Rosa. *Eficácia da sentença e coisa julgada no processo civil*. São Paulo: RT, 2001.

___________. *Jurisdição voluntária*. Rio de Janeiro: Aide, 1992.

THEODORO JR., Humberto. *Curso de direito processual civil*. Rio de Janeiro: Forense, 2010.

___________. *O processo civil brasileiro no limiar do novo século*. Rio de Janeiro: Forense, 1999.

___________. *Processo de execução e cumprimento de sentença*. 25. ed. São Paulo: Leud, 2008.

__________. Tutela específica das obrigações de fazer e não fazer. *Revista de Processo*, São Paulo: RT, n. 105, jan.-mar. 2002, p. 9-33.

__________. *Tutela jurisdicional de urgência.* Rio de Janeiro: América Jurídica, 2001.

__________; FARIA, Juliana Cordeiro de. O tormentoso problema da inconstitucionalidade da sentença passada em julgado. In: DIDIER JR., Fredie (Org.). *Relativização da coisa julgada:* Enfoque crítico. 2. ed. Salvador: Juspodivm, 2006.

TOSTA, Jorge. *Do reexame necessário.* São Paulo: RT, 2004.

TOURINHO FILHO, Fernando da Costa. *Manual de processo penal.* 16 ed. São Paulo: Saraiva, 2013.

TUCCI, José Rogério Cruz e. *Limites subjetivos da eficácia da sentença e da coisa julgada civil.* São Paulo: RT, 2006.

VENTURI, Elton. *Processo civil coletivo.* São Paulo: Malheiros, 2007.

VIGLIAR, José Marcelo Menezes. *Ações coletivas para concursos públicos.* Salvador: Juspodivm, 2007.

__________. *Ação civil pública ou ação coletiva?* Ação civil pública - Lei 7.347/1985 - 15 anos. 2. ed. São Paulo: RT, 2002.

__________. *Tutela jurisdicional coletiva.* 2. ed. São Paulo: Atlas, 1999.

VINCENZI, Brunela Vieira de. Competência funcional - distorções. *RePro*, São Paulo, n. 105, 2002, p. 274-275.

WALD, Arnoldo. *Do mandado de segurança na prática judiciária.* 4. ed. Rio de Janeiro: Forense, 2003.

WAMBIER, Luiz Rodrigues. *Sentença civil:* liquidação e cumprimento. 3. ed. São Paulo: RT, 2006.

__________.; WAMBIER, Teresa Arruda Alvim; MEDINA, José Miguel Garcia. *Breves comentários à nova sistemática processual civil 3.* São Paulo: RT, 2007.

WAMBIER, Teresa Arruda Alvim. Litispendência em ações coletivas. In: MAZZEI, Rodrigo; NOLASCO, Rita Dias (Org.). *Processo civil coletivo.* São Paulo: Quartier Latin, 2005.

WATANABE, Kazuo. *Código de Defesa do Consumidor comentado pelos autores do anteprojeto.* 10. ed. Rio de Janeiro: Forense, 2011. v. II.

YARSHELL, Flávio Luiz. *Ação rescisória*. São Paulo: Malheiros, 2005.

ZANELLATO, Marco Antonio. Sobre a defesa dos interesses individuais homogêneos dos consumidores pelo Ministério Público. In: SAMPAIO, Aurisvaldo; CHAVES, Cristiano (Coords.). *Estudos de direito do consumidor*: tutela coletiva. Rio de Janeiro: Lumen Juris, 2005.

ZANETI JR., Hermes. Mandado de segurança coletivo. *Ações constitucionais*. 4. ed. Salvador: Juspodivm, 2009.

ZAVASCKI, Teori Albino. *Inexigibilidade* de sentenças inconstitucionais. In: DIDIER JR., Fredie (Org.). *Relativização da coisa julgada:* Enfoque crítico. 2. ed. Salvador: Juspodivm, 2006.

__________. *Processo coletivo*: Tutela de direitos coletivos e tutela coletiva de direitos. São Paulo: RT, 2006.

EDITORA
*Jus*PODIVM
www.editorajuspodivm.com.br

Impressão e acabamento: BMF Gráfica e Editora